U0687941

回响

中国新闻传播大讲堂
2020

教育部高等学校新闻传播学类专业教学指导委员会◎策划
本书编写组◎主编

人民日报出版社
北京

图书在版编目（CIP）数据

回响：中国新闻传播大讲堂2020 /《回响：中国
新闻传播大讲堂2020》编写组主编. —北京：人民日报
出版社，2021.9

ISBN 978-7-5115-7074-1

Ⅰ.①回… Ⅱ.①回… Ⅲ.①新闻学—传播学—教学
研究—高等学校 Ⅳ.①G210-4

中国版本图书馆CIP数据核字（2021）第124960号

书　　名：回响：中国新闻传播大讲堂2020
　　　　　HUIXIANG：ZHONGGUO XINWEN CHUANBO DAJIANGTANG 2020
主　　编：《回响：中国新闻传播大讲堂2020》编写组

出 版 人：刘华新
责任编辑：刘　悦
封面设计：中尚图

出版发行：人民日报出版社
社　　址：北京金台西路2号
邮政编码：100733
发行热线：（010）65363528　65369512　65369509　65363531
邮购热线：（010）65369530　65363527
编辑热线：（010）65369844
网　　址：www.peopledailypress.com
经　　销：新华书店
印　　刷：河北盛世彩捷印刷有限公司

开　　本：710mm×1000mm　1/16
字　　数：709千字
印　　张：45.25
版次印次：2021年9月第1版　2021年9月第1次印刷

书　　号：ISBN 978-7-5115-7074-1
定　　价：88.00元

本书由教育部高等学校新闻传播学类专业教学指导委员会组织编写

编写组成员

主　编：崔　林　赵希婧

副主编：冷　爽　王婧雯

审　读：陈新刚　崔　林　丰　瑞　韩　飞　冷　爽　田香凝　涂凌波
　　　　　王婧雯　赵希婧　郑　石

编　辑：邹佳丽　朱　玺　任戈戈　李怡滢　刘思琦　曹晔阳　谭　昆
　　　　　刘思奇　刘　琦　潘　悦　张方媛　邢天鋆　常婉祎　陈桂川
　　　　　王子薇　郑剑南　冯晓萌　胡沈璠　何　宇　陶翕然　张天放
　　　　　孔智颖　蔡妙妙　杜　俊　蔡咏昕　王君方　柴　嵘　林　冰
　　　　　莫梓洁　刘　柳　张玮琦

序

中国新闻传播大讲堂（以下简称"大讲堂"）由教育部高等教育司、中宣部新闻局委托高等学校新闻传播学类专业教学指导委员会（以下简称"教指委"）举办，是高校新闻传播教育战线落实"新文科"建设工作会议精神的迅速行动、关键抓手和生动实践。

2020年的"中国新闻传播大讲堂——来自武汉抗疫一线的报道"，邀请来自人民日报、新华社、中央广播电视总台、光明日报、经济日报、中国日报、中国新闻社、中国青年报、澎湃新闻、现代快报、南方都市报、湖北日报、长江日报、湖北广播电视台14家媒体单位的42位参与一线报道的媒体负责同志及记者走进演播室，在镜头前分享了抗疫期间的感人故事和报道中的创作体会，展现了新闻人的家国情怀与责任担当，绘就了一幅鲜活生动的人民抗疫画卷，留下了珍贵的历史影像底稿，是一门最生动的国情大课、有温度的思政大课、高水平的专业大课。

大讲堂启动仪式在学习强国、新华网、人民视频、央视网等平台同步直播后，30余家中央及省级媒体进行了报道，登上《人民日报》要闻版，在央视《新闻联播》等多档新闻节目中滚动播出，引发公众持续热议，获得社会各界积极评价。

在教育部高教司的大力支持下，大讲堂利用现代视听技术与通信网络，面向全国所有新闻传播院系师生开展。多所高校新闻传播院系把大讲堂课程作为新闻传播类专业必修课，纳入学分管理，切实推动抗疫精神进校园、进课堂，引导广大师生深刻理解中国特色社会主义的制度优势、理论优势、道路优势，培养学生为党为国为人民的深厚情怀和使命担当。2020年12月，我们还以大讲堂视频教学内容为主，面向全国 719 所新闻传播院系骨干教师开展马克思主义新闻观主题培训，从国家抗疫的战略部署、新闻的职责使命、新闻报道技巧、媒体运作机制等角度切入，助力教师用足用好大讲堂视频课程资源，在未来更好地进行新闻专业教学，以此提升我国新闻传播专业教师队伍的教学水平，提高马克思主义新闻观教育教学质量。

大讲堂的建设、传播与拓展，在我国新闻传播教育领域是一次新的尝试，具有开创性和引领性，它是部校共建的新成果、"新文科"建设的新探索、理论与实践融合的新拓展、媒体融合传播的新尝试、立德树人的新课堂，实现了以下几个方面的突破与创新。

首先，深化"部校共建"，创新协同育人模式。大讲堂是强化马克思主义新闻观教育、助力新闻理论与新闻实践深度融合、培养新时代优秀新闻传播人才的重要举措，是"部校共建"新闻院校的创新性探索。大讲堂汇聚了司、局、校三方的力量，大大拓展了"部校共建"的框架，探索了以大讲堂课程建设与活动为"抓手"的模式，将"部校共建"新闻院校工作落到了实处，提供了参照。

其次，推进多层融合，精准实现育人目标。大讲堂集中最优质的新闻资源、汇聚最鲜活的新闻报道、总结最深刻的报道体会，生动讲述、立体展现中国新闻工作者的家国情怀与专业素养。讲授内容既有微观层面的新闻报道技巧，也有中观层面的媒体运作机制，更有宏观层面的媒体职责思考，实现了学界与业界、理论与实践、思想与专业的多层次融合。大讲堂切实将马克思主义新闻观融入专业教育与思想政治教育中，精准实现了立德树人与课程思政建设目标。

最后，运用融合手段，构建"全媒体大课堂"。大讲堂采用视听结合、图文并茂、线上线下打通等融合手段，形成全时段、全空间、全员全体的"全媒体大课堂"概念，构建了一堂辐射全国、触达城乡的云上课堂，覆盖了全国所有新闻传播院校，探索了新闻传播课程教学新形态与资源共享新方式，为构建世界水平、中国特色的新文科人才培养体系提供了宝贵的经验，引领了未来新闻传播教育的新常态与新模式。

自大讲堂面向全国新闻传播院系推出以来，各高校积极参与，精心谋划，组织实施本校师生开展学习研讨，并积极反馈大讲堂活动总结和学生学习心得体会。我们遴选编辑了 200 多所高校提交的材料，出版了《回响——中国新闻传播大讲堂 2020》一书，以系统展现各高校开展大讲堂的教学概况、特色亮点、学生心得，旨在凝固和总结大讲堂的研习成果，为我国新闻传播高等教育的创新发展留下历史记录。

　　本书是集体智慧的结晶，是通力协作的成果。囿于时间与学识，本书编撰过程难免会有疏漏之处，恳请读者批评指正。

教育部高等学校新闻传播学类专业教学指导委员会秘书处

2021 年 7 月 1 日

目录

北京大学

（新闻与传播学院）

一、教学概况

"中国新闻传播大讲堂"开展以来，北京大学新闻与传播学院高度重视，将其作为加强课程思政工作，推进马克思主义新闻观教育的重要契机，认真布置了具体学习任务。2020年11月20日，学院在蒙民伟楼报告厅举办了"中国新闻传播大讲堂"学习动员会。院长助理陈开和教授、团委书记侯琳、团委常务副书记许慧娟出席会议。陈开和教授介绍了"中国新闻传播大讲堂"的制作背景和主要内容，希望同学们在学习中感悟伟大抗疫精神，坚定对我国发展道路的信心，通过一线记者讲述的故事，感受我国新闻工作的核心理念和工作机制，加深对马克思主义新闻观的理解与认同。随后，与会师生共同观看了大讲堂第1、2集。三位学生代表分别分享了观看感悟。李睿谈及了对"抗疫英雄"的认识；罗鑫萍呼吁青年应将青春热血奉献给保卫和建设祖国的事业；郭金雅认为，每一个平凡岗位上的中国人都应做好本职工作，为抗疫战斗筑牢坚实后盾。

在随后一个多月的时间里，北京大学新闻与传播学院一共开展了9次"中国新闻传播大讲堂"观看视频及研讨活动。同学们以小组为单位集中观看、讨论，共200多人参与，各小组形成累计四万多字的研讨报告。

二、特色亮点

（一）强化使命担当

通过视频学习，同学们感受到一线记者的家国情怀以及身为记者的使命感、责任感。同学们在学习体会中谈道，从一线记者的讲述中可以看到，他们都是带着对党的新闻工作的高度忠诚和责任感、使命感奔赴武汉前线的。人民日报、新华社、中央广播电视总台等中央主流媒体的新闻人有着长期传承的工作信念和职业精神，地方媒体也在关键时刻发挥各自长处，为党的新闻工作、为全国的抗疫斗争竭尽全力。同学们表示，作为新闻学子，一定要向抗疫一线的前辈们学习，不断提升政治水平和专业素养，练好开展新闻报道的本领，为我国新闻事业贡献力量。

（二）提升专业技能

武汉前线记者精彩的现身说法让同学们更加深刻地认识到，新闻工作需要具备出色的职业技能，这其中既包括宏观层面的组织策划、分工合作，也包括具体的新闻采访能力以及制作不同类型新闻作品的能力。在学习大讲堂视频的过程中，同学们结合自身兴趣点，分析了记者们提到的相关作品，表达了对其专业水平的由衷敬佩。2018级本科生黄哲楷说道："最令我印象深刻的是年轻的摄影记者高兴贵，他留住了武汉最前线医护人员的肖像，新闻理想、人文素养、社会责任在他所拍摄的一张张'掷地有声'的厚重照片间找到了绝佳的支点。"

（三）认识职业前景

当今时代，信息传播技术日新月异，人人都有麦克风，互联网上每天都有海量信息在传播。在这样的环境下，新闻工作面临诸多挑战，甚至还有人质疑：我们是否还需要专业的新闻工作者队伍？作为新闻学子，同学们都很关心也都在思考自己的职业前景。通过这次学习，同学们清楚地看到，新闻行业绝不是可有可无的行业。网络和自媒体的发展，带来了海量信息，也使失实信息充斥云上空间，专业的新闻工作者队伍能够围绕中心、服务大局，在引导积极向上的社会舆论、推进我国现代化建设进程中，必然是不可或缺的重要力量。

三、学生心得

2020 年 11 月 22 日，我们小组共同观看了"中国新闻传播大讲堂"系列教育视频的 6、7、8 集。在第六集中，人民日报记者吴姗向观众分享了她的抗疫故事，并从中提炼了三个关键词——倾诉、生死、无畏，对此我感受颇深。

（一）记者要懂得聆听

通过记者的介绍，我认识到，在新闻采访中，首先要学会聆听他人的倾诉，学会倾听比刨根问底更重要，因为倾听代表着记者付出了自己的真诚，代表着记者愿意走进被访者的内心世界并与之共情，从而挖掘出更多打动人心的细节。在视频中，吴姗记者举了一位护士的例子，起初对方拒绝了他们的采访，但在记者耐心地倾听、真诚地安慰后，该护士主动谈起了武昌医院原院长刘智明的细节：雨中为病患家属撑伞、院长为护士掀门帘……最是细节动人心，最是小事显本质，只有耐心倾听，才能收获细节，写出打动人的文章，传递有共鸣的真情。

（二）报道要真实客观

面对突如其来的新冠肺炎疫情，客观真实的媒体报道对全社会而言都是至关重要的。对于记者而言，一方面，要有大无畏的精神，正如我们看到，吴姗记者和同事们冒着危险进入"风暴之眼"金银潭医院的 ICU 病房，挖素材、找细节，尽最大努力把一手报道传播出去。另一方面，在开展事实性报道的同时，更要把正确、科学的防疫抗疫观念带给广大读者、观众。这就要求记者压制住"情绪笔调"，避免出现"标题党"，对每一个信息点做到核实再核实，要力争通过新闻报道，普及科学的观念，传递确凿的信息，做出令人信服的新闻报道，助力国家防疫抗疫大局。

除此之外，在我看来，还有一个关键词贯穿吴姗记者的分享——团结。有采访团队内部的团结，半夜 2 点大家都在审改稿件，3 点主编最终定稿，环环相扣、共同努力，第一时间做好来自防疫抗疫一线的新闻报道；有医生与患者的团结，李智将去世的父亲的遗产用于买制氧机，把自己的绝望变成他人的希望；也有医生与记者之间的团结，医生一再嘱咐记者进入医院采访要注意安全，并帮助他们做好防护……在记者的讲述中，我们看到，患者在挺过难关，医生在救死扶伤，记者在向外报道：所有人都在做力所能及的事情，齐心合力、共抗疫情。

中国人民大学

（新闻学院）

一、教学概况

自 2020 年 11 月"中国新闻传播大讲堂"上线以来，中国人民大学新闻学院高度重视，将之作为抗疫报道中的鲜活教材，积极部署全院师生观看学习。2020 年 11 月 25 日、12 月 2 日、12 月 9 日，利用周三下午全院党校学习契机，学院组织了全院入党积极分子 150 余人观看了大讲堂第 1—6 集，将之作为马克思主义新闻观最鲜活的教材来学习、来研读，并让学生提交了观后感。入党积极分子邹美玉说："大讲堂里面的故事非常细腻，从平凡的琐屑一层一层剥茧抽丝，展现疫情的全貌、国家的全貌，能用真实让人信服，又能用人性打动每一个读者。读到这样的文字，我真的会泪流满面，真实的力量和文字传达出来的情绪一下就戳到心里最柔软的部分。写出这样有力量的稿子，一定会是我不懈的追求。"

学院同时还组织每个教学行政班以"班会学习 + 自由发言 + 集中讨论"的形式，积极提倡线上自学方式组织学生认真收看了 32 集的全部内容。透过视频与文字，他们被新闻人独特的职业魅力所感染，纷纷表达了对职业的敬畏感，感受到新闻人的责任与担当。大讲堂中承载的一个个鲜活的、有温度的来自武汉抗疫一线的报道故事，使学子们深深明白了新闻人用镜头记录战疫故事，用文字传递抗疫精神，用新闻报道守护山河无恙。他们不仅是时代英雄的记录者，更是这个时代的英雄；勇气、道义和妙手在一个职业群体中得到了最为鲜活的体现。32集的大讲堂没有让观看者感到枯燥拖沓，相反，在观看的过程中，学生们仿佛身在现场，越发体会到作为一名有担当、有信仰的新闻人的家国情怀。

二、特色亮点

（一）进课程：与马克思主义新闻观教育紧密结合

目前，马克思主义新闻观教育主要还是以理论学习和课堂讲述为主，学生缺乏一个鲜活的抓手来理解和感受当代鲜活的马克思主义新闻观案例。大讲堂恰恰提供了这一难得的案例素材。大讲堂中的新闻记者冒着肆虐的疫情，抛家舍业，无怨无悔，带着对党的新闻工作的高度忠诚和责任感、使命感奔赴武汉前线，为党的新闻工作、为全国的抗疫斗争竭尽全力，这就是当代马克思主义新闻观的践行者。将大讲堂搬到学院为本科大二学生开设的《马克思主义新闻观与中国当代新闻事业》的课堂上，让00后的新闻学子们洗涤了灵魂，增强了职业归属感。课堂上，魏景琦同学认为："作为未来的新闻者，我将努力储备必要的新闻知识，提高自身素质，以优秀的深入前线的前辈为榜样，时刻不忘记记者的家国情怀和专业素养。"同学们纷纷表示，作为新闻学子，要在未来的新闻工作中，主动深入践行"四力"，勇于担当，成为政治过硬、业务过硬、战斗力过硬的新闻队伍中的一员。

（二）进党校：将专业教育与思想教育紧密结合

新闻学院将大讲堂搬进了学院党校课堂，并作为重要的案例教学环节，集中组织了3场集体观看；此外，学院要求学生自学，提交观后感，并组织"未来新闻人的担当与情怀"等专题研讨会2场。入眼、入耳、入脑、入心层层递进的教育方法，让入党积极分子感受到党员的光荣使命，以及新闻人的职业自豪感和职业荣誉感。入党积极分子杨雅婷同学就疫情期间国内舆情的变化为大家阐释了新闻传播的重要性，并畅谈了自己对新闻工作者坚守抗疫一线、坚持真实性原则、不忘初心，以优秀新闻引导舆论、服务人民的敬佩之情。其他入党积极分子也纷纷就"有定力""有情怀""有本领"三个小论题发表自己的见解与看法。同学们认为，新时代的新闻人应该具有崇高的人文情怀、豁达的人格气度、饱满的社会责任感，敢当"新闻工匠现场逆行人"，精心打磨，苦心求索，时常反思，更热忱地投入到生活和学习中去，提升自己各方面的能力，从而为国家的建设贡献自己的一份力量。

（三）进班会：将主题班会与大讲堂紧密结合

自 2020 年 12 月以来，学院组织各教学行政班将大讲堂带进班会，全院 39 个行政教学班级均举行了至少 1 场主题班会，集中围绕"重大突发公共事件中的记者角色的变与不变""新媒体传播环境下的新闻职业权威"等主题展开，2019 级创意传播实验班班长张露予表示："作为新传专业的一名在校大学生，在这次疫情中，我感受到了媒体人对于新闻的热爱，也看到了他们所肩负的职责和使命。苟利国家生死以，岂因祸福避趋之。在国家危难的关头，每个人都应贡献自己的力量，国家才能渡过难关。看完'中国新闻传播大讲堂'，让我们更加热爱这个专业，也深知自己肩负的职责和使命。"2020 级奥运班班长林晓磊表示，开这次班会很有意义，大多数同学听了或者看了视频主讲人在疫情期间的故事都很有感触，这样的主题班会提升了同学们的新闻专业素养和职业归属感。大讲堂中的一个个鲜活的记者形象体现了当代新闻人的情怀与担当，深深地感染和激励了每一位新闻学子，要坚定理想信念，秉持家国情怀，提升专业素养，积极投身党和国家的新闻事业。

三、学生心得

在"中国新闻传播大讲堂——来自武汉抗疫一线的报道"中，我对几位记者的印象颇深：钱彤老师用《七日谈》记录疫情期间普通人的喜怒哀乐，塑造平凡英雄的光辉形象；吴珊老师作为报道组为数不多的女记者之一，多次深入医院、社区、火车站等现场进行直播，在关键时刻发挥了稳定人心、解疑释惑的重要作用；雷宇老师率领团队为疫情留下珍贵的历史底稿，利用所有终端组成抗疫全媒体报道矩阵。优秀的人值得表扬，优秀的事值得歌颂，优秀的精神值得学习。一份份感情在讲述中传递，一个个文字在记者口中发光，团结起来为事实描框。报道最前线的新闻，引导人们去挖掘事情的真相，传递最强有力的情感。

（一）新闻职业需要有一个勇敢的灵魂

新闻不仅仅是信息，更是不惧艰辛迎难而上的力量。新冠肺炎疫情期间，我们的新闻记者迎难而上，日夜奋战在抗疫斗争的第一线。为坚决打赢疫情防控的人民战争、总体战、阻击战凝聚了强大的精神力量。很多记者白天赶路、连夜赶稿，在疫情前线辗转，身体和心理都处于一种高压力、高负荷的状态。在这种状态下做出冷静、客观的报道，是需要勇气的，尽管很多女记者看起来很瘦弱，但隐藏在厚厚的防护服里的却是一个个勇敢的灵魂。有战场，就会有战士，越是艰险越向前，在这群勇往直前的勇士中，他们不计报酬，不论生死，主动请缨，到最辛苦、最劳累、最危险的前线，写下了一曲曲与时间赛跑、同疫情决战的勇士之歌。这是我对这群人的最深刻的感知，也是这个职业最令我震撼之处。记者是天底下最无畏的职业之一，我为能成为这个职业中的一员而激动自豪。

（二）新闻职业还需要温情和温度

面对突如其来的新冠肺炎疫情，各类信息纷至沓来，民众在对很多新闻乃至谣言无所适从之中，疫情中心的记者传达了一个个有温度的报道和有情怀故事，一定程度上稳定了社会民众的心情，起到了社会情感按摩的作用。作为疫情期间第一批赴武汉的媒体人，最危险的地方成为他们奔赴的新闻现场。这本身就是一群有温度、有家国情怀的人，这些人写出来的新闻报道都不会差，在整个社会面临突如其来的三大精神冲击时，是他们的报道让民众了解武汉是一个有温度的城市，武汉人民是一个温情的集体，我们国家是一个有担当、有感情的大家庭。每每想起这些，我的心中都不由得激荡起无比的自豪感、使命感、紧迫感，要一往无前地在新闻之途上远征，要站成一个仰俯无怍的新闻人。新闻人要在整个社会哭泣的时候发现善良与美好，在整个社会乐观和喜悦时要观察到危险……一个真正的记者，要有一种俯仰天地的境界、一种悲天悯人的情怀、一种大彻大悟的智慧，这是我们新闻人毕生的追求和最高境界。

清华大学

（新闻与传播学院）

一、教学概况

"中国新闻传播大讲堂"于2020年11月5日在中国传媒大学启动以后，清华大学新闻与传播学院党政联席会立即认真讨论部署了相关的学习计划，力求将"中国新闻传播大讲堂"作为加强马克思主义新闻观教育的重要内容。11月12日，学院在学院环球资源厅面向本科生、研究生专门开展"中国新闻传播大讲堂"教育教学活动启动式，常务副院长陈昌凤教授、党委副书记梁君健等学院领导，与来自新华社等媒体的两位一线新闻工作者代表参加了本次活动。师生们与新闻业界代表一起观看了大讲堂的相关视频，并对授课影片内容开展深入研讨。

在启动仪式的致辞中，陈昌凤教授谈道，中国的新闻业担负着重大的使命和职责。在此次重大事件中，新闻媒体发挥了重要的传播信息、引领舆论的重要功能；新闻工作者呈现了高度专业性、责任感，新闻记者的专业性正是孕育于为国家、为社会的积极服务之中。多位研究生在学习观看后表示，通过"中国新闻传播大讲堂"的学习，更深入地树立了心怀国家和人民的马克思主义新闻观，理解了新闻传播事业的使命感和责任感，也为进一步投身我国新闻传播事业树立了坚定的信心。"中国新闻传播大讲堂"是教育部深入贯彻落实习近平总书记关于加强新闻舆论工作、加快推进教育现代化系列重要讲话精神的重大举措。2020 年大讲堂的主题为"来自武汉抗疫一线的报道"。大讲堂邀请了 14 家主流媒体参与抗疫一线报道的 42 名新闻记者录制了 32 集视频教学内容，生动讲述、立体展现中国新闻记者的家国情怀与专业素养，为同学们上了一组生动而感人的系列课。

在随后两个多月的时间中，学院以班级和党支部为单位，组织十余次"中国新闻传播大讲堂"观看视频及研讨活动；师生围绕抗击疫情前沿的报道和中国新闻界的家国情怀展开深入讨论，撰写相关论文与学习心得等数十篇。

二、特色亮点

（一）深刻认识中国新闻工作者的使命担当

当代马克思主义新闻观不是死板的，而是鲜活的。中国新闻记者的使命担当不是纸上的，而是生动的、现实的。这是清华大学的师生们在看完"中国新闻传播大讲堂"第一课之后的真切感受。当代中国，正处于发展的最好时期，同时面对多元复杂的挑战。新冠肺炎疫情就是新中国成立以来传播范围最广、传播速度最快、对新闻工作挑战也最大的公共卫生危机。这场危机，考验中国新闻工作者的使命担当。不少同学在观看了第一课之后都表示，使命担当，首先是不忘初心、牢记使命。新闻工作的初心，是为人民鼓与呼；中国新闻工作者的使命，是深入做好党和国家的新闻舆论工作，不管面对什么样的挑战，都能牢牢把握住党性原则，牢牢抓好新闻业务，牢牢记住人民的嘱托。这样的马克思主义新闻观，才是真实的，完整的、鲜活的。

（二）充分体会新闻专业能力提升的重要性

重大报道对于新闻专业能力的要求，更深刻地触动了清华大学的师生。当代新闻工作者，需要具备更加全面的新闻专业能力。通过大讲堂中新闻工作者的讲述，大家更加清晰地意识到，当前传播技术的发展已经深刻地影响了新闻工作的时度效。新闻工作者既需要高超的新闻业务能力，又需要精湛的新闻报道技术。媒介融合的要求，更加深入地体现在每一次新闻报道中。如何用最快最合适的手段，传递党和人民需要的声音，记录和反映最广泛的真实，这些要求都时刻提醒新闻工作者不能松劲。清华大学新闻与传播学院也有几位同学在武汉战疫的历史关头，用影像和文字忠实记录和还原了这场伟大人民战争的场景和故事，记录了生命至上、人民至上的大爱。他们也用自己的切身感受，和大讲堂的教学内容相互呼应。

（三）感受大讲堂教育方式的温度和力度

当今时代，新闻传播教育面对的问题是，我们该为谁培养人，培养什么样的人，又该如何培养人。大讲堂通过战疫一线新闻工作者真实生动的讲述，传递了真心、真情和真义，从新闻教育方面回应了重要的方向问题。中国新闻教育，要为党和国家的新闻事业培养求真务实、敢打能拼，更有媒介融合能力的一代新人。在这些身赴武汉前沿的新闻工作者身上，学生们看到了课本知识和实践锻炼的有机融合，感受到了鲜活的马克思主义新闻观，也理解了什么叫作以人民为中心。新闻工作者的讲述，还更加生动地传递了现场教育理念，让年轻一代看到在重大热点新闻的工作中，新闻工作者如何克服困难，运用多元化的媒介手段进行深入全景报道。这样的教学方式，既有温度又有力度。

（四）坚定理想信念 明确奋斗目标

"中国新闻传播大讲堂"中，各位新闻工作者顽强拼搏、不畏艰险的精神深深感动了在场的每一位同学。在观看视频后的学习交流中，不少同学也谈到了他们从这些记者身上所学习到的使命感和责任感。在疫情来临之际，这些新闻工作者成为一群勇敢的"逆行者"，他们凭借对党和国家的坚定信念，义无反顾地奔赴武汉前线。他们用自己的力量，为抗击疫情这一场战役做出了不可磨灭的贡献。同学们纷纷表示，未来也将牢记学院的教导，努力为党的新闻工作、为祖国的复兴建设添砖加瓦。

三、学生心得

2020 年 11 月 8 日，学院组织我们一起观看了"中国新闻传播大讲堂"系列视频。通过学习视频中各位新闻记者的一线经验和实战经历，我们深刻领会到了中国新闻记者应具有的家国情怀与专业素养，也明确了自己未来要继续学习和努力的方向。

（一）报道要贴近人民群众

在视频中，我们看到了许许多多的新闻记者在疫情期间深入抗疫一线，走到病患、医务人员的身边，以第一视角展示了疫情期间武汉人民的生存状况和不屈不挠的精神。在新闻报道中，只有走到事件现场、走到人民群众的身边，才能掌握第一手的信息，捍卫新闻的客观真实。同时，只有深入一线，才能发掘最最鲜活生动的故事，用细节打动人心。

（二）新闻要肩负社会责任

在新冠肺炎疫情来临之际，新闻工作者成为全国人民获取信息的重要"中转站"。各位奋战在一线的新闻记者肩负着向全国民众报道抗疫现状、抗疫进程的重要任务。视频中，各位记者不顾个人安危，进入患者病房，努力将病患的最新情况展示给全国人民。

疫情初期，民众对于疫情都存在一定的恐惧心理，这也对于记者的报道提出了更高的要求。如何真实客观地呈现疫区状况、如何稳定平复社会情绪，也成为记者在进行新闻报道时必须考虑的问题。只有从最真实、客观、冷静的角度进行报道，才能在满足民众信息需求的同时，维护好社会的情绪。

（三）记者要不畏辛劳困苦

视频中的各位新闻记者不畏辛劳，通宵达旦赶稿，为的只是在第一时间，将采访的最新情况传递给全国各地的民众。疫情来势汹汹，面对强大的病魔，各位新闻工作者只有不畏艰难，才能以最快速度来战胜病魔。虽然记者并不能像医生一样治愈病患，但是真实、有温度的报道，也是治愈疫情下广大民众心灵的一剂良药。

北京工商大学

（传媒与设计学院）

一、教学概况

北京工商大学传媒与设计学院高度重视此次"中国新闻传播大讲堂"活动，采取一系列措施，专门召开工作布置会议，指定专人负责组织大讲堂的学习、研讨、评优、总结，并敦促落实相关要求。根据教指委要求，学院王擎院长迅速传达活动精神，充分动员，统筹布置，安排新闻系负责具体实施。新闻系主任吴玉玲老师专门召开系部会议，传达教指委精神与学院要求。学院和系部负责人深入阐述此次大讲堂活动的时代背景、指导思想、基本思路和具体要求，要求在新闻系全部学生中开展此项活动。会议强调新闻系全体教师要聚焦育人使命，切实推动抗疫精神进校园、进课堂，引导学生深刻理解中国特色社会主义的道路优势、理论优势、制度优势、文化优势，培养学生为党为国为人民的深厚情怀和使命担当。为切实做好"讲堂进课堂"工作，学院从时间安排、师资配置、开展方式、总结评优等各方面对活动做了统一部署与精心安排。

二、特色亮点

（一）机制保障 全员助力

为保障活动的顺利进行，提升同学们的学习效果，增进同学们在疫情特殊时期对一线疫情防控以及新闻媒体抗疫报道的了解，在学院领导下，新闻系调动所有教师参与，以多种形式、多侧面地为此次活动提供机制保障：一是全体教师参与，负责组织每次大讲堂的收看；二是周密、科学地制定收看计划；三是以学分管理加推优评奖的方式激发学生积极性，推动活动高质量开展；四是严格考勤制度和请假程序；五是将大讲堂活动与新闻系的本科导师制度结合；六是多渠道、多方式持续动员。

（二）教师讲解 随堂讨论

本次大讲堂活动，得到了学院的高度重视，以及新闻系全体师生的热烈响应。每次收看结束以后，负责教师都根据同学们的观看情况，对大讲堂内容中的重点难点部分，结合专业知识和思政要点进行有针对性的引导，并向同学们讲解了抗疫精神——"万众一心、同舟共济的守望相助精神，闻令而动、雷厉风行的英勇战斗精神，顾全大局、壮士断腕的'一盘棋'精神、舍生忘死、逆行而上的英雄主义精神，充满信心、敢于胜利的积极乐观精神"，鼓励学生们向奔赴武汉一线的新闻记者学习，学习他们在重大突发公共卫生事件中如何以专业的新闻报道激浊扬清，展现党和政府的正确领导，消除社会恐慌，传播正能量，并鼓励同学们传承他们身上的优秀品格和大局意识。此外，负责教师还组织随堂讨论，鼓励同学们畅谈自己对武汉一线抗疫故事的思考与感悟，分享自己对抗疫精神的理解与认识，将抗疫精神融入专业知识的学习过程中，承担好历史和国家赋予年轻新闻学子的使命。

（三）深入思考 认真总结

此次大讲堂活动对师生来说都是一次很好的学习机会。通过撰写学习体会，同学们畅谈心得收获；通过活动总结，教师们也进一步提高了对课程思政的认识。首先，在思想层面，通过此次大讲堂学习，同学们纷纷表示增加了对党和政府领导的信心，提高了觉悟，坚定了四个自信。其次，在新闻业务层面，通过此次大讲堂学习，同学们对社会主义新闻事业的历史使命和职责担当有了更深的认识。最后，在课程思政层面，通过此次大讲堂活动，师生都进一步理解了开拓课程思政资源、创新课程思政方式的重要性。

三、学生心得

通过这次大讲堂的课程，我感受到一线记者们出色的专业能力，也认识到自身的差距。同时，我也从他们的经验介绍和问题表述中，学习了更多从业的经验。以下我将分别从"有责任""有能力""有温度"三个层面来分享我的感悟与体会。

（一）有责任——建立起重大公共事件中社会沟通的桥梁

每当重大公共事件发生时，媒体都担当起引导社会舆情和探究事件核心的重要责任。新冠肺炎疫情期间，正是一线记者深入现场，发掘那些暖心动人的医患故事，捕捉抗击疫情的最新进展，才使社会舆情得以平复，公众和相关部门、事件核心之间得以有效沟通。

正因灾难面前新闻工作者扛起责任与使命，才让一线报道的团队不断扩大。从一线记者的口述中，我看到他们坚定、自信的目光，我感受到他们在回忆一线采访经历时那由衷的自豪感与使命感。作为深入一线采访的新闻工作者，他们虽然不像医护工作者那样直接参与病患救助工作，但他们为千千万万的公众和家庭带来温情的故事和有效的信息，这便是重大事件中记者的最佳角色定位和使命。

（二）有能力——深入现场更要全方位捕捉细节

多位记者的讲述都引用了著名战地摄影记者卡帕的名言：如果你拍得不够好，是因为你靠得不够近。记者们除了分享在抗疫一线发回的优秀报道外，还在课堂中分享了许多新闻现场采编和拍摄的经验与技巧。

对于重大事件的报道，时效性往往是最为紧迫和重要的新闻价值要素。现场报道不是一个人的单打独斗，作为"战线"上的记者，更要懂得团队协作和配合，这也是实习经历给我留下的最深刻的一点。多名记者在大讲堂中强调团队合作的重要性。当下多媒体融合的互联网传播时代，一场新闻发布会中，记者就要完成简讯、图文报道、拍摄、短视频剪辑等多种传播形式的新闻稿，此时，团队战的优势更为突出。作为新闻专业的学生，多渠道和多种形式的新闻报道能力的学习，可以让我们有效地适应未来媒体工作的状态和环境，学会多种技能，更能在重大事件的报道中做到灵活处理。

（三）有温度——做有平衡性的温暖报道者

从大讲堂中的记者们展现的丰富的新闻报道案例中，我们可以看出，更能吸引受众关注度的是那些生死一线上感人的故事。如何让报道更具温度和人情味，是我们在采写课等业务实践能力课上一直在探索的。在武汉战疫一线的报道中，体现人情的温暖，更能反映群众战胜病毒的决心和重大疫情面前人性的伟大。打动受众的，往往是最平凡和贴近实际生活的故事，将笔触和镜头对准每位采访对象的平凡生活，才更能引发受众的共情。

北京服装学院

（时尚传播学院）

一、教学概况

以"中国新闻传播大讲堂"的开播为契机，北京服装学院时尚传播学院结合同期进行的"新文科 价值共振"学院课程建设展，为传播学专业、广告学专业同学开展了生动、丰满、深刻、前沿的马克思主义新闻观教育与新闻传播专业课程思政教育。

根据《关于开展"中国新闻传播大讲堂"的通知》，教育部高教司支持各高校新闻传播院系把大讲堂课程作为新闻传播类专业必修课，并纳入学分管理，同时鼓励其他专业学生选修，切实推动抗疫精神进校园、进课堂，引导广大师生深刻理解中国特色社会主义的制度优势、理论优势、道路优势，培养学生为党为国为人民的深厚情怀和使命担当。正如教指委秘书长王晓红在"中国新闻传播大讲堂"启动仪式上指出的那样："大讲堂是深入学习贯彻习近平总书记关于新闻舆论工作的重要讲话精神，推动新时代高等文科教育创新和新时代新闻事业发展，提高新时代新闻人才素养的重大举措。"大讲堂进课堂对北京服装学院时尚传播学院新闻传播类人才的培养起到了强有力的思想引领、素养培养以及技能提升的作用。

二、特色亮点

（一）专业课程进课堂

学院领导重视并强调落实好大讲堂课程，并将相关学习过程及成果纳入教学成果认定、第二课堂学分体系。学院组织传播学、广告学等专业多个年级的同学收看"中国新闻传播大讲堂——来自武汉抗疫一线的报道"，参与的专业课程包括《新闻采访与评论》《品牌媒介推广》《计算广告学》以及相关专业讲座与研讨活动，在同学们中引发了收视与讨论的热潮。

（二）教学成果收获大

"中国新闻传播大讲堂——来自武汉抗疫一线的报道"为同学们介绍了在2020年初抗疫期间中众多逆行英雄、平凡大众的不平凡付出。同学们亲身经历了这段历史，也同样付出巨大努力，对32集视频中很多场景、经历、体会感同身受，但又是第一次这么真切、这么全面地了解到这场艰苦卓绝的历史大考中各行各业不顾危险、不计得失甚至不惧生死的付出，同时深刻、清晰地认识到自己所学习和将要投身其中的新闻传播行业在此期间有力量、有价值、有意义的参与、协调，甚至有些时候发挥了至关重要、攸关成败的作用，对新闻传播一线工作人员的家国情怀与专业素养有了前所未有的认同。

同学们以讨论、朋友圈、微博等各种方式抒发对大讲堂的心得体会与自我思考，这是一次集合了高水平专业实践、高质量创新探索与高价值社会推广的开拓性教学活动，给高校的新闻传播类专业的教学思想、教学内容、教学方法等教学体系带来了启发性的指导，切实推广了社会主义核心价值观，展示了"四个自信"面对即使是世界百年未有之大变局依然坚定的强大力量。

三、学生心得

转眼间，距离新冠肺炎疫情袭来已过去了一年之久。这是全国人民共同奋战的一年，是中国在疫情阴霾下奋力搏斗的一年。同时我也深刻体会到以新闻记者为首的新闻传播行业从业者在抗疫中的重要作用。抗击疫情，不仅是医护人员的努力，也是各行各业间的携手战斗。

（一）"逆行"的新闻工作者

新闻报道，首先最要讲求的是真实性和实效性。在新冠肺炎疫情突发之后，舆情、社情互相交织，信息良莠不齐，真假难辨。作为新闻媒体，向民众及时传达正确的疫情信息，稳定民心显得尤为重要。疫情期间，各大主流媒体也成为"最美逆行者"，纷纷在抗疫第一线建立新闻阵地，力求在第一时间向全国各地输送疫情的最新情况，如新华社在湖北的报道力量便足有一百多人。他们是新闻界的中坚力量，为疫情期间的通信保障提供了坚实的基础。疫情危机缓解后，他们更是共同撰写了《武汉抗疫日记》一书，以第一人称日记的叙述视角讲述了武汉从成立防控指挥部到彻底解封的艰苦卓绝的过程，为我们再现了疫情的紧急情况和人们的努力。新闻工作者们是记者也是战士，为坚决打赢疫情防控的人民战争、总体战、阻击战凝聚了强大精神力量。

（二）青年人的担当

学习中，最令我佩服的是在抗击疫情的新闻战线中新生代的年轻群体正在崛起。不仅是人数的增加，我们也看到青年人在疫情报道中发挥的作用越来越大，曾经被嘲笑"一代不如一代"的孩子们此时站在抗疫一线，展现了丝毫不逊色于前辈们的专业精神和奉献精神。他们深入实地、不惧风险，带给我们最真实、最准确、最及时的报道，以年轻人的独特眼光，用独特的角度带领我们走近疫情。对我们大学生们来讲，这足以使我们热血澎湃。新青年新闻工作者的参与对我们是一种鞭策和指导，我们看到青年人的崛起，看到属于我们的光明未来。在新时代中国特色社会主义的广阔天地中，我们渴望为国家为社会贡献自己的一份力量，在集体中实现个人价值。

（三）勇往直前的新闻传播学子

作为广告学专业的学生，我们仍是传媒大家庭中的一分子。身在传媒行业，我们绝不能认为自己置身事外，因为疫情大考，考验的是各个行业的齐心协力。见证了这次疫情下前辈们的努力，我们更应该积极学习前辈们的责任意识、奉献意识，不惧危险，勇于担当，敢于冲在第一线。面对困难我们不能逃向轻松的一边，而是应该直面苦难、勇往直前。新闻传播学子们需要保持思想定力，拥有广阔的国际视野，讲好中国故事，塑造中国形象，认真学习，为党和人民的新闻传播做出自己的贡献。

北京师范大学

（新闻传播学院）

一、教学概况

"中国新闻传播大讲堂"是教育部深入贯彻落实习近平总书记关于加强新闻舆论工作、加快推进教育现代化系列重要讲话精神的重大举措，是正式吹响新文科建设号角的首项重要工作。北京师范大学新闻传播学院十分重视"中国新闻传播大讲堂"活动的开展，将其作为我院推进马克思主义新闻观教育的重要契机，在开展活动时充分调动同学们学习的热情和参与的积极性。

2020年11月10日和11日，我院开展"中国新闻传播大讲堂"系列学习活动，分别由新华社总编室副主任、高级记者刘刚和荣获第三十届中国新闻奖一等奖的北师大新闻传播学院毕业生李强担任主讲人，分享他们在武汉抗疫一线参与报道的亲身经历。刘刚以"新华精神"为核心，结合真实案例，精准传递了对党忠诚、勿忘人民、实事求是、开拓创新的"新华精神"，并讲述了新华社武汉前线人员在疫情报道中的工作实绩，反映出新华社记者在武汉工作期间的努力与奋进。李强强调细节对于特稿的重要性，分享自己寻找一线抗疫过程中最关键的时间点、探寻亲历者的感官体验、记录不为人知的抗疫细节的经历与感悟。学习后，同学们感悟颇多，表示通过活动更加了解新时代新闻工作者的使命担当，更加坚定作为一名预备新闻工作者的理想信念。

在随后一个多月的时间里，北京师范大学新闻传播学院组织同学们以小组为单位，观看、讨论 14 家主流媒体参与抗疫一线报道的 42 名新闻记者录制的 32 集视频教学内容，共 100 多人次参与。

二、特色亮点

（一）夯实国情教育

教育部高教司司长吴岩在活动启动仪式上指出，"中国新闻传播大讲堂"，是一门最生动的国情大课、有温度的思政大课、高水平的专业大课。作为新中国成立以来传播速度最快、感染范围最广、防控难度最大的一次重大突发公共卫生事件，新冠肺炎疫情深刻改变着国家社会乃至世界格局。但面临疫情冲击，全国各族人民紧密团结，在党中央统筹全局的防控部署下，医护人员奔赴一线，党员同志带头冲锋，全国力量迅速组织动员，高效配合织成严密的联防联控网络体系，有效阻断了疫情传播的渠道，筑牢了生命健康网，再一次展现了中国特色社会主义的道路优势、理论优势、制度优势。学院通过组织收看"中国新闻传播大讲堂"，以"抗疫一线的新闻报道"作为内容抓手，以学习心得作为教育成果，以主题研讨作为交流平台，在系列学习中深化新闻学子对于国情社情的认知，服务国情教育大局。

（二）突显使命担当

在新闻舆论工作 48 字方针中，起始便是"高举旗帜、引领导向"。疫情期间，新闻舆论工作者始终秉持对党和国家高度忠诚的态度，心怀职业使命感、责任感奔赴一线，以脚丈量家国情怀，以眼记录生死拼搏，以笔书写抗疫奇迹，突显高度的使命担当。在组织收看大讲堂视频的同时，学院结合专业特色，突显一线记者的职责使命，强化新闻学子的责任感，倡导同学们要向抗疫一线的前辈们学习，学习身为媒体人冲锋在前的无畏精神，"铁肩担道义，妙手著文章"的使命担当，以及忠诚履责、实事求是、勿忘人民的价值追求。

（三）夯实专业技能

"今天的新闻就是明天的历史"，新闻作品跨越时空的力量，源自记者的专业本领和可靠技能。武汉一线记者的作品充满丰富的采访素材、大量的细节描写，将疫区的情况以真实可感的方式传播出去，使新闻"不止一天生命"，而是成为时代的注脚、历史的见证。在大讲堂的学习过程中，学院立足专业优势，鼓励同学们结合自身的兴趣点以及专业困惑，聚焦疫情期间新闻工作者组织策划、分工协作、新闻采写、编辑传播等不同环节、不同方面的生动实践和鲜活经验，以心得感悟的方式总结学习，从而进一步培养同学们的专业思维、提高专业技能。

三、学生心得

"中国新闻传播大讲堂"系列教育视频中新闻记者的生动讲述，让同学们感受到中国新闻记者的家国情怀和专业素养。

（一）热血难凉，致敬前辈

疫情大考面前，媒体人展现了一如既往的勇猛与无畏。每次重大事件发生，冲在前线的，除了警察、医生，就是记者。新闻一线对他们而言比什么都更重要，"铁肩担道义，妙手著文章"的新闻理想从不曾泯灭，新闻人的使命和担当依旧沸腾在他们的血液中。那些问机器写作会不会代替记者的人，真应该看看冲锋在前的这些记者。机器是冷的，他们的血却始终是热的。那些问自媒体能不能顶替新闻人的人，真应该看看这些记者，有的自媒体人在靠编织谣言收割流量，这些记者却在顶着生命的风险向人们还原真相。那些还在犹豫靠近新闻事业的人，真应该看看，他们从不说诗和远方，因为理想就在胸膛。他们笔下诞生了太多的平凡和伟大，但他们本身同样伟大。看完视频，我只想说，致敬这些伟大的新闻人！

（二）砥砺自我，传薪播火

"脚下的地面是黏糊糊，是消毒水还没来得及拖干……只能挤得下两个人更换防护服的缓冲区……"李强师兄生动的笔触，仿佛把我带到了疫情期间武汉金银潭医院。李强师兄分享说，好的新闻稿件，会具有"绒毛感"，即你会觉得这样的场景具象可感，足以让审稿编辑阅稿之时泪流满面。疫情之下，新闻记者就像我们的双眼和双手，代替我们观察、触碰抗疫的最前线，一份触动人心的特稿背后，不仅是新闻事实的简单描摹，更有新闻人的视角、新闻人的思索和新闻人对事实的共情与表达力，对不同的事件，要采用不同的切口、手法。不同的时期，也要有横纵的扩展与比较。疫情下的新闻人，带着新闻人的使命与担当，成了一队特殊的"逆行者"，在病毒威胁前保持一份情怀与冷静，呈现给我们疫情一线最真实的守护者群像。他们也和疫情一线的医务人员一样，都是我们心中当之无愧的"最可爱的人"。通过大讲堂的学习，我真实地感受到自己作为未来新闻人的责任与使命，也让我学习到新闻人该具备的素养与技巧。未来的学习生涯里，我会继续砥砺自我，传薪播火，有一分热，发一分光。

北京外国语大学

（国际新闻与传播学院）

一、教学概况

为加快新文科建设、推动高等文科教育提质创新，强化马克思主义新闻观教育，教育部高教司、中宣部新闻局委托高校新闻传播学类专业教学指导委员会开办"中国新闻传播大讲堂"，全面推进新闻传播类专业课程思政建设，增强了广大新闻传播类专业学生的自信心、自豪感、自主性，提高了新闻传播教育教学的影响力、感召力、塑造力。

北京外国语大学国际新闻与传播学院在接到开展"中国新闻传播大讲堂"学习工作的通知后，随即成立了工作领导小组，由学院党总支书记、院长担任组长，学院教务负责人担任副组长，辅导员、教务秘书为小组成员，主要负责课程具体落实、制定学习方案、前期准备与动员工作；学院及时转发所收到的学习视频等相关材料至各年级班级，学习方式主要以线上观看为主，定期布置学习任务，合理分配，同时联络班委定期反馈学习进度，组织班级内同学们就所学内容进行交流学习。同时，学院将"中国新闻传播大讲堂"列入本硕培养方案。

二、特色亮点

（一）上课形式新颖，内容真实生动，学生感悟深刻

"中国新闻传播大讲堂"以记者们亲口讲述的形式为同学们再次呈现了抗疫的艰辛过程，让新闻传播的后备人才更加深刻地认识到新闻工作者的职责与职业精神，对于疫情中的新闻工作者也怀有了更深的敬意。学生可以全方位了解新闻工作者的工作环境与内容，直接领会由每一个小人物汇合而成的大能量。

（二）启发式教学，培养学生独立思考的能力和与时俱进的创新精神

"中国新闻传播大讲堂"中含有非常丰富的实际案例和事迹，培养学生去思考、去创造，使枯燥乏味变得生动活泼。大讲堂具有启发性，培养独立思考的重要因素之一是它本身包含了典型的故事情景，自然而然地把学生带入一种真实的情景中，一起与事件中的主人公思考，一起共鸣。大讲堂中素材新颖实用，案例具有典型性、针对性、指导性，生动具体，贴切恰当，能够在联系当下实际的基础上，吸引学生积极参与、积极思考，提高学生分析问题、解决问题的能力，掌握所学内容。中央广播电视总台新闻中心的肖振生在讲座中重点介绍了武汉前方抗疫融媒体下"全景化"新闻报道的事件与创新，创新新闻节目形式，策划特别节目，将原生态的现场和情节通过屏幕展现在大众眼前，"云监工""云守望""慢直播"使真实变得触手可及。

三、学生心得

此次"中国新闻传播大讲堂"对我专业学习和未来新闻传播实践指导意义非凡，在未来新闻传播实践活动中，我们要做到以下三点。

（一）坚持以马克思主义新闻观作为报道的主要原则

在观看各个不同的主流媒体分享自己报道疫情的过程中，我再次充分感受到马克思主义新闻观作为我国新闻报道中指导性原则的重要性。在本次观看的过程中，我也比较深刻地体会到马克思主义新闻观在疫情报道中发挥的作用。主流媒体需要时刻牢记自己的职责与使命，在疫情报道中紧跟党的政策和方针，要有顾全大局、牢固基本的思想。尤其在这种重大的灾害性新闻报道上，我们的主流媒体不能过分渲染负面消息，给社会营造一种悲观的氛围，不能为了吸

引阅读量故意报道一些耸人听闻的消息，更不能传播谣言和假新闻。

（二）坚持新闻真实性的原则

疫情期间，主流媒体始终把握报道的主导权，通过多层次、多角度、多主体的报道，尽量还原疫情的整个过程和情况，使人们可以立体地、全面地了解疫情的方方面面，这也让一些质疑的声音难有可乘之机。比如实时更新感染人数和死亡人数，报道医护人员等各行各业员工、武汉市民在疫情中的生活工作情况，邀请专家学者及时对疫情提出建议和见解，及时公布重要的防疫政策等。这些报道使读者即使身在千里之外，也能够接近新闻中心，比较清晰地了解关于疫情的情况，同时针对一些虚假新闻和谣言也进行了有力的回击。

（三）重视技术在新闻报道中的作用

观看大课堂的视频后，最直观的感受就是新闻报道技术的进步和更新。诸如无人机、大数据、VR、直播、5G、云技术等新媒体技术被运用到报道中，这不仅丰富了报道的内容和形式，也更有利于还原真实的情况。比如以直播的方式报道火神山、雷神山医院的建设，以大数据技术更新病例数据并进行实时追踪，通过无人机拍摄深入疫情中心展示疫情下的武汉等。四全媒体这一概念在此次疫情报道中也得到了很好的体现和应用，可以说技术在当前和以后的新闻报道中都是不可忽视的角色。这也启示我们继续发展好信息传播技术，培养技术人才，对我国新闻传播事业发展起到推动作用。

中国传媒大学

（电视学院）

一、教学概况

为更好地总结与推广抗疫新闻报道的经验，感染和激励新闻学子坚定理想信念，提升专业素养，积极投身党和国家的新闻事业，在教育部高教司、中宣部新闻局的指导下，中国传媒大学开展了 32 集"中国新闻传播大讲堂——来自武汉抗疫一线的报道"视频制作、宣传推广、案例分析工作。2020 年 11 月 5 日启动仪式后，中国传媒大学作为大讲堂发起单位深入落实部委意见指示，积极发挥示范引领作用，努力将大讲堂建设为理论与实践融合的新拓展、立德树人的新课堂。首先，我校对外"点对点"向全国新闻院校推广发送视频资源。截至 2021 年 3 月大讲堂资源已覆盖了全国 727 所高校的 1391 个新闻传播学类专业点，形成全时段、全空间、全员全体的大课堂概念，构建了一堂辐射全国、触达城乡的云上课堂。其次，对内贯彻"在做中学，在学中做"，通过在全体师生中开展大讲堂视频制作、新生入学教育、党员理论学习等形式多样的主题活动，推进抗疫精神进校园、进课堂、进头脑。此外，我校以大讲堂为案例建设新闻传播学科案例库，电视学院各教研室进行了多轮次的教学研讨和培训活动，探索课程思政育人模式下大讲堂内容与专业课程深度融合的方式。目前，相关案例已应用于《新闻学概论》《实践中的马克思主义新闻观》《视听作品研究》

《媒介伦理与法规》课程的日常教学中，实现本科生、研究生所有专业全覆盖。大讲堂在传媒大学产生了巨大反响，同学们在学习中感悟伟大的抗疫精神，坚定对我国发展道路的信心。通过学习一线记者的抗疫报道经验，同学们加深了对马克思主义新闻观的理解与认同。

二、特色亮点

（一）坚定理想信念

目前，国际局势与世界格局复杂多变，中国抗疫取得的伟大成就和胜利，充分体现了中国特色社会主义的制度优势、理论优势、道路优势。通过大讲堂生动鲜活的讲述，我校师生深入理解国情社情、增加政治认同，在思想上坚定了理想信念，增强道路自信、理论自信、制度自信、文化自信，深化为党为国为人民的深厚情怀。同学们表示，大讲堂彰显了中国人民抗击新冠肺炎疫情的伟大精神，用生动讲述立体展现中国抗疫经验与智慧，用鲜活事实传递中国人民的责任力量。

（二）强化使命担当

通过大讲堂的观摩学习，师生们体会到在这场疫情防控阻击战中，我国媒体担负着通报疫情、回应舆情、联动社情、应对敌情的重要任务。面对疫情大考，新闻工作者冲锋在前，在关键时刻为营造良好的舆论氛围、讲好抗疫故事、传播好中国声音发挥了巨大作用，充分体现了"困难面前豁得出、关键时刻冲得上"的抗疫精神。新闻工作者本身就是生动的"教材"，他们在镜头前讲述抗疫新闻报道经验，分享感人故事，触动了新闻学子的内心。

（三）提升专业素养

在大讲堂中，记者们从自己的亲身经历和切身感受出发，向同学们传授采、写、编、评的知识。这些讲述内容丰富、角度多元，总结并传递新闻报道的技巧和经验，锻造了同学们的专业技能，提升了同学们的专业素养。例如，新华社记者钱彤讲述如何记录普通人的生活，刻画真挚的情感；中国青年报记者谢宛霏细致地剖析了人物报道的撰写技巧；湖北日报摄影记者柯皓讲解了如何在一线捕捉真实感人的影像素材。

（四）树立榜样楷模

今年的抗疫新闻报道中，涌现出了一批 90 后乃至 95 后的年轻记者。他们不惧危险，毅然深入"红区"，数月如一日地坚守在武汉抗疫一线。参与大讲堂录制的记者中，就有不少优秀的年轻记者，如人民日报记者鲜敢，光明日报记者卢璐，中国青年报记者孙庆玲、谢宛霏、李强等。大讲堂在传递正能量的同时，也通过鲜活的案例彰显了 90 后新闻人勇于担当的精神，在学生中树立了一批青年榜样和职业楷模。

三、学生心得

2021 年 4 月 7 日，武汉解封一周年。春风拂江，樱花盛放，人们在街头再相遇，户部巷重新氤氲烟火气。江城，涅槃重生。学习回顾"中国新闻传播大讲堂"系列教育视频，听湖北日报李墨记者讲述她亲历的抗疫故事，心中感触颇深。

（一）搜寻直击人心的细节

驻金银潭医院记者李墨的讲述，之所以能够真正触动人心，是因为她把点滴故事的细节鲜活地呈现在我们面前。李墨的演讲向我们展现了关于医生张定宇的报道全过程，详细叙述张定宇如何拖着渐冻的双腿奔走在抗疫一线——张定宇高低不平的腿，疲惫不堪的眼神，平静低沉的语气，提起爱人时止不住的眼泪……正是这些生活中无法回避和抵抗的细节，刻画出一个燃烧着强烈的生命和奉献之火，努力与矛盾的命运抗争到底的张定宇。在新闻报道中，将这些细节展现给观众，才能够将故事讲述得更真切生动，才能够直击观众内心、引起观众共鸣，成为深入人心的好故事。正如李墨记者所说："这些细节的张力，命运的冲突，小我与大爱，绝境与坚守，唤醒了大家情感的共鸣，最后形成了一种生命的力量，向上，前行。"

（二）讲好"普通人"的故事

李墨记者的讲述告诉媒体工作者，要塑造深入人心的英雄形象，让他们的事迹熨帖每个人的心灵，最重要的并非追求过分美化的"造神"，而要将他们还原成"人",才能让人物富有真实感,拉近和读者间的距离,让读者产生情感的共鸣。正如在李墨记者报道中的张定宇,他是无私奉献的英雄,但也是燃烧自己的病人,是担心妻子的丈夫,是和我们一样在困境中努力生活的普通人。媒体工作者应该始终贯彻落实习近平总书记"讲好中国故事"的重要指示精神,形成更加敏锐的洞察力、更加细腻的感知力、更加深入人心的表达力。我们需要讲述普通人的故事,正正是这些千千万万顽强、向上的普通人的故事,才汇聚成属于这个时代的中国故事。

首都经济贸易大学

（文化与传播学院）

一、教学概况

2020 年 11 月 5 日下午，为加快新文科建设、推动高等文科教育提质创新、强化学生马克思主义新闻观教育、全面推进新闻传播类专业课程思政建设，"中国新闻传播大讲堂"启动仪式在中国传媒大学举办。学院领导班子高度重视，通过央视频平台全程观看启动仪式的直播视频。

按照教育部和教育厅的通知要求，我院积极组织安排相关专业开展教学活动，在 11 月初开始课程安排规划，按计划将"中国新闻传播大讲堂"纳入学分管理，通过超星学习通平台完成教学任务。在原本的教学培养方案中，《马克思主义新闻观》为两学分课程，此次我院将"中国新闻传播大讲堂"与必修课程《马克思主义新闻观》相结合，在观看大讲堂以及完成后续观后感作业后，学生可获得《马克思主义新闻观》课程的两学分中的一学分。

我院指定专人负责大讲堂学习，11 月 12 日，学院将视频课程下载解密后分集上传至学习通平台，并设置视频不可倍速、不可拖拽，学习视频时长超过 90% 才可以计算为通过该集视频的学习，这样的安排设置可以保证学生更认真准确地学习每集视频所需领悟的知识。在课程上传完成后，学院通过安排各班学生扫描学习通课程二维码的方式加入各自的学习通班级。同时，为强化学习效果，学院布置了撰写大讲堂观后感作为期末作业，希望学生能够在观后感的写作过程中，沉下心来认真总结学习心得，做到将大讲堂视频课程内化于心，并有效输出。做到不只是看了课程视频，而是真的在学习过后有所收获、有所提升。课程学习结束后，学院共计收到133份观后感。同学们在学习课程视频后，对新闻工作者在抗疫期间所做出的贡献有了新的认知，并对自己所学专业有了更加深入的理解。

二、特色亮点

（一）培养家国情怀

大讲堂的学习与马新观课程相结合，侧重培养学生的家国情怀。在学生上交的观后感中，我们可以看出，通过本学期为期一个月的线上超星学习通平台的马克思主义新闻观学习，学生不但了解了疫情报道背后的新闻工作者的故事，而且也以新闻工作者的报道为切入点了解到疫情中发生的点点滴滴——武汉市建设局工作人员谭炜、江夏区舒安派出所民警徐勇、武汉地产集团的监理师张凯等一个个坚守在武汉的榜样人物。大讲堂中承载着鲜明的价值观的故事，给学生传递了马克思主义的信仰观念，真正做到思想引领与价值导向，培养了学生的爱国热情。

（二）提升专业素养

武汉解封，中国以武汉为主战场的疫情防控取得了阶段性胜利，新闻工作者平安凯旋，给学生们上了这一场生动的专业大课。大讲堂的课程让学生们对于如何进行新闻报道、如何做一名合格的新闻工作者等问题产生了诸多感悟，让学生们开始反思自己应该怎样提升自己的专业水平，如何进步。

"新闻工作者们毫不松懈、奋战到底，切实肩负起强信心、暖人心、聚民心的使命任务，做好重大宣专报道，多把镜头对准一线、多把笔端触及基层，继续为经济社会发展注入更多正能量。"学生黄尚冰观看后说道。

（三）加深职业理解

大讲堂的学习加深了学生对于记者这一职业的理解。学生郑钰莹对于现如今自己能够做什么产生了思考："面对疫情，当代青年应如何理解和践行'四力'？"年轻一代应增强脚力，明确方向；增强眼力，有格局视野，透过现象看本质；增强脑力，精准报道事实，积极进行舆论引导；增强笔力，创新传播方式、传播正能量。同学们普遍反映，通过视频课程的学习，对自己的专业有了更明确和真实的看法，颠覆了之前的认知，也对这一职业更加憧憬和向往。

三、学生心得

回首这短短的一年多，在新冠肺炎疫情的影响下，武汉乃至全国各大城市的生活和发展像是被按了暂停键；可与病毒争分夺秒的医护人员和广大市民志愿者的生活却被实打实地按了快进键。而"中国新闻传播大讲堂"让同学们从深入武汉抗疫一线的优秀记者前辈们的叙述和镜头中，更加真实、近距离地感受到那些在武汉发生过的惊心动魄的经历。

（一）平凡亦英雄

让我感触最深的是新华社全媒编辑中心副主任钱彤记者的分享部分。"以时间为经，以产品为纬，从一个老新闻人的角度，谈谈我个人见证的抗疫之战的艰难历程。"因此，我本篇观后感的题目与之主题相同——平凡亦英雄。

在他的叙述里，2020 年 1 月 23 日武汉封城的指令一经下达，当日上午，新华社第一批增援武汉的 5 名记者就已经抵达武汉。在那段日子里，他们，像许许多多支援武汉的医护工作者一样义无反顾。为了真实地反映抗疫一线的情况，为了报道事实、让广大人民群众得以了解真相进而缓解恐慌，他们成为向武汉出发的"最美逆行者"中的一员。或许许多年后，当年拍摄、采访、撰写和剪辑的记者们也已成为文末作者栏中小小的几个名字，但就是这样的平凡，替那个英雄的城市、替那些英雄的人民留下了永远的回忆，这或许就是——平凡亦英雄。

（二）做"活"新闻报道

在这次疫情之中，我发现中国主流新闻报道的优势，便是官方媒体能一直站在人民的立场上，做出符合人民群众利益的新闻报道。作为记录者的一线记者们守在隔离病房里、患者病床前，冒着随时可能被感染的风险，将一切细节记录下来。就是用这样的韧劲和坚持，新闻人才得以留给武汉、留给湖北，甚至留给历史一份珍贵的底稿。许多年后，当这段难挨的日子，当那些无数为抗疫奋斗甚至牺牲的人们成为历史书上薄薄的几页，我们的后人依然能从这样的新闻报道中，看到当年"血染樱花，万众一心，英雄人民，共同抗疫"的壮举。

相比那些鼓吹"舆论自由"的国家，看似自由报道，但实际媒体被背后的资本和利益集团深深绑定，以金钱和利益为导向进行报道，我国主流媒体的"人民立场"就凸显了自身的优势。因为这样的新闻是真正被人们所认可、所信赖的，只有得到了广大群众的认可，新闻报道才能是"活的"。

国际关系学院

（文化与传播系）

一、教学概况

"中国新闻传播大讲堂"是"司、局、校"协同推进新闻传播教育创新发展的重要举措，是高校新闻传播教育战线落实新文科建设工作会议精神的行动，是关键抓手、是生动实践，也是强化马克思主义新闻观教育、全面推进新闻传播类专业课程思政建设的实际行动。

国际关系学院文化与传播系党总支在系列学习活动中发挥了重要作用，调动党员的先锋模范作用，党员们将大讲堂作为提高自身党性修养和思想政治觉悟的契机。各位党员同志在学习的同时充分发挥了先锋模范作用，紧密团结系内群众进行集体学习、集体讨论。在集体学习过程中，有的党员同志提出："这次大讲堂活动生动地体现了新闻舆论工作的党性与人民性。"

国际关系学院文化与传播系师生通过集体学习、集体讨论、文章征集等丰富多彩的活动，全面加深对大讲堂的系列学习。大讲堂的学习讨论增强了师生们对新闻传播专业的自信心、自豪感，使全系师生对中国特色社会主义制度下道路自信、理论自信、制度自信、文化自信有了更为全面而深刻的理解。

二、特色亮点

（一）为教学提供方向和重点

通过对"中国新闻传播大讲堂"的学习，师生们充分认识到媒介融合在此次疫情报道中发挥的重要作用，为今后文化与传播系的教学提供了方向与教学重点。在抗击疫情这一重大事件的报道上，一线、现场是人们普遍关心的，对一线和现场的报道也是媒体体现人文关怀的重要表现。如何通过各种新技术记录抗击疫情的现场是新闻媒体面临的一大考验。为此，不少媒体在图片、视频等方面做出了很多探索，很好地记录了战疫现场，提升了新闻报道的感染力和传播效果。作为传统的还原现场的重要表达形式，图片新闻在抗疫报道中得到了进一步创新。人民日报客户端在单张图片或组图的基础上，采用了"图片联动"的方式，即通过多张相同背景照片的排版，设计出一个图片报道的整体效果，可以自动播放、放大、退出。在人民日报客户端的新闻栏目中，设置了一个镜头板块，通过镜头呈现现场。

（二）提高了学生的专业素养

在学习的同时，学生们也表示今后要努力提高自己的知识水平以适应时代发展的需要。大讲堂中的主讲人以极高的新闻专业素养为广大的人民群众报道了疫情，运用专业知识讲述了一个又一个感人的抗疫故事，这些故事汇聚了全国上下战胜疫情的决心和勇气。可以说记者是一个"杂学家"，在此次疫情期间，很多采编人员除了具有熟练的业务知识外，也为人民群众解读了相关的医学知识、防疫知识，打消了人民群众的疑虑与担心。有同学谈道："在学好新闻传播的知识外，我也要在其他学科上多探索、多涉猎，这样才能报道出高质量的好新闻。"而除了相关知识的学习外，同学们还表示更要具备为了探寻事实真相敢于冲破一切艰难险阻的大无畏精神。记者要善于从新闻事件的表象中提炼报道主题，有一双敏锐的眼睛。这也是写好新闻报道的关键。

三、学生心得

在观看"中国新闻传播大讲堂"之前，我对"新闻人"这个概念是模糊的，不知道怎样做才算是一个好的新闻人。但通过观看大讲堂，我对"新闻人"这个概念有了更全面的认识，一个个新闻记者在向我们讲述自己的"逆行"故事时，也向我们塑造了一个光辉伟岸的新闻榜样，未来我就要成为他们那样的记者，他们才是优秀的新闻人。

（一）坚守党性和人民性不动摇

习近平总书记在网络安全和信息化工作座谈会上指出："网民大多数是普通群众，来自四面八方，各自经历不同，观点和想法肯定是五花八门的，不能要求他们对所有问题都看得那么准、说得那么对。要多一些包容和耐心，对建设性意见要及时吸纳，对困难要及时帮助，对不了解情况的要及时宣介，对模糊认识要及时廓清，对怨气怨言要及时化解，对错误看法要及时引导和纠正，让互联网成为我们同群众交流沟通的新平台，成为了解群众、贴近群众、为群众排忧解难的新途径，成为发扬人民民主、接受人民监督的新渠道。"这一番话，充分体现了党的新闻舆论工作中党性与人民性相统一的重要要求。这些主讲人中许多人都是共产党员，在疫情面前冲在第一线，争当党和人民的耳目喉舌，满足人民群众对信息的需求，报道鲜活的抗疫故事，替人民群众表达对武汉的关切。可以说他们想人民所想，传人民所思。

（二）坚持真实客观报道

"真实客观"可谓是新闻十分重要的特征，失去了真实性新闻也就没有了生命。这几位主讲记者亲赴抗疫前线，用真实的故事打动了更多的人。处于新媒体时代，人人都有麦克风，人人都可以在网络上发声，疫情期间不断流出关于疫情的诸多谣言，一定程度引起了民众恐慌，舆论场上更是鱼龙混杂，各种声音不断冲荡，使人们更加焦虑。这时，真实客观的报道以及如何回应谣言、如何努力营造清朗的网络舆论空间，便显得尤为重要。正如这几位主讲人所说所做，坚持真实客观的报道去回应谣言，是在舆论场上正本清源有效途径。

（三）提升国际传播力

值得注意的是，新闻工作者在此次疫情中的表现更为我国新闻报道的国际传播提供了宝贵的经验。从他们的镜头与文字中，我们看到了勇敢坚毅的逆行者，看到了乐观坚强的武汉人，看到了医生与患者的深厚情谊。这些动人的故事传播在国际舆论场上，可提升我国的国际传播力。

北京体育大学

（新闻与传播学院）

一、教学概况

北京体育大学新闻与传播学院积极响应教育部高教司、中宣部新闻局，以及高校新闻传播学类专业教学指导委员会要求，结合学校课程体系架构和新闻与传播学院人才培养实际情况，将"中国新闻传播大讲堂"纳入学校通识课程体系，指定专人负责、执行学分管理。学院将"中国新闻传播大讲堂"作为新闻与传播学院本科学生的必修课程，同时鼓励其他专业学生选修，切实推动抗疫精神进校园、进课堂，以强化马克思主义新闻观教育，全面推动新闻理论与新闻实践深度融合。北京体育大学将大讲堂纳入全校通识课程体系，是探索新文科建设范式的创新实践。通过大讲堂的学习，不同专业的学生同上一堂课，增强爱国意识，激发爱国情感，切实践行以通识教育立德树人，"用马克思主义铸魂，用爱国情怀强基，用人文素养修身，用国际视野拓界，用特色项目托举，用未来媒体创新"的特色育人理念。

二、特色亮点

（一）师生进行专题研讨

北京体育大学新闻与传播学院立足今年大讲堂的主题"来自武汉抗疫一线的报道"，将14家主流媒体参与抗疫一线报道的42名记者共同录制的32集视频作为核心教学内容，按照系列专题的形式将大讲堂的教学课程划分为"主流媒体抗疫一线报道""抗疫深度报道的策划与呈现""融媒体时代抗疫工作全景化报道""国际传播讲好中国抗疫故事""抗疫报道团队中的青年先锋"和"铁肩担道义 妙手著文章"六个单元。大讲堂由新闻与传播学院五位青年教师高歌、肖斌、张瑞桓、丰华文、梁骏等担任联合主讲，带领各年级学生们一同学习、交流和研讨。在课程期间，广大师生学习优秀新闻记者不惧危险、迎难而上的先进事迹，深入领会"使命在肩、奋斗有我"的精神，增强了新闻传播类专业学生的自信心、自豪感、自主性，提高了政治思想觉悟、专业素养和实践能力。

（二）结合线上线下形式"重返"报道现场

大讲堂采取线上线下相结合的形式，带领同学们"重返"抗疫一线报道的现场，紧随每一位新闻前辈的脚步，感受新闻工作者的责任与担当，使学生们通过真实的案例和一线新闻工作者的讲述，深入理解新闻事业对于国家、社会和人民的责任和价值，体悟新闻工作应有团队齐心的团结、全球化国际化的沟通能力、坚持党性原则的使命以及与时俱进的创新，学习如何立足本专业，以正确的政治方向和新闻价值取向为基本原则，做一名合格的中国抗疫经验、抗疫故事的传播者和讲述者。很多学生听完讲座后表示，他们将在未来的新闻职业生涯中以前辈新闻人为榜样，主动深入践行"四力"，坚定自己的理想信念，努力成为训练有素，能力过硬的新闻工作者，并积极分享自己的学习心得体会，将大讲堂传递的精神内化于心，外化于行。

（三）探索交叉融合的新文科建设范式

大讲堂以一个个鲜活的事迹和人物事件向青年学子分享了第一现场的报道，引导同学们深刻理解中国特色社会主义的制度优势、理论优势、道路优势，培养了同学们为党为国为人民的深厚情怀和使命担当。北京体育大学新闻与传播学院将继续落实推进"中国新闻传播大讲堂"课程建设和教学实践工作，将大讲堂作为一门最生动的国情大课、有温度的思政大课和高水平的专业大课，以特色项目为依托，让未来媒体开先河，积极探索交叉融合的新文科建设范式，努力培养新时代所需要的新闻舆论工作人才。培养有定力、有情怀、有本领的新闻人，成为与党同心、与人民共情的优秀新闻工作者。

三、学生心得

今天在老师的带领下我们学习了"中国新闻传播大讲堂"系列课程第一课，这一讲主要讲述了新华社新闻工作者在疫情防控期间的艰辛工作，引导我们认识和思考新闻工作者的责任和担当。整个课程聚焦武汉防疫前线的真实情况，震撼人心。

（一）坚守记者的选择

在不平凡的 2020 年，记者们坚守在新闻现场，在离真相最近的地方，担当决定性瞬间的"捕手"，将细微表象背后蕴含的丰富情感与象征意义传递给广大读者，是他们不惧风险，深入一线，记录中国社会的点点滴滴，传递温情和力量。多少年来，新闻记者在枪林弹雨中坚守阵地，在黑暗冤屈前守望正义，在岁月变迁里记录时代。选择记者，就是选择了一种生活方式，在别人后退的时候，你要前进，你要比别人更加勇敢和坚强。在疫情期间，镜头前有无数个英雄，可是镜头后面，也有无数个采访英雄的英雄，他们不惧艰辛和危险，将信息即时传递给受众，为国家贡献一份力量。记者，像一束光照亮我们前行。这就是新华精神的内核，也正是千千万万新闻工作者应不懈追求的责任担当。正像张定宇在分享中所说："人的生命长度是有限的，但宽度和厚度却是无限的。对理想的每一次捍卫，无论多么微不足道，都在让世界变得更好，当然，我们也希望未来的一年，不要像今年，有太多的泪水。"

（二）传承红色的基因

面对严峻的疫情，面对残酷的分别，你会发现新华社的红色基因毫无保留地传承下来。记者在战时状态上的采访是非常艰苦的，此时就更需要前线有限的人员通力协作。为增强战斗力，武汉前线增援人员临时成立了党支部。面对最危险的采访、最不容易攻克的采访难关，党员都冲锋在前，充分体现了什么叫先锋模范作用，什么叫攻坚克难的战斗堡垒。在这种困难面前，行胜于言，党旗始终高高飘扬在疫情防控的最前沿。火线入党是每一个进步青年在疫情防控期间，希望做出的、以政治信仰为依托的责任和贡献。我们应该认识到，立下生死状、在前线奋斗、出生入死的人并不仅仅是医务工作者，还有所有在火线上的新闻人，这是我们青年一代为之自豪、为之努力的方向。

中央民族大学

（新闻与传播学院）

一、教学概况

"中国新闻传播大讲堂"是深入贯彻习近平总书记关于加强新闻舆论工作、加强马克思主义新闻观教育的创新举措；是高校新闻传播教育战线落实新文科建设工作会议精神的生动实践，具有历史性突破意义。为上好这门最生动的国情大课、有温度的思政大课、高水平的专业大课，中央民族大学新闻与传播学院迅速行动，精心筹划，制定科学可行的实施方案，扎实有效开展"中国新闻传播大讲堂"主题研学活动。广大师生积极参与，以"战疫一线，家国与热爱同行"为主题认真研学，感受家国同构的情感和铸牢中华民族命运共同体意识的力量，思索新传学子应肩负的时代使命与社会责任。研学活动取得了良好的效果。

广大师生学有所思，学有所得，学有所为。这次活动使学生深刻感悟到中国新闻记者的家国情怀与专业素养，对落实强化马克思主义新闻观教育、全面推进新闻传播类专业课程思政建设、推动新闻理论与新闻实践深度融合、培养新时代优秀新闻传播人才具有重要意义。对于即将从事传媒工作、踏上新闻一线的同学们而言，大讲堂的学习让他们真正感受到一线工作者崇高的新闻理想、厚重的社会责任和人文情怀，也激励同学们在未来工作中努力做到学有所为，在热爱中担当起家国责任。

二、特色亮点

（一）积极筹划，精心设计

为切实提高"中国新闻传播大讲堂"学习成效，中央民族大学新闻与传播学院召开专门会议研究部署，确定以"战疫一线，家国与热爱同行"为主题开展研学活动，制定了科学可行、内容翔实的实施方案，以集中收看、主题班会、分组研讨、活动征文等形式有效开展研学活动。同时，学院成立研学活动领导小组，负责推进研学活动；成立研学征文评审团，负责征文评审及表彰工作。

为了让学生们充分认识到这项研学活动的重大意义，积极参与研学活动，按照研学活动实施方案，学院首先开展全覆盖的前期宣传工作。考虑到疫情防控要求，学院采取了线上加线下的宣传方式。

其次，组织全体本科生在线观看启动仪式。观看仪式后，学生积极展开讨论，对疫情期间一线新闻工作者艰难的工作环境有了更深的了解，对新闻工作者在新时代肩负的历史使命有了新的认识。

另外，成立班导师加辅导员的宣传工作小组，分工明确，线下组织学生在教学楼内张贴悬挂海报，线上利用微信群发布通知和推文。宣传紧扣主题，突出同心战"疫"，广大记者与逆行者同行的家国情怀和专业素养，激发学生参与研学活动的热情，充分了解这项研学活动的重大意义。

（二）学有所思，思有所感

为确保研学效果，学院在组织学生集中收看32集视频教学课程的过程中提前介入，各班级指导老师是前给学生设置问题，让学生带着问题"看"，学有所思，思有所感。如"习近平总书记对宣传思想战线提出增强'四力'的要求有哪些现实意义""新时代为什么仍要坚持政治家办报""新时代新闻工作者应该具备哪些素养""怎样选取突发重大公共卫生事件的新闻报道角度""突发重大公共卫生事件新闻报道中影像素材的取舍"，学生在汲取专业知识的同时，了解国情，接受思政教育。

（三）形式多样，深化效果

按照研学活动实施方案的要求，学院积极组织各班开展分组讨论、主题班会活动，同时积极做好活动征文工作。各班指导老师按时参加各班级的分组讨论和主题班会，对一些视频课程进行重点解读，启发学生思路。在分组讨论和主题班会中，学生踊跃发言，热烈讨论，分别从不同的视角发表看法，达到了共同学习、共同提高的目的。研学征文同步开展，截至 12 月 20 日，共收到研学征文 218 篇，广大新传学子分别从不同视角阐述了学习心得。经过认真评审，5 名同学荣获征文一等奖；13 名同学荣获征文二等奖；30 名同学荣获征文三等奖。

三、学生心得

庚子开年，新冠病毒肆虐，一时之间，人人自危，但危难关头总有一些人挺身而出。在这些逆行者中，新闻记者作为人民看向远方的眼睛，义无反顾地奔赴抗疫前线。他们为全国上下提供了真实、可靠的新闻信息，传回了严峻疫情中的人性温情，既探究事实，也反映大爱。我们班聆听了武汉封城期间前往一线报道的新华社记者钱彤、费茂华的亲身经历，他们以朴素却动人的语言描绘出惊心动魄的疫情中那些值得铭记、值得回顾的温暖瞬间。

（一）是报道，也是历史

曾听一位老师说过，今天的新闻是明天的历史，我深感认同，而对于这一点，我也在大讲堂的视频学习中有所体会。我们以往讲历史，看到的多是大人物在何时何地做了什么，而今天，我们讲疫情，谈到的不仅是国家政要做何决策，也要看到普通百姓在疫情下的不凡抗争。如今的新闻关怀的是"人"本身，疫情期间更是如此，记者的报道中表现得越来越多的是宏观环境下微小个体的生活与转变，是共同的困难下所有人对彼此的倾力相助。"什么值得被记录？"这一问题是没有最终答案的，除了社会事件的报道，本次疫情中前线记者们所做的，还有传递人性，传达关怀，将爱与善良作为报道的内核，将希望埋藏于报道的字里行间。

（二）是坚强，也是温柔

新闻记者应当具有共情能力，在困难面前注意别人的痛苦，在灾难面前关怀共有的悲伤。我坚信，一位优秀的新闻记者，一定有兼顾外在的坚强和内心的温柔，他们亲身到达现场，传递真实的现状，表达共有的关怀。历史不是冷冰冰的文字，它充满了血肉和感情。费老师用镜头记录下能够代表重要历史节点的瞬间，希望它们能成为人们回顾历史的桥梁。他认为，当人们看到这些历史碎片时，能将他们带回历史的片段中，这是一个记者莫大的荣耀。

中国政法大学

（光明新闻传播学院）

一、教学概况

中国政法大学光明新闻传播学院高度重视"中国新闻传播大讲堂"活动的组织观看工作，在"中国新闻传播大讲堂"活动启动阶段即组织学院全体同学进行了观看，从 2020 年 11 月 25 日至 2020 年 12 月 16 日，光明新闻传播学院贯彻教育部高教司"支持各高校新闻传播院系把大讲堂课程作为新闻传播类专业必修课"的要求，共组织本科生院和研究生院的全体同学观看大讲堂系列讲座八场，圆满完成了全部四十集内容的学习。

2020 年 11 月 15 日，学院组织全院师生在学院路校区和昌平校区共同观看"中国新闻传播大讲堂"启动仪式。中国政法大学党委宣传部副部长何苗，光明新闻传播学院常务副院长姚泽金、党委书记尚武、党委副书记阴卫芝出席活动。学院常务副院长姚泽金提到，要深入领会每一位讲述者对新闻报道的感悟，对特定的新闻素材、新闻题材和新闻报道对象的深入挖掘，是增强广大新闻传播类专业学生自信心、自豪感、自主性，提高新闻传播教育凝聚力、感召力、塑造力的生动实践。

学院分团委具体策划了大讲堂系列活动的线上或线下讲座，安排专人负责申请活动场地与现场设施布置，在每次讲座活动的间隙，专门设置学生讨论环节，由观看讲座的学生针对讲座本身的内容提出问题，其他学生则就此进行讨论，同学们都格外珍惜这一观察社会的契机。

二、特色亮点

（一）强化职业身份认同

学院"中国新闻传播大讲堂"活动组织了分享会，同学们在分享会上一致对新闻记者这一职业表示钦佩，多位同学为所学专业感到骄傲，并期待自己早日成为职业媒体人。2019级研究生胡子傲坦言，希望能做社会公平正义的捍卫者，坚守马克思主义新闻观，用笔来记录这个时代，并决心不断提高自己的媒介素养，努力成为一名合格的记者。同级学生邹丽对第22集中记者李强的一席话记忆犹新，李强说新闻不止一天生命，他很庆幸自己怀着如此憧憬去做了。邹丽有感而发，谈到新闻与历史的关联，以及记录当下之于后人反思的意义。

（二）习得一线工作经验

同学们学习完视频后表示，作为身在象牙塔中的新闻学子，能通过"云学习"的方式获取一线最优秀新闻工作者的工作心得和工作经验，实为幸事。同学们对优秀新闻工作者的品质有了更直观清晰的认知，他们表示作为未来的新闻工作者，一定要德才兼备，以德为先，要树立崇高的理想信念，要以新冠肺炎疫情中冲锋在前、英勇奋战的新闻工作者为榜样，练就过硬本领，到祖国最需要的地方去，学以致用、造福基层、服务人民，为决胜全面建成小康社会、全面建设社会主义现代化国家贡献力量。

（三）理解记者使命担当

对于学院全体师生而言，这一堂"特殊的课程"让光明新闻传播学院的新闻学子对新闻记者的使命和担当有了更多理解，也让新闻学子看到了新闻工作者这一职业的使命和价值。2020级研究生顾紫薇提到主流媒体记者在此次疫情中的重要作用时说，是他们的报道使全国人民对武汉疫情有了全面、深入和动态的观察，缓释了社会紧张情绪，公开透明的问题报道与及时有效的政府应对，增强了政府的公信力，真正发挥了主流媒体的舆论引导作用。大讲堂视频中奋勇拼搏的一线记者同样给了2020级研究生黄文祯莫大鼓舞，她认识到记者的报道是对人民群众内心殷切期盼的回应。

三、学生心得

（一）进一步开拓视野

新闻传播学的前辈们谈到，新闻传播学子们需要保持思想定力，拥有广阔的国际视野。作为一名大学生，观看完此次大讲堂，我在心灵震撼之余也反思如何开拓国际视野。今年上半年这些不平凡的经历，让我更加懂得信仰、情怀与担当。正是中国共产党对人民的信仰才让我们拥有如今的胜利成果，也正是因为新闻工作者对党的信仰，才有这么多震撼的新闻留存于此。面对国际舆论形势，未来的媒体工作者更应打开视野，深入践行"四力"，胸中有丘壑，笔下才能力千钧。

（二）吸收媒体策划经验

青年学子们的当下任务是认真学习，讲座中提到的媒体策划也给我的学习提供了帮助。经济日报记者瞿长福向我们介绍了强化议题设置在重大战役报道中发挥的影响力，并向我们展现了经济日报报道武汉抗疫的特点。中国日报社记者雷蕾向我们讲述了中国日报记者在疫情期间如何深入抗疫一线获取信息、核实信息，在危急时刻仍强调保持冷静客观让我印象深刻。记者现身说法加深了我对书上新闻理论的理解。

（三）困难面前行胜于言

我在视频中看到新华社记者刘刚说过这样一句话：选择不去武汉的理由可以有很多种，但是去武汉和留下来有一个理由就足够了，那就是职责。因为新闻就在那里，而新闻就是职责！困难面前，行胜于言。我联想到自己面对学习上的压力和困难时，常常怨天尤人或妄自菲薄，但记者老师们提醒了我，行胜于言，只要去做了，事情总会取得进展。而面对未来，成长为一个合格的媒体人更要有一颗坚强的心，不忘初心，不畏艰险。

北京城市学院

（国际文化与传播学部）

一、教学概况

自"中国新闻传播大讲堂"活动开展以来，北京城市学院国际文化与传播学部高度重视，充分认识到"中国新闻传播大讲堂"进课堂的重要性和必要性，并将其作为传播系的一项重要工作予以推进。2020年11月5日，传播系组织全体教师和学生骨干在线观看"中国新闻传播大讲堂"启动仪式直播，此后，此项工作在传播系各专业方向、各年级和各班级全面展开，学习历经一个半月。在学部的精心组织下，各专业周密实施，实现了推动抗疫精神进课堂，引导广大师生深刻理解中国特色社会主义的制度优势、理论优势、道路优势，打牢思想基础、夯实思想根基的目标，收到了显著效果。

二、特色亮点

（一）加强组织领导，发挥专业积极性，活动策划可操作性强

教育部高教司司长吴岩在大讲堂启动仪式上指出，开展"中国新闻传播大讲堂"活动，是新时代培养优秀新闻传播人才的需要，是新文科建设的需要，是高等教育创新发展的需要。为了做好"中国新闻传播大讲堂"进课堂工作，国际文化与传播学部传播系主任与传播学各方向负责人、广播电视编导专业负

责人充分沟通，结合专业实际，聚力于大讲堂和专业核心课程的结合，以传播学专业和广播电视编导专业 2020 级大一新生的专业导论课、高年级以及研究生的专业课、专业核心课为抓手，制定了详尽周密且可操作性极强的工作计划。

2020 年 11 月 5 日，学部组织传播系全体教师、学生骨干集中在线观看了在中国传媒大学举办的"中国新闻传播大讲堂"启动仪式，师生们深深震撼于新闻传播人的职业素养和专业情怀。老师们表示，要以"中国新闻传播大讲堂"的开播为契机，坚持守正创新，做中国特色新闻传播学的传道授业者。同学们聆听一线新闻人的职业感悟，感动不已，备受鼓舞，立志成长为有定力、有情怀、有本领的新闻人。

（二）着力"专业导论"，聚力"专业核心"，教育活动落地实践

中宣部新闻局副局长赵旭雯在大讲堂启动仪式上强调，当代新闻学子要与党同心、与人民共情，做坚守新闻工作优良传统的传承者。本系以此为契机，以传播学一年级同学的专业导论课程为抓手，以各年级专业核心课程为基础，充实课程计划，丰富课程内容，创新马克思主义新闻观教育形式，引导传播系同学立志成长为有定力、有情怀、有本领的新闻人。

一方面，以专业导论课为抓手，推动大讲堂教育活动。2020 年 11 月 20 日晚，学部传播系在航天城校区综合楼一层报告厅举行了"中国新闻传播大讲堂——来自武汉抗疫一线的报道"学习活动，2020 级传播系、2020 级广播电视编导专业的同学，以及专业各年级学生骨干和入党积极分子 200 余人集中学习了其中三讲视频内容，并就人民日报西藏分社记者鲜敢，澎湃新闻记者李云芳、史含伟带来的抗疫故事和抗疫报道进行深入交流学习。另一方面，发挥教师积极性，将教育活动和专业核心课有机结合。传播系聚力于大讲堂和专业核心课程的结合，结合本学期的课程及目前的教学进度，最终选定 4 位专业教师的 4 门专业核心课程《传播学理论》《融媒体概论》《电视文体写作》《新闻采访与写作》开展学习。

（三）"中国新闻传播大讲堂"教育初现成效，职业认同感明显增强

"中国新闻传播大讲堂"教育学习活动是成功的。通过系列活动，同学们真正认识到抗疫的成功源于每一个勇敢坚定的个体对于人民和国家的热爱、保护

和坚持；认识到这些时代英雄是这个国家最可爱可敬的群体；也认识到媒体传播对于挽救国家危难起到的重大作用，以及媒体人应该具备的正义、勇敢和担当。同学们普遍表示，在观看视频的过程中，内心是一直悬着、揪着的，感受到更多的力量。

三、学生心得

这次学习我们集中观看了 3 名记者同志的分享，但其中，我印象最深刻的是人民日报记者鲜敢的演讲。他是人民日报西藏分社的记者，在过年回到家乡武汉时遭遇疫情，他坚守一线，对疫情进行了三个维度的调查、采访、报道。通过学习，我有以下两点认识。

（一）运用新技术，发挥新媒体优势

新媒体是技术上的革命，新闻人不仅要掌握好传统媒体的基本方式，更要运用好新技术，利用好新媒体的优势，做内容丰富、形式多样以及吸引受众的作品。在对方舱医院的描述中，鲜敢选取的主题十分新颖，是我在之前的报道中没有了解到的。在探秘方舱医院中药房的 Vlog 中，我了解了煎药中心的整体流程——接方审方、调配、浸泡、煎煮、灌装、包装、运输七大步骤，在生产车间中有 130 多台煎药设备，忙碌在一线的还有生产车间里的工友们，为了按时并且保质保量地生产出中药而努力。这些新鲜的融媒体报道形式不仅能让观众从多方面了解疫情有关新闻，更能传递出新闻的真实性和参与感。

（二）讲好中国故事，传播好中国声音

遭遇新冠肺炎疫情以来，中国政府和人民众志成城、全力应对，国际社会也高度关注，特别是武汉乃至湖北的疫情防控，一时成为国际舆论关注的焦点。越是走向世界舞台的中央，越是讲好中国故事、传播好中国声音的有利时机。人民日报、新华社、中央广播电视总台、中国日报社、中新社等新闻单位的驻外记者，运用多种形式在国际舆论场及时发声，讲好中国抗疫故事。有的及时在境外报纸发表文章，有的主动接受境外媒体采访，中央广播电视总台驻外记者还走进其他国家电视台直播间，与湖北、武汉抗击疫情一线的工作人员进行连线直播报道，向境外公众及时客观介绍了疫情进展，生动形象地讲述了广大

医护人员、志愿者等与时间赛跑、与病魔较量的感人故事，理性展示了中国人民在疫情防控中的中国力量、中国精神，展现了中国在世界上作为一个负责任大国的良好形象。

中国劳动关系学院

（文化传播学院）

一、教学概况

2020 年 11 月 26 日，接到《教育部高等教育司关于开展"中国新闻传播大讲堂"的通知》后，中国劳动关系学院文化传播学院新闻传播学系的全体师生迅速行动，认真学习与讨论"中国新闻传播大讲堂——来自武汉抗疫一线的报道"。通过全面学习，师生充分认识到此次活动的重要意义。从同学们的反馈来看，大讲堂活动让他们深切感受到新闻工作者的使命感和责任感，充分了解武汉疫情报道一线的幕后故事，并且学习到一些新闻报道技能，从而加深了对专业的认可和对家国的热爱。一位大一新生引用马尔克斯的话谈自己的感悟："新闻是一种永远无法满足的激情，遇到现实才能尽情挥洒。没有为此而生，打算为此而死的人无法坚守一份如此不可思议、强度极高的工作。"这是他选择新闻的原因，在见证抗疫报道记者们的努力后，他也更加坚定了"为时代立传"的新闻理想。

二、特色亮点

（一）强化专业意识

前线记者的讲述强化了同学们的专业意识，使其能以专业媒体人的视角去分析和看待疫情报道。记者们的切身经历给同学们提供了新闻报道上的直接经验指导，让他们掌握了一定的采访技巧。有同学指出，这次学习使他了解了如何兼顾采访者的情绪挖掘更多真实内容；如何利用新兴融媒体技术快速传播内容。比如人民日报高级记者李舸在拍摄抗疫医生时，并没有采用更具医学专业性的特殊场景，也没有建构宏大叙事，而是与医护工作者交心，突出他们平凡和朴素的一面，于平实话题中记录他们的伟大壮举，如此才让医生们简单的愿望感人至深。

（二）推进理论实践融合

一线优秀记者们现身说法，让同学们领悟到理论与实践融合的魅力，教科书中的新闻传播理论和学界讨论的热点议题被记者们真正贯彻到了实践中去，给同学们专业学习指明了方向。有同学谈到专业学习上的启发，平时要学习掌握各种现代化的技术手段，用更加高效、生动的报道形式和报道语言制作可读性强、易于理解的新闻，向人民群众传递正能量。还有同学再次体会了如何在实践中贯彻新闻真实、客观等基础理论，并对记者老师们面对信息冗杂、新闻竞争激烈、全天候工作等问题时的从容不迫表示敬畏，也清楚了身在新闻专业的自己肩负何种使命。

（三）提高家国感召力

通过沉浸感强的视听语言亲历抗疫报道一线冷暖。此次"中国新闻传播大讲堂"帮助同学们深刻理解中国特色社会主义的制度优势、理论优势与道路优势，培植了同学们为党为国为人民的深厚情怀。同学们表示，在未来学习的路上也要向抗击疫情一线的英雄们看齐，为党和国家，也为一切需要新闻的人们报道新闻。

三、学生心得

（一）感受新闻前辈品格

铁肩担道义，妙笔著文章。作为事实的记录者，他们选择直面困难。他们选择和一线工作者们在一起，只为捧出鲜活滚烫的事实，只为告诉人们最真实、最可靠的情况。视频中新华社记者刘刚的一席话，让我动容。他说："选择不去武汉的理由可以有很多种，但去武汉和留下来有一个理由就足够了，那就是职责，因为新闻就在那里，而新闻就是职责！"是啊，因为新闻就在那里，因为新闻就是职责。所以他们义无反顾，所以他们心甘情愿，所以他们选择逆行。

新闻工作者，这是一个有重量的名称，是被赋予了期待与使命的岗位，是理应站在群众之前的眼睛。疫情期间这么多的故事发生在祖国的大江南北，从抗疫一线的医生护士，到保障运输的后勤人员，疫情展现的点点滴滴，都是新闻，都是人民群众的心之所系。"记者是逆行的英雄，在别人后退的时候记者要前进。"这是一个记者的职责，这种责任感与使命感，是每个新闻人都应具备的。记者们不惧危险，见证与记录的不只是一则新闻，更是一段中国人民抗疫的伟大历史与精神。我真真切切地感受到了"记者"这个职业的责任与使命。那么多可敬可佩的记者临危不惧，他们是这个时代真正的勇士。

（二）学习新兴传播技术

在此次疫情期间，传统主流媒体以受众需求为导向，深入武汉一线报道，通过5G、无人机等技术设备实时发布最新的疫情进展。同时，通过数据新闻实时更新病例情况，以数据可视化直观展现，及时辟谣，消除群众恐慌的同时增强了可读性。数据新闻是媒介融合的产物，是一种全新的新闻形态，吸引了传统媒体涉足实践。媒体融合传播的新尝试打开了更广阔的传播之路，让事实更客观更全面地展现。作为新闻专业的学生，我们要努力学习实践甚至在未来开拓新的传播形式，探索更快速、更高效、更深入的新闻传播方式。学习的路上没有捷径，只有沉淀与积累、认真且不畏艰难的态度才能让我们在新闻传播的路上越走越远。

中国社会科学院大学

（新闻传播学院）

一、教学概况

中国社会科学院大学新闻传播学院高度重视"中国新闻传播大讲堂——来自武汉抗疫一线的报道"的学习工作，召开党政联席会议商议学习方案，制定了详细的落实方案和学习计划，将全院所有本科、硕士、博士学生纳入学习范围。为了保证学习效果，所有内容安排为集中课堂学习。学习时间安排在12月15日至18日，学时为32个课时。学习方式上采用"两个结合"的方式，即必修课与选修课相结合、专业学习与思想政治教育相结合。教学组织工作不仅仅由教学工作部门参与，学院党总支也参与课程学习。

中国社会科学院大学新闻传播学院将这门课纳入2019级新闻学本科专业必修课《高级新闻采写》课程，要求学生认真观摩学习，并结合自身的学习感悟撰写心得体会，学习过程作为《高级新闻采写》必修课考核参考；同时，该视频作为《高级新闻采写》必修课的授课素材。任课教师将课程内容写入《高级新闻写作》课程的授课大纲。同时，学院将学习内容纳入全院选修课，扩大课程覆盖面，面向全体本科生专门新开设了"中国新闻传播大讲堂——来自武汉抗疫一线的报道"课程。为保证学习效果，所有视频32集均采用课堂集中学习方式，切实推动抗疫精神进校园、进课堂、进头脑、进心灵。

二、特色亮点

（一）专业学习与思政教育相结合

"中国新闻传播大讲堂——来自武汉抗疫一线的报道"不但是新闻业务课的宝贵素材，还是大学生思想政治工作教育的宝贵素材。以抗疫报道为主题的大讲堂是加强实践中的马克思主义新闻观教育的创新之举，也是新闻队伍建设、新闻舆论工作的创新之举。通过组织学生学习，可以增强新闻传播学专业的学生与党同心、与民共情以及坚守新闻工作优良传统的自觉与责任；同时也与中国社会科学院大学新闻传播学院的办学宗旨相契合，即坚持守正创新，改进马克思主义新闻观教育，做中国特色新闻学的传道者、授业者。因此，这次学习过程中，学院的教育部门与党总支共同组织，将其纳入学生的思想政治教育和党课学习。此外，强化学习交流与互动，做好学习宣传工作。将学习活动与学习方案通过学校媒体进行发布，并将学习过程、部分学生的学习体会通过学校和学院公号进行发布，提升了学习氛围，提高了学习效果。

（二）强化学习效果，学习成果丰硕

参加学习的同学们都表示大讲堂的内容更加坚定了自己的理念信念，深刻了解了自己作为一名预备的新闻工作者的使命与担当。同学们的学习成果丰硕，撰写学习心得体会19篇，共计近10万字，学生们的思想认识、专业精神、社会责任意识有了巨大的提升。大讲堂视频课程从三方面提升了学生的新闻素养：第一，深化了学生对新闻工作者"四力"能力的理解，同学们表示从视频中真正体会到了"四力"的内涵——现场、细节、创新、用事实说话；第二，强化了学生对新时代讲好中国故事的认知，聆听每一位来自抗疫一线的新闻工作者的讲述后，同学们进一步理解了"讲好中国故事，书写时代历史"的使命所在，极大地提升了同学们的社会责任感、国家使命感；第三，加强了学生对融媒体新闻的重视程度和学习意识，同学们进一步理解了在媒体行业转型阶段，新闻的社会职责未变，新闻人的社会职责也未变，新闻人在新时代应迅速顺应时代的发展趋势，不断提升自己的专业技能，做好中国故事、中国声音的传播者。

三、学生心得

（一）新闻人应做"精通型"人才

新闻人首先应做"精通型"人才，"精通"要求新闻人有灵敏的"新闻鼻"和过硬的新闻实务操作能力。练就强有力的"新闻鼻"需要记者能够认真观察生活，在生活的细节发现新闻线索；同时需要记者能够紧跟时代，善于运用多种方式来寻找新闻线索。过硬的新闻实务操作能力是新闻稿件能否成功的关键。在已经获得新闻线索的情况下，如果没有过硬的新闻实务操作能力也会导致报道功亏一篑。

（二）新闻人应做"复合型"人才

在媒体转型与融合阶段，技术赋能为新闻报道提供了更多方式，新闻的多种呈现方式需要掌握多种技能的记者编辑，"复合型"人才是当下媒体行业对人才的要求。首先，记者需要最基本的采写编评能力、生活技能、强大的心理承受能力和自我保护能力。其次，新媒体时代新闻的时效性更为突出，这就需要记者不仅能够完成采写工作，还要熟练掌握摄影、剪辑、修图、设计网页等工作，这样才能保证稿件更快地在新媒体发稿，争夺新闻的时效性。同时，在大数据能够为新闻提供支持服务的时代，新闻记者和编辑也需要学会并精通数据在新闻中的应用。最后，"复合型"也指"语言复合"，在重大突发公共卫生事件的报道中，新闻报道也需要回应国外关切，展现更真实更全面的中国。

（三）新闻人应做"专业型"人才

"专业"要求新闻人不仅精通新闻实务的操作技能，还要求新闻人能够有新闻理想，尊重新闻传播规律。新闻人是时代的记录者，要努力成为一个有温度的记录者，客观公正报道真实信息，避免低级红和高级黑。此外，全媒体时代更加强调新闻的时效性，所以新闻人在新闻报道中应该注重抢夺新闻时效，以最快的速度发布真实的信息，满足受众的信息需求。在做选题的时候就要精心设置议题，采取多种新闻呈现方式，如 Vlog、图文、直播等，新闻人要充分利用不同新闻传播方式的特点，采用不同的新闻方式呈现不同的新闻信息。

南开大学

[新闻传播学院（筹）]

一、教学概况

"中国新闻传播大讲堂"在推动南开大学新闻传播学科新文科建设、强化马克思主义新闻观教育、优化专业课程思政建设方面具有重要作用。开展"中国新闻传播大讲堂"是人才培养改革、教学内容改革的具体行动，是增强学生爱国主义情怀、增加专业自信心、自豪感、自主性的重要实践。南开大学高度重视关于开展大讲堂的系统部署工作，2020年11月5日下午，我校组织相关院系领导和专业教师集体在线参加启动仪式，并召开专题会议进行研讨和部署，要求在《中国新闻传播史》《新闻采访与写作》《期刊编辑学》等多门课程中融入大讲堂的教学内容，以教师引领、师生同学与线上线下相结合的方式延伸学习。11月至12月间，在专业教师带领下，广播电视学和编辑出版学两个专业多年级的同学们认真学习了32集视频教学内容，领略了14家主流媒体42位新闻记者的爱国情怀、初心使命与专业风范。课程内容深深地触动了老师和同学们，进一步激发了同学们对优秀新闻工作者的敬仰和对本专业的热爱，同时也使他们感受到这门生动的国情大课、思政大课、专业大课的魅力。期末结课时，学校又请部分师生进行了专业研讨，撰写了总结和感悟。通过"中国新闻传播大讲堂"的平台,师生共同学习优秀传播者的抗疫精神、使命担当、专业探索,具有重大而深远的意义。

二、特色亮点

(一)感悟新闻工作"到现场"的意义

通过课程学习,同学们深刻地感悟到新闻工作强调"到现场"的意义。"到现场"是新闻工作的生命,只有到现场,看到最真实最准确的情景,才能做出准确客观的报道。中央广播电视总台《战疫情·特别报道》的主播王春潇和中国青年报的记者孙庆玲都格外强调记者应最大限度地争取到现场去。只有到了现场,记者才能知道事情的真正进展和一线的真实情况,报道的新闻才真实准确;只有到了现场,记者才能抓住细节,丰富新闻内容或是发现重大新闻;只有到了现场,记者才能与现场的氛围达到共鸣,报道的新闻才更具张力和穿透力。新闻工作者应具备"四力",即脚力、眼力、脑力、笔力,脚力排在四力之首,无疑也是突出"到现场"对于新闻工作的重要性。

(二)学习"慎重对待"新闻的温度

在疫情采访报道中,来自新华社全媒体编辑中心的钱彤团队把目光放到了普通人身上。在《七日谈》中,他们采访武汉封城后的前七天内七个普通人的生活,记录普通人生活中最真实的情感,对普通人的关注使新华社的采访有了人情味。记者这个职业需要和各种各样的人交流,倾听他们的心声,只有理解受访对象,并且在交流中表现出理解、关注、尊重,才能顺利地完成采访。具备共情能力是记者的必备素质,要写出有温度、有情感的稿件,就必须与报道对象共情。但是过度的情绪化容易失去客观性。因此,在拥有共情能力的同时,记者要"慎重对待"新闻的温度,同学们在大讲堂中认真学习了这一点。

(三)理解传统新闻媒体融媒体转型的探索

通过大讲堂课程,同学们学习了大量融合媒体的案例,例如澎湃新闻的融媒体报道案例。首先,在采编环节,澎湃新闻发挥了互联网传播的优势。与报纸、电视和广播等传统媒体相比,新媒体的传播具有移动化、视频化的特点,澎湃新闻产出了大量的直播、视频专题,以及集文字、动画、视频为一体的融媒体作品，利用可视图像的感染力，增强了传播效果。其次，澎湃新闻也在 App 和 PC 端紧急上架疫情频道，设置战疫专栏，在微博和微信上也进行了大量的疫情报道，形成了全面的信息矩阵，借助社交媒体达到了和受众的双向交流互动，受众的声音也得到了传递和放大，这成为武汉保卫战历史手稿中的一条重要的集体记忆。同学们在学习案例中更好地理解了传统新闻融入互联网的显著作用。

三、学生心得

按照习近平总书记的要求，新闻舆论工作在这次疫情中肩负着强信心、暖人心、聚民心的职责使命。广泛宣传一线医务工作者、人民解放军指战员、公安干警和基层干部以及志愿者等的感人事迹，是记者参与抗疫的方式之一。"中国新闻传播大讲堂——来自武汉抗疫一线的报道"课程，展示了记者奔赴抗疫一线舍生忘死的崇高精神，传授了记者在武汉报道中提升采访能力、提高创作水平、砥砺专业素养和职业操守的经验体会。这与南开大学传媒教育秉持的"立公增能"校训精神高度契合。抗疫一线报道经历不仅是记者成长的宝贵财富，也是激励南开新闻学子坚定新闻理想，树立新闻志向的生动教材。

（一）抗疫报道铸就优秀的历史纪实

"新闻是历史的第一卷手稿。"站在当下，新闻是新近发生的事情，目光放长远，站在未来，今天的新闻都是历史。2020 年关于战疫的报道也会成为一份珍贵的历史档案。未来，当人类遇到一场规模更大更棘手的瘟疫时，这份档案也会被未来的人们研读借鉴。记者是这次抗疫档案的记录者，他们除了记录抗疫的过程，还记录了伟大的人民英雄。这次疫情防控的人民战争涌现出无数个先进集体和个人。"哪有什么岁月静好，都是有人在为你负重前行。"这些为我们"负重前行"的人值得被书写，被记住，被感恩。记者走近这些为抗疫付出的英雄们，把他们的事迹报道出来，就是给他们鼓励、温暖和力量，也让人们知道，我们的国家有这么一群战士，我们应该坚信我们必将取得这场防疫战争的胜利。

（二）记者要记录真实感人的细节

记者架起了公众通往真实的桥梁。南方都市报记者刘军，认为能够打动他的事实，能够让他感到力量的细节，肯定也能打动读者。南方都市报优秀报道《武汉医生敢死队系列》正是刘军在重症病房仔细观察、切身体会的成果，他无须再用抒情的笔触极力渲染医护人员直面病毒的危险，只要把他观察到的细节呈现出来，读者就能身临其境，通过报道体会到抗疫前线的惊心动魄。因此，记者不仅是桥梁，还是观众和读者的眼睛和耳朵，传达现场的真实体会。

天津师范大学

（新闻传播学院）

一、教学概况

自 2020 年 11 月 5 日下午"中国新闻传播大讲堂"正式启动以来，天津师范大学新闻传播学院积极组织师生观看学习，新闻学系、广告学系、广电学系三个专业分别开展了学习活动。

受疫情防控等因素影响，此次大讲堂的学习活动以学生宿舍为单位，观看后上报宿舍学习情况。学习主要利用各位同学的课余时间，并通过撰写学习笔记、感想以及线下讨论等方式交流学习心得，将学习与实践相连，学以致用。

通过大讲堂的学习，学生们了解了 14 家主流媒体的 42 名新闻记者参与一线疫情报道的镜前背后生动故事，全方位理解中国新闻记者的家国情怀与专业素养。

二、特色亮点

（一）创新学习方式

受疫情影响，大讲堂学习活动以宿舍为单位。有些同学使用 B 站（bilibili）查找课程资源，参与弹幕互动，津津有味；有的是全宿舍一起使用电脑观看，一边学习，一边交流观点与看法，各抒己见；还有的是老师利用大课间时间在教室播放给学生看，师生共同学习，并进行课程讨论。

（二）认识使命担当

在视频中，记者吴姗的发言主题是"记者的光荣与梦想——见证历史，参与历史"。作为记者，她和她的同事在武汉待了两个多月，看着武汉的街道从空无一人到重燃烟火，从雪夜寒冬跨入了和光春日。她把自己参与抗疫斗争的细节都讲述出来，她主动参与人物报道通讯，悼念武汉市武昌医院院长刘智明，和大家分享遇到的困难以及解决办法。新闻学系宁丁可同学说："从吴姗的身上我学习到了很多。作为一名新闻学系的学生，我由衷敬佩所有勇于奔赴抗疫前线的诸位新闻前辈们，他们是先驱是楷模，是后辈们效仿的对象，是我们想要去成为的目标。"

视频中所展现的新闻工作者还是最特殊的"逆行者"。在疫情的危急关头，面对看不见、摸不着的敌人——病毒，他们没有退却、没有胆怯，而是义无反顾地来到前线，用文字、相片和视频让我们看到了疫情一线最真实、客观的情况，让我们第一时间获得重要信息，稳住了全国人民的情绪，也帮助稳定了疫情的形势。他们用镜头和笔，记录、传播前线抗疫新闻，将感人事迹带往全国，他们身上同样体现了新时代新闻工作者的担当与使命。李佳慧同学在观看后说，要学习来自抗疫一线的英雄记者们讲述和体现的伟大抗疫精神，做堪当民族复兴大任的时代新人，努力成为自觉践行社会主义核心价值观、具有家国情怀和国际视野的高素质、全媒化、复合型、专家型卓越新闻传播人才。

（三）专业技能提升

"中国新闻传播大讲堂"中各位出色的记者前辈也教会了同学们许多新闻采写编评的小技巧。湖北日报资深记者李墨作为一个土生土长的武汉人，生动地为我们讲述了人物采写的技巧，通过挖掘医护工作者环卫工人等舍小家为大家、无私奉献的故事，分享直击心灵的细节报道。湖北日报摄影记者柯皓，不顾个人安危，只身前往武汉方舱医院，对考研哥、读书哥、ICU病房里的医护人员进行了深度报道，展现了患者积极乐观的精神状态和抗疫一线医务工作者的英雄形象，使抗疫精神深入人心。广告学系崔嘉芸表示，从这次武汉一线的新闻工作者的经历中，她深深地体会到新闻工作者应该具有敬业精神、家国情怀和人文关怀，在内容中呈现出对国家、对社会、对人民的爱，展现社会的美好。

三、学生心得

（一）记者要勇赴一线

通过观看"中国新闻传播大讲堂"，我了解到更多抗疫背后的故事。作为一个新闻传播学院的学子，我深受感触。疫情之下，新闻记者们也在发挥着不可或缺的作用。他们记录下医生护士脸上的勒痕，他们定格了医护人员劳累的背影，他们传递出患者出院时的喜悦，他们让我们能够与武汉同呼吸、共命运。未来我希望自己能像他们一样成为一名优秀的新闻传播者，无论条件多么危险多么艰苦，只要人民有需要，社会有需要，我定义不容辞奔赴前线。我希望能够做民众们的双腿，走进事件当中，我要做民众的眼睛，看清事情的真相，看懂这世间冷暖。纵使山河有恙，不敌人间深情。只此一身青春，献身于祖国。

（二）报道平凡的故事与幕后英雄

疫情期间，我们在电视上、网络上关注到钟南山、张定宇、李兰娟那样的大英雄，以及甘如意、李慧那样的小英雄。而在"中国新闻传播大讲堂"中，记者通过镜头给我们呈现了更多不为人知的幕后英雄。他们是疫情期间专门接送客人的司机，是主动请缨参与建筑医院的工人，是普通得不能再普通的武汉市民。通过记者们的讲述，我更加深刻地体会到同心协力抗击疫情的意义。

（三）记者要有"四力"

"中国新闻传播大讲堂"视频结束后，我一直在反思自己如何才能成为一名合格的新闻人。"哪有什么从天而降的英雄，只有平凡人的壮举。"从自身的专业看，我是学广播电视编导的，但是理论总归要指导实践，而实践也会促进理论进一步发展。"四力"的提出为新闻人指明了前进的方向，从自身的专业所长出发，丈量中国的每一寸土地，让从自己笔下溢出的每一个文字都代表着最近的真相、最底层的声音和最中国的特色。我想这才是我们编导学子在未来的实践中需要不断践行的目标。未来，我们要用最平凡的笔触抒写最唯美的中国画卷，用最平实的话语展现中国力量，用最朴实的行动书写掷地有声的一刻。

天津财经大学

（人文学院）

一、教学概况

2020年11月5日正式启动的"中国新闻传播大讲堂"，从众多抗疫报道队伍中遴选出优秀的创作者和作品，不但为新闻专业师生提供了一堂专业大课，也为抗疫报道乃至我国当前新闻报道研究提供了很好的范本。为此，天津财经大学人文学院新闻与文化传播系组织师生学习"中国新闻传播大讲堂"，并采取了形式多样的活动。如推进大讲堂进课堂、与党日活动相结合、组织党团携手齐学、开展主题教育活动，使大讲堂与专业教学、实践等环节融合起来，以在学院内形成良好氛围，帮助大家理解什么是记者精神、新闻精神，助力青年学生树立正确三观。

二、特色亮点

（一）主题学习进课堂

学院将《马列新闻论著选读》《新闻摄影》《新闻采编》等课程与"中国新闻传播大讲堂"相关内容融合起来。通过学习，学生能够将相关理论与新闻传播实践相结合。课上讨论时，有学生谈体会说，大讲堂中新华社武汉前方报道指挥部副总指挥钱彤的抗疫故事给他留下了深刻的印象。在重大疫情报道的现场，钱彤和他的同事们在气候寒冷、疫情肆虐、人手不足、压力重重的环境下，克服重重困难，顺利完成疫情相关报道。他们的全媒体作品传达了武汉市民坚强乐观的精神。

（二）与党日活动相结合

我们组织新闻与文化传播系党员教师集体学习大讲堂相关内容，并结合党员教师的党建活动，进行一次思想教育与专业教育相结合的活动。观看后教师们又展开了深入的学习讨论。参会教师纷纷表示：作为党员教师，在今后的工作中，要在平凡的工作岗位上兢兢业业、甘于奉献。在新闻传播学的课堂上以马克思主义新闻观为核心，向学生讲述新闻传播者的职责与义务、职业道德与职业精神，向学生传递正确的职业观念，为中国的新闻传播事业培养合格的建设者与接班人。

（三）党团携手齐学

为确保此次学习宣传做到全员全覆盖，人文学院党校、团校同步开展学习活动。在党校组织的初级党课、支部活动中播放视频，并在疫情教育等过程中插入视频内容作为学习素材，带领全体党员进行学习观摩；总支所辖三个支部的支部书记分别在支部内进一步结合学生党员学习生活实际讲党课，并就视频所传达的精神学习开展专题讨论，引领党员们更好地以理论指导实践；团委书记对团干部开展培训，在团委指导下各团支部开展专题团课，切实保证学习教育一个不落、一丝不苟。

此外，本次主题教育结合建党 100 周年主题，以多样的学生活动形式开展宣传。学生党校开展专题活动，邀请人文学院领导老师、带班党员、学生骨干共同参与，一展天财人文的抗疫精神；学生会开展的学风建设月中，"21 天读书打卡""优秀笔记评选""学霸宿舍养成"等多项活动在建设优良学风的同时，提升了学院整体的凝聚力，进一步增强了学生们的爱院、爱校、爱国之心。

三、学生心得

观看"中国新闻传播大讲堂"，听前线的记者讲述前线的故事时，作为一名学生党员，作为一个广播电视学专业的学生，作为未来的新闻工作者，我深感责任重大，内心的感想风起云涌。

（一）党员要为人民服务

"沧海横流，方显英雄本色。"面对来势凶猛的新冠肺炎疫情，各行各业的广大党员、干部响应党中央号召，不忘初心、牢记使命，在危难时刻挺身而出、舍生忘死，冲锋在第一线、战斗在最前沿，哪里任务险重，哪里就有党组织坚强有力的工作，哪里就有党员当先锋作表率。从重症病房争分夺秒的救治，到城乡社区挨家挨户地排查，从工厂车间加班加点的生产，到科研实验室夜以继日的攻关，广大党员、干部践行着"随时准备为党和人民牺牲一切"的入党誓言。

（二）记者要坚守职业精神

记者，记天下风云，记人间冷暖，记家国情怀。当一个记者，首先要时刻冲锋在前，永不退缩。疫情就是命令，报道即是使命，疫情下的记者正如战争时期的战地记者，他们始终保持着在现场的状态，永远冲在新闻现场第一线。

其次，记者要本着严谨的态度，永不松懈。保证全国人民对抗疫一线情况知晓的权利。

第三，记者要忠于真理，坚持客观记录。要把人文关怀和理性的职业道德相结合，坚持新闻真实性原则，对党的事业负责，对人民群众负责。

最后，在时代的变革中，记者要一直秉持探索的职业精神。疫情报道中，他们用直播、Vlog 等新兴形式记录，全方位地给观众读者呈现一线实时情况。正是对于一切事物的开放与包容心态，才给人民群众呈现出了最真实的现场记录，让更多人了解并且参与其中。

（三）感受领会抗疫精神

人无精神则不立，国无精神则不强。抗疫精神不是口号，而是我们实实在在看到的行动。它是万众一心、同舟共济的守望相助精神，是闻令而动、雷厉风行的英勇战斗精神，是顾全大局、壮士断腕的"一盘棋"精神，是舍生忘死、逆行而上的英雄主义精神，是充满信心、敢于胜利的积极乐观精神。抗疫精神是中华民族精神的剪影，它可歌可泣、可圈可点，也无坚不摧、无往不胜。

"天行健，君子以自强不息。"同困难作斗争，是物质的角力，也是精神的对垒。在斗争中凝结升华的伟大抗疫精神，是我们不畏艰险战疫到底的强大动力，更是我们无惧风浪、砥砺前行的坚实支撑。

天津传媒学院

（播音主持艺术学院）

一、教学概况

"中国新闻传播大讲堂"于 2020 年 11 月 5 日下午正式启动，天津传媒学院课程负责人、新闻系副主任、专业课教师高玉烛在线上观看了大讲堂启动仪式。启动仪式后，高玉烛老师召集新闻系教师，参与"中国新闻传播大讲堂"专项会议。会议传达并研讨大讲堂的重要性与详细规划，围绕大讲堂的学习内容、教学对象、学习方式等，讨论出初步方案，随后部署具体工作安排。2020 年 11 月 9 日，教指委秘书处将大讲堂视频发至学院，学院正式开始落实大讲堂课程学习。

天津传媒学院"中国新闻传播大讲堂"学习分为课余学习、专题讨论两种形式，课余学习由班长组织同学们在网上观看视频，观看后讨论并写出心得；专题讨论由教师组织，学生们分组讨论并发表想法。基于此，天津传媒学院形成多种规模、多种手段、多元方式的学习与讨论。

学院于 12 月 9 日、12 月 14 日举办两次大讲堂专题讨论会，新闻系全体学生参与讨论。高玉烛老师通过一个生动的案例引入此次大讲堂的内容，观看结束后，同学们分组讨论，并发表自己的看法。

二、特色亮点

（一）观看视频与教师答疑相辅相成

除了带领学生观看大讲堂视频，天津传媒学院设置专业老师为同学们进行讲解并答疑。面对这样新颖的授课形式，同学们无不认真对待，眼睛跟着老师看，思想跟着内容走，被这样绘声绘色的新闻课深深吸引。在课堂上，同学们不仅学习了专业知识，更重要的是，从抗疫初期新闻工作者的故事中，同学们深入了解了新闻工作的真实面貌，也被这样无私奉献，默默付出的新闻精神深深感动。作为准新闻工作者，"中国新闻传播大讲堂"讲座既是启蒙，又是提高，给予新闻学子许多触动。"中国新闻传播大讲堂"极大地开拓了同学们的眼界，也增强了他们做好一名新闻工作者的自信心和责任感。大讲堂的学习应作为高校学生的必修课，当成一门神圣的新闻专业课，帮助新闻学子培养马克思主义新闻观，牢记"对党忠诚、勿忘人民、实事求是、开拓创新"的新闻精神，不断践行"四力"，增长新闻学子对思想政治的认识，把自己打造成为一名合格的新闻人，成为党的喉舌，为广大人民服务。

（二）开设"中国新闻传播大讲堂"专题讨论会

本次讨论由播音系 D1、E1、G2 组同学参加。播音系的同学在未来的新闻报道中处于台前的位置，而新闻记者则是默默无闻一直站在背后。播音员在台前播报新闻时，除了要做到准确地报道稿件内容，还应在深刻了解稿件背后故事的基础上对稿件信息进行"再加工"，以此增强新闻的感染力，并让观众产生共鸣。

大讲堂的学习让播音系的同学们感受到广大新闻记者临危受命、迎难而上的精神。一位学生这样说："作为当代传媒学子的我们，要立志成长为有定力、有情怀、有本领的新闻媒体人。我们应保持思想定力，拥有广阔的国际视野，讲好中国故事，塑造中国形象，为党和人民的新闻传播做出自己的贡献。"

另一名同学谈道："新闻工作者自觉地把自己的工作同国家的繁荣、人民的幸福、事业的发展和社会稳定结合起来，在大是大非面前，立场坚定、态度鲜明，这才是最值得我们学习的宝贵精神财富。"疫情之下，每一条真实的新闻报道，每一个确切的数字数据，都无时无刻不牵动国人的心。有同学表明："通过此次疫情，我对新闻工作者有了全新的看法，他们不仅仅是记录者，是见证者，更是守护者。"

三、学生心得

2020 年 12 月 9 日新闻系举办的"中国新闻传播大讲堂"线下讨论会中，我有幸听到新华社总编室副主任刘刚的发言。刘刚主任用简洁、贴切的语言讲述优秀记者们在疫情防控期间的感人故事。这些动人的故事让我对一名成功的新闻人是怎样"炼成"的有了一定的了解。

（一）记者这个职业是神圣的

新华社总编室副主任刘刚讲述了疫情防控期间奋战在武汉抗疫一线的爱心人士的感人事迹。通过这次讲述，我对新闻记者又有了更加深刻的认识。一名记者，首先要知识丰富，因为记者所写的新闻是多方面的，所以要对各方面的知识都要有一定的了解；其次要不怕苦不怕累，记者本身就是一个辛苦的职业，经过一分辛苦才能有一分收获。尤其是看到那些奔赴在武汉抗疫一线、坚守在自己岗位上的记者们，我既心疼他们的辛苦付出，也对自己所选择的专业、自己将从事的职业感到自豪。

（二）新闻学子应提升自身的素养

作为一名当代新闻系大学生，我们更应该坚定地履行自己应尽的抗疫职责，积极践行防疫措施，积极弘扬抗疫精神。我们要做到以下几点：第一，应该从自身做起，自觉地履行抗疫期间我们应尽的责任。例如，积极配合防疫人员做好登记事宜，严格遵守勤洗手、戴口罩、少聚集的防疫措施。在校期间进入宿舍楼和教学楼时要自觉测量体温，主动配合工作人员的工作，不要抱有侥幸心理，想着"瞒天过海"。第二，我们应关注疫情最新发展状况，掌握疫情的发展动态；主动浏览疫情相关的文字、图片、视频报道，学习并掌握新闻报道的基础本领。此外，还可以发挥自己的专业优势，拍摄"共同抗疫"宣传片、制作宣传海报、普及疫情防控小知识等。第三，作为一名新闻学子，应以这些优秀的新闻工作者为榜样，为抗击疫情做出自己的贡献。除了可以用相机记录身边抗疫工作者的身影，还应主动加入社区、学校疫情防控志愿者队伍，贡献自己的力量。

河北大学

（新闻传播学院）

一、教学概况

河北大学新闻传播学院自上而下，在广大师生中全面开展了"中国新闻传播大讲堂"课程的组织学习和探讨活动。主要目标在于：第一，深入学习"中国新闻传播大讲堂"的教学视频内容，感受万众一心、共抗疫情中体现出的社会凝聚力与制度自信，吃透疫情一线记者所总结的专业报道技巧，掌握新闻传播必备的专业素养；第二，树立正确的新闻传播职业观念，进而将个人的新闻理想与时代责任、历史使命相融合，将职业的远大抱负与家国情怀、国际视野相融合，真正理解并承担起新闻人所肩负的引导社会舆论、讲述中国故事、传递中国声音、传播社会正能量、弘扬社会主义核心价值观的重要社会职责。

"中国新闻传播大讲堂"32集的教学视频内容，以抗疫一线记者的视角，生动地讲述了在新冠肺炎疫情期间，记者在战疫一线的所见、所闻、所知、所感。其中既包含抗疫一线记者对战疫人物感人事迹的动情讲述，也涵盖记者对采写疫情报道的专业技巧总结。在充分展现英勇无畏、温暖坚定的战疫"最美逆行者"群像的同时，彰显了一线记者们的专业精神、职业操守以及责任意识，在进行集中观看学习后，广大师生受益良多。

二、特色亮点

（一）多渠道植入本科教学体系

"中国新闻传播大讲堂"线上启动之后，河北大学新闻传播学院党政联席会议第一时间做出决定将其作为"第二课堂"活动，直接引入本科教学体系，并组织新闻传播学院学生观看全部教学视频内容。同时，"中国新闻传播大讲堂"的精髓内容被引入课堂教学，由任课教师配合学生学习进度，在课堂上以案例分析的形式，解读剖析"中国新闻传播大讲堂"中一线记者所展现的专业操作技巧及职业道德操守，并组织学生发言讨论，教师点评指导。学生汲取吸收、消化、学习一线记者采写疫情报道具体操作手法、专业应用技巧的同时，更深刻地体会到抗疫前线社会各界众志成城、团结一心、勇于担当的战疫精神，深入感受中国在抗疫、防疫、战疫过程中所体现出的制度优势与民族自信。

（二）围绕大讲堂推进课程思政建设

为深入学习体会、汲取消化"中国新闻传播大讲堂"所体现的课程思政元素与专业素养，积累融合传播的宝贵教学经验，新闻传播学院召集课程思政教学建设团队举办了"中国新闻传播大讲堂"暨课程思政建设专项研讨会，共同商讨、研究借助大讲堂视频课程及相关课程思政线上资源，推进新闻传播学院课程思政建设进度与力度的具体措施与后续步骤。河北大学新闻传播学院计划在 2021 年将"中国新闻传播大讲堂"作为新文科建设、课程思政、教学改革创新的重要抓手，继续推进课程思政项目校、省级立项工作并以线上形式推广课程思政、专业技能培育双结合的经验，借助爱课程、超星等在线课程平台进一步分享课程思政改革建设成果。

三、学习心得

（一）旗帜鲜明，立场坚定

新闻工作者要旗帜鲜明地爱国爱党，以清醒的姿态占据舆论的高点。习近平总书记勉励广大新闻舆论工作者，要做党的政策主张的传播者、时代风云的记录者、社会进步的推动者、公平正义的守望者。在这场突如其来、前所未有的疫情防控战役中，记者们用他们的声音、用他们的镜头、用他们的文字，秉承社会责任，恪守职业道德，坚守舆论阵地，忠诚于党、忠诚于国家、忠诚于人民，向世界传递了这场疫情防控的中国速度、中国力量与中国精神。

（二）实事求是，明辨是非

新闻人应坚持用客观事实说话，相信真实的力量，将真实的现场报道给海内外观众。新闻工作要不拘泥历史、不畏惧权威、明辨真理，要敢于对前人的学说保持怀疑精神。在信息泛滥的网络社会，各种碎片化信息交织，有时情绪先于事实被扩散。此时，记者更应该在关键时刻调动自身资源，发挥专业优势挖掘事实，还原真相。

（三）终身学习，增强能力

如今，全新的媒体环境对新闻工作者提出了更高的要求。新闻工作者要全面、及时、准确地报道时刻处于变动中的世界。记者只有不断学习各种最新知识、开阔眼界，才能在对各种事物的比较和分析中提高判断能力。因此，作为新闻学子的我们要不断开阔眼界，勤于学习，掌握好捕捉事物最新变化状态、反映事物内在规律和本质特征的能力，完成党和人民所赋予的新闻报道和信息传播的任务。

河北师范大学

（新闻传播学院）

一、教学概况

2020年12月，河北师范大学新闻传播学院组织开展了观看学习"中国新闻传播大讲堂——来自武汉抗疫一线的报道"的活动。学院非常重视本次大讲堂的学习活动，通过一个多月的时间，组织新闻系、广告系20余名教师，新闻与传播专业硕士研究生，以及新闻学和广告学专业本科生共计200余名学生进行深入学习。具体学习形式包括集体学习、自主学习、师生研讨等，切实推动抗疫精神进校园、进课堂，引导广大师生深刻理解中国特色社会主义的优势，培养学生为党、为国、为人民的深厚情怀和使命担当。

总体而言，同学们收获丰硕。大讲堂让同学们更加深入地了解记者们在一线的工作状态，以及记者在抗击疫情中发挥的独特作用，有效激励学子奋发向上，成为新时代有定力、有情怀、有本领的新闻人。在今后的新闻传播人才培养中，新闻传播学院将继续引导师生深入认识，为中国未来的新闻事业付出一份力所能及的贡献。

二、特色亮点

（一）教师：培养人才，勇担使命

新闻系的老师们观看此次讲座后，对马克思主义新闻观教育有了更深刻的体会。他们表示，今后将切实推动新闻理论与新闻实践深度融合、培养新时代优秀新闻传播人才，增强广大新闻传播类专业学生的自信心、自豪感、自主性，承担起提高新闻传播教育影响力、感召力、塑造力的责任。一批批新闻记者为坚决打赢疫情防控的人民战争、总体战、阻击战凝聚的强大精神力量，更进一步激发了新闻传播学院教师的信心和勇气。

疫情是一场没有硝烟的战争，新闻传播大讲堂中，可以看到新闻工作者用实事求是的报道，向公众传递着一个又一个温暖的瞬间。他们用镜头记录了救死扶伤的医护人员，消除了大家的恐慌；记录了寒夜里的警徽，如同星星用闪耀的光芒向我们传递平安、温暖和信心；用图片定格了最普通的外卖员，为足不出户的我们支撑起衣食住行；用文字镌刻着最前线的抗疫情况，让我们仰望黎明的曙光。他们为历史记录下中国人民万众一心抗击疫情的英雄时刻。

老师们表示作为新闻传播专业教师，自己也要贡献一分微薄之力——勇担使命，不忘初心，无论何时何地，与党同心，与人民共情，传播好中国声音，为抗击疫情贡献自己的力量。

（二）学生：践行专业，记录真实

通过深入学习，本科生与研究生都受益匪浅。

2018 级本科的一位同学说道，钱彤老师用《七日谈》记录疫情期间普通人的喜怒哀乐，塑造平凡英雄的光辉形象；吴珊老师作为报道组为数不多的女记者之一，多次深入医院、社区、火车站等现场进行直播，在关键时刻发挥了稳定人心、解疑释惑的重要作用；雷宇老师率领团队为疫情留下珍贵的历史底稿，利用所有终端组成全媒体报道矩阵。

一位即将走上工作岗位的毕业生同样深有触动，他认为一层一层剥茧抽丝，展现疫情的全貌、国家的全貌，用真相让人信服，又能用人性打动每一个读者。铁肩担道义，妙手著文章。身为新闻学专业的学生，作为未来的媒体人，在看完这期活动后，我们应该将自己所学的专业知识带到现场，为民众呈现真实客观的情况，以此稳定民心。

三、学生心得

职责所在，义不容辞。哪里有新事件，哪里就有新闻工作者的身影。此次"中国新闻传播大讲堂"邀请了14家主流媒体中参与抗疫一线报道的42名新闻记者，录制了32集视频，生动讲述了中国新闻记者的家国情怀和专业素养。

（一）恪守专业素养

疫情是一场没有硝烟的战争，在"中国新闻传播大讲堂"中，随着耳畔传来的国歌，随着眸中映射的身影，我们看到新闻工作者用实事求是的报道准则向我们传递着一个又一个温暖的瞬间。他们用镜头记录了救死扶伤的医护人员，消除了大家的恐慌；记录了寒夜里的警徽如同星星般用闪耀的光芒向我们传递平安、温暖和信心。用图片记录下最普通的外卖员，为足不出户的我们支撑起衣食住行；用文字镌刻了最前线的抗疫情况，让我们仰望黎明的曙光。他们为历史记录下中国人民万众一心抗击疫情的英雄时刻。

他们记录这个时代的英雄，记录的是中国力量，中国担当，他们是记者，也是战士。对所有抗疫人员来说，当时环境是非常危险，看不见的病毒无处不在。但记者们依然争当"逆行者"，向世界传递中国声音。

（二）培育家国情怀

此次的大讲堂让我们看到了很多武汉抗疫背后的故事，让我们更深切地感受到新闻媒体和新闻工作者在其中起到的不可替代的作用。新的时代呼唤新型人才，在媒介环境和舆论生态发生变革的新形势下，新闻人要保持自身定力，坚守家国情怀，不仅要打好疫情防控阻击战，也要打好舆论战，要做到暖人心、聚民心，树立正确的新闻观，不忘初心，砥砺前行，将自己的职业理想和祖国人民紧密相连，深入祖国的广阔大地，了解社情民情，守正创新，讲好中国故事，为中国未来的新闻事业做出一份力所能及的贡献。

河北传媒学院

（新闻传播学院）

一、教学概况

按照教育部高校新闻传播学类专业教学指导委员会《关于发送中国新闻传播大讲堂视频教学内容的通知》要求，河北传媒学院新闻传播学院认真落实相关精神，学院领导高度重视，为了把通知精神落到实处，让教师和学生真正学习和深入学习，学院指定了院长助理窦玉英负责组织师生学习和研讨、制订相关学习计划和活动等。

"中国新闻传播大讲堂"是加快新文科建设、推动高等文科教育提质创新的有力抓手，是一次强化马克思主义新闻观教育，全面推进新闻传播类专业课程思政建设的有利契机，是推动新闻理论与新闻实践深度融合、培养新时代优秀新闻传播人才的重要举措，也是增强广大新闻传播类专业学生自信心、自豪感、自主性，提高新闻传播教育影响力、感召力、塑造力的有力工具。

在学院领导的指挥下，新闻传播学院结合实际情况，制订工作流程，明确分工，责任到人，确保实现预期学习目标，力争达到实效。新闻传播学院组织全院学生学习观看大讲堂内容，特别对 2019 级、2020 级新闻传播学类 500 多名同学的学习活动给予重点关注，为学生利用班会、晚自习等时间分期观看视频提供支持和便利，鼓励学生结合专业和正在学习的课程撰写学习体会，并在老师的组织下举办分享会，交流学习感悟。

二、特色亮点

（一）组织学习研讨会，丰富了教学案例

2020 年 12 月 29 日，新闻传播学院组织教师召开了"中国新闻传播大讲堂"学习研讨会，多位教师分享了运用其中的案例开展教学的经验体会，其中既有对新闻采写业务的分享，也有对新闻伦理法规、融媒体报道的提炼总结及其在教学中的应用总结。学院老师表示，"中国新闻传播大讲堂"中的 32 集视频都是国内顶级媒体的优秀记者结合自己的亲身经历、运用自己的专业技能创作出的优秀新闻作品。这些内容情理交融，真实生动，深刻感人，带给学生和老师很多启发。比如，现代快报记者总结的速度、精度、温度的"三度说"，生动地诠释了融媒体环境下，何谓融媒体记者，以及融媒体记者对于新闻时效性、准确性、精品化的理解和把握。讲授新闻伦理与法规的老师在看完视频后，剖析了在报道公共卫生新闻时，面对患者危在旦夕和医生争分夺秒地抢救生命的情况，记者该如何做到既"不打扰"又能高质量完成新闻作品……这些是在日常新闻案例中难以找到的珍贵素材，既有时代感，又有前沿性与实操性，在正反案例对比学习中，老师们既把握了新闻业务的前沿理论与实践情况，又感受到作为新闻工作者的使命和担当，并表示运用这样的案例教学可以达到事半功倍的效果。

（二）理论与案例相结合，提升了学习兴趣

本学期，新闻传播学院大一学生主要学习新闻传播基础理论知识。"中国新闻传播大讲堂"的学习内容还原和再现了记者采访与创作过程中的所思所想，包含了丰富的新闻理论知识点。讲授该门课程的老师在观看了大讲堂的视频后，针对不同知识点，在课上课下给同学们播放了多个视频，之后引导学生思考讨论相关问题，老师发现学生们的讨论更积极了，课堂互动也更加轻松自然，学生学习兴趣大增，学习效果有了很大提升。

（三）各教研室专题研讨，促进了学术交流

新闻传播学院还利用各教研室每周例会时间专门探讨大讲堂内容，剖析具

体案例，交流在教学中的具体运用，增加了学术研讨频次，促进了学术交流，也在潜移默化中助力教师们搞好科研工作。

三、学生心得

通过多措并举，同学们获益良多，从专业学习、爱国情怀、"四个自信"等角度表达了思想感悟，共撰写学习体会 500 多篇，学院评选出 30 篇优秀心得。

（一）终身学习，提高素养

在学习"中国新闻传播大讲堂"的过程中，我体会到，想要成为一名出色的新闻记者，单单具有敢闯敢拼的精神是不够的，我们还需要具有出色的新闻素养和新闻业务能力，这启示着我要更加努力地学习专业知识、丰富课外知识，提升专业素养。

（二）不忘初心，勇往直前

通过观看视频，我更加深入地了解了记者们在一线的工作状态和在抗击疫情过程中发挥的独特作用。我深刻地意识到，有些人敢于直面危险的境地就是为了使更多人安心生活。我是一名新闻人，无论走得多远，我都不会忘记为什么出发，我始终牢记新闻是时代的镜子。作为新闻传播专业的大学生，我时刻期待着在将来像那些记者们一样，冲到灾难前线，用一字一句呈现出最真实的新闻内容。

（三）坚定信念，砥砺前行

通过观看"中国新闻传播大讲堂"视频课程内容，我领悟到了国家和人民对记者的期望和赋予我们的使命，从而更加坚定了自己的理想信念，并不断鞭策自己要具有前辈们那样砥砺前行的精神。在未来的职业生涯中，如果我有幸成为一名媒体人，我将以优秀的新闻工作者为榜样，用我毕生所学捍卫新闻尊严，传递社会良知，坚守社会正义。

山西师范大学

（文学院）

一、教学概况

"中国新闻传播大讲堂"是在教育部高教司、中宣部新闻局的指导下，由中国传媒大学、教育部高等学校新闻传播学类专业教学指导委员会主办，旨在推动"新文科"建设和新时代高校新闻传播教育创新发展的课程学习活动。今年以抗疫报道为主题的大讲堂32集视频教学课程作为教材面向全国高校新闻院系同步推广使用，这是加强实践中的马克思主义新闻观教育的创新之举，也是新闻队伍建设、新闻舆论工作的创新之举。新闻工作者要与党同心、与人民共情，做坚守新闻工作优良传统的传承者。新闻传播院系要坚持守正创新，改进马克思主义新闻观教育，做中国特色新闻学的传道者、授业者。

文学院高度重视此次大讲堂学习活动，要求学院编辑出版学专业制定中国新闻传播大讲堂全部32节课程的学习方案，要求全体教师能够认真研究，将"中国新闻传播大讲堂"内容融入各专业的教学和实践环节，同时鼓励文学院学子积极参加观后感论文评比活动。我院还将大讲堂纳为毕业班实习动员大会教育的主要内容。在实习前观看本次"中国新闻传播大讲堂"的视频节目，同学们真正体会到了新闻工作者孜孜不倦、一丝不苟的工作精神，也深深领悟和学习了伟大的中国抗疫精神，提升了面对即将到来的毕业实习工作的精神动力。

大讲堂的观影学习让新闻传播专业的学生感悟职业，并激励新传学子在未来的新闻工作中主动深入践行"四力"，奋发有为，成为政治过硬、业务过硬、战斗力过硬的新闻队伍中的一员。

二、特色亮点

（一）培养学生家国情怀

为了让更多非毕业班同学对今年大讲堂主题有更近距离更加真切的感受，山西师范大学还特别邀请了疫情期间山西派往湖北采访的一线记者团队来院，为同学们提供了一场"抗疫精神"故事与新闻报道的精彩讲述。在教研室教学研讨活动中，编辑出版学教研室表示要将"中国新闻传播大讲堂"作为课程思政元素纳入教学案例库，培塑学生家国情怀和职业精神。武汉抗疫期间的摄影作品关注人在镜头下的状态，与观众产生情感共鸣，记录平凡的人。同学们认同"新闻记者要脚上带泥，心中带情，记录平凡人那不平凡的力量"，表示要在未来的新闻工作中提升"四力"，做一名政治坚定、业务精湛、作风优良、党和人民放心的新闻舆论工作者。作为新闻学子，同学们更应该牢记前辈的英勇事迹，继承中国新闻工作者敢打敢拼，为党为国的精神，始终奋斗在中国新闻工作第一线，为营造更好的舆论环境、更有力量的国际话语权，贡献自己的一份力量。

（二）创新学生学习方式

为了进一步深化中国新闻传播大讲堂课程教学，山西师范大学在学校的超星尔雅学习平台上上传了全部32集课程的学习视频，并通过钉钉学习群发到了每个班里。下学期将其作为必修课程，计3个学分，融入各专业的课堂教学。本次学习活动分三个层面展开。教工层面主要以集中观看学习、自学、各教研室分组讨论等形式进行。在教工自学的基础上，山西师范大学组织集体学习活动，集中学习观看了第一、二集，副院长李伟要求各专业课教师将大讲堂视频内容纳入专业课课堂教学案例当中。随后，各教研室结合课程性质，围绕如何将大讲堂内容纳入课堂教学、设计课程思政进行了教学研讨。本科生层面主要以团学活动的形式开展，以班为单位组织集体观看活动，并进行讨论交流、写观后感。研究生层面主要以集中观看和自学为主，每人撰写了3000字的学习心得，并利用读书会等时间进行交流探讨。

三、学生心得

"哪有什么岁月静好，只不过是有人替你负重前行罢了。"2020年注定是要被载入史册的不平凡的一年。面对突如其来的新冠肺炎疫情，一时间民众的恐慌肆意增长，人们获取一线消息的渠道就集中在了各大媒体，这就给媒体人带来了巨大的考验。"中国新闻传播大讲堂"以"来自武汉抗疫一线的报道"为主题，由14家主流媒体参与抗疫一线报道的42名新闻记者，共录制了32集视频教学内容。32集的大讲堂并未让我感到枯燥无味，相反，它让同学们刷新了对新闻记者的认知，也感受到了新闻人的职责义务所在。

（一）明确记者的神圣使命

大讲堂的新闻记者，他们都报道过疫情期间的新闻，深入疫情现场了解情况。他们走进一线，见证英雄，传递温情。抗疫报道期间，记者们以尽职显担当、置安危于度外，以深情的笔触、感人的镜头，及时发回了许多深度报道，讲述了许多感人至深的好故事，报告了许多值得注意的真问题，为夺取疫情防控阶段性胜利做出了积极贡献，也安抚着我们忐忑不安的心。视频中新华社记者刘刚说过这样一句话："选择不去武汉的理由可以有很多种，但是去武汉和留下来有一个理由就足够了，那就是职责，因为新闻就在那里，而新闻就是职责！"职责，从嘴里说出来可能是轻飘飘的两个字，可是行动起来却没那么简单，千斤之重，没有十足的勇气与信念，大概也无法做到。值得庆幸的是，在疫情期间，华夏儿女并未退缩，纷纷负重前行，全力配合，全国上下一条心形成了抗疫精神：生命至上，举国同心，舍生忘死，尊重科学，命运与共。

（二）学习特殊情境下的报道方式

在32集的大讲堂中，我不仅看到了记者为了报道疫情而历经艰辛困苦，我还学到了有关记者的相关知识。中国青年报记者谢宛霏结合具体稿件案例，细致剖析特殊情境下选题及报道切口的抓取方法，深入讲解人物报道，群像报道的撰写技巧。关于如何明确报道核心思路，我明白了要报道切口小，从人入手，聚焦大事件中的人物；关于如何撰写人物群像报道，我明白了要心中有框，列好提纲，明确主题，围绕主题打散故事寻找共性，整理共性，合并同类；关于如何挖掘采访对象，我明白了要有主题意识，切忌把人物报道写成人物小传，找到人物早年经历与主题的关联，找到人物早年经历与今日报道的关联，关于人物报道中的采访对象的取舍，要点出人物个性等。其实如果你仔细观看视频，在每一个视频中你都会有所收获：收获感动，收获知识。

太原师范学院

（文学院）

一、教学概况

"中国新闻传播大讲堂"活动启动以来，我院根据活动要求，积极开展了多项相关主题的教学和科研工作，进一步加强了学生对新闻记者专业素养和爱国情怀的培养，丰富了专业教师的以爱国主义为核心的思政课堂的教学案例和教学方法，推动了新闻理论与新闻实践的深度融合，推动新时代高等文科教育的创新发展。

在教学工作上，我院主要从疫情下教学计划的设计与研讨、教学成果的展示、引领学生学习大讲堂精神三个方面具体开展。活动形式多样，线上与线下融合进行，包括相关主题内容讨论、教研分析、教学活动、作品展示等。首先，在我院新闻学科带头人、文学院副院长张原教授的带领下，文学院新闻教研室的全体教师和所有年级的新闻专业学生一起观看了中国新闻传播大讲堂启动仪式的现场直播，并积极进行相关教研讨论；其次，在教学计划的设计与研讨方面，张盼盼、成连虎、靳磊、白小豆等新闻专业教师一起结合大讲堂视频案例，制定总体教学方案、记录教学使用情况，开展多形式的课堂讨论；最后，在教学成果展示方面，赵雅馨、董文捷、胡羽佳专业教师结合当前抗击疫情的主题展现了自己的教导课程的实践与创新，实习指导教师靳磊、李玮、常玉倩指导实习学生完成多项实习作品。此外，在引领学生学习大讲堂精神方面，新闻专业徐静、李玮等多位辅导员和学生一起观看"中国新闻传播大讲堂"，并以班会的形式展开讨论，撰写心得。

二、特色亮点

（一）教研讨论充分深入

在张原教授、副院长的带领下，文学院新闻教研室的全体教师在会议室集体观看了中国新闻传播大讲堂启动仪式的现场直播，并进行了第一次教研讨论。张原老师总结道，我院应高度重视并切实贯彻大讲堂的主旨，初步计划在 12 月 30 日之前让新闻教研室的各位老师以文字形式提出线上线下混合教学的相关建议，从视听化、主体化和体系化等层面助力文学院广播电视学专业师生讲授好、学习好中国故事。第二次教学科研研讨活动，研讨的主题是"融合、实践、创新"，探讨在新文科背景下，我们如何理论结合实践，理顺思路，融合创新，以抗疫报道为突破口，促使新闻学教学与科研在有机融合多学科知识与方法、紧密联系新闻实践的基础上不断创新和快速发展。每位老师结合自己的教学科研工作，通过微信群积极参与发言。

（二）主题班会丰富多彩

各年级学生在观看完系列课程之后开展了各式各样的主题班会。如 20 级以"学抗疫报道精神，扬时代新闻之风"为主题，引导学生思考、理解、学习抗疫报道精神是什么；同学们以"新时代我们应该成为怎样的新闻媒体人"为话题展开讨论；通过讨论，同学们明白了，新闻媒体人该有的责任和担当，为以后的学习和实践提供了方向。

（三）教学活动学以致用

学院教研室主任根据大讲堂内容设计了总体教学方案，并要求各个课程教师记录教学使用情况，提交文字材料，力求将大讲堂内容运用到日常教学活动中来。董文捷老师教授的《现场出镜报道》课程设计了抗疫新闻报道教学计划。课程着重就重大突发公共卫生事件中的出镜报道、深度报道进行回顾、总结和研讨，也有对全媒体环境下宣传报道形式的探索与思考，其中很多观点和建议对重大突发公共卫生事件中宣传舆论工作有着借鉴意义和启示作用。例如：宣传报道要强化阵地意识，保持政治定力，坚守政治底线；全媒体环境下充分运用和发挥好新媒体的优势和影响力，积极服务正向的社会舆论引导；深度报道要多从报道对象和受众角度考虑，努力杜绝负面效应；及时发声、多点发力、凝聚共识、坚定立场等。

三、学生心得

（一）选择记者就是选择成为逆行者

记者是什么？是无冕之王？是黑暗揭幕者？是历史记录者？是无数重大事件的参与者？而在疫情期间，记者是在生命线上的事件记录者，是镜头背后的人，是无畏的逆行者。他们用文字，用照片记录下历史的瞬间，描述出时代中的人物，传递出家国的温度。"中国新闻传播大讲堂"用32个疫情期间的记者故事，带我们了解镜头背后的人，用他们激励作为新闻学子的我们坚定新闻理想，承担新闻使命，做时代的见证者。

（二）迎难而上才是新时代的新闻人

在一个人人都有麦克风，人人皆可为媒体的今天，"新闻"早已发生了巨大变化，新时代必须要有新思维。在这次抗击疫情的过程中，我看到了新时代的新闻人不畏艰苦，迎难而上的拼搏精神，感受到了他们用文字、声音、画面传递的温暖。突如其来的疫情，打得每个人措手不及，但每一个中国人都没有退缩，他们在自己的岗位上，用自己的光和热去拥抱这个世界。当人心不安的时候，媒体的发声显得尤为重要，新闻人在危难面前，客观公正，沉着冷静，用一篇篇优秀的报道，一次次精彩的评论，给强大的中国打了一针强心剂！

（三）新闻人要用镜头和文字关照社会

铁肩担道义，妙手著文章，记录国家点滴，用镜头和文字关照社会方方面面，这是每个新闻人的责任与担当。汶川地震、国庆70周年阅兵，悬崖村扶贫搬迁……每一个重大的历史瞬间都离不开新闻人的身影。用文字丈量国土，用影像诠释生活。2020年，一场突如其来的疫情打乱了人们的正常生活，在一批批逆行者中，新闻工作者同样冲锋一线，值得致敬。他们用镜头和文字为全国民众第一时间传递新闻，他们藏在镜头背后，却更值得我们致敬。哪有什么岁月静好，只不过有人替你负重前行。通过对这一次大讲堂的学习，我对新闻有了更深的理解，也对新闻人更加崇敬。身为一个新闻专业学生，我将努力提高自身素质，多关注社会点点滴滴，努力向一名真正的新闻工作者靠近！

山西大学商务学院

（文化传播学院）

一、教学概况

为深入贯彻落实习近平总书记关于加强新闻舆论工作、加快推进教育现代化等系列重要讲话精神，响应推动新时代高等文科教育创新发展的号召，中国传媒大学、教育部高等学校新闻传播学类专业教学指导委员会主办了"中国新闻传播大讲堂"。山西大学商务学院文化传播学院深入落实该课程的学习，开展了为期一个多月的"中国新闻传播大讲堂——来自武汉抗疫一线的报道"的学习活动。

此次大讲堂的主题为"来自武汉抗疫一线的报道"，邀请人民日报、新华社、中央广播电视总台等 14 家主流媒体的 42 名新闻工作者，共录制了 32 集视频教学内容，生动讲述、立体展现了中国新闻记者的家国情怀与专业素养。大讲堂以视频课程形式让新闻传播类学生了解抗疫一线报道，对强化马克思主义新闻观教育，全面推进新闻传播类专业课程思政建设，推动新闻理论与新闻实践深度融合，培养新时代优秀新闻传播人才具有重要意义。

二、特色亮点

（一）讲堂内容进课堂

山西大学商务学院文化传播学院根据教育厅下发的文件，把大讲堂纳入本学期的教学当中，作为新闻传播类专业的必修课，指定专人负责、纳入学分管理，学分为 1 分。该课程在 2018 级、2019 级、2020 级三个年级中进行学习，由任课老师带领同学们进行 32 集课程的学习和讨论。学期末，每位同学提交一篇不少于 1000 字的学习心得体会，作为该课程的考查作业，计入期末考试成绩，并建立该课程的学习档案，将师生深入学习和讨论的体会与照片，附到该课程档案里。

在一个多月的学习中，每个班级分配专职教师，有老师带领大家集中学习，定期举行主题班会，围绕该期的学习主题，全班展开讨论，同学们发表自己的学习心得和看法，由指导老师点评分析。

（二）师生共话促交流

"中国新闻传播大讲堂"对大家来说是意义非凡的，在学习此次课程之后，老师和同学们都有了许多的收获和体会。此次活动通过主题班会的形式进行，班会结束之后，老师和学生们在一起进行了热烈的讨论。

同学们在看完视频之后，感慨良多。2018 级新闻 G2 班的武韦灵熙同学表示，在学习完之后，自己想成为一名记者的信念更加坚定了；2018 级广告 G1 班的刘宏宇同学则深刻体会到了作为一名记者的不容易，需要拥有硬功夫，下苦功夫，还需要深入人民生活，连续昼夜跟拍好几天，才能获得第一手资料；2020 级广告 G2 班郑蓉静同学则看到，在抗疫期间，新闻记者们永远冲在新闻事件的最前方，他们就像是一个个冲锋的战士，手上的笔就是他们的作战工具，他们书写着新闻，也记录着真实。

老师们也谈了自己的看法与感想。王欣老师认为，新闻传播大讲堂无论从形式上还是内容上，都给本专业教师提供了一个很好的途径与方法，它既可以作为文本案例在课堂教学中使用，弥补实践教学经验不足的情况；还可以作为思政内容贯穿于教学内容中，让同学们真切地感悟到新闻舆论引导的影响与重要性。王琦老师也谈到，以"来自武汉抗疫一线的报道"为主题的"中国新闻传播大讲堂"，从亲历抗疫的记者角度出发，是最好也是最真实生动的专业课程。

三、学生心得

新冠肺炎疫情突如其来，广大新闻记者临危受命、迎难而上。他们是记者也是战士，战胜了巨大的压力与恐惧，夜以继日地记录真实，奋战在抗疫斗争的第一线，为坚决打赢疫情防控的人民战争、总体战、阻击战凝聚了强大精神力量，采写出一篇又一篇鲜活的新闻报道。在观看和学习的过程中，我落泪无数次，感慨万分。

（一）坚持党的领导

这次疫情防控中，广大党员和人民群众团结一心、众志成城、积极有为、全面投入，推动疫情防控工作取得明显成效。

以第四集为例，人民日报新闻协调部副主任汪晓东给我们介绍了疫情期间人民日报的应急响应机制，对新闻报道工作做出部署，进入"战时"状态，组建了一支召之即来、来之能战，关键时刻敢打硬仗、危难关头挺身而出的新闻队伍。人民日报担当起了主流媒体的责任，形成了强信心、聚民心、暖人心、筑同心的舆论强势。

（二）争当后起之秀

此次中国青年报社团队的抗疫报道组是重大报道中一线年轻记者比例最高的。在这个史无前例的战场上，他们做出了太多的贡献。杨海、王嘉兴、李强冰点团队的深度报道；李峥苨、孙庆铃、谢宛菲、朱娟娟巾帼不让须眉；李隽辉、赵迪、鲁冲多次深入红区最前沿。这充分展现了青年一代记者的家国情怀、责任和担当。

不同时代的人有着不同的时代责任，处于这个时代的青年人，用自己的行动，默默努力，成为这个时代最平凡的英雄，为我们的党和国家贡献自己的力量。作为一名新闻学专业的学生，我会把个人理想追求融入党和国家的事业中，把使命和责任化为奋斗的不竭动力。珍惜时光，努力学好专业知识，为中国特色社会主义航船继续乘风破浪积蓄力量，用青春书写无愧于时代的华彩篇章。我要努力向前辈记者学习，努力跻身于优秀记者团队的一员，争做后起之秀！

山西工商学院

（传媒学院）

一、教学概况

2020 年 11 月 5 日下午 3 点，"中国新闻传播大讲堂"启动仪式在中国传媒大学举行，山西工商学院传媒学院特邀教务处副处长柴巧叶、教务处教学研究科科长张帅，以及教师、学生代表在博言堂观看启动仪式视频直播活动。本次活动由学院党总支书记杨学成主持。

今年大讲堂主题为"来自武汉抗疫一线的报道"，讲堂生动讲述、立体展现了中国新闻记者的家国情怀和专业素养。大讲堂使师生进一步深刻理解了中国特色社会主义的制度优势、理论优势、道路优势，提升了学生们为党为国为民的深厚情怀和使命担当。

根据山西省教育厅、山西工商学院的安排，传媒学院全员学习了"中国新闻传播大讲堂"的内容。学院将把此项活动纳入教师考核和学生学分管理，使之成为学院全面推进课程思政建设，落实立德树人根本任务的一项重要工作。

二、特色亮点

（一）集中学习，注重精神灌溉

全体教职工在杨学成书记的组织下观看了"中国新闻传播大讲堂"第一集

的内容。在观看结束之后，教职工们就观看、学习内容进行深入研讨和交流，大家积极发言，表达要努力培养具有家国情怀、高素质传媒人的愿景。杨书记希望教职工们在今后的育人过程中，用马克思主义铸魂，用爱国情怀强基，用人文素养修身，用国际视野拓界，用未来视角创新，为培养"为时代发声"的传媒人才而不懈努力。

通过本次观看学习，学院教职工深刻领悟到"中国新闻传播大讲堂"开播的意义及价值，相信全体教职工在今后的教育教学中，将结合所学所感，努力培养讲述中国故事、传承中国精神、发扬中国力量的应用型传媒人才。

（二）深入研讨，促进内容吸收

11 月 16 日至 12 月 25 日，学院组织播音与主持艺术、广播电视编导、影视摄影与制作、表演、航空服务艺术与管理 5 个本科专业 2018 至 2020 级 1194 名学生学习了"新闻传播大讲堂"32 集视频教学内容，每名学生撰写了 32 集学习笔记，并于 12 月 28 日提交至学院归档。

学习结束之后，同学们以专业为单位，就视频的内容展开了深入的探讨。2018 级广播电视编导专业的同学们被这些疫情中最美的逆行者们所打动，他们经受住了这场命运与职业的大考，身体力行地为我们上了生动的一课。作为新闻人就应该具备不怕困难、勇往直前的担当，也应该具备奉献社会、奉献人民的职业素养。2019 级播音与艺术专业的同学们则从另一个角度出发，抒发了自己的看法。在新冠疫情期间，无数新闻工作者坚守在自身岗位上，他们怀着一腔热血和坚定的信仰，为人民传达着前线的消息。没有人是生而英勇的，只是有的人选择了无畏。新闻理想从来都不是宏大的空想，而是踏踏实实地做好本职工作，坚守着那一份新闻素养。同学们在学习大讲堂内容的同时，积极地对视频的内容进行思考，提升了自己的专业素养。

三、学生心得

职责所在，义不容辞。在这场特殊的战役中，新闻工作者不畏艰险，深入一线，冒着风险采访，夜以继日奋战，为打赢这场疫情防控的人民战争、总体战、阻击战，发挥了特殊作用，做出了突出贡献，很好地履行了中国新闻记者在疫情防控中应该具备的责任担当。

（一）坚守职责，争当最美逆行者

在"中国新闻传播大讲堂"中，我们看到在疫情防控的严峻形势下，身处在一线的新闻工作者顶着巨大的压力，担当着重大的责任。在教学视频中，新华社记者刘刚说，选择不去武汉的理由可以有很多种，但是去武汉和留下来有一个理由就足够了，那就是职责。因为新闻就在那里，而新闻就是职责！职责二字，乍一看起来分量很轻，但是当你选择去承担它时，它在你肩上的重量则重如千斤，我们必须用自己的所学所能，承担起我们作为新闻人身上所承载的职责。

（二）记录真实，传达有温度的报道

对于一个记者来说，通往人心之处，也许是最艰难的一种历险。疫情凶险，如洪水猛兽，然而记者在面对疫情危险的同时，还要去探索疫情中值得报道的线索，为我们传达有温度、有人情味的报道。鲜敢，作为人民日报记者，被称为跑出来的"火神山记者"。他身处一线，在疫情面前却并不慌张，他采取图文直播、现场快讯等一系列方式，将现场的第一手资料传达到我们的眼前。在他的身上，我理解到了记录真实，坚守战场，就是对生命最大的敬畏。

（三）讲好故事，用细节打动人心

细节最容易使读者对稿件产生共鸣。在采访中，细节小事往往最能打动人。有的时候无须话语，一个眼神、一个动作，便能将情感表达得淋漓尽致。捕捉最细腻的情感，传达最动人的故事，医护人员在疫情期间的付出与奉献，需要用镜头真实地记录下来。新闻工作者需要把握细节，正面引导舆论，推动问题的解决。在这场没有硝烟的战争中，用真实的报道，真实的故事，反映中国人民在抗击疫情过程中的伟大斗争。在大讲堂中，我们可以看到广大新闻记者带着强烈的责任感、使命感，率先奔赴疫情一线采访报道。他们用镜头记录，用文字镌刻，将最前线的抗疫情况转达到千家万户，也给了我们仰望黎明、期待曙光的坚定信念。

内蒙古师范大学

（新闻传播学院）

一、教学概况

疫情发展至今，"后疫情"时代的常态化防控已成为社会基本日常，新闻传播学作为一门社会科学，在面对社会重大变革时，出现了种种新要求、新形势。

2020 年"中国新闻传播大讲堂"的主题为"来自武汉抗疫一线的报道"。内蒙古师范大学新闻传播学院对此次全国新闻传播院校集体学习高度重视，由院长陶格图教授亲自部署，组织学院师生以多种方式推动抗疫精神进校园、进课堂，其中包括组织教师会议研讨，发动教师充分发挥课堂思政作用，添加疫情精神教学环节，组织本科生线上学习，组织研究生开展专题研讨会等形式。陶格图院长在教师学习研讨会上指出，新闻教育始终要明确"为谁培养人，培养什么人"这一根本命题。面对疫情，新闻记者所展现出的高度专业性与社会责任感，是感召我们新闻学子不断学习、不断努力、不断奋斗的动力。可以说，新闻记者在这次全球抗疫斗争中拥有了新的职业生命力，我们也应该意识到，记者的责任就是为民众、社会与国家发声，成为沟通者与守望者。

二、特色亮点

（一）统筹安排教学活动

为加强学院对"中国新闻传播大讲堂"的领导，学院领导牵头组成专题学习小组，由各系教师、行政教辅人员任小组成员，强化此次学习活动的响应力度。在学校的安排下，各小组集中学习一周，各组长认真配合实施，层层抓落实，采取得力措施，加强监督，广泛开展研讨。通过这次活动，我校也鼓励教职工对新闻传播教育本职工作以及学术研究进行交流反思。

针对此次学习活动政治性强、教育面广的特点，各小组对本次活动进行了合理安排，除了由学院领导统一组织教职工学习外，各小组还充分发挥课堂灵活性，在课堂思政内容中加强抗疫精神的宣传及动员，争取在学生间形成热烈的讨论氛围。通过学院官网、学生实习平台（薪传通讯社）等多种形式进行广泛宣传，做到全员知晓，人人重视。

（二）多样措施成效显著

学院始终高度重视，统筹安排，认真学习，积极工作，使本次专题学习活动收到了较好成效，达到了预期目的。

首先，全院师生的社会责任感与新闻职业使命感显著增强，特别是师生中的党员同志，在教学视频的感召下，提高了参与打赢抗疫保卫战的行动积极性。其次，新闻工作者的社会动员能力与专业水平显著提升。通过观看人民日报、新华社等中央级媒体报道，同学们学习了如何对社会重大事件形成权威报道，积极主动发声，培养主流舆论，力求将真实可信、积极谨慎的信息有效地传达出去。此外，新华社报道团队在面对文字记者、视频摄像、后期剪辑等环节力量不足的情况下，有效动员利用其他社会媒体力量，共同完成了关于疫情报道的全媒体产品。最后，进一步强化新闻传播教育事业过程中的家国意识，使全院师生从新闻专业的角度加强对我国社会国情的基本把握，也对新闻传播事业的意义有了更深层次的认知。

三、学生心得

12月18日，在内蒙古师范大学新闻传播学院的组织下，我们观看了"中国新闻传播大讲堂"。透过荧幕，我看到了无数平凡者最朴实真挚的情感，见证了战斗在抗疫一线各行各业的工作者们可歌可泣的瞬间。一张张陌生而亲切的笑脸，一幅幅感人肺腑的画面，不断汇集成历史的长卷，永远记载在人类抗争疾病和灾难的光辉记忆中。

（一）舆论引导民心，传播凝聚力量

在武汉抗疫期间，新闻工作者们置安危于身外，团结协作，勇于担当。他们用朴实的语调、深情的笔触，及时发回了深入的优秀报道。从街头巷尾到社区市场，他们将镜头对准市井民生，展现了抗疫中的英雄城市和英雄人民；从火神山医院到方舱医院，他们关注建成投运的点滴瞬间，给全国人民传递了战胜疫情的美好希望。这些新闻报道如同黑暗中的灯塔，照亮前路，驱散阴霾，带来温暖，让我再一次感受到新闻传播坚定而蓬勃的力量。"为时代画像，为时代立传，为时代明德"，武汉抗疫一线的报道以充沛的正能量、高昂的主旋律向党和国家交上了一份优秀的答卷，以实际行动践行新闻舆论的"四力"，唤起了我对新闻专业的责任使命和无限情怀。

（二）夯实专业基础，培养专业素养

深入武汉抗疫一线的新闻工作者大多是之前就有着丰富工作经验和多次重大报道经历的行业领军人物。前辈们在武汉抗疫报道中敏锐的新闻视角、出色的业务能力、深厚的知识储备、丰硕的工作实绩令人惊叹。一个个优秀的新闻作品也再次警醒我，鞭策我，催我奋进，让我意识到在平时学习中要脚踏实地、刻苦钻研；在实践中要深耕细作、不畏困难，只有具备良好的专业素质，才能在关键时刻迸发出自身的力量。

作品《背影》呈现了父亲骑着电动车，跟在三轮车后面送感染新冠肺炎的儿子去医院的画面。仅仅是一个背影，观者无不为之动容，一时间安静的课堂上传来一阵压抑的啜泣声。"背影"是父亲目送儿子去医院时深沉而难言的不舍，是朱自清笔下父亲攀上爬下为儿子买橘子时细腻而朴素的关怀，也是千千万万疼爱子女、默默挑起生活重担的父亲们的缩影。正是作者对细节精准地捕捉，才能唤起观者的共鸣，使之感同身受。我们才能从危难中窥见温情，从平凡中体会不凡。

呼伦贝尔学院

（传媒学院）

一、教学概况

呼伦贝尔学院传媒学院高度重视此次"中国新闻传播大讲堂"活动，通知下发后，学院立即召开专题学习会议，认真学习上级有关文件，并紧密结合本院实际，制定了《传媒学院新闻传播大讲堂活动方案》。2020年11月2日，上报此次活动负责人相关信息后，学院在传媒学院四楼会议室召开了"深入开展传媒学院新闻传播大讲堂活动动员大会"。传媒学院院长、大讲堂活动领导小组组长王晓莉同志在会上进行全面动员，就学院深入开展大讲堂活动的指导思想、目标要求、主要内容、总体安排及具体措施做出详细说明并提出要求。

学院组织新闻学全体师生共240余人观看了"中国新闻传播大讲堂"启动仪式，由此正式拉开了学院大讲堂活动的序幕。2020年11月16日到2020年12月6日，学院组织全体师生观看32集"中国新闻传播大讲堂"系列授课内容，并对同学们的观看提出了具体要求，希望大家用心观看、认真思考、写出心得、力争最大收获。2020年12月7日到2020年12月20日，新闻学专业分别从学生层面和教师层面开展了"强学习 比心得"和"找差距 深研讨"两项活动。在论坛活动中，老师们积极结合自身的教学与育人实践，围绕以上内容交流分享，大家互相借鉴启发，对新闻工作者应具备的矢志不渝的信念、真挚为民的情怀、务实担当的品格、带头实干的作风有了更深入理解，对新文科建设和新闻专业发展有了更深入的认识，在交流碰撞中达到了统一认识、提高境界、发挥作用的目的。

二、特色亮点

（一）深化丰富新闻专业课程内容

呼伦贝尔学院偏居一隅，新闻专业（蒙授和汉授）虽然在 2006 年升为本科，但在师资力量、办学条件上存在诸多限制。目前新闻学专业的 11 位专任教师中，只有一名副教授，其余均为讲师，学院缺少高级职称的教师，并且缺少双师型人才。而当地新闻业发展又比较滞后，这种现状不利于新闻专业课程的建设，且阻碍了专业发展。因此新闻专业近年来一直致力于通过加大师资力量建设和资金投入的方法强化课程的理论讲授和实践能力的培养，实现自我突围。而此次大讲堂作为新闻传播类专业教师和学生必听的一堂货真价实的金课，让处于边疆地区的老师和学生们可以接触到最鲜活的案例，享有高品质的传媒教育资源，了解了行业最前端的知识。"中国新闻传播大讲堂"是对边疆地区高校新闻专业课程体系的拓展和深化，也是新闻学专业建设和新文科建设的一面旗帜，引发了教师对传媒学院新闻学专业建设和新闻专业融合发展的深入思考。

（二）激发新闻专业学生内生动力

"中国新闻传播大讲堂"活动的开展进一步坚定了学生的理想信念，很多同学深深震撼于新闻传播人的职业素养和专业情怀，表示要以对"中国新闻传播大讲堂"的学习为契机，坚持守正创新，做中国特色新闻学的传道者、授业者。还有一些学生在倾听了一线新闻人的职业感悟后感动不已，备受鼓舞，立志要成长为有定力、有情怀、有本领的新闻人，表示要在未来的新闻工作中主动深入践行"四力"，勇于担当，成为政治过硬、业务过硬、战斗力过硬的新闻队伍中的一员。同学们不仅真正体会到了新闻工作者孜孜不倦、一丝不苟的工作精神，也深深领悟和学习了伟大的中国抗疫精神。这种精神正是中国精神的生动诠释，一再证明了中国共产党所具有的坚强领导力，是风雨来袭时中国人民最可靠的主心骨，激发起学生强烈的民族荣誉感与自豪感，让学生感受到伟大的中国精神、中国力量与中国担当，对学生进一步坚定理想信念、强化使命意识起到了积极的促进作用。

三、学生心得

（一）新闻工作要坚定理想、坚守职责

大讲堂开篇，新华社总编室副主任、高级记者刘刚以"弘扬新华精神 经受大疫考验"为主题向我们讲述。他说道，参加武汉抗疫报道是他28年新闻生涯的难忘经历，也是经受大疫考验和精神洗礼的过程。作为中国国家通讯社和世界性通讯社，新华社疫情防控小组在武汉封城前一天，向武汉派出应急报道的增援人员，加强报道力量的整合，提前做好准备。看不见的病毒无处不在，疫情、舆情交错复杂，可在职责面前，在新闻面前，百名记者百日奋战、临危不惧，认真履行着自己的职责。新华人在八十九年的风雨历程中，形成了对党忠诚、勿忘人民、实事求是、开拓创新的新华精神，也反映了中国新闻者的职业理想和坚持的不懈动力。疫情就是命令，现场就是战场。

"你是谁，为了谁""最能吃苦、最能奉献、最能付出"，疫情期间，广大新闻记者临危受命、迎难而上，他们不求回报、不计报酬，一份份"请战书"字里行间流露着对于新闻事业的热爱和坚守。多少年来，这种"逆行精神"与我们共产党人大无畏的"革命精神"一脉相承，他们为了国家和民族大义，为了人民利益和福祉，牺牲个人、舍生取义、坚决斗争，正是因为这种精神，我们定能拨开云雾见月明。

（二）新传学子要提升自信心、自豪感、自主性

作为一名新闻学专业的学生，通过学习"中国新闻传播大讲堂"相关视频，我看到在抗疫第一线奋战过的新闻记者前辈们，用实际行动展示了媒体人的责任与担当。日后，我也应深入践行马克思主义新闻观，努力将新闻理论与新闻实践深度融合，提高自身的自信心、自豪感、自主性，将新闻传播教育中的凝聚力、感召力、塑造力付诸实践，争做新时代优秀新闻传播人才。自古英雄多磨炼，社会主义现代化的号角已经吹响，复兴路上，时不我待。我愿与广大新闻媒体人携起手来，以激情为旗，用青春作注，以信念扎根新闻沃土，以青春之我去绽放青春之花。与时代同步伐、与人民共命运，与祖国齐奋进，为社会主义现代化建设贡献自己的一份力量！

呼和浩特民族学院

（新闻传媒学院）

一、教学概况

为强化马克思主义新闻观教育，深入学习贯彻习近平总书记关于新闻舆论工作的重要讲话精神，加快新文科建设与发展，根据上级相关指示，呼和浩特民族学院新闻传媒学院对"中国新闻传播大讲堂"课程落实方面做出了诸多尝试。

2020年11月5日下午，新闻传媒学院师生在都林楼423学院会议室集中观看了"中国新闻传播大讲堂——来自武汉抗疫一线的报道"启动仪式。观看结束后，学院新闻学教研室教师萨仁高娃做总结，她认为此次讲堂为现代大学生树立了正确的国家观、民族观、文化观，是不断巩固大学生对伟大祖国认同、中华民族认同、中国特色社会主义道路认同的有温情的思政大课，对丰富教学内容、提高课程思政水平具有积极正面的作用。她还表示对日后课程的具体内容设置充满期待。12月7日，新闻学专业的教师们在都林楼423学院会议室，集中对"中国新闻传播大讲堂"的课程安排、教学内容的补充，以及教学方式方法、考核方式进行了探讨和研究，为日后大讲堂课程体系的各项事务安排奠定了良好基础。

在随后的一个多月的时间里，学院多次组织全体教工、学生观看学习视频，并在会后进行研讨交流，为进一步深化和落实"中国新闻传播大讲堂"课程教学，还将相关主题学习纳入本科学生的专业学习中，使学生更好地了解新闻工作者的专业精神，深入理解马克思主义新闻观。

二、特色亮点

（一）铸牢中华民族共同体意识

12 月 27 日下午，学院全体教工在都林楼 423 学院会议室集中观看了"中国新闻传播大讲堂——来自武汉抗击疫情的第一线"视频，屏幕上不断呈现着新冠肺炎疫情期间武汉医护人员紧张忙碌的身影和全国知名媒体记者对现场的动情讲述。20 多名教师注目凝视，深深为之事迹而感动。时值学校"铸牢中华民族共同体意识专题培训"期间，学院结合新闻专业实务，全面启动"中国新闻传播大讲堂"新课程，这是深入学习贯彻习近平总书记关于新闻舆论工作重要论述精神、推动新时代新文科建设、改革和创新新闻传播教育的重要举措。为全面推进"中国新闻传播大讲堂"课程教学，学院对有关工作进行了精心部署和安排，将相关主题和内容纳入"铸牢中华民族共同体意识专题培训"中。通过集中学习，教师们体会到了新闻工作者孜孜不倦、一丝不苟的工作精神，也深深领悟和学习了抗疫精神，同时深刻理解了习近平总书记关于铸牢中华民族共同体意识的远大格局。

（二）打牢思想基础，夯实思想根基

为响应教育部高教司组织开展的大讲堂活动，彰显新闻传播学科的时代担当，学院于 12 月 28 日组织新闻学专业部分教师同 2017 级、2018 级新闻学专业部分学生观看了"中国新闻传播大讲堂——来自武汉抗击疫情的第一线"部分视频，并在观后进行交流活动。为进一步深化和落实"中国新闻传播大讲堂"课程教学，学院将相关主题学习纳入新闻学专业和摄影专业（新闻媒体摄影方向）的专业必修课模块，课程学时为 36 学时，共 1 学分，自 2019 级新闻学、摄影专业学生开始修读，课程时间安排为全校本科生大二年级第一学期（秋季）。此外，本课程还将成为全校本科生在大二年级第一学期（秋季）的公共选修课，考核方式均为考查。

开展本次"中国新闻传播大讲堂"的课程教学，目的是让抗疫精神能以鲜活案例的形式走进课堂，推动理论和实践的有机结合。通过案例主人公的讲述，学生能更好地了解新闻工作者的专业精神，深入理解马克思主义新闻观，掌握新闻工作者的责任、担当、使命。与此同时，广大学生还能深刻理解中国特色社会主义的制度优势、理论优势、道路优势，打牢思想基础，夯实思想根基，从而切实增强我校新闻传播类专业乃至全校学生的爱国意识、国族意识和民族自豪感。

三、学生心得

大讲堂着重讲述了新冠肺炎疫情期间，广大新闻记者临危受命，迎难而上，日夜奋战在抗疫斗争的第一线，为坚决打赢疫情防控的人民战争、总体战、阻击战，凝聚了强大的精神力量，在场观看的同学们都在感动的泪水中更加明确了身为新闻工作者的使命与担当。

（一）媒体要充分发挥强信心、暖人心、聚民心的重要作用

疫情发生后，新闻工作者主动请缨奔赴武汉一线，与湖北和武汉媒体同行并肩作战，一次次深入医院和重症病房，舍生忘死，记录下无数个惊心动魄的现场，采写出一大批感人肺腑的报道。

来自人民日报的记者吴珊向我们讲述了她前往武汉的经历。她前往武汉市金银潭医院 ICU，工作了两个小时，出来时衣服都湿透了，脸上也有了戴口罩的痕迹。吴珊记者把自己的这次亲身经历做成了一篇名为"夜探风暴之眼"的报道。吴珊记者曾多次深入医院、火车站、社区等现场进行直播，为网友实时播报抗疫一线进展和举措，在关键时刻起到了稳定人心的作用。

（二）媒体要践行人类命运共同体理念，讲好中国抗疫故事

在"中国新闻传播大讲堂"中，中国日报社国内部政法采访室的主任雷蕾讲道，她在疫情报道中着重挖掘了在武汉生活的外籍人士、留学生和驻武汉领事馆的人物和故事，及时向国际社会表明中国立场，传达我国公开、透明、负责任的大国态度，用真实数据和具体事例讲述了我国的抗疫故事，阐释了人类命运共同体的理念。2 月 15 日，中国日报头版刊发了法国领事坚守武汉的故事：

疫情发生后，许多国家关闭了驻武汉领事馆，而法国领事馆依然坚持开放，他们的总领事贵永华也放弃了乘包机回国的机会。他告诉记者，中法两国关系良好，武汉是法国在华投资最多的城市，也是法国人在中国居住人口最多的城市之一，他对武汉有着深厚的感情，要与武汉共患难。

从"中国新闻传播大讲堂"上，我深深地感受到了记者的无私奉献和坚持，这使我更加热爱自己所学的新闻学专业，也希望在将来的某天，我也能够成为一名优秀的新闻工作者，切实做到讲好中国故事，为世界传递中国声音。

内蒙古大学创业学院

（语言与传媒学院）

一、教学概况

为深入贯彻落实习近平总书记关于新闻舆论工作的重要讲话精神，全面贯彻全国教育大会精神，切实落实新时代全国高等学校本科教育工作会议要求，加快推进新文科建设。同时为积极响应教育部高教司和中宣部新闻局号召，内蒙古大学创业学院于2020年11月5日、13日和18日分别组织师生观看"中国新闻传播大讲堂"，聆听参与抗疫一线报道的新闻记者讲述武汉抗疫故事。学院还将大讲堂讲授内容作为新闻专业必修课程中的教学内容，通过线上与线下、集中与分散、理论与实践相结合的方式进行持续的学习，深入教学课堂与实践课堂，灵活多样地开展思政教育，把握时机发挥这种高水平的思政大课在人才培养中的重要作用。

今年大讲堂的主题为"来自武汉抗疫一线的报道"。新冠肺炎疫情期间，广大新闻记者临危受命、迎难而上，日夜奋战在抗疫斗争的第一线，为坚决打赢疫情防控的人民战争、总体战、阻击战凝聚了强大精神力量。大讲堂邀请了人民日报、新华社、中央广播电视总台、光明日报、经济日报、中国日报、中国新闻社、中国青年报、澎湃新闻、现代快报、南方都市报、湖北日报、湖北广播电视台、长江日报等14家主流媒体参与抗疫一线报道的42名新闻记者录制

32 集视频教学内容，生动讲述、立体展现了中国新闻记者的家国情怀与专业素养。

二、特色亮点

（一）深入推进思政建设

师生共上一堂课，借助大讲堂优质的教学资源深入推进课程思政建设，让学生了解武汉抗疫一线的报道故事，感悟新闻报道背后的家国情怀，学习新闻人才必备的专业技能，真正实现了价值塑造、知识传授和能力培养的有机统一，构建全员、全程、全方位的育人大格局。通过抗疫一线记者们的实践，展现中国新闻记者的家国情怀与专业素养，对强化马克思主义新闻观教育、全面推进新闻传播类专业课程思政建设，推动新闻理论与新闻实践深度融合、培养新时代优秀新闻传播人才具有重要意义。

（二）积极促进师生共享

"中国新闻传播大讲堂"的开播，在我院师生中引起了强烈反响。新闻专业教师薛若怡谈到，学习"中国新闻传播大讲堂"有助于同学们更好地了解社会，了解传媒人的责任与担当。新闻学专业教师阿丽玛说，"中国新闻传播大讲堂"不仅是一次专业课程的学习，更是一次精神洗礼，有利于帮助未来将要从事这一职业的同学们更加深刻地理解"记者"二字的意义。集体学习结束后，同学们围绕新时代记者的职业担当、职业责任、专业素养等问题也发表了自己的看法，有了更加深刻的思考，更加坚定了成为担当民族复兴大任的时代新人的历史使命和"铁肩担道义"的职业目标。课下，同学们还观看视频并展开了积极的讨论，通过书写观后感表达自己的见解。通过学习，大家对于自己未来要成为怎样的新闻人有了较为清晰的认识，更加坚定了自己努力的方向。

三、学生心得

这次"中国新闻传播大讲堂"的学习，不仅为我校同学们拓宽视野提供了宝贵的机会，也为新闻学专业改进马克思主义新闻观教育、培养高水平文化传播人才提供了学习的必要途径。通过学习，同学们更好地理解了新闻工作者的专业精神、马克思主义新闻观，以及新闻工作者的责任、担当、使命。在观看结束之后，同学们也纷纷抒发自己的感想。

（一）心存敬畏之情

疫情来的时候，我们每个人都会害怕，但是，只要拿起笔杆、相机，我们就是专业的媒体人，就是时代的记录者。通过大讲堂的学习，我更加深刻地理解了媒体人的使命与职责，将一份敬畏存于心底。作为时代的瞭望者，青年新闻人当如雷宇所说，将新闻作为历史的底稿，铁肩担道义，妙手著文章。以敏锐洞察、温暖笔触、家国情怀做新闻，成为有"四力"的新闻人。

曾经，我只是一个对摄影和媒体感兴趣的学生，而现在，通过这次学习，我学习了战疫新闻作品旦的拍摄、采访、编辑等手法。大讲堂的内容让我深深感到震撼。既敬佩抗疫一线的记者们忘我工作的精神品质，也倾心于运用各种镜头、文字表达方式传递出来的信息。我深知，新闻记者不能只做记录新闻的机器，而是要带着对生命的敬畏、对弱者的同情、对社会的关注，对信念的坚定来采访，这样才能采写出优秀的新闻作品，才能肩负起历史和时代赋予的使命。希望自己能够通过努力，成长为师长所期望的有定力、有情怀、有本领的新闻人。

（二）秉承热爱之心

在新闻专业的三年学习中，带着一份热爱和一份执着，我参与了很多实践。通过这次学习，我看到了更多自己在专业技能方面需要提升的地方。我印象最深刻的是李强讲述的，报道可以从大环境的小人物入手，通过采访多方面刻画，让报道有"毛绒感"，有真实的"温度"。疫情是一场没有硝烟的战场，在大讲堂当中，随着耳畔传来的国歌，随着眸中映射的身影，我们可以看到新闻工作者向我们传递着平安、温暖和信心，用文字镌刻着最前线的抗疫情况，让我们仰望黎明的曙光。

辽宁大学

（新闻与传播学院）

一、教学概况

辽宁大学新闻与传播学院在接到"中国新闻传播大讲堂"相关课程学习的通知后，立即着手部署在全院范围内开展深入学习活动，专门成立了学院层面的学习活动指导小组，由学院梁永鑫书记、程丽红院长任学习活动指导组组长，学院主管学生工作的叶志雁副书记具体部署各个层次本科生、研究生相关学习任务，安排了各个本科班级和研究生班级合计近700人的整体学习计划。根据教指委秘书处发来的线上网络视频学习课程内容，学院组织全体同学和老师们共同学习，切实推动抗疫精神进校园、进课堂，引导广大师生深刻理解中国特色社会主义的制度优势、理论优势、道路优势，培养学生为党为国为人民的深厚情怀和使命担当。

二、特色亮点

（一）强化了社会责任的使命感

在疫情报道中，主流媒体真正做到了"既解决实际问题，又解决思想问题"，将社会责任放在第一位，做好了党和人民的喉舌，也让同学们看到了一线记者的人文关怀和责任担当。例如此次疫情中的人物报道，以医护人员为主，这些报道具有较强的心理接近性，刻画了这些平凡而不普通的人物形象，团结人民、鼓舞士气；对受灾群众的报道，也能够体现人性的真善美，通过报道武汉群众的生活，帮助公众看到真实的抗疫第一线，体现疫情中共克时艰的人性光辉，构筑社会的凝聚力，同时也通过报道发现并解决实际问题，真正做到了以人为本。

（二）学习了新媒体的报道形式

疫情期间的媒体报道中不乏一些结合新媒体技术的新颖报道方式。慢直播就是在疫情报道中的重要创新。例如建设雷神山、火神山的全程慢直播，营造了"在场感"与"陪伴感"，对于公众来说是一种新鲜有趣的报道形式，满足了公众的心理需求，构建了共同的社会记忆，同时是对"中国速度"的正向宣传，起到了稳定人心的作用，调节了人们紧张的情绪。

（三）聆听了感动人的抗疫故事

媒体是讲好抗疫故事的主力军、主渠道、主阵地。疫情发生以来，445名新闻工作者主动请缨、奔赴武汉，与当地媒体并肩作战，多角度、全方位、全过程向全世界讲述中国抗疫故事，传递准确、真实的抗疫信息，成为我们开展对外舆论引导的"压舱石"。其他省份的媒体也以深情的笔触、感人的镜头，对本地的抗疫实践进行了深入及时的采访和报道，挖掘具有全球意义的中国抗疫故事，并通过多语种、多媒体进行海外传播，不仅让国内的民众了解到国家抗击疫情的进度，也进一步增进了国际社会对中国抗疫的了解。

三、学生心得

"世上没有从天而降的英雄，只有挺身而出的凡人"。庚子初始，新冠肺炎疫情突如其来。考验如火，淬炼真金，这场没有硝烟的战争是对我国广大新闻工作者们的一次大考。一批优秀的记者奋不顾身地投入战疫一线，第一时间播报最新、最快、最准确的疫情防控信息，记录战役影像，与历史同心，与人民共情。

（一）感人鼓劲的国内专播

疫情是一场没有硝烟的战场。对医护人员来说，战场是手术室、是隔离房；

对科研人员来说，战场是取样地，是实验室；对新闻工作者来说，战场有可能是任何地方，有新闻事件发生，就有新闻记者在场。在这场战争里，"没有消息才是好消息"这句话，被阐释得淋漓尽致。除此之外，还有很多人在这场战争中默默守护着这片土地和土地上的"我们"。新华社的费茂华透过镜头，第一时间记录下武汉的抗疫画面，为希望了解这场疫情的人们，提供一扇小小的窗口，让更多人了解节能医疗废物处理中心的工作人员、武汉方舱医院中的医务人员、共唱《我和我的祖国》的工作人员、无惧辛劳的送菜员"小马哥"、战胜疫魔的老胡等人的真实故事，让屏幕前的我们感受到了抗疫一线人员奋不顾身、舍己为人的奉献精神与必胜决心，也向世界彰显出我国人民上下一心的抗疫力量与精神。

（二）生动真实的国际传播

疫情的洗礼使人们对外宣工作有了更深刻认识，西强我弱的格局还是一直存在的，对外宣传及国际传播工作任重道远。要让更多的西方受众知晓中国的真实情况，这就需要新闻人将平凡人的事迹传播好，把真实的故事、百姓的故事讲精彩、讲生动。中国日报社国内部政法采访室主任雷蕾，通过中英文稿件《亲自部署！习近平：坚决打赢疫情防控阻击战》，深度解读主流媒体如何发挥特色，提高舆论斗争能力；中国日报网视频记者李馨结合《英雄新传》系列片，讲述了普通人的真善美与人性光辉，力求让海外受众多角度了解中国抗疫工作的全貌。不仅仅罗列事实，更是加入感情元素，用真情实感传播中国故事、中国精神，还原一个真实的中国。

有人说，"人类的悲喜并不相通"，但在这场疫情中，我们的悲喜是相通的，我们能感受到不幸者的无助，也能感受到不幸者得到医疗床位、病愈出院后的喜悦。凡是过往，皆为序章，每一粒熬过冬天的种子，都有一个关于春天的梦想。经受住时代和疫情考验后的新闻人，更要做党的政策主张的传播者、时代风云的记录者、社会进步的推动者、公平正义的守望者。

渤海大学

（新闻与传播学院）

一、教学概况

在教育部高教司、中宣部新闻局的指导下，2020 年 11 月 8 日，渤海大学新闻与传播学院在阶梯教室组织学院教师、学生学习"中国新闻传播大讲堂——来自武汉抗疫一线的报道"系列视频课程并进行研讨。我院党总支书记柳延辉、院长安平，以及专业教师代表出席研讨会并发言，并与我院 19 级、20 级学生代表进行了探讨交流。

在学习大讲堂系列视频课程后，我院师生收获颇丰。屏幕外的新传人，是执教多年的新闻传播学教师、是刚刚踏入新闻传播领域的学生；屏幕中的新闻传播从业者，是一位位专业素养扎实、肩负使命、怀揣新闻理想、深入抗疫前线舍生忘死的新闻记者。通过观看"新闻传播大讲堂"系列课程，老师们对马克思主义新闻观教育有了更深刻的理解，也认识到了马克思主义新闻观在中国所展现的强大感召力与凝聚力。学生们对记者这份职业有了更深的理解，对新闻记者所肩负的责任有了更清晰的认识，他们在研讨会后也写下了自己的观看感悟。

透过视频与文字，我们感受到了新闻人的责任与担当，看到了中国新闻人在马克思主义新闻观的指引下所迸发出的强大精神力量，这也激励着我院全体师生在新闻传播教育领域不断奋进。

二、特色亮点

（一）结合实际，传承新闻职责

在研讨会中，安平院长结合大讲堂内容，从新闻从业人员的专业素养、新闻从业人员的家国情怀等方面与在场的教师学生进行了交流。他强调，新传学子要怀抱新闻理想，不畏困难，刻苦学习专业知识。鼓励学院师生到一线去，深入到百姓中间去，培养新闻人的家国情怀，开拓视野，不断丰盈自己的实践经历与知识储备。号召同学们学习来自抗疫一线的英雄记者们讲述和体现的伟大抗疫精神，做堪当民族复兴大任的时代新人，努力成为自觉践行社会主义核心价值观、具有家国情怀和国际视野的高素质、全媒化、复合型、专家型的卓越新闻传播人才。

教师李晶晶观后表示："看完这么多记者的一线采访报道之后，我更深地体会到新闻就是职责。对于新闻传播从业者来说，哪里有事件，哪里就有我们的身影。职责所在，义不容辞。"

（二）守正创新，培养新闻人才

专业教师时宇石在研讨会上声情并茂地向在场师生讲述了他在新闻岗位上的工作经历。他结合新闻舆论引导的相关知识，强调新闻工作者要与党和人民站在一起，做坚守新闻工作优良传统的继承者与发扬者。新时代中，挑战与机遇并存，作为新闻从业人员后备军的新传学子应做有责任、有担当、有定力、有素养的新传人。坚持守正创新，培养让党和人民放心的新闻后备人才。

观看"新闻传播大讲堂"系列课程视频后，专业教师王壮辉表示，自己更加深刻地体会到了在抗击疫情一线的各行各业人民群众与医疗队伍的艰辛，以及全国新闻从业人员的责任与担当，令人敬重的浓烈家国情怀和极强的新闻素养，以及极强的凝聚力。

专业教师岳凯提到"新闻传播大讲堂"是一次新文科建设的创新尝试，是一次将理论与实践相结合、多媒体融合传播的教学范本，是一个用生动实践深刻感染师生们的立德树人的新讲堂。他号召新传学子向抗疫一线的英雄记者们学习，

"用马克思主义铸魂，用爱国情怀强基，用人文素养修身，用国际视野拓界，用特色项目托举，用未来媒体创新"。新闻人应身上有土，脚上带泥，深入事件现场一线当中，努力让自己成为堪当民族复兴大任的时代新人，努力成为具有家国情怀和国际视野的高素质、全媒化、复合性、专家型的卓越新闻传播人才。

三、学生心得

在学院举办的活动中看完了全部 32 集"中国新闻传播大讲堂"后，我更明白了新闻从业者逆行的意义，是为了让更多逆行者得到更真实的报道。

许许多多的新闻记者冲在一线，他们从最危险的地方发回报道。不仅仅是这次疫情，在国家所有危难时刻，所有最危险的地方，都有新闻记者的身影。"用纸笔记录历史，用镜头定格岁月。"时间的紧迫，任务的繁重，病毒的威胁，都没能打压新闻工作者们的雄心斗志，在与病魔赛跑的路途中，新闻也是一种救援。

"报道抗疫，新闻人不能缺席；保卫抗疫成果的舆论斗争，新闻人更不能缺席。"在一线的一线，新闻工作者们作为"历史的见证者"，从未缺席过每一场战役；在背后的背后，新闻工作者们身为"参与的推动者"，在危机之际挺身而出。他们采写着"离死亡最近"的报道，见证着"离生活最近"的英雄。事实上，他们又何尝不是英雄呢？

疫情期间，我感受到了中国新闻的速度与温度。高考过后，我选择了新闻学这个专业。现在的我走入大学，终于也成为一名预备新闻人，我想，我也应当肩负起中国新闻传播的使命，沿着前辈的脚印，一路前进下去。

通过这些优秀新闻人的讲述，我们不仅学会如何选好命题，写好稿件，还学会了如何用心做一个优秀的、卓越的、有价值的新闻工作者。我们要以事实为本源，以坚定的信念，为国家为党守住宣传阵地，为人民群众献上最真实最有价值的事实真相为己任。

新中国成立以来"对党忠诚、勿忘人民、实事求是、开拓创新"的新闻精神，始终反映着中国新闻人矢志不渝的新闻理想。在当今，这种新闻思想更应代代相传下去。作为新闻学子，我更应当秉承新闻精神，用最真实的情感融入生活的每一寸，努力为新闻事业写下更多的绚烂篇章！

东北财经大学
（人文与传播学院）

一、教学概况

东北财经大学人文与传播学院是"省级新闻传播学一流专业"的人才培养基地之一。为响应教育部高教司、中宣部新闻局，以及高校新闻传播学类专业教学指导委员会提出的"全国新闻传播学专业同上一堂课"的号召，学院积极组织全院师生共同参与了"中国新闻传播大讲堂"的学习活动。

通过信息共享、云端传输、线下观看的方式，东北财经大学人文与传播学院与全国727所高校的1391个新闻传播学类专业点的同学们同期观看、共同学习来自抗疫工作一线的14家重要媒体单位的42名专业记者分享自己在"采、写、编、评、播"等专业领域的宝贵经验。大讲堂既为全体师生提供难能可贵的学习机会，也是新闻院校学子提升新闻传播学理论素养、专业素质的重要平台。

二、特色亮点

（一）特别小组认真应对，周密部署积极宣传

为了让大讲堂的相关工作得到认真落实，学院成立了由赵寰副院长带队，2名专职教师、1名院团委负责教师、2名辅导员教师组成的特别工作小组。特别

工作小组在 2020 ～ 2021 学年度第一学期教学日程和时间安排的基础之上，制定了"统一收看学习、个人收看学习、心得笔记整理、学习心得分享"四段式的学习推进方案。特别工作小组积极开展组织宣传，从学习活动启动伊始，就在我院内部营造起了浓厚的学习氛围，在学生中迅速掀起了"学习抗疫精神，做好党和政府的喉舌，提升自我新闻与传播专业素质素养"的热潮。

（二）线上线下共同参与，收看讨论积极热烈

今年大讲堂的主题为"来自武汉抗疫一线的报道"。新冠肺炎疫情期间，广大新闻记者临危受命、迎难而上、日夜奋斗在抗疫战争的一线，为坚决打赢疫情防控的人民战争、总体战、阻击战凝聚了强大精神力量。本次大讲堂邀请了参与抗疫报道的新闻媒体一线记者并录制了 32 集的视频教学内容，生动讲述、立体展现中国新闻记者的家国情怀与专业素养。11 月 5 日，学院组织本硕学生在劝学楼一楼 314 会议室参与收看了大讲堂活动的启动仪式。11 月中旬，32 集视频教材内容下发后，学院特别工作小组利用周三下午的时间，组织学生们集中收看学习。

（三）学习讨论会的摘要与汇总

在本次大讲堂活动中，学院新闻传播学专业的学生上交学习心得和感想 60 余篇。在学习心得交流讨论会上，由本科生 3 人，硕士研究生 3 人，共 6 名学生代表分享了自己的学习体会。尽管本次大讲堂活动的收尾，学习心得及感想交流只能利用网络在云端、线上举行，但是依然没有影响到我院学生积极参与分享讨论的热情。同学们纷纷表示："特别是在经受疫情考验的当下，更能感受到中国媒体从业者肩负的使命感与责任感，更能体会和理解一线记者们分享的那些点滴故事背后的感动，更加增强了自己认真学习努力成为一名优秀的媒体工作者的信念。"

三、学生心得

通过"中国新闻传播大讲堂"的观看和学习，我了解到疫情期间新闻工作者是怎样开展工作的，对新闻工作有了更加崇高的敬意。我将从多个媒体的角度，分享我的一些心得和收获。

（一）新华社兼具真实和温度

在疫情初期，新华社通过"党和政府正在做什么""还要做什么"等主题报道消除群众的焦虑。同时，他们实时回应社会热点问题，将其作为引导舆论的着力点。通过新华社的报道，人们看到武汉虽然表面上"按下了暂停键"，但各行各业的"逆行者们"仍在坚持奋斗。通过《七日谈》《给父亲的一封家书》等报道，我深刻感受到了在重大新闻事件中主流媒体应有的温度和情感。

新华社总编室副主任刘刚老师说："作为记者来说，不去武汉和离开武汉可以有很多理由，但去武汉和留下来只有一个理由就够了，那就是职责。"通过《武汉战"疫"日记》，我们看到了新闻工作者对党忠诚、对人民忠诚的信念，他们没有辜负自己肩上的使命，以实际行动自觉践行着"四力"。

（二）人民日报充分体现"人民至上，生命至上"

作为党中央机关报，人民日报在疫情中的报道也起到了至关重要的作用。人民日报的新闻工作者通过聚焦疫情期间武汉人民的实际生活，重视新媒体端的疫情信息传播，在进行疫情防控阻击战的同时打好了舆论战。在舆论越是多元、越是复杂的情况下，主流媒体的引领作用就越发重要。在采访和编辑的过程中，新闻记者从小切口、故事化方式入手，关注每一个普通人为抗击疫情做出的斗争，产生了良好的传播效果。通过《总书记的深情牵挂》《冲锋！这里就是战场！》等一系列报道，人民日报充分体现了党中央机关报对"人民至上，生命至上"的坚守，切实将人民利益写在了抗疫战场上，增强了人民群众的抗疫信心。

（三）央视彰显主流媒体的权威性和公信力

中央广播电视总台在疫情期间的新闻发布总体上呈现出"台网并重，先网后台，移动优先"的报道策略。同时，总台还利用5G+4K、8K+AI+VR等一系列先进手段实现最大规模的融媒体全景化的抗疫新闻报道。此外，新媒体多形态联动也是总台报道的一大特点。相关报道充分体现了主体意识和主题意识的创新。例如《战疫情》特别报道、《云监工》慢直播、"全景化"节目《一定要让他活》等节目，积极创新新闻报道节目样态，将"台网并重"发挥到了极致，实现了在重大公共卫生事件报道中的新闻传播效果最大化，形成全媒体、全方位、全覆盖的信息传播格局，彰显了中国主流媒体的权威性和公信力。

大连民族大学

（文法学院）

一、学习概况

大连民族大学接到"中国新闻传播大讲堂"的学习通知后，学校领导高度重视，第一时间召开了大讲堂学习工作布置会。文法学院是我校的文科重镇，新闻学专业是辽宁省一流本科示范专业。因此，在会议上，我校成立了由主管教学副校长、教务处、文法学院院长、文法学院教学副院长、新闻系主任组成的大讲堂学习领导小组。会议决定，将"中国新闻传播大讲堂"纳入2019版培养方案，成为一门必修课。

根据大讲堂的内容特点，我校采取了集中讲授和分散自学相结合的方式，开展大讲堂的学习工作。集中讲授工作由新闻学专业的四名骨干教师负责，指导教师和同学们共同学习、共同研讨、共同交流。分散学习则是采取小组研讨的方式，将同学们分成若干学习小组，每个小组选取自己感兴趣的课程内容，利用碎片化时间自学，并且在小组内讨论交流学习心得。

这次学习能够更好地上同学们理解新闻人所应具有的精神和信念，也更加坚定信心，提升能力，以备危机之时能展现新闻工作者所应有的家国情怀、职业敬畏和责任担当。"新闻人永远在路上"这看似简单的一句话却包含着太多责任，相信每一位新闻学子都能够在这次学习中有所感悟和启发，向所有奔走在一线的新闻工作者致敬和学习，做好准备迎接新时代新闻工作的挑战。

二、特色亮点

（一）创新载体，丰富形式

在学习过程中，有同学提出想了解身边的抗疫故事。于是，大讲堂学习领导小组决定将文法学院长期开展的"优秀校友进校园"和"优秀记者进校园"两个活动与之相结合。我校先后邀请了大连日报文教新闻部主任、高级记者张轶，新华社内蒙古分社优秀记者王靖等人同大讲堂学员分享疫情一线报道的故事。

作为大连本土主流媒体的一线记者，张轶亲身经历了年初支援武汉和大连年中的"7·22"疫情。她结合自己的报道和公开的视频，将疫情期间的所见所闻生动地呈献给大讲堂的学员们，让学员们感受到新闻人是如何用一支笔奋战在抗疫战场一线。

王靖是我校 2012 届优秀校友，毕业后就职于新华社内蒙古分社，多次荣获新闻奖项。疫情期间，王靖采取线上连线的方式和同学们交流，将自己眼中的疫情一线报道故事分享给大家，并且以学长的身份分享了如何尽快转换角色，从一名学生成长为一名记者的心路历程。

（二）实践育人，入心入脑

大讲堂学习领导小组一直在思考如何将"中国新闻传播大讲堂"的理论知识融入专业实践中，因此在大讲堂学习期间开展了多项专业实践活动，力求将新闻理论与新闻实践深度融合、培养新时代优秀新闻传播人才。

首先，由大讲堂学员自发选择感兴趣的话题，并根据话题邀请相应嘉宾进行现场小组讨论，完成"选题、策划、实施、总结"的全过程训练。其次，大讲堂学习领导小组引领学员深入基层发掘身边的正能量故事，采取访谈和记录的方式，让学员们深入了解国情、切实增长本领。最后，为了传承发展中华文化，铸牢中华民族共同体意识，大讲堂学习领导小组采取多民族互嵌的方式进行小组划分，将不同民族成员划分组成若干实践小分队，鼓励学员们发掘家乡优秀的民族文化并进行记录。学员先后拍摄了朝鲜族长鼓、云南民歌、白族扎染、苗族歌舞等优秀的作品。此次活动使各民族学员对本民族文化有了更进一步的了解，同时又感受到了其他民族文化的魅力，在实践中铸牢中华民族共同体意识。

三、学生心得

在众多记者中，给我留下深刻印象的是人民日报新闻协调部编辑、记者吴姗。作为为数不多的女记者之一，吴姗不畏艰险，在疫情期间主动请缨到武汉前方进行现场报道。她多次深入医院、社区、火车站等地进行直播和采访，为网友实时报道抗疫一线的情况。从她娓娓道来的具体案例中，我也对记者这个职业有了更深的向往。

（一）好记者心中要有一本账

有时候只差一天，同一篇重要内容的稿件，其影响力会截然不同。记者既要学会抓准热点，也要学会预判热点。吴姗列举的例子是"关注疫后综合征"这个话题。疫情初始，国内医用防护服紧缺，当地不少企业停掉了所有的外贸订单，转向生产医用防护服。但是随着国内疫情缓解，企业重新转向国际市场的过程中，不少往来多年的客户不愿意再与这些企业继续合作。现阶段从中央到地方都在关注中小企业复工复产的情况，这份预判既是业务素养，也是党报担当。重大新闻事件往往是具有突发性的，但是新闻的走势是动态的。因此，要对事件情势有最基本的判断，这也是对记者脑力的考验。

（二）紧扣人物命运讲故事

报道归根结底就是写人物挖故事。吴姗对在华外籍人士见证抗击疫情的报道中，没有夸大在武汉工作的韩国人金秀映的生存困境。跌宕起伏的故事，固然是有吸引力的，但是没有什么比真实更动人。在吴姗的报道中，主人公金秀映的困境得到了如实展现，而这份真实的感受才是最触动人心的地方。对于报道中的人物，我们要尊重其真实的命运走向。因为真实的人物才是丰满的，只有建立在真实基础上的报道才能被真正铭记。

（三）始终保持新闻敏感

记者在连续报道后会进入情绪疲惫期，相似的场面太多，同类型的人物也没有新的特点，因此保持新闻敏感、找到新的新闻切入点就变得十分重要。三月末的时候，各大媒体对于援鄂医疗队的报道已经接近饱和状态，这个时候要再推出援鄂的相关报道，新的信息点就变得极其宝贵。因此，吴姗在报道江苏省人民医院的一位主任医师时，就抓住了她一直坚持深度支援的信息点进行新闻报道，这也取得了较好的效果。因此，一名优秀的新闻记者要有意识地加强对新闻的全局判断，始终保持新闻敏感。

吉林艺术学院

（戏剧影视学院）

一、教学概况

2020 年 11 月 10 日，"中国新闻传播大讲堂"学习研讨活动在吉林艺术学院戏剧影视学院正式启动。当天上午，与会师生共同观看了由新华社总编室副主任刘刚带来的《弘扬新华精神 经受大疫考验》主题纪录片。观看过后，老师们结合专业方向向同学们分享了自己的感悟，并对同学们的学习进行了指导。

活动中，戏剧影视学院院长对新闻与传播专业的学生提出"讲述一线新闻故事，争做有担当的新闻人"的要求。她号召同学们学习来自抗疫一线的英雄记者们，他们不惧艰难险阻，冒着生命危险为广大受众讲述动人故事，体现出伟大的抗疫精神。她希望同学们通过新闻传播大讲堂课程的学习，学有所思，学有所得，学有所为，像优秀的一线记者那样，用勤快的双脚、敏锐的眼睛、聪慧的大脑和有力的笔触，去观察、发现、记录和讴歌身边平凡而伟大的英雄人民。

本次活动共持续 15 天，学院所有师生共同观看 32 集"中国新闻传播大讲堂——来自武汉抗疫一线的报道"，并进行了深入的学习研讨。与此同时，在相关课程（如《新闻采访与写作》《传播学》《传播心理学》）的课堂中，教师组织本科生观看视频，全体师生收获颇丰，得到许多平日课堂上得不到的收获和感悟。

二、特色亮点

（一）学习新闻记者的社会担当

通过视频学习，学院教师与同学们感受到了武汉一线记者迎难而上的社会担当。太清华教授分享了自己对一线新闻工作的感触。新闻人也是普通人，他们可以趋吉避凶选择不去武汉，但正因为自己的新闻人身份，他们选择迎难而上。不为别的原因，只为职责，因为新闻就在那里。在全民媒体时代，如果没有在第一时间处理好对外发声的工作，人们不知道真实情况，就可能会根据自己的理解去臆测这件事。若有心之人在背后推波助澜，负面舆论的影响就会发酵，形成一场舆论风暴。届时再去做舆论引导工作将是难上加难，且会造成不可估计的影响和损失。疫情期间，人们需要看到武汉的真实情况，需要看到疫情一线的实际情况，需要良好的舆论引导去团结人心、凝聚力量、共同抗疫。因此，身在一线的记者们深入方舱医院，生动诠释了"哪里有新闻，哪里就是新闻人的战场"这句话。

2020 级研究生侯淑红在学习体会中谈到，记者在面对凶险疫情的同时，依然尽全力去探索"通往人心之路"，为读者写出有温度的报道。比如，李强的新闻可以让人情不自禁地融入现场，同医生、护士、患者进行跨越时空的沟通与交流。他展示了何为记者的专业素养，何为记者的社会担当，何为记者的赤子心肠。

（二）提升新闻专业素养

"中国新闻传播大讲堂"系列视频，为同学们展现了记者应具备的专业素养。根据视频中所说，专业素养关键的字眼有三个——时、度、效。这里面的"时"指的是新闻的时效性和时机；"度"说的是量度、尺度、力度；"效"则是传播效果。这其中最重要的就是"时"。2020 级研究生宋佳欣认为，这三个字存在一个内部的因果关系，即在得到新闻后判断其对外发布的量度和尺度，而后通过全媒体手段提高时效性，掌握好发布时机，才能够决定最终的效果。通过参加此次活动，同学们能更加理性地看待新闻记者这个行业，也更加敬畏新闻人。

三、学生心得

"中国新闻传播大讲堂"以"来自武汉抗疫一线的报道"为主题，邀请了中国青年报在内的 14 家主流媒体参与抗疫一线报道的 42 名新闻记者，共录制了 32 集视频教学内容，生动讲述、立体展现了中国新闻记者的家国情怀与专业素养。

（一）关于舆论引导的思考

"中国新闻传播大讲堂"系列视频引发了我对舆论引导的思考。全媒体时代，全民皆传播，一件事情的发生后最先知道的不一定是媒体或相关的组织单位，可能是事发地周围的群众，他们可能会选择发抖音或是朋友圈。由于这些群众对于事情的真相欠缺了解，发布的观点只是其个人猜测，并不具备权威性和公信力，其片面的言论观点可能会造成恶劣的舆论影响，发酵后导致更加严重的舆论风暴。这个时候，官方组织的新闻发布会就显得极为重要，不仅要在了解事情真相后的第一时间进行权威发布，还要针对已经出现的谣言谎言进行纠正、予以解释。

（二）新闻人如何讲故事

讲故事是一个很重要的宣传手段。作为新闻人，如何将一件事呈现给读者是一项值得探索的技能，最容易被人接受的方式就是讲故事。在面对突发的重大事件时，单纯报道事件本身并不足以消除人民群众心中的不安与恐惧，需要新闻人从事件中发现能够产生正面效果的新闻进行报道，进而将民众心中的恐惧淡化，将舆情引导至正面。

"中国新闻传播大讲堂"第一集中，新华社将在抗疫第一线看到的人和事通过镜头和文字以讲故事的形式展现给人民，这里面的潜在语言就是：你看，虽然疫情肆虐，但是你们是有人守护的，有他们在你们是安全的。正是有这样的讲述者将那里的故事告诉给人们，中国人民才能团结一心，共同面对天灾。此外，疫情期间武汉和其他几个疫情重灾区的生活物资短缺，各省支援物资，传统媒体一改往日刻板的报道风格，标出了如"老铁别怕"等标题，为人们带来了抗疫成功的希望与底气。

东北农业大学

（艺术学院）

一、教学概况

东北农业大学艺术学院广播电视编导专业于 2020 年 11 月 18 日启动"中国新闻传播大讲堂"的学习和研讨活动。"来自武汉抗疫一线的报道"32 集专题视频，使编导专业师生接受了一次生动的马克思主义新闻观教育。新闻工作者通过自己在抗疫一线的亲身经历，为我们还原了武汉抗疫期间的英雄事迹。在这场与病毒短兵相接的人民战争、总体战、阻击战中，我国的新闻工作者不畏艰险、身先士卒，与医护工作者并肩前行，成为最美的逆行者，以笔为剑，书写了一曲顽强拼搏、不屈不挠的抗疫英雄赞歌。

本次"中国新闻传播大讲堂"对新闻传播类专业师生具有重要的教育意义，引导学生树立了正确的专业认识和价值观，并为教师的教学工作提供了丰富、优质的教学案例，开辟了教学相长的"第二战场"。

一、特色亮点

（一）为新闻教学提供鲜活案例

在广播电视编导专业新闻与传播理论相关课程的教学中，面对思想处于活跃期的青年学生，如何让马新观的理论鲜活起来，使学生能够看得见、感受得到，让马新观的教育入脑更入心，确实是一件不容易的事。观看了"来自武汉抗疫一线的报道"后，专业教师们获得了丰富的鲜活的案例。在今后的课堂上，教师可以通过列举新闻工作者抗疫报道的丰富案例，阐释"党性与人民性的统一"。透过这些视频资料和演讲叙述，我们直观地看到中国疫情主战场的样貌。大讲堂所展现的 42 位记者，就是当代力行党性原则的楷模，将其抗疫报道的事迹加入马新观的教学中，不仅真实而且具有十足的时新性。

（二）坚定学生投身传媒事业的理想

本次集中学习的视频中的记者用言行告诉了学生们：优秀的记者应该是什么样，新闻记者应该具备哪些素质。通过一个月的观看、学习，学生立足专业投身传媒的思想更加坚定了，专业志向更加明确了。"来自武汉抗疫一线的报道"的专题视频，在一定程度上，不啻是一次对于传媒专业师生的思想洗礼，激浊扬清。思想阵地是一道防线，如果没有大力宣传正确的内容，那么庸俗的甚至反动的内容就会乘虚而入。专题视频把武汉抗疫过程中新闻记者的使命与担当展现得淋漓尽致，让学生能够从专业视角进行审视和思考刚刚发生不久的重大历史事件。

（三）拓展新闻传播学教育的"第二战场"

在组织进行视频观摩的过程中，学生学习新闻理论的热情明显高涨。学生将课堂中学到的系列理论概念与视频教学中的鲜活案例相结合，教师们在课堂上因势利导，围绕自由主义新闻思想和马克思主义新闻观的党性原则展开了专门的讨论。党性原则要求新闻工作者摒弃个人主义的"小我"，服从大局，为了人民群众这个"大我"而努力奋斗。我们的抗疫能够成功，就是奋战在一线的所有工作人员克服了利己主义、个人主义的局限性，体现了心中有大爱、眼中有全局的集体主义精神。没有什么比事实更具有说服力，大讲堂用生动、真实的影像展现了新闻记者的无私、武汉抗疫精神的伟大。

三、学生心得

近一个月的时间里，我们陆续观看了"中国新闻传播大讲堂"的每一堂课。大讲堂由 42 位在抗疫前线拼死奋斗的记者们为我们讲述抗疫报道的故事，通过大讲堂的学习，我更加坚定了的新闻职业理想。

（一）做新时代下的新人才

新的时代呼唤新型人才，身为未来的新闻工作者，我深深地感受到在媒介环境和舆论生态发生变革的新形势下，新闻人更要保持自身定力，坚守家国情怀，树立正确的新闻观。结合大讲堂中记者们的生动讲述，我更加深刻体会到"不忘初心，砥砺前行"的深刻内涵。在这场严峻斗争中，中国人民彰显了同舟共济、守望相助的家国情怀。坚守在岗位上的新闻记者们，以星火之力，为人民及时了解信息保驾护航。他们怀着永不磨灭的信仰与一腔热血，在时代的浪潮中披荆斩棘。作为未来的新闻人，我们应将自己的职业理想和祖国人民紧密相连，深入祖国的广阔天地，了解社情民情，守正创新，讲好中国故事，为中国未来的新闻事业做一份力所能及的贡献。

（二）新闻记者应坚持"三贴近"

习近平总书记强调："宣传思想工作是做人的工作的，人在哪儿重点就应该在哪儿。"我们的宣传思想工作要始终紧跟人民，我们的新闻始终要沾着泥土、冒着热气，贴近实际、贴近群众、贴近生活，只有积极践行"三贴近"，新闻工作者才能写出有温度、有深度的新闻报道。面对此次疫情大考，我们的新闻舆论工作呈现出非凡的战斗力。记者们冒着生命危险深入高危病房，为我们带来抗疫一线的实时消息，让我们及时了解疫情状况以便做好防护。他们与医护人员一起冲在前线，用自己的力量诠释着媒体人的责任和担当，以马克思主义新闻观为指导，第一时间准确报道，不因疫情而退缩，不因危险而胆怯，而是为全国人民传递着最新的现场数据和信息。青年一代不怕苦、不畏难、不惧牺牲。作为新闻学子，我们需要在实践中磨炼意志，用手中的笔和技术驻守精神文化家园，占领舆论制高点，更好地传播正能量，弘扬主旋律。

牡丹江师范学院

（文学院）

一、教学概况

"中国新闻传播大讲堂"作为加强马克思主义新闻观教育的创新之举与提高新闻传播教育凝聚力、感召力、塑造力的生动实践，有利于学生思想政治修养的提高与新闻实践技能的提升。对"中国新闻传播大讲堂"的认真学习，可促进新闻传播学科创新型人才、综合型人才、专业化人才的培养与提升。牡丹江师范学院文学院广播电视学全系358名师生从11月5日开始，对"中国新闻传播学大讲堂"系列课程视频进行学习，共完成了近百万字的课程学习总结。

二、特色亮点

（一）课程驱动：线上自学与线下辅导双向并行

牡丹江师范学院广播电视学专业学生在老师的指导下，进行了"中国新闻传播大讲堂"系列课程视频的学习观看。今年大讲堂的主题为"来自武汉抗疫一线的报道"。屏幕前的新传学子们对疫情期间系列报道工作的难度、深度与高度有了诸多深切体会。

广播电视学教师在观看视频后，从"中国新闻传播大讲堂"中一线工作者的抗疫经验如何与课堂理论内容进行结合、如何加强对当代新闻传播学子新闻职业认同与新闻理想情怀的培养、在进行重大突发事件的报道中需要注意哪些问题等多个角度进行了系统的、多元的、深度的总结与思考。在线下的课堂实践中，广播电视学专业老师带领学生查阅相关资料，研究话题包括重大突发事件中如何引导舆论、在重大公共卫生安全危机事件中如何避免集合行为的发生，如何减少或避免信息次生灾害的发生，以及新闻工作者的职业道德素养与新闻理想情怀的践行，在新闻报道过程中个人利益与社会利益之间如何协调平衡等。师生之间就某一话题展开了深度的讨论。

（二）思融于学：理论意识与实践意识相辅相成

在高校新闻传播学科，提升马克思主义新闻观课程质量，创新课程内容的必要性不言而喻。该学科理论性较强，容易产生理论与实践相脱节的情况。"中国新闻传播大讲堂"为马克思主义新闻观提供了丰富的实践案例与实践场景。透过镜头与话筒，学生感受到新闻工作者的职业与使命。作为新闻工作者，应当对党忠诚，传承红色基因，提升报道的传播力、影响力、公信力与引导力。学生通过对中国新闻传播大讲堂的学习，触及生动具体的抗疫案例。这些案例帮助学生更加科学化、专业化、规范化、深度化地理解马克思主义新闻观的基本原则与核心思想。

（三）学融于行：职业认同与思想教育同步推进

广播电视学专业从 2017 级至 2020 级全体学生均观看了"中国新闻传播大讲堂"课程系列视频。对于 2020 级初次接触新闻传播学科的学子来说，"中国新闻传播大讲堂"系列课程视频是一次深度感受在危险的抗疫一线的新闻工作者的自豪感、使命感、紧迫感的良好契机。

在新闻报道的采写策划等业务技巧层面，学生了解到在一次复杂的重大事件中如何调查整理新闻线索、了解群众反馈、积极传递正能量、引导舆论，使新闻媒体成为社会风险的瞭望岗与社会情绪的解压器。

在思想政治教育层面，"中国新闻传播大讲堂"除了讲授新闻报道的策划技巧与理论内容，还更多地展现了记者临危不惧、勇敢前行至危险一线、准确快速地传回新闻报道的职业素养与新闻情怀。新闻是时代的镜子，是历史的第一卷手稿。学生在报道中感受记录的力量，在学习中探索新闻传播学科的魅力。

三、学生心得

转眼间，2020年即将过去。在这被许多人评为"历史上最差的一年"里，全球人类经历的最大挑战就是来势汹汹的新冠肺炎疫情。在这场突如其来的疫情中，武汉瞬间成了世界的焦点。无数讲大义、勇担当的新闻媒体人临危受命，前仆后继，深入红区，向我们展现最真实的武汉，讲述最动人的抗疫故事。而今年的"中国新闻传播大讲堂"的主题正是"来自武汉抗疫一线报道"。经过学习，我受益匪浅。每一个真实生动的例子，都让我对新闻报道的专业素养有了更深的理解，对于记者在实际工作中的实践操作有了更全面的认知。

（一）记者要做好专家选择

新冠肺炎疫情瞬息万变，社会各界都迫切需要了解最新的进展，因此寻找哪位专家讲疫情科普很重要。如果采访时存在沟通的鸿沟，那么势必无法满足读者对于疫情科普的渴求。这要求记者自己对于采访对象有基本的认识与选择，让采访语言有画面感，让新媒体作品有场景感。另外，在疫情初期、上升期以及稳定期，疫情科普由哪些专家做，请何种级别的专家来作答，都是一门学问。

（二）记者要明辨信息来源

疫情期间，如何筛选相关信息？这需要记者寻找多路准确权威的信息源和渠道。从医卫线的跑线经历来说，疫情中的信息主要来源四个方面——省市卫健委、省市每天疫情新闻发布会、权威专家学者以及诸多定点医院的官方发布。特别重要的是，这些信息要有官方认证的可追溯性，提供审稿联系方式。有人会问，为什么国内其他专家学者的论点不建议作为信息来源？这是因为信息在传递过程中，采访媒体有天然的筛选性和过滤性，从而选择想要的一手信息。某些信息可能影响整个新闻论点，故此，来源于外地专家的论点通常因为审稿以及信息追溯的不易，不作为常规采用。

（三）记者要关注呈现方式

对新闻记者的四力要求中，脚力被放在第一位。想要有鲜活素材，就要去新闻现场。然而疫情期间，有的采访事发突然，记者无法第一时间到达现场，或者受某种条件限制，记者无法进入第一现场采访，后期素材势必出现信息缺失。如何补上这块信息短板，就需要记者有新媒体思维和文字思维两种思考方式。在当下新媒体时代，短视频、现场录音等内容都是一线生动写实的呈现方式。记者可以用采访音频结合部分视频，经过后期剪辑成为新媒体素材；也可以让记者在现场以电视出镜方式，请当事人还原当时场景，让新媒体素材呈现多样的角度。

黑龙江东方学院

（人文社会科学学部）

一、教学概况

黑龙江东方学院新闻学教研室在接到省里下达的"中国新闻传播大讲堂"相关文件之后，认真组织教研室老师、学生进行学习。

2020 年 11 月 5 日，我院人文社会科学学部新闻学专业师生通过网络，共同观看了在中国传媒大学举行的"中国新闻传播大讲堂"启动仪式。多媒体教室宽阔明亮，全体新闻学师生同坐一堂。在观看"中国新闻传播大讲堂"启动仪式之前，人文学部的教学主任王玥严肃、认真地向同学们讲述了这次启动仪式的重要性和观看意义。观看启动仪式的过程中，师生认真地聆听会议内容，浓郁的学习气氛充满了整间教室。

本次大讲堂启动仪式是教育部高等学校新闻传播学类专业教学指导委员会受教育部高教司、中宣部新闻局委托，为深入学习贯彻习近平总书记关于新闻舆论工作的重要论述精神，推动新时代高等文科教育创新发展而主持举办的。启动仪式后，学生们都期待着后续的"来自武汉抗疫一线的报道"。

随后，接到教指委的 32 份大讲堂视频文件之后，新闻学教研室老师组织学生集体观看，也建议学生课下独立观看。新闻学教研室分别组织 2020 级、2019 级和 2018 级学生进行了三次集体观看。

观看 32 集新闻传播大讲堂视频后，学生受益良多，形成多份感悟报告。

二、特色亮点

（一）感知了新媒体实践

观看视频后，同学们从媒介角度获得了很多感悟。

新媒体是以数字化为关键特征，依靠网络进行传播的媒体。在抗击新冠肺炎疫情过程中，新媒体平台充分发挥优势。

疫情防控期间，新媒体联合大数据发布确诊病例、疑似病例等信息，发布疫情防控进展、官方通报、谣言澄清与解释等信息，为疫情防控奠定了良好的信息基础。

在此次抗疫行动中，新媒体承担了重要的预警作用。由于新媒体传播的即时性，在疫情报道中，新媒体比传统媒体更好地发挥了预警和监督作用，以引起有关部门的注意，并通过舆论监督使其采取有效的措施把潜在的危机消灭在萌芽的状态之中，避免危机的升级。

新媒体在传递信息、引导舆论、安抚民心等方面发挥着重要的作用。微信、微博、抖音等新媒体平台因其传播速度快、信息散发覆盖面广、交互性强等特点，在此次疫情报道中的影响力逐渐超越传统媒体。随着新媒体技术快速发展，人类社会在不知不觉中被带到了一个全新的新媒体环境之中。而新媒体在此次疫情的报道中，更是发挥了传统媒体无法替代的重要作用。

（二）收获了特稿细节技巧

在这次讲座中，学生们学会了许多如何获取特稿细节的技巧。比如"努力找新，避免同质"这一条报道，让同学找到了共鸣和破局之道。记者李强坚持探寻"避免同质"的精神深深激励了同学，他建议寻找独特的采访对象、深入现场收获细节、巧用采访技巧等，从而去做出新的有意义的新闻。

疫情凶险，如洪水猛兽，然而记者在面对生命威胁的同时，还要努力去写出有温度的报道，同医生、护士、患者进行跨越时空的沟通与交流，竭尽全力探索"通往人心之路"。

三、学生心得

我非常荣幸能够看学习"中国新闻传播大讲堂"的视频，它是一次对高校教学模式改革的创新，而我们将是其中的受益者。大讲堂将由42位在抗疫前线拼死奋斗的记者们为我们讲述他们在那里记录的真实故事。他们用生动的事迹教授我们如何成为一位合格的记者。我也期望着在接下来的学习中，能够吸收更多的实用知识，在马克思主义新闻观的指导下逐渐成为自己梦想中那个可以报道真相的记者。

（一）"三贴近"，得温度

贴近实际、贴近群众、贴近生活，此"三贴近"是新闻工作者写出有温度、有深度的报道的方法所在，我们的新闻始终要沾着泥土、冒着热气。面对此次疫情大考，我们的新闻舆论工作者呈现出非凡的战斗力。记者深入一线，用文字、图片、视频等方式向我们展示最真实且最残酷的抗疫病房。这里有将生死置之度外的医务工作者，有火神山和雷神山建设的中国速度，有在病床上或者居家隔离同病魔作斗争的华夏儿女，还有广大科研人员、志愿者、快递小哥等，每一个人都力所能及为抗疫贡献自己的力量。

观看完视频后，我对新闻工作者有了更加深刻的了解和感悟。令我印象最深刻的是，视频中抗疫前线的记者们的故事，他们作为记者冲在了最前线，与医护人员一起逆行，用自己的力量诠释着媒体人的担当和责任，以马克思主义新闻观为指导，第一时间准确报道，不因疫情退缩，不因危险胆怯，而是为全国人民传递着最新的现场数据和信息。记者们对新闻工作的热爱和职业坚守深深地打动着我。

（二）学"四力"，勤实践

新闻传播大讲堂视频结束后，我一直在反思自己如何才能成为一名合格的新闻人。"哪有什么从天而降的英雄，只有平凡人的壮举。"从自身的专业看，我是新闻学专业的，理论总归是要指导实践的，而实践也是会促进理论进一步发展的。"四力"记者标准的提出为新闻人指明了前进的方向，从自身的专业所长出发丈量中国的每一寸土地，让从自己笔下溢出的每一个文字都代表着最近的真相、最底层的声音和最中国的特色，我想这才是我们新闻学子在未来的实践中需要不断践行的目标。每一个新闻学子精诚团结，用最平凡的笔触抒写出最唯美的中国画卷。

黑河学院

（人文传媒学院）

一、教学概况

"中国新闻传播大讲堂"由教育部高教司、中宣部新闻局指导，由中国传媒大学、教育部高等学校新闻传播学类专业教学指导委员会主办，是"司、局、校"协同推进新闻传播教育创新发展的重要举措，是高校新闻传播教育战线落实新文科建设工作会议精神的行动，是关键抓手，是生动实践。2020 年的"中国新闻传播大讲堂"的主题为"来自武汉抗疫一线的报道"，来自 14 家主流媒体的 42 名新闻工作者录制了 32 集视频教学内容，生动地讲述了自己在抗疫一线的故事，展现出中国新闻记者的家国情怀与专业素养，对强化马克思主义新闻观教育、全面推进新闻传播类专业课程思政建设，推动新闻理论与新闻实践深度融合、培养新时代优秀新闻传播人才具有重要意义。

根据教育部高教司的相关要求，从 2020 年 11 月 5 日开始，黑河学院人文传媒学院组织新闻传媒系师生通过网络观看开幕直播、课上课后学习视频讲座、线上线下讨论等方式共同学习。启动仪式后，王颖副院长布置了此次学习活动的安排，要求全体师生必须重视起来，认真学习、积极领悟，通过学习抗疫一线记者的亲身经历，感悟他们在新闻报道中、镜头记录下的家国情怀，以及作为新闻工作者的使命与担当。

二、特色亮点

（一）师生共同配合，积极反馈交流

对"中国新闻传播大讲堂"视频课程的学习由师生共同配合完成。首先，老师在相关课程如《新闻学概论》《广播电视采访》《广播电视写作》中播放视频内容，并要求学生课后撰写学习心得，反馈学习效果。尽管同学们所学专业不同，感悟切入点也多种多样，但都表达出在这些疫情现场报道中感受到的新闻所传送的温暖与希望，对毅然踏上战疫之旅的新闻工作者的敬意。例如，刘建馨同学注意到了年纪轻轻却不顾危险，冲在疫情第一线的摄影记者熊琦。他的身前是变幻莫测、"诡计多端"的病毒，身后是年迈的父母和渴望了解疫情一线情况的民众。只不过二十出头的年纪，熊琦却已有身为新闻人强烈的责任意识，这是每一位新闻学子都应该学习的，只有不畏艰辛，勇敢冲到一线，才能发挥新闻的价值、发挥记者的力量。

（二）探索多种形式，理论与实践结合

人文传媒学院新闻传媒系在"中国新闻传播大讲堂"的学习过程中，通过线上与线下、集中与分散、理论与实践相结合的学习方式，组织师生认真学习，深入思考，大胆创新，把这次"中国新闻传播大讲堂"作为专业大学习的一次拓展，实践大练兵的一个舞台，素养大提升的一次机会。号召同学们学习来自抗疫一线的英雄记者们践行和讲述的伟大抗疫精神，做民族复兴大任的时代新人，努力成为自觉践行社会主义核心价值观、具有家国情怀和国际视野的高素质、全媒化、复合型、专家型卓越新闻传播人才。通过对"中国新闻传播大讲堂"的学习，学生们学有所思、学有所得、学有所为，立志要像优秀的一线记者那样，用勤快的双脚、敏锐的眼睛、聪慧的大脑和有力的笔触，去观察、发现、记录和讴歌身边平凡而伟大的英雄人民。

三、学习心得

（一）履行自身职责，不忘使命担当

在观看"中国新闻传播大讲堂"视频的过程中，我深深体会到记者在此次疫情中发挥的巨大作用。他们与众多医护人员一起逆向而行，进入疫情最中心

的危险区，用镜头记录抗疫过程、用视频讲述中国抗疫故事。新华社在疫情初期便成立了武汉前方报道团队，在疫情舆情社情相互交错、信息错综复杂、战时状态工作时间长、压力大等各种情况下，他们依旧选择了留在疫情第一线，这是出于责任，更是出于传承了89年的新华精神。在最危险的时刻，他们穿梭于武汉的各个角落，用眼睛发现新闻，用镜头记录故事。"明知山有虎，偏向虎山行。"这就是我们的新闻人，不计生死，不计报酬。

（二）获取专业信息，正确引导舆论

在此次疫情报道中，各大主流媒体积极履行自身职责使命，正确引导舆论，坚决维护社会稳定，传播科学防控知识，增强群众防控意识，把共克时艰、战胜疫情的信心传递给亿万人民。疫情初期，外界舆论的压力不输疫情蔓延的压力，新华社积极与相关部门保持密切联系，从专家学者处获取专业信息。及时发出权威声音，作为新闻学子，我们不但要学习优秀记者们敢为人先的精神品质，更要始终牢记将事实真相呈现给人民群众的职责。

（三）不忘人民，自觉践行"四力"

在我国，各行各业都离不开人民力量，记者只有把人民放在第一位，才能把工作做得更好；只有始终把人民放在第一位，自觉践行"四力"——眼力、脑力、脚力、笔力，不断学习、不断磨炼，才能创作出符合人民期待的优秀新闻作品。

复旦大学

（新闻学院）

一、教学概况

自 2020 年 11 月上旬"中国新闻传播大讲堂"活动启动，复旦大学新闻学院高度重视，及时组织并有序地开展学习和研讨活动。新闻学院党委书记张涛甫、新闻学院副院长陈建云（分管教学）、新闻学院党委副书记陆优优及时学习文件精神，并与教务、学工条线的相关负责老师沟通制订整体方案、学习进度、日程安排等，以期用好、用活优质资源，为新闻学子上好生动的一课，让学生从中有所悟、有所得。以"中国新闻传播大讲堂"的学习为契机，复旦大学开展了一系列内容充实、形式丰富、组织有序的活动，鼓励同学们潜心思索、奋发有为。通过学习、交流、思考和实践，加深对"新闻人"身份的理解与认同感，在此基础上做到有所思悟、有所践行。

除了学工组织观看"中国新闻传播大讲堂"的视频外，复旦大学在 2020 年 12 月通过专业课程，使学生从专业学习的角度观看"中国新闻传播大讲堂"的视频，并结合专业的相关知识，增强学生的获得感。"中国新闻传播大讲堂"的内容对于新闻传播专业的同学来说起到了很好的补充作用，一线新闻记者将真实的新闻实践工作经历所提炼出的重点与心得制作成视频，由教师在课堂上播放并结合课程内容进行学习，这样的方式对同学们来说提高了学习效率，开阔了眼界，具有现实意义。

二、特色亮点

（一）将学生社会实践与"中国新闻传播大讲堂"学习资源相结合

2020 年 11 月 8 日是第 21 个中国记者节，复旦大学在当晚隆重举行纪念第 21 个中国记者节系列活动开幕式暨 2020 年"记录中国"专业实践总结会。在活动的下半场，复旦大学近 200 名师生在现场共同观看了"中国新闻传播大讲堂"，聆听人民日报抗疫报道背后的体会和思考，回望疫情期间记者行走前线的来路，传递真相的坚实步伐，将新闻人的使命担当铭记于心。

（二）将新时代国情教育与"中国新闻传播大讲堂"学习资源相结合

本学期，复旦大学推出"新时代的中国"国情教育系列讲座，紧扣"四史"学习特点和当前国内外形势，邀请党政机关领导干部、资深专家学者授课，旨在帮助未来的新闻传播工作者了解国情、胸有大局、拓宽视野、坚定信念。学校也将"中国新闻传播大讲堂"学习资源与国情教育系列讲座相结合，在每期讲座的上半场组织师生共同观看"中国新闻传播大讲堂"，让新闻学子既有广阔视野，又能脚踏实地地学习优秀新闻工作者危急时刻深入一线、不断发声的责任感。学界、业界的学习资源充分融合，满足了同学们的学习需求，同学们对这种学习形式好评不断，也在活动后积极畅谈感想心声。

（三）将"中国新闻传播大讲堂"作为优质学习资源进行全面推介

2020 年 12 月 27 日，复旦大学举行 2020 年学生党员大会，会上全体学生党员共同观看了"中国新闻传播大讲堂"第六讲。这一讲内容讲述了人民日报青年记者郑薛飞腾和同事深入武汉抗疫一线，记录战疫点滴的故事。郑薛飞腾是复旦大学新闻学院 2016 届本科生、2019 届硕士生，现任人民日报新媒体中心记者。作为复旦大学新闻学院的优秀系友，郑薛飞腾的事迹更加打动新闻学子们的心。在场学生纷纷表示，要向郑薛学长学习，成为一名"关键时刻，我在现场"的优秀新闻人。此外，新闻学院 2019 级、2020 级本科生联合党支部也在支部大会上集体观看"中国新闻传播大讲堂"，并在会上进行讨论。"中国新闻传播大讲堂"学习资源也进入新闻学、传播学专业课程的课堂中，学生观看一线新闻记者的故事后，对专业知识和新闻理想有了进一步的认识和体会。

三、学生心得

（一）新闻是历史的草稿

今天我们在蔡冠深报告厅观看了"中国新闻传播大讲堂"第三期。新华社摄影记者费茂华讲述了今年上半年在武汉抗疫报道的故事，我感受到了一名新闻记者的勇气和担当。大疫当前，已经做了24年记者的费茂华自愿请战，亲赴武汉。在武汉的一个多月时间里，费茂华记录了许多武汉抗疫的重要节点和历史瞬间。在这个阶段他也克服了许多苦难，忍受了无数的身体和内心上的煎熬，但是他没有退缩。在武汉，他记录了这座英雄之城从"至暗时刻"到"云开见月"的全过程。

新闻是历史的第一份草稿，记者的责任既朴素又伟大。作为新闻学子，我们要向费茂华以及和他一样奋战在武汉抗疫一线的新闻记者学习。践行马克思主义新闻观，培养"四力"，以一名优秀专业新闻人标准要求自己。

（二）记者是时代的记录者

记者是一个时代的记录者，记录的可能是方舱医院的建设的宏大，也可能是依靠在一起的不知名的医务人员的微小细节。我印象很深的是记者发现方舱厕所的清洁人员的笑容，许多不被看见的人依然在努力生活，不必加上高尚的头衔，每个人在当时的困境中努力让生活继续下去的精神就足以让人感动。另外记者深入现场，最能深深体会到人间百态：酒精怎么也喷不够的恐惧、衣服寒湿的难受……只有亲身经历过才能理解其中的艰辛与感动。记者不仅要有笔杆子和技术，更要到现场云，这样才能有所感触，做出好的作品。

汪晓东老师提到，这次在抗疫一线的报道比2008年汶川地震的报道，时间更紧，工作强度更大，心理压力更大。面对艰难展开的工作，汪晓东老师没想过退缩，而是在岗位上坚守，前后差不多在一线战斗了一百多天，把疫区新闻及时报道给全国的人民。汪晓东老师的一句话让我印象深刻：与人民共情，是人民日报记者一辈子的坚守。这句话展现了汪老师作为人民日报记者的情怀和坚守，也值得我们许许多多新闻学子学习和感悟。

上海理工大学

（出版印刷与艺术设计学院）

一、教学概况

上海理工大学新闻传播学科定位于工文交叉，积极贯彻马克思主义新闻观，探索交叉融合的新文科建设范式，为培养新时代所需要的新文科人才而不懈努力。通过科学研究、人才培养、社会服务方面积极服务于公共卫生领域的新闻传播需求，在贯通本硕的数据新闻与计算传播这一特色方向上，本校着重于将人才培养与公共卫生数据报道相结合，以《数据新闻原理与应用》《R语言与数据新闻》等课程为载体，投身于公共卫生大数据的挖掘与分析、数据库建设等社会实践。

"中国新闻传播大讲堂"是推进新闻传播教育创新发展的重要举措，是高校新闻传播教育战线落实新文科建设工作会议精神的行动、是关键抓手、是生动实践，更是一门最生动的国情大课、有温度的思政大课、高水平的专业大课，是切实推动抗疫精神进校园、进课堂的重要一环。32集视频教学内容将记者演播室讲授与作品有机结合，使教学内容生动形象，立体地展现中国新闻记者的专业素养与家国情怀。

大讲堂课程上线后，上海理工大学出版印刷与艺术设计学院深度结合本校新闻传播教育，积极开展学习活动。

二、特色亮点

（一）选取重点班级开展学习

为了贯彻落实"中国新闻传播大讲堂"的学习，上海理工大学出版印刷与艺术设计学院快速反应，调整原有课程计划，将大讲堂内容适时适量地穿插进教学安排中，要求各位教师结合课程、结合理工院校特色播放讲解大讲堂内容。

学员不仅将课程内容统一安排在各位老师的教学计划中，还选取林颖颖、金庚星、常震波三位代表性教师课堂作为重点学习班级。被选取的教师拥有资深的记者背景以及丰富的教学经验，名师精讲，有效带领学生理解课程内容。

（二）立足实际学习专业技能

除了要求各授课教师提前熟悉"中国新闻传播大讲堂"32集内容，有针对性地对某些代表性内容进行深度讲解并结合疫情期间的真实案例进行课堂讨论以外，上海理工大学的课程教学落脚于新闻传播学的实践技能。

课堂教学不仅要剖析大讲堂内容本身所承载的新闻故事，更重要的是在学生观看过程中向其讲解案例拍摄手法、叙事方式，继而让学生能够运用于自己的报道作业与实践之中。

（三）及时反馈提高学习效果

在课程实践中，上海理工大学出版印刷与艺术设计学院还及时跟踪学生的学习感悟、反馈，在课堂上协助学生讨论，发表观后感，在课堂外加深学生的共情与理解，将观后感文字化。这一方面有助于学生对大讲堂内容的再消化，另一方面也有助于教师及时了解学生的学习动态，随时调整教学方式。

整体而言，"中国新闻传播大讲堂"课程得到了较为切实的落实，在师生范围内都得到了较好的反响。帮助师生了解抗疫一线真实情况的同时，促进师生反思作为新闻人的责任所在，为日后合格新闻人的培养提出指引。

三、学生心得

在疫情"肆意泛滥"的危急时刻，媒体行业相关人员始终站在最广大人民的立场上，不畏艰险，日日夜夜，只为给人民带来相关疫情报道，只为给人民注入一剂强心针，只为给人民带来"寒冷黑暗中"的一束光，一束希望。他们既是宣传员，又是战斗员，用镜头记录了战疫故事，用文字传递了抗疫精神。如果说全国人民是堆积在一起的木柴，那么，新闻传播事业相关行业人员就是点燃木柴的星火，就是传递温暖的希望。

（一）高校开展学习意义重大

党的十八大以来，习近平总书记高度重视新闻舆论工作，曾多次深刻阐述做好新闻舆论工作的重大意义、职责使命、方针原则、创新发展等一系列问题。习近平总书记关于新闻舆论工作的重要论述，为新时代新闻传播人才培养提供了根本遵循和行为准则。

如今，随着科技社会不断发展进步，新闻媒体行业也面临着巨大的压力。要想让新闻传播事业随着社会进步而不断进步，就需要一代又一代新闻行业人员的共同努力。正如中国新闻传播大讲堂中提到的，各大高校要继续坚持"六个维度"特色育人理念，用马克思主义铸魂，用爱国情怀强基，用人文素养修身，用国际视野拓界，用特色项目托举，用未来媒体创新；以扎根中国大地办教育为根本遵循，积极探索交叉融合的新文科建设范式，为培养新时代所需要的新文科人才而不懈努力。新闻工作者要与党同心，与人民共情，做坚守新闻工作优良传统的传承者。新闻传播院系要坚持守正创新，改进马克思主义新闻观教育，做中国特色新闻学的传道者、授业者。

（二）个人参与实践功在将来

此次讲堂以"来自武汉抗疫一线的报道"为主题，描述了在疫情中新闻工作者们是记者亦是战士，高度赞扬了奋战在抗疫现场的新闻工作者们不惧困难的作风。"讲好中国故事，塑造中国形象"是每一个新闻工作者都应该做到的。新闻工作者应该将积极的正能量传播给人民和社会，积极营造良好的风气。新闻工作者应该牢牢地把握好新闻舆论风向，及时阻断谣言的传播路径，为广大人民营造清朗的新闻传播环境。

我为自己能够赶上此次第一次大讲堂而感到高兴，为自己能够见证这一历史性的时刻而感到骄傲。"中国新闻传播大讲堂"让我学习到很多的专业知识，让我更坚定了马克思主义新闻观，让我更好地践行社会主义核心价值观，坚守党的原则，跟着党的步伐，坚守新闻工作的优良传统，打牢思想基础，夯实思想根基，了解中国特色社会主义的制度优势、理论优势和道路优势，让自己能够早日成为一个优秀的新闻工作者。"一代人有一代人的长征，一代人有一代人的担当。"未来的路，任重而道远，我们还需继续努力。

东华大学

（人文学院）

一、教学概况

东华大学自收到教育部高教司关于开展"中国新闻传播大讲堂"的通知后，高度重视相关学习活动的落实工作。人文学院传播系相关负责人于 2020 年 11 月 5 日下午三时准时观看了教育部高等学校新闻传播学类专业教学指导委员会举行的"中国新闻传播大讲堂"线上直播活动，深刻意识到此课程是新时代培养优秀新闻传播人才的需要，是新文科建设的需要，是高等教育创新发展的需要，是走向世界的需要。

东华大学人文学院传播系在教育部高教司"支持各高校新闻传播院系把大讲堂课程作为新闻传播类专业必修课，并纳入学分管理，同时鼓励其他专业学生选修"思想的指导下，结合本院课程实际情况增设专业基础必修课"中国新闻传播大讲堂"。考虑到传播系实行的是大类培养模式，只有专业分流和转专业后学生才能成为真正的新闻传播类人才，因此将"中国新闻传播大讲堂"的教育对象定为大二学生。传播系组织学生收看 32 集系列视频，并让必修的学生写出每集 200 字的观后感作为平时作业，全部收看完毕后再写出 3000 字左右的学习感悟，作为期末作业。

二、特色亮点

（一）不同课程的交叉融合

人文学院传播系高度重视课程内容与形式创新，创造性地将"中国新闻传播大讲堂"部分内容融入其他课堂。例如"中国新闻传播大讲堂"是与"新闻学概论"关系非常紧密的课程，前者是新闻传播的实践经历，后者是新闻传播的理论指导。二者若能结合，则相得益彰。因此，学院教师选取了"中国新闻传播大讲堂"的部分视频融入《新闻学概论》这门理论必修课中。在学习过程中，每看完一集，就让学生积极讲述自己的感受，很多学生踊跃发言，课堂现场氛围十分活跃。

（二）重视课程学习效果检验

取得良好的学习效果是课程学习的重要目的。除了课程学习外，一些教师还创造性地将"中国新闻传播大讲堂"的视频内容融入期末考试之中，以此检验课程学习效果。如"新闻学概论"考试中就融入了"中国新闻传播大讲堂"视频内容，以检测学生学习的深度。

（三）及时将"中国新闻传播大讲堂"增加到培养方案中

为了提升"中国新闻传播大讲堂"系列课程的延续性，人文学院传播系还对传播学专业培养方案进行了修改，及时将"中国新闻传播大讲堂"的相关内容增加到培养方案中。2020年，正值东华大学培养方案大修订之时，负责人向教务处成功申请"中国新闻传播大讲堂"为专业学科基础必修课之后，就将其增加到培养方案中，一系列措施保证了此课程的设置与实施，让学生从中受到了深刻的教育。

三、学生心得

在进行了"中国新闻传播大讲堂"的深入学习后，我脑海中一直回想着李大钊先生的那句铮铮誓言：铁肩担道义，妙手著文章。我深切认为，在武汉抗疫一线进行报道的每一位新闻记者的实践，都是这句话的真实写照。

（一）职责为先

作为新闻学子，看到一线新闻工作者们的责任意识与使命担当，我深受感动。在大讲堂课程中，我注意到，大部分一线记者都是主动请缨，在最危险的时刻，逆行前往武汉，用笔和镜头记录下疫情防控一线那一幕幕令人难忘的历史画面。

见证历史、参与历史、推动历史是记者的光荣与梦想。在一线报道的整个过程中，记者们不仅是"历史的见证者"，更是"参与的推动者"。他们每一个人都抱着"苟利国家生死以，岂因祸福避趋之"的心态，反映的是在危难之际挺身而出的中国记者精神。为了抢抓时效，最快拿到最真实、最有价值的第一手资料，记者们深入重症病房、建设工地和社区疫情防控一线，甚至亲自参与防控排查工作，亲身体验，实事求是，用生命记录真实，用生命记录历史。

（二）提高站位

在进行新冠肺炎疫情防控报道时，各级媒体要提高政治站位，积极响应习近平总书记提出的党的新闻舆论工作"48字"职责使命，并将其落实到策划、采访、写稿、编辑、审稿、呈现等各个环节。特别是在重大报道中，直接引用习近平总书记重要讲话的金句、关键词，将其融入栏题、标题、题记、正文、记者手记当中，起到统领铸魂的作用。这也给了我们警示：我们在日后学习、工作中进行新闻写作时，也要时刻关注国家领导人的重要讲话，学懂弄通，精准引用。

（三）重视细节

正所谓"最是细节动人心，最是小事显本质"。在设置报道议题时，要有的放矢，重视细节。看似平平无奇的小事，实则更容易给读者带来更多感动，敏锐捕捉社会动态，能够让读者与报道产生共情。

人民日报的记者吴姗告诉我们，在重大报道中，记者要有一双善于发现的眼睛，发现那些机缘巧合的细节，注重抓新闻背后的故事。她提到，在进行人物通讯报道《用生命谱写英雄的壮歌——追记武汉市武昌医院院长刘智明》写作时，她们抱着"一定要把院长写好"的心态，对院长的抗疫事迹进行了详细采访。她们知道，直接采访院长的家人，有助于最大限度地还原逝者生前的最后时刻与众多生活细节，但是，当时院长的家人正处于极度悲痛中，显然无法接受采访，而留给一篇即时报道的时间并不充裕。于是，她们辗转联系到院长生前的其他亲友，甚至找到了院长大学毕业第一份工作的老领导，院长少时的伙伴……无数报道中的细节，让我们看到疫情下，每个医护人员、志愿者、普通民众的希望之光汇聚起的磅礴力量，展现出奋斗在武汉各个角落的普通人的坚定信念，反映了我国艰难的抗疫历程和我国人民不畏牺牲勇于奉献的精神。

上海师范大学

（影视传媒学院）

一、教学概况

新冠肺炎疫情期间，广大新闻记者临危受命、迎难而上，日夜奋战在抗疫斗争的第一线，为坚决打赢疫情防控的人民战争、总体战、阻击战凝聚了强大精神力量。32 集的大讲堂视频内容，汇集多位主流媒体记者的亲身经历，生动讲述并立体展现了中国新闻记者的家国情怀以及专业素养，激发了上海师范大学影视传媒学院学子的实践热情。

接到教育部高教司和上海市教委关于组织开展"中国新闻传播大讲堂——来自武汉抗疫一线的报道"活动的有关通知后，上海师范大学影视传媒学院结合本校的实际情况，迅速召开专门会议，确定由副院长张华牵头，对已制定的培养方案及教学大纲进行微调与修订，将大讲堂纳入必修课程序列，并在制定 2021 年培养方案时将大讲堂直接纳为必修课程。

经讨论决定，由两次中国新闻奖一等奖和一次中国新闻奖三等奖获得者、博士生导师、新闻传播学科孙宝国教授牵头组建"中国新闻传播大讲堂"教授团队，成员包括李名亮教授、易旭明教授和王如一讲师。教学团队线上参加了教育部高等学校新闻传播学类专业教学指导委员会于 2020 年 11 月 5 日 15 时举行的"中国新闻传播大讲堂"启动仪式。

本学期，大讲堂的建设任务着重依托《马克思主义新闻观》课程，在发挥该课程原有思政建设优势的基础上，融合并拓展大讲堂精神内涵，切实推动"抗疫"精神进校园、进课堂的全面建设，从而实现在传授技能的同时，不忘打牢思想基础、夯实思想根基、引领思想价值，引导广大学生深刻理解中国特色社会主义的制度优势、理论优势、道路优势。

二、特色亮点

（一）理论结合实践

在课堂中，学院鼓励学生积极参与校园媒体实践平台，鼓励学生到校宣传部、组织部、团委等校内平台实习实践，借笔端和镜头之力，讲述好校内战疫故事，唱响时代主旋律，着力培养具有家国情怀和历史担当的学子。学院层面则围绕立德树人的根本任务，充分考虑专业特色。在大讲堂项目建设启动后，学院以院公众号平台"影传镜视角"为依托，号召学生围绕抗疫元素积极展开创作。在众多投稿中，最终选取了6篇文章、2篇海报、1部广播剧进行展映。这些实践作品皆以青年人独有的视角切入，以文字、照片、诗歌、手绘海报等形式还原了疫情中最真实的生活。这些作品以专业素养为基石，以专业精神去致敬，展示了影传学子助力疫情防控的责任担当，同时成为加强思想政治教育的鲜活素材。

（二）强调德育内涵

"课程思政"是新时代背景下党中央对高校思想政治工作提出的新要求。2017年，党中央第一次将"课程思政"明确写入文件。在教育部党组关于印发《高校思想政治工作质量提升工程实施纲要》的通知中指出："健全全员育人、全过程育人、全方位育人的体制机制，充分发掘各门课程中的德育内涵，加强德育课程，思政课程，注重学科德育，课程思政。"习近平总书记在全国高校思想政治工作会议上也明确指出："使各类课程与思想政治理论课同向同行，形成协同效应。"而此次大讲堂所展现的抗疫精神，则是为思政教育在各专业课程的开展，注入了鲜活的血液与动力。学院借由大讲堂契机，在重点建设《马克思主义新闻观》课程思政项目同时，在新传学科内打造了一批例如《新闻学概论》

《新闻采访写作》等拳头课程。期以拳头课程带动学院教师全员参与"课程思政"建设，实现"课程思政"建设的全面铺开。

三、学生心得

一场突如其来的新冠肺炎疫情，不仅考验着我国公共医疗卫生体系，也考验着我国新闻工作者在重大突发公共卫生事件中的报道能力。面对当下的中国国情和全新的媒介生态，马克思主义新闻观的内涵又得到了更多面向的诠释，在此次疫情报道中体现更甚。通过对 32 节大讲堂的学习，学生有以下心得：

（一）深入基层报道，传递真实信息

新闻媒体以追求事实真相为己任，确保新闻真实是新闻工作的重中之重，也是媒体生命力所系，倘若报道的事实是虚假的，那么其他一切都无从谈起。在尊重并客观报道事实的基础上，新闻媒体还要层层深入，抽丝剥茧地还原事实，为社会公众释疑解惑，说明真相。在学习"中国新闻传播大讲堂"系列视频时，人民日报和新华社这两家主流媒体的战疫报道令我印象深刻。疫情期间，为破解外界诸多谣言，新华社十分重视对专家学者的访问，并制作了纪录片《英雄之城》《权威访谈李兰娟》《权威访谈张文宏》《权威访谈张伯礼》等，为处于焦虑状态下的公众答疑解惑。

（二）影像记录历史，勇担社会责任

20 世纪著名的战地摄影记者之一罗伯特·卡帕曾经说过："如果你拍得不够好，那是因为你靠得不够近。"中国摄影家协会主席，人民日报高级记者的李舸，受中央赴湖北指导宣传组的指派，成立由五人组成的中国摄影家协会赴湖北抗击疫情摄影小分队，带领小分队历时 66 天，为全国各地支援湖北的 346 支医疗队，42000 多名医疗人员拍摄现场肖像。这场在国家层面组织开展的富有仪式感的摄影行动，被李舸称为"为天使造像"的肖像摄影工程。小分队的摄影队员在定点医院里的缓冲区蹲点，在确保医护人员开展正常工作和保证休息时间的基础上，利用医护人员交接班、用餐等宝贵的时间窗口进行拍摄，目的是为了表达最真实的现场感。这样的壮举既为疫情防控营造了强信心、暖人心、聚民心的舆论氛围，也成为一次饱含人间深情的视觉书写和充满人性光辉的艺术创作，同样也是新闻记者践行"脚力"的一次实践。

　　同样是摄影记者，来自新华社的费茂华在武汉待了将近两个月的时间。他多次深入医院红区，下沉基层社区，拍摄了不少触动人心的新闻摄影作品：医疗废物处理厂的工作人员、江汉方舱医院休仓后最后一位值班医生、小区封闭后义务送菜的"小马哥"、被ECMO"起死回生"的危重症患者老胡……这些都是费茂华镜头下让人肃然起敬的平凡人。"希望人们通过我的记录，看到这场伟大战役中的瞬间，了解这场伟大战役中的一些人和他们的故事。"对费茂华来说，这才无愧于时代赋予摄影记者的责任。

上海外国语大学

（新闻传播学院）

一、教学概况

"中国新闻传播大讲堂"2020年度的主题为"来自武汉抗疫一线的报道"，14家主流媒体的42名新闻工作者生动讲述了自己和同事们在抗疫一线的故事，展现出中国新闻记者的家国情怀与专业素养，对强化马克思主义新闻观教育、全面推进新闻传播类专业课程思政建设，推动新闻理论与新闻实践深度融合、培养新时代优秀新闻传播人才具有重要意义。

大讲堂活动是教育部深入贯彻落实习近平总书记关于加强新闻舆论工作、加快推进教育现代化系列重要讲话精神的重大举措，是正式吹响新文科建设号角的首项重要工作。上海外国语大学新闻传播学院高度重视，围绕大讲堂开展学习实践活动，将之与课堂教学、专业实践、党建团建活动紧密结合，让媒体人献身抗疫的精神感召深入人心。

"中国新闻传播大讲堂"的学习活动让师生深刻认识到，传媒人不仅仅是一个职业，更是党和人民的喉舌，在国际大变局下，传媒人肩负更重的历史责任。在建党100周年即将来临之际，上海外国语大学新闻传播学院致力于培养新时代有定力、有理想的新闻人，为"讲好中国故事，传播中国声音"贡献自己的力量。

二、特色亮点

（一）融入专业教学和党团建设

活动开始以来，上海外国语大学新闻传播学院以多种形式组织全院师生观看学习抗疫报道案例，如利用专业课程的课堂教学以及学生党支部组织主题党日活动开展集体学习，并组织学生交流感想；此外专业教师还布置学生课后开展讲堂自学，并围绕自学情况在课堂内开展研讨；各班级则围绕团学活动在各班开展自学、集体学习及交流。吴秀娟副教授在媒体采写课上活用讲堂的一线抗疫报道案例，组织学生集体学习案例，并进一步从专业角度深度分析一线抗疫报道，使采编业务教学更加有血有肉。吴秀娟老师还组织同学结合课堂学习和课后自学讲堂撰写学习心得，作为平时考核的一部分。赵㛃副教授长期带领本科生通过实践项目运营学院院刊"新传快递"及其新媒体平台，带领院刊编辑部所有参与学生 70 余人就大讲堂开展深入学习，并共同交流，旨在以一线抗疫记者的实践案例鼓舞学生在自己的报道实践中不忘初心，践行"四力"。

（二）大讲堂框架下开展创新实践

在学习一线抗疫报道的精神指引下，学院策划了一系列马新观引领的新闻实践活动，向抗疫记者学习，强化讲好中国故事的能力。

疫情期间新传师生积极发挥专业优势，助力疫情志愿服务工作，与澎湃国际合作，开设"全球舆观"栏目，发表 4 篇有影响力的评论文章。学院与中国日报合作，前往会昌开展脱贫攻坚调研和采访报道，走访了解当地如何在后疫情时代谋发展。除此之外，学院还组织师生团队对上海市外宣媒体开展新闻阅评，提交旬报与月报，既深入学习疫情期间以及后疫情时代的外宣报道，又以学术眼光提供专业意见。学院还与在地的松江区融媒体中心合作松江 App 英文外宣，由师生队伍持续提供英文多媒体报道，在区县层级讲好松江故事，让世界了解疫情后中国的基层发展，为上海市国际传播能力建设贡献了自己的一份力量。

（三）媒体走进课堂拓展学习深度

作为大讲堂学习的拓展，学院在"部校共建新闻学院"框架下，依托部校共建平台邀请了包括中国日报、新民晚报、上海英文频道等在内的主流媒体资深采编人员进入课堂。

学院邀请最早进入金山上海市公共卫生临床中心新冠治疗区域的媒体记者——解放日报首席摄影记者张驰——与师生分享"战疫最前线"的故事，让师生们深入了解了上海市的抗疫一线真实情况，以及记者如何以专业素质在一线与医护人员同吃同住记录抗疫过程，为抗疫做出媒体人的贡献。

通过这些一线经验的分享，同学们在"中国新闻传播大讲堂"的学习研讨基础之上又进一步领悟了如何在马新观引领下见微知著，讲好中国故事，为后疫情时代中国的发展贡献媒体人的力量。

三、学生心得

我想对在武汉前线报道的记者表示深深的尊敬和钦佩。今后我也会用自己微薄的力量，保卫抗疫成果，为国家和社会的发展贡献自己的力量。作为新闻学子，感谢抗疫记者们的经验分享，也希望自己以后能够成为他们之中的一分子，成长为和他们一样有力量的媒体人。

（一）领悟新闻报道意义

新冠肺炎疫情对全国乃至全球都是灾难，武汉成为全球新闻的焦点。和许多医护人员一样，各大媒体从业者也第一时间"逆行"来到武汉，展开新闻报道和追踪。在学习他们的报道经验的同时，我被这种"逆行"的精神深深地感动了。什么是新闻理想？重大事件发生，患者数字不断上升，谣言四起，人心惶惶，是谁不畏感染风险，一心只想呈现最真实的事件原貌？当大众为了国家足不出户，是谁在充当我们的耳目喉舌，将最新鲜最有价值的信息从前线传播到全球？面对这样的重大事件，我看到的每一位记者所讲的第一点，都是"去现场"，这是每一个新闻记者在遇到重大新闻事件时首先想到的事情。武汉直播间的王春潇记者甚至表示，"不仅要到前方去，我还要去最危险的地方"。

（二）学习新闻报道技巧

新闻报道的技巧是我在讲堂学习中的另一大收获。我一边收看讲堂，一边做着笔记，不知不觉记了一页又一页。如何观察细节，充分感知武汉这座城市；如何将大家关注的重点问题相互勾连，揭示现实的复杂性；如何采访提问，和采访对象拉近距离……

优秀记者前辈们让我体会到，要把书本上的东西变成新闻采访过程中最宝贵的实战经验，除了去现场别无他法。新闻人一定要在新闻现场锤炼自己，只有走到了新闻现场，成为亲历者、见证者和记录者，才会把所有的感知最大化地释放，将所有的技巧化为现场的自信和报道的分量。真实的经历和真实的感受才能造就真实动人的新闻故事。真实最可信，也最有说服力。

上海对外经贸大学

（国际商务外语学院）

一、教学概况

　　教育部高教司、中宣部新闻局委托高校新闻传播学类专业教学指导委员会举办的"中国新闻传播大讲堂"，邀请各主流媒体前往疫情前线报道的新闻工作者对本次抗疫报道进行全面梳理、总结经验，不仅为一线新闻工作者提供可资借鉴的经验，也为高校新闻专业学生深刻理解课堂理论提供了生动的实践案例。特别是在新媒体迅猛发展的当下，媒体实践日新月异，理论的形成往往赶不上实践探索的步伐，这些来自抗疫一线的真实案例和心得体会对于新闻理论的发展而言弥足珍贵。

　　本学期，上海对外经贸大学新闻学专业结合本专业全日制本科生必修课程《融合新闻》《新闻采访与写作》《新闻学概论》《新闻评论》等的教学，灵活运用"中国新闻传播大讲堂"的内容，将一线新闻工作者的抗疫报道实践与新闻传播理论相结合，通过案例学习加课堂讨论的方法，进行了富有成效的学习和研讨，并辐射到全校通识课和选修课。《传播心理研究》选修课上，同学们通过案例学习，对传媒舆论引导的方法进行了讨论。在本学期的《融合新闻》课程中，通过大讲堂的学习，学生们深入了解了当下媒体的实践经验，并运用之前在课堂上学到的理论知识对其进行分析讨论。

二、特色亮点

（一）引导学生重新认识新闻价值

以大讲堂的案例为材料，引导新闻专业学生对新闻价值属性在融合新闻时代的变化进行了深入讨论。新闻价值的五大属性：时效性、重要性、显著性、接近性、趣味性，在融媒环境下依旧适用，但其内涵有了一定的变化。以显著性为例，声名显赫的人和事物总是受到更多的关注，这一新闻价值属性在新媒体环境下仍然重要。但与传统媒体时代不同的是，新媒体环境下，普通人物被关注的概率有了翻天覆地的变化。此次疫情报道中，也正是那些对普通人的报道最打动人心。新华社全媒体编辑中心副主任、新华社武汉前方报道指挥部副总指挥钱彤就列举了数个关注普通人的案例：《七日谈》——记录武汉封城后前七天中七个平凡人的生活，《给父亲的一封家书》——定格华中科技大学孙鹏医生在收到女儿家书时的激动瞬间，《背影》——呈现一位父亲穿着睡衣骑着电动车，跟在蹦蹦车后送感染新冠肺炎的儿子去医院的场面。这些报道无一不让人动容，刻画出了栩栩如生的平凡英雄群像。

（二）利用真实案例强化责任担当

新华社总编室副主任刘刚提出，去武汉和留下来最重要的理由就是"职责"，因为新闻就在那里。中央广播电视总台新闻中心经济新闻部记者郑连凯说："记者是逆行的英雄，选择记者就是选择了一种生活方式，在别人后退的时候，记者要前进。"面对突如其来的疫情，各主流媒体的新闻工作者践行增强脚力、眼力、脑力、笔力的要求，毅然奔赴抗击疫情主战场，采写出大量精彩的疫情报道，在疫情关键时刻发挥了强信心、暖人心、聚民心的作用。

大讲堂的各个主讲人通过自己的亲身经历，结合真实案例，向学生们展示了以记录和见证为使命的新闻人如何在突发的疫情中忠实履行职责。学生们表示，大讲堂的学习进一步激发了他们对新闻传播的职业自豪感，也对疫情之下全国人民上下一心的抗疫精神有了更深刻的认识，学习效果良好。

三、学生心得

大讲堂集合了全国各大主流媒体，主讲人为抗疫报道的一线人员，内容覆盖了从宏观的报道部署到微观的操作层面，提供了丰富的案例。通过观看大讲堂的视频内容，我们增强了对新闻传播专业的认识。

（一）重大公共事件报道要坚持党性原则

在社交媒体空前发展的当下，信息传播速度呈几何级增长。疫情初期，各种小道消息甚至谣言满天飞，如果没有主流媒体及时发出权威声音、进行舆论引导，整个舆论场对全民一心打赢抗"疫"一战将会十分不利。在保障人民的知情权、参与权、表达权、监督权的同时，对舆论进行正确的引导，成为主流媒体重中之重。大讲堂中既有人民日报、新华社、光明日报、中央广播电视总台等国家级媒体，也有湖北日报、澎湃新闻等地方媒体，关键时刻，这些主流媒体以党性原则为引领，坚持以正面报道为主，讲述了在党中央的统一部署下各界人民的抗疫努力，及时提供民众关心的信息，解释民众的疑惑，进行舆论引导，增强了党和政府的凝聚力。

（二）新媒体环境下要坚持客观真实原则

真实性是新闻的生命。坚持新闻真实性原则，是主流媒体在众声喧哗的舆论环境中必须坚守的底线。重大突发公共事件中主流媒体能否发出真实权威的声音，是检测政府与媒体公信力的试金石。此次疫情期间，主流媒体通过发布疫情发展的权威信息、政府应对的各项举措及落实情况、真实的抗疫案例等，及时满足民众对疫情信息的需求。比如中央广播电视总台在武汉封城后经过两天时间的紧张筹备，1 月 26 号推出的特别节目《战疫情》，截至 2020 年 4 月 30日，共播出 191 期，节目时长超过 700 小时，其中播出联防联控新闻发布会共160 场。节目中开辟"武汉直播间"，突出一线专家访谈，带来权威声音，共播出 92 期，讲述 200 多位来自各行各业一线工作人员的抗疫故事。

与自媒体带有强烈感情色彩和主观判断的碎片化内容相比，主流媒体坚持客观报道、以事实说话的报道方式，从政策公布到百姓日常生活，从疫情进展到个人卫生防护，从一线的医疗保障到后方各界的支援，从权威专家的声音到普通人物的故事，全方位真实还原了万众一心的抗疫图景。这样的做法符合突发事件的传播规律，也充分展现了主流媒体训练有素的采编队伍优势。

华东政法大学

（传播学院）

一、教学概况

本次活动是教育部高教司、中宣部新闻局委托高校新闻传播学类专业教学指导委员会开展的强化马克思主义新闻观教育、全面推进新闻传播类专业课程思政建设的实际行动，是推动新闻理论与新闻实践深度融合、培养新时代优秀新闻传播人才的重要举措，是增强广大新闻传播类专业学生自信心、自豪感、自主性，提高新闻传播教育影响力、感召力、塑造力的生动实践。

华东政法大学传播学院就"中国新闻传播大讲堂"视频观看和学习工作，在学院层面进行了强化动员，明确相关观看的要求，传播学院的领导及相关学科负责人组成教学小组，推动相关教学任务的有效展开，并完成观后感想交流。本次学习以点带面，以优秀学生干部、党员带动观看，辐射多年级、班级群体，线下观影人数 200 人，学生积极参与反馈形成了良好的观影示范效果。

历时近一个月的学习过程，学生们展开了深刻的思考与讨论。从学生的反馈体验中，可以深刻地体会到新闻专业教育的必要性以及实际作用。本次的观影学习课程是一次有效的价值观传播活动，是一次具有正向意义的爱国主义教育。

二、特色亮点

（一）强化爱国教育

疫情考验下，对新闻工作者来说，哪里有新闻，哪里就有前线记者。困难面前，行胜于言。疫情是一场没有硝烟的战场，学生们在学习观看当中，深刻地被前线新闻工作者的爱国主义的情怀感染。新闻工作者用实事求是的报道向我们传递着一个又一个温暖动人的时刻，他们用镜头记录下寒夜里的身影，如同星星闪耀，用光芒向我们传递平安、温暖和信心，他们用文字镌刻着最前线的抗疫情况，让我们仰望黎明的曙光。记者用无声的行动向这场疫情宣战，"中国新闻传播大讲堂"生动讲述、立体展现了中国新闻记者的家国情怀与专业素养。透过 42 名前线新闻人的感人讲述，学生们深刻感受到了中国新闻记者的家国情怀与专业素养，学习了新闻人的专业精神和面对疫情的无畏勇气。

（二）拓展专业知识

新闻记者在疫情中进行采写，生产出多种形式的新闻作品，为同学拓展了专业认知。记者朱力军的纪录片《见证》以拍摄过程为主线，以医护人员为主体，以照片为载体，折射出慷慨激昂的抗击疫情背景和中国医务工作者群像，记录下发光的人和事，这些人与事照亮了灰暗的现实，让我们感动着，从而对未来充满希望。新闻工作者用细节、过程和事实说话，无须多加解说评论，却能让受众真切地感受到在国家危难之期，这个时代最热情的心脏和我们的心脏一同跳动。通过朱力军的讲述，同学们感受到疫情越是凶险人民越是应该携手同心，勇往直前。以上的内容深刻地影响了同学们的情绪与情感，引发了热烈的讨论。

（三）树立专业标杆

同学们见证了一篇篇来自武汉抗疫一线的报道，熟悉了一位位具有优秀职业素养和卓越精神品质的新闻工作者。在重大突发事件中，记者们的镜头和笔被赋予了特殊的意义。无论是切实的报道、鼓舞人心的文字，还是意义悠长、发人深思的光影，这背后都自然地蕴含着万钧之力。这样的新闻人，坚定地书写出一个个瑰丽的疫情故事，细腻地传达出一种种温暖的人间真情，他们不仅履行了自己的责任，而且丰富了受众的视野，赢得了人民的敬佩和赞扬。

三、学生心得

（一）真实与严谨

全副武装进入方舱采访的新闻记者、在寒风中扛着设备的摄影记者、蜷在路边通风管中抢发稿的通讯员……我一瞬间就被这些画面击中了。每当重大危机事件发生时，新闻记者总是要冲在第一线。即使前方再危险，也要有人冲到前面，发现和传递事实的真相，这是新闻人不变的使命。新华全媒头条在疫情期间发布了一万余条信息，在这样庞大的工作量下，新华社实现了"零改稿、零差错"。其严谨的工作态度也让人心生敬佩。疫情给了我们一个重窥世界的窗口，新闻人正是其中的"凿光者"。

（二）职业与情怀

第二集里，当钱彤主任出差时看到武汉四千人举办泳池派对的一则消息，他一个人高兴不已直到落泪。因为这则消息表明武汉已经从疫情的阴影中走了出来，而作为在武汉最艰难的时刻与武汉一起的记者，在他们心中刻下了深深的武汉烙印。也许他们已经在跑下一个新闻，也许他们已经离开武汉很久，但他们早已与武汉这座城市、武汉市民、在采访过程中出现的每一个人物深深地联系在一起，这是他们永恒的记忆。正是这些情绪凝结成"情怀"，支撑着、激励着记者去完成一次又一次调查，完成一次又一次报道，即使有时候会以生命为代价。

（三）在场与记录

人民日报社西藏分社记者鲜敢说："记录真实，坚守战场，就是对生命最大的敬畏。"他们去老旧社区将患者情况上报中央指导组，解决信息不对称、情况难以反馈的问题，充分体现了媒体的社会责任。鲜敢在疫情期间报道的经历给了我们很大的启示，抗击疫情报道是一场硬仗，要讲究打法，敢打也要巧打；角度要巧、故事要新、写法要活；力求做到人无我有、人有我新，实现高出一筹的目标。这让我想起玛格丽特·杜拉斯《外面的世界》中的一句话："记者就是一个观察世界的人，观察世界的运转，每天站在很近的地方注视着它，把它展示出来，让大家得以再度审视——这世界，这世界里的事件。"

上海政法学院

（上海纪录片学院）

一、教学概况

上海政法学院上海纪录片学院，是学校根据全球纪录片行业的需求和良好的发展前景，在国内高校率先设立的特色学院，旨在培养高水平、复合型的以纪录片为特长的新闻传播和影视创作人才。目前学院有新闻学、广播电视学、广播电视编导三个本科专业及新闻传播学硕士学位授权一级学科点和新闻与传播专业硕士学位授权点。

学院高度重视本次"中国新闻传播大讲堂"课程学习，大讲堂一方面为专业教师提供了强有力的理论指导和案例支持，另一方面为学院师生提供了马克思主义新闻观的生动实践，推动了教学与人才培养的并进发展。

二、特色亮点

（一）示范带动强：以教研室为单位组织学习

领导重视，率先垂范，确保学习落实到位。学院在收到学习通知之后，把它当作本学期常规教学中的一项重要工作来抓，并落实到人，将通知和学习材料分发给了教研室主任，要求以教研室为单位深入开展学习，并提出三点学习贯彻意见。

第一，全面学习，提高认识。以教研室为单位，先组织专业老师进行学习，确保做到熟知、精通、知晓。

第二，融入教学，走进课堂。鼓励专业教师在课程教学中以大讲堂课程为依托，带领学生进行学习。

第三，贯彻落实，组织研讨。要将学习与理解、应用相结合，在观摩学习之后通过组织研讨、撰写学习感悟等形式加深理解。

教研室充分发挥作用，针对一些重要的学习内容，教研室主任和专业教师一起学，然后再由教师带领同学学，有力带动了学习的全面落实。

（二）学习方法活：集中学习结合专业学习

利用学生学术活动时间，上海政法学院上海纪录片学院分两批次组织研究生、本科生开展对"中国新闻传播大讲堂"的集中学习。学工口负责组织学生，专业教师做学习引导，通过全程、全员、全方位的学习组织体系，保证了学习的落实。此外，学院还将大讲堂学习融入专业教学之中，鼓励教师利用大讲堂作为课程材料，在课堂上通过观摩、讲授、学生研讨等形式，加深学习。集中学习利用周二下午的学生活动时间，在学院的纪录片放映厅面向学生集中放映，课程学习由专业教师根据课程安排，在课堂上组织学生学习。

（三）学习效果：联系实际做到学议结合

为了让学习结合实际，取得更好的学习效果，学院在集中放映后以提交观摩感想的形式，加深学生学习印象和体会。课程学习中，老师们会根据课程需求进行教学设计，每次突出一个重点，集中一个主题，解决一个实际问题。

在教学过程中，教师应正确处理好几个关系：注意处理好理论讲授与观摩学习的关系，做到学以致用；注意处理好带头学与带动学的关系，做到两者并重；注意处理好自学与集中研讨的关系，做到学议结合。同时，教师应注意灵活采用多种学习形式，道过师生问答、组织研讨等形式，有时根据学习内容的需要把集中形式结合在一起；在学习检查和考核上，通过做学习笔记、写体会文章，落实学习效果。

三、学生心得

作为未来的媒体工作者，我们应该以严格的标准要求自己，不断提升自身素养，接好先辈们传递过来的接力棒，铁肩担道义，妙手著文章，向观众们转递最真实最有效的消息。在新闻报道这条路上，传媒人们面临着更大的机遇与挑战，任重而道远。媒体工作者只有保持高度的政治敏感和扎实的理论素养，才能有效地发挥媒体的传播沟通作用。愿我们都能贡献出自己的一份力量，在新闻传播事业中担负起应该担负起的责任，在战胜困难中不断磨砺自己、不断成长、不断提高，在相关专业知识的学习上乘风破浪，在未来的岗位上砥砺前行。

（一）新闻：有生命的陪伴者

"如果把社会比作一艘航行在大海上的船，那么新闻工作者就是站在船头的守望者。他要在一望无际的海面上审视一切，及时观察海上的不测风云和浅滩暗礁，并发出信号。"这段普利策的话，生动地揭示了新闻人的职责与贡献。在战疫中，无数媒体工作者始终牢记着危难时刻中华民族命运共同体的使命，掀起了一场全民抗疫的舆论宣传。

在居家隔离的日子里，我们都曾为武汉新增的确诊人数而忧心忡忡，为医护们日夜奋战的辛苦而感动，而让我们看到这些的便是媒体工作者。我们也曾为看到武汉解封而激动不已，坚信中国人民是不可战胜的，中华民族是屹立不倒的。如大讲堂中人民日报记者吴珊说的，为从街道空无一人到满城人间烟火，从雪夜寒冬到和日春光而激动、欣喜。

新闻就是这样，通过信息的形式牵动着我们的情绪起伏，尤其是在如此重大的公共突发事件上，新闻显得格外的重要。因此，新闻是一个有生命的陪伴者。

（二）记者：光荣、现实与梦想

大讲堂中，人民日报记者吴珊说，记者的光荣与梦想便是见证历史，参与历史，推动历史。这群奔赴武汉的记者真正做到了见证、参与和推动历史，虽然时间紧任务重，但他们一直守在武汉的一线，以高度的职业素养，记录着武汉的滴滴点点，记录着疫情下一个又一个暖心的抗疫故事。媒体工作者用自己的方式向病患传递关爱和希望，向医护人员传达信任和支持，向社会民众传达信心和力量，向国际社会传达我们不屈不挠的民族精神和"抗疫"的坚强决心。

媒体工作者们在报道新闻的同时不忘坚定政治站位，新华社坚守"对党忠诚，传承红色基因"的三题，发出"党旗高高飘扬在疫情防控与斗争的第一线"的专题报告，强化政治宣传纪律，举行出征前宣誓仪式，"顶得住、打得赢"是他们的目标。在媒体时代，他们是真正的忠诚于党和服务人民的新闻人。

上海商学院

（广告系）

一、教学概况

2020 年 11 月 3 日收到"中国新闻传播大讲堂"启动仪式通知后，上海商学院广告系主任、负责人立即安排学院以集中与分散相结合的方式，观看了 5 日的大讲堂启动仪式。师生们认真听取了教育部高教司司长吴岩、中宣部新闻局副局长赵旭雯等领导的重要讲话，认识到开展"中国新闻传播大讲堂"，是新时代培养优秀新闻传播人才的需要，是新文科建设的需要，是高等教育创新发展的需要，是走向世界的需要。当天没有课的广告系学子认真聆听了新华社总编室副主任、新华社武汉抗疫报道前指总指挥刘刚的职业感悟，对 14 家主流媒体参与抗疫一线报道的 42 名新闻记者录制 32 集视频教学内容的观看产生了浓厚的学习兴趣。

广告系老师们对同学们提出了将抗疫精神融入专业的学习之中，成长为复合型新闻传播学人才的要求，鼓励同学们在课余之时，多加利用校内以及互联网平台的资源，在完成广告学本专业学习的同时，加强新闻传播学的理论修养。学院还将大讲堂视频教学内容纳入党课学习之中，以此提高同学的政治觉悟与政治敏感，并将此次学习过程写入本季度的思想汇报之中。广告系主任倪琳老师强调，身为入党积极分子，更应该充分利用多学科资源，带动身边的同学一起学习，共同努力进步。在新闻传播学科作为国家重点扶持对象的背景下，鼓励学生抓住国家的发展机遇，将个人理想追求融入党和国家的事业之中，在奋斗中书写青春之歌。

二、特色亮点

（一）组织学生入党积极分子与党员教师共同观看视频

11月17日，广告系全体教师、学生入党积极分子及学生代表在行政楼605会议室召开了"中国新闻传播大讲堂—来自武汉抗疫一线的报道"线下视频集体观看暨观看学习研讨会。集体观看与个人自主观看学习大讲堂后，学院师生的心情久久不能平静，大家都对我国新闻传媒者舍生忘死、不怕牺牲地进行相关新闻报道有了深切的了解和体会，深深地为他们的精神所鼓舞和感动。新闻记者是一个特殊的职业，必须时刻冲到第一线才能为人民群众提供原汁原味的鲜活的第一手新闻报道。抗疫新闻报道现场具有许多不确定因素，甚至有生命危险，在这种情况下，媒体人不畏艰险，深入红区，这是非常勇敢的精神，极大地激励和感染了新闻学子，使其对记者的职业内涵有了更加明晰的认识。

（二）发布"群话题"交流学习心得

广告系师生集体观看大讲堂后展开了热烈的研讨。结合互联网优势条件，上海商学院在广告系群聊中开展了"群话题"讨论，就观看后的心得进行了交流与学习。"我们是记者，我们也是战士，在党和人民最需要我们的时候，我们义无反顾，勇往直前。"这是奋战在疫情一线的42位新闻记者发自内心的话语。他们用自身在疫情前线报道新闻的切身体会来说明："新闻记者无论在何时，都应与党同心，与人民共情，与社会热点突发事件相联系，传播好中国声音。"而广告学作为新闻传播学下的一个专业，应充分发挥专业优势，积极弘扬社会正能量；灵活运用新媒体平台，覆盖更多的学生，通过大讲堂的学习使他们真正体会到抗疫精神，树立积极向上、热衷于奉献的价值观，成长为祖国的栋梁，为新闻传播事业发展贡献自己的力量。

三、学生心得

（一）深刻理解党性原则

新闻宣传是一刻也离不开党性原则的，要把握好政治家办报的时代要求。"中国新闻传播大讲堂"第 31 集中，长江日报在报道中就牢牢抓住习近平总书记亲自指挥、亲自部署这个根本，围绕把人民的生命安全和身体健康放在第一位的主题进行策划。一次采访中，钟南山院士说，武汉是座英雄的城市。那么，英雄的城市里英雄的人民，为武汉保卫战竭尽所能，鼓劲助阵，这种忘我无畏奉献的精神是需要通过媒体展现在大众的视野当中的。

（二）人民至上，生命至上

人民至上，生命至上。客观、准确、及时地报道，充分挖掘发现人的故事，这是新闻工作的宗旨。灾情就是命令，但是，它并不等于"世道不幸诗家幸"，不是在人们的感受之外，独有一个记者的感受；不论是哪种规模的媒体部门，都要与人民同呼吸，共命运，同情感，齐奋斗，把宝贵的公共资源留给最需要的事情。那些一线的医务工作者，很多都是 90 后、00 后，跟我们的年龄相仿，他们为社会国家和人民的付出，我们都无比敬佩。

（三）秉持新闻专业主义

新闻专业主义是实现有效传播的保证，是我们实现这些价值目标的手段。从疫情期间人民日报的报道可以看出，综合运用海报、长图、视频等多种形式进行报道，能有力提升传播效果。很多官方媒体也运用微纪录片形式，记录下了英雄人物、英雄故事、英雄城市，形成了品牌，留下了大量的珍贵影像。媒体记者一次又一次前往现场调查，引起大众的关注，向公众传递新闻核心现场的情况和官方最初的态度和声音，及时向公众发出了可能有疫情的预警，提高了大众的警惕程度。其实这个阶段的报道并不复杂，但疫情期间考验的是一个新闻记者的判断力和执行力，以及无惧未知情况的巨大勇气。每一位记者在报道前都走得远、贴得近、访得深，才能让每一次的传播都更有价值。

上海建桥学院

（新闻传播学院）

一、教学概况

上海建桥学院坐落在上海浦东临港新片区腹地，是一所特色鲜明的多科性应用技术型大学，目前正向国内一流民办大学目标迈进。上海建桥学院新闻传播学院以马克思主义新闻观为指导，设有新闻学、传播学、传播艺术、广告学、网络与新媒体、秘书学等本科专业。

"中国新闻传播大讲堂"是新文科建设大会后的首项工作，具有历史性突破意义，是高校新闻传播教育战线落实新文科建设工作会议精神的迅速行动，是关键抓手，是生动实践，更是一门最生动的国情大课、有温度的思政大课、高水平的专业大课。以抗疫报道为主题的"中国新闻传播大讲堂"生动讲述、立体展现中国新闻记者的家国情怀与专业素养。上海建桥学院迅速行动，开展了一系列学习活动。

通过两个年级 400 余人两次试教试学实践，大致了解学生的认知水平和课程需求，对教学形式和教学活动效果做出基本评估，为全面开展"中国新闻传播大讲堂"教学提供了实践基础，对"中国新闻传播大讲堂"课程全面教学有了更充足的把握。上海建桥学院将"中国新闻传播大讲堂"课程作为下一年度重点建设课程，选派教学经验丰富、思想政治觉悟高的专业教师组成教学团队，计划在完成一轮教学实践后，支持团队申报校级或更高层次的重点课程或金课建设项目。

二、特色亮点

（一）校方高度重视，纳入必修课程计划

接到相关通知后，上海建桥学院新闻传播学院及时上报学校，并与学校课程委员会召开会议，决定将"中国新闻传播大讲堂"以课程形式分阶段纳入教学培养计划。第一阶段，由新闻传播学院院长王梅芳教授挂帅，将"中国新闻传播大讲堂"新增为新闻传播学院 2020 级所有专业院级必修课，32 课时，共计 2 学分。学院指定课程负责人做好该课程的教学大纲、教学计划、日常教学的管理对接工作，2021 年春季学期开始正式全面实施本课程教学计划。

（二）教师先行学习，组织专业观摩研讨

2020 年 12 月初，新闻传播学院组织全院教师集体学习"中国新闻传播大讲堂"第一集（主讲人新华社刘刚）和第四集（主讲人人民日报汪晓东）。视频观看过程，全场鸦雀无声，老师们神态专注，随着视频镜头和采访语境，回顾和深入 2020 年春季我国疫情最严峻时期的抗疫现场。视频内容主题性强，思想立意高，将新闻报道专业实践与社会主义核心价值观完美融合。

新闻系主任张建民老师在研讨交流中说："'中国新闻传播大讲堂'以视频这一喜闻乐见的形式为我们讲述疫情期间媒体报道故事，并将这一活动推进高校新闻传播课堂，彰显了国家'司、局、校，协同推进新闻传播教育创新发展'的决心，是高校新闻传播教育战线落实新文科建设工作会议精神的行动和生动实践。'新闻传播大讲堂'通过丰富生动的案例，向我们展示了媒体融合时代重大突发事件新闻报道理念、技巧和形式，分享了在新闻报道实践中践行马克思主义新闻观的方法和经验。'新闻传播大讲堂'不仅是新闻传播专业学子很好的学习素材，也是新闻传播专业教师和媒体从业者的学习典范。"

（三）学生教学探索，混合线上线下模式

经校、院两级课程委员会商议通过，"中国新闻传播大讲堂"从 2020 级起纳入新闻传播专业必修课程，于 2021 年春季学期正式开课。为保证全面教学顺

利实施，做好课程设计，提升教学效果，新闻传播学院委托新闻系开展课程式教试学活动。12月中旬，新闻系张建民、曹荼香两位老师分别组织新闻系2019级、2020级学生进行了2次90分钟的大讲堂试教试学活动。

针对大班教学（每教学班120人左右）的实际，大讲堂试教试学采用线上线下混合式教学。教师利用校内教学平台BB平台上传和发布教学视频，课前布置线上学习任务和学习要求，线下课堂开展互动讨论。两位老师在线下课堂采用了学习心得小组汇报、重点问题师生互动、模拟疫情采访场景、撰写个人学习心得文章等多种教学活动方式，并在教试学活动结束后召开了学生座谈会，就大讲堂的教学内容、教学形式、课堂活动、课程考核方式等进行了深入交流反馈。

三、学生心得

这42位记者背后的故事，有幸福、有沉重、有骄傲、有奋斗，但这些都不过是这次抗疫报道的冰山一角。责任在肩，使命在身，情怀在心。记者是一个辛苦并幸福的职业，他们辛苦地奔走在新闻现场上，也能从现场中窥见一幕幕温暖。

（一）在一线见证英雄与温情

记者，是除了医护人员外，离现场最近的人。在疫情最严峻的日子里，他们日夜奔走在一个个新闻现场。无论有多远，都使命必达。无形间，他们构筑起了一座桥梁。这座桥的两端，一头是我们，一头是疫情重灾区。记者用镜头为焦灼的群众传递真相，用文字为迷茫的患者发声支持，用伴随和守候，给予所有人最温暖的靠近。

孙兰兰作为现代快报武汉战疫队队长，与同事们一起进入火神山、雷神山、方舱医院，用笔和镜头记录着这座城市的勇敢、悲伤和感动。她强调，除了大量现场直击类报道、消息类报道，疫情报道还需要冷静思辨，加强深度报道。正是因为记者们采写的故事源于一线，所以都是最真实、最有温度的故事。这也更加证实了一点：许多我们可能一扫而过的语句和画面背后，都是由有着敏锐目光的记者们捕捉下来的。

（二）是见证者，更是推动者

正所谓"铁肩担道义，妙手著文章"。新闻工作者不但是时代发展中至关重要的历史记录者，更是用镜头和笔杆将公平、正义、责任和信念，化作种子深植于群众内心的传播者。每个时代的人们有着每个时代的历史机遇与使命，而新闻工作者在这样的历史事件中，不仅仅作为"历史的见证者"，更是"参与的推动者"，他们用日夜兼程的脚印、相机和文字，为这个国家、这个时代印刻下"苟利国家生死以，岂因祸福避趋之"的精神。

作为一名记者，不论身处何时何地，面临怎样的危机，都应当始终坚守"真相至上，内容为王"，因为我们肩负传播真相和事实的职责。我们所记录和定格的这些人、事、物和瞬间，今日或许只是一个简单的故事，明日却将会成为中国乃至整个世界的历史。

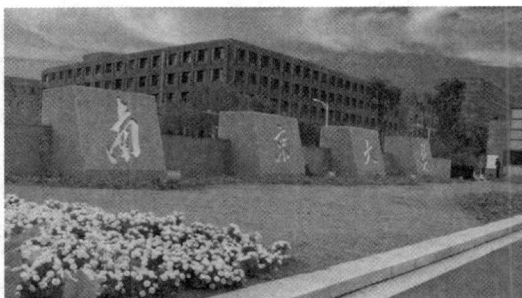

南京大学

（新闻传播学院）

一、教学概况

自"中国新闻传播大讲堂"启动以来，南京大学新闻传播学院积极响应学习号召，将其视为学院开展马克思主义新闻观教育、思想政治教育与国情教育的典型教材与生动案例。执行院长张红军教授赴北京参加了启动仪式，回校后立即在学院党政联席办公会专项研讨此事，部署相关教研教务工作。经研究，学院决定以 2019 级本科生和 2020 级硕士研究生为首批教学对象，将"中国新闻传播大讲堂"与面向本科生开设的部校共建《国情教育》课程相融合，打造"中国新闻传播大讲堂"进校园、进学院、进课堂的示范性案例。"中国新闻传播大讲堂"的授课地点安排在南京大学仙林校区紫金楼报告厅，由学院党委副书记闻羽、辅导员徐志声跟班管理，并与学生共同观看大讲堂。观看结束后，2019 级本科生曾未希、艾琬柠、黄麒霖分享了自己的心得与感悟，教师代表对三位学生的发言作了点评。开课期间，学院党委书记刘源多次召开专项会议总结经验，寻找可以改进的方面。未来，学院还将继续创新与探索"中国新闻传播大讲堂"进课堂的思路和路径，力争将大讲堂普及至全院、推广至全校，让大讲堂成为夯实新闻学子政治根基的一门标杆性课程。

二、特色亮点

（一）课程融合，优化新闻传播思政教育体系

将"中国新闻传播大讲堂"与部校共建《国情教育》课程有机融合，借助已有的课程体系、授课模式与学分管理制度对其进行推广，是南京大学新闻传播学院响应"中国新闻传播大讲堂"学习号召的创新之举。学院将"中国新闻传播大讲堂"纳入《国情教育》授课内容之中，使之成为学院马克思主义新闻观教育、国情教育和思政教育的生动素材，进而推动学院新闻传播思政教育体系的升级与完善。在 2020 年秋季学期，学院穿插举办"好记者讲好故事"专题演讲活动，邀请江苏广电总台派往武汉抗疫一线的记者讲述工作经历，在内容上实现了抗疫报道专题与"中国新闻传播大讲堂"的积极联动，在效果上了实现激荡人心与教育人心的课程目标。

（二）本硕共学，实现大讲堂学习的全面覆盖

除了以 2019 级本科生和 2020 级硕士研究生作为首批教学对象以外，学院召开专项会议，总结经验与不足，并在会议后组织学院 2018 级本科生、2019 级硕士研究生分批次观看了"中国新闻传播大讲堂"的重点内容，实现了大讲堂教育学生群体的全面覆盖。未来，学院拟将"中国新闻传播大讲堂"与《国情教育》课程和《马克思主义新闻观》课程深度融合，并列为新闻传播大类学生的必修内容。

（三）学有所获，提升大讲堂教学的实际效果

学院高度重视"中国新闻传播大讲堂"的实际教学效果，在每次大讲堂视频观看结束后都会组织一定规模的交流会，让同学们畅所欲言分享学习感悟，以免让"中国新闻传播大讲堂"教育浮于表面、流于形式。在观看了"中国新闻传播大讲堂"1—2 集视频之后，新闻传播学院 2019 级本科生曾未希、艾琬柠、黄麒霖三位同学当场分享了自己的心得与感悟。课后 2019 级全体本科生撰写了学习收获与心得感悟，并在该学期《国情教育》课堂上分享和展示。最终，2019 级全体本科生在学期末形成了总计近 25 万字的学习感悟与学习报告，输出成果颇丰。

三、学生心得

2020 年 12 月 17 日晚，我们在紫金楼观看了"中国新闻传播大讲堂"，走近了疫情报道一线的真实生活。这次观影后，我感慨颇深，心中一直以来的疑惑也有所消解。

新闻是扎根生活的。这就要求新闻工作者要有扎实的业务能力和职业素养、悲天悯人的敏锐洞察和共情体验、勇敢无畏的新闻情怀和责任担当。

（一）扎根生活，要有扎实的业务能力和职业素养

在影片中，新华社的吴刚前辈在疫情一线面对高强度的采编任务，需要在短时间内完成信息搜集、选题、采访、撰文等一系列工作，他用数十年积累的经验和优秀的新闻业务能力出色地完成了既定任务。正如习近平总书记向新闻工作者提出的"四力"要求，做一个出色的成熟记者，要求我们有扎实的业务能力，能够快速反应、精准表达，将我们所看到的，所听到的，所感受到的，客观而有温度地传递给读者。

（二）扎根社会，要有悲天悯人的敏锐洞察和共情体验

记者首先是记录者，而记录来自对生活的洞察。如果对采访对象的生活细节视而不见，写出来的报道只能是时间、地点、人物的单调罗列；如果无法真正走进采访对象的内心，得到的资料只能是人物的浮光掠影。"中国新闻传播大讲堂"里的吴姗记者在进行疫情报道时，曾多次直接"闯入"感染者病房，面对医生"里面危险，你们直接把采访提纲给我，我来帮你们问"的劝阻，她执意坚持与采访对象直接对话，一点点走进他们的内心，将他们的真实感受记录下来，这才有了后来感人的新闻报道，取得了成功。

（三）扎根时代，要有勇敢无畏的新闻情怀和责任担当

疫情时期，吴刚等新闻前辈奔赴抗疫一线发回的生动报道，是一种特殊时期新闻人的"敢为人先"。而未来的漫长岁月，更需要新闻人长期的责任担当和使命坚守。从"新闻传播大讲堂"说起，在影片之外，在课堂之外，是新闻工作者深入实践的坚守。扎根生活，要求我们怀揣新闻情怀，在课堂上夯实自己的新闻业务能力，把我们所学的知识与技巧付诸实践，走进生活、洞察生活，挖掘并讲述中国故事。从校园媒体到今后的更大平台的实践，我们还有更多的挑战与使命，愿吾辈共勉。

苏州大学

（传媒学院）

一、教学概况

"中国新闻传播大讲堂"对于强化马克思主义新闻观教育，助力新闻传播后备人才培养具有重要作用。苏州大学传媒学院领导在接到教指委秘书处的通知后，高度重视，将此次讲座作为党政联席会和党委会议的重要议程，围绕学习内容，展开系列学习活动的布置，并分别于 2020 年 12 月 9 日和 23 日两次全院教师大会上予以强调。传媒学院党委书记宁正法、执行院长陈龙教授带头学习，在全院掀起了一次"强化马克思主义新闻观教育、全面推进课程思政建设"的学习浪潮。骨干教师、中青年教师、本科生、硕士生与博士生都充分认识到"中国新闻传播大讲堂"的重要意义。

学院通过组织学生进行现场学习和研讨，用马克思主义铸魂，用爱国情怀强基，用人文素养修身，用国际视野拓界，用未来视角创新，为培养新时代所需要的新闻传播专业人才而不懈努力。使学生真切感受到新冠肺炎疫情发生以来，广大新闻记者临危受命、迎难而上，日夜奋战在抗疫斗争的第一线，为坚决打赢疫情防控的人民战争、总体战、阻击战凝聚的强大精神力量。"中国新闻传播大讲堂"的全国推广，是加强实践中的马克思主义新闻观教育的创新之举，也是新闻队伍建设、新闻舆论工作的创新之举。

二、特色亮点

（一）点：组织党员和积极分子的深入学习

注重榜样示范引领，号召学院党员、积极分子发挥模范带头作用。在入党积极分子的培训中设置专门环节，促进党员与积极分子在观看"中国新闻传播大讲堂——来自武汉抗疫一线的报道"后，能够真正做到在看中想、想中学、学中做，做中悟。要求预备党员与党员的思想汇报中应体现对课程的所感所学所悟。同时，以党员、入党积极分子为基点，引领传媒学子用马克思主义铸魂，用爱国情怀强基，用人文素养修身，用国际视野拓界，用未来视角创新，切实推动抗疫精神与新闻理想的结合。

（二）线：将思想引领与校园活动密切结合

"中国新闻传播大讲堂"的观看学习以班为单位实施组织，活动的开展时间为每周三下午 5：40—6：40。学院对各班活动开展情况进行检查与总结，以确保活动落到实处，卓有成效。除了组织同学集体观看"中国新闻传播大讲堂——来自武汉抗疫一线的报道"外，相关活动还包括小组讨论和主题团日活动。不仅会根据各班人数的实际情况进行分组，观看后依次发表观点和感受，还会在团日活动中通过多种方式来展现所感所学，如相关主题的诗朗诵展演、分享个人新闻理想等。此外，在团日活动中开设科普环节：一是奔赴武汉疫区的新闻人的背景故事，加深同学们对新闻使命、新闻理想与新闻担当的理解；二是补充与疫情相关的科学知识，切实推动抗疫精神与抗疫知识的结合。

（三）面：落实多面齐抓以加强思想引领

首先，鼓励学生制作与课程内容相关的、能够充分体现抗疫精神的海报，并通过校内 LED 屏幕与广告栏对课程进行宣传，提升课程在校园内的传播力与影响力。其次，结合学生专业特长，鼓励同学在相关视频、文字等方面的创作，不断增强脚力、眼力、脑力、笔力，将感悟抗疫精神与提高新闻实践能力相结合。最后，利用网课平台拓展传播面，一方面便于已学习过相关内容的同学回顾和复习，另一方面鼓励其他专业同学观看课程内容，增进对抗疫精神、马克思主义新闻观与中国新闻人使命感的理解。

三、学生心得

在这场旷日持久的抗疫战争中，除了白衣战士，还有一群人也与他们一同并肩逆行，那就是新闻记者们。新闻媒体作为党和人民的喉舌，在突发公共卫生事件中肩负着重大的社会责任。新闻媒体在疫情防控工作中扮演了疫情信息的传播者、虚假谣言的破除者、社会舆论的引导者角色。

（一）疫情信息的传播者

在视频课程中我们学习到，抗疫期间仅新华社就有一百多名记者驻守武汉，他们坚守着"对党忠诚、勿忘人民、实事求是、开拓创新"的新华精神，也秉承着"党员先上"的原则，发挥党员攻坚克难的战斗堡垒作用。在报道过程中，新华社记者们与权威部门保持密切联系，及时发出权威声音，清除杂音、噪音；同时视频把专家学者的采访放到十分重要的位置，传达最新的抗疫科学知识；第一时间调查公众关注的话题，争取报道的主动权，达到宣传实效。

（二）虚假谣言的破除者

在人人都有麦克风的社会化媒体时代，特别是在抗疫的特殊背景之下，新闻媒体的舆论引导工作面临着诸多挑战。疫情初期，人们认知水平的局限，以及相关信息披露不及时、不完整，为谣言的滋生提供了温床，出现了"武汉上空开始播撒消毒粉液""用盐水漱口可以防病毒"等不实信息。谣言的蔓延不仅误导了公众，还扰乱了抗击疫情的正常秩序。新闻是世界的镜子，也是我们瞭望世界的高塔，记者则是揩拭镜子的人，是社会的观察者。日月轮转，他们用镜头记录，用文字瞭望。在来势汹汹的疫情面前，记者迎难而上、宵衣旰食，捕捉一个个真实感人的瞬间，击破一个个谣言，用责任与担当冲锋在抗疫一线，用初心和使命激发必胜信念。

（三）社会舆论的引导者

国家兴亡，匹夫有责。在国家大难面前，无数媒体人舍小家为大家，"不计报酬、无论生死"，义无反顾地奋战在抗疫前线，不大获全胜决不收兵。对比国际社会消极的抗疫举措、政党表现、人民反应，中国人民倍感自豪，更能感受到中国特色社会主义制度的优越性。"责无旁贷"四个字看似简单，可要做到身体力行，则需要强大的担当感与使命感。在一个国家和民族的历史传承之中，需要一代代青年勇于担当时代赋予的历史责任，在复兴之路上的接力奋斗中薪火相传。在这场武汉抗疫中，我们不仅看到与祖国唇齿相依、生死与共的新时代青年顺利接过接力棒，更看到新时代青年在危难下承担起道义与责任。

南京航空航天大学

（新闻传播学系）

一、教学概况

南京航空航天大学新闻传播学系以马克思主义新闻观为指导，构筑了信念坚定的课程思政教学团队，始终牢记将"新闻舆论工作者做党的政策主张的传播者、时代风云的记录者、社会进步的推动者、公平正义的守望者"作为人才培养的使命。在抗疫取得巨大成就、高校教学工作全面恢复之际，将"中国新闻传播大讲堂"纳入新闻传播教育教学的举措，既是对 2020 伟大的抗疫精神的一次全面回顾，更是为课堂教学送来了一场展现新闻人风貌的"及时雨"。学院领导高度重视这项活动，自收到教育部相关文件和资料的第一时间，主管教学副院长就多次组织商议如何将讲座融入课程，与会教师包括新闻系系主任、支部书记、学科带头人、专业负责人、新闻类核心课程教师等。经过广泛研讨，决定本学期在《新闻评论》《广播电视学专业导论》《影像剪辑》《新闻学》等课程中融入"中国新闻传播大讲堂"相关内容。根据教学计划，分别在大一到大三的课程中，安排一至两门课程推动讲座进课堂，确保对在校本科生 100% 全覆盖教学。研究生同学也组织了相关的专题研讨，就讲座内容展开了积极而热烈的讨论。"中国新闻传播大讲堂"进入课堂丰富了我系第一课堂的教学，拓展了新闻传播实践的第二课堂，在抗疫期间凝聚起了师生的新闻信念和理想。

二、特色亮点

（一）培养学生新闻基础技能

新闻人以笔为戈，在 18 级本科生《新闻评论》课程中，同学们以观后感的形式将观看体会成文，用笔触感受抗疫精神的温度，并在课堂中组织同学上台分享学习体会，交流体会新闻人担当，将大讲堂的学习扎扎实实落在了实处。同学们在新闻评论视角选择、写作规范训练等方面都有极大的收获。而读图时代，百闻不如一见，影像所蕴含的信息量无疑是巨大的。19 级本科《影像剪辑》课程中将讲座中的短视频、宣传片等影像部分，融进了新闻剪辑模块，通过课堂、MOOC 慕课等形式组织同学们收看。同学们在教室、图书馆、宿舍进行自主学习和小组讨论，在感受抗疫精神的同时，也学到了很多实用的影像呈现技法。经由"中国新闻传播大讲堂"这堂课，同学们的新闻基础技能得到培养和训练。

（二）加强课程思政建设

对于新闻专业而言，这一次在新闻一线奋战的新闻人也都成了教师。以往的教学实践中，学校通过讲座、兼职教授等方式让这些业界精英走入课堂，但越专业、越繁忙，"中国新闻传播大讲堂"却很好地解决了这个难题。同时，开展"中国新闻传播大讲堂"的教学本身就是一次课程思政建设工作，新闻人以自己的理想信念、道德情操、仁爱之心，通过自己的言传身教，让学生耳濡目染，将新闻现场融入课堂。在抗疫大背景下，充分展现了新闻人的情怀和担当，给我校新闻系教学活动注入了强大的思政元素。此外，集中备课、观看讲座也是对专业教师的一次业务培训，通过组织教学，老师们得以了解最新、最权威的报道方式。

（三）弘扬抗疫精神，师生成果丰硕

"中国新闻传播大讲堂"丰富的案例和精神内涵确保了思政内容成为多门课程的核心而非点缀，解决了思政和教学两张皮的问题，在 2020 年末的学院思政讲课竞赛中，新闻系两位老师分获第一名和第二名；因为在包括思政课堂教学中的积极探索，新闻系教工支部也获得了学校优秀教工支部的荣誉。大讲堂激发出的新闻人的荣光，也激励着全系同学参与课程思政教育的实践课堂。在老师们的指导下，新闻系师生通过手绘、谱曲、短视频制作等形式参与新华社等

主流媒体的实际工作。发表弘扬抗疫精神的作品多达数十部，其中既有两小时点击量破百万的《温度》系列，也有在新浪、荔枝网等媒体累积点阅量达1800万的公益作品。疫情期间，新闻系师生在校内宣传、对外报道上都有很高的能见度，为弘扬正气、展现高校师生风貌，发挥了积极作用。

三、学生心得

在2020年新冠疫情初期，众多新闻媒体工作者赶赴一线，见证英雄、传递温情，记录下了许多珍贵的历史性画面。他们不畏可怕的病毒，甚至冒着生命危险，无私奉献，一心只为向人民群众传递最新的疫情消息，确保新闻媒体最大程度上向广大受众传递积极的抗疫信号，增强国民抗疫信心，给我们带来了无数的感动。

（一）抗疫精神实可贵

不要畏惧寒冬，因为暖春总会来临，因为始终有温暖在陪伴着我们。临危受命、迎难而上，始终是广大新闻工作者矢志不渝的追求。致敬那些日夜奋战在抗疫斗争的第一线的新闻工作者，是他们为坚决打赢疫情防控的人民战争、总体战、阻击战凝聚了强大精神力量。同时，作为一名光荣的中共预备党员，我也对自己提出了同样的高标准、严要求。在今后的学习生活中，我要更加认真地学习理解中国特色社会主义的制度优势、理论优势、道路优势，不断加强自己为党为国为人民的深厚情怀和使命担当。

（二）体制机制促高效

正如大讲堂第一集中新华社记者的教学内容所言，前方100多人的力量必须与后方1000多人的编辑形成合力，才能彰显传播优势。在该方面，新华社的组织领导力堪称业界典范。他们创新采编流程，建立起集中统一的报道机制，前方指挥部每天召开策划会，抓重点、排热点、解难点，围绕传达总社和中央指导组宣传组的要求，围绕宣传习近平总书记重要讲话精神，研究选题，并且将责任落实到人。这种高效有力的新闻传播体制机制，极大程度促进了疫情期间各类新闻作品的迅速、准确发布，大大提高了新闻传播效率。因此，要想实现高效的新闻传播，仅有新闻工作者勇冲一线是远远不够的，还需要前后方积极配合，高效的体制"加持"才行。

南京邮电大学

（传媒与艺术学院）

一、教学概况

"中国新闻传播大讲堂"以"来自武汉抗疫一线的报道"为主题，录制了32集视频教学内容，生动立体地展现了中国新闻记者的家国情怀与专业素养。南京邮电大学传媒与艺术学院广告系于2020年12月组织各个年级开展了对新闻传播大讲堂的学习。此次学习活动通过师生集中观看视频、学生课后讨论、提交观看心得的组织方式进行。视频学习内容的感召力和影响力深刻激发了同学们的自豪感和自信心，不少同学在观看视频时热泪盈眶，被身处抗疫一线的新闻工作者所打动。通过视频，同学们近距离地感受到新闻人的责任与担当。传媒与艺术学院广告系学生不仅全体参与课堂观看与学习，还将学习延伸到课后，在广告系学生党员以及学生干部的引领下，在宿舍掀起观看视频和学习讨论的热潮。此次新闻传播大讲堂的学习，切实推动了抗疫精神进校园、进课堂，引导广大师生深刻理解中国特色社会主义的制度优势、理论优势、道路优势，激发了新传学子的学习热潮，为新文科建设和课程思政建设启迪了方向，更为重要的是，真正展示了"立德树人"的教育宗旨，通过生动的教学方式和教学内容，培养了学生为党为国为人民的深厚情怀和使命担当。

二、亮点特色

（一）思政育人融入课堂

广告系的老师们通过此次新闻传播大讲堂的学习，展开了如何在新文科建设的思路下，贯彻落实"立德树人"的根本宗旨，将新闻传播课程与思政课程结合起来的教学研讨。并以"来自武汉抗疫一线的报道"为学习材料，讨论了如何将课程思政与育人元素融入课程建设，如何完善新闻传播课程教学体系和内容体系，如何改革创新新闻传播教育教学的方法三个议题。广告系的老师们不仅通过此次大讲堂的学习进一步坚定了职业的使命感与时代的担当意识，而且进一步思考和讨论了如何在新时代培育优秀的新闻传播人才这个重要的议题。此次新闻传播大讲堂的视频材料，正是"立德树人"作为高校立命之本理念的优秀示范，给予了新闻传播院系优质的教学资源输入，同时带来了新文科建设的新拓展和新启发。

（二）师生共学教学相长

传媒与艺术学院广告系的师生，通过此次新闻传播大讲堂的学习，收获了以下成果和心得体会。

第一，新闻传播教育要坚持"德""知""行"的合一。"中国新闻传播大讲堂——来自武汉抗疫一线的报道"体现了专业教育"立德树人"的根本宗旨，是课程思政的新探索，有助于将价值塑造、知识传授与能力培养融为一体。

第二，此次教学视频为丰富的案例和记者讲述的抗疫一线的经验，将新闻的实践性带入课堂，使同学们虽身处课堂之中却与新闻前线交融在一起。通过新闻工作者的讲述，书本上抽象的知识得以具体化、立体化和生动化，为学生深入理解新闻实践提供了最为生动的学习材料。

第三，"中国新闻传播大讲堂——来自武汉抗疫一线的报道"深刻践行了习近平总书记对新闻舆论工作的重要论述。此次新闻传播大讲堂以具体生动的案例深化了同学们对"以人民为中心"的认知，为职业使命和专业担当指明了方向。

第四，"中国新闻传播大讲堂——来自武汉抗疫一线的报道"有助于在新文科建设视野下，提升学生对公共议题的现实理解能力、分析能力和判断能力，提升对新闻公共性与责任性的掌握能力。使新闻传播专业的同学们进一步明确专业的优势、专业的职责，并进一步提升公共服务的意识，从而肩负起新时代的职责与使命。

三、学生心得

（一）疫情战场上的"勇"与"谋"

新冠肺炎疫情期间，广大新闻工作者临危受命、迎难而上。钟南山院士曾说过："医院是战场，作为战士我们不冲上去，谁上去？"而新闻记者也正是抗疫中的战士和勇士，他们采写新闻、传递真相、沟通疫情，用专业的"新闻眼"为全国人民报道武汉最动人心魄的故事。

记者们的镜头记录了一个个驻守在战疫一线的平凡英雄们，他们的眼睛里写的是坚定、责任和希望。正如教学视频所展现的，武汉是一座英雄的城市，也正是这个城市里的无数英雄在"肆虐"的病毒面前扛起了最重的担子。在32集视频中，最打动我的一集来自新华社钱彤老师的讲述，他目光坚定，叙述平缓而有力，说到动情处，就在镜头前红了眼眶。疫情报道之难，也只有通过新闻工作者的讲述，我们这些身处安全线内的观众才得以略感一二。但新华社的记者们在巨大的挑战和压力面前，从未退缩。新闻工作者们用自己的行动实践了"到群众中去""以人民为中心"的工作方法与工作智慧，用自己的脚力、眼力、笔力和脑力讲好中国的故事、传播中国的声音。

（二）新闻人的"正"与"新"

通过大讲堂，我不仅深深地被新闻记者前辈们的勇敢、责任和担当所感动，也进一步增进了专业知识的学习，理解了什么是新闻工作，做好新闻工作要面临哪些考验、面对哪些挑战，如何才能创新、才能适应新时代的要求。在重大突发公共卫生事件中，新闻媒体既要担负起连接社会的职责，又要在科学的指导下，做好规范抗疫的宣传，同时守护国家、做好舆论引导。新闻工作者在这场考验面前，给自己、给人民、给祖国交出了满意的答卷。人民日报、新华社、中央广播电视总台三大主流媒体通过创新融合报道提升了报道的感染力和影响力，利用直播间互动，提升了新闻的参与度。他们迅速介入疫情防控工作的核心，在重大公共危机事件中履行了主流媒体的责任担当。新闻舆论工作，关系到社会秩序的稳定，关系到民众对政府的信任，关系到民心的安定，中国主流媒体在这场严峻的考验中，用职责与使命，情怀与担当，技术与创新，奋力书写了"引导群众、服务群众"的战疫答卷。

今后的学习中，我会牢记新闻前辈的光芒，铭记自己作为新闻传播专业学生的职责和担当，努力彰显青春的本色，前行、前行、再前行！

南京林业大学

（人文社会科学学院）

一、教学概况

2020 年 11 月 5 日下午正式启动的"中国新闻传播大讲堂"是促进我国新闻传播学科建设、提高教育质量的重要举措与途径，也是强化马克思主义新闻观教育、全面推进新闻传播类专业课程思政建设的实际行动，通过观念引导、教育实践结合的方式，培养新时代优秀新闻传播人才。在认真学习"来自武汉抗疫一线的报道"系列讲座后，南京林业大学人文社会科学学院新闻传播学科相关专业教师认真贯彻国家要求，以马克思主义新闻观为抓手、以教学与实践为路径、以抗疫报道为线索，通过覆盖专业教师、研究生、本科生的一系列学习实践活动，在学习抗疫系列报道的基础上，切实将马克思主义新闻观融入教学实践，提升我院新闻传播学科的教学质量、优化教学思路。本次"中国新闻传播大讲堂"系列活动的开展与落实，为新闻传播学科的师生带来了丰富的精神食粮。今后，学院将严格落实教育部高教司、中宣部新闻局及教指委的精神与思想，继续开展好以马克思主义新闻观为核心的新闻传播教育，为社会培养德才兼备的复合型新闻传播人才。

二、特色亮点

（一）组织专题研讨，提升思想境界

在获取"中国新闻传播大讲堂——来自武汉抗疫一线的报道"32集视频及文字材料之后，学院第一时间组织参与新闻传播相关课程教学的教师进行学习观摩，通过视频与文字资料的结合了解每一集视频的内容与重点，并组织集体备课与研讨，选择了约10部的影片作为课程思政教学素材，其余内容则设计为研讨、政治学习内容。除利用本科教学课堂带领学生观看视频，结合教学内容落实课程思政外，学院还组织研究生围绕抗疫宣传报道、抗疫精神发扬展开主题研讨会。本学期新闻传播学研究生开设《新闻作品研究》课程，对一系列高质量的新闻作品进行研读分析，并从政治、社会、文化等理论视角进行深入的解读。参与研讨会的研究生结合视频中新闻工作者的抗疫新闻代表作品以及其分享的幕后故事展开了研讨，同学们从新闻生产、理论学习、制度优势、人文关怀、新闻理想、媒介历史等不同角度对作品进行了分析，并阐发了自己对于本次抗击新冠肺炎疫情期间新闻工作者所展现的"抗疫新闻精神"的认识。

（二）召开主题班会，加强政治学习

广播电视新媒体系组织大二大三各班召开以抗击疫情为主题的班会，并将本次班会视为一次特别的政治学习，各班班主任或辅导员也参与本次班会之中。同学们在观看抗疫报道的讲座视频之后，结合自己的经历，与同学们分享疫情居家期间印象最深的一件事，并谈谈这件事情为什么会让自己记忆深刻，以及对这件事情的感悟。很多同学在分享自身经历的时候，都谈到我国在应对新冠肺炎疫情期间所体现出的优越性。

在分享中，有同学讲述了自己的心情是如何从最初的惶恐不安到后来的放心与安心，甚至十分感动，在看抗疫新闻的时候经常热泪盈眶，并提出之所以有这样的心情变化，正是因为新闻报道给自己带来的力量。也有同学说在疫情期间闭门不出，最常做的就是阅读有关于疫情的新闻，不仅学习了很多卫生防疫知识，更感觉到了国家对于每一位民众的关心。还有同学说经历了这一次疫情，更加坚定了自己日后成为一名新闻工作者的决心。

借助本次"中国新闻传播大讲堂"的契机，我院围绕"马新观"与"抗疫报道"两大主题开展了一系列有益的活动，教师队伍的思想建设得到了进一步提升，专业课程思政的落实得到了切实的巩固，理论实践结合实现了学生对学科的再认知。

三、学生心得

（一）新闻前辈的"勇"与"责"

开幕式直播的观看学习使我受益匪浅，不仅接受了一场精神上的洗礼，更深刻地理解了身在新闻行业领域内而应该拥有的责任与使命。

身为未来的新闻工作者，我从诸位亲历抗疫一线的新闻记者的讲解中直观感受到他们作为新闻人的敬业精神以及作为"时代记录者"的担当情怀，也是我作为一名新闻传播专业的学生所需要具备的基本素质。随着时代的发展与技术的进步，媒介环境和舆论生态都发生着剧烈的变革，我们面临的舆论环境、产业生态、受众需求、技术面向都发生了巨大变化。在当前的新形势下，新闻人更要保持自身定力，既要以认真的态度娴熟掌握专业技能和相当的职业操守，又要培养更敏锐的反应和更为博爱的胸怀。因为只有坚守家国情怀，树立正确的新闻观，不忘初心，砥砺前行，将自己的职业理想和祖国人民紧密相连，深入祖国的广阔天地，了解社情民情，守正创新，才能做中国特色新闻学的传道授业者，讲好中国故事，为中国未来的新闻事业付出力所能及的贡献。

（二）新闻学子的"勤"与"思"

家国情怀与专业技术是新闻记者应有的职业素养，同时也应成为当代大学生自觉的价值追求。"中国新闻传播大讲堂"为我们提供了真实的新闻教材和独具魅力的新闻榜样人物。当下，我将以这些"人物"为榜样，努力提高自我新闻本领，做一名合格的新闻学生。日后，作为新闻传播的后备人才，我们应该牢固树立马克思主义新闻观，做到政治过硬、业务过硬、战斗力过硬，成为有定力、有情怀、有本领的新闻人，在未来的学习中不懈努力，提高自己的专业素养，成为真正践行马克思主义新闻观的优秀人才。

在学习过程中，我见证了无所畏惧的广大新闻工作者，在疫情时期不惧危险，深入一线，将最及时的抗疫信息传递给大众。他们用生动的事迹教我们如何成为一位合格的记者。我也期望着在接下来的学习中，能够吸收更多的实用知识，逐渐成为自己梦想中那个可以报道真相的记者，成为为党和国家、为社会主义事业、为广大人民群众服务的"螺丝钉"！

南京师范大学

（新闻与传播学院）

一、教学概况

"中国新闻传播大讲堂"是"中国系列大讲堂"的重要组成部分。今年的大讲堂以"来自抗疫一线的报道"为主题，邀请来自人民日报、新华社、中央广播电视总台等14家主流媒体的42位深入疫情一线报道的记者参与录制。南京师范大学积极响应教指委的号召，高度重视"中国新闻传播大讲堂"学习工作，新闻与传播学院副院长庄曦老师、党委副书记沈菲老师亲自指导，学院团委具体负责。先后组织2018—2020级本科生、学生党员开展学习，并专门召开学习心得分享会，前后共有600余名学生参加。学院积极发挥新闻专业特色，每次学习、座谈结束后及时在学院微信公众号、网站发布相关报道，扩大"中国新闻传播大讲堂"的影响力。学院领导班子以身示范，加入学习的队伍，在全院形成了学、思、践、悟的良好风气。本次学习也给学院的人才培养和课程思政建设带来启示，学院将携手众多学子，在未来的课程建设中不断探索，锐意进取，坚持守正创新，以马克思主义新闻观为指引，打造具有特色的课程思政体系，培育具有家国情怀、国际视野的全面型人才。

二、特色亮点

（一）党员先行，培育责任与担当

2020 年 12 月 10 日，本科生党支部组织全体党员同学集中观看了"中国新闻传播大讲堂"网课。生动的新闻传播素质教育课和思政教育课，激励同学们从我做起、躬身践行，不忘新传学子用脚力踏遍祖国山川、用眼力捕捉中国故事、用脑力解读人民情怀、用笔力诠释中国精神的初心和使命，鼓舞同学们锐意进取，在将来成为政治过硬、业务过硬、战斗力过硬的新闻队伍的中坚力量。

在学习结束后，本科生党支部的党员们纷纷写下了自己的学习心得体悟。支部书记常静宜同学写道："我终于理解了抗疫一线的新闻工作者被称为'新闻战士'的原因。他们不仅要打好疫情防控阻击战，还要打好舆论战，发挥强信心、暖人心、聚民心的作用，弘扬主旋律，激发正能量。我从中深深体会到，记者这个职业是崇高的，也是负有重要使命的。"组织委员闫思同同学写道："我看到飘扬于一线的临时党支部党旗，看到志愿者的红马甲，看到一份又一份请战书上的红手印；我记住的，是'从现在开始，共产党员跟我上！'的医疗救治组冲锋令，是绰绰白影的最美逆行，是以无论大小、深浅、浓淡的红、白，凝聚起的抗疫旗帜。"通过网课学习，学生党员更加深刻理解了中国共产党在国家危急时刻的重要领导作用，更坚定了不忘初心，一心向党的决心。

（二）座谈分享，拓宽视野与情怀

12 月 22 日中午，学院举行"中国新闻传播大讲堂"学习分享座谈会。首先，各班代表依次分享自己在观看了"中国新闻传播大讲堂"后的感悟。18 级新闻班团支部书记张阚同学讲述了这次疫情和这次大讲堂后，她对记者这个职业的认识："这次疫情成为一面镜子，照亮记者这个职业一直以来代表的勇气与担当，也使我们自省。"19 级网新班团支部书记黄园园同学说道："看完大讲堂，令我最难忘的是'倾听'这个关键词。倾听并不是一件容易的事，是与记者的意志、修养、责任心和敬业精神分不开的。在记者的采访中，倾听始终是不可或缺的动人力量。"

听完同学们的分享，党委副书记沈菲老师指出传媒人在内容、话题选择、价值标准上要坚守本心，并向各班委提出了要求，希望各位班委将个人思考转变为全班的努力，主动承担自己的角色责任；同时需要妥善处理虚实的关系，强调新闻是理论与实践结合的成果，二者相辅相成；最后，同学们应正确看待近和远的关系，指出应知行合一，终身学习。

通过本次新闻传播大讲堂的学习，新闻人的情怀与担当深深地感染和激励了每一位新闻学子，鼓励他们坚定理想信念，秉持家国情怀，提升专业素养，积极投身党和国家的新闻事业。

三、学生心得

在观看了中国新闻传播大讲堂的学习视频后，我对中国共产党的制度优势有了更加深刻的认识，也进一步明确了作为新闻人的职责与担当。

（一）新闻战士显担当

战士在战场上发挥作用，战斗打响，书生亦战士。

在疫情防控大考面前，新闻战士们闻令而动、迎难而上，在疫情防控阻击战、舆论战的战场上，以手中的笔、肩上的镜头为武器，在战斗中彰显职责与担当。

在灾难面前，真实的力量显得无比珍贵。战场也是新闻人的主场，深入一线采访的记者承担起澄清误区、化解偏见的重要角色，在政府与公众之间搭起了一座桥梁。追寻真相、报道真相的新闻人是当之无愧的无冕之王。互联网时代，消息的传播变得无比迅捷，人们拥有多元便捷的手段获取各类疫情资讯，这为疫情防控提供了很大助力。但与此同时，更多元快捷的资讯，也容易导致"信息疫情"的滋生蔓延，进而诱发一系列"次生灾害"。面对复杂多元的舆论格局，主流媒体如何占领舆论制高点显得尤为重要。我国主流媒体的新闻工作者，不断创新报道内容、形式、方法、手段，特别是在新媒体报道方面发力，打造了一个个优秀的刷屏作品。这些优秀作品的背后，是无数新闻人的默默付出，正是他们的存在，让新闻不死，让理想永生。

（二）离人民更近一点

在观看讲座的过程中，我被一句话深深打动："如果你写得不够好，那是因为你离人民不够近。"

坚持为人民服务、为社会主义服务，是社会主义新闻事业的本质要求。自中国共产党创办自己的新闻事业之初，毛泽东同志就提出新闻工作的宗旨是为人民服务。通过这场战"疫"，我看到了党对人民至上，生命至上的坚持。中国疫情防控率先取得阶段性成效，一个根本的理念是把人民的生命健康放在首位，中国共产党始终践行着以人民为中心、以人为本的执政理念。中国共产党的根基在人民、血脉在人民。为人民而战，靠人民而胜。新闻工作者也应当将以人民为中心的工作导向落实到新闻实践中。

因为疫情，我对生命的意义有了更加深切的体悟。无论处于何种境遇、经历怎样的悲欢，生命始终都值得倾尽全力去珍惜、去关怀、去守护。新闻是人，新闻学是人学，家国情怀最终要投射到一个个如你我的个体身上。因此，关注个体的命运就是关注家国的命运。只有及时回应人民的关切，才能精准提升舆论引导的力量。

通过此次对"中国新闻传播大讲堂"的学习，我对自己的使命与担当有了更加深刻的认识。"纤笔一支堪大任，新闻战士亦逆行。"我为时代的英雄们喝彩，为新闻人的职责与使命喝彩。

扬州大学广陵学院

（文法系）

一、教学概况

为推进新文科建设以及新闻传播教育创新发展，2020 年"中国新闻传播大讲堂"以"来自武汉抗疫一线的报道"为主题，邀请包括人民日报、新华社在内的 14 家主流媒体中参与抗疫一线报道的 42 名新闻记者，共同录制了 32 集视频教学内容。大讲堂生动地展现出我国新闻记者的家国情怀与专业素养。学院在接到有关大讲堂的优质教学内容和学习通知后，积极谋划，组织开展师生学习。

学院采取集中学习和个人自学两种方式组织专业教师学习"中国新闻传播大讲堂——来自武汉抗疫一线的报道"的系列视频。在学习过程中，专业教师从整体上把握马克思主义新闻观的深刻内涵，强化马克思主义新闻观认知，同时从细微处着眼，结合主讲课程和科研方向，从系列视频中汲取新鲜养分，为课堂教学和科学研究提供丰富素材和切入点。为深化学习效果，专业老师还号召各年级同学在自学期间，以宿舍为单位开展学习讨论，分享学习感悟。据部分学生反馈来的学习讨论情况看，学生在心理上深受触动，对抗疫一线人员充满崇敬之情，立志学好专业本领。

接下来，学院将组织相关文科专业教师进行主题学习讨论，将学习讨论结果用于教育实践中，把握专业优化、课程提质、模式创新"三大重要抓手"，培养适应新时代要求的应用型复合型文科人才。

二、特色亮点

（一）引入课堂，指导学生观看讨论

学院专业教师按照教育部精神指导，把视频内容、讲座精神和主讲课程充分结合，利用日常授课之际向学生传播全心全意为人民服务的深厚情怀，以及新闻人不辱使命、顽强拼搏的抗疫精神，引导学生深刻理解中国特色社会主义的制度优势、理论优势、道路优势，教导学生要立足百年未有之大变局，把握新时代新闻人的历史使命和责任，从当下做起，磨炼意志，夯实基础，锻炼技能，以积极心态迎接未来的挑战。

结合学院教学安排以及学生接受信息的实际能力，学院采取学生集中学习和自学相结合、小组讨论和比赛征文等多种方式，促进专业学生投入大讲堂学习中。由专业教师有针对性地为不同年级学生选择部分视频，指导其观看讨论，以集中学习和课下自主学习相结合方式进行。

学生从专业老师的引导和大讲堂系列视频中提及的优秀抗疫报道中，选择优秀抗疫报道进行阅读、观看，再带着阅读、观看新闻作品的直观感受，进一步观看作品创作者的讲解，进一步加深对新闻作品的理解和感悟，从感性认知逐步上升到理论思考层面。

（二）入耳入心，开展小组讨论和比赛征文

为深化学习效果，专业老师号召各年级同学在自学期间，以宿舍为单位开展学习讨论，分享学习感悟。某大四学生在讨论中说，"在这场严峻战役中，中国人民彰显了同舟共济、守望相助的家国情怀。坚守在岗位上的新闻记者们，以星火之力，为人民及时了解信息保驾护航。他们怀着永不磨灭的情怀与一腔热血，怀着坚定的信仰，在时代的浪潮中披荆斩棘。哪有什么岁月静好，不过是有人替我们负重前行。一代人有一代人的长征，在新时代的我们，更应有新担当。"

除宿舍讨论外，部分学生积极参与征文比赛活动，将学习内容结合自身实践，将真挚的情感、专业的视角、系统的论述表述成文。共收到各级学生投稿近 50 篇。学生们通过征文活动，纷纷表达对抗疫一线新闻工作的崇高敬意，对专业学习的坚定信念，以及对党和国家高度忠诚、对普普通通平凡人的感恩。

三、学生心得

风雨同舟，砥砺前行，不忘初心。在疫情期间，除了那些日夜操劳的医护人员值得我们关注以外，还有一群人值得我们关注，那就是记者。

（一）要发挥主流媒体的作用

舆论越多元，越复杂，主流媒体就越重要。在嘈杂的舆论场中，主流媒体是最具有宣传力度的，可信度也是最高的。民众无条件信任主流媒体发布的信息，主流媒体才算真正发挥了作用和价值。只有一直维持主流媒体在受众心中的形象，才不会轻易失去民心。记者和众人一起防控疫情，同时为"舆论战"拼搏，始终在强信心、暖人心、聚人心，与谣言、抹黑作斗争。

（二）记者要牢记使命

疫情来临，新闻记者的使命就是要做"逆行者"。"晚上睡不着了会怕，早上起床时会怕，但真的进病房就不怕了。"江晓静作为一名记者，时刻牢记自己的使命。在这样的情况下，她即便会感到些许害怕，但在关键时刻仍然没有退缩。选择记者这个职业，也就选择了一种生活方式——在别人后退的时候，你要前进，你要比别人更加勇敢和坚强。在这一次的武汉保卫战中，在生与死的考验中，我们没有一个人退缩。记者的笔下和镜头中，传递出的冷暖温度，是不负历史的记忆和时代的体温。去时残雪未消石，归来繁花以破春。

浙江大学

（传媒与国际文化学院）

一、教学概况

浙江大学传媒与国际文化学院对"中国新闻传播大讲堂"高度重视，将其作为加强"课程思政"建设和马克思主义新闻观教育、推进新文科建设和专业综合改革创新、实施卓越新闻传播人才教育培养计划的有力抓手。学院针对"中国新闻传播大讲堂"的学习专门召开了动员部署会，韦路院长、王庆文书记、各系所负责人和师生代表出席会议。韦路院长指出，"中国新闻传播大讲堂"是推动新闻理论与实践深度融合、培养卓越新闻传播人才的重要举措；我们不仅要培养才能突出、素质优秀的学生，更应该加强德育教育与理想信念教育；将大讲堂的学习融入日常学习生活，旨在培养有高远理念、家国情怀，能为民族复兴、国家发展、人类命运做出贡献的新青年。王庆文书记指出，"中国新闻传播大讲堂"的学习意义重大，要分类落实、抓好统筹，做好宣传报道工作；要将大讲堂的学习、参与同新闻传播专业课程学习、专业研讨深度结合。

2020 年 12 月 1 日至 2021 年 1 月 29 日，浙江大学传媒与国际文化学院多次组织师生观看"中国新闻传播大讲堂"视频并进行专题研讨，同时将大讲堂的学习与"新闻采访与写作""新媒体概论""马克思主义新闻观""高级新闻实务研究"等本科生、研究生专业课程的教学结合，增强了学生的专业自豪感和学习主动性，提升了新闻传播专业教育的感召力和影响力。

二、特色亮点

（一）与专业综合改革创新相结合

浙江大学传媒与国际文化学院正积极推进"智媒"时代新闻学专业综合改革方案。"中国新闻传播大讲堂"的启动，为浙大新闻传播专业的综合改革创新提供了重要契机和抓手。作为专业综合改革方案的内容之一，学院正努力建设一批高质量慕课，打造国家级和省级精品在线开放课程，积极推广线上线下混合式教学模式。学院将"中国新闻传播大讲堂"的学习教育活动与"新媒体概论""新闻采访与写作""高级新闻实务研究""新闻伦理与法规"等国家级一流本科课程、新闻传播专业必修课的教学加以有机融合，利用"学在浙大"等平台，采用师生课堂集中学习与课外线上学习相结合的方式，引导学生进行自主式、探究式、合作式的学习。通过这一举措，切实推动"中国新闻传播大讲堂"进课堂，培养学生的家国情怀和使命担当。

（二）与"课程思政"建设相结合

学院将"中国新闻传播大讲堂"的学习教育作为强化"课程思政"建设和马克思主义新闻观教育的重要举措，将"中国新闻传播大讲堂"学习活动的开展，与"马克思主义新闻观"课程教学紧密结合。在该课程的课堂教学中，"中国新闻传播大讲堂"的引入，切实地实现了思想引领、价值塑造、立德树人的效果，深入发掘了新闻传播专业课程的育人内涵和育人功能。

（三）与学生专业信念和实践能力培养相结合

为巩固深化"中国新闻传播大讲堂"学习教育成果，学院开展了"不忘初心、牢记使命"主题教育学生专业实践作品征集活动。学生受"中国新闻传播大讲堂"传递的专业信念与专业精神感召，推出《浙大青年抗疫剪影》等专业实践作品。通过这一专业理论教育与业务实践训练相结合的方式，学生的专业信念得以强化，实践操作能力得到提升。

三、学生心得

在"中国新闻传播大讲堂——来自武汉抗疫一线的报道"中，我被许多记者的报道经历以及他们笔下的一个个人物故事、拍摄的一张张现场照片所触动。其中，令我印象最深刻的是湖北日报李墨记者的报道故事。李记者自 2020 年 1 月便进入武汉金银潭医院重症病区，率先挖掘报道。李记者的讲述，让我有以下三点收获。

（一）报道撰写——最是细节动人心

重大战役性报道中的人物通讯稿并不是一味塑造伟大高尚的英雄形象就能打动人心。英雄也是人，会有人的矛盾、冲突、脆弱、挣扎，这些冲突的细节能在报道中起到四两拨千斤的作用。李记者笔下的金银潭医院院长张定宇医生之所以动人，不仅是因为他拯救了无数病患，还因为他是一名渐冻症患者。这个此前从未在媒体上披露过的细节被湖北日报获取到了，形成了一篇名为《用渐冻的生命，托起信心与希望》的感人报道。张院长在疫情的生死线上从死神手里抢救了无数的病人，却唯独拯救不了他自己，这种绝境与坚守的冲突，唤醒了大家的情感共鸣，最后形成了一种生命的力量。

（二）新闻采访——磨刀不误砍柴工

身为金银潭医院的院长，疫情期间张院长极其忙碌。为了能在最短的时间获取最多的有效信息，李墨及其同事在采访提纲上按倒金字塔结构，根据重要程度罗列出最关键的几个问题，以防 24 小时待命的张院长随时会走。同时，在等待采访的过程中，李墨等记者向张院长身边的同事尽可能多地了解他的信息。也正是因为这些前期准备，在李记者和张院长沟通到"您的很多同事都不约而同地说您性子急"时，张医生才吐露了自己性子急的真实原因是因为生命留给他的时间不多了。做好前期准备，不仅仅是新闻采访的技巧，也是一份踏实求真的态度，值得我们学习借鉴。

（三）记者职责——传递信念聚民心

最后，我向深入疫情一线进行报道的记者们表示深深的敬意。正是因为有这样一群记者冒着生命危险蹲守在前线，我们才得以知晓最新的疫情信息、了解抗疫前线的故事。在一次次地为疫情牵动心绪后，在一遍遍地为抗疫英雄感动落泪后，公众才不断提升防疫素质，不断凝聚抗疫之心。抗疫这场大仗，需要全体民众众志成城，而在其中起到沟通作用的记者们功不可没。

温州大学

（新闻传播系）

一、教学概况

2020年11月5日下午，"中国新闻传播大讲堂"启动仪式在中国传媒大学举行，大讲堂围绕武汉疫情展开，讲述"来自武汉抗疫一线的报道"。新闻传播大讲堂邀请了人民日报、新华社、中央广播电视总台、光明日报、中国日报、中国新闻社、中国青年报、澎湃新闻、湖北日报、长江日报等14家主流媒体和42名新闻记者录制32集视频教学内容，通过讲述发生在武汉的抗疫故事，写好历史的底稿，展现中国新闻记者的家国情怀与专业素养。

温州大学新闻传播系现设新闻与传播专硕点和广告学本科专业，专硕点已招收两届学生共计21人，广告学本科专业每届招收50人，加上转专业学生，每届60人，所有在校生总计261人。在接到大讲堂通知后，温州大学新闻传播系及时组织了学生收看启动仪式，利用《马克思主义新闻观研究》课程教学，组织专硕学生定期收看和研讨；同时将32集视频分发给本科生，由班主任定期组织收看和讨论。

经过一个多月的学习，大讲堂为温州大学新闻传播系师生上了一堂生动的"马克思主义新闻观"教育课，有效引导广大师生深刻理解中国特色社会主义的制度优势、理论优势、道路优势，培养师生为党为国为人民的深厚情怀和使命担当。

二、特色亮点

（一）引导学生把握正确舆论导向

通过视频学习，同学们感受到了一线记者的家国情怀、使命感、责任感。同学在学习体会中谈道，从一线记者的讲述中可以看到，他们都是带着对党的新闻工作的高度责任感与使命感奔赴武汉前线的。人民日报、新华社、中央广播电视总台等中央主流媒体发挥着重要的舆论引导作用，地方媒体也在关键时刻彰显各自长处，为党的新闻工作、为全国的抗疫斗争竭尽全力。同学们表示，作为新闻学子，一定要向抗疫一线的前辈们学习，不断提升政治水平和专业素养，练好新闻报道的本领，为我国新闻事业贡献力量。

（二）帮助学生全方位提升专业技能

武汉前线记者精彩的现身说法让同学们更加深刻地认识到，新闻工作需要具备出色的职业素养与职业技能，这其中既包括宏观层面的组织策划、分工合作，也包括具体的新闻采访能力以及制作各种不同类型新闻作品的能力。在学习大讲堂的过程中，同学们结合自身兴趣点，分析了记者们提到的相关报道作品，对他们的专业水平表达了由衷敬佩。2018级本科生黄哲楷说："令我印象最深刻的是年轻的摄影记者高兴贵，他留住了武汉最前线医护人员的肖像，新闻理想、人文素养、社会责任在他所拍摄的一张张'掷地有声'的照片中找到了绝佳的支点。"

（三）带领学生坚定未来职业方向

当今时代，信息传播技术日新月异，人人都有麦克风，互联网上每天都有海量信息在传播。在这样的环境下，新闻工作面临诸多挑战，甚至还会有人质疑：我们是否还需要专业的新闻工作者队伍？作为新闻学子，同学们都很关心也都在思考自己的职业前景。通过这次学习，同学们清楚地看到，新闻行业绝不是可有可无的行业。网络和自媒体的发展，在带来海量信息的同时，使不实信息充斥"云"上空间，专业的新闻工作者队伍能够围绕中心、服务大局，在引导积极向上的社会舆论、推进我国现代化建设进程中，必然是不可或缺的重要力量。

三、学生心得

（一）记者要懂得聆听

通过记者的介绍，我认识到，在新闻采访中，首先要学会聆听他人的倾诉，学会倾听比刨根问底更加重要。因为倾听代表着记者付出了自己的真诚，代表着记者愿意走进被访者的内心世界并与之共情。在此基础上，新闻报道才能挖掘出更多打动人心的细节。在视频中，吴姗记者举了一位护士的例子。起初对方拒绝了记者的采访，但在记者耐心地倾听、真诚地安慰下，该护士主动谈起了武昌医院原院长刘智明的细节：雨中为病患家属撑伞、院长为护士掀门帘……最是细节动人心，最是小事显本质，只有耐心倾听，才能收获细节，写出打动人的文章、传递有共鸣的真情。

（二）报道要真实客观

面对突如其来的新冠肺炎疫情，客观真实的媒体报道对全社会而言都至关重要。对于记者而言，一方面，要有大无畏的精神，正如我们看到，吴姗记者和同事们冒着危险进入"风暴之眼"金银潭医院的ICU病房，挖素材、找细节，尽最大努力把一手报道传播出去；另一方面，在开展事实性报道的同时，更要把正确、科学的防疫抗疫观念带给广大读者、观众。这就要求记者压制住"情绪笔调"，避免出现"标题党"，对每一个信息点做到核实再核实，要力争通过新闻报道，普及科学的观念、传递确凿的信息，做出令人信服的新闻报道，助力国家防疫抗疫大局。

除此之外，在我看来，还有一个关键词贯穿吴姗记者的分享——团结。首先是采访团队内部的团结。半夜2点大家都在审改稿件，3点主编最终定稿，环环相扣、共同努力，第一时间做好来自抗疫一线的新闻报道；其次是医生与患者的团结，李智将去世的父亲的遗产用于买制氧机，把自己的绝望变成他人的希望；此外，还有医生与记者之间的团结，医生一再嘱咐记者进入医院采访要注意安全，并帮助他们做好防护。在记者的讲述中，我们看到患者在挺过难关，医生在救死扶伤，记者在向外报道……所有人都在做力所能及的事情，齐心合力、共抗疫情。

中国计量大学

（艺术与传播学院）

一、教学概况

"中国新闻传播大讲堂"开播以来，中国计量大学艺术与传播学院广告专业全体师生严格按照教育部高教司的要求，积极落实各项任务，扎实开展学习活动。在接到"中国新闻传播大讲堂"的学习任务之后，广告专业专门安排学生在必修课程时间集体观看大讲堂视频，指定专人负责组织大讲堂的学习和研讨。同学们在认真学习来自包括人民日报、新华社、中央广播电视总台、光明日报、中国青年报在内的十余家媒体的三十九名新闻工作者的课程后，纷纷积极参与讨论，对新闻传播大讲堂所授内容有了自己独到的见解、对新闻事业以及自己未来的专业发展道路有了新的认识。

面对疫情，中国的新闻工作者们不顾危险，迎难而上，这种精神正是大讲堂传递给未来新闻人的。同时，大讲堂也启发同学们养成沟通合作的习惯。此次疫情中，专业媒体根据实际情况建立良好的合作机制，才能在宝贵的时间内尽可能降低出错率，提高传播效率。

二、特色亮点

（一）认识新闻媒体社会功能

大讲堂的学习让师生们进一步了解了新冠肺炎疫情期间，新闻媒体在传递信息、引导舆论、安抚民心等方面发挥着重要的作用。微信、微博、抖音等平台传播速度快、信息散发覆盖面广、交互性强，在疫情报道中具有很大的影响力。新闻相关专业的媒体人，在信息网络发达的现在，都具有信息发布者的能力，更应该好好发挥自己的能力，从而提升疫情报道的实时性和多样性，保障公民的知情权，发挥媒体监督的作用。新媒体人的积极参与，还可以起到缓释舆论压力的作用，缓冲了部分激烈的社会情绪，维护社会群体的正常生活和社会关系。

（二）认识新闻工作者使命

大讲堂视频中新华社的后方编辑、报道、记录与传播，让同学们看到了新闻工作者的职责使命。这些在疫情期间默默付出的新闻工作者，经历了抗疫最困难的阶段，也见证了疫情逐渐好转，一直坚守岗位向人们传递封闭中的温情。这些平凡的逆行者们无声无形地给予人们守护，疫情在慢慢好转，少不了这份"平凡"的力量。同学们认识到，尽管每个人只尽绵薄之力，却能不断汇聚起战胜疫情最难能可贵的凝聚力和向心力。在这场与时间赛跑的战疫中，没有人是旁观者，没有哪个环节可以缺失，每个人都是责任人。

（三）认识未来媒体人责任

同学们在学习大讲堂视频后，也意识到身为未来媒体从业者的职责。有同学说道，作为新闻专业的学生，我们应在学习阶段打稳扎实的基础，从新闻媒体现状中汲取经验，吸取教训，严格把关新闻采编和播报。另外，我们应开拓创新，积极学习新传播技术，即使作为学生，也可以在疫情这样的紧急情况面前为平息社会谣言、防止舆论激化、安抚公众情绪做出自己的贡献，保留感性人文关怀的同时，维持学术性的理智思考。

三、学生心得

（一）报道如何抓重点

现代快报编委、快报武汉战疫队队长孙兰兰说，报道新闻如何抓住重点，首先要抓住几个关键词——"真"，真实是新闻的生命，求证信源，确认事实，全面多角度地进行报道；"快"，互联网时代的新闻要求快，做足大量前期的准备工作，多个小组配合完成；"近"，深入现场，更真实地了解事实，捕捉更多细节；"轻"，适合网络传播的产品，要轻；"暖"，疫情是冰冷残酷的，但疫情报道绝不是灰色的、冰冷的；"深"，需要能够推动疫情防控的深度报道。我想，能够做到这几点的新闻人就是一个很棒的新闻人了。

（二）如何进行疫情报道

由湖北台制作的一则视频在全网的播放量高达 21.7 亿，被国家外文局翻译成 12 种语言在世界上百个国家传播，它报道的是武汉在封城后的现实状况。当时防控形势严峻，社会舆情复杂，媒体风险增加，对新闻人来说这是一场很严峻的挑战，但是没有人退缩。他们是不惧生死，勇敢前行的勇士。面对社会质疑，面对网络上各种负面舆情，新闻人的回答是：有所为，有所不为。在疫情面前，媒体的首要任务是强信心，暖人心，聚民心，因此，一是为人民战争鼓劲，关注平凡不拔高。二是要为总体战鼓劲，正面宣传不添乱；三是要为阻击战鼓劲，科学传播不乱讲；

（三）新闻也是一种救援

有人说，新闻也是一种救援。通过新闻报道，我们较全面地认识到这次疫情的严峻和棘手，很多社会人士纷纷献出自己的力量，积极响应，捐赠口罩和物资；不同职业、地位的人们密切关注着疫情的发展，抒写了一个个生动感人的中国故事。新闻工作者把握热点、焦点、重点问题，争分夺秒，保证新闻事件的及时性和准确性，冲在疫情防控一线，记录疫情防控现场，传播正能量的声音。他们的所作所为让我深深感动，也成为我学习的榜样。

浙江万里学院

（文化与传播学院）

一、教学概况

浙江万里学院文化与传播学院非常重视"中国新闻传播大讲堂"工作，结合办学特点，制定并落实了四个阶段的具体工作。第一阶段，组建领导小组。由教学副院长和新闻专业负责人牵头，成立由学务、学工、专业教师组建的5人领导小组，负责开展落实工作。

第二阶段，拟定工作计划，明确分工及学习方式。采用课下学习与专业课程学习相结合、集体学习和自我学习相结合的方法，落实该项工作。学院5个专业都至少安排了一次集体学习，并在教学计划中将大讲堂视频学习纳入下学期选修课，新闻学专业则要求本学期必须进课堂。

第三阶段，落实计划，督促学习。教学副院长多次开会敦促、检查工作落实情况，领导小组及时反馈、解决视频学习中遇到的问题，如下载费用问题、网速问题等。

第四阶段，工作总结，积极反思。浙江万理学院授课教师写出教学工作总结，专业负责人提交了课堂教学工作建议，并对建立该课程考核的长效机制提出意见，课程领导小组也及时完成工作总结报告。

截至2020年底，大讲堂视频被纳入浙江万里学院新闻学专业学生大三年级必修课，每名学生都提交了 3000 字以上的观后体会，学院党支部委员深入各个师生支部，聆听并总结了学习成果，专业教师对如何充分利用和延伸大讲堂的教学价值展开讨论并形成了文字意见。

二、特色亮点

（一）帮助学生明确职业规划

同学们观看大讲堂视频后，授课老师在课堂教学中组织讨论，帮助学生认识新闻工作的价值和意义，让同学们对职业观和人生规划有了更清晰的判断。面临毕业、就业的大四学生深受鼓舞，表示不论将来从事什么工作，新闻记者百折不挠、勇于牺牲的职业奉献精神会时刻起到激励的作用。还有汉语言文学专业的同学表示，希望能够转到新闻学专业，或者选修新闻学专业课程，"因为新闻记者这个职业有风险、有责任，更有温度，是实现自我价值的最好职业"。

（二）延伸大讲堂学习价值

学院党支部和教师队伍围绕大讲堂教育功能积极讨论，32 集视频在展现形式和内容上均有深刻教学参考意义，因此讨论提议延伸大讲堂的教育功能。有老师建议将其纳入新闻系培养方案的媒介素养模块，丰富、深刻的案例教学和富有现场感的讲述方式可以令学生身临其境，拉近学生与职场、教学与实践、理想与现实间的距离。还有老师认为可以将 32 集视频教学内容开设成博雅学堂的公选课，也可以聘请宁波市的抗疫先进集体和个人走进课堂，现身说法，突出宁波本土抗疫精神的特色，最终实现新闻传播教育服务地方文化建设的使命。

（三）提出网络教育改进意见

浙江万里学院针对此次大讲堂学习认真总结了网络教育的工作经验，提出了相应改进意见。第一，由于网盘的各种限制，在下载解压过程中出现诸多问题，建议降低资源获取难度；第二，建议组织抗击疫情英雄人物宣讲团，在全国上下形成浓厚的家国情怀，以及敢于担当的社会风尚；第三，建议增加本土特色，各省市教育管理部门可以联合省属高校、新闻传播媒体，让每一个参与抗疫的记者都有机会表达感想，推出记者抗疫短视频系列；第四，建议"中国新闻传播大讲堂"常态化，在自媒体时代，让主流媒体引导时代风向，增强正能量传播的感染力；第五，建议新闻传播专业课程体系的实习实践环节中增加视频学习学分，延长实习时间或开辟见习时段，加强学习效果管理，以推进新文科建设。

三、学生心得

（一）青年记者需要勇气

系列报道第 3 集中来自新华社的摄影记者费茂华是我印象较为深刻的一位记者。他分享了自己从 3 月 1 日到 4 月 27 日在武汉进行视频新闻报道的故事。费茂华身高将近 1.9 米，普通的防护服难以覆盖全身。为了保护好自己，同时不使报道组"战斗减员"，每次工作完成之后费茂华都用酒精进行全身消毒，甚至是用酒精洗脸。久而久之，费茂华的脸被酒精腐蚀得紧皱一团，甚至左眼难以睁开，但他依旧坚持工作。这是何等的勇气？是敢为人先的气魄；是兢兢业业的担当。这也是优秀老记者用实际行动为青年记者树立的最优秀的榜样。畏惧之心，人之常情。媒体人并非"无冕之王"，而是人民公仆。

（二）青年记者需会共情

真正的"共情"应是包含人文关怀地洞察生活。我对第 29 集中经济日报记者高兴贵印象深刻。他是一名摄影记者，疫情期间奔赴武汉一线拍摄新闻照片多达 41000 多张，为 2000 多人留下影像。他说："摄影是用第三只眼睛去看世界，用镜头和对象交流，与观众产生情感的共鸣。"在武汉江滩，他拍摄了一名女孩自发献花圈时背身哭泣的模样。简单的画面、黑白的色调，却是真真实实情感的流露，是感动人心的。这就是共情，用情感将受众、人物、记者三方紧紧相连。文字亦是如此，单纯的事件表达只是记录，而饱含情感的记录才能真正传递力量。

（三）青年记者当有思想

对于青年记者来说，在国际舆论形势不利和重大突发性事件的双重压力下，报道颇具挑战性，此时冷静理智的思考能力与正确坚定的思想导向格外重要。系列报道第 12 集中中国日报国内部政法采访室主任雷蕾以"践行四力，宣介中国方案，讲述中国抗疫故事"为题讲述了她和她的团队的抗疫故事。这也正是媒体坚持党的领导，展现中国形象，进行舆论引导的一个很好的范例。

宁波工程学院

（人文与艺术学院）

一、教学概况

"中国新闻传播大讲堂"于 2020 年 11 月 5 日在中国传媒大学启动，宁波工程学院部分师生第一时间从凤凰网、搜狐网等媒体关注此次活动。当教指委将具体的视频学习内容分发下来之后，我院高度重视，全院师生上下一心共同推进专项学习工作顺利开展。

学院委派广告学专业负责人肖荣春教授负责此次学习工作。在肖教授的带领下，我院部分教师结合视频内容在教师之家先期开展学习活动。会上大家一起从媒体单位、每集主要内容、与本学期在授课程的结合点等多个方面对 32 集视频进行梳理，为后续的学习内容进课堂奠定了基础。学院将学习活动做了过程分解，并落实到人，通过将视频内容与课堂讲授相结合的方式，为此次教学活动的充分开展奠定了基础。

二、特色亮点

（一）系部统筹安排，课程群通力合作

学院研究决定，进课堂工作分两个层面同步推进。一是专项课程筹备方面，

由徐静副教授领衔，在《青年媒介素养》课程经验基础上，结合学习内容设计《武汉战疫中的新闻报道》选修课程，共计 16 周 32 学时的课程大纲、教学安排、实践设计等多方面内容。二是结合本学期在授课程具体安排专题讲座。经过对课程性质和开课年级的分析，学院筛选出 2018 级《新闻采访与写作》课程、2019 级《传播学》课程和 2020 级《广告学原理》课程共计三门，学生年级层面做到了除毕业班外的全覆盖。

《新闻学》课程主要讲授内容是基础理论和新闻采写，结合课程新媒体采访报道章节，我们选取了第 32 集澎湃新闻报道专题即李云芳、史含伟两位深入一线记者主讲的视频进行观看和学习。《传播学》是为大二学生开设的一门基础核心课，以传播理论的学习为主。大讲堂的学习材料很好地为传播理论提供了案例支撑。课堂学习结合"议程设置"理论，选取由中国新闻社和经济日报社的两位记者主讲的内容来进行学习。《广告学》课程的主讲教师则有意选择了中央广播电视总台的专题作为案例来进行学习。

（二）师生积极交流，抗疫精神入脑入心

此次专项学习活动的另一个特点是结合学情与授课内容。学生们将抗疫精神真正地学到了心里，落到了实处。这不仅从课堂播放时同学们聚精会神、感动落泪的状态体现出来，也从交流讨论环节中高质量的发言中看出大家不止是在观看，而是真正地被打动，真正地在思考。由于课堂组织形式不同，交流研讨也涉及课堂发言、网络讨论等多种形式。其中仅网络讨论一项就收集到 133 条留言和数百个赞。

通过此次"中国新闻传播大讲堂"的学习，同学们表示，在疫情期间，身处武汉一线的新闻工作者不畏生死，是记者也是战士。正是有了他们的努力和付出，我们才得以观察、触碰抗疫的最前线，了解疫情一线最真实的守护者群像。新闻工作者也和一线的医护人员一样，都是时代的英雄。同时，作为新闻传播类专业学生，同学们也深感新闻工作者不仅要会"采写编拍"，更要怀揣家国情怀，为社会立德立言，未来要无愧于前辈树立的"铁肩担道义，妙手著文章"的光辉榜样。

三、学生心得

此次武汉疫情既是一场重大公共卫生事件，也是一场不见硝烟的战争。这次武汉疫情期间的新闻报道，在引导舆论、稳定民心、抗击疫情方面发挥了重要作用。

（一）承担自身使命

疫情下的新闻人，带着使命与担当，成为一队特殊的"逆行者"，在病毒威胁前保持冷静，他们也和疫情一线的医务人员一样，都是值得赞颂的英雄。在收看中国新闻社前线报道组从武汉发回的报道时，我深刻地感受到在疫情期间，新闻记者就像我们的双眼和双手，代替我们观察、触碰抗疫的最前线。一篇触动人心的特稿背后，不仅是新闻事实的简单描摹，更是新闻人的视角，新闻人的思索和他对事实的共情与表达。这让我学习到，对不同的事件，要采用不同的切口、手法，在不同的时期，也要有横纵的扩展与比较。

（二）怀揣温暖前行

作为新闻传播学专业的学子，我感受到新闻是时代的镜子，是历史的第一卷手稿。身处武汉一线的新闻工作者，他们不畏生死，是记者也是战士。新闻人，就是在国家需要的时候带着体谅与分寸的记录者，他们不仅要"采写编拍"，更要为社会立德、立心、立言。希望我也可以不断提升自己，在实践学习中收获更多珍贵知识，在未来的某一天，希望我也能成为在危机时刻挺身而出并完成工作的记者，成为社会主义事业不断发展中不可或缺的舆论中坚力量。

宁波大学

（人文与传媒学院）

一、教学概况

接到开展"中国新闻传播大讲堂"课程教学任务后，宁波大学相关部门和单位高度重视此项工作，积极布置落实教学任务，成效显著。由学校党委宣传部牵头召开了由教务处、人文与传媒学院相关负责同志参加的会议，落实了与此门课程有关的工作。会议明确，由教务处负责指导人文与传媒学院调整相关课程的教学大纲，人文与传媒学院负责制定并落实教学计划。会议还明确，由人文与传媒学院分管教学工作的副院长负责"中国新闻传播大讲堂"教学工作，要求在2020年底前完成教学任务，并上报课程教学工作总结。我校人文与传媒学院决定调整相关课程的教学大纲，从这些课程中拿出一定的学时用于学习"中国新闻传播大讲堂"的内容，并且将大讲堂视频作为课外学习内容布置给学生。本学期参与学习的新闻传播类专业同学包括：修习《马克思主义新闻观》课程的新闻专业本科学生31名；修习交叉复合课《马克思主义新闻观》的汉语言文学、历史专业本科学生15名；修习《马克思主义新闻观》课程的新闻与传播专业硕士研究生15名；共计61名。除观看课程视频外，学生们还进行了小组研讨，交流感悟，体会新闻职业精神，感受新闻实践中散发的光辉。

二、特色亮点

（一）坚定了马克思主义新闻观的信念

"中国新闻传播大讲堂"提供了践行马克思主义新闻观的生动素材，深化了学生对马克思主义新闻观的理解，坚定了对马克思主义新闻观的信念。在此次疫情中，无数新闻工作者尽职显担当，置安危于度外，展现出坚韧不拔的意志和顽强拼搏的精神，展示了新闻工作者强烈的使命担当和对党对人民的深厚感情，为新闻行业壮大了声威，增添了光彩，赢得了声誉，在新闻史上写下了浓墨重彩的一笔。同学们认识到作为新闻专业的在校大学生，也应当以此次参与抗击疫情的新闻工作者作为榜样，在此后的职业生涯中时刻谨记新闻工作者作为党和人民的耳目喉舌的责任和担当，不畏艰险，履职尽责。

（二）增强了职业荣誉感和社会责任感

"中国新闻传播大讲堂"树立了为国家和人民矢志不渝奋斗的典型，增强了新闻传播类学生的职业荣誉感和社会责任感。在这场灾难面前，中国的新闻记者逆行而上，承担起"深入现场、呈现事实""关怀民情、为民发声"的道义，书写出"科学解读、权威引导""关注平凡、传递温暖""积极创新、顺应潮流"的文章。新闻中总有一些可遇不可求的时刻，它们或伟大，或平凡，但都具有打动人心的力量。一篇报道若是捕捉到了这些时刻，便立马有了更深层的意蕴。武汉抗疫一线的新闻工作者围绕"武汉——英雄的城市"这一主题作了系列报道，不论是"最美逆行者"医护人员、社区工作者，还是清洁工、司机、普通市民等，均有涉及。文字之力重有千钧，这些报道背后体现的，是整座城市的温度，是时代的体温；记者以此传递力量，温暖疫情中的人们，也被这其中的英雄气概打动，收获珍贵的情谊。

（三）提供了学习新闻技能的素材

"中国新闻传播大讲堂"为新闻传播类学生提供了学习新闻技能的素材，增强了他们的职业敏感性和职业能力。正如中央广播电视总台主持人王春潇所说，新闻发现就像是挖矿的过程，平常的生活也好，这次的疫情也好，我们有无数的新闻可以深挖，同学们有无数的机会可以学习。此次的大讲堂亦是如此，观看的过程就像是在发掘一个富矿，我校同学们能从中得到的理论知识绝对要比课本上丰富得多、扎实得多。到了将来投身新闻实践时，同学们将会有更深的体会。

三、学生心得

"疫情就是命令，现场就是战场。"正是因为职责所在，新闻记者选择了"逆行"：他们冲向一线、深入现场，记录下真实的见闻；他们关注平凡、靠近人民，怀抱着人文关怀传递温暖；他们把握潮流、与时俱进，运用创新思维融入新媒体环境，践行着"实事求是、勿忘人民、开拓创新"的新闻精神。

（一）逆行而上，深入现场

如果说医护人员面对的是疫情，那么新闻记者面对的则是疫情和舆情相互交织的状况。人民日报汪晓东将他们的抗疫报道工作放在国际舆论场中思考，认为面对四起的谣言，新闻记者应该承担起"强化正面声音，消解负面舆情"的职责，而践行这一职责的重要途径便是"用事实说话"，这正是新闻生命——真实性的体现，而真实性则来自现场。中国青年报谢宛霏认为，记者应当到现场打开感官，只有身在现场，才能够真正地感同身受，才能够尽可能地接近真实并还原事实。正是因为对新闻真实性的追求与坚持，如此多记者才会逆行而上，无畏赶赴危机四伏的武汉，"用脚采访，用笔还原"。

（二）关注平凡，记录感动

这个世界上，从来都没有从天而降的英雄，所有的奇迹，都是平凡人的壮举。将笔头朝向环卫工人的李墨如此感叹。在她的笔下，环卫工人虽收入微薄，却仍毅然决然地前往医院清理医疗垃圾。他们没有精湛的医术或是专业的知识，在这场战"疫"之中似乎显得微不足道，但记者却看见了隐没于宏大叙事环境下的这些平凡而微小的个体，并记录下他们的付出，体现出平凡人的不平凡。这些关注平凡的报道折射出平等的视角，新闻是真真正正从人民之中挖掘而来的。

（三）把握潮流，积极创新

在互联网技术日新月异的背景之下，信息传播呈现出高速度、多渠道、多形式的特征，传统的新闻生产模式已难以适应潮流。因此新闻记者应当持有创新思维，积极融入新媒体时代，拥抱新技术，与时俱进地生产新闻。而新的新闻生产模式对于记者的专业素养提出了新的要求。现代快报孙兰兰认为，融媒体发展的新形势下，复合型人才是新闻记者的理想状态。前线记者数量有限，常常需要他们"单打独斗"，采写、拍摄、剪辑，甚至开车都成为一个新闻记者必备的技能。

浙江树人大学

（人文与外国语学院）

一、教学概况

2020年11月，浙江树人大学人文与外国语学院成立由新闻系李骏、马妍妍、陈亮、徐萍、洪佳景、叶菁等教师组成的"中国新闻传播大讲堂"学习指导小组，由李骏和马妍妍负责总体安排，陈亮负责2020级、徐萍负责2019级、洪佳景负责2018级、叶菁负责2017级学生，通过课程融入，课外组织学生集中观看视频等形式进行教学。

2020年11月5日，为深入学习贯彻习近平总书记关于新闻舆论工作的重要论述精神，积极响应教育部指导要求，人文与外国语学院院系领导组织新闻学、网络与新媒体专业教师及新闻学18级全体学生，在A1教学楼党员之家集体观看了"中国新闻传播大讲堂"启动仪式的线上直播。

观看完启动仪式开幕式后，新闻系组织师生进行了讨论，师生纷纷畅所欲言，发表学习感想。系里成立了"中国新闻传播大讲堂"学习指导小组，并组织教研室所有教师开展研究，分解和布置学习任务。新闻系把32集视频教学内容作为新闻系学生学习内容，并落实到相关教师身上，通过课堂学习讨论，并引导学生课后扫描二维码方式查看视频，持续、深入学习；还将大讲堂融入课堂，作为课程思政的生动案例，引导学生观而思、思而行，培育学生良好的媒体素养，将其打造成为合格、有担当的未来媒体人。

二、特色亮点

（一）融入式教学

在后续的课程中，相关教师根据课程内容，把相关章节融入教学，组织学生学习。

12月9日洪佳景组织新闻学专业2018级学生，共同观看了"中国新闻传播大讲堂——来自武汉抗疫一线的报道"系列节目第1集和第2集内容，一起感受来自抗疫一线的中国主流媒体记者的专业素养和家国情怀。洪佳景将此次大讲堂视频观摩教学与《新闻作品评析》课程中关于新闻特稿的写作与评析结合起来，指导学生注重观摩和学习主流媒体在重大疫情报道采写中的新闻实战技巧，体会对重大舆论热点进行正确舆论引导的重要意义，鼓励同学们认真学习，深入思考，大胆创新，把这次中国新闻传播大讲堂作为专业素养的一次提升和新闻实践演习的一个舞台，努力锻造专业气质，让学习富有成效。课后，学生们结合新闻采写实践和课程思政教育等方面内容，每人完成了一篇融入自己真实体验的观后感想。

（二）感悟式提升

学生的观后感是此次学习的一个阶段性小结。他们有的从新闻人的精神和理想出发，写下了新闻人坚守新闻阵地的可贵和高尚的赞叹之辞；有的从新闻生产的角度切入，总结了主流媒体在融媒体时代的创新和发展；有的从弘扬主旋律、传递正能量的站位高度，表达了对抗疫一线新闻战士的由衷钦佩之情；还有的结合自身实际，从身边抗疫的所见所闻所思所想谈起，立下成为一位有正确价值观、敏锐新闻感知、高超综合素质的新闻人的宏大志向……学有所思、学有所得、学有所为，这是此次大讲堂观摩学习对于我们师生的最大收获。

（三）讨论式强化

在观看视频后，教师还组织了讨论和提问答疑环节，增强学生参与感，同时进一步强化学生对新闻内涵的理解。比如新华社记者钱彤的讲述让大家对媒体应急报道机制有了直观的了解；光明日报记者卢璐介绍的报道策划报道让同学们对媒体融合有了深入的了解；湖北广播电台总编辑王彬的发言让我们看到了传统媒体在网络与新媒体环境下的创新和舆论引导作用……同学们积极发言，既表达了对抗疫一线记者的敬意，也表达了要成为具有家国情怀、高素质全媒化新闻传播人才的心愿。

三、学生心得

2020年12月16日，马妍妍、徐萍组织19级网络与新媒体专业的同学们观看了"中国新闻传播大讲堂"第13~14集，中国新闻社夏春平和中国青年报雷宇长分别为我们介绍中国新闻社和中国青年报社在武汉抗疫期间的报道情况和重点案例。从记者的讲述中，同学们有以下两点认识。

（一）注重选题，以小见大

在中国新闻社的抗疫报道案例中，中新社记者拍摄了一部六集纪录片《中国战疫录》。其中一篇报道了武汉协和东西湖医院的产科大夫代淑兰在疫情期间和同事一起照料罹患新冠肺炎的孕妇并为她们接生的事迹。记者记录了这样一个细节：一天下班后，代淑兰独自在办公室吃完方便面，忽然不知道该往哪里去，因为丈夫感染新冠正在接受照料，回家却害怕98岁的老母亲被感染。记者在拍摄时，聚焦了这样稀松平常的小事，但却深刻刻画了一位负责任的医者在抗疫中的选择，平常但让人感动。该案例给同学们很大的启示，从小事着眼，从小中见大爱。

（二）强化自身使命，展现青年担当

在中国青年报的案例中，记者聚焦各个支援武汉的"青年突击队"，他们可能是建筑工人，可能是医院的护士和年轻医生，可能是普通的志愿者，这种全景式展现全国共青团在抗疫中强大的动员力、凝聚力的报道，是很有感召力和影响力的。

该组视频教学内容真切展现了我国新冠肺炎疫情中，广大新闻记者临危受命、迎难而上、日夜奋战在抗疫斗争的第一线，为坚决打赢疫情防控的人民战争、总体战、阻击战凝聚的强大精神力量。在收看过程中，同学们非常认真和投入，大家在新闻记者的笔杆、镜头里聆听一个个真实、感人的抗疫故事，真正体会到新闻工作者孜孜不倦、一丝不苟的工作精神，也深深领悟和学习了伟大的中国抗疫精神。

浙大城市学院

（传媒与人文学院）

一、教学概况

2020年11月5日15时，浙大城市学院传媒与人文学院组织十余位新闻传播类专业及相关专业教师与四十余位新闻学专业学生，相聚文科二号楼橙厅，通过网络视频直播，同听、同看、同聊"中国新闻传播大讲堂"启动仪式。"中国新闻传播大讲堂"将高校的第一课堂（线下授课）、第二课堂（课外实践）和第三课堂（线上授课）"横向贯通"，充分发挥第一课堂的主渠道作用，不断加强第二课堂的实践育人作用，着力提升第三课堂的网络教育内涵。三个课堂相互联系、相互影响、相互补充，使个人、学校和社会形成育人合力，充分发挥个人自我教育的基础作用，突出学校教育的主导作用，挖掘社会教育的育人作用，发挥育人的综合效应。11月6日，传媒与人文学院在官方公众号上推送题为《同听新闻传播大讲堂 共推传媒新文科建设》的文章，记录中国新闻传播界的这一盛事。

此后，学院组织新闻传播类专业师生采取线上与线下、集中与分散相结合的方式观看、学习"中国新闻传播大讲堂——来自武汉抗疫一线的报道"的32集视频。通过观看视频，师生们更深入地了解了记者们在一线的工作状态以及记者在抗击疫情中发挥的独特作用，他们身体力行，用自己的专业知识客观还原了真实的疫情现场。

二、特色亮点

（一）线上线下共学习

新闻传播类专业师生们采取线上与线下、集中与分散相结合的学习方式观看视频。其中，新闻传播学系新闻学专业，以系主任黄先义老师讲授的《全媒体编辑实务》、来自浙江日报报业集团兼职教师江润秋老师的《专业新闻采访报道》为平台，与2018、2019级新闻学、广播电视学专业学生共同学习和探讨视频内容，并将其纳入课堂学习管理，切实推动抗疫精神进校园、进课堂，培养职业理想、立德树人。视频第4集，新华社摄影记者费茂华的讲述令师生们印象深刻。2020年春节期间看望父母后，他立即给单位领导发送一句简短而有力的请战书："我申请取消假期、增援武汉。"当年轻同事问他为什么去武汉时，他平静地回答："摄影记者，难道不应该到新闻发生的现场去吗？新闻记者最大的福利就是当重大历史事件发生的时候，能够去围观、去亲历、去见证，这个福利是别的职业很难拥有的。"他平实的语言，平静的语气，让人看不出这是一位经历生死考验的记者在叙述自己的故事。

（二）师生共话谈感想

传媒与人文学院党委书记张兰欣老师指出，在文化强国、教育兴省的大背景下，传媒与人文学院将问计于生、问需于生，学生、教师、学院、学校构建命运共同体，主动出击、共同谋划，建设百强高校，讲好中国故事。新闻传播类专业的教师希望通过专业课程教学与"中国新闻传播大讲堂——来自武汉抗疫一线的报道"内容的结合，在课堂内外的教学中，践行马克思主义新闻观教育、推进课程思政建设、推动新闻理论与实践深度融合，训练学生践行"四力"，用勤劳的脚力、敏锐的眼力、敏捷的脑力和精炼的笔力，去观察、发现、思考和创作优质新闻作品，助力健康舆论环境的营造。大讲堂的学习形式是"思政课程"到"课程思政"的完美转化，回归以育人为本为重点。学生通过听故事，看画面，读文字，讨论视频集内容，不知不觉间获得了专业知识，学习到学校课堂之外的知识和技能，形成促进学生德智体美劳全面发展和终身发展的教学形式。

在组织师生上好这门专业大课的基础上，浙大城市学院传媒与人文学院将继续坚持守正创新，加强新闻传播类专业的持续建设与优化，积极推动传媒新文科建设工作。

三、学生心得

记录真实普通的中国人，有分寸、有体谅，同呼吸、同情感，实事求是，向世界讲述真实的中国故事。看完"中国新闻传播大讲堂——来自武汉抗疫一线的报道"，我百感交集。这其中不仅有对这些勇敢坚守的记者的敬佩和赞叹，也有对现在的自己的重新审视和些许不满，对新闻传播事业有了更深刻的认知，而最震撼我内心的一个声音是——职责所在，义不容辞。

（一）职责所在，义不容辞

在这场抗疫中，危险可谓无处不在。于医护人员来说，环境是非常危险的，看不见的病毒无处不在。于普通民众来说，错综复杂的疫情、舆情、社情相互交织，此起彼伏，带来了极大的心理恐慌。于新闻工作者来说，压力巨大，工作时间长，竞争激烈，信息甄别难度大。

大讲堂中新华社记者刘刚提道，选择不去武汉的理由可以有很多种，但是去武汉和留下来有一个理由就足够了，那就是职责，因为新闻就在那里，而新闻就是职责！那一刻，我仿佛被置于零度冰水中那般清醒，我未来所要踏入的领域，是一个多么需要扛起责任的神圣之地。

（二）智慧耐心，缺一不可

在采访思考上，谢宛霏记者也给了我极大的启发。她说，在那样的场景下，看到什么都是新闻，什么都想采写，可是这时候反而要清醒理智，要仔细去想，哪些才是最有价值的新闻，避免新闻同质化，既然已经决定要走向危险，那一定要让自己此次武汉之行最有意义。因此，在比对和采访多人后，谢宛霏记者决定通过陪伴一位每天为民众送药送抗疫物资的滴滴司机，来深入了解一个民间英雄的日常。通过敏锐的观察，谢宛霏记者发现这位留着短发的女孩非常内向寡言，20分钟内就把她想问的都说出来了，可却没有谢宛霏真正想听到的。因此，谢宛霏选择默默陪她跑了一天的车，这才看到了她一天的生活，敲开了她的心房。可能这就是我未来会遇到的情况吧，采访总不可能一帆风顺，但只要有智慧、有耐心和信心，用对了方法，就能得到自己满意的结果。

宁波大学科学技术学院

（人文学院）

一、教学概况

为了切实推动抗疫精神进校园、进课堂，引导师生深刻理解中国特色社会主义的制度优势、理论优势、道路优势，培养学生为党为国为人民的深厚情怀和使命担当，宁波大学科学技术学院人文学院组织师生开展了为期一个多月的"中国新闻传播大讲堂——来自武汉抗疫一线的报道"系列课程学习活动。大讲堂是教育部深入贯彻落实习近平总书记关于加强新闻舆论工作、加快推进教育现代化系列重要讲话精神的重大举措，是正式吹响新文科建设号角的首项重要工作。2020 年 11 月 5 日，人文学院新闻传播类专业负责人陈万怀老师组织 2017 级广告学专业 35 名同学、2019 级网络与新媒体专业 30 名学生观看"中国新闻传播大讲堂——来自武汉抗疫一线的报道"的启动仪式，并观看教育部高教司司长吴岩，中宣部新闻局副局长赵旭雯，中国传媒大学党委书记、校长廖祥忠的讲话和致辞。大讲堂的讲话高屋建瓴、内容丰富，帮助同学们深化了对武汉抗疫精神的理解，以及广大新闻工作者勇敢前行、记录时代的职业情操。

二、特色亮点

（一）大讲堂融入专业课程教学

教育部高教司司长吴岩在开幕式的讲话中指出，大讲堂是"司、局、校"协同推进新闻传播教育创新发展的重要举措，是高校新闻传播教育战线落实新文科建设工作会议精神的迅速行动、是关键抓手、是生动实践，更是一门最生动的国情大课、有温度的思政大课、高水平的专业大课。教育部支持各高校新闻传播院系把大讲堂作为新闻传播类专业的必修课，指定专人负责、纳入学分管理，同时也鼓励各高校将其作为其他专业的选修课，切实推动抗疫精神进校园、进课堂，引导广大师生深刻理解中国特色社会主义的制度优势、理论优势、道路优势，打牢思想基础、夯实思想根基。观看开幕式之后，人文学院新闻传播学专业负责人陈万怀老师组织杨莉莎老师、应肇俊老师，认真贯彻大讲堂课程进课堂的实施工作，将大讲堂与本学期的《传播学概论》《新媒体概论》《新闻采访与写作》《新闻心理学》等课程联系起来，尤其是《新闻采访与写作》《新闻心理学》的期中作业和期末考核与大讲堂 32 集的视频课程内容结合起来，组织学习讨论，写观后感，纳入平时成绩考核和期末成绩考核。

（二）新闻从业者职责与使命感染新闻学子

学生在观看、学习"中国新闻传播大讲堂"过程中，体会深刻，思考深入，对新闻传播学专业和记者职业有了更为直观、感性的认识。如 2019 级网络与新媒体 2 班的张梦洁同学表示，在一篇篇的故事讲解中，体会到了"铁肩挑道义，妙手著文章"是记者的一大社会责任。党员的使命使他们不忘初心为人民服务，记者的使命使他们坚持在一线，报道人民最关心、最想知道的消息。疫情期间，抗疫前线的医护人员、新闻工作者中有不少的 90 后，曾经被大家认为只是个孩子的他们，在这场疫情中是多么的勇敢。"中国新闻传播大讲堂"中，他们的奉献精神让同学们肃然起敬。一场战疫，让 90 后学会了扛起责任，作为 90 后、00 后的一员，看到这些在一线工作的优秀新闻从业者，同学们由衷地感到敬佩，看了他们的勇敢事迹后，同学们纷纷在心中默默许下目标，也要成为像他们一样勇敢的新闻人。

三、学生心得

根据国家及各地卫健委每日信息发布提供的数据，截至 2020 年 12 月 29 日，中国累计确诊新冠肺炎病例 96513 例，现有确诊病例 1484 例，疫情持续时间已近一年。我国疫情于 2020 年春节左右开始，在隔离封城期间，新闻记者选择前往疫情最严重的区域武汉市。这是新闻人的历史使命，也是大无畏精神的奉献。

（一）描历史底稿、塑青年正气

中国青年报的报道方向给予年青一代振奋与激励。全域视野的背后重点着眼于其独有的青年视角，从"关注青年"的视角出发，他们聚焦于共青团、志愿者和青年医护人员。新闻作品《中国有故事：青年突击队》由当代回溯到 65 年前新中国时期第一支青年突击队的诞生，表达凡是有"急难险重新"的任务都有青年突击队的身影，并以图片排列的方式再现他们在不同时期遇到不同问题都挺身而出的画面，展现出共青团员在抗疫中强大的凝聚力、动员力和战斗力。抗疫持续数月，中国青年报在人员安排上，布置了"长线记者"溯源追踪事件发展；在报道布局上采用微观、中观、宏观三个层次，从微观叙事到宏大叙事均有涉及；采访布点刻意覆盖了有典型意义的人和事件。强调用脚采访，运用多媒体进行呈现，从笔触中还原历史，特色鲜明、聚焦精确，中国青年报书写历史底稿的比喻正确而客观。

（二）施前沿技术、展人性关怀

在本次疫情中，中央广播电视总台致力于全媒体"全景化"报道事件进程，其坚持小屏大屏联动、线上线下兼具、内宣外宣合力、报道形式丰富。如系列时政微视频《总书记指挥这场人民战争》和"与疫情赛跑——两神山"等系列慢直播作品被评为 2020 中国新媒体战"疫"精品案例。中央广播电视总台新闻中心副主任肖振生全程参加了武汉疫情防控阻击战，指挥总台武汉前方报道组完成了"全景式"战疫宣传。新闻作品以全新的展现形式让人耳目一新，帮助民众消解疫情焦虑情绪。

湖州师范学院求真学院

（人文学院）

一、教学概况

为切实推动抗疫精神进校园、进课堂，引导广大师生深刻理解中国特色社会主义的制度优势、理论优势、道路优势，培养学生为党为国为人民的深厚情怀和使命担当。教育部高教司支持各高校新闻传播院系把"中国新闻传播大讲堂"课程作为新闻传播类专业必修课，并纳入学分管理，同时鼓励其他专业学生选修。活动由湖州师范学院求真学院团委主办，湖州师范学院求真学院人文学院分团委承办，具体由文学系负责落实。

通过开展落实"中国新闻传播大讲堂"的活动，学院进一步深化媒体人责任意识。人文学院在教育部高教司的指示下，努力贯彻全员参与的宗旨，发挥潜在性力量，鼓励学生学习大讲堂的精神。让高校在校生在视频中学习抗疫中的优秀榜样，取其身上的闪光点，改正自身的缺点，在完善自我的同时，不断学习创新，以时代新青年的面貌来迎接未来人生的挑战。在本次活动中，求真学院正视潜在问题上的差距，明确一定的优势，找准努力方向，确定重点发展对象，凝聚坚持抗疫的共识，着力推进学院工作任务，突出重点、细化目标，紧紧依靠新时代的新标准解决本次活动可能存在的问题，创造学院高质量完成上级要求的新天地。

二、特色亮点

（一）坚持问题导向

聚焦认识中存在的思想观念的问题。新时代，要树立正确的世界观、人生观、价值观，听信谣言和墨守成规的陋习应当被彻底摒弃，不管是在疫情的发展中还是好转时，都应不信谣言，不传播谣言，要有敏锐的判断力和洞察力。

聚焦落实中存在的缺乏共情的问题。"中国新闻传播大讲堂"以一个个鲜活的案例向人民群众展现了抗疫的过程，视频中生动的画面向学生充分展示了一个个动人的抗疫片段，高校学生通过观看视频，体会到了镜头下的真情实感。努力让学生在没有到达第一现场的条件下感受其中的艰辛。

聚焦实践中存在的知行不一、落实不力问题，重点践行学生党员观看大讲堂视频，真正做到知行合一，在播放视频的同时让观者有深切的体会，在贯彻落实知行合一的原则下，严肃克服消极对待、被动应付或工作中有想法没办法、有思路没出路等问题。

（二）明确目标任务

着力增强解放思想、创新有为的思想自觉和行动自觉，坚定不移走高质量内涵式发展新路子。在思想再解放上下功夫，认真查找和解决面对疫情产生的思想障碍、思维惯性问题，进一步解放思想、更新观念，以奋发有为的精神状态，与时俱进地突破思想上的故步自封。

建设良好学习氛围，锤炼团员党员和普通群众优良学习作风。生命重于泰山，防控就是责任。在这场看不见硝烟的战斗中，共产党员始终冲锋在防控一线，充分发挥着先锋堡垒作用，让党旗在防控战场高高飘扬，汇聚起抗击病魔的强大力量。因此，学院在开展活动时的重点面向对象除普通学生外还有学生党员及入党积极分子，充分发挥党员之间的力量，让每一位党员学习和领悟到抗疫时期楷模们身上熠熠闪光的光辉点。

三、学生心得

（一）新闻工作要勇敢逆行

在受疫情影响武汉封城的前一天，百名新华社记者不畏危险，勇敢逆行武汉，进行了百天的疫情情况报道，充分体现了"疫情就是命令，现场就是战场"。正如新华社总编室副主任刘刚老师所说，参加武汉抗疫报道，是他 28 年新闻生涯中难忘的经历，是经受大疫考验和精神洗礼的过程。这让我对新闻传播者这一行业有了更深刻地了解，他们面对新闻有风一样的速度，有最坚定的决心，有过人的勇气，最快地来到了战场，打响了最快的战役。"困难面前，行胜于言"，前线的新闻工作者也用自己的行动证明了他们的决心，用成绩展现了他们的奋斗。武汉前线指挥部一共播发了各类稿件超过一万多条，推出了《党旗高高飘扬在防控疫情斗争第一线》《从磨难中奋起——武汉战"疫"凝聚中华民族磅礴力量》等诸多镇版、刷屏之作，也实现了稿件发布零差错！

（二）新闻工作要牢记使命

"如果你拍得不够好，是因为你离得不够近；如果你写得不够好，是因为你离人民不够近；如果你要写得足够好，就要离人民足够近"。这段话让我深刻感受到新闻人自身的定力和坚守的家国情怀。不忘初心，牢记使命，做一名优秀的新闻传播者，需要做好"从群众中来到群众中去"的工作，需要靠近真相，需要靠近人民，把新闻最真实的一面记录下来。这让我想到疫情之初谣言四起，许多未经证实的信息在网络上肆意发布，人们陷入了无尽的恐慌之中。记者们为了获得一手的素材和图片视频，冒着危险多次深入医院等地，每日早出晚归，夜以继日地采访、写稿，用一篇篇报道击溃了谣言。正所谓：新闻在心，责任在肩，手中有笔，脚下有泥，记录社会温度，讲好中国故事。舞台上的表演很精彩，幕后的工作人员也异常出色，有这样一群前仆后继的新闻传播者，我们才可以了解到前方的英雄事迹。

绍兴文理学院元培学院

（语言文学分院）

一、教学概况

2020 年"中国新闻传播大讲堂"邀请了 14 家主流媒体参与抗疫一线报道的 42 名新闻记者录制 32 集视频教学内容，生动讲述、立体展现中国新闻记者的家国情怀与专业素养。运用生动的案例、鲜活的事实、精彩的故事、丰富的内容来强化马克思主义新闻观教育，培养讲述中国故事、中国精神、中国力量的优秀新闻后备人才。

为深入学习贯彻习近平新时代中国特色社会主义思想和党的十九大精神，全面贯彻全国教育大会精神，加快推进新文科建设，绍兴文理学院积极响应教育部高教司"中国新闻传播大讲堂"的活动，组织传播学专业的师生认真学习相关材料，收到了较好的学习效果。

二、特色亮点

（一）逐层安排，有序开展学习活动

绍兴文理学院教务处和语言文学分院联手负责大讲堂活动的开展。2020 年 9 月接到相关通知后，语言文学分院成立了以教学副院长为组长的工作组，并指派包玥老师为此项活动的具体负责人，对接教育部相关部门，进行材料的传递

和学生的组织工作。2020 年 11 月 5 日，绍兴文理学院元培学院组织传播 1901、传播 1801 和传播 1701 三个班的学生集中观看"中国新闻传播大讲堂"启动仪式，使学生充分认识传播学重要意义。在此后的两个月里，绍兴文理学院元培学院及时将学习材料传递给学生，并以寝室为单位组织集体学习。

（二）深度融合，强化马克思主义新闻观教育

传播大讲堂收到了较好的学习效果，切实推动抗疫精神进校园、进课堂，引导广大师生深刻理解中国特色社会主义的制度优势、理论优势、道路优势，培养学生为党为国为人民的深厚情怀和使命担当。深入学习大讲堂课程是强化马克思主义新闻观教育、全面推进新闻传播类专业课程思政建设的实际行动，是深度融合、培养新时代优秀新闻传播人才的重要举措，有利于提高新闻传播教育影响力、感召力、塑造力。

三、学生心得

"中国新闻传播大讲堂"有利于新时代培养优秀新闻传播人才，是一门生动的国情大课、有温度的思政大课、高水平的专业大课，是新闻传播学子的必修课。认真学习了此次的大讲堂活动后，学生们深刻理解了中国特色社会主义的制度优势、理论优势、道路优势，有助于他们成为有定力、有情怀、有本领的新闻人。

（一）新闻报道与家国情怀

很多记者白天赶路、连夜赶稿，在疫情前线辗转，身体和心理都处于一种高压力高负荷的状态。在这种状态下做出冷静、客观的报道，这也需要勇气。除了勇气，记者还需要足够的温情和观察力。穆青新闻实验班别京栩同学表示，这两点在那些细小、平凡的报道中感受尤深。从平凡的琐屑一层一层剥茧抽丝，展现疫情的全貌、国家的全貌，能用真实让人信服，又能用温情打动每一个读者。这个时候，就能体会到那份"勿忘人民"的家国情怀。同学们也更加理解了任何一次重大的报道都是一次重大的考验，新闻报道、新闻事业的使命担当，对祖国和人民何其重要。

每一篇抗疫新闻报道的背后都凝聚着新闻人的家国情怀，新闻不仅仅是信

息更是不惧艰辛迎难而上的力量。大讲堂引导着当代大学生，打牢思想基础、夯实思想根基。有战场，就会有战士，越是艰险越向前。在这群勇往直前的勇士中，他们不计报酬，不论生死，主动请缨，到最辛苦，最劳累，最危险的前线，写下了一曲曲与时间赛跑，同疫情决战的勇士之歌。这些一线新闻人的职业感悟，让我感动不已，备受鼓舞，更加让我坚定信念，要在未来的新闻工作中，主动深入践行"四力"，勇于担当，成为政治过硬、业务过硬、战斗力过硬的新闻人。

（二）小切入点讲好人物故事

在抗疫报道中，仅仅是广泛介绍大方面的新闻消息是不能给人民群众留下深刻记忆的，所以大多数的报社都选择从人物这个小的切入点入手。写人物，细节最动人心，小事更显本质。

人民日报记者吴姗分享中提到三个关键点。第一，好记者心中要有一本账，要学会抓准热点，也要学会预判热点，要对事件情势有最基本的判断。第二，紧扣人物命运讲故事，报道归根结底就是写人物挖故事，没有什么比真实更动人，要尊重其真实的命运走向，个体人物的情感体验尤为值得关注，真实的人物才是丰满的，建立在真实人物上的报道才能被记住。第三，始终保持新闻敏感，有意识地加强对新闻的全局判断，加强宏观把握，才有可能减少主观错觉的影响。

课程中分享了新华社在疫情期间拍摄的纪录片《七日谈》，以人物和时间为主题，介绍了火神山医院建设者冯建堂、武汉不怂爱心车队发起人老赵、武昌区的社区工作人员耿玉婷和杨柳等小人物在武汉封城后七天内的感受，一个个小人物让我印象深刻，也让我发自内心认同了新华社记者钱彤"要拨开1.36cm口罩拉开的距离"的观点。

向大众报道新闻是新闻工作者的职责所在，在这次的武汉抗疫报道中，他们是历史的记录者、参与者，推动着历史的发展，发挥着极其重要的作用。在观看完"中国新闻传播大讲堂"后，我更加坚定选择进入这个专业的决心，当我们选择成为一个新闻人、媒体人，就应为自己的选择坚持。坚定地向大众传递信息，坚持实事求是。正如报人邵飘萍所言："余百无一嗜，惟对新闻事业乃有非常趣味，愿终生以之。"

浙江工商大学杭州商学院

（人文与艺术设计学院）

一、教学概况

2020 年 11 月 5 日，"中国新闻传播大讲堂"启动仪式在北京举行。浙江工商大学杭州商学院人文与艺术设计学院组织新闻系教师和学生认真观看启动仪式直播。观看完"中国新闻传播大讲堂"启动仪式直播后，同学纷纷表示十分期待立体展现中国新闻记者抗疫精神、家国情怀与专业素养的新闻传播大课。人文与艺术设计学院相关负责人表示，"中国新闻传播大讲堂"是推进新文科建设的重要工程，是立德树人的重要平台，它集中最优质的新闻资源、汇聚最鲜活的抗疫报道、总结最深刻的报道体会，是一门生动的国情大课、有温度的思政大课，高水平的专业大课。学院规划将大讲堂视听内容融入各专业的课程学习当中，希望教师们借助大讲堂的优质资源推进课程思政建设，让学生学习新闻人才必备的专业技能，真正实现价值观塑造、知识传授和能力培养的有机统一，构建具有新闻传播学科特色的全员、全过程、全方位育人大格局。

二、特色亮点

（一）全员学习：组织"中国新闻传播大讲堂"专项学习

收到关于组织收看"中国新闻传播大讲堂"启动仪式的通知后，学院立即成立学习指导小组，排查新闻系各班级课表，根据实际情况组织全员学习。当天有专业课的班级，相关专任教师及时调整教学进度，组织集体收看启动仪式直播；当天有公共课班级，则由班主任统一组织收看直播回放；当天无课班级则由班主任组织集中收看或分散收看直播。启动仪式之后，大讲堂内容逐步上线，新闻系及时通过微信公众号推出大讲堂32期讲座视频链接；同时，学院在超星泛雅学习平台建设"中国新闻传播大讲堂"课程，方便记录学生学习情况。结合数据整体来看，通过与相关课程教学相结合，学生观看、学习大讲堂专题讲座的积极性与主动性较高。

（二）深化学习：组织"中国新闻传播大讲堂"学习研讨

在学习"中国新闻传播大讲堂——来自武汉抗疫一线的报道"系列视频后，新闻系的同学们收获颇丰。屏幕前，新传学子满怀憧憬，他们即将迈入新闻传媒这个充满魅力的行业；屏幕后，一名名肩负使命、深入抗疫前线舍生忘死的新闻行业从业者用心分享。透过视频与文字，同学们感受到了新闻人的责任与担当。新闻系所有学生在学习大讲堂系列课程后写下个人学习心得。

（三）学以致用：组织"中国新闻传播大讲堂"实践探究

学以致用，理实结合，方彰显学习效果。新闻系专业教师将"中国新闻传播大讲堂"学习活动与专业课堂、专业实践紧密结合，创新马克思主义新闻观教育方式，以增强新闻学专业学生的自豪感和认同感，帮助其树立高度的专业自信，培养家国情怀，进而推动新文科建设，打造立德树人的教育平台。例如，"新闻采访与写作课"以大讲堂学习为契机，以学习一线记者的专业精神与业务技能为目标，开展案例讨论分析，寻找身边的典型人物进行采访实践，既提升业务能力，又实现课程思政。同时，课程以项目推进的形式，鼓励学生走进农村、走进企业、走进社会大型活动现场，体会新时代中国特色社会主义建设的新成就

三、学生心得

（一）做有情怀的新闻人

2020年新年之际，新冠肺炎疫情突如其来，从武汉到全国，疫情的最新消

息时时刻刻拨动着每一个人的心弦。在这场没有硝烟的疫情防控阻击战中，我们看到了最美逆行的背影。一位位新闻人鼓足勇气站在前线，为全国人民实时更新报道疫情的最新情况，他们是夜空中最亮的星，用自己的身体力行、全力以赴，将希望传递给每一位中国人。每一篇抗疫新闻报道的背后都凝聚着新闻人的家国情怀，新闻不仅仅是信息更是不惧艰辛迎难而上的力量。作为未来的新闻者，我将努力储备必要的新闻知识，提高自身素质，以深入前线的优秀前辈为榜样，时刻不忘记者的家国情怀和专业素养。

（二）做有本领的新闻人

"中国新闻传播大讲堂"引导着当代大学生更加深刻理解中国特色社会主义的制度优势、理论优势、道路优势，打牢思想基础、夯实思想根基。真实的力量和文字传达出来的情绪戳中内心最柔软的部分。写出这样有力量的稿子，一定会是我不懈的追求。倾听了一线新闻人的职业感悟，我感动不已，备受鼓舞，立志成为有定力、有情怀、有本领的新闻人。此外，我还将主动把握互联网信息时代信息传播的规律，全面提升采、写、编、评能力。我们要在未来的新闻工作中，主动深入践行"四力"，勇于担当，成为政治过硬、业务过硬、战斗力过硬的新闻队伍中的一员，带着这种"我在现场"的精神，带着自己的新闻理想，坚定、坦荡地走下去。

温州商学院

（传媒与设计艺术学院）

一、教学概况

2020 年 11 月 5 日，温州商学院新闻传播学科师生在线参加了新闻传播大讲堂启动仪式，并展开了热烈讨论。温州商学院传媒与设计艺术学院网站以"我院师生参加'中国新闻传播大讲堂'启动仪式"为题予以及时报道，执行院长邵培仁、副院长袁胜、教授闫欢和学生代表分别从自身的角度，围绕如何做好"中国新闻传播大讲堂"的工作进行了研讨。

2020 年 11 月 12 日，经向学校请示批准，由闫欢教授拟定"温州商学院新闻传播类学生'中国新闻传播大讲堂'必修课开课方案"，内容包括开课启动仪式安排、具体开课要求（课程性质与授课形式、开课方式、教学环节、教学评价等内容），以自然班为教学班对 2020 级新闻传播类 6 个本科班和网络新闻与传播 3 个专科班进行分班教学，2017 级至 2019 级三个年级的新闻传播学科专业学生分为 AB 两个大教学班进行大班教学。在 2020 年 11 月 16 日至 12 月 18 日的四个教学周内，温州商学院利用学生晚自修时间分 11 次课进行教学。2020 级 9 个教学班由 9 位教师独立任教，AB 两个大教学班由 12 位老师合作任教。闫欢教授编写《"中国新闻传播大讲堂"必修课程教学大纲》文件、开放式考查审批表等教学文件。在我院新闻传播学科专任教师的精诚合作下，上述开设"中国新闻传播大讲堂"必修课的准备工作进展顺利。

二、特色亮点

（一）分班教学，师生共进步

2020年11月23日，9个分班教学教室和AB两个合班的大班报告厅里，11位授课教师与近千名新闻传播学类学子共同学习的"中国新闻传播大讲堂"必修课程正式开课。温州商学院传媒与设计艺术学院师生在长达一个月的11次课32学时的大讲堂教学中，一起学习，共同进步。"中国新闻传播大讲堂"课程以每位任课教师撰写总结报告、每位新闻传播类学生提交心得感悟报告形式结课，学生提交心得感悟近千份。

（二）思维启迪，带着思考进课堂

袁胜副教授提道，观看了"中国新闻传播大讲堂"的视频后，他对新闻传播专业的教学方法进行再思考。在传统的教学方法中，一般是先让学生看案例或视频，然后组织讨论，引发学生的思考。这种方法比较直观，符合常规思维习惯，但却在一定程度上不利于培养学生的创造性思维能力。因为学生在看完案例后，会认为案例中的做法是最佳的，从而不去积极思考其他的方案。在本次课上，先由老师在课前提炼出一两个问题，比如：如果你是新闻记者，在采访武汉疫情时，准备通过哪些细节来体现医护人员的奉献精神和英雄气概？这些预设的问题，由同学仔细思考，但不做讨论。看完视频之后，再组织讨论，让学生把自己想到的方案和视频中记者的做法进行对比。这种教学模式显著增强了学生参与课堂讨论的热情，值得在其他课上推广。

（三）增强学生与人民群众之间的感情

2020年11月23日18点30分，"中国新闻传播大讲堂"在温州商学院拉开了第一讲的序幕。学校南校区报告厅汇集了2017—2019级传播学、广告学专业共7个班的200位新闻传播专业学子。刚开始，学生们还不是很了解这门课的内容和意义，但随着视频的学习，学生们逐渐被广大党员干部群众日夜奋战在疫情防控一线的身影所感动。

课程中不断提及共情，与广大群众互联感情。在授课过程中，有太多令人难忘的时刻，比如同学们的感动落泪，师生之间的互动交流，学生之间的讨论等。在重新经历并且更加了解了新闻工作者的责任和使命之后，新闻传播专业的学生们仿佛受到感召一样，充满了激情和活力，有了非常多的思想感悟。

新闻传播大讲堂结合大量的新闻记者亲身经历，从更深层面探索、剖析、追寻新闻工作者的使命与责任。职责所在，义不容辞。通过批阅同学们结课后提交的心得报告，老师们相信这些新闻学子在今后的岗位工作和新闻实践中，会更努力地肩负起新闻人的担当。

三、学生心得

说到"2020"你会想到什么？我想你一定会回答："新冠肺炎疫情。"没错，2020年初新冠肺炎疫情来势汹汹，"湖北""武汉""疫情"等词语霸占了我们网络热搜榜，通过观看"中国新闻传播大讲堂"，我对"抗疫精神"有以下几点感悟。

（一）新闻传播实践在战"疫"中应发挥积极作用

媒体有许多的职能，但在此次战"疫"中非常明显的就是两大职能：一是舆论监督，二是舆论引导，舆论监督与舆论引导相辅相成。互联网给舆论引导带来了全新挑战，中国已进入以多元利益为基础的多元社会。我们媒体人所报道的新闻，一定要将大众往正确积极向上的方向引领，特别是在疫情关键时刻。新闻工作者要给社会树立信心，要带动社会的力量去抗疫。新闻传播实践也是无形的力量，传播正能量即给人民打一针强心剂，也是给社会打一针镇心剂。

（二）新闻传播的报道对象是鲜活真实的人民群众

新闻传播实践在战"疫"中的战士是一群奔赴在抗疫一线的可爱的人。首先，第一群可爱的人是始终奔赴在一线的医生与护士，他们立下"不论生死，不计报酬"的军令状，与死神争夺生命，与时间赛跑等一幕幕画面都透过镜头展现在人民的面前。其次，是基层工作人员，他们为武汉市民的起居生活忙前忙后，无法陪伴家人们。"群众的事再小都是大事，自己的事再大都是小事。"一位基层工作者抱着这样的心态积极投入防疫抗疫中。最后，可爱的人就是武汉人民，习近平总书记参加湖北代表团审议时强调："武汉不愧为英雄的城市，湖北人民和武汉人民不愧为英雄的人民。"当然还有许多可爱的人们，他们都被新闻人用摄像机记录，被时代记忆。

浙江长征职业技术学院

（人文学院）

一、教学概况

"中国新闻传播大讲堂"开展以来，浙江长征职业技术学院高度重视，将此次活动视作推进新文科建设和新时代高校新闻传播教育创新发展的优良契机，组织该校网络新闻与传播专业全体师生观看了大讲堂启动仪式直播，并制定详细的后续学习计划。师生们在启动仪式后共同表达了对抗疫一线新闻工作者的感激和钦佩，也十分期待了解更多抗疫一线的报道故事。

针对大讲堂学习活动，学校精心部署，明确了线上与线下、集中与分散、理论与实践相结合的学习方式。

一是精心组织。网络新闻与传播教研室把理论学习纳入教研室重点工作内容，安排学习日程，印制学习资料，配发学习笔记本，充分利用"班会""学习日"和早晚自习时间逐月开展集体学习，集中观看大讲堂学习视频，通过撰写心得体会、开展座谈研讨会等方式巩固强化学习成果，做到学有所思、学有所悟。同时，联合"学习强国""青年大学习"等平台，实行定期统计积分学时、按月通报自学情况，形成认真自学、自我提升的浓厚学习氛围。活动开展以来，共组织集中学习 6 次，宣讲主题课 3 次，调研 2 次，进一步提高了网络新闻与传播专业学生的理论素养。

二是完善制度。根据"班会""学习日"等制度，对应制定提前签到请假、定期通报考评、及时补课存档等规定，定期检查点评撰写心得体会、记录学习笔记情况，学习情况以照片、文字形式归档保存，确保理论学习全员覆盖、规范严谨。采取线上、线下相结合的方式灵活组织理论学习，不断丰富学习内容。

三是注重实效。组织同学注重读原著、学原文、悟原理，有针对性地选择自学科目，自查整改学风不实、学用脱节等问题，做到强读强记、常学常新。同时，要求学生参加学习研讨和撰写心得体会时加入职业体验、个人感悟，做到学深悟透、知行合一。

同时，网络新闻与传播专业自查发现两个问题：一是受疫情影响，学生基本封锁在校，虽然采取线上学习等必要措施，但学习笔记、心得体会质量参差不齐，工学矛盾解决得不彻底；二是个别学生因个人因素，无法满勤参加集体学习，虽及时送达了学习资料，但学习标准不高、成果不明显。

二、特色亮点

（一）培养职业兴趣

同学们在观看学习大讲堂时，被一线记者讲述的故事吸引和打动，产生了对新闻记者这一职业的敬佩与向往。有同学表现出对后续课程的极大兴趣，期待看到更多关于疫情一线的报道故事。在全面体悟了"中国新闻传播大讲堂"这一活动的具体价值之外，同学们也对新闻记者的使命和担当有了更清晰的理解，并深受启发，希望学习一线记者身上对职业的热爱与坚持，将这份使命感代入未来的学习与工作中。同学们通过此次活动，更加认可了理论与实践相结合的价值与意义，并期待自己早日修得实践成果，在实践中观察与理解社会，为新时代中国特色社会主义建设贡献一己之力。

（二）深化家国情怀

"中国新闻传播大讲堂"是一场生动的爱国主义教育课，新闻记者及其报道作品体现了厚重的家国情怀，同学们对抗疫一线的人们致以敬意，也坚定了学以致用、为国为民的决心。在视频中，人民日报、新华社、中央广播电视总台等主流媒体传承着工作信念和职业精神，地方媒体也在关键时刻发挥各自长处，为党的新闻工作、为全国的抗疫斗争竭尽全力。同学们感叹如今正常有序的生活来之不易，每时每刻都有人为了社会的正常运作坚守岗位，也希望自己能提升专业素养，向前辈学习。

（三）联动学习平台

学校在落实"中国新闻传播大讲堂"活动实施过程中富有巧思，善于调动师生学习积极性，将学习强国、青年大学习等学习平台联动起来，形成浓厚的专业学习氛围。学习强国、青年大学习平台具有较高的政治站位，奠定了同学们的政治修养和理论水平，进而帮助同学们理解大讲堂学习视频中新闻工作者们的实践意义与价值。这类学习平台的学时规定启发学校注重量化学习成果，根据学生特点因材施教。因此，学校实行定期统计积分、综合集中观看、主题研讨、调研等学习形式，以提高学习成效。

三、学生心得

（一）媒体工作具有特殊性

我从这次学习中了解了许多关于我们这个专业、职业所蕴含的意义，以及做好这份职业需要具备的人文素养和专业精神。作为党和政府的喉舌、人民群众的眼睛，我们应该时刻牢记新闻工作的特殊性，深谙什么事该做，什么不该。平时我们应学好包括新闻学、法律、传播学在内的基础知识，并注重业界实习，努力做到将学习与实践相结合，真正地从这门学科中找到自己未来的定位。同时，感谢"中国新闻传播大讲堂"令我受益匪浅，也期待下一次这样的精品课。

（二）英雄也平凡

我对大讲堂授课代表刘刚老师的话印象深刻，他让我懂得了即使被冠以"英雄"之称，这些一线的新闻工作者不过是尽职尽责的平凡人。刘刚老师希望通过与广大青年学子分享自己的职业感悟，激励我们在未来的新闻工作中主动深入践行"四力"，奋发有为，成为政治过硬、业务过硬、战斗力过硬的新闻队伍中的一员。我想，这次学习给在校的大学生们统一上了马克思主义新闻观的课，实践是检验真理的唯一标准，我们应该以这些奋战在疫情一线的前辈们为榜样，做到知行合一，以实际行动扎根中国大地，努力讲好中国故事。

合肥工业大学

（文法学院）

一、教学概况

为强化马克思主义新闻观教育，深入学习贯彻习近平总书记关于新闻舆论工作的重要论述精神，加快新文科建设与发展，切实推动抗疫精神进校园、进课堂，引导广大师生深刻理解中国特色社会主义的制度优势、理论优势、道路优势，打牢思想基础、夯实思想根基，在教育部的安排下，合肥工业大学文法学院积极响应号召，有计划地组织学生观看学习了"中国新闻传播大讲堂——来自武汉抗击疫情一线的报道"。

学院就"新闻传播大讲堂学习安排"召开专门的工作会议，学院领导班子高度重视此项学习活动，根据教育部安排，吴院长部署相关学习任务，组织各系集体讨论拟定学习计划。本次活动主要面向人文与传播系广告专业，近300名学生，由老师组织学生集体观看新闻传播大讲堂各期视频，学习14家主流媒体参与抗击疫情一线报道的新闻工作者的32集视频教学内容。根据时间安排，自2020年11月22日起至12月27日，每周日晚于教室观看两集大讲堂，集体观看12集，剩余的学习视频每周更新发给学生自行观看学习，活动结束后落实学生撰写学习感悟情况。

总体而言，大讲堂学习收获丰硕。通过观看视频，同学们更加深入地了解了记者们在一线的工作状态以及记者在抗击疫情中发挥的独特作用。有效激励学子奋发向上，成为新时代有定力、有情怀、有本领的新闻人。

二、特色亮点

（一）树立榜样，收获动力

"中国新闻传播大讲堂"生动讲述、立体展现中国新闻记者的家国情怀与专业素养。32集视频教学内容将记者演播室讲授与作品有机结合，使教学内容生动形象。通过现代化的视听技术和通信网络，大讲堂优质的教学内容覆盖全国，触达每一间教室，走进每一位同学的心灵。

从大讲堂中，我们看到媒体人的担当与责任，他们从不同的角度传播疫情期间的新闻报道。通过观看视频，同学们也更加深入地了解了记者们在一线的工作状态以及记者在抗击疫情中发挥的独特作用，所谓"铁肩担道义，妙手著文章"，正是这些记者们不畏艰险、勇往直前的记录与报道真实体现出抗疫精神。由此，同学们也树立了内心的榜样，收获了前进的动力，明白了自己作为新闻传播专业的学生的使命与担当，并决心在前辈的感召下，久久为功，砥砺前行。

（二）不忘初心，砥砺前行

活动结束后，就前几次大讲堂学习情况，学院专门举行了学习分享座谈会。人文与传播系副主任王剑飞老师、文法系主任李世军老师、文法系教学秘书何文倩老师、文法系学生主管郭州平老师及各班学生代表到场参与本次分享座谈会。本次座谈会上，各班学生各抒己见，分享了新传大讲堂的学习心得。有效激励学子奋发向上，成为新时代有定力、有情怀、有本领的新闻人。

通过这一个月的学习，同学们了解到专业新闻工作者的亲身经历，以及那些平凡而温馨的故事传达出的新闻理念，大家感受到中国共产党在面对重大突发灾难时，打赢这场战疫的全过程。这对于学习马克思主义新闻观和习近平总书记关于新闻舆论工作的重要论述精神，成为中国特色新闻事业的传承者，影响深远。大讲堂使这些孕育着新时代新机遇、新责任的当代新闻专业学生，在未来的新闻工作中奋发有为，成为政治过硬、业务过硬、战斗力过硬的新闻队伍中的一员，以有决心、有爱心、有能力的新闻工作者为目标，不忘初心，砥砺前行。

三、学生心得

在初冬时日，在系院的组织下，我们20级广告学的同学们一起观看了"中国新闻传播大讲堂"。大讲堂讲述生动、立体展现了中国新闻记者的家国情怀与专业素养。

（一）传递信息，守望相助

在这次学习的过程中，我跟随着这些在疫情期间深入抗疫一线的新闻工作者们，进入武汉、进入疫情中心、进入"红区"，走近一线医务工作者、一线干警，走近普通武汉市民，走近病患，走近那一个个感人的故事。平时奔走在街头巷尾的外卖小哥和快递小哥没有在病毒面前退缩，为了给居民提供便利，仍然身着防护服穿梭于千家万户。社区工作者也没有退缩，他们裹上防护服，为保不落一家一户，统计排查落实，保障居民生活。普通民众相信政府，听从安排，自己为这场没有硝烟的战役做着力所能及的事，有的自发当起了接送医护人员的爱心接送司机，有的申请成为社区工作志愿者。一方有难，八方支援，全国各地来自不同行业的人都在一起努力，那些被认为无法撑起未来的年轻人纷纷在不同的岗位发光发热。能看到这些点滴，知道这些故事，见证这段历史的关键原因，正是我们拥有这些一线的新闻媒体工作者。

（二）高举旗帜，担当使命

新闻战线承担着举旗帜、聚民心、育新人、兴文化、展形象的历史使命。新闻工作者在全媒体时代的今天，要通过自己的精品力作将中国特色社会主义贯穿于新闻传播全过程，始终坚持党性原则，坚定马克思主义新闻观，把政治导向、政治要求体现到新闻工作的全过程。在融媒体时代，传播技术的发展导致了传播格局、传播生态的变化，在这种形势下，互联网已经成为舆论斗争的主要战场。新闻工作者要牢牢控制舆论导向，就必须在创新发展中提高自身素质本领，才能引导舆论走向。总之，作为这个行业的后备军，我们这些学习者，更要明确新闻人的使命，坚定理想信念，保持自身定力，坚守家国情怀，树立正确的新闻观，练就过硬本领，在未来深入祖国广阔天地，讲好中国故事，传播好中国声音。

安徽理工大学

（人文社会科学学院）

一、教学概况

为强化马克思主义新闻观教育、全面推进新闻传播类专业课程思政建设，2020 年 11 月 9 日，安徽理工大学宣传部、教务处、团委、学生处等单位联合下发《安徽理工大学关于开展"中国新闻传播大讲堂"视频教学和研究的通知》，要求全校范围内开展师生共同学习抗疫精神。学校将大讲堂课程作为网络与新媒体专业的必修实践课，并纳入素质实践学分管理，同时鼓励非新闻传播专业高度重视此次活动，将大讲堂活动纳入素质活动考查。学校切实推动抗疫精神进校园、进课堂，引导广大师生深刻理解中国特色社会主义的制度优势、理论优势、道路优势，培养学生为党为国为人民的深厚情怀和使命担当。

二、特色亮点

（一）非新闻传播专业：观摩学习

教务处组织了地球与环境学院、土木建筑学院、电气与信息工程学院等 13 个学院的学生代表、入党积极分子共计 600 余人观摩和学习了"中国新闻传播大讲堂"系列课程。本期教学视频多方位、多角度全面真实地向我们展现了疫情之下驰援武汉的医护人员，参与火神山、雷神山医院建设的基建人员，爱心车队的志愿人员，社区工作人员，以及所有逆行支援武汉的抗疫人员在鄂的战疫事迹。此次大讲堂的学习在师生中引起了强烈反响。他们表示，面对突如其来的疫情，来自全国各地的医护人员、新闻工作者、志愿者等逆行出征，驰援武汉，这种不畏艰险、不怕困难、不惧牺牲的精神令我们振奋，令我们感动！

（二）新闻传播专业：课程思政

学院指定网络与新媒体专业名师轮流指导 2018 级、2019 级和 2020 级全体同学集体观看"中国新闻传播大讲堂"系列在线课程。此次在线课程历时 50 天，老师们精心指导、同学们积极参与，既弘扬了抗疫精神，又锻炼了能力。"中国新闻传播大讲堂"活动旨在切实推动抗疫精神进校园、进课堂，引导广大师生深刻理解中国特色社会主义的制度优势、理论优势、道路优势，培养同学们为党、为国、为人民的深厚情怀和使命担当，是强化马克思主义新闻观教育、全面推进新闻传播类专业课程思政建设的实际行动。

"中国新闻传播大讲堂"润物无声，起到了课堂思政的作用。在大讲堂的观看和体会过程中，同学们专注一个个动人的抗疫场景，从抗疫案例中分析消化专业相关知识。不少同学热泪盈眶，被抗疫一线医护人员、新闻记者的英勇事迹深深感动。此外，"中国新闻传播大讲堂"活动贯穿于实训实练，有助于增强同学们新闻专业素养和实践能力。每场大讲堂活动之后，老师将同学们进行分组轮训，针对新闻采访、新闻写作、主题策划、视频立意、视频采编和制作等，既要求他们实操实练，又对学生们的作品认真指瑕。

（三）以案为范，以赛促教，探索新文科实践路径

这些"来自武汉抗疫一线的报道"给同学们带来太多深情的感动，党和政府的正确指挥、医护人员的抗疫精神及新闻工作者不惧艰险深入战疫第一线的勇气，无不让同学们饱含热泪。此次讲座期间，网络与新媒体系的同学们参加了安徽省大学生微电影大赛和安徽省大学生原创文学新星大赛，学院践行以赛促教的理念，很多同学深受抗疫前线感人事迹感动，将他们对新闻传播工作者的重新认识融入抗疫题材的作品中，从客观上表现出新时代传媒人的使命和担当。网媒系的同学们表示，一定会认真学习专业知识，培养自我精神素养，践

行社会主义新闻观、价值观，将抗疫精神弘扬开去，做"铁肩担中华道义，妙手写时代文章"的传媒人。

三、学生心得

2020 年初，新冠肺炎疫情悄然蔓延。记者虽然不参与具体的救治工作，但他们的一篇篇报道聚焦了全中国的目光，书写了中国精神的新篇章。

（一）前线记者的责任感

在新闻传播大讲堂上，人民日报新闻协调部记者吴姗的演讲，给了我一个全新的视角去解读"记者"这个职业。干练的着装，浅浅的微笑，平静的语调……让我对记者吴姗有了特别的关注。她的主题是"见证历史、参与历史、推动历史"。在她结束演讲后，我扫描了屏幕上的二维码，把报道刘院长的这篇人物通讯用手机保存了下来。我解读"记者"这个职业的全新视角是：记者要干新闻，就要热爱新闻；要随时准备"出发"，要热爱出发。

（二）热爱新闻的真实

既然选择了新闻事业，就要不仅热爱新闻，而且热爱新闻里的真实，不臧否人物，不扭曲事件。当我第一次知道人们特意定 11 月 8 日为"记者节"，是我国有且仅有的五个行业性节日之一的时候，"记者"这个职业在我心中就是神圣的，神圣得有点遥不可及。但当我看到 42 名来自抗疫一线的记者携带着真挚又似身经百战的眼神，演说完 32 集新闻传播大讲堂，"记者"这个职业在我心中又变得平凡了。原来记者也在做着最普通的工作：寻找故事，或大或小；拍下真实，或好或坏；写满一张张白纸，或多或少；记录一个个时代，或长或短。

（三）前线记者的使命感

每个时代都有专属于每个时代的主题，时代中的每个人也都有各自的使命与担当。记者的"长炮"单笔，记的是太平盛世也是危难艰险，写的是烟火中国也是殇离痛楚。职业不分高低贵贱，疫情之中，广大记者与一线医务人员、建筑工人、快递小哥一样，都是一群最可爱的人。

安徽工程大学

（艺术学院）

一、教学概况

2020年12月，"中国新闻传播大讲堂"学习研讨和实践创新活动在安徽工程大学启动。教师召开会议研讨组织新闻传播类专业学生集中学习、观看"中国新闻传播大讲堂"系列课程。教研室主任主持会议，并与参会的老师共同策划组织学生学习大讲堂，订立学习主题——"学抗疫英雄，做时代广告人"。教师团队积极学习大讲堂的意义和价值，同时鼓励学生认真学习大讲堂这堂生动的国情大课、有温度的思政大课、高水平的专业大课，增强新闻传播类专业学生的自豪感与自信心。根据学生的年级特点，学院开展了不同形式的学习研讨，并举办学习感悟交流和创作专题作品，对优秀作品进行表彰与点评，取得了较好的学习成果。学校坚持守正创新，积极推广以抗疫报道为主题的大讲堂32集视频教学课程，这是加强实践中的马克思主义新闻观教育的创新之举，也是新闻队伍建设、新闻舆论工作的创新之举，新闻工作者要与党同心、与人民共情，做坚守新闻工作优良传统的传承者，进而改进马克思主义新闻观教育，做中国特色新闻学的传道者、授业者。

二、特色亮点

（一）特色教学，教师齐上阵

学校老师根据学生的年级特点开展了不同形式的学习。其中，广告学系的苏杨、费利君、杨思杰、程瑶等主讲老师分别在"学抗疫英雄，做时代广告人"主题下号召同学们学习来自抗疫一线的英雄记者们讲述和体现的伟大抗疫精神，做堪当民族复兴大任的时代新人，努力成为自觉践行社会主义核心价值观、具有家国情怀和国际视野的高素质、全媒化、复合型、专家型卓越广告学人才。老师希望同学们通过新闻传播大讲堂课程的学习，学有所思，学有所得，学有所为，像优秀的一线记者那样，用勤快的双脚、敏锐的眼睛、聪慧的大脑和有力的笔触，去观察、发现、记录和讴歌身边平凡而伟大的英雄人民。

（二）实践创新，培养家国情怀

学校组织师生围绕"学抗疫英雄，做时代广告人"这一主题，进行学习感悟交流和创作专题作品，并对优秀作品进行表彰与点评。广告大三的同学在专业课中一同学习大讲堂，更加贯彻广告学通传播、懂设计、精内容高素质复合型广告创意人才培养目标。学校注重专业成才与精神成人培养，完成并实践一项具有"家国情怀"的广告策划案，将"家国情怀"有效地融入校园精神文明建设的学习实践中；响应大讲堂的号召，将战疫的"家国情怀"融入课程任务中，从校园的义卖、课程成果出版，到捐助芜湖市儿童福利院，都在身体力行地承担一个当下大学生的责任。

（三）课程反思，助力新文科建设

全体师生观看大讲堂后，广告系主任张国斌表示，将继续落实"司、局、校"共建方针，全力支持、持续推进"中国新闻传播大讲堂"的高质量建设，继续坚持"六个维度"特色育人理念，用马克思主义铸魂，用爱国情怀强基，用人文素养修身，用国际视野拓界，用特色项目托举，用未来媒体创新，以扎根中国大地办教育为根本遵循，积极探索交叉融合的新文科建设范式，为培养新时代所需要的新文科人才而不懈努力。

三、学生心得

课程上，新华社总编室多位老师从疫情期间新华社记者奔赴一线报道的种种事迹出发，阐释了"弘扬新华精神，经受大疫考验"的主题。这让我对新闻这个行业有了更深层次的了解，也让我对我们青年人所应承担的时代责任有了进一步的认识。

（一）新闻在哪里，职责就在哪里

面对病毒无处不在的危险环境，错综复杂的疫情、舆情和社情以及强大的新闻竞争压力之下，新华社的刘刚老师表示新华社奔赴武汉的理由有一个就可以了，那就是职责，新闻就在那里。"职责"两个字的背后所支撑的是一份强大的信念与担当。职责，往更大的层面来看，是一种责任。我们每个人从落地的那一刻起便承担着身为人的责任，此后作为一名儿女的责任，一位学生的责任，一位社会公民的责任，逐渐丰富了我们对责任内涵的理解。正是有了这些责任，我们才不会脱离正确的道路，而这些责任在时代的更替和社会的进步中也在不断增添新的内涵。在这次突如其来、毫无防备的疫情之下，防控疫情便成为我们每一个人的责任。

（二）时代赋予新闻人责任与使命

作为广告专业的一名学生，新华社的新闻报道工作也引发了我们的思考。新闻最强调的便是真实性和实效性，一名名记者奔赴一线，不畏艰险，就是为了记录下最真实最有实效的信息。相比之下，有些媒体的疫情报道以夸大的标题、未经证实的内容抓住受众的眼光，不仅仅给当事人带来了不良的影响，也不利于维护社会的稳定秩序与诚信机制，更是对人民的不负责。

将来的你我都有可能步入新闻这个行业，无论在哪里发挥自己的价值，都要牢记所在岗位的原则，都不要忘记落在你我身上的那一份责任。正如这次疫情中新华社记者们让我们看到的：做时事新闻是每个新闻工作者的职责，而明时代新责是你我所有人都必须有的担当！

安徽师范大学

（新闻与传播学院）

一、教学概况

2020 年 11 月"中国新闻传播大讲堂"课程启动，安徽师范大学新闻与传播学院在全院进行了课程学习的部署，要求全院各专业各年级组织学生收看、班级开展考勤、学生撰写学习情况总结。"中国新闻传播大讲堂"的录制可以作为一种慕课教学方式，同时教师也可利用大讲堂视频开展自己的线上线下混合式教学，或者将其当成线下教学的教学案例。"中国新闻传播大讲堂"是非常好的教学资源，也开启了新的教学方式，是全国联动、行业联动的示范。接下来，学校将更好地组织教师之间、专业之间、学生之间、师生之间开展相关座谈会，交流学习和教学的经验教训，优化课程学习的组织安排，让这一好的资源更好发挥其作用。

二、特色亮点

（一）课程思政和专业教育有机融合

大讲堂的教学内容是一个多层的内容构成，视频将一线记者、编辑、主持人等新闻工作人员的新闻活动生动地呈现在观众面前。透过他们的活动，观众又看到了各地群众的抗疫情况，受到了双重精神洗礼——新闻工作人员不怕牺牲的职业精神和职业伦理、人民群众的坚韧坚强的伟大抗疫精神，新闻传播类专业的学生又学习到最核心最直接的新闻传播技能。学生都表示深受感动，受益良多，看到了新闻背后的故事，知道了新闻工作者是如何炼成的，更加深刻认识了新闻传播工作的意义和肩上的责任。同学们表示要努力学习，为将来成为合格的新闻传播工作者、做好新闻传播工作和公共传播工作而努力。

（二）优质教育教学资源的共享

大讲堂的视频，在一定程度上弥补了地方院校在教育教学资源上的不足，缩小了新闻传播教育教学资源的鸿沟。大讲堂反映的是各媒体优秀记者的工作及其成果，这些记者各有自己的优势和特色。如果由各高校新闻传播院校组织邀请这些嘉宾，恐怕是难以实现的或成本极大的。现在，由教育部高教司、中宣部新闻局委托高校新闻传播学类专业教学指导委员会具体负责，则能够统一邀请到最高端、最优秀、最有针对性的人员，也避免了各学校分散组织所耗费的人、财、物、时间成本。这是高效集约的做法，对于地方院校、弱势院校是最有利的。

（三）危机情境下新闻传播教育的新篇章

教师们看到大讲堂的记者讲述和现场活动视频、采访视频的讲课方式，也将课程教学视频录制下来，把这些视频传到在线课程之中作为课前预习材料、课后学习材料或者课堂当中讨论的材料，形成一场线上线下混合式教学。这增强了老师们运用慕课、智慧教学、线上线下混合式教学等新教学方式的信心。大讲堂的迅速行动是一个很好的示范，体现了中国新闻传播教育界的担当意识和责任意识。相信在这之后，更多教师会更好地做好线上线下混合式教学，会更多采用互动式的教学方式，做好应对危机情境下教学的思想准备。

三、学生心得

（一）疫情不会将我们打倒

面对突如其来的新冠肺炎疫情，党和政府采取了一系列及时和强有力的措施，集中人力物力，仅用了十天便建造完成了火神山医院；调配四面八方的医护人员支援武汉；城市封闭、交通管辖与限制；透明公开疫情相关数据，与国际防疫工作迅速接轨等。而人民也在积极配合响应国家号召，自发进行捐款援助武汉；厂家自发改造生产线生产抗疫所需的物资……国家与人民的一系列行动向世界展示了良好的大国担当。这是一个能够统筹兼顾，集中力量办大事的国家；这是一个行动高效，将人民的利益摆在首位的国家；这是一个一方有难八方支援，充满人情味的国家。我们凭借自己的实力告诉着世界：中国永远不会被打倒。

（二）提升专业素养，做好复杂形势中的国际传播

首先，当重大公共危机发生时，中国有着天然的制度与文化优势，能够按照党中央和国家的统一领导与部署有条理地应对危机。在传播和塑造国家形象时，应懂得扬长避短，去传播自己的长处，特别是在对比中隐形地将自己的优势凸显出来。其次，中国在国际舞台上一直是以一个负责任的大国形象进行活动的。在重大公共危机发生时，中国在保证解决自身问题的前提下，可以通过实际行动来塑造自己的中国国家形象。在这次新冠肺炎的抗疫过程中，中国为世界提供了"中国方案"，向其他国家派去经验丰富的医护人员以及研究专家，中国对世界的贡献都在无形中提升了中国的形象与威信。

阜阳师范大学

（文学院）

一、教学概况

自 2020 年 11 月 5 日"中国新闻传播大讲堂"正式启动以来，阜阳师范大学文学院新闻传播系与信息工程学院新闻传媒系高度重视相关课程的学习工作。

文学院新闻传播系上下积极响应，组织专人负责制定大讲堂学习计划，明确了线上与线下、集中与分散、理论与实践相结合的学习方式，安排全体师生按时观看开幕式及相关课程，定期检查工作进展，组织大讲堂讨论会，不断提高学生创新能力，培养其新闻意识。

信息工程学院新闻传媒系将其作为优质内容，灵活运用在教学之中，有线下课堂教师深度分析、线上线下课堂学生自主讨论、以主题活动形式向全校其他专业同学推广等多种形式，取得了良好的效果。学生反馈，通过对"中国新闻传播大讲堂"相关内容的学习，不仅在媒体专业知识和新闻实务方面有所收获，更深刻理解了中国特色社会主义的制度优势、理论优势、道路优势，强化了马克思主义新闻观学习，培养了为党、为国、为人民的深厚情怀和使命担当。

二、特色亮点

（一）将精彩内容引入课堂案例教学

本系教师结合自身所教授的课程，将"中国新闻传播大讲堂"中精选出来的内容融入课堂案例教学之中。比如在《新闻学概论》课程中，结合第 1 集新华社总编室副主任刘刚的发言，教师用年轻一代的 90 后、95 后新闻工作者的优异表现激励学生。在《网络舆情分析与应对》课程中，结合第 8 集中央广播电视总台肖振生的发言，教师从新媒体谣言管控的角度，分析在疫情期间如何有效地进行舆情疏导，也让同学们结合自身体验畅谈互联网上出现的谣言类型和治理办法。

（二）作为课程作业、考察和考试素材

"中国新闻传播大讲堂"每一集的最后都有很好的案例素材，通过在学习通智慧教学平台布置作业，《报刊编辑》课程的教师引导学生从优秀的媒介作品案例中汲取创作养分，将其风格与特色创造性地运用到自己的作品中；《毕业论文写作》课程的教师则引导学生用新闻传播学的研究方法对素材进行案例分析，并鼓励学生尝试撰写案例分析小论文，为完成毕业论文做准备；《新媒体概论》则选取了"中国新闻传播大讲堂"中的一个案例作为期末考试的案例分析素材。

（三）开展多样化实践活动

新闻专业的老师还将大讲堂的精神核心带到了课堂上，让同学们从各个方面进行新闻报道和输出训练，如新闻报道策划、新闻稿的写作和音视频制作等，将日常所学运用到实践当中。

在这一训练过程中，同学们分别从不同方面采访和报道了阜阳师范大学疫情防控的相关工作。有同学采访了食堂工作人员，也有同学采访了门卫安保人员，还有同学采访了学校领导、老师等。在一系列采访训练中，同学们深刻感受到前线抗疫工作人员的艰辛，也体会到作为一个新闻人该从哪些方面报道才能更好地传递抗疫精神，让那些"无名英雄"成为大众的榜样，让新闻记者成为更好的传声筒。

三、学生心得

在新冠肺炎疫情期间，在人人都想要逃离武汉的时候，新闻记者却一批又一批地深入红区，艰难记录着武汉的点点滴滴。他们能够在重症监护室与危重症病人面对面采访，能够一街一道寻求信息，着实令人佩服。我想说，作为新闻界的优秀记者，这些前辈是我们的学习榜样。

（一）懂得倾听

作为记者，通过采访当事人来获取信息是最基本的素质之一。但采访并不是生硬地问问题，而是应该做到有温度的沟通与耐心的倾听。毕竟没有哪一个人会对着一个陌生人侃侃而谈。《会有天使替我来爱您》这篇稿件的采访是在电话中完成的，张霓与她的大作爸爸的故事让我们每一个人都落了泪。像这种人人为之动容的故事一定不是问出来的，而是当事人自己讲出来的。在只能以电话这种方式来获取信息的特殊条件下，如果一名记者不懂得倾听，那么写出来的稿件可能只是隔靴搔痒，不能让人体会到当事人的情感。而在我看来，倾听不只是靠耳朵，眼睛也是倾听的一种方式。湖北日报记者李墨在报告中讲道，在战疫报道中若要传达直击人心的细节，需要描写好人物的表情与动作。张定宇院长在接受记者采访时，瘫坐在椅子上。在讲述自己的病情时表现得豁达、乐观。而在谈到妻子的病情时，表现出来的担心与心疼，都是需要用心去观察才能发现的。

（三）学会描写

撰稿作文是记者的基本功之一，而稿件对人物的描写丰满与否影响着整篇稿件的观感。在中国青年报记者谢宛霏的报告中，我看到了一个又一个丰满、立体的人物。王利、汪勇这些平凡、伟大又鲜活的生命就好像在我们面前一样，而这些都是源于作者对于人物生动准确地刻画与描写。从这位记者的报告中我了解到，相比于记者本人整理过的话，当事人自己的言语更能够体现采访人物的细节与个性。细节不仅仅是环境中的一桌一角，采访对象个人的记忆、故事情节、心理斗争都可以作为细节的一部分，使人物形象更为立体。只有人物更加丰满、立体，作品才能脱颖而出。记者不能生硬地记录内容，而要为人们传达一种思想与情感，事实总是因为有了情感的点缀才更显得珍贵。

黄山学院

（文化与传播学院）

一、教学概况

在教育部高教司、中宣部新闻局的指导下，由中国传媒大学、教育部高等学校新闻传播学类专业教学指导委员会主办的"中国新闻传播大讲堂"于2020年11月5日在中国传媒大学举办启动仪式。我校新闻学师生在院部大讲堂学习负责人的安排下，集中收看了大讲堂启动仪式。直播后，同学们纷纷表示，要认真学习接下来的大讲堂课程，领会贯彻马克思主义新闻观，时刻牢记习近平总书记关于新闻舆论工作的重要论述精神，加强对于新闻传播业的认识和理解，增强专业认知和实习实践能力，为中国新闻传播事业奋斗。

11月中旬以来，大讲堂负责人收到课程视频后，即刻在全体新闻学师生中开展了大讲堂课程的学习。我院新闻学专业18级、19级、20级本科及20级专升本新闻学专业的共193名学生全部进行了大讲堂的学习。新闻学教研室教师也展开了大讲堂课程的研讨并在课程中带领学生进行案例的深入学习。

二、特色亮点

（一）集中学习，深入体会

我院新闻学专业的大讲堂学习通过两种形式展开：学生集中学习观看大讲堂视频，大讲堂学习负责人给学生进行及时的教育引导和剖析；新闻学教师根据自己课程的需要，在日常教学中，选择一部分大讲堂案例，结合课程内容，进行案例深入讲解，促进专业课程学习。

通过一个多月的大讲堂案例视频学习之后，18级新闻学学生唐紫燕感悟说，这是一门非常深刻且生动的国情大课、有温度的思政大课、高水平的专业大课，为我们传媒学子更好地理解当代中国传媒业的需求指明了方向。传媒从业者，应该理性思考，坚持正确的舆论导向，同时积极引导、推动社会舆论的有序健康发展。

（二）注重引导，强化身份职责教育

通过视频学习，同学们感悟到广大优秀的媒体工作者在抗疫阻击战中进行有温度的传播，有深度的思考。每一个重大的报道都是一次责任的担当，神圣而又光荣。勇敢逆行的新闻人临危受命、不畏艰险、迎难而上，用镜头、用纸笔、用心用爱及时发布前线信息，凝聚万众一心的强大精神力量。新闻工作者在这次阻击战中展现的伟大抗疫精神是无数人投身新闻事业的强大精神动力。他们在报道中坚持正确的舆论导向，用正确的舆论鼓舞人，坚守着马克思主义新闻观。

新闻学子，要树立崇高的职业精神，遵守职业道德，在大讲堂中领会优秀新闻工作者的专业感悟、实践精神、职业操守，体会这份工作的光荣神圣感，做有温度、有水平、有价值的新闻报道，自我加强新闻传播教育，早日成为政治、业务、战斗力过硬的新闻队伍中的一员！

（三）强调交流，进行知识内化

学习接近尾声时，大讲堂校内学习负责人请同学们把这段时间学习的收获和感受好好整理，进行内化和揣摩，并把内心的丰富感受具象化，通过撰写学习心得，帮助自身完成一次学习的提升；并在院部展开广泛的学习心得交流和

评比，各班选评 2 篇大讲堂优秀学习心得进行集中展示和交流，帮助同学们进一步沟通交流学习感受，深化所学内容，引导学生们积极思考如何在将来的新闻实践中，学习大讲堂课程给大家带来的马克思主义新闻观实践榜样和精神。

大讲堂的学习并没有结束，各年级接下来的学习都将深度融入大讲堂的内容，大讲堂的案例将成为新闻传播课程教学中宝贵的一线案例，帮助同学们更好领会专业学习的理论和原则。

三、学生心得

（一）疫情之下新闻工作者的初心与使命

面对突如其来的新冠肺炎疫情，党中央高度重视，迅速做出决策与部署；党员干部发挥先锋模范作用；广大医务工作者义无反顾，冲锋在前；人民解放军闻令而动，无畏艰险；广大基层工作人员坚守岗位，勇担重任；广大志愿者无私奉献，传播友爱；广大人民群众团结一致，守望相助，为疫情防控阻击战做出了突出贡献。但是，在这一张张坚毅的面孔、一件件感人的事迹的背后，是一批守得住初心、担得起使命的新闻工作者的付出。通过这场疫情防控阻击战，我们可以看到中国新闻工作者的初心使命，他们用党的光荣历史和革命传统涵养党性，用习近平新时代中国特色社会主义思想武装头脑，勇做党的政策主张的传播者、时代风云的记录者、社会进步的推动者、公平正义的守望者。

（二）新闻工作者要守初心、担使命、强四力

通过观看"中国新闻传播大讲堂"，我们认识了一批守得住初心、担得起使命的优秀新闻工作者。在此次疫情防控阻击战中，新闻报道面临重重困难，但是新闻工作者们刻苦钻研、不懈奋斗，终于冲破层层难关，践行四力。为了隔离病毒，他们将相机包裹上保鲜膜，或使用手机进行拍摄、录制；利用新媒体平台创新报道形式，推出推文、短视频、H5 视频等，配合有关部门在第一时间发出权威声音，消除噪音、杂音，践行新闻工作者的初心使命。他们白天冒着风险深入医院拍摄，晚上还要在基础条件没有保障的居住环境中写稿。超长的战时工作状态，他们都扛了下来，一万多条报道，让红区之外的广大人民群众及时、全方位地了解到红区内的实际情况。他们奠定良好的信息基础，有效发

挥了舆论管控的功能，成为合格的把关人。他们在报道英雄，他们亦是英雄。

（三）新传学子要练就过硬本领、传承初心使命

听了各位优秀的新闻工作者分享经验，我对新闻报道的流程有了更深入的认识。最基本的是党性与人民性的统一，新闻报道中要恪守党性原则，体现正确的政治站位，才能发挥好新闻传播的作用。在新闻报道中，应该选取怎样的选题，按照什么样的主线去进行采写，才能将新闻报道主体展现出来而不产生歧义；在采访中应该用怎样的语气和态度，如何针对受访者的回答进行进一步挖掘；在报道时又应该使用怎样的笔触、语言去书写，大讲堂中的各位老师都用他们丰富的经验给出了回答。"听君一席话，胜读十年书。"听着各位老师的讲述，我对新闻工作有了更加浓厚的兴趣和向往，也明白，作为新传学子，一定要传承优秀新闻工作者的初心使命，同时不断锤炼自身，练就过硬本领，才能成为一名优秀的新闻工作者，担当时代大任。

皖西学院

（文化与传媒学院）

一、教学概况

自教育部高等学校新闻传播学类专业教学指导委员会组织开展"中国新闻传播大讲堂"的相关学习活动以后，皖西学院文化与传媒学院高度重视，学院党委委员、副院长刘华江担任学习活动负责人和联络人，积极从教师和学生两个层面进行广泛的学习动员工作。

文化与传媒学院组织新闻学、广告学和网络与新媒体专业三个新闻传播学类专业的全体在校教师开展了一次学习动员会，说明了开展"中国新闻传播大讲堂"学习活动的缘起，强调了开展"中国新闻传播大讲堂"学习活动的重要性和必要性。在正式开展学习活动之前，学院组织各专业师生开展了以"中国新闻传播大讲堂学习活动"为主题的班会，将相关学习背景、学习文件及相关要求明确传达给学生，动员学生们在学习活动正式开展之前先进行课程准备，以增强学习活动的实效。

在集体观看环节中，学院采取集体学习和个人分散学习相结合的方式来进行，从"中国新闻传播大讲堂"的 32 集视频当中选取 6 集，共开展了三场集体观看学习活动。

总体来看，该项活动的开展，对提高皖西学院文化与传媒学院传播学类专业广大教师的思想认识、业务能力和业务水平等具有重要的促进意义，对提高皖西学院文化与传媒学院传播学类专业学生的专业认识、专业能力和专业水平等具有重要的教育价值。

二、特色亮点

（一）积极动员

皖西学院作为一所地处中部的地方性、应用型普通本科高校，在师资队伍、办学思想、办学理念、办学条件、办学水平等方面都受到很大限制。"中国新闻传播大讲堂"邀请了国内传媒界一流的一线记者，讲述了一线故事，分享了一线经验，对提高专业教师的思想认识、业务能力和业务水平等具有重要的作用，对强化教师的马克思主义新闻观以及如何讲述并讲好中国故事、中国精神和中国力量具有有力的推动作用。因此，学院积极动员，组织新闻学、广告学和网络与新媒体专业三个新闻传播学类专业全体在校老师开展了学习动员会，以提高对课程和教学的认识高度。

（二）重点学习

学院从"中国新闻传播大讲堂"的 32 集视频中选取 6 集，围绕不同的重点与核心激发师生的学习与讨论。如第 1 集主讲人是新华社总编室副主任、高级记者刘刚，主讲内容侧重一名传媒人的职责、"新华精神"以及我国人民上下一心的伟大抗"疫"精神；第 10 集主讲人是光明日报社全媒体总编室记者、90 后新闻工作者卢璐，主讲内容侧重如何用笔下的文字和镜头里的影像讲述历史记忆和时代体温；第 27 集主讲人是现任总台新闻评论部《24 小时》主持人、具有多年经验的资深记者王春潇，以及中国青年报孙庆玲，主讲内容侧重她们对新闻访谈类节目特点的剖析和在武汉期间进行新闻报道的经验。重点观看并提炼核心的观看方式，为集体观看学习设置了议题和讨论的抓手。

（三）组织研讨与征文

集体收看学习环节结束后，学院要求各辅导员召集新闻传播学类三个专业学生开展学习研讨与交流活动，要求学生根据本次学习活动的所观、所感、所想等撰写学习活动的心得。同时学院结合本次学习活动开展了"中国新闻传播大讲堂"学习心得征文比赛活动。总体来看，学生撰写心得、参赛较为积极。在收到学生的参赛作品后，学院及时组织教师对征文开展了评选工作，共评选出一等奖 2 名，二等奖 3 名，三等奖 5 名，征文活动取得了良好的效果。

三、学习心得

（一）实战经验的传递

荣膺"全国抗击新冠肺炎疫情先进个人"的现代快报记者孙兰兰曾用"真""快""近""轻""暖""深"这六个字概括自己作为新闻记者积累的经验。令人印象深刻的是"暖"，这是指做新闻记者要有温度、有细节；"轻"是指网络传播的产品要轻。随着互联网信息技术的发展，新闻的传播不仅仅局限在传统媒体上，网络平台更是重要的载体。她基于自身的专业和实践经验讲解新闻生产中的图文细分、视频长短；她还结合自身的抗疫报道经历，谈及她在武汉的那段日子里不畏艰险、多次深入红区，舍身忘死地记录这场惊心动魄战役的过程。她说的"如果你拍得不够好，是因为你离得不够近"令人印象深刻，让我多次潸然泪下。

（二）职业精神的学习

十八年坚守新闻一线，风里来雨里去的"铿锵玫瑰"王春潇说，作为一名新闻工作者首先要"到现场去、到前方去"。只有深入新闻现场，真正地了解事实，才能更加敏锐地捕捉更多的细节，才能积累更多的经验。其次她认为要新闻记者要走进社区，接触基层群众，从而更了解他们的关切，在传达信息的过程中就更有针对性。最后她提出实践是检验真理性的唯一标准，最重要的三个字就是"去现场"。

在"中国新闻传播大讲堂"的这些优秀的新闻记者分享经验后，我感到新闻记者不仅需要具备很好的整合资料和搜索信息的能力，还应该要多去现场、多去贴近真相。同时，采访也是一个需要培养的重要的能力，在捕捉到一个真相前，只有抓住重心、精简提问，才能在采访的过程中直击要害、获得大众关切的问题。

安徽财经大学

（文学院）

一、教学概况

2020 年 11 月 5 日，在教育部高教司、中宣部新闻局的指导下，由中国传媒大学、教育部高等学校新闻传播学类专业教学指导委员会主办的"中国新闻传播大讲堂"在中国传媒大学启动，第一讲正式上线。各省教育厅、各高校新闻传播院系师生通过直播方式在线观看。安徽财经大学文学院与新闻传播系高度重视"中国新闻传播大讲堂"这门最生动的国情大课、有温度的思政大课、高水平的专业大课，认真组织新闻系全体师生在线全程观看直播，并及时下载以抗疫报道为主题的大讲堂 32 集视频教学课程"中国新闻传播大讲堂——来自武汉抗疫一线的报道"，作为优质教学资源组织新闻系师生认真学习，积极讨论，撰写学习心得，切实推动抗疫精神进校园、进课堂；同时引导广大师生深刻理解中国特色社会主义的制度优势、理论优势、道路优势，打牢思想基础、夯实思想根基，从而更快、更好、更深入地发挥"中国新闻传播大讲堂"在新文科建设、新时代培养优秀新闻传播人才、新闻传播专业创新发展等方面的积极作用。

二、特色亮点

（一）教师积极学习，融入课程内容建设

高校新闻传播系教师作为中国特色新闻学的传道者、授业者，要坚持守正创新，坚持马克思主义新闻观，自觉肩负起新时代培养优秀新闻传播人才的重任。新闻传播系教师在"中国新闻传播大讲堂——来自武汉抗疫一线报道"学习活动后，深受鼓舞，积极撰写学习心得，畅言感想，有深度，有广度，有温度；既有理想信念的高扬，又有专业素养的理解，并有效融入课程思政与思政课程的内容建设，充分反映了新闻传播系教师的思想高度、职业信念与专业精神。张香萍老师认为，来自抗疫一线的新闻记者参与录制的"中国新闻传播大讲堂"不仅再现了一个个生动的抗疫故事，更让新闻专业教师再次感受到了记者的责任担当和专业素养。这是最生动的新闻传播课堂，这是最有温度的课程思政，这是理论与实践相结合的经典范本。李育泽老师从国际视野的全媒体人才培养角度谈了自己的深刻感悟，认为全媒体时代给新闻传播事业带来的巨大变革有目共睹，对新闻人才的培养也必须与时俱进。李军老师从新闻传播大讲堂的意义、课程思政与新闻传播教师的职责角度做了总结，认为新闻传播大讲堂的学习有着深刻的时代背景和深远的时代意义。通过新闻传播大讲堂的学习讨论，新闻传播系全体老师的思想信念、专业素养等各方面都得到了很大提升。

（二）学生畅谈感想，明确责任使命担当

不仅老师们有深刻的学习体会，新闻传播系学子们也积极表达了大讲堂 32 集视频教学课程给他们带来的收获。同学们畅谈了作为新闻学子的深刻感触，认为"来自武汉抗疫一线的报道"不仅是一堂专业大课，也是一堂思政大课。作为一名新闻人，为人民发声、为正义发声是责任所在，应该始终不忘心怀正义，不惧强权，让人民看到事物的真相。时代在不断发展，新的时代有新的要求，我们也应该提高对自身的要求。作为一名新闻学子，每时每刻都应当不忘初心，铁肩担道义，妙手著文章。经过这一次的学习，同学们更加深刻地理解了身在新闻行业而应该有的责任与使命，看见了新闻从业者的无畏精神，也坚定了身为新闻学子应有的担当。

三、学生心得

在观看大讲堂的正式内容后，我对新闻传播行业有了更深刻的理解，也对将来可能从事的新闻记者这个职业有了进一步的认识。此次大讲堂的课程来自疫情报道实践，相关的新闻案例均来自此次抗疫一线，课程特别针对新时代融媒体环境下新闻创作进行讲述，我的学习心得主要有以下两点。

（一）明确责任担当

透过视频与文字，我感受到了新闻人的责任与担当。新冠肺炎疫情突如其来，新闻记者迎难而上，日夜奋战在抗疫斗争的第一线，为坚决打赢疫情防控的人民战争、总体战、阻击战凝聚了强大的精神力量。他们传递出疫区的真实状况，谱写了中国人民共克难题、同舟共济的历史篇章。正是因为心怀祖匡、心怀人民的媒体人在汹涌疫情中的勇敢逆行，才使中国的抗疫行动有了既具温度、又有深度的传播。对于新闻工作者来说，哪里有新闻事件，哪里就有新闻工作者的身影。作为一名新闻专业的大学生，我看到了这场没有硝烟的战争中，新闻工作前辈们的尽职与担当，他们用亲身经历告诉我们，应该成为一个怎样的新闻人。不忘初心，砥砺前行，将自己的职业理想与人民紧密相连，为中国未来的新闻事业做一份力所能及的贡献。

（二）提升专业素养

新冠肺炎疫情期间，广大新闻记者临危受命，奋战在抗疫斗争第一线，及时报道前方新闻，向人们传递最新鲜、确切的疫情信息。融媒体新闻传播需要记者及新闻编辑人员拥有全媒体新闻传播能力，这对新闻机构的组织能力提出了更高层次的要求。前方一线新闻记者采集的照片、视频素材，撰写的文字素材发回后方编辑部，后方编辑部需要用强大的组织能力，让采集的珍贵新闻内容在全媒体平台播送，向外界传递信息。新闻传播知识的学习，归根到底还是要应用到相关的实践之中，只有在新闻实践中应用了我们所学的知识，我们的专业学习才是真正有用的。

安徽新华学院

（文化与传媒学院）

一、教学概况

2020 年 11 月 5 日，由教育部高教司、中宣部新闻局、教育部高等学校新闻传播学类专业教学指导委员会推动开展的"中国新闻传播大讲堂"在京启动。作为民办高校，安徽新华学院积极响应学习号召，严格按照教指委要求，着力推进"中国新闻传播大讲堂"进校园、进课堂、进心灵的学习活动，不仅组织师生共同观看了启动仪式和视频内容，更将这一重要活动与新闻传播专业改革和课程创新深度融合，推出了一系列专项学习活动，在校园中产生了巨大反响——同学们从大讲堂中学到了平时课堂学不到的东西，大讲堂催生了大家的爱国热情，激发了学生对新闻传播专业的自信心和自豪感，增强了专业学习的自主性。总体而言，大讲堂课程学习收获丰硕。下一步，学校还将继续引领师生深化学习，邀请在疫情期间深入抗疫一线的新闻记者开展讲座交流，为师生现场讲述疫情期间感人至深的新闻故事，以巩固和升华大讲堂的学习成果。

二、特色亮点

（一）师生共学，抓好第一课

2020 年 11 月 5 日下午，师生们观看了"中国新闻传播大讲堂"启动仪式。随后，教师团队围绕教育部高教司吴岩司长的重要讲话，深入研究并初步形成了推进教育教学改革、加强学科专业建设和深化人才培养的新思路、新路径。与会教师不仅认识到学习大讲堂课程的重要性，也在积极思考如何将大讲堂的主旨内容与新闻传播专业教学有机融合、融会贯通。对于同学们而言，大讲堂所带来的收获是多方面的。优秀记者的家国情怀以及他们所讲述的抗疫故事，让学生看到了主流媒体如何围绕中心、服务大局，学习了怎样立足媒介平台，讲好中国故事，增强了专业认同感，提升了专业自信，深化了对新闻工作的认识和理解。

（二）融入教学，实现全覆盖

除了全程观看大讲堂视频，我们还按照教育部高教司要求，将大讲堂内容与专业课程深度融合，对所有专业进行全覆盖，呈现出"大讲堂即教学，教学有大讲堂"的新教学景观。新闻系副主任张倩、教师陈琳、马潇潇、吴琼等采用多媒体教学手段，将大讲堂融入专业教学，带领学生开展专业讨论；教师洪玉将大讲堂中记者提及的报道实例作为授课案例，对学生进行家国情怀教育、新闻专业教育。此外，学院还牵头邀请知名学者苏州大学陈龙教授和安徽日报高级编辑华睿教授开展专题交流研讨活动，让在校学生对此次新闻传播大讲堂的内容有更深刻、更全面的了解。我们发现，在专业课堂上，大讲堂中的精彩内容——无论是记者们义无反顾奔赴战疫一线的勇敢无畏，还是面对复杂疫情坚持准确还原真相的职业操守，都给新闻学子们上了最生动的一课，取得了较好的教学反响。

（三）专题研讨，入脑更入心

2020 年 12 月 4 日，围绕"中国新闻传播大讲堂"的主旨内容，学院分别召开了教师研讨会和学生研讨会，邀请师生参与讨论，在思维碰撞的过程中，使观摩和学习的内容入脑、入心。在教师研讨会上，院领导表示，大讲堂是加快新文科建设、推动高等文科教育提质创新的有力抓手，是强化马克思主义新闻观教育、全面推进新闻传播类专业课程思政建设的实际行动。老师们一致认为，借助大讲堂，将构建具有新闻传播学科特色的全员、全过程、全方位育人大格局。在随后组织的学生代表座谈会上，同学们表示，这是一门生动的国情大课、有温度的思政大课、高水平的专业大课，过目难忘、记忆深刻、感悟丰厚。

三、学生心得

在"中国新闻传播大讲堂——来自武汉抗疫一线的报道"中，我对几位记者的讲述印象颇深，其中一位便是中国日报网的视频记者李馨。在武汉报道期间，李馨记者策划了《英雄新传》系列片，通过采访抗疫工作最前线的医护人员、公安干警、基层工作者等人，展现了中国人民团结一心、众志成城的抗疫精神。

从李馨记者的讲述中，我有以下两点感想和认识。

（一）做好专业报道

为了反映封城下武汉人民的生活状态，当李馨记者到达武汉后，首先采访了一位接送医护志愿者的司机。鉴于志愿者的工作性质，不方便采取跟拍方式进行报道，于是，她想到以被访者自拍的方式记录这位司机的工作，打造了Vlog 这一具有创新意义的采访报道形式。这部 Vlog 以"第一人称"视角将武汉人民的抗疫生活娓娓道来，让我学会了如何用好新媒体，增强报道的传播力和影响力。此外，我还从记者的讲述中学习到，网络评论也是寻找选题的渠道之一。尤其是对于一些不实言论，记者深入实地的采访报道具有遏制谣言、以正视听的重要作用。比如，在疫情初期，有网络评论说疫情之下的武汉人民遇到了比较大的生存问题。李馨记者提议，要用镜头记录真实的武汉生活，于是她拍摄了城市的粮油供给等日常状态，让人们知晓了真实情况，减少了社会恐慌。

（二）讲好中国故事

新冠肺炎疫情突如其来，作为主流媒体，既要配合党和政府打赢疫情防控人民战争、总体战、阻击战，也要回应国际社会关切、争取各国理解、推动全球抗疫合作，讲好疫情之下的中国故事，成为与世界各国沟通你我、互通有无的桥梁和纽带。李馨记者的讲述告诉我们，立足国际舞台，新闻报道不仅仅传递新闻信息，还要担负起讲好中国故事、传播中国声音的职责和使命，要将中国人民科学防控、团结乐观的防疫抗疫精神传递出去。李馨记者的报道，记录了很多在武汉工作、生活的小人物，医护人员、公安干警、志愿者们……他们坚守本职岗位，从点滴做起，救死扶伤、帮扶大众，为助力疫情防控大局贡献力量。虽然不同国家的语言文化不同，但人与人之间的内在情感是共通的。结合李馨记者的报道，我发现，在国际传播中，从小事入手，从小人物入手，记录平凡人不平凡的抗疫事迹，是讲好中国故事、传递中国精神的有效途径，值得我们学习和借鉴。

安徽外国语学院

（文学与艺术传媒学院）

一、教学概况

2020 年 11 月 5 日，"中国新闻传播大讲堂"第一讲正式上线。当天下午，全国新闻传播专业同上一堂课，安徽外国语学院文学与艺术传媒学院网络与新媒体专业 2020 级、2019 级、2018 级、2017 级四个年级的全体师生共同参与了此次活动。专业课老师和学生一起在教室观看了该课程并开展主题班会，探讨新闻人的责任与担当。此次活动在广大师生中引起了强烈反响，教师代表表示，观看了大讲堂的开播仪式，深深震撼于新闻传播人的职业素养和专业情怀，并表示要以"中国新闻传播大讲堂"的开播为契机，坚持守正创新，做中国特色新闻学的传道者、授业者；学生代表表示要立志成长为有定力、有情怀、有本领的新闻人。通过观看学习"中国新闻传播大讲堂"，全体师生进一步了解了那些奔赴在武汉抗疫前线记者的感人故事，他们用字字句句和声声快门，记录下疫情期间人们的真实感受。丰富的采访素材，大量的细节描写，让学生们深刻认识了新闻人的使命。

二、特色亮点

（一）高度重视，强调重要性

校领导高度重视此次大讲堂活动，接到通知后，学院迅速召开专门会议，讨论确定该活动工作负责人，随即制定工作计划，落实工作部署。学院要求全院各专业师生必须全覆盖参加观看学习，按照教育部文件精神，向学校教务处请示后，将大讲堂观看学习活动直接作为学生课程计入学分管理，要求各个专业教师和辅导员结合课程统一组织观看后续内容。同时，专业老师要强调大讲堂学习与研讨的重要性与必要性，并根据教育部要求，让每位同学于 12 月 30 日之前上交学习感悟等成果材料。

（二）专题研讨，更有针对性

启动仪式之后，文学与艺术传媒学院网络与新媒体教研室专业课老师结合 2020 年 11 月 3 日教育部全面推进新文科建设会议的精神，详细阐释了推进新文科建设中把握高等教育发展大势、新文科教育创新发展、新文科建设基本任务等议题的思路。12 月 3 日中午，教师们开展了教研室内部活动，就如何切实开展"中国新闻传播大讲堂"活动进行研讨，与会老师积极参与了此次会议讨论，共同制定关于此次新闻传播大讲堂活动的计划。网络与新媒体专业教授梅笑冬在会议中建议专业课老师可以将新闻传播大讲堂中的相关内容纳入教学环节中，引导学生了解抗疫精神，培养学生为党为国为人民的深厚情怀和使命担当。

（三）观点交流，注重思想性

新文科的改革建设是文化自信建设的基础，中国的发展除了科学技术的进步，文化自信的提升也非常重要。新闻传播是在讲故事，新闻人用镜头记录战疫故事，用文字传递抗疫精神，用新闻报道守护山河无恙，他们既是时代英雄的记录者，也是这个时代的英雄。学子们在课堂上纷纷发表自己的观点，同学们认为，正是 2020 年上半年这些不平凡的经历，让他们更加懂得信仰、情怀与担当，在新文科建设的背景下，要响应国家的号召，严格要求自己，肩负起时代的重任。2020 级网络与新媒体 2 班班长认为，要做一个有担当的新闻传播人，应该以抗疫一线的新闻记者为榜样，认清自己肩上的责任，将新闻行业当作对高尚精神的推动，对真善美情怀的讴歌，不遗余力，不知疲倦，充满激情，坚守初心，树立信心。

三、学生心得

（一）努力找新，避免同质

在这次讲座中，作为新生，我学到了特稿如何获取细节的许多技巧，同时那些疫情中的故事也令我非常感动。整场讲座中，令我印象最深刻的是"努力找新，避免同质"这一条，因为最近我自己在做一篇稿子的准备中也遇到了同样的问题，那种时刻真的令人很沮丧，觉得自己做的很多东西一下子就没有了意义。李强师兄坚持探寻下去，"避免同质"的精神深深激励了我。同时，他告诉我们要寻找独特的采访对象，告诉我们真正独特的细节是深入现场和独特的采访对象深入聊出来的。这启发了我如何去"破局"，如何去做出视角独特、有意义的新闻。除此之外，我还学到很多实用的采访技巧。当然，最重要的是，李强师兄在疫情期间深入武汉的精神，这些都是我新闻学习以及以后新闻职业生涯非常珍贵的财富。

（二）勇于担当，提升素养

疫情凶险，如洪水猛兽，然而记者在面对生命威胁的同时，还要竭尽全力去探索"通往人心之路"，写出有温度的报道。阅读师兄的报道，我赞叹其细腻的笔触，笔下的文字可以轻易地令我回忆起那段布满阴霾的日子，可以自然地将我带到现场，同医生、护士、患者进行跨越时空的交流。李强师兄向我们展示了何为记者的专业素养，何为记者的社会担当，何为记者的赤子心肠。疫情下的新闻人，带着新闻人的使命与担当，成为一队特殊的"逆行者"，面对病毒威胁，保持一份情怀与冷静，呈现给我们疫情一线最真实的守护者群像，他们也和疫情一线的医务人员一样，是我们心中当之无愧的"最可爱的人"。通过这次活动，我真实地感受到了自己作为未来新闻人的责任与使命，也学习到新闻人该具备的素养与技巧。未来的学习生涯里，我也会继续砥砺自我，传薪播火，有一分热，发一分光。

（三）不断求真，尊重生命

中青报冰点周刊曾提出，新闻不只有一天的生命。细想此理念，将不免发问：当"新"不在，当时效性不在时，新闻的生命又何在？此次学习活动给了我一个答案。漫漫采写路，永远不要停下求真的脚步，也需永远记得彼此的尊重。人文关怀将赋予新闻全新的价值，一种难以被时光磨灭的价值。

蚌埠工商学院

（人文与艺术系）

一、教学概况

本次"中国新闻传播大讲堂"的主题为"来自武汉抗疫一线的报道"，来自14家主流媒体的42名新闻工作者生动讲述了自己和同事们在抗疫一线的故事。对于上半年亲身经历过疫情的同学们来说，这次学习不仅是新闻传播理论与实践的深度融合，更是塑造社会共同体、强化群体记忆与归属感的重要契机。中国新闻记者的家国情怀与专业素养，对青年学生塑造职业理想有着良好的楷模引领作用。接到通知后，蚌埠工商学院十分重视此次学习，希望同学们可以学习与领悟危机面前中国人民所展现出的伟大抗疫精神，自觉承担民族复兴大任，勇做讲好中国故事的新闻人。承担本次大讲堂学习任务的为人文与艺术系，在制定学习计划时，全部学习任务被划分为"专业学习＋课程思政＋思政课程＋第二课堂"四个模块，其中专业学习与课程思政两部分主要针对广告专业进行。自11月开始学习以来，除了在课堂上由任课教师结合具体的知识点带领学生观看、分析讲解以外，还要求专业教师就每一集课程中的新闻作品案例进行搜集整理、拓展分析，引导学生学习如何讲好中国故事，如何传播中国故事，做好课程思政建设。同时，本次新闻传播大讲堂的学习还与学院的基础教学部形成资源共享。思政教师先学习，再将大讲堂中的抗疫故事融入思政课程的讲授中。

二、特色亮点

新闻传播大讲堂是顺应国家建设新文科、坚定国家与民族文化自信的必然举措。通过讨论，教师们认为此次新闻传播大讲堂具有以下两点教学意义。

（一）彰显人文精神，注重学生人文精神的养成

一个社会经济越发达，人文精神越是被需要。所谓人文精神，是一种普遍的人类自我关怀，表现为对人的尊严、价值、命运的维护、追求和关切。对自我生命的重视，对他人生命与权益的尊重，以及在民族与国家危亡时刻的关心与责任感，这些都构成了新时代下中国语境所书写的人文精神。

大讲堂关于武汉疫情的报道，在32集课程中全面呈现了今天中国人文精神的内涵。无论是大是大非和大灾大难面前"国家至上"的集体主义价值取向，"一方有难、八方支援"的团结互助精神，还是"我将无我，不负人民"的无私奉献精神，更有当疫情在全球多地暴发的时候，中国毫不保留地把自己的抗"疫"经验与之分享，并派遣专家、提供医疗物资支援有关国家抗击疫情，这种"人类命运共同体"的主张，充分彰显了中华民族所固有的优秀人文精神。

（二）强调应用型人才的培养，充分开发教育方式

过去我们常说"知其然，知其所以然"，要求所有学习的人既知道事物的表面现象，也知道事物的本质及其产生的原因。当我们进一步思考，为什么要知道原因与本质，答案非常明显，利用本质与原因，将潜在与内涵的规律为我所用。正所谓"学以致用、知行并进"，新闻传播专业是实务性非常强的专业，没有实践能力的专业学生是不合格的，是无法胜任当下传播需求的。数字化为人文社会科学研究带来了新的历史发展机遇，教育方式与学习方法也呈现出"新"的特点，这集中表现在对信息技术的追求与利用之上。无论是大数据新闻，还是全媒体、融媒体报道，抑或是"中央厨房"式的实践流程，都向学生全面展示了新闻传播的实践与信息技术之间的深度融合。

培养应用型人才，就是要面向行业发展、面向新闻传播实践的需求，解决新闻传播人才的教育供给和产业需求在结构、质量、水平上不适应的状况。通过大讲堂的内容，教师们梳理了全媒体新闻策划、新闻组稿、融媒体稿件采访等专题内容，补充了现有的教学资料，极大拓宽了学生的视野。

三、学生心得

2020 年的春节，疫情来袭，"武汉危急"的消息毫无防备地砸向阖家欢乐的众人。这场突如其来的新冠肺炎疫情注定让 2020 年不平凡，未知的恐怖病毒蔓延在华夏大地，这是一场举国上下与时间赛跑、分秒必夺的战役。学习中，以下两点令我印象深刻。

（一）"白衣战士"坚守抗疫第一线

我们看到，"逆行者"面对国家民族危难时舍小家顾大家，"请战者"义无反顾，不计报酬，不论生死，和平年代里的拳拳爱国心在这场无硝烟的战争里展现得淋漓尽致。面对疫情扩散的风险，坚守是最有力的回答。武汉广大医护人员冲锋在前；全国各地医务工作者成为这个春节最可敬的"白衣战士"；各地支援武汉的医疗队迅速集结，向着武汉出发；曾奉命赴北京小汤山抗击非典的南方医院医疗队主动请战，誓言"若有战，召必回，战必胜"……传统佳节，因坚守而动人；防控疫情，用奋战来回应。春节期间他们坚守岗位，用自己的行动，守护了多少人的健康；用自己的舍弃，换来了多少家庭的团圆。这不仅体现着敬业与奉献的价值追求，更展现出一种超越"小家"、成就"大家"的高尚境界。

（二）"中国速度"点燃民族自豪感

从集中收治新冠肺炎患者的雷神山、火神山拔地而起，到一个个方舱医院相继建成，不断有着建筑奇迹摆在我们的面前。我看见一辆辆载满物资的汽车驶向武汉，一批批志愿者奔赴武汉，我看见的是每一个中国公民严以律己，从自我做起，我听到的是全国人民的呐喊"武汉加油，武汉加油"。这次疫情带给我强烈的民族自豪感，也掀起了全民爱国热潮。此生不悔入华夏，来世还当中国人！

安徽大学江淮学院

（文法系）

一、教学概况

2020 年 11 月至 12 月底，安徽大学江淮学院文法系新闻专业开展"中国新闻传播大讲堂"学习活动。此次学习活动覆盖了新闻专业大一、大二、大三、大四以及专升本的学生近 400 人。整个活动由吕萌主任统筹管理，5 个班级分别由徐阳、许婧和章玉政三位老师负责组织。整个工作主要依托各年级实训课程，采用视频观看、小组讨论、个人发言、心得撰写、征文比赛等多种形式开展，旨在传递新闻工作者的家国情怀与专业素养，加强学生的马克思主义新闻观教育，助力新闻传播事业后备力量的培养。大讲堂集中了最优质的新闻资源，汇聚了最鲜活的抗疫报道，总结了最深刻的报道体会，是一门非常生动的国情大课、有温度的思政大课、高水平的专业大课，对以后深入学习新闻学的学生来说，意义重大。

二、特色亮点

（一）师生价值观同步升华

新闻专业不仅对学生们进行了"中国新闻传播大讲堂"视频展示活动，还结合理论课程，将大讲堂中的案例与课程内容进行融合。例如在 2020 级"新闻采访学"的课堂上，授课的徐阳老师联系实际，挖掘人文内涵，通过大讲堂中的优秀新闻实例，引导学生思考和分析其中的文字价值，培养学生成为有理想信念、敢于担当的时代新人，真切关爱学生，帮助学生解决各种实际问题，营造融洽的学习氛围，实现有温度的教学，课堂上留足够的时间给师生之间、学生之间相互讨论、交流。培育和践行社会主义核心价值观，提升个人的爱国、敬业、诚信、友善修养，不断追求国家的富强、民主、文明、和谐，以及社会的自由、平等、公正、法制，这不仅是学生也是教师必备的素质。"中国新闻传播大讲堂"融入课堂的活动，不仅提升了教师本人的思想道德水平，落实了立德树人的根本任务，也将这种真情实感传递给了孜孜求学的学生们，从而达到了师生价值观的同步升华。

（二）辩证法思维的培养运用

在观看"中国新闻传播大讲堂"视频课程的过程中，指导老师带领同学们就"看完这些视频资料有怎样的感慨""从这些记者的工作事迹中学到了什么""这些视频中有哪些要点吸引同学，引人深思"等话题展开热烈讨论。教学中，教师通过问题引导、合作探究等方式让学生思考新闻媒体的社会责任，更好地理解新闻知识和新时代、新问题之间的关系，使学生建立初步的辩证思维。抗疫期间杂音纷扰、谣言四起，尤其是西方势力断章取义、以偏概全，刻意歪曲一些疫情故事，攻击中国共产党的领导和中国特色社会主义制度。因此，学生思辨能力的培养具有必要性，有利于学生正确理解中国和国际、个人和国家、局部和整体的关系，进一步明确自身的立场、使命与职责。

（三）"抗疫精神"鼓舞人心

抗击新冠肺炎疫情是一堂特殊的思政实践课，除了爱国情怀和社会责任，人文关怀、科学精神和公民健康素养也贯穿其中。在这场艰苦卓绝的"抗疫"战争中，孕育并诞生了伟大的"抗疫精神"。"中国新闻传播大讲堂"在教学中融入"抗疫"主题的优秀新闻作品，使学生们体会到中华民族万众一心、同舟共济的守望相助精神，又能使学生不忘初心，牢记新闻工作者的职业操守，坚守新闻理想。

三、学生心得

这次的大讲堂以"来自武汉抗疫一线的报道"为主题,向广大新闻专业的学子们生动地展现了中国新闻记者们伟大的家国情怀和高超的专业素养。深入一线的新闻工作者们牢记使命与担当,用一篇篇专业、权威、有温度的报道,为讲好中国抗疫故事,展现中国人民万众一心、风雨同舟的精神面貌,打赢这场人民的"战疫",提供了强有力的舆论支撑。学习中,以下三点令我印象深刻。

(一)主流媒体的重要作用

在疫情最危急的时间里,大众心情恐慌,舆论场上混杂着各种各样的真假信息。如果没有官方渠道的正确即时公开,人民群众往往会视听受阻,以假当真,从而形成舆论危机。主流媒体经受住了这一考验,几乎在所有话题上,主流媒体都积极介入,用一系列重磅报道答疑解惑,用强有力的真相战胜谣言,真正起到了还原事实、稳定民心、凝聚共识的重要作用。

(二)人性的温暖与可贵

在奔赴武汉记者们的报道里,我看到的不是病魔的凶残和可怕,而是人性的温暖与人间的可贵。女儿为父亲写的家书,字字真情抵万金;父亲骑摩托的背影,寸寸芳心护孩子。一颗家心抵万千,不过人间温情已,我深深被他们的真情感动,更坚信"没有一个冬天不可逾越"的伟大中国奇迹。我感动于抗击疫情期间所有记者们的报道,作为一名新闻专业的学生,我更加知道他们的新闻是多么来之不易。

(三)新闻工作者的责任与担当

记者们每天都坚守在抗疫前线,传回稿件发布新闻,虽然身处于最危险的地带,但是他们时刻谨记作为一名新闻记者的责任和担当。他们深知,只有越靠近现场,才越接近真实。真实性是新闻最重要的原则,而这份真实,应该被每一个人知道。他们是社会的记录者,是时代的摄影师,为广大人民群众传递出一份暖意。通过大讲堂,我重新认识了新闻工作者,也认识了记者这个神圣的职业。他们看似云淡风轻的语言迸发出坚定不移的力量,他们所呈现出来的,不仅仅是事实,更是心中的坚守与执着。

马鞍山师范高等专科学校

（经济与社会管理系）

一、教学概况

在教育部高教司、中宣部新闻局的指导下，由中国传媒大学、教育部高等学校新闻传播学类专业教学指导委员会主办的"中国新闻传播大讲堂"于2020年11月5日在中国传媒大学启动，第一讲正式上线。马鞍山师专经管系新闻专业组织无课师生收看了启动仪式，随后新闻专业各班级通过自发学习、小组讨论、主题班会等形式学习"中国新闻传播大讲堂——来自武汉抗疫一线的报道"系列视频，同学们收获颇丰。师生们表示，开展"中国新闻传播大讲堂"活动，是新时代培养优秀新闻传播人才、新文科建设、高等教育创新发展的需要，同时也深刻学习了新闻人的专业精神和面对疫情的无畏勇气。今年的"中国新闻传播大讲堂"是"司、局、校"协同推进新闻传播教育创新发展的重要举措，更成为我校一门生动的国情大课、有温度的思政大课、高水平的专业大课。"中国新闻传播大讲堂"系列视频的学习，让新闻专业学生们真切感悟职业，激励新传学子在未来的新闻工作中主动深入践行"四力"，奋发有为，成为政治过硬、业务过硬、战斗力过硬的新闻队伍中的一员。

二、特色亮点

（一）深刻感悟新闻人的责任与担当

每一篇抗疫新闻报道的背后都凝聚着新闻人的家国情怀，新闻不仅仅是信息，更是不惧艰辛迎难而上的力量。大讲堂引导着学生们更加深刻理解作为一名有担当、有信仰的新闻人的"勿忘人民"情怀和"我在现场"精神。吴俊同学分享道："钱彤老师用《七日谈》记录疫情期间普通人的喜怒哀乐，塑造平凡英雄的光辉形象；吴珊老师作为报道组为数不多的女记者之一，多次深入医院、社区、火车站等现场进行直播，在关键时刻发挥了稳定人心、解疑释惑的重要作用；雷宇老师率领团队为疫情留下珍贵的历史底稿，利用所有终端组成抗疫全媒体报道矩阵。"

很多记者白天赶路、连夜赶稿，在疫情前线辗转，身体和心理都处于一种高压力高负荷的状态。在这种状态下做出冷静、客观的报道，也需要一种勇气。除了勇气，记者还需要足够的温情和观察力。吕涵同学表示，这两点在那些细小、平凡的报道中感受尤深。从平凡的琐屑一层一层剥茧抽丝，展现疫情的全貌、国家的全貌，能用真实让人信服，又能用温情打动每一个读者。这个时候，就能体会到那份"勿忘人民"的家国情怀。同学们也更加理解了任何一次重大的报道都是一次重大的考验，新闻报道、新闻事业的使命担当，对祖国和人民何其重要。

（二）热切交流，做记录时代的笔者

高婷老师在课堂上就未来新闻传播人的情怀与担当这一中心思想与同学们热切交流。高老师说："今天大学里的莘莘学子，明天就可能成为报道团队中的中坚力量。因此，大家在校期间就要筑牢政治信仰，夯实专业基础，做合格新闻学子，日后成为政治过硬、业务过硬、战斗力过硬的新闻队伍中的一员。"

系部领导刘明娟主任在了解了专业师生学习情况后指出，新文科的改革建设是文化自信建设的基础，中国的发展除了科学技术的发展，文化自信的提高也非常重要。新闻人用镜头记录战疫故事，用文字传递抗疫精神，用新闻报道守护山河无恙，他们既是时代英雄的记录者，也是这个时代的英雄。她鼓励同学们要努力学习，扎实提升，做未来的时代记录者，衷心为民。

三、学生心得

今年是不平凡的一年，突如其来的新冠肺炎疫情，让新闻记者面对着严峻的挑战，但新闻在哪里，记者就在哪里。通过学习，我也深刻认识到要成为怎样的新闻人。

（一）不畏生死，勇敢向前的新闻人

在大讲堂的学习中，我对新华社记者费茂华老师印象深刻。他多次深入新冠肺炎疫情的红区拍摄了无数珍贵的影像，勇敢上前的奉献精神给我们未来的新闻媒体人做出了一个极好的榜样。优秀的实习记者岳文婉，精通多国语言，在危难当头顶着生命危险采访滞留在武汉的外国人，以独特的新闻视角向外国人介绍了真实的武汉情况，这一个个生动的人物事迹，深深地鼓舞着我们不仅要认真踏实地学习专业知识，也要在紧要关头能够挺身而出。作为历史的记录者，我们立足于本专业，必须要坚持正确的政治方向和新闻价值取向，坚定理想信念来揭示事物发展的本质。

在大讲堂中，刘刚教授还带我们回首了七十年前新闻记者赴朝鲜分社奋战在一线上，不畏生死，艰苦奋斗的场景。而现在，面对新冠肺炎疫情广大一线工作者战斗在风暴眼中，一起抗击这场惊心动魄的疫情，他们是优良传统的传承者，始终与党和国家人民同心共情。"打铁还需自身硬"，我们在校园里有着充足的时间来学习新闻专业理论知识，在这个伟大的新时代里，我们需要做一个有本领、有定力、有情怀的新闻人。

（二）坚持理想，保持初心的新闻人

"来自武汉抗疫一线的报道"以一个个鲜活的事迹和人物事件向我们青年学子展示了他们过硬的实务能力、顽强的体魄和超高的思想觉悟。我们学的是新闻传播专业，所以看到那么多记者临危不惧，在武汉报道疫情时，我真真切切地感受到了"记者"这个职业的责任与使命。

每次重大事件发生时，冲在前线的除了警察、医生，就是记者。新闻一线对他们而言比什么都重要。铁肩担道义，妙手著文章的新闻理想从不曾泯灭，新闻人的使命和担当依旧沸腾在他们血液中。他们笔下诞生了太多的平凡和伟大，但他们本身同样伟大。他们用自己的坚持换来了最真实的报道，用新闻人的操守记录下了武汉抗疫的实况。抗疫一线有曾经报道过 SARS 的老记者，也有 95 后的新生力量，这让我们看到了记者精神的传承与发扬，也激励着我们这些新闻学子为新闻理想而不断努力。在未来的职业生涯中，我们当以这些优秀的新闻工作者为榜样，与党同心，在祖国需要之时冲在前面，做一个有担当、有情怀的新闻人。

安徽新闻出版职业技术学院

（新闻传播系）

一、教学概况

中国新闻传播大讲堂是"司、局、校"协同推进新闻传播教育创新发展的重要举措，是高校新闻传播教育战线落实新文科建设工作会议精神的行动，是关键抓手，是生动实践。安徽新闻出版职业技术学院党委书记非常重视"中国新闻传播大讲堂"学习，要求将其纳入相关专业的核心课程教学内容；学院分管教学副院长要求将其纳入学分管理；新闻传播系思想上高度重视，行动上重点落实，成立"中国新闻传播大讲堂"学习工作小组，系主任、总支书记任组长，专业负责人为成员，旨在落实具体工作，切实推动抗疫精神进校园、进课堂。为确保学习成效，新闻传播系学习工作小组制定了详细的学习计划，确保工作落实落细，具体包括以政治理论学习为平台，将学习内容纳入教师政治学习中；以学分为载体，将学习内容纳入学生专业学习中；发挥专业社团作用，扎实推进宣传学习效果；学习成果在学院网站、今日头条上发布。

二、特色亮点

（一）集中与分散相结合，开启学习篇章

2020 年 11 月 5 日，新闻传播系组织相关专业师生在学院报告厅观看大讲堂启动仪式，开启专业大课学习新篇章。通过观看"中国新闻传播学大讲堂"的启动仪式，新闻传播系全体师生受到了一次生动的专业洗礼。11 月 25 日，新闻传播系"争做讲责任重担当的新闻人"主题党日活动暨"中国新闻传播大讲堂"第一课学习活动在学院报告厅举行，系部全体党员、教职工、入党积极分子、团干、优秀学生代表等 200 余人参加。在组织集中学习之余，系部专业教师积极引导学生主动学习。新闻传播系 2019 级、2020 级两个年级 42 个班级 1000 余名同学进行了大讲堂课程视频的学习。

（二）线上线下相结合，掀起学习热潮

除了对大讲堂云端视频的学习，新闻传播系积极拓展学习形式，通过开展线下主题班会进行交流讨论，实现大讲堂学习线上与线下相统一，极大地激发起师生的学习热情。在主题班会交流过程中，学子们透过视频与文字，感受到新闻人的责任与担当。学生表示，正是因为有了心怀祖国、心怀人民的媒体人在汹涌疫情中的勇敢逆行，才使中国的抗疫行动有了最具亮色、最具温度、又有深度的传播。

（三）理论与实践相结合，以社团为基点开展学习征文比赛

大讲堂系列视频中，每一篇抗疫新闻报道的背后都凝聚着新闻人的家国情怀，新闻不仅仅是信息更是不惧艰辛迎难而上的力量。大讲堂引导着当代大学生更加深刻理解中国特色社会主义的制度优势、理论优势、道路优势，打牢思想基础、夯实思想根基。新闻传播系以"新传播"为切口，围绕"学抗疫报道担职责使命"这一主题，面向全系全院师生开展大讲堂学习征文比赛。共收到来自全院师生投稿约 300 篇，评选出一等奖 1 名，二等奖 3 名，三等奖 5 名，获奖征文陆续在"新传播"微信公众号刊发。

三、学生心得

"对于我们来说，不去武汉或者离开武汉，可以有很多理由。但是去武汉和留下来，有一个理由就可以了，那就是职责，因为新闻就在那里。"

这是新华社总编室副主任刘刚在"中国新闻传播大讲堂"第一期上讲的一段话，初听时便觉如醍醐灌顶一般，反复重播后再听到这段话，心中的激动依

然久久不能平复。不仅仅是感动，更重要的是因为刘刚所讲的新闻人的职责和理想。

（一）什么是新闻理想

现在是信息爆炸的时代，人人都可以发出自己的声音。我们的行业正经历着前所未有的变局。媒介融合已成趋势，新闻传播方向又该通往何方？"中国新闻传播大讲堂"就已经告诉了我们答案。我们的行业，越是在迎接挑战的时候，越需要理想让我们挺直腰杆。带着理想，我们才能走得更远，更出类拔萃。在充满怀疑的时代，对理想的执着追求，才能坚定我们的信仰。

对于新闻从业者来说，理想不是虚空和抽象的概念，而有着深刻的内涵。譬如疫情初期，权威的新闻报道击碎了多少谣言，科学的新闻报道拯救了多少人民，客观的新闻报道承载了多少苦难。当事实真相被掩盖的时候，他们冲破一切阻力，锲而不舍地去发掘真相；当谎言、谣言和流言充斥于舆论空间时，他们勇敢地说出真话，客观地记录事实；当很多人充满恐惧地后撤时，他们勇敢地冲往新闻现场；当面临种种利益诱惑时，他们选择坚守底线和原则。

（二）偶像般的新闻工作者

我们这个时代，是渴望英雄的时代，英雄身上始终有着所有人都认同的信仰和高贵品质。偶像是用来学习的，新闻工作者更需要有一个强大的偶像力量的支撑，需要一个可以在黑暗中拉自己一把的同路人或是支持者。"中国新闻传播大讲堂"里提到的新闻工作者们，就是我们的偶像。他们深入疫情一线，他们在这个世界里拼尽全力为人民服务着，仰望着新闻理想这片璀璨的星空努力奋斗着。如果你对新闻事业同样热爱的话，让我们一起做一名忠于党忠于人民的新闻人吧！

福建师范大学

（传播学院）

一、教学概况

由教育部高教司、中宣部新闻局委托高校新闻传播学类专业教学指导委员会举办的"中国新闻传播大讲堂"，通过 42 位来自人民日报、新华社、中央广播电视总台、湖北日报传媒集团等主流媒体参与抗疫一线报道新闻记者的生动讲述，深刻重现了英雄之城的精神担当。

为立体地展现中国新闻记者的家国情怀与专业素养，更好地传播中国声音，福建师范大学传播学院切实推动伟大抗疫精神进校园、进课堂。党委理论学习中心组多次举行专题学习会，集中学习研讨"中国新闻传播大讲堂"，党委书记主持会议，院党委副书记、院长和院党委委员、副院长作重点发言。理论学习中心组成员出席会议，院务委员、办公室负责人等列席会议。此外，学院还通过周末集中教育，安排各年级辅导员结合"中国新闻传播大讲堂"思政元素，开展主题宣讲活动和播放精选视频。

通过对抗疫一线英雄事迹的回顾，学生们从 42 位抗疫一线记者的生动讲述中获益良多。未来，他们将不断加强专业技能的培育，家国情怀的厚植，从而提高能力水平，努力发挥自身才干，创作出更多有思想、有温度、有品质的新闻精品，不断提高新闻传播教育的影响力、感召力、塑造力。

二、特色亮点

（一）个性培养，推动思政课高质量发展

个性化培养周，是福建师范大学课程设置的特色之一，倡导尊重学生个性，让个性化教育帮助每一名学生成就最特别、最精彩的自己。在 2020—2021 学年第一学期开展的个性化培养周中，学院大力推动"中国新闻传播大讲堂"融入不同专业学科，使广大学生全方位、多层次了解疫情防控人民战争的宣传舆论工作及新闻记者背后所付出的努力与艰辛，让个性化培养贯穿始终，努力塑造德智体美劳全面发展的高素质专业化复合型新闻传播人才。

（二）融入党课，灵活运用新型媒体技术

在党员发展对象培训班和入党积极分子培训班的课程设置中，学院将"中国新闻传播大讲堂"纳入培训内容，组织学员以自主学习和集中学习相结合、线上研读与线下讨论相结合等多种形式开展主题学习，撰写心得体会，并结合课程内容开展"党课青年说"微视频录制。

"党课青年说"微视频的创作，本着"重基础素养，着力传播实践；重一专多能，创建专业品牌"的办学定位，通过发挥专业特色优势，拓宽专业口径，灵活运用新媒体技术，以年轻化的团队、语言和形式，让青年学生知党史、讲党史、备党课、说党课，在进一步学党章党规、学系列讲话、做合格党员的同时，助力线上思政课堂宣传推广，促进自身专业技能有力提高增长。

（三）舆论引导，牢记新闻记者职责使命

党的十九届五中全会是在我国即将实现第一个百年奋斗目标的关键时期召开的一次十分重要的会议。通过党团支部立项、党支部"三会一课"、团支部"三会两制一课"、主题党团日活动等形式，广大师生将"中国新闻传播大讲堂"具体内容与党的十九届五中全会精神相结合学习。学院不断丰富与完善"三全育人"的工作体系，持续推进专业人才培养，深化教育教学改革，着力打造一批高质量、具有学院特色的示范课程，教育引导广大师生牢记新闻记者职责使命，围绕实现"全国有特色，省内居一流"的高水平新闻传播学院战略目标，推动新闻事业内涵式发展。

三、学生心得

2020 年 11 月 5 日以来,我们观看了参与抗疫一线报道的 42 名新闻记者所录制的 32 集关于新闻传播教学内容的视频。这些视频生动地体现了新闻工作者面对疫情时的无畏精神,并且立体地展现了中国新闻记者的家国情怀与专业素养。

(一)多维报道,全媒体展现抗疫过程

在 32 集的课程里,我看到记者们不仅自己奋战在一线进行新闻报道,也在全平台广泛征集与疫情有关的诗歌、散文、漫画乃至词曲,组成一道以"艺"战"疫"的防火墙,用多种形式传递抗击疫情正能量。同时,在这次疫情报道中,涌现出了大量可视化新闻报道,仅人民日报与丁香园合作推出的疫情地图页面点击量就多达 23 亿次。此次疫情大考,记者们深入一线,用文字、图片、网络直播,航拍视频等方式向我们展示最真实且最残酷的抗疫全景。我认识到,新闻工作已呈现出非凡的战斗力,更需要加快推动媒体融合发展进程。

(二)践行四力,发挥新闻工作的社会价值

新闻传播大讲堂让来自传播学院的我们感悟良多,激励我们在未来的新闻工作中能主动深入践行"四力",奋发有为,成为政治过硬、业务过硬、战斗力过硬的新闻工作者。

首先,我们要发展"脚力"。何为脚力?顾名思义,就是要多"走",耳听为虚,眼见为实,把摄影机作为我们的眼睛,把记录真实作为我们的职责。其次,我们还要培养"眼力",要去看、去感受、去总结,不能只靠听别人说,而是要把眼力与脚力结合,真正做到"赛"脚力,"拼"眼力。再次,我们要锻炼"脑力"。我们作为社会的舆论监督者,作为党和人民的发声筒,大脑更应该时刻保持清醒。最后,我们还要提高"笔力"。从课程视频中,我认识到笔力是考验我们传递有价值信息能力的有效考察标准。记者的文字表达不光需要我们学习准确的新闻语言,更要贴合群众语言,甚至需要我们学习家常话,所以平时的笔力训练也必不可少。

总之,如果说奋战一线的医护工作者是守护万家灯火的点灯人,那么新闻工作者就是为人民连接希望与光明的桥梁。他们扛着长枪短炮，为抗击疫情贡献着力量，是抗疫路上值得钦佩的英雄。走过 32 集的视频课程，看着屏幕那端一张张照片、一篇篇报道、一场场直播，聆听每一位当事人的讲述，我十分感动。我相信，我们会记住他们，历史也会记住他们。

龙岩学院

（传播与设计学院）

一、教学概况

为加快新文科建设、推动高等文科教育提质创新，培养新时代优秀新闻传播人才，各大高校积极开展"中国新闻传播大讲堂"活动。自 2020 年 11 月 5 日起，龙岩学院传播与设计学院积极响应号召，通过主题班会、讲座等教学形式，让学生了解到传媒工作的具体工作内容，使学生对传媒精神有更好的认识，增强学生的传媒责任感与学习自主性。同时学院特别开展主题演讲、知识问答等活动，通过活动提高学生对传媒相关内容的积极性，加深学生对传媒工作与传媒精神的印象。此外，学院定期开展教研活动及相关会议，研究讨论教学中存在的问题，了解教学的阶段性进展，探讨更好的教学方式以实现更好的教学效果，使学生在学习过程中更有学习兴趣和积极性。在今后的相关教学工作中，学院将继续发扬现阶段优秀的教学方法，巩固大讲堂取得的教学成果，不断探究新形式的教学模式，在新闻专业课程教学方面取得更好的进步与提升。

二、特色亮点

（一）多元活动，教学效果最大化

学院围绕大讲堂课程主旨安排各班开展线上学习，并对学生的线上学习情

况进行学分记录，严格保障学习质量。为验收学生学习效果，各班统一组织开展主题班会，观看"中国新闻传播大讲堂——来自武汉抗疫一线的报道"，了解其中的抗疫故事与媒体工作者的报道经过，观看相关报道内容与制作审核过程，之后引导学生参与班会讨论，通过班会活动内容使学生结合抗疫精神更好地体会新时代传媒责任与担当。

此外，学院还开展了主题讲座与"疫情中的报道"演讲比赛、知识问答等相关活动，对"中国新闻传播大课堂"内容进行更深度地讲解与剖析，讲述传媒行业在新冠肺炎疫情期间对中国声音的传播，让学生们感受到中国力量、中国速度、中国智慧在媒体传播下的积极影响。通过多元化的系列活动，学生深刻感受到新冠肺炎疫情期间各位媒体工作者的奉献精神，认识到新时代媒体报道的多样化趋势，认识到媒体工作者报道内容所应该达到的目的与传播效果。这更有利于培养学生养成正确的新闻传播理念，了解新闻传播行业在当今社会的重要性。与此同时，活动也提高了学生对传媒工作的敬畏感与兴趣，为将来相关专业课程的教学打下了良好的基础。

（二）教研探讨，教学质量最优化

在整个教学过程中，学院通过定期开展教研活动及相关会议，研究讨论教学中存在的问题，了解教学的阶段性进展，探讨更好的教学方式。在课余时间，学院教师及辅导员与学生进行一对一谈话，了解学生的学习情况与学习问题，通过总结共性问题对学生进行统一解答，对个别问题进行一对一解答。

针对教研中发现的学生对信息真伪辨别能力弱、新闻内容关注度低、课堂参与度不高等问题，我院及时优化调整教学方式，加强教师与学生的沟通讨论，使学生更积极地参与课堂讨论，提高学生对本课程的学习自主性。此外，学院开展了辩论活动，对新闻传媒内容的真伪性与相关话题展开辩论，通过辩论与互动，加强学生的学习兴趣，带动全体学生的学习参与，使学生更愿意分享自己的观点，更自主地去了解相关新闻内容，提高新闻敏感与关注度。最后，学院也进行了相关课程内容的过程性考核，加强学生对知识的掌握程度，对模糊知识点进行自我复习巩固，收获最优的学习效果。

三、学生心得

通过学习这次学院组织的"中国新闻传播大讲堂——来自武汉抗疫一线的报道",我学到了很多,也有了更深刻的思考。正如报道所述,新闻工作者们不仅仅是记者更是战士,为坚决打赢疫情防控的人民战争、总体战、阻击战,凝聚了强大的精神力量。这让我对于新闻专业领域也有了全新的认识。

（一）讲好中国故事,传播中国形象

新冠肺炎疫情突如其来,湖北武汉的疫情防控一时间成为国际舆论关注的焦点。中国政府和广大人民众志成城、全力以赴,越是走向世界舞台的中央,越是讲好中国故事、传播中国形象的有利时机。

通过中央主要外宣媒体,驻外记者纷纷运用多种形式在国际舆论场及时发声,讲好中国抗疫故事,大力宣传各地联防联控阻击疫情的工作进展、阻击成效和抗疫经验,赢得了国际社会各界的普遍理解和高度赞誉。他们甚至走进他国电视台,与湖北武汉抗击疫情一线的工作人员进行连线直播报道,为各国公众及时客观地介绍我国抗疫进展,讲述我国医务工作者与无数志愿者与时间赛跑、与病魔抗争的感人事迹,理性展示了中国人民在疫情防控期间凝聚起来的中国力量、中国精神,展示了中国负责任、爱人民的大国形象。

发现美好,鞭挞不公,新闻传播者站在风口浪尖上书写历史,记录时代。致敬这群可爱的新闻工作者,让我们在这特殊时期依旧感受到社会的温暖和美好。

（二）牢记个人使命,继承职业作风

这次新闻传播大讲堂的开展,让我深刻意识到了新闻传播者的不易。新闻传播者不仅需要具备严谨的工作作风,还要有吃苦耐劳、无私奉献的职业精神。作为一名新闻传播专业的学生,我以后也会用笔记录时代的篇章,用镜头去记录人间的酸甜苦辣,秉持为人民服务的思想态度,传递社会正能量。实现梦想的路上总不可能一帆风顺,在这个过程中,我要端正自己的学习态度,用专业基础知识武装自己,并积极投身实践。同时提升自己的思想觉悟,提高道德素质水平,把国家、广大人民群众的利益放在第一位,不被固定的条条框框束缚,时刻牢记自己的使命和责任。我会坚持自我,树立实事求是的思想作风,为这个世界付出属于我的那一分温暖。

福建商学院

（传媒与会展学院）

一、教学概况

"中国新闻传播大讲堂"于 2020 年 11 月 5 日下午正式启动，共 32 个学习视频。福建商学院传媒与会展学院积极响应号召，按照教指委的要求，制定了较为完善的学习计划，并形成学习推进小组，由副院长邱志玲同志作为责任人，领导大讲堂的落实工作，传媒教学部主任周晨芳负责师生学习计划的制定和推行，教研部专任教师们配合相关项目的推进和学生学习的指导。

福建商学院对于"中国新闻传播大讲堂"十分重视，按照文件精神创新性地制定了一系列较为完善的学习计划，并有序推进学习计划的落实和完成，充分考虑了学习涵盖面和学习成效，并为将来进一步将大讲堂的教学日常化做出努力。通过大讲堂的学习，专业师生增强了专业自信心、自豪感、自主性，提高了新闻传播教育的影响力、感召力、塑造力。大讲堂的学习切实推动抗疫精神进校园、进课堂，引导广大师生深刻理解中国特色社会主义的制度优势、理论优势、道路优势，培养学生为党为国为人民的深厚情怀和使命担当。此次传播大讲堂取得了很好的教育成效。

二、特色亮点

（一）制定并完成教师学习计划

新闻与传播专业教师必须首先接受相关教育，将大讲堂的知识和内涵内化为自身的理论和信仰，才能成为学生学习的领路人。因此，对专业教师的学习要求是基础，也是贯彻学习计划的先导。传媒与会展学院传媒教研部为此专门召开系部会议，邱志玲副院长详细传达了文件精神，并部署任务，进行学习动员。传媒教学部负责人制定相关学习计划，对教师学习提出具体要求。传媒教学部 12 位专任教师均在规定时间内自觉学习视频课程，12 月 20 日前，各位教师将各自的学习心得上交教研室，并汇总到院部。各教研室还召开了专题会议，研讨学习成果，根据各位教师的专业课情况，分工协作，将大讲堂视频及相关案例与课程教学相结合，通过课堂讲授、课堂讨论、课后作业、期末论文等形式，将大讲堂内容运用到本学期各自所授课程的专业理论教学和实践教学中。该教学资源成为课程思政的一种鲜活的形式。

（二）举办学习"中国新闻传播大讲堂"心得的征文比赛

为了检验大讲堂的学习成效，引导广大师生深刻理解中国特色社会主义的制度优势、理论优势、道路优势，培养学生为党为国为人民的深厚情怀和使命担当，传媒与会展学院特举办学习"中国新闻传播大讲堂"心得的征文比赛。通过有计划地每周定期组织学生观看大讲堂的视频，各专业学生均已在规定时间内完成集体学习。同时，各专业教师还在各专业课内灵活运用大讲堂作为案例教学，发挥思政课程的作用。通过双管齐下的方式推进专业在校生对大讲堂的学习和理解，取得了很好的教学效果。很多学生深受感动，自觉撰写 3000 字以上的心得体会，参与学院征文比赛。师生之间、同学之间还形成讨论大讲堂内容的良好学习氛围。

三、学生心得

"中国新闻传播大讲堂"以"来自武汉抗疫一线的报道"为主题，邀请国内 14 家主流媒体中参与抗疫一线报道的 42 名新闻记者，共录制了 32 集关于新闻传播教学内容的视频。它上我看到了更多疫情期间的感人故事，让我明白了作为传媒人的责任与义务,让我更加明确了自己未来的职业方向。

(一)理解新闻记者的初心和向往

在大讲堂里出现的 42 名记者中,几乎每一个人都讲到这一次参与武汉抗疫报道,是他们职业生涯中最难忘的报道、最具有挑战性的报道。我听到他们的这些话语,深切感受到新闻工作者们在危难中的勇气、底气和决心。

让我印象最深刻的是一位叫费茂华的新华社记者,在他的讲述里,没有很官方的话语,他用朴实的语言和自己记录生活的图片,向我们很好地展现了他在武汉报道期间的经历。他身高 1.9 米,然而医院的防护服只有 1.70 米和 1.75 米。极度不合身的防护服让他的手腕脚踝暴露在外,他在拍摄时跑来跑去,蹲下站起的过程也极为不便。可是这些都没有阻挡他记录现场的脚步。这让我明白,新闻记者也许会面临许许多多的困难和压力,但新闻记者的初心却依然不会改变。

(二)明确今后的人生规划

新闻传播行业要求从业者具备良好的综合素养。哪里有新闻发生,我们就要到哪里去。新闻的现场也许是疫情严重的危险地方,也许是偏远艰苦的地方,也许是顶着严寒酷暑的地方,但无论如何我们都不能忘了我们肩上的责任。

现在,关注时事已经成为我的习惯,我会主动跟随记者的脚步,时刻关注世界的变革。这次疫情中,许许多多的新闻工作者冲锋在最前线,给我们带来宝贵的消息和感人的事迹。作为一名即将要踏入新闻行业的传媒学子,我再次坚定了从事传媒行业的信念。同时,看到疫情中冲锋陷阵的党员们,积极努力为国家、为人民做出奉献,作为一名入党积极分子,我再次坚定了入党的决心。

不忘初心,方得始终。"中国新闻传播大讲堂"是我唯一一部每一集、每一句话语、每一个画面都认认真真看完、不舍得快进的教学视频,也是唯一一部让我看完之后,更加明白我之后的道路要怎么选择的教学视频。

莆田学院

（文化与传播学院）

一、教学概况

在加快新文科建设、推动高等文科教育提质创新的背景下，"中国新闻传播大讲堂"是强化马克思主义新闻观教育、全面推进新闻传播类专业课程思政建设的实际行动；是推动新闻理论与新闻实践深度融合、培养新时代优秀新闻传播人才的重要举措；是增强广大新闻传播类专业学生自信心、自豪感、自主性，提高新闻传播教育影响力、感召力、塑造力的生动实践。引导广大师生深刻理解中国特色社会主义的制度优势、理论优势、道路优势，培养学生为党为国为人民的深厚情怀和使命担当。在接到教育部有关通知后，莆田学院进行了周密的部署安排，由文化与传播学院组织新闻和广告专业成立学习领导小组，分管教学的副院长担任组长，新闻广告专业负责人任副组长，对学习时间和内容进行了详细的安排。学生们通过一段时间的视频学习，结合当前国际国内疫情形势，更加感受到身在中国的幸福，纷纷表示要珍惜中国抗疫成果，听从国家政令，服从学校安排，寒假期间减少外出聚集，遵守疫情期间发布的规章制度，用实际行动响应国家的抗疫号召。

二、特色亮点

（一）师生共同学习"云端大课"

受疫情影响，本学期开学时间晚，课程安排紧张。学习领导小组就把时间安排在周一至周五的晚自习，每天晚上两个小时组织学生观看。由于新校区距离老师们的生活区太远，我院采用轮流值班的形式，每周派一个老师跟班进行督促学习。视频播放前，我院组织全体学生召开动员会，跟同学们宣讲视频学习的重要性和紧迫性。学生认识到，疫情虽然有了好转，但是仍然不能忘记抗疫期间那些为我们的生活保驾护航的英雄们，他们的精神、品质是社会赖以存续的最宝贵的财富，不应该随着疫情形势的好转而被忘记。他们的故事，他们为国家和人民付出的辛苦和努力，是应该被铭记的。师生共同学习他们敢为逆行者的精神和勇气，为今后的学习和工作树立榜样。

（二）课后作业巩固教学效果

在观看视频之前，我院以课程作业的形式给学生布置了观后感，要求学生结合自身在疫情期间的亲身感受，把此次观看视频作为疫情回顾的一部分进行梳理与总结。对于其中令人难忘或印象深刻的故事进行反思，总结归纳，引导学生进行分组讨论，谈感想、谈感受。通过学生的分享激发学生观看视频的积极性，也通过分享使他们思想的火花发生碰撞。让那些对战疫感受不深、表达不畅的学生也能够从中领悟，借助他人的观点打开思路。

三、学生心得

雾霭消散，霁云终临；凛冬散尽，星月长明。中华民族饱经沧桑，历经岁月洗礼而生生不息；阴阳倒转，也定能扭转乾坤。昔日洪水滔滔，我们胼手胝足共释水患；曾经非典默默，我们众志成城抗击疫情。

（一）传播力量大

国难当头，各行各业的中华儿女以己之力，驰援疫情重灾区。在疫情防控前，举国一致，同心同德，譬之辟谣于初婴，譬之授知于未然。服从党的指挥，坚持全国一盘棋，同时间赛跑。待疫消逝，患难相恤，勠力同心则无跨不过的坎，同舟砥砺则无达不到的岸。江城樱花会再次绽放，美好生活会如期而至，你我再次笑满山川。传播的力量无疑是强大的，这种强大，就像泪水远不及心中的情感来得泛滥。传播，能搭筑这样的一个平台让人们去思考，在抗疫中，则表现得更明显了，无数感人故事，给人们又带来了许多真情。

（二）观看收获多

"中国新闻传播大讲堂"给予了我们许多宝贵的新闻工作经验。其中"刘智明院长与蔡利萍 ICU 病房护士长夫妻"的故事，对于失去丈夫的蔡利萍女士的采访，其实映射出许多家庭的缩影，因为责任，而可能因为其他事情而留下永远的遗憾。大讲堂给出理性指导，指出采访者一定要体现专业与情怀，在带有情感的同时，防止采访内容的"过度哭泣"，主线分明，防止二次伤害。在前期预设时，采访就开始了，应当适当控制情绪，最主要的是——真诚。这一系列的指导让我觉得受益颇三。是的，文字从来不是冰冷的，新闻作品从来不是没有温度的，新闻人也从来都是具有强烈情感的，在技巧之外，更多的是人性的温暖，重要的是人的真诚与用心。

（三）记者责任重

有这样一句话："如果你拍得不够好，那是因为你靠得不够近。"趋利避害是人的天性，面对危险，有谁不想避而远之保全自己？保护好自己的生命健康才能够继续为国家做贡献。但是新闻，如果不扎根实地拍摄，又怎么能写出真正动人的稿子呢？这需要的是勇气，是决心，更是毅力。作为一个新闻专业在读生，我仿佛感受到前所未有的责任感。拿好我手中的笔，扶好我带着的相机，真真切切地记下我的所闻所见，这样，即使不加修饰，也可以写出情真意切的稿子来。正是秉持这种心境，才会有那么多一线人员面对采访时的心声吐露，才会有后方人员的真心祝福被传递出来。只要人人都给出一点爱，世界将成为一个美好的人间。而新闻工作者，就是爱的传送带。

仰恩大学

（人文学院）

一、教学概况

"中国新闻传播大讲堂"是为深入学习贯彻习近平新时代中国特色社会主义思想和党的十九大精神，全面贯彻全国教育大会精神，切实落实新时代全国高等学校本科教育工作会议要求，加快推进新文科建设的重要活动。为了全面推进该课程教学，激发学生的学习动力和学习兴趣，增强师生的专业素养和专业能力，人文学院对相关学习工作进行了精心的部署和安排，把大讲堂课程作为专业必修课，纳入创新创业教育学分管理，要求全体教师认真研究并将"中国新闻传播大讲堂"内容融入各专业的教学和实践环节。仰恩大学人文学院新闻学系、广告学系设有新闻学、广告学两个专业，共有师生684人，其中新闻学专业学生346人，广告学专业学生323人，专任教师15人。全员师生都参加了本次活动的学习和讨论交流。同时，学院还鼓励学校其他专业学生进行选修。

经过相关课程的学习，仰恩大学人文学院新闻学、广告学专业师生充分认识到了上好这门最生动的国情大课、有温度的思政大课、高水平的专业大课的重要性，把这次"中国新闻传播大讲堂"作为专业大学习的一次拓展，实践大练兵的一个舞台，素养大提升的一次机会，努力锻造了专业气质，取得了学习实效。

二、特色亮点

（一）精心部署与安排，保证学习时效

为了保证学习效率，人文学院对课程学习进行了精心部署与安排。除了及时观看相关视频外，学院还开展多场线下视频集中学习会、专题研讨交流会、观后感论文评比活动，采用集中学习与分散学习、线下学习与线上学习、理论与实践结合学习等多种学习方式，切实推动抗疫精神进校园、进课堂，引导广大师生深刻理解中国特色社会主义制度优势、理论优势、道路优势，培养学生为党为国为人民的深厚情怀和使命担当。

（二）丰富师生学习形式，有序开展学习

自 2020 年 11 月中旬开始，人文学院制定了"中国新闻传播大讲堂"全部32 节课程的学习方案，先后于 11 月 13 日、11 月 20 日、12 月 4 日、12 月 7 日、12 月 10 日、12 月 14 日、12 月 17 日、12 月 21 日，为新闻学系、广告学系两个学习点各安排了 8 次线下师生视频集中学习会，同学们认真学习，深入思考。在学习期间，人文学院还先后组织新闻学和广告学两个专业的师生开展了 2 次学习研讨交流会，同学们共撰写了 662 篇学习心得体会。

12 月 24 日，学院举办了观后感论文评比活动，鼓励人文学院学子积极参加，共评出 32 篇优秀观后感论文。同学们均深刻领会了大讲堂开播的意义和价值。尽管同学们所学专业不同，学习感悟切入点也多种多样，但在疫情现场报道中都感受到这些新闻人传送的温暖与希望。同学们表达了对毅然踏上战疫之旅的新闻工作者的敬意，真正体会到新闻工作者孜孜不倦、一丝不苟的工作精神、新闻人的专业精神和面对疫情的无畏勇气，也深深领悟和学习了伟大的中国抗疫精神。

（三）注重学习成效延伸，锻造专业气质

开展"中国新闻传播大讲堂"活动，是新时代培养优秀新闻传播人才、新文科建设、高等教育创新发展的需要。此次活动的开展，不仅增强了人文学院新闻学、广告学两个新闻传播学类专业同学们的专业知识、专业能力和专业素养，同时在新文科建设、课程思政建设、马克思主义新闻观教育等方面取得了良好的效果。以大讲堂视频学习活动为契机，教师们也进一步深刻理解了新文

科建设的核心要义。我校积极推动疫情精神进课堂、进教研室活动，这对于一线教师全面认知新文科建设的价值产生了重要的影响。教师们逐步意识到，新文科建设是全局化视野下的举措，守正创新是推进新时代新闻传播学科建设的重要思路。

三、学生心得

2020 年 11 月 27 日至 12 月 21 日，人文学院集中学生分 8 次观看了"中国新闻传播大讲堂"的视频。在这 8 次集中观看中，我深刻了解到一线新闻工作者在面对突发事件时的职责与行动，也让我对新闻记者的使命和担当有了更加直接的理解与体会，深刻地了解到新闻工作者身上肩负着重大的历史责任。

（一）疫情中的职责与担当

在这场没有硝烟的战争中，我看到了义无反顾坚持在一线的医生、护士，奋不顾身签订"生死状"奔赴最前线的专业人员，主动请缨致力于医护援助的公益人士，为疫情防控贡献自己"绵薄之力"的志愿者，还有无怨无悔提起相机、拿起笔杆加入战斗的新闻工作者。即使在危急时刻，广大新闻工作者依然铭记自身的职责与担当，不顾危险，坚守自身岗位，尽最大可能为人民提供最真实可靠、最新鲜的新闻……面对病毒，他们挺身而出，舍弃小我，用行动保家卫国。

（二）做新时代的新闻工作者

视频中，记者们用亲身经历告诉我们，作为新闻工作者始终不能退后，必须时时刻刻用镜头记录下每一位英雄的事迹，让后人时时记得曾有这样一群人始终在为我们撑起一片安全的天空。面对新冠疫情，没有谁可以置身事外，每一个人都应携起手来同心抗"疫"。大讲堂的优秀前辈用实践完美诠释了"铁肩担道义，妙手著文章"的重要内涵，在我们心中播撒下成为有定力、有情怀、有本领的新时代新闻工作者的种子。"一代人有一代人的长征，一代人有一代人的担当。"作为新闻学子，更要做到与党同心、与人民共情，做坚守新闻工作优良传统的传承者，做有定力、有情怀、有本领的新闻人。

福州大学至诚学院

（传播与艺术系）

一、教学概况

新冠肺炎疫情突如其来，广大新闻记者临危受命、迎难而上，日夜奋战在抗疫斗争的第一线，为坚决打赢疫情防控的人民战争、总体战、阻击战凝聚了强大的精神力量。"中国新闻传播大讲堂——来自武汉抗疫一线的报道"邀请14家主流媒体参与抗疫一线报道的42名新闻记者，录制了32集视频教学内容，生动讲述、立体展现中国新闻记者的家国情怀与专业素养。大讲堂集中最优质的新闻资源，汇聚最鲜活的抗疫报道，总结最深刻的报道体会，是一门最生动的国情大课、有温度的思政大课、高水平的专业大课。

福州大学至诚学院接到大讲堂的任务后，第一时间对接传播与艺术系负责新闻传播课程教学的专任教师，明确要求，责成其开展落实具体工作，在将近2个月的时间里，积极行动，拆解任务，妥善安排，力争在规定时间内，圆满完成大讲堂的推广普及任务。

二、特色亮点

（一）高度重视，充分认识理解大讲堂的意义

经过初步研判，福州大学至诚学院负责人认为传播与艺术系的网络与新媒

体的专业课程《新闻传播学》《新媒体概论》《深度报道研究》等，适合播放大讲堂的视频选集。团委学生会下设的新媒体中心承担学院日常面向全院师生的新媒体宣传工作，新媒体中心的运营和维护的主体是对媒体宣传工作感兴趣的学生，他们也是本次大讲堂的目标受众。

在对大讲堂课程的适用人群进行梳理后，学院形成了一个有针对性、有目的性的——由新传专任教师总负责，主要面向网新专业学生和新媒体中心成员的"由点到面"的推广实施计划。

（二）走进课堂，抗疫报道融入教学案例

为将大讲堂的课程要义落在实处，2018级网新专业《深度报道研究》课堂上，任课教师选择新华社全媒编辑中心副主任、新华社武汉前方报道指挥部副总指挥钱彤的分享主题《平凡亦英雄——说说那些素未谋面的武汉人》作为典型案例融入课堂教学。视频里的案例大多选自新华全媒头条这个新媒体平台，讲述的案例主要包括《武汉，负重前行——"封城"七日记》《14岁女孩写给医生父亲的信：没有一个冬天不可逾越》《人间至味是团圆——武汉庚子元宵节全纪录》《一杯咖啡的武汉坚守》等报道。疫情期间正值传统春节、元宵节、情人节等众多节日，报道的选题策划就尤其需要加以考量斟酌。钱彤作为前方报道副总指挥，在封城七日这一报道节点和七个战疫一线的普通人的选择上，凸显出其丰富的新闻报道经验。该课程案例对学生理解新闻报道前期策划具体该如何进行是非常直观和生动的。

（三）扩大覆盖面，开设大讲堂院选课

在11月案例试点教学基础上，福州大学至诚学院在12月针对团委学生会下辖的新媒体中心和对媒体宣传工作感兴趣的其他部门学生干部开设了院选课"中国新闻传播大讲堂"，逐步推广大讲堂课程内容，力争实现视频应用范围的最大化，惠及更多的新闻传播爱好者。选课渠道发布后，有150多名学生迅速报名，后经筛选评测，有100位学生最终加入大讲堂的院选课。课程由专业教师任教，由于时间有限，教师从32集视频中选取有代表性的一部分，通过线上直播的形式多角度、全方位地对其进行解析，旨在增加非新闻传播专业学生对新媒体传播形式、规律、作用、效果的了解，今后在运用实践中可以复盘操作。截至目前，大讲堂院选课还在进行当中，学生反馈效果较好。

三、学生心得

（一）学习先进人物的奉献意识

本次大讲堂邀请了许多奔赴抗疫一线的新闻工作者讲述自己的新闻工作情况。新年伊始，他们本该与家人团聚，可是，包括武汉在内的各地医务工作者与新闻工作者却挡在疫情之前，用自己的血肉之躯筑起护佑人民健康的坚固长城。不仅仅是医务工作者，"逆行者"还有各行各业的人们：加班加点紧急生产医用口罩、医用防护服的工人们，火神山、雷神山医院的建筑工人等。他们选择坚守，把对人民的爱、对祖国的爱放在心底，用坚定的手印，表达着担当与承诺；用最美的身影，诠释了生命的意义；用坚守的背影，演绎着泱泱大国生生不息。

从各地方各部门的快速跟进到专家医生的全身心投入，从城市之间的守望相助到民众之间的相互鼓动，从企业的物资捐助到个人的关心帮助，还有抗击疫情的党员医生"突击队"、帮助搬运物资的"志愿者"、瞒着家属冲在一线的新闻工作者……也许我们无法将这些最美逆行者的名字一一诉说，但不管是医务工作者还是消防官兵，他们本同我们一样，也为人子女、为人父母，有着自己的家庭。但当他们穿上防护服的那一刻，他们代表的就不仅仅是自己，更代表了祖国赋予的使命。他们有的与我们年龄相仿，但危险降临时，他们没有丝毫的犹豫与退缩。

（二）明确自身职责，团结合作

在疫情面前，无数"逆行者"团结一心、众志成城组成了一道铁壁铜墙，将病毒挡在身前，守卫着身后人民群众的健康与安全。爱是担当之责，亦是奉献之歌。疫情"逆行者"舍小家为大家，是时代的骄傲，是国家的骄傲，是民族的骄傲。他们用实际行动贡献自己的点滴力量，汇集成抗击疫情的"滚滚暖流"，构建起抗击疫情的"钢铁长城"。这样的付出与牺牲，大家永远铭记。国有难，操戈披甲，人有危，众士争先。疫情就是命令，防控就是责任。在疫情面前不退缩，在困难面前不低头，关键时刻冲在前，这既是我们每一个中华儿女的责任，也是应尽的义务。相信只要我们坚定信心、全力以赴，就一定能打赢这场疫情阻击战！只要我们众志成城、携手并肩、守望相助，就一定能战胜病毒，赢得胜利，也一定能共同守护好我们美丽的家园。

南昌大学

（新闻与传播学院）

一、教学概况

根据教育部高教司对各高校组织"中国新闻传播大讲堂"课程学习的要求，以及教指委通知的具体布置，南昌大学新闻与传播学院领导班子对此工作高度重视、精心部署，院教务部门积极组织、科学安排，自2020年11月中旬开始将本课程安排到相关专业学生进行学习。

学院在党政联席会上，明确了在当前全球新冠疫情持续发展，尤其是在"百年未有之大变局"的国内国际新闻传播与舆论大环境下学习"中国新闻传播大讲堂"视频课程的及时性、必要性和重要性，要求向教师和各专业学生宣讲此课程学习内容和精神，加强引导广大师生深刻理解中国特色社会主义的制度优势、理论优势、道路优势，深入培养学生为党为国为人民的深厚情怀和使命担当。

同时，学院要求将本课程内容合理、有效融入当前相关专业课程教学内容当中，将其纳入专业课程教学的"课程思政"教育当中，保证各年级和专业学生的覆盖面，认真组织全院本科生、硕士生和博士生各层级各专业学生进行观看和学习。

由于本次课程学习布置处于本学期即将结束之际，学习时间紧、视频节目多，教务部门根据我院目前各专业教学工作实际情况，克服了教学时间急、不同学习对象安排上的诸多困难，具体研究了比较灵活的课程安排。

11月5日，我院组织学院领导班子和有关教师观看了"中国新闻传播大讲堂"的启动仪式直播。

二、特色亮点

（一）将课程纳入"部校共建"精品课程

结合本学期正在开课的"部校共建"精品课程《当代中国新闻理论与实践》教学，学院将"中国新闻传播大讲堂"视频节目作为本课程的重要新内容，在课堂上组织了2019级新闻学、广播电视学本科生，以及2020级硕士生、博士生观看全部视频课程。同时，将此内容纳入部校共建课程的期末考核当中，要求学生积极撰写学习心得体会。

（二）将本课程纳入2017级毕业实习动员大会

结合11月13日召开的2017级全部5个专业（新闻学、广播电视学、广告学、播音与主持艺术、广播电视编导）毕业实习和就业工作动员大会，学院将"中国新闻传播大讲堂"课程学习和精神领会作为大会的重要议程和教育内容，在现场向331位毕业班学生播映了视频节目，以此提升毕业班学生的家国情怀，增进其进入实习阶段必备的职业精神和使命感，帮助其做好实习心理和专业、职业要求方面的准备，鼓励其实习成功的信心，引导学生积极、全身心投入即将到来的"准新闻人"的生活当中。

（三）将本课程纳入"课程思政"、实践教学环节

结合本学期正在开班的课程教学，学校将"中国新闻传播大讲堂"视频节目分发到新闻传播大类、播音与艺术主持专业等有关教师，由教师结合当前教学内容，专门组织所在班学生集体观看；同时，组织学生结合本课程教学对课程内容的专业问题进行提问、讨论和撰写心得体会。

由于"中国新闻传播大讲堂"视频内容的针对性、时效性和重大性，教师们也将其作为"课程思政"的新内容新内涵，引导学生从视频中领会中国的抗疫精神，学习视频中各位新闻人高尚的职业情操和综合的专业能力，提升学生

的职业精神、社会责任感和实践能力。

三、学生心得

今年的"中国新闻传播大讲堂"的主题为"来自武汉抗疫一线的报道"。课程中，14家主流媒体参与抗疫一线报道的42名新闻记者生动讲述、立体展现了中国新闻记者的家国情怀与专业素养。在此，我们不仅仅作为新闻学子，也作为有切身疫情经历的"准记者"，谈谈这次课程学习的收获和感悟。

（一）培养能打胜仗的新闻记者

2016年2月，在党的新闻舆论工作座谈会上，习近平总书记第一次明确提出："好的新闻报道，要靠好的作风文风来完成，靠好的脚力、眼力、脑力、笔力得来。"2018年8月全国宣传思想工作会议上，习总书记再次强调"四力"。这是对新形势下宣传思想战线提出的明确要求，也饱含着对全国新闻工作者的殷切期待。

2020年初，新冠肺炎疫情期间，参与抗疫一线报道的新闻工作者努力践行"四力"，第一时间到达疫区、了解情况、做出判断、报道新闻。他们深入疫情风暴眼观察、记录情况，同时也站在公众角度思考、求真释惑。在"中国新闻传播大讲堂"中，多位参与抗疫一线报道的新闻工作者讲述了他们在疫区的所见所闻、所感所得，"四力"的必要性和有用性在他们的经历中得到了又一次生动印证，为我们新闻学子日后的专业实践树立了学习的好榜样。

（二）打造与时俱进的新闻媒体

习近平总书记在主持中央政治局第十二次集体学习时指出："全媒体不断发展，出现了全程媒体、全息媒体、全员媒体、全效媒体，信息无处不在、无所不及、无人不用，导致舆论生态、媒体格局、传播方式发生深刻变化，新闻舆论工作面临新的挑战。"

在这次抗击新冠肺炎疫情的报道中，许多媒体纷纷尝试，践行四全媒体的要求。中央广播电视总台武汉报道组总负责人肖振生主任，带领团队在当下融媒体语境下大胆创新，在全媒体"全景化"报道事件进程、新媒体多形态联动还原事件主要节点和重要元素等多个层面有所突破，实现在重大公共卫生事件报道中的新闻传播效果最大化，形成了全媒体全方位全覆盖的信息传播形态，做到了事实、情感、精准、专业，彰显了中国主流媒体的权威性和公信力，为打造四全媒体提供了一次成功的实例参考。

（三）凝聚万众一心的精神力量

曾经在很长一段时间里，我们在思考新闻的意义究竟是什么，无数新闻学子、新闻工作者心中的新闻理想究竟是什么。这次新冠肺炎疫情的报道给了我们答案。记者去跑现场，去花时间采访、写作、拍摄、剪辑，他们孜孜不倦的目的，是寻找一种能让全社会向好的方向前进的精神力量。

在疫情刚刚开始的时候，网上关于疫情的消息铺天盖地，让人们陷入无尽的焦虑与恐惧。当时的我们每天晚上拿着手机在微博上看新增确诊病例、疫区的求助信息等，直到凌晨也睡不着觉。如果说，全国各地的医务人员支援湖北是为了救治一条条性命，那么广大新闻记者奔赴一线的目的，就是给包括我们在内的全中国人民打上一支强心针。

中国新闻记者有责任用文字、图片、视频记录下真实的抗疫景象，让更多人知道武汉正在做什么，党和政府正在做什么，让谣言不攻自破。他们有责任去报道这些为抗疫做出贡献的勇士壮举，有责任将全国人民的心团结在一起，让大家相信中国人民可以共同打赢这场战争。

东华理工大学

（文法学院）

一、教学概况

自 2020 年 11 月 5 日起，东华理工大学文法学院传播系组织全系三个年级观看了"中国新闻传播大讲堂——来自武汉抗疫一线的报道"。"中国新闻传播大讲堂"是"中国系列大讲堂"的重要组成部分，是由教育部高教司、中宣部新闻局共同指导，教育部高等学校新闻传播学类专业教学指导委员会承担，中国传媒大学负责建设的"新闻大课"。今年大讲堂的主题为"来自武汉抗疫一线的报道"。新冠肺炎疫情突如其来，广大新闻记者临危受命、迎难而上，日夜奋战在抗疫斗争的第一线，为坚决打赢疫情防控的人民战争、总体战、阻击战凝聚了强大精神力量。大讲堂邀请了 14 家主流媒体参与抗疫一线报道的 42 名新闻记者录制 32 集视频教学内容，每集课程包含讲述内容、案例分析、拓展学习三个部分，生动讲述、立体展现中国新闻记者的家国情怀与专业素养。"中国新闻传媒大讲堂"集中了最优质的新闻资源，汇聚了最鲜活的抗疫报道，总结了最深刻动人的报道体会，是一门生动的国情大课、有温度的思政大课、高水平的专业大课。

二、特色亮点

（一）新闻媒体要发挥主流化新闻传播作用

面对新冠肺炎疫情在我国的迅速蔓延，"中共中央"快速反应，切断疫情传播的渠道，在全国各省市按下了"暂停键"。通过人民日报、腾讯新闻、抖音等媒体的快速传播，疫情防控的相关信息迅速传达给每个人，使全国人民紧跟国家的步伐，共同迎战疫情。新闻媒体是党和人民的喉舌，中国的新闻媒体在疫情防控的舆论引导中扮演着至关重要的角色。新闻媒体只有紧跟党走，深入人民，才能凝聚人心，团结人民共同打赢这场战疫。

（二）树立"为人民发声、为国家做新闻"的意识

在分小组讨论过程中，同学们轮流发表了自己看完大讲堂学习视频后的看法。同学们认为，大讲堂的学习增强了广大新闻传播类专业学生的自信心、自豪感、自主性，提高了新闻传播教育的凝聚力、感召力、塑造力。对于学习视频中多次提及的"马克思主义新闻观"，同学们更是深有体会。同学们表示，应该牢牢树立"为人民发声、为国家做新闻"的意识。在面对灾难疫情时始终坚持正确的政治导向和新闻价值标准。除了树立正确的"新闻观"外，新闻工作者还需要深入钻研媒体技术，掌握前沿传播技能。新闻传播学子要以人民群众的利益为先，努力朝着一个优秀新闻人的方向前进。

（三）新闻媒体要平衡社会情绪

面对肆虐的疫情，记者不能做冷眼旁观者，不能只是记录者，而应该成为抗疫的一股力量，善于发现问题、解决问题，担当起新闻媒体的社会责任。官方媒体的报道令人心稳定、秩序安稳。各种新闻媒体产品在传播疫情信息、通报最新进展、总结数据情况等方面，都扮演了极为重要的角色，在缓解大众的信息焦虑、辟谣不实信息、科普医学常识、号召公众科学防控等方面发挥了突出作用，有效稳定了人民群众的情绪。

三、学生心得

这几日，我有幸观看了"中国新闻传播大讲堂"的课程，本次大讲堂的主题为"来自武汉抗疫一线的报道"，它为我们提供了最新的学习资源，是有温度

的、鲜活的、高水平的实践教学案例，有利于我们学习新闻传播学的专业技能，感悟新闻报道背后的家国情怀，提升对传媒人的职业认同感。身为未来的新闻工作者，我从其中学到了许多。

（一）做担责任使命的传媒人

做新闻报道，尤其是重大的突发公共事件的报道，就要秉承作为新闻人的崇高理想和责任使命，在第一时间投入前线，将前线最真实的情况以最快的速度和最清晰明了的方式呈现给观众。在新闻传播大讲堂中，我从无数媒体人身上学到了这份责任。广大新闻记者临危受命、迎难而上，他们冒着被传染的风险，用一支支笔、一个个镜头记录着抗疫故事，送出一份份可靠的信息，以强烈的社会责任感书写这一历史时刻。

（二）做有思想境界的传媒人

身为新闻工作者，或者新闻专业的学生，要增强自己的新闻敏感度，要有新闻眼、新闻鼻，去发现真正的热点。做好一名记者，不能只是记录新闻的机器，而是要有对生命的敬畏，对弱者的同情，对社会的关注，对信念的坚定，这样才能真正担负起时代赋予的使命；不忘初心，深入了解社情民情，做中国特色的新闻记录者，记录中国故事，讲好中国故事。我们必须扎根中国大地，努力讲好中国故事，只有到祖国的广阔天地中践行四力，才能把全心全意为人民服务的宗旨落实到行动上，体现到作品里。

（三）做有本领能力的传媒人

在大讲堂学习中，我看到了一大批在这次疫情里不畏险阻、吃苦耐劳、专业能力过硬的优秀的记者。面对谈之色变的疫情，他们没有退却；面对这个无形的敌人，他们没有逃避。他们用过硬的业务能力与崇高的责任感在一线采写播报新闻，为武汉与全国各地甚至世界各地搭起了一座信息的桥梁。记录真实、书写故事、捕捉感动，他们在这次战疫中全方位地展现了作为一名专业且优秀的新闻工作者该有的品质。作为一名新闻学子，我们应当以此为例，激励自己，树立崇高新闻理想，练好专业本领，为新闻事业贡献一份力量。

赣南师范大学

（新闻与传播学院）

一、教学概况

为贯彻落实好教育部高教司、中宣部新闻局、教育部高等学校新闻传播学类专业教学指导委员会提出的"中国新闻传播大讲堂"学习方案，推动新时代高等文科教育创新发展，让学生了解、学习"中国新闻传播大讲堂"，赣南师范大学新闻与传播学院积极组织本院全体在校新闻学子认真观看、做好笔记、写好心得体会，并在学院内积极展开交流与讨论。2020年11月5日下午3点，新闻学专业老师、本科生及研究生在学院215会议室共同观看"中国新闻传播大讲堂"启动仪式直播，同学们认真聆听，纷纷记下了自己的感悟和思考。学院领导老师在观看启动仪式后，结合学院自身发展规划编制，围绕新闻传播学科如何在新文科建设中发挥主力军作用进行了讨论。以"中国新闻传播大讲堂"的开播为契机，全院共计362名新闻学专业学生以班级为单位展开学习交流，根据各班实际情况积极展开形式多样的学习方式，每位同学都认真观看教学视频，用心写下体会与反思。同学们表示，未来将守正创新，做中国特色新闻学的传播者、传承者。

二、特色亮点

（一）师生共学抗疫精神

以新闻学 1701 班为例，班主任与学习委员一起在线上组织全班同学观看了新闻传播大讲堂第一课——由新华社总编室副主任、高级记者刘刚主讲的抗疫经历，学习了刘刚参与抗疫报道所秉承的"职责"，结合真实案例阐述对党忠诚、勿忘人民、实事求是、开拓创新的"新华精神"。由于班级各位同学在接到学习任务时不在学校课堂的特殊情况，为了保证学习的有效性，同学们采取了"线上讨论，线下交流，共同收看学习"的特别学习方式。在规定的时间内，全班同学一起在自己的电子设备上观看学习，然后在班级群里进行总结发言，对要点进行讨论，从专业学习和抗疫实感两个部分分享所思所想，既讲求专业实效，也传达抗疫精神。

（二）自主讨论升华理论思考

该阶段主要是学生们讨论，突破疑点与理论升华。班级邀请了各位专业老师为同学的学习进行答疑解惑。一方面，成立学习讨论小组，在班级内部以组为单位进行讨论，让每个成员都有发言的机会；另一方面分享更多的相关报道，大讲堂涉及大量抗疫相关报道的优秀案例，同学们也试着模仿、学习，运用到自己的实践、实习当中。最后，每位同学都上交了自己的学习感悟，将自己既往对新闻专业的理论学习与这次大讲堂课程的新鲜案例结合起来，同时不少同学结合今年的实习经历发表感想。

除此以外，班级以小组为单位进行了优秀成果展示。此次学习，同学们都表示收获颇丰，提出今后也将以最饱满的热情与精神状态去学习新闻传播知识，强化自己对马克思主义新闻观教育的理解，认识到作为一名新闻后备军要有坚定的理想信念，肩负起新闻人的使命担当。

三、学生心得

2020 年疫情期间，我们看到了许多感人的故事，见证了许多奇迹，也感受到了中国精神、中国力量和社会主义制度的优越性。作为新闻专业的学生，"新闻传播大讲堂"让我们的专业知识更加精进。

（一）疫情报道中融媒体的运用

在这次疫情的各类报道中，新媒体得到了大量的运用。在"中国新闻传播大讲堂"中，许多主讲人都提到了自己所在的媒体采用融媒体进行报道的情况。如中央广播电视总台推出了手绘动画《武汉的76个日夜》、直播《与疫情赛跑，全景直击武汉火神山雷神山医院疫情最前沿》等。除此以外，我们也了解到各家媒体在报道疫情时都选择了多种方式的融合。文字报道体现出冷静理性的特点，视频更加直观，数据新闻更加可视，H5新闻让观众有沉浸式体验，动画新闻生动活泼，直播时效性最强且最天然客观。虽然媒介形式众多，但最后的选择绝不是随意的。

我认识到在疫情报道中，应该增加融合新闻的策划，即综合考虑和分析各类渠道的特点和新闻题材的特性，选择最适合的那一种，并且在整个报道体系中将各种渠道相结合，以达到最好的传播效果。

（二）疫情报道中的党性和人民性相统一

我国战疫能取得巨大成效的重要原因之一，就是充分发挥了中国特色社会主义制度的优越性，而中国特色社会主义制度的最本质特征和最大优势是中国共产党的领导。习近平总书记强调，让党旗在防控疫情斗争第一线高高飘扬。新闻媒体在新闻报道中也坚持了党性原则。

以人民日报为例，人民日报在疫情中的报道紧跟党的步伐。湖北省对人员外流实施全面严格管控，人民日报前方报道组迅速组织"同舟共济战疫情"的整版报道，充分反映离汉通道关闭后武汉市民守望相助的感人故事。

在这次疫情中，新闻媒体也坚持了人民性原则。一方面，报道及时回应人民群众关心的热点问题，解疑释惑，激浊扬清。另一方面，新闻媒体通过开设平台，帮助患者反映信息获得治疗。比如人民日报开通了新冠肺炎患者的网络求助通道，搜集求助信息和问题线索并上报中央指导组，使数以千计的患者得到及时治疗。

总之，"中国新闻传播大讲堂"让我们学到了许多书本上没有的知识，一句话作为总结——这世上可能确实没有超级英雄，不过是有一分光，发一分热，萤火汇聚成星河。正是因为千千万万新闻人的付出，才点燃了疫情期间人们心里的那盏明灯。我们将铭记新冠肺炎疫情这段有温度的历史，也致敬在角落里闪着耀眼光芒的新闻人。

江西科技师范大学

（文学院）

一、教学概况

　　江西科技师范大学考虑到本次"中国新闻传播大讲堂"相关视频内容的专业性，本学期对该系列视频的学习主要结合广播电视学专业的《广播电视采访》和《新闻评论》两门课程进行。从学生的观看感受可以看出，这次"中国新闻传播大讲堂"确实起到了强化马克思主义新闻观教育、推动新闻理论与实践深度融合，增强新闻传播类学生自信心、自豪感和自主性的作用，体现了新闻传播教育的影响力、感召力和塑造力。视频中所体现的众多新闻记者的家国情怀和专业素养，使这次的"中国新闻传播大讲堂"不愧是"生动的国情大课、高水平的专业大课"。

　　作为地方性高校，江西科技师范大学在获取新闻报道实践案例、一手资料方面存在先天的不足，缺乏相关资源，尤其是高水平的新闻报道方面。这次"中国新闻传播大讲堂"课程视频有优质的新闻资源、鲜活的抗疫报道、深刻的报道体会，为学校新闻相关课程提供了众多宝贵的有关抗疫新闻报道的第一手资料和实践经验，可以说在一定程度上弥补了新闻相关课程的短板。为充分利用这些宝贵资源，我院有计划、分类别地将这些视频资料融入《新闻学概论》《广播电视采访》《融合新闻学（含创作）》三门课程中，并作为教学案例长期使用。

二、特色亮点

（一）感受党的领导和社会主义制度的优越性

"中国新闻传播大讲堂"中，相关记者的讲述和播放的新闻报道案例使学生们接受了一次爱国主义教育，感受到我国不惜一切物力财力、生命至上的社会主义制度的优越性，中国共产党领导就是我们中国特色社会主义制度的最大优势，在斗争中锻炼成长起来的中国共产党，永远是我们在困难和灾难面前的"主心骨"。在疫情期间，从人员物资调配、交通运输管理到社会秩序维护，从城市社区、乡村网格化管理，到对每一户家庭的发动引导，方方面面的人力、物力被调动起来，体现了中国力量、中国精神、中国效率，这就是集中力量办大事。学生们认为，这一切的一切都是中国特色社会主义制度的优势，中国速度越来越快，中国力量越来越强大，中国人民也越来越团结了。

（二）激发学生的职业道德感、成就感和自豪感

在今年疫情最紧要关头，媒体就像一根定海神针，为全体人民提供了全面真实的信息来源，及时地为人民打了一针镇静剂。媒体人在这次"战争"中，起到了非常重要的安抚人心的角色，只有安稳了民心，这场与疫情长跑的斗争才能继续。中国人民群众能够团结一心、守望相助，正是得益于舆论的有效引导。同学们深刻地认识到，"讲好中国故事，塑造中国形象"是每一个新闻工作者都应该做的；新闻工作者应该将积极的正能量传播给人民和社会，积极带动社会良好风气的形成；新闻工作者还应该牢牢地把握好新闻舆论风向，阻击社会谣言的蔓延，为广大人民营造绿色的新闻传播环境。

（三）丰富学生的新闻专业知识，促进学生思索和探究

记者们结合自身经历，通过深入浅出的讲述和具体鲜活的新闻报道案例，为同学们上了一堂堂生动的新闻专业课。同学们表示，这些视频对他们今后学习制作新闻节目有很大的帮助，可以帮助他们从宏观的角度抓住新闻的重点，准确把握新闻的主题；也可以让他们学到从微观的角度把控新闻的细节，以准确、动人的切入点进行新闻节目的制作。他们认识到新闻节目需要紧跟时代潮流，随着经

济社会的发展不断运用新的技术，丰富创新其自身；从整体的格局上来说，要做到既有传统的电视新闻节目，也要有新形式的新闻节目，做到传播效果的最大化；新闻节目的制作要深入群众，要能够做到内容紧贴群众，满足群众的需要。

三、学生心得

（一）更新技术，深度互动

肖振生老师的那一集课程结合总台的融媒体产品讲述了央视怎样在特殊时期用特殊手法创新传播方法，以达到提高传播率、增强传播效果的目的，这让我逐渐认知了主流媒体创新的新趋势，触动很大。战疫情、云监工、慢直播、小朱配琦公益直播间、面对面专访等形式不断涌现，慢直播的真实感、沉浸式体验使真实变得触手可及，我感受到了随着时代的发展传媒技术的进步带给公众以及新闻从业者的便捷。我体会到在当今这个时代，融媒体的发展势不可挡，要不断去探索、实践与创新，将其更好地为时代所用。采用新技术可以实现与受众的深度互动，也打造出更多的新闻形态，拓展了传播渠道，大大提高了传播的容量广度，强化了传播的即时性、真实性和权威性。可以看出当下融媒体环境下全景化报道疫情防控的创新与拓展，很好地反映了融媒体环境下新闻事业正在走的路和继续走的路。

（二）奔赴一线，真诚报道

在新媒体环境的冲击下，传统媒体的舆论影响力和引导力受到冲击，然而这次的疫情报道充分显示了传统媒体的新闻报道实力，让我们重新看到了传统媒体的公信力、影响力和舆论引导力，证明了在重大事件中高强度、高容量、持续性、渐进性的新闻宣传舆论引导仍然是传统媒体的优势。对于整个新闻界而言，在重大突发公共事件发生时，太需要一线从业者去发挥"把关人"的作用了。我们天生是要去做一个逆行者的，看到众多记者及相关工作者奔赴武汉时，我不由地想与他们同行。作为一个媒体人，就应该奔赴一线，传播信息，而不要畏惧艰难困苦。同时，也要顶住压力，在公众需要信息的时候及时策划好节目，运用多种形式为受众带去超时空的感官效果，这是我辈媒体人义不容辞，职责所系，生命相托。

南昌航空大学科技学院

（文理学部）

一、教学概况

为加快新文科建设、推动高等文科教育提质创新，强化马克思主义新闻观教育、以实际行动全面推进新闻传播类专业课程思政建设，教育部于近期启动了"中国新闻传播大讲堂"活动。应教育部对该学习活动的具体要求，南昌航空大学科技学院主动配合、积极组织安排了本校新闻传播相关专业学生观看学习"中国新闻传播大讲堂——来自武汉抗疫一线的报道"系列课程。借助此次学习活动，广大新闻传播类专业学生进一步增进了对新闻职业的自信心、自豪感、自主性，体现出新闻传播教育巨大的影响力、感召力、塑造力。

2020年11月25日，学校文理学部新闻教研室召开了"新闻传播大讲堂"学习活动会议，此次会议重点强调了大讲堂对于新闻专业类学生培养的重要意义。

该会议决定：一、以新闻学科任老师牵头，以班级为单位，选择合适的时间，以班级为单位，组织大一、大二、大三、大四学生对"中国新闻传播大讲堂——来自武汉抗疫一线的报道"进行观看；二、要求学生在学习完本次视频课程之后，进行更加广泛深入的交流，同时要求我校新闻系学生完成一篇观后感小论文，并将此次学习过程进行考评，纳入相关新闻课程考评体系中。

二、特色亮点

（一）明确了教师教学方向

"中国新闻传播大讲堂——来自武汉抗疫一线的报道"可以说是送给广大师生的一份厚重的礼物。透过一个个亲历抗疫一线的记者的采写故事，师生们无不为记者们身上的勇敢和担当所感动。新闻学专职老师刘炜心表示："作为一名新闻学专业的老师，通过观看那些一线的新闻生产者的工作纪实，我进一步明确了未来新闻教学的侧重点，注重加强学生多方位能力的培养。"

新闻学专职老师李宇凡表示："作为一名新闻传播教育界的新兵，这是我第一次接触'中国新闻传播大讲堂'。此次大讲堂的主题为'来自武汉抗疫一线的报道'，我同我院 18 级新闻系学生共同观看了课堂内容。我得到其中两个关键词是'担当'和'温度'。在新闻传播教学实践中，我们一直强调，要写有温度的新闻，讲有灵魂的故事。看着课堂上认真研学的学生们，从湿润的眼眶至坚毅的眼神。我想，这便是最好的感同身受，这便是最好的教育。"

（二）强化了学生专业情怀

镜头记录下，医护人员、暖心市民、出租车司机、咖啡店老板，这些混杂人群中的普通人逆行驰援武汉。而镜头的背后则是逆行的新闻工作者在武汉深入采访。他们勇闯红区，用生命宣传报道作为凝聚民心士气、鼓舞民众斗志、引导舆论走向、传递防疫知识的"第二战场"。这些作为不断凝聚了同胞的力量，积极传递抗击新冠、举国同心、众志成城的伟大抗疫的精神。

观看视频之后，同学们被新闻记者的新闻理想和专业情怀所打动。20 级新闻学学生朱嘉怡表示："隔着屏幕我们热血沸腾，因为我们所学的专业正是新闻。在这个后真相时代，我们比常人更可以拿起手中的笔，拿起相机，持有对新闻的敏感度，在前辈的指引下，去揭露、去宣传、将真相，真情带给群众。不平凡的 2020，一转眼秋去冬来，珍惜眼前，留住美好，等待你心爱的人归来。"

三、学生心得

在老师的带领下，全班同学一起观看了意义非凡的"中国新闻传播大讲堂"。勇闯红区的新闻记者，被口罩勒出印痕的医护人员，为医生提供 800 个面包的

kawada 员工，陪伴医生妻子上下班的丈夫，隔着玻璃十指相合的医生夫妻，骑着电瓶车默默跟随染病儿子的父亲……这些感人至深的新闻案例让我们在潜移默化之中提升了思想水平，也收获了温暖与感动。

（一）提升思想水平

开展大讲堂，是新时代培养优秀新闻传播人才的需要，是新文科建设的需要，是高等教育创新发展的需要，是走向世界的需要。今年的大讲堂是一门最生动的国情大课、有温度的思政大课、高水平的专业大课。今年大讲堂的主题为"来自武汉抗疫一线的报道"。新冠肺炎疫情期间，广大新闻记者临危受命、迎难而上，日夜奋战在抗疫斗争的第一线，为坚决打赢疫情防控的人民战争、总体战、阻击战凝聚了强大精神力量，展现了中国新闻记者的家国情怀与专业素养，也让我们新闻学子更深刻地理解中国新闻人矢志不渝的理想追求，引导广大新闻学子深刻理解中国特色社会主义的制度优势、理论优势、道路优势，打牢思想基础、夯实思想根基。

（二）收获温暖与感动

"孙婉清写给医生父亲的拜年贴"这一小故事走进了我的心。她用文言文写出了200余字的拜年贴，表达了对父亲深情的问候、温暖的鼓励以及迟来的歉意。同时，她相信这场疫情攻坚战一定能成功。医学生的誓言"健康所系，性命相托……"出现在这篇拜年贴，不仅体现了一份中国传统文化的传承，也是一份家庭文化传承。

隔着屏幕看一个个坚硬冰冷的方块字蹦出来，像硬邦邦的金属在我灵魂深处敲击，天光乍起，漫天星辰，在心脏最柔软之处展开一场盛世烟火。我静静地思索过往的事情，仿佛就在眼前一样。疫情开始人们从不知所措到纷纷加入抗疫征程，一个个片段浮现在我脑海中，泪水悄悄落下，这不是悲伤，是感动。

我希望我以后工作中能够饱含热情，充满责任心，积极主动去探索新闻的世界，将感性与理性发挥到极致，让更多的人看到生活中的小新闻，让越来越多的人对新闻世界充满期待；我也希望我可以书写真实，做一名合格的新闻人。

山东大学

（文化传播学院）

一、教学概况

2020 年 11 月 5 日，山东大学文化传播学院新闻系组织师生在山东大学威海校区电子楼 502 观看了"中国新闻传播大讲堂"启动仪式，并将"中国新闻传播大讲堂"列为 20 级新闻学专业"新生研讨课"考核内容，组织学生系统收看学习。同时组织 19 新闻、19 法治新闻、19 新闻法学（与法学院联办）收看学习。

自"中国新闻传播大讲堂"启动以来，山东大学文化传播学院新闻系高度重视此次学习活动，对有关教学工作进行了精心部署和安排，将其主题和内容纳入今年新闻系"新生研讨课"教育的主要内容，全面推进中国新闻传播大讲堂课程教学。本次学习活动以课堂教学的形式开展，以班为单位组织集体观看活动，并进行讨论交流及观后感写作。屏幕前的新传学子，是一名名刚迈入新闻这个充满魅力的专业的学生；屏幕后的人们，是一位位学识渊博、高山仰止的学者大家，是一名名肩负使命、深入抗疫一线舍生忘死的新闻记者。在学习"中国新闻传播大讲堂——来自武汉抗疫一线的报道"系列视频后，文化传播学院新闻系的同学们不仅收获了专业知识，也对记者这一职业所包含的责任与担当有了更加深刻的理解。

二、特色亮点

（一）感悟记者职业

"中国新闻传播大讲堂"的全国推广，是加强实践中的马克思主义新闻观教育的创新之举，也是新闻队伍建设、新闻舆论工作的创新之举。开展"中国新闻传播大讲堂"，是新时代培养优秀新闻传播人才的需要，是新文科建设的需要，是高等教育创新发展的需要，是走向世界的需要。大讲堂的观影让来自文化传播学院的同学进一步感悟记者这一职业的意义和价值，激励新传学子在未来的新闻工作中主动深入践行"四力"，奋发有为，成为政治过硬、业务过硬、战斗力过硬的新闻队伍中的一员。

（二）强化使命担当

新闻工作者要与党同心、与人民共情，做坚守新闻工作优良传统的传承者。新时代孕育新机遇，呼唤新担当，当代新闻学子要立志成长为有定力、有情怀、有本领的新闻人。新闻的教学质量和方向很大程度决定着新闻工作队伍的素养。"中国新闻传播大讲堂"将理论与实践深度融合，展现了马克思主义新闻观的现实力量，启示新闻工作者坚守党的原则，紧跟党的步伐，坚持新闻工作的优良传统，打牢思想基础，夯实思想根基，了解中国特色社会主义的制度优势、理论优势和道路优势。大讲堂的学习进一步加深了新闻专业学生对职业的理解和认同，为今后的专业学习和实践指明了方向。

（三）培养家国情怀

每一篇抗疫新闻报道的背后都凝聚着新闻人的家国情怀，新闻不仅仅是信息，更是不惧艰辛迎难而上的力量。有战场，就会有战士，越是艰险越向前。在抗击疫情这一没有硝烟的战场上，记者们就是勇往直前的战士，他们不计报酬，不论生死，主动请缨，到最辛苦、最劳累，最危险的前线，写下了一曲曲与时间赛跑，同疫情决战的勇士之歌。同学们倾听了一线新闻人的职业感悟，备受鼓舞，更加坚定了他们成长为有定力、有情怀、有本领的新闻人的理想与目标。32集的大讲堂没有让观看者感到枯燥拖沓，相反，在看的过程中，学生们越发体会到作为一名有担当、有信仰的新闻人的"勿忘人民"情怀，也感受到记者们置身一线，敢于去最危险的现场采访报道的职业精神与勇气。

三、学生心得

中国新闻传播大讲堂系列课程为广大新闻学子提供了一个深入探访一线新闻工作的窗口，生动讲述了中国记者们坚守在抗疫一线的故事，展现出中国新闻记者的家国情怀与专业素养。通过大讲堂，同学们提升了自己的格局和眼界，学习了前辈的抗疫精神和实践经验，坚定了未来投身新闻传播事业的理想信念。

（一）坚定新闻理想

20级新闻班的徐竹瑶同学在观看完"中国新闻传播大讲堂"后，思考如何才能成为一名合格的新闻人。"四力"标准的提出为新闻人指明了前进的方向，从自身的专业所长出发，丈量中国的每一寸土地，让从自己笔下流淌出的每一个字符都代表着最近的真相、最基层的声音和最中国的特色，这才是我们新闻学子在未来的实践中需要不断践行的目标。大讲堂系列视频中的一位分享者熊琦听闻武汉即将封城便连夜开车赶去武汉，庞一帆同学表示对这些"逆行者"们肃然起敬。熊琦不仅回到了武汉，而且还深入重症病房去记录历史。他手中端着的那台陪着他披荆斩棘的相机，如今正被南京博物馆作为抗疫见证物珍而重之地收藏着。

（二）注重全面发展

刘媛媛同学认为记者一定要是一名有特长的多面手，这应该成为融媒体时代记者的自觉追求。新时代的媒体人应该有意识地培养熟练驾驭多种题材、体裁的专业能力，生产出有厚度的新闻产品，以此增强自身的核心竞争力。邓琴同学认为，在今后的学习中，要更加侧重专业技能的培养，提高采写编评能力，适应全媒体生产需要。在新闻的拍摄方面，在武汉报道疫情的记者向我们介绍了全景拍摄以及操作无人机等方面的内容，出于对新闻时效性的考量，记者在现场需要以最快的速度传回素材并进行新闻生产。除了专业能力，记者更要谨记职责使命，要时刻与人民共情，与祖国同行。

青岛科技大学

（传媒学院）

一、教学概况

在第 21 个记者节即将到来之际，青岛科技大学传媒学院组织新闻传播学专业教师、本科生、研究生收看了"中国新闻传播大讲堂"启动仪式。大讲堂邀请了参与抗疫一线报道的主流媒体记者担任讲述者，以视频课程形式让新闻传播学子深入了解抗疫一线报道，推动国情教育、思政教育、专业的教育入脑入心。

我校鼓励学生认真学习大讲堂这堂生动的国情大课、有温度的思政大课、高水平的专业大课，增强新闻传播类专业学生的自豪感与自信心。学院制定了"中国新闻传播大讲堂"全部 32 节课程的学习方案，要求学院编辑出版学、广告学、出版专业硕士研究生关注相关学习活动，组织和动员专业任课教师认真研究，将"中国新闻传播大讲堂"内容融入各专业的教学和实践环节，将大讲堂的内容引入专业课程教学，切实推动抗疫精神进校园、进课堂。

围绕"中国新闻传播大讲堂"，我院组织新闻传播学专业教师展开线上及线下研讨，围绕全面推进新闻传播类专业课程思政建设、新闻理论与新闻实践深度融合、培养新时代优秀新闻传播人才、推动"新文科"建设和新时代高校新闻传播教育创新发展等多角度、多领域展开讨论。

二、特色亮点

（一）加强实践中的马克思主义新闻观教育

"中国新闻传播大讲堂"邀请了 14 家主流媒体参与抗疫一线报道的 42 名新闻记者录制 32 集视频教学内容，生动讲述、立体展现中国新闻记者的家国情怀与专业素养。根据专业课程内容设置和需要，我校选取"中国新闻传播大讲堂"相关内容引入课堂，引导广大师生深刻理解中国特色社会主义的制度优势、理论优势、道路优势，打牢思想基础、夯实思想根基，培养当代新闻学子立志成长为有定力、有情怀、有本领的新闻人。"中国新闻传播大讲堂"是加强实践中的马克思主义新闻观教育的创新之举，也是新闻队伍建设、新闻舆论工作的创新之举。

（二）组织"传媒学人"文思奖"中国新闻传播大讲堂"征稿

2020 年 11 月，教育部提出，新文科建设的关键突破在于"四大讲堂"，从而促进文科教育与社会实务的紧密结合，推进教学内容、教学方法的改革创新，实现学界与业界的交流融合。"中国新闻传播大讲堂"是人才培养体制机制改革创新的重要工程，是强化马克思主义新闻观教育，讲述中国故事、弘扬中国精神、彰显中国力量的关键突破。在教学形式上，我校将"中国新闻传播大讲堂"充分融入专业教学，搭建了专业课堂、学术活动、专业赛事三位一体的学习平台。

2020 年 11 月，我院开展了"时代同路人——'传媒学人'文思奖中国新闻传播大讲堂"征稿活动。该活动面向青岛科技大学全校学生，反响积极，共收到近百余份稿件，学生针对大讲堂，从记者使命、新闻责任、专业价值、抗疫精神等角度撰写征文，取得了良好的效果。

三、学生心得

（一）记者在抗疫报道中的专业角色

主流媒体的新闻记者凭借自身的采访资质以及社会资源，在报道中能够调动更广泛的社会力量，发出权威声音。新华社派出记者小组负责中央指导组活动的报道，采写播发了 280 多条稿件，充分报道了中央指导组在不同阶段的工作重点，反映出与湖北和武汉干部群众并肩战斗的坚定决心。作为第一现场的"告知者"，记者不仅承担了报道权威信息的责任，还要以用户思维报道公众最关心的议题，提高信息的整合能力。《今日武汉：这里依然充满生机与希望》是新华社在海外社交媒体平台开设的 Vlog 栏目，记者徐泽宇以第一视角，报道了第一批治愈出院的病人。通过 Vlog 这种形式，民间话语取代官方话语，主流媒体的记者语态实现平民化转型，报道更具有"对象感"，提高了舆论引导的感染力。

（二）记者在抗疫报道中的社会角色

记者是连接党和基层的桥梁，一方面，记者将党的声音及时准确地传达给基层，坚定党在基层工作的领导核心作用；另一方面，记者反映基层工作的意见、问题，及时传达给中央，为党中央做好下一步决策部署提供信息支持。新华社作为国家级通讯社第一时间成立了由社长总编辑任组长的疫情防控工作领导小组，加强报道力量的整合，成立了武汉前方报道指挥部。同时，加强党员干部的教育管理，强化政治宣传纪律，统一思想，统一组织，始终让党旗高高飘扬在疫情防控第一线。

记者也是连接疫区与资源的配货员。疫情期间，武汉市医疗资源短缺，急需各方支援。除了国家调配之外，各种社会力量也为武汉捐赠物资。记者在其中扮演了"配货员"的角色。记者不仅采写报道，而且通过微博超话、个人社交账号发布短缺的物资信息，充分调动民间力量，这些举措极具建设性。

记者还是传递积极情绪的心理师，做好对社会关心热点的回应，缓解社会的"信任赤字"，重塑媒体公信力。

济南大学

（文学院）

一、教学概况

应教育部高教司、中宣部新闻局，以及高校新闻传播学类专业教学指导委员会要求，济南大学文学院于 2020 年 11 月至 12 月组织新闻传播专业全体师生进行"中国新闻传播大讲堂——来自武汉抗疫一线的报道"学习研讨活动。本着课内外相结合原则，活动以课堂收看"中国新闻传播大讲堂"为主，课后依托"中国新闻传播大讲堂"开展系列教学活动，对学生进行思想道德、专业技能教育，从而促进学生全面发展。

首先，学校成立活动领导小组并召开工作会议，初步确立"专人负责、固定时间、有序收看、班会研讨"的学习模式，随后立即召开了"济南大学文学院'中国新闻传播大讲堂'工作启动会议"。启动会上，新闻传播学专业负责人、新闻与传播专业硕士点负责人鲁毅宣读了教育部关于开展"中国新闻传播大讲堂"的通知，说明了时事新闻课进校园的重要意义，并公布了《济南大学文学院'中国新闻传播大讲堂'工作方案》，随后组织全院师生共同观看了"中国新闻传播大讲堂启动仪式"直播。他鼓励学生们认真学习，深入思考，大胆创新，把这次"中国新闻传播大讲堂"作为专业大学习的一次拓展，实践大练兵的一个舞台，素养大提升的一次机会，努力锻造专业气质，取得学习实效。收看直播后，师生们被"中国新闻传播大讲堂"这种全新的专业教育模式所吸引，为接下来的收看学习做好了充分准备。

二、特色亮点

（一）精心组织，扎实开展

启动仪式后，学院按照计划每周由任课教师组织学生观看 32 集的"中国新闻传播大讲堂"。观看视频后，相关负责老师针对本期热点新闻组织学生讨论，学生们畅所欲言，联系生活发表意见和见解，并对本周搜集的新闻资讯进行交流。小小的课堂变成了新闻资讯交流平台，学生们积极讨论的同时，提高了对新闻的关注度，锻炼了综合能力，提升了综合素养，培养了家国情怀。学校还设计了"教师组织观看记录"，由相关负责老师将每一集"中国新闻传播大讲堂"视频中的内容和学生的参与情况记录下来，以在相互交流中不断提高。

为了确保学生及时收看"中国新闻传播大讲堂"，每周二下午收看课程时，指导教师与研究生助理都会深入班级检查教师组织学生观看的情况，并做好检查记录。每期观看后，负责老师将本班观看和交流情况拍照片上传到班级工作群，并把"中国新闻传播大讲堂"工作作为专题版块进行总结。学期末，学院分专业组织"中国新闻传播大讲堂"学习研讨活动，以班级为单位分别汇报"中国新闻传播大讲堂"学习活动带给学生们的收获和成长。

（二）多彩活动，拓展延伸

在"中国新闻传播大讲堂"的陪伴下，学生们的思想、情感、认知方面不断提高。同时，教师们也不断探索如何利用好"中国新闻传播大讲堂"这一教育资源，更好地为学生的发展服务。

在观看视频中，学生们感同身受。大讲堂用生动形象的语言，用一个个真实的报道案例，让学生们更加明白，作为一个新闻人不仅需要具有基本的职业素养、丰富的专业知识、过硬的心理素质，最重要的是要有家国情怀。新闻工作者要与党同心、与人民共情，做新闻工作优良传统的传承者。在新时代孕育新机遇、呼唤新担当的情况下，当代新闻学子更要立志成长为有定力、有情怀、有本领的新闻人，继承发展马克思主义新闻观教育，做中国特色新闻学的传道者、授业者。学生们表示：愿在未来的新闻工作中主动深入践行"四力"，奋发有为，成为政治过硬、业务过硬、战斗力过硬的新闻队伍中的一员。不忘初心，砥砺前行。

三、学生心得

在观看"以弘扬新华精神，经受大疫考验"一集后，我的思绪一下子被带回到那场让全国人民都无法忘却的人民战疫。

（一）学习记者职业精神

记者熊琦说，疫情就是命令，现场就是战场。在 2020 年 1 月 23 日凌晨，新华社记者熊琦在得知武汉要封城的消息时，本来还在老家探亲的他立即决定开车去武汉疫区，前往重症隔离区病房进行采访。当时正值春节，这种本该与家人团聚的节日里，熊琦牺牲个人时间，完成第一线疫情的真实报道，他的职业素养让人敬佩，让我看到了新华社记者的职业精神。很多时候我们都在说舍小家顾大家，但是真正做到的有几个人呢？每一个人都想成为英雄，但是能做到的却寥寥无几。义无反顾的是英雄，抛家舍业的也是英雄，而他——熊琦，让我们看到新闻人的奉献精神，是当之无愧的人民英雄。

（二）学习纪录片相关媒体策划

大讲堂的纪录片给我的心灵上带来了很大的震撼，同时，也让我从中学到了纪录片策划的相关知识。随着技术的进步与发展，新的传播手段层出不穷，纪录片的传播形态也不断革新。《武汉战疫日记》纪录片根据真实的疫情情况，对当时疫情进行了再现，从描述他们危险的环境和不同人的心声，透视不同阶层的生存样貌和情感需求，从而加深了人物形象的刻画，也更客观地反映了当时严峻的疫情。从宏观层面看，纪录片很好地塑造了中国形象，在传播事实、普及知识等方面发挥了独特的作用，这些专业的新闻工作方式都是今后值得我们学习的。作为一名大学生，我坚信，只要坚定立场、提升技能、持之以恒、勤学苦练，我一定能够成长为一名合格的新闻工作者。

聊城大学

（文学院）

一、教学概况

为贯彻落实习近平总书记关于加强新闻舆论工作、加快推进教育现代化系列重要讲话精神，在教育部高教司、中宣部新闻局的指导下，聊城大学文学院广播电视学专业开展了为期一个月的"中国新闻传播大讲堂"学习活动，让抗疫精神在每一位新闻学子心中扎根，实现新闻学子共上一堂课。

广大新闻记者临危受命、迎难而上，日夜奋战在抗疫斗争的第一线，为坚决打赢疫情防控的人民战争、总体战、阻击战凝聚了强大精神力量。他们冒着被传染的风险，用一支支笔、一个个镜头记录抗疫故事，送出一份份可靠的信息，以强烈的社会责任感书写这一历史时刻。这些优质的新闻资源和深刻的报道体会，是一门最生动的新闻采写课，这些逆行的身影点亮了新闻理想的指路明灯，引领一代代年轻记者们不忘初心，继续前行。

本次活动的开展，响应了"中国新闻传播大讲堂"对所有新闻学子的号召，实现线上线下同频共振。让学院学子与其他高校学子同上一堂课，是增强新闻传播类学生的自信心、自豪感、自主性，提高学院新闻传播教育影响力、感召力、塑造力的生动实践，激发了学生学习的积极性和创造性，为学生的学业发展提供了方向，为学院培养新时代优秀新闻传播人才提供了思想指导。新闻人就要有新闻人的素养与担当。没有记录就没有发生，在国家需要的时候，在面临考验的时候，新闻人要实事求是，记录最真实的中国人，向世界讲好中国故事。

二、特色亮点

（一）学习方式灵活，及时开展讨论

聊城大学文学院组织广播电视学专业各年级学生观看"中国新闻传播大讲堂"，主要以个人学习与集体学习两种方式进行。同学们利用课余时间，或在宿舍或在自习室自主观看并认真记录。晚自习期间，各班级组织集体观看，观看结束后大家自由讨论发表自己的意见看法。

其中，鲜敢的故事引起同学们的热烈讨论，令他们感触颇深。想起习近平总书记对新闻工作者的叮嘱，鲜敢写了一篇武汉市蔬菜供应的报道，紧接着，凌晨时分，他的关于武汉蔬菜供应存在问题的报告就呈递给了中央领导组。正是由于鲜敢的责任意识，他面向社会发出了积极的报道，使战疫可以凝心聚力共克时艰；他及时将紧要消息反馈中央，将荆棘下的雷区及时清障。责任，是新闻工作者前进的不竭动力。即使在人心惶惶时，不知武汉命运如何时，他依然铭记着作为一名记者的职责与担当，不顾危险，尽最大可能为人民提供最真实可靠、最新鲜的新闻。

（二）开展征文评选 推广优秀心得

学习结束后，同学们思绪万千，用文字留下自己的所思所想。文学院广播电视学专业对同学们的观后感进行认真筛选并展示出优秀作品以便大家交流、学习，同时开展了学习感悟征文评选，通过班内打分、同学互评等形式，最终，付浩、解惠捷获得一等奖；李宝田、孙庚辰、朱瑞琪、赵彤彤获得二等奖；翁文倩、衣帕尔、李雪阳、鞠雨洁、栾玉琳获得三等奖。

2020级同学解惠捷在她的心得"守土尽责，书写媒体担当"中写道：在疫情中，作为新闻记者，他们带着强烈的问题意识、职业敏感和担当精神，不回避矛盾，不遮掩缺陷，积极关注群众诉求集中的热点焦点问题，及时公开报道，回应社会关切，开展舆论监督，推动问题的解决。

三、学生心得

2020 年 11 月 5 日，我收看了大讲堂的开幕直播。在观看大讲堂的正式内容后，我对新闻传播行业的认知加深，也对我将来可能从事的新闻记者这个职业更加了解，并有了更加明确的努力方向。

（一）争做新时代有思想的新闻人

2020 年是极为特殊又极有纪念意义的一年。这一年中，我们经历了太多的事情，新冠肺炎疫情让 2020 年一直笼罩着一层乌云。在武汉进行新闻报道的新闻工作者成立了临时党支部，及时地发挥着党员的先锋模范作用，有问题党员先上。我们新时代的新闻工作者、新时代的新闻传播者，要坚定自己的理想信念，运用马克思主义解决问题，用党员的模范行为要求自己，用马克思主义新闻观，传播一线声音，传播温情信念，在党的指导下，培养当代新闻记者的家国情怀和理想信念。

新闻工作者在报道新闻事件的时候，首先要把握大方向，才能够使整篇文章有坚强的结构。我们所有新闻工作者的要求，也是必须把思想摆在第一位。

（二）争做新时代有本领的新闻人

新闻传播有着极为重要的意义，特别是在重大事件发生的时候。只有对这些重大突发事件进行及时的报道、充分的报道，才能够发挥信息传播的积极功能，及时回应社会关切，为公众提供充分的新闻信息，保障公众对事件的知情权，避免信息匮乏和信息来源的不确定导致社会恐慌。

2020 年，新闻工作者正是起到了这样的一个作用。他们用自己的视角、自己的镜头和文字向外界传递真实的声音、真实的武汉、真实的中国。这也要求我们提高新闻专业水准，更准确地进行报道。

（三）争做新时代有想法的新闻人

传统的新闻传播多以报纸、广播、电视的形式进行，但是时代在不断发展，疫情根本等不及报纸的出版，群众急切地需要了解武汉的现状。这时候，互联网的即时性就起到了独特的作用。在此次疫情报道中，越来越多的新闻工作者选择使用先进科学创新的传播手段，用客户端的形式，用网络的形式，及时传播一线声音，这就是创新的力量。各行各业都需要创新发展，新时代应该有新时代的创新，新闻传播作为传统行业，在时代的洪流当中也应该有创新发展。我们作为新时代的新闻人更应该承担起这份责任，把自己的思想用在新闻传播的创新当中，争做有想法、有创新的新时代新闻人。

鲁东大学

（文学院）

一、教学概况

2020年"中国新闻传播大讲堂"以"来自武汉抗疫一线的报道"为主题，邀请14家主流媒体参与抗疫一线报道的42名新闻记者录制32集视频教学内容，生动讲述了中国新闻记者的家国情怀与专业素养。鲁东大学紧抓这次讲堂的机遇，积极组织学生系统学习，将32次学习与《新闻采访与写作》课程结合起来，打造全新培养方案，按50%赋分参与期末考试成绩，以此保证学习态度的端正与认真。学校将取灯沙龙读书会与本次大讲堂知识融会贯通，运用"大讲堂学习＋学生感悟体会＋专业记者解析"的学习模式，力求促进学生对知识的理解与运用。此外，学校还开展了系列延伸活动，邀请抗疫一线记者连线课堂，分享他们的"实战"经验和感受。课堂将教师讲解与记者分享相结合，大大提升学习效果。通过此次活动，学生们更加了解武汉一线疫情情况，也更加明白一名专业的新闻从业者所应具备的职业与道德素养，从而培养学生高度的学习热情与职业向往。师生在交流与互动中对新闻报道有了更深层次的理解，大家切身体会到一线工作者的艰辛与努力，加深了对新闻工作的敬畏之心。

二、特色亮点

（一）实践带动理论，现场连续课堂

在《纪录片创作》课程中，张成良教授邀请职业记者参与视频连线，进行现场授课与答疑，为本次大讲堂的学习锦上添花，极大地调动了学生的主动性与参与性。疫情期间，吉林电视台新闻中心武汉报道组首席记者张旭岩"空降"到新闻与传播学同学们的大讲堂学习课，用他在一线奋斗的切身体会向同学们讲述了新闻报道背后鲜为人知的情感和故事。张旭岩记者用切身经历向同学们说明，新闻是否具有价值，除了依靠新闻敏锐度判断之外，也与实时热点紧密关联，记者需要有这种直觉和职业意识。一线记者参与课堂，让课堂气氛无比活跃，极大地提高了学生们的学习热情和自主性。

这次"空降"并不是首次出现在网络课堂中，在之前的学习中，张成良也邀请毕业于鲁东大学广播电视编导系，现工作于烟台电视台的郭玲玲，她与同学们分享了疫情一线的采访故事。此外，张成良组织纪录片创作的同学们，在允许范围之内创作出居家抗击疫情的纪录片，为缺乏实践机会的网络课堂增光添彩，使同学们积极参与课堂学习，也记录了这一全国战疫的特殊时刻。

（二）讲堂贯通沙龙，促进学术交流

学校积极响应深入贯彻党的十九届五中全会精神，不仅在专业知识上奋力深耕，努力培养新时代党的政策的追随者、新闻热点的评论者。鲁东大学把大讲堂与学院的学术沙龙——"取灯沙龙"结合起来，安排新闻与传播学专业硕士研究生观看"中国新闻传播大讲堂"，随后进行学术交流和讨论。研究生代表李珂心同学分享道，那些奋战在一线的记者用实际行动在疫情的最前线——武汉乃至整个湖北，用专业技能发出最快速的中国声音，谱写最壮丽的动人赞歌。全程媒体、全息媒体、全员媒体、全效媒体，这一理念在这次疫情报道中得到了充分的体现与实践。会后，文学院副院长张成良教授做了深刻的总结，对于同学们如何做好新闻工作提出了"采访现场要保持饥饿感""新闻采访突显策划能力"两点建议。

通过"中国新闻传播大讲堂"的系统学习，学生深刻领会到：作为新闻工作者，应该贴近实际、贴近群众、贴近生活，成为有定力、有理想、有情怀、

有本领的新闻人，同时实际操作与理论相结合，探索新的传播方式，做中国特色新闻学的开拓者和传授者！

三、学生心得

（一）震撼人心的镜头，中国精神的窗口

武汉方舱医院的医务人员、共唱《我和我的祖国》的工作人员、无惧辛劳的送菜员"小马哥"、战胜疫魔的老胡等人的真实故事，这些都是主讲人用镜头为人们提供的一扇小小窗口，让更多人了解，让我们感受到抗疫一线人员奋不顾身、舍己为人的奉献精神与我们必胜的决心，也向世界彰显出我国人民上下一心的抗疫力量与精神。

令我印象深刻的是中央广播电视总台新闻中心副主任肖振生的演讲。他用多个代表性案例，介绍了中央广播电视总台在抗击疫情中的融媒体"全景化"报道，分析融媒体语境下的新闻传播实践与理论创新，勾勒出总台武汉前方报道团队全媒体语境下报道创新与拓展的全貌，展示了媒体工作者砥砺前行的形象，也呈现了疫情期间每一个普通人的守望决心和必胜信心。

而经济日报的主任瞿长福则向我们强调了重大报道中议程设置的重要性。在新冠肺炎疫情这样具有突发性、严重性、不确定性的重大事件报道中，议题设置效果如何是检验报道的直接指标。主讲人讲述了经济日报报道组在武汉坚守报道的经历，结合具体案例，细致剖析了重大战疫报道中议题设置的重要性和逻辑路径，展现出英勇战疫的普通民众们的自信心和精气神儿，也反映了我国来之不易的抗疫成就。

（二）以小见大的故事，真实大爱的中国

我们都知道，这次疫情被美国等诬陷造谣为"中国病毒""武汉病毒"，那么媒体应如何发挥好自己为国发声的作用呢？在这里做得较好的是中国日报。中国日报是外宣的重要媒体之一，担负着向国际社会讲好中国故事的重要使命，这就要求其一线团队要善于发现、判断，善于辨别哪些素材符合受众的信息需求，能够提炼出适于国际传播的生动故事。因此，在此次报道中，中国日报着眼于在武汉生活的外籍人士、留学生、驻武汉领馆，挖掘了很多小切口、大深

意的人物故事。此外，中国日报创新传播方式，有效宣介中国方案和中国经验，举办新时代大讲堂线上活动，面向国际社会和在华外籍人士推出了抗击新冠肺炎的中国方案英文主题网页，第一时间发布中国在疫苗研发、药物治疗等方面的最新进展。中国日报社成立课题组，形成《抗击新冠肺炎疫情的中国实践》报告，并以中英文双语发布，向世界讲述真实的中国故事。

这一场抗疫斗争体现中国特色社会主义的制度优势，是中国故事最新的生动篇章。从中央到地方，主流媒体打了许多漂亮仗。这些胜仗，让我们更有信心做好主流舆论宣传，也为我们新媒体工作者提供了丰富的经验与借鉴。

临沂大学

（传媒学院）

一、教学概况

作为全国 727 所高校的 1391 个新闻传播类专业点之一，临沂大学传媒学院对"中国新闻传播大讲堂'工作高度重视并积极响应，把此项工作作为当前的重要政治任务，由院长亲自监督，组建学习责任领导小组，制定学习研讨方案，全面部署大讲堂师生学习研讨工作，要求新闻学专业及其他相关专业做好观看学习的准备，充分利用好这一思政、专业教育的优质资源，在全院尤其是新闻学专业师生中迅速掀起学习高潮，争取师生政治思想有提升、专业学习有收获、专业建设有启发。

2020 年 11 月 3 日、4 日，《教育部高等教育司关于开展"中国新闻传播大讲堂"的通知》及邀请函先后下发。学院指派专人及时关注开办信息，初步制定学习研讨方案。11 月 5 日，学院准时组织收听收看"中国新闻传播大讲堂"启动仪式，要求全体新闻学专业教师及部分专业学生集中观看直播，并全面部署下一步的学习研讨。随后，学院有序组织安排师生尤其是新闻学专业师生通过课堂集中观看、集体讨论，个人自主观看、撰写心得等形式，有序有力推进大讲堂网络视频教学资源进课程、进课堂，推动国情教育、思政教育、专业教育入脑入心。

二、特色亮点

（一）集体观看开班仪式，部署学习要求

11 月 5 日下午 3 时，新闻系教研室全体教师及第二学位学生在学院 218 会议室集体观看"中国新闻传播大讲堂"启动仪式。仪式结束后，院长戴俊潭代表学院对大讲堂的学习落实做出部署，要求全体教师尤其是新闻学专业教师认真领会本次大讲堂的意义，结合大讲堂内容实质从专业思政教育、人才培养理念、新闻实践课程等方面梳理新闻学专业建设思路和创新方向。同时要求新闻学专业学生深刻感受新闻记者在此次抗疫战场上表现出的家国情怀与专业素养，立志学好专业理论和技能，筑牢爱国情怀，厚植专业根基，努力成为新时代所需的复合型人才。

（二）作为党性教育资源，与主题党日相结合

新闻工作的党性原则是马克思主义新闻工作的根本原则。此次"中国新闻传播大讲堂"折射出新闻媒体、新闻记者坚定的党性原则和为国为党为民的责任担当，无疑也是广大党员同志难得的党性教育资源。临沂大学传媒学院充分认识到这一重要意义，结合 11 月份主题党日活动，要求全院七个教工党支部组织开展"感受来自抗疫一线的激情与热血，体味媒体人的责任与担当"主题党日活动，对教工党员进行政治教育。11 月 20 日，学院全体党员集中观看"中国新闻传播大讲堂"第一集。观看结束后，各支部围绕专业教育教学、个人能力提升等主题进行了交流讨论，并积极主动拷贝教学视频，要将其视为专业思政建设的资源运用到课堂教学中。

（三）融入课堂教学，丰富专业思政教育

鉴于疫情防控形势依然严峻，学院将 2019 级新闻本科必修课程《专业见习》与大讲堂相结合，组织安排 19 级新闻本科 63 位同学以班级为大单位、小组（或宿舍）为小单位，集中学习为主，分散学习为辅，统筹安排视频学习和交流讨论。视频教学结束后，每人提交一份不少于 3000 字的学习感悟。经过学习动员，同学们充分认识到此次线上专业见习的意义，把其作为一门真正的专业见习课程认真对待，利用集中或空闲时间观看教学视频，并随时做好笔记。12 月 10 日，两个班 63 位同学的专业见习报告按时上交。通过批阅发现，绝大多数同学收获颇丰，他们认为这是教育部为新闻学子送来的极其珍贵的福利，让他们对新闻

专业、新闻职业、新闻事业有了全新的认识，是一次全面的精神洗礼，更是一场受益终生的灵魂触动。

三、学生心得

作为即将成为新时代新一批的新闻人，看过"中国新闻传媒大讲堂"之后，我有以下几点感悟。

（一）做党和人民信赖的新闻工作者

在抗疫这个史无前例的战场上，前线的新闻工作者都特别能吃苦，特别能战斗。从大讲堂的资料中，我们可以感受到新闻工作者对待重大突发事件的态度——不推卸、不躲避，义无反顾，迎难而上，逆向而行。他们牢记职责使命，在抗疫一线充当受众的"眼、耳、鼻、喉"，写出了大量真实、生动、有深度的报道，真正体现了新闻工作的要义——做党和人民信赖的新闻工作者。

（二）媒体间的合作与竞争

在此次疫情期间，我们看到媒体同行之间的良性竞争，各路媒体在竞争中不断发展和改进自身，以求给受众带来更多优质、真实的新闻报道，彼此在合作中竞争、在竞争中合作。例如，在疫情报道中，报纸媒体在坚持发挥深度报道等传统优势的基础上，注重提升网上传播能力，创新运用移动直播、电子海报、短视频等融媒体手段，将自身优势与新媒体结合起来，争分夺秒地报道新闻，更好地提高自身的传播力和影响力。

（三）团队合作与全能型媒体人

疫情对新闻人的协调指挥能力、应急组织能力、现场报道能力和融合传播能力都是一次全方位的考验和检验。对于媒体工作者来说，重大事件更考验沟通和协作能力。在这次报道中，许多媒体在疫情刚开始就赶往武汉，迅速制订了报道方案，形成了分工协作的战"疫"报道组。第一手素材经过快速处理后，发到稿件处理的微信群中，再由后方进行编辑发布，这个过程非常考验前后方的沟通协作能力。沟通有效、考量有度、合作有力的新闻队伍能够有质有量地发布报道，才能实现新闻的实时送达和有效传播。团队协作实现了一次采集、多元生成、全媒发布。在新媒体时代，媒体人应该"聚是一团火，散是满天星"，在需要团队合作之时将"全能型"媒体人的优势展现和发挥出来。

菏泽学院

（人文新闻传播学院）

一、教学概况

本次的"中国新闻传播大讲堂"活动是一门生动的国情大课、有温度的思政大课、高水平的专业大课，成为我们菏泽学院落实立德树人任务、推进课程思政建设、加快新闻传播类专业建设、推动新闻传播类专业提质创新的有力抓手。

我校教务处副处长王庆高指示人文新闻传播学院务必要认真落实新闻传播大讲堂活动，将之作为我校落实立德树人根本任务的重要举措，建议把大讲堂作为我校广播电视学和广告学专业的必修课，纳入学分管理，同时建议将大讲堂开设成公选课供全校各专业学生选修。人文与新闻传播学院党委书记申伟和院长曹金祥非常重视这次新闻传播大讲堂活动，指定传播系教授刘凤芹专人负责，并督促传播系辅导员、班主任对广播电视学专业和广告学专业的学生做好宣传工作，确保学生认真对待这门课，以切实推动抗疫精神进校园、进课堂，引导广大师生深刻理解中国特色社会主义的制度优势、理论优势、道路优势，打牢思想基础、夯实思想根基。

本次"中国新闻传播大讲堂"课程学习取得了扎实的效果。网络课程学习学生参与率百分之百，课程学习有效度达百分之九十以上。从学生上传的课堂笔记可看出，学生的学习态度认真。在每周四的论坛上，学生的精彩发言显示了学生对课程的深刻理解。学生每个人都交了3000字左右的学习心得，体现出学生对抗疫精神的赞叹与未来职业的责任感和使命感。

学院初拟下一步学习计划，以普及和推广"中国新闻传播大讲堂"课程学习活动。下学期将"中国新闻传播大讲堂"开设成全校公选课，将本课程普及所有专业大学生，同时落实好学习制度和教学评价制度，以评促学，保证课程学习质量，以将这门生动的国情大课、有温度的思政大课落到实处。

二、特色亮点

（一）专人负责，线上线下学习齐头并进

学院刘凤芹教授为本次大讲堂活动的主要负责人。刘凤芹老师首先组织传播系教师集体观看了"中国新闻传播大讲堂"启动仪式，并组织广播电视学专业、广告学专业学生在线上观看了启动仪式，开展学习讨论。其次将"新闻传播大讲堂——来自武汉抗疫一线的报道"设为广告学专业和广播电视学专业2学分的专业发展必修课，并在学习通网络平台建立"中国新闻传播大讲堂"网络课程，上传相关学习资料，供学生专业学习。

（二）制定计划，严格执行

为确保学习时间落到实处，负责人刘凤芹协同广告学、广播电视学专业的辅导员、班主任共同制定了大讲堂学习计划，除规定网络课程学习时间外，还确保学生在每周的周四论坛上将大讲堂作为重点讨论内容，并督促学生严格执行学习计划，每月至少组织一次集中学习讨论，并确定一名学生作重点发言。学习做到每周有实施计划、个人有学习笔记。

（三）完善网络教学平台课程建设，创新教学方法

负责老师在学习通平台建设了"中国新闻传播大讲堂"网络课程，并定期让学生将学习笔记上传网络以保证观看效果。本次课程学习注重教学方法的创新，采用线上线下相结合、集中学习和个人自学相结合的方式。网上观看大讲堂32集视频，线上学习采用学生个人自主学习方式，线下学习采用学生在课堂集体讨论的方式，集体讨论时，每次突出一个重点、集中一个主题、解决一个

实际问题，以提高学习效果。

（四）重视教学评价，以评促学

德国教育家第斯多惠主张："教学的艺术不在于传授的本领，而在于激励、唤醒、鼓舞。"

教师在教学中的作用主要体现在对学生施加积极的影响而非传授知识。因此，为实现这种积极的影响，教师要注重评价，以评促学，激发学生的学习积极性。大讲堂课程学习中，负责老师不但注重评价学习结果，也注重评价学习过程，将学生学习的参与度与最终的学习心得结合起来。

三、学生心得

通过讲堂我感受到了新闻工作者的不易，也了解了想做一名合格的新闻工作者需要具备的不只是新闻采写的专业知识，更要有发现新闻的眼睛，探索真相的毅力，冲往一线的勇气……

（一）逆向而行，直面挑战

疫情就是命令，现场就是战场。

这次前往一线的新闻工作者们面临着很多重大的挑战，然而在让人望而却步的压力和挑战下，新闻工作者们依然争先逆行，触人心弦。例如新华社湖北分社 90 后记者熊琦，在武汉关闭离汉通道前夕逆行返回武汉参加报道，凭着"不在现场，我将遗憾终身"的朴素认识，用"在现场"的定力，传递信心、温暖和力量；还有扬州电视台的朱林川，主动请缨，在集结现场拍下了"硬核医生"武文娟"国难当头，断头又怎样"的豪迈宣言，也捕捉到了年轻夫妻曹柳兆和滕为云的感人惜别，当晚他参与采制的新闻特写《10 小时，战"疫"部队集结完毕！》感动了无数观众。像这样逆行的新闻工作者数不胜数，他们默默捕捉细节，传递消息，不惧挑战。

（二）艰难前行，心心相连

在现场只用眼睛看是不行的，要用手去摸去感受。

怎样才能写出真情实感的报道呢？在一线的新闻工作者走进重症监护室，用面对面的交流了解患者的心里建设，了解医护工作者为了节省防护服一天不进水的艰难条件。他们一次又一次地安排采访，半小时的采访，录音整理下来就超过 5 万字，加上成稿、编辑、发布，每一个环节都是重中之重。每一篇我们看到的新闻报道，背后不知经过了多长时间的加工，蕴含着多少人的心血和汗水。

这让我切实地感受到新闻工作者的力量，感受到作为新闻人的责任担当，这对我们自身一种鞭策和指导。作为广播电视专业的学生，我们应该更好地学习我们的专业知识，在日后的新闻工作中去好好地运用、去践行我们的新闻"四力"。

（三）求学之行，满载而归

在这堂课中我也学到很多实用性的知识。

在疫情期间各项报道都如出一辙的情况下，要努力求新，避免同质，把笔墨放在普通人小人物；在发现新闻的过程中要注意找独特的采访对象，寻关键的现场细节；在撰写新闻报道时要善用数字还原细节，注意语义，避免产生歧义；在采访过程中保持对采访对象的基本尊重，同时注意做好录音；撰写人物群像的时候要注意心中有框，列好提纲，明确主题，围绕主题，打散故事，寻找共性，整理共性；在不同的新闻报道中折射出的是略微不同的意义，用心体会，或许就能让你的报道的动人点多一些；特别处不猎奇、不渲染，掌握分寸，有体量其实是人的重要品质，更是记者的基本素养；采访尽可能全面下笔，尽可能冷静，才可能写出经得起细品的文章等。这些只有实践起来才能发现的问题，各位嘉宾在这次讲堂中给我们做了极其详尽的讲述，让我们能不只局限于课本，将理论与实际更好地结合。

这堂课是我们前进的推动力，让我们受益匪浅。

青岛大学

（新闻与传播学院）

一、教学概况

2020年是极不平凡的一年，这一年，新冠肺炎疫情肆虐全球，外部发展环境错综复杂，以习近平同志为核心的党中央统领全局、运筹帷幄，团结带领亿万人民奋勇拼搏，在逆风破浪中开创新局，交出一份沉甸甸的中国答卷。作为新闻传播教育工作者，有责任也有义务带领学生深刻学习以习近平同志为核心的党中央的战略部署，深入体会中华民族如何昂扬斗志、逆风前行，从而更加坚定信念、夯实基础，使广大学生真正做到与党同心、与人民共情，成为党和国家可托付的一代新人。

为此，青岛大学新闻与传播学院以新闻系为主，组织师生积极投身疫情报道实践、学习整理抗疫一线的优秀报道，深化国情教育、思政教育、专业教育，并在复学之后，在严格做好疫情常态化防控工作的前提下，邀请抗疫一线优秀编辑记者通过各种形式与师生展开交流。

2020年11月5日当天，学院以新闻系师生为主，组织收听收看"中国新闻传播大讲堂"启动仪式。大家一致认为，大讲堂集中最优质的新闻资源、汇聚最鲜活的抗疫报道、总结最深刻的报道体会，立体生动地展现优秀中国新闻记者的家国情怀与职业素养。12月初，在教育部有关政策的支持和引领下，学院立即开始部署实施大讲堂进课堂行动。

二、特色亮点

（一）专业教师学习先行

以新闻系为主体，学院组织各教研室、教学团队集中收看"中国新闻传播大讲堂"。专业教师团队坚定理想信念和使命担当，不断提高创新意识，改进马克思主义新闻观教育，努力成为中国特色新闻学的传道者、授业者；同时集思广益，充分研讨如何将大讲堂系统地融入现有课程体系，充分发挥其价值引领和专业提升功能。

（二）以专业课程为试点

在充分学习研讨的基础上，学院决定选取新闻采访与写作、新闻综合实务训练工作坊、新闻摄影与图片报道、传播心理学、新媒体研究等五门本硕专业核心课和专业限选课为试点，精选大讲堂素材作为典型案例，全方位展现中国新闻记者的家国情怀、初心使命、责任担当、专业操守、行为规范、操作规程、实战策略、方法技巧、伦理抉择，并结合所学知识点组织学生充分研讨和亲身实践，相应学习环节纳入过程性考核。

我校正在修订2021年版本科人才培养计划，拟将"中国新闻传播大讲堂"列为新生引导课，设置为必修课程，帮助新闻传播学大一新生扣好第一颗纽扣，立志成长为有定力、有情怀、有本领的新闻人。

（三）融入专业实践教育

学院决定从春季学期起，将大讲堂更系统、全面地融入马克思主义新闻观经典著作选读、新闻精品研究、高级新闻报道与专业报道、初级传媒工作坊、媒体特训营等更多专业核心课和专业限选课中，并充分发挥实践教学基地作用，邀请更多抗疫一线记者编辑老师走进课堂，与师生共同观看研讨，进一步帮助学生深化认识。

以《新闻摄影与图片报道》课程为例，在进行专业教学的同时组织学生观看"中国新闻传播大讲堂"第3集新华社摄影记者费茂华、第21集湖北日报摄影记者柯皓做的抗疫报道分享，让学生们学习两位记者在重大危机事件的采访中，如何妥当处理不利情形，进行自我调整，完成报道工作的方法和技巧。同时，通过这些深入一线的媒体工作者的经验介绍，学生们能更好地学习做好摄影报道的原则和规范，方法和技巧。

三、学生心得

在观看了中国青年报记者谢宛霏对自己武汉疫情报道的案例分析后，最令我们印象深刻的就是"坚持用脚采访，用笔还原新闻"这句话。在 40 多分钟的讲解中，记者谢宛霏讲述了从初到武汉的盲目，到自我反思后明确目标，再到深入故事的报道。从中我们总结了以下感受。

（一）主题确定之如何避免同质化

疫情下的武汉，每一个小细节都可能成为牵动公众心弦的新闻。各路新闻记者前往一线，各种现场的新闻报道难免会陷入"同质化"。因此，记者谢宛霏选择聚焦大时代的小人物，以描写群像的方式向公众介绍这些默默奉献的青年志愿者群体。在我们的日常选题中，如何避免大众化的选题，也是写一篇好稿的关键。在考虑选题时，可以提前列出最容易想到的人物，比如保安、环卫工人、外卖小哥等，然后暂时排除这些人群，发掘更有吸引力、有特点的群体。当然，如果发现了保安、环卫工人中有强烈个人色彩的个体，也不失为一个好选题，这就需要个人根据实际情况衡量。

（二）前期准备之深入建立信任

对采访对象有耐心，使其放下戒心，才能看到受访者内心深处的东西。谢宛霏采用沉浸式的报道，以跟拍的形式，记录了武汉社区的一名 90 后滴滴女司机，不仅真实展现了她的性格特点，而且发现了小区居民给她送奶的细节。这让我们不禁想到此前进行的工作坊稿件《老漂》的采访。当受访者因家人生病而提出后续再联系采访时，老师建议我们抓住机会，进行沉浸式采访，而不是一板一眼的按照流程；融入受访者的生活场景中，而不是站在一个旁观者的角度进行采访。

（三）信息发掘之发现细节与冲突

谢宛霏记者从采访对象汪勇每次到酒店前台都会支付零钱的细节进行深挖，

展现了这位细心的老大哥如何帮助医护人员解决实际问题的细节。随着采访的逐渐深入，如果想发现连受访者自己都不知道的细节，我们就要做到有"眼力"，即观察力、发现力、判断力和辨别力。

除了发现细节之外，人物稿的另一大亮点就是"冲突"，包括自我内在的冲突、人际关系间的冲突等。人物身份的转变会给自己和周围人带来怎样的影响？这就需要记者抓住细节，进而发掘人物内心的变化。

聊城大学东昌学院

（影视传媒系）

一、教学概况

2020 年 11 月 5 日，聊城大学东昌学院影视传媒系的全体老师在 209 教室组织了一场别开生面的教研活动——观看由教育部高教司、中宣部新闻局共同指导，教育部高等学校新闻传播学类专业教学指导委员会承担，中国传媒大学负责建设的"中国新闻传播大讲堂"启动仪式的同步直播课程。通过观看启动仪式，与会的教职员工受到了一次生动的专业洗礼。大家对大讲堂的云端课程充满了期待，一致认为大讲堂以视频课程的形式让观者全面深入地了解武汉抗疫一线的报道故事，感悟新闻报道背后的家国情怀，非常适合作为新闻专业大学生的必修课。

观看启动仪式后，影视传媒系立即召开专门会议，做出决定并部署让网络与新媒体专业的全体师生收看"中国新闻传播大讲堂"全部课程。自 11 月 6 日至 12 月 11 日五周半的时间，每周利用学生课余时间组织三次集中观看，共组织师生观看十六次，每次两集，将全部课程观看完毕。通过认真细致地观看，广大师生切身受到了震撼。在学习中，老师和学生分别获得启发，老师们普遍表示要通过自己的努力将学生培养成为合格、优秀、国家所需要的传播人才，学生们则形成共识，通过学习增强了全媒体时代文化传播领域新生力量的使命感，坚定了他们的职业理想。

二、特色亮点

（一）理解了新闻人的使命

通过视频学习，同学们感受到新闻人在新时代被赋予的新责任与新担当。同学们表示，他们由衷敬佩并瞻仰所有勇于奔赴抗疫前线的诸位新闻前辈们，他们前行的步履让自己懂得了何为传播、何为新闻、何为责任、何为使命、何为新闻工作者的意义。他们了解了新闻专业学生应以实践为指导，从自身的专业所长出发，丈量中国的每一寸土地，让自己笔下溢出的每一个文字都代表着最近的真相、最底层的声音、最中国的特色。大讲堂丰富和扩展了同学们的思想内涵，更加激励着他们朝着心中向往的新闻事业前进，为了国家的新闻报道不懈奋斗。

（二）认识了融媒体的重要性

通过视频学习，同学们认识到在疫情防控中各个媒体机构在新闻报道和信息发布中的重要作用，更好地体会到新媒体时代的融媒实践。他们表示，媒体深度融合，对记者的要求更加严格，未来社会更加需要全能型的记者。因此，同学们表示，除了更加努力学习专业知识外，还要各方向多面学习，争取提升自己的综合能力。

（三）融入教学和实践环节

通过组织收看学习"中国新闻传播大讲堂"，老师们纷纷表示在今后的课堂教学中，要把"中国新闻传播大讲堂"内容融入教学和实践环节，网络与新媒体专业教研室已经将每集视频最后的二维码统一集中起来，编辑成"中国新闻传播大讲堂拓展学习作品链接专用PPT"，以利于在授课环节多分析战疫新闻作品的拍摄、采访、编辑等手法，达到抗疫精神进课堂、新闻理论与新闻实践相融合的双重目标，从而更好地将大讲堂的内容延展下去；同时带领同学们学好理论课并积极投身社会实践，为培养优秀媒体人做出更大的贡献。

三、学生心得

本次大讲堂的主题为"来自武汉抗疫一线的报道"，观看视频后，除了被记者们的亲身经历深深震撼，我也一直在反思，如何才能成为名合格的新闻人。

（一）理解新闻媒体的重要性

新冠肺炎疫情期间，大众对疫情信息高度关注，社会也对信息的透明度、真实性、及时性都提出了更高的要求。而各种新闻媒体产品在此次疫情中，在传播疫情信息、通报最新进展、总结数据情况等方面，都扮演了极为重要的角色。相比于"非典"时期，此次疫情期间的新闻媒体对突发性公共事件的报道更加专业及时，在信息供给、科普辟谣、动员号召等方面发挥了突出作用。

大讲堂让我看到了新闻人的重要作用，疫情期间新闻人用图文向人们传递疫情信息，通过把镜头对准一个个平凡而又伟大的逆行者，告诉我有无数人正在为抗击疫情而努力，我们终将打赢疫情阻击战。在感叹他人的故事时，我更意识到作为一个新闻专业的学生身上肩负的重要使命。当出现突发事件时，新闻人应及时向公众传递正确信息、稳定社会秩序，在报道重大事件时，既要突出主题把握重点，也要关注细节，呈现平凡生话中的伟大之处。

（二）新闻人的职业精神与担当

通过视频，我看到了在疫情前线们的记者逆行前进，怀着坚定的信念与勇往直前的精神，为人民传达第一手消息。听着他们的故事，我倍受鼓舞，我愿意把自己有限的生命献给自己喜欢的事业。人的一生都是在不断学习，不断追求知识，也许今天的我们在这样一个迷茫的阶段，但是只要我们都坚定了信念，我相信他们的现在就是我们的未来。新的时代呼唤新型人才，身为未来的新闻工作者，我深深地感受到在媒介环境和舆论生态发生变革的新形势下，新闻人更要保持自身定力，坚守家国情怀，树立正确的新闻观，不忘初心、砥砺前行，将自己的职业理想和祖国人民紧密相连，深入祖国的广阔天地，了解社情民情，讲好中国故事。

山东青年政治学院

（文化传播学院）

一、教学概况

按照教育部高教司、中宣部新闻局和高校新闻传播学类专业教学指导委员会的统一安排，山东青年政治学院文化传播学院在 2020 年 11 月至 12 月间组织了"中国新闻传播大讲堂"的学习和研讨活动。活动通过收看启动仪式、32 集视频教学内容，结合山东青年政治学院的办学特色，按照"统一 + 分散""集中 + 长尾""规定 + 自选"等组织方式，以"守好底色，筑基塑魂"为目标，力求将这堂最生动、有温度、高水平的思政大课在学生心中扎下根，为培养理想信念坚定、人文情怀浓郁、担当意识强烈、青春活力彰显的融媒传播人才提供助力。

山东青年政治学院文化传播学院在学校思政课程、课程思政、网络思政、岗位思政和青年领导力双学位班"4+1"工作模式的引领下，将"中国新闻传播大讲堂"的生动教学案例通过小课堂、大课堂、田野课堂、实践课堂等多种形式，灵活多样地开展学习，组织主题班会、分享讨论、征文比赛等活动，提升学生的青年政治底色，把握时机发挥这种高水平的思政大课在人才培养中的重要作用。以广播电视学专业为主，同步组织汉语言文学专业、播音与主持艺术专业学习抗疫记者的讲课视频。以广播电视学专业教师为主导，将系列讲课视频结合课程内容安排同步至全校媒介类的公选课课堂；同时在青年领导力双学位班、微专业等课堂中进行案例分享与讨论。

二、特色亮点

（一）创新形式，多措并举

山东青年政治学院文化传播学院以"统一＋分散"的方式组织师生进行学习研讨。"统一"是统一组织文化传播学院广播电视学、播音与主持艺术、汉语言文学三个专业的"中国新闻传播大讲堂"的学习活动。"分散"是按专业属性和实际情况，分散学习，并遵循主次突出的原则，以广播电视学专业为主，重点对该专业学生进行针对性的征文、学习和研讨等活动。按照"集中＋长尾"的原则安排活动时间。"集中"是指在 2020 年 11 月和 12 月间密集地完成"中国新闻传播大讲堂"的系列学习研讨活动。"长尾"是在后续相当长的时间内，持续不断地、不定期地就这些视频案例进行深入地学习，组织系列活动推动新闻理论和业务实践的融合。以"规定＋自选"的形式开展系列活动，自选是按照专业、年级、班级的不同，创新性地组织相关活动。

（二）融入课堂，全员参与

山东青年政治学院文化传播学院将"中国新闻传播大讲堂"32 集视频教学内容作为思想政治教育工作的重要素材，纳入第一课堂和第二课堂体系。"中国新闻传播大讲堂"的学习活动已经纳入文化传播学院第二课堂活动体系中，学生参与活动可获得第二课堂学分。同时，相关视频已进入第一课堂教学的案例库，《马克思主义新闻思想》《新闻学概论》《广播电视采访与报道》等相关课程均已进行集体备课，将其作为课程思政的重要内容。同时在本学期的课程结课考试中，《马克思主义新闻思想》将"中国新闻传播大讲堂"的学习分享情况作为考核内容的重要组成部分。

全体学生深度参与，专业教师全程参与，业界学界共同参与。在此次"中国新闻传播大讲堂"的学习活动中，文化传播学院三个专业的学生均参与学习，其中广播电视学专业的学生组织了系列活动推动学习的开展。三个专业的教师均共同参与，其中广播电视学专业教师全程指导、把控学习活动进程。广播电视学专业还以融媒体环境下记者的素质、能力、担当等为主题，邀请中央民族大学、山东大学、大众报业集团等单位的专家学者、业界记者等与同学做了分享交流。

三、学生心得

观看了"中国新闻传播大讲堂"之后，同学们认识到记者手中的话筒原来不仅仅是一个传声工具，它传递出来的每一个字，都饱含着新闻工作者的心血，话筒就成为传情工具。疫情期间与新媒体的接触让同学们更加了解现场的情况，更加理解新媒体在新闻传播中的潜力。

（一）肩负责任担当

记者奔赴武汉，及时地传递疫情的情况，《钟南山院士奔赴战场》《武汉医疗队集结完毕》等文章、视频的发布让民众看到了希望的光明。为了了解宁波首名确诊患者的发病、收治、确诊及治疗情况，宁波晚报社会新闻部副主任程鑫第一时间做好全套防护措施，进入鄞州人民医院隔离病区进行了采访。他说，进入隔离病房前，他的内心充满了忐忑与不安，虽然前方危险重重，但是记者深入现场的使命担当使他毅然决然选择了将个人的安危放在了脑后。对于记者而言，他们的战场就是现场。现场，是新闻事件发生发展的特定场合。观众是远离现场的，只有通过媒体的报道才能看到新闻现场。记者的职责就是从新闻现场，发回观众想知道的一切。

（二）坚持融媒创新

疫情一线的记者们凭借自己坚实的专业能力和乐于奉献的职业素养出色地完成了任务。其中，95后年轻记者吴汉阳令我印象深刻。为了防控肺炎病毒的传播，各媒体需要精简制作团队，这也就意味着前线记者本人需要独自完成拍摄、采访、剪辑，后期等工作，吴汉阳参与并制作了《方舱里行走的二维码》等一系列的深度报道，使人民了解了前线医疗队员的艰辛，也引发了人民对于医生这份职业的思考。他利用新媒体进行了大量的报道，制作了抗击疫情相关的融媒体系列短视频，每集5分钟，由医护人员、普通市民等不同角度的疫情亲历者们，采用Vlog的主观视角讲述武汉在抗击疫情过程中的温暖故事，记录下了疫情中的世间百态，也彰显了年轻记者的责任担当。

河南工业大学

（新闻与传播学院）

一、教学概况

自教育部高教司启动"中国新闻传播大讲堂"以来，河南工业大学新闻与传播学院全面部署，认真组织师生学习研讨，切实通过大讲堂的形式推动抗疫精神进课堂，引导全体师生深刻理解中国特色社会主义的制度优势、理论优势、道路优势，培养学生为党为国为人民的深厚情怀和使命担当。

通过此次战疫教育，河南工业大学新闻与传播学院共有 50 个教学班共计 1500 余名学生参与学习，先后共组织学生观看视频近 230 余次，组织学生研讨 16 次，撰写观后感 120 篇，其中 27 篇较为优秀。

为了更好地学习这门国情大课、思政大课、专业大课，为了让学生更深切地感悟武汉抗疫一线新闻从业者身上传递的爱国、敬业、奉献的精神力量，教师们在学生观看完视频后，认真组织研讨，通过交流观看心得、抒发感悟来激发学生学习热情，坚定职业信念，树立职业理想。

二、特色亮点

（一）把疫情当教材，重视立德树人

一场疫情，一次考验，一堂大课。抗击疫情期间涌现出大批最美"逆行者"、大量感人至深的抗疫故事、优秀的新闻作品，以及特殊环境下宝贵的新闻报道经验，理应成为引领当代大学生立德成人、立志成才，引导新闻传播学子树立家国情怀、提升专业素养的最佳教材。

"中国新闻传播大讲堂"是新时代新闻传播院校都应当上好的一门最生动的国情大课、有温度的思政大课、高水平的专业大课。

（二）学院统一部署，实行分级教学

在观看完大讲堂启动仪式后，学院领导决定由学院已成立的课程思政教育教学改革工作领导小组负责全面督导"中国新闻传播大讲堂"学习活动的开展，由书记和院长担任组长，学院教学办、团委学工办和各系室协助工作开展。

经学院工作小组研讨决定，"中国新闻传播大讲堂"学习方案分为两部分，一是针对本学期未开设专业平台课的 2020 级学生，由所在班级班主任组织学习，各年级辅导员负责督查；二是将大讲堂视听内容融入高年级各专业课程学习当中，由各专业负责人指定专业教师组织学习并指导监督。

（三）认真组织学习，深入推进课程思政

自大讲堂学习活动开展以来，在学院的鼓励与号召之下，新闻与传播学院辅导员、教师积极、认真、有序地组织全体学生观看"中国新闻传播大讲堂"，借助大讲堂优质的教学资源和鲜活的抗疫报道故事和深刻的报道感悟，深入推进课程思政建设，让学生了解武汉抗疫一线的报道故事，感悟新闻报道背后的家国情怀，学习新闻人才必备的专业技能，真正实现价值塑造、知识传授和能力培养的有机统一，构建具有新闻传播学科特色的全员、全过程、全方位育人大格局。

（四）反思教学成效，规划延续性教育模式

就学院开展大讲堂学习的整体情况而言，虽然基本实现"三全"育人的良好格局，但受时间限制，活动组织的形式有待丰富，与专业课程融入的程度有待深入，组织研讨的范围和频次有待提升。学院课程思政教育教学改革工作领导小组依据此次活动开展的情况决定在新学期组织教师进行课前教研，深入挖掘"中国新闻传播大讲堂"的育人元素，将其有机合理地融入各年级的专业课程中，定期持续开展学习研讨活动，深入推进战"疫"教育的入脑入心入行。

三、学生心得

作为河南工业大学新闻学系的学子，我们全班同学在老师的组织下共同观看学习了本年度的"中国新闻传播大讲堂"。也正是学习了这短短 32 集视频，我从中真切地体会到抗疫一线工作者和新闻记者的艰辛，也让我更加坚定了学好新闻学的目标和做一名好记者的职业愿望。

（一）职责

身为新生代新闻人，我十分感激自己可以在舒适且安全的校园内踏实地汲取知识，不必奔波在艰苦的环境下。"镜头记众生，秉笔写春秋"。这是我最喜欢的用来形容新闻记者的一句话。镜头和笔是新闻记者的武器，沉甸甸的设备扛在肩上，记者的职责记在心里。抗疫一线的新闻工作者第一时间将前线新闻传递给我们，没有那些抗疫救灾的人们默默地守护我们，最新最准确的新闻数据从何而来。

（二）榜样

此次大讲堂以抗疫一线记者们的亲身经历为例，生动形象地讲述了新闻人的职业操守和家国情怀。身为一名普通公民，作为一位新闻学子，我默默关注着武汉的情况，却没有注意到将这些新闻第一时间传送到千家万户的"幕后之人"。他们负重前行，为万千新闻人树立了榜样。

是他们让我在屏幕一端见证了奔跑在逆行路上的医护天使，传递出分秒必争的真相，传输给我们奋战在抗疫前线每一位记者们英勇的身影，让我们聆听前辈们在抗击疫情的风暴眼惊心动魄的经历。新的时代培养新型人才，作为一名未来即将踏上新闻工作的学生，在媒介环境和舆论形态发生变革的新形势下，我们应该以他们为榜样，努力学习好专业知识，坚定人民立场，增强爱国情怀，做有情怀、有定力、守正创新的时代新人，接好新闻事业的接力棒，为祖国的新闻事业贡献自己的力量。

（三）能力

在这场与疫情较量的严峻斗争中，中国人民彰显了同舟共济、守望相助的家国情怀。坚守在岗位上的新闻记者们，以星火之力，为人民及时了解信息保驾护航。他们怀着永不磨灭的情怀与一腔热血，有着作为专业人士的报道能力，怀着坚定的信仰，一路在疫情最严重的地方。

面对当下复杂的国内外环境，尤其是新冠肺炎疫情中，国外势力对中国的污名化，"武汉病毒"的说法一时间引发关注，对新闻记者的专业处理能力也提出了更高的要求，而我们可敬的一线记者及时应对，维护了国家形象。

今天校园内的新闻学子，未来就是新闻一线的工作人员。身在与新闻传媒有关的专业，学好专业知识是首位，于是我暗自下定决心，要将自身所学的知识充分地运用到实践活动中去，要时刻关注社会新闻，积极弘扬社会主旋律。

中原工学院

（新闻与传播学院）

一、教学概况

中原工学院高度重视"中国新闻传播大讲堂"工作，把开展该项工作作为深入学习习近平新时代中国特色社会主义思想和党的十九大精神，全面贯彻全国教育大会精神，切实落实新时代全国高等学校本科教育工作会议要求和落实立德树人根本任务的工作抓手，成立以书记、院长为组长，副院长、副书记为副组长，各专业教研室主任、两办主任、学工办主任为成员的工作小组，领导和指导"中国新闻传播大讲堂"工作的开展。此外，新闻与传播学院制定了《新闻与传播学院开展"中国新闻传播大讲堂"工作实施方案》，明确了教学、学生管理、行政管理等部门的分工和具体责任人，制定了工作开展的具体措施，为"中国新闻传播大讲堂"工作的顺利开展构建了制度保障，并从组织管理、课堂教学、学生管理等方面贯彻落实，取得一定成效。

二、特色亮点

（一）建设实验平台

在进行深度学习之后，实验中心老师发扬抗疫精神，克服种种困难，完成了全媒体创新传媒人才培养实验教学平台的建设，获得了专家的一致认可和高度评价，项目圆满通过验收。实验中心老师还制定了专门的实验中心防疫措施，包括《新闻与传播学院实验教学中心突发公共卫生事件应急预案》《新闻与传播学院实验教学中心疫情防控实施细则》等文件及若干细则，购置了一批防疫器材。在完成正常的实验中心运行、维护工作外，老师每节课都统计上课学生的体温，将防疫工作做实做细。

（二）开展党日活动

为了提高"中国新闻传播大讲堂"的学习效果，学院组织学生集体学习以新闻前辈抗疫精神为主题的党日活动。学生第一、第二党支部，开展学习新闻前辈为主题的党日活动，组织两个党支部的60多名党员观看"中国新闻传播大讲堂"，学习疫情期间奋斗在抗疫一线的新闻前辈的专业精神、奉献精神，并组织学生撰写观看心得体会。广大学生党员观看视频后，颇受感染，他们纷纷表示，日后将会以奋斗在抗疫前线的新闻前辈为榜样，争做一名优秀的新闻人。

（三）制作抗疫作品

学院教师高度重视这场非常时期的战疫，坚守教学一线，守护每一名求知者，用心设计教学内容和环节，以前所未有的热情投入在线教学，以实际行动支持疫情防控工作。其间，多次召开教学经验分享研讨会，交流经验，共同提高。立足专业实际，广播电视编导系指导学生创作出260多部抗疫短视频与海报作品，并且进行线上展播，吸引大量观众观看、点评。这些作品宣传普及疫情防控知识，讴歌在抗击疫情一线干部群众的无私奉献精神，展现广大干部群众上下一心、共克时艰的精神风貌，传递文化的力量和温度，并且通过微信、微博、网上视频平台，及时向全社会传播，为抗击疫情出一份力。

三、学生心得

"中国新闻传播大讲堂"聚焦新闻工作者的台前幕后，体现他们的敬业精神、专业素养和令人动容的家国情怀，值得我们学习。面对客观环境的危险，他们不退；身处疫情、舆情和社情的交织，他们不畏；知晓报道压力大、新闻竞争激烈、甄别难度大，他们不惧。纵然前路百般险阻，他们只是淡淡说一句："职责所在，性命所系。"

（一）疫情当下，责任扛肩头

正如陈独秀先生所言："青春如初春，如朝日，如百卉之萌动，如利刃之新发于硎，人生最宝贵之时期也。青春之于社会，犹新鲜活泼细胞之在身。"而今，在这场全民战疫中，青年就是一股重要而强大的力量。从他们的身上，我看到了他们对于新闻工作的热爱和认真态度。其中，湖北分社 90 后的熊琦记者最令我印象深刻。临近春节，前往老家荆州探亲的他得知武汉要封城，立即驱车赶回武汉，进入重症隔离区病房采访，他最初进行采访的相机也于今年作为"新冠肺炎疫情防控代表性见证物"被南京博物院永久收藏。疫情就是命令，前线有我青年！作为一名合格的新闻人就要有不惧困难的勇气与兢兢业业的态度。

（二）疫情当下，担当立心头

疫情期间，媒体积极引导正确舆论走向。负责采访专家学者、医生护士的记者们，需要有超强的新闻判断力、甄别能力和选择能力；需要对收集来的信息进行分类、整理、写稿、审核；甚至深入疫区，与专家学者们交流如何才能更加准确的报道疫情现状；对疫情进行正确的宣传，攻破谣言，让民众对目前的情况有一个清晰而又准确的认识。大众传播并不是单纯的"告知"活动，在疫情讯息的传达过程中，通常会伴随着对于疫情信息的解释，并提示人们应该采取什么样的行动去应对疫情，坚定人们必胜的决心。

（三）面对疫情，信念聚眉头

信心比黄金更重要。面对疫情扩大的风险，坚守是最有力的回答。武汉广大医护人员冲锋在前，他们成为这个春节中最可敬的"白衣天使"。和他们一同冲锋陷阵的还有前往武汉的新闻工作者们，传统佳节，因坚守而动人；防控疫情，用奋战来回应。春节期间，坚守岗位，用自己的行动承载他人健康，用自己的舍弃换来了万家团聚。他们背着相机，拿着话筒，夹着笔记本在前线不停奔走，有时甚至为了赶一条新闻，蹲在犄角旮旯里写稿子。这一条条稿件，一次次采访，一幕幕镜头，一条条视频，都是新闻工作者们留给武汉的独家记忆。在疫情面前，这不仅体现着敬业与无私奉献，更展现出一种超越"小家"，成就"大家"的高尚境界。

河南牧业经济学院

（文法学院）

一、教学概况

根据教育部高教司关于"中国新闻传播大讲堂"学习通知要求，河南牧业经济学院文法学院李国英院长要求新闻传播教研室结合网络与新媒体专业实际情况进行落实安排。经过会议商议，新闻传播教研室决定由杨志开和任秋菊两位老师分别结合《新闻传播伦理与法规》和《新闻采访与写作》两门课程，组织 2018 级和 2019 级网络与新媒体专业学生深入开展"中国新闻传播大讲堂"学习活动。

整个活动从 2020 年 12 月 7 日开始，到 12 月 26 日圆满结束，老师用课前时间向各个班级的同学们介绍了"中国新闻传播大讲堂"，让学生们充分认识到大讲堂课程的重要性，有效调动广大学生学习的热情。

通过教师课前引导讲解、学生分组学习讨论、撰写心得体会等多种形式，进一步提升了专业自信心、自豪感和使命担当。

二、特色亮点

（一）分组研学，撰写心得

杨志开老师将"中国新闻传播大讲堂"共 32 集视频分发给各个班级的学习

委员，由学习委员采取分组学习的方式，组织班级同学课下进行观看研学。

接到学习任务后，为提高学习成效，学习委员迅速将各班同学分组，将两个年级分为 2—3 人一组，按组开展学习。各小组成员利用课余时间认真观看视频并进行讨论，在此基础上认真撰写学习心得，各小组共写成 122 份学习心得。

（二）认真评估，验证效果

在学生提交学习心得后，新闻传播教研室特地安排 3 天时间，组织教师对学生们的心得进行评估，以验证开展成果。通过大课堂学习，同学们感受到新闻记者对职业道德的坚守，新闻报道中的人文关怀，学到了鲜活的新闻实践。本次大讲堂传递了我国新闻人不辱使命、坚持报道的职业精神，让同学们深刻感受到马克思主义新闻观对新闻工作者的塑造。

从学生们观看学习的感悟来看，此次"中国新闻传播大讲堂"活动对我校网络与新媒体专业的学生是一次难得的学习机会，让他们对抗疫精神有了更加深入的理解，对新闻工作者的职业道德和专业主义精神有了更具体的感受，更加坚定了他们心中的理想信念，也更加深刻地认识到中国共产党领导的重要性以及中国特色社会主义制度的无比优越性。总之，此次"中国新闻传播大讲堂"学习活动取得了理想的效果。

三、学生心得

新冠肺炎疫情的突然出现，使 2020 年春节成为一个黯淡的节日，但与此同时，它也成为一个充满热血与斗志的历史性时刻，全国同胞众志成城，心心相印。抗争在一线的，不仅仅是医务人员，也有给我们传递疫情消息的媒体工作者，他们冒着生命危险，在险境中传递大爱，而"中国新闻传播大讲堂"第二集的主人公——新华社，也是这股逆流大军中的一员。

（一）融媒手段添实践

新华社有个重点栏目——新华全媒头条，每天只选择最重大的新闻事件，播发一组文字、视频、图片，以融媒体的形式呈现。武汉抗击疫情期间，仅前方报道指挥部就播发了 54 条新华全媒头条，由此也可以看出新华人对疫情的重视程度，反映了前方新闻工作人员的艰辛。

"平凡亦是英雄"，在新华社的报道中，更多的是那些平凡的人。他们有的留下了姓名，有的却只留下了一个背影，留在记者的采访本中、摄像机中。新华社短视频平台——中新短视频，在武汉封城期间的"封城影像日记"中记录了武汉在疫情最艰难时刻下，武汉人民的生活状态，展现给大众最真实的信息。同时与二更合作视频栏目——《七日谈》，选取了最具代表性的武汉市民，展现真实的生活状态。他们用镜头记录下这座城市的人和事：争分夺秒地从病毒手里抢回患者的医护人员，默默守护着一线医护工作者的民间爱心人士，不分昼夜建设火神山、雷神山两座医院的建设者……通过七日的封城日记，通过平凡的人在普通岗位中做的平凡的事，让更多的人去了解疫区情况，了解人民所需。

（二）承担责任实现多维价值

本集的第三个典型案例是新华社在 2 月 24 日发布的微视频《今天，不可触及的爱，无处不在》。情人节那天，或许你正在小心翼翼地准备着表白，或许正在陪着身边的那个人享用美餐，准备着鲜花和礼物，期待着他（她）回到家给他一个惊喜。但是工作性质的原因，或许你和自己的爱人见不到面，但爱，一直都在！"放心走，我是你身后最亮的灯""做好你最爱吃的菜，等你归来""他和她，同在一所医院，却多日不曾相见"用三个小例子，阐述了在疫情中奋战在抗疫一线人们的艰辛，让读者为之动容的同时，感受到全国人民的万众一心，众志成城。

其中令我感触比较深的，是来自新华记者的手机 Vlog 记录。因为疫情限制，在现有设备有限的条件下，这位记者手持一部手机，记录下了在武汉的每一时刻，也成就了《我们在武汉》这一系列报道。

从中不难看到，媒体在疫情期间所承担的责任，不仅有深度、有广度，还有温度，展现出了媒体所承担的用户、社会等多维度价值。通过集中盘点此次重大公共卫生事件中的媒体表现，我们也许能够充分理解在社会大事件报道中，媒体所应担当"耳目喉舌"的重要意义。

河南师范大学

（文学院）

一、教学概况

自"中国新闻传播大讲堂"启动以来，河南师范大学文学院党委高度重视，立即组织召开党政联席会议，将"中国新闻传播大讲堂"学习活动作为学院重大事务进行安排，并布置学习工作，指定专人负责组织"中国新闻传播大讲堂"的学习和研讨。会上，文学院党委书记、广播电视学专业负责人段勃教授传达了教育部高教司、中宣部新闻局及高校新闻传播学类专业教学指导委员会关于举办"中国新闻传播大讲堂"学习活动的精神，要求广播电视学专业师生认真贯彻通知，充分认识到本次活动是强化马克思主义新闻观教育、全面推进新闻传播类专业课程思政建设的实际行动，是推动新闻理论与新闻实践深度融合、培养新时代优秀新闻传播人才的重要举措，是增强广大新闻传播类专业学生自信心、自豪感、自主性，提高新闻传播教育影响力、感召力、塑造力的生动实践。会议指定广播电视学专业系主任为学习活动的主要负责人，要求学习活动务必突出实效，切实推动抗疫精神进校园、进课堂，引导广大师生深刻理解中国特色社会主义的制度优势、理论优势、道路优势，培养学生为党为国为人民的深厚情怀和使命担当。本次学习活动共组织党支部活动三次、宣讲报告三场，课堂教学课时达到72个课时，师生撰写学习研讨报告共252篇，学习效果良好。

二、特色亮点

（一）师生共学，沟通体会

院党委书记段勃结合学习内容为学院全体师生做了"强化马克思主义新闻观教育"的专题报告。段勃书记从自身的新闻职业经验入手，结合媒体记者在抗疫报道中的典型案例，讨论了新时期媒体人应该承担的责任和义务，鼓励同学们要树立远大理想，树立马克思主义新闻观，用镜头、文字、声音传播中国好声音、中国好形象。

（二）融入党课，提高认识

为增强"中国新闻传播大讲堂"学习活动的实效性，提高广播电视学专业师生对学习活动的重视程度。在院党委的要求下，广播电视新闻学教研室、本科生党支部先后三次开展支部党课、主题党日活动，组织师生党员观看"中国新闻传播大讲堂"内容，并进行专题学习与讨论活动。通过学习，师生党员进一步提高了认识，增强了专业认同和专业责任感。教师党员张仕勇认为，面对社会，记者要勇于担当道义；面对人民，记者要彰显赤子情怀。教师张海艳认为，作为新一代新闻工作者，我们应坚守新闻内容的真实性原则这个底线，在此基础上，充分利用互联网等新兴技术手段，用文字、图片和视频等多种形式让民众第一时间了解到事件最真实的状况。

（三）创新方法，走进课堂

为扩大学习活动的影响力和辐射力，引导学生树立正确的新闻观、专业观、职业观，河南师范大学文学院创新学习方法，通过课堂教学、实践教学以及宣讲活动，让抗疫精神入脑入心。其中，广播电视学专业将"中国新闻传播大讲堂"学习活动纳入专业课程及学分管理，学生学习效果计入平时成绩，作为课程考查的主要依据。各个任课教师专辟6个课时，指导学生观看视频，组织学生就学习情况进行讨论，要求学生写出心得体会。对于实践技术类课程，学生则在教师的指导下，认真分析学习抗疫融合报道的新技能、新思维、新方法，并切实融入媒体产品的制作实践中。

三、学生心得

（一）深入基层生活，感受群众呼声

新闻工作者唯有深入基层、扎根基层，才能挖掘新闻源头、记录真实情况，反映群众心声。新闻工作者唯有把出发点和落脚点放在基层，两脚沾泥，真诚真心地挖掘基层群众身上的闪光点和感人故事，才能写出有宽度、广度、深度、高度的新闻报道。《七日谈》记录了武汉封城之后前七天七个平凡人的生活，从点滴之中窥见武汉人面对疫情的必胜决心；《给父亲的一封家书》定格了华中科技大学急诊科医生孙鹏在收到女儿写的拜年帖时激动的瞬间；《背影》呈现了父亲骑着电动车，跟在蹦蹦车后面送感染新冠肺炎的儿子去医院的场面……最朴实的情感，最动人的故事，记者们深入基层，在可歌可泣的抗疫之战中，刻画出一个个感人肺腑的平凡的英雄。

（二）推动媒体融合，促进创新发展

在疫情特殊时期，创新化的融媒体传播形态发挥了独特的作用。众多传统媒体利用短视频传递疫情一手信息，使这次危机成为媒体拥抱短视频、创新重大主题报道的又一次发展契机。另外，随着民众获取防疫抗疫知识的诉求明显增强，短视频在宣传疫情、号召用户科学防控等方面也发挥了突出作用，主流媒体纷纷将短视频平台的巨大流量转化为科普和辟谣的高效传播通道。

（三）坚守职业道德，牢记使命担当

作为新闻专业的学生，我们被逆行的记者们深深地打动着。他们不畏危险，心怀大爱，守护人民，兢兢业业，这是我们这些未来新闻人必须要学习的品质。此次大讲堂以抗疫一线记者们的亲身经历为示例，生动形象地讲述了新闻人的职业操守和家国情怀。我们应该以他们为榜样，努力学习好专业知识，坚定人民立场，增强爱国情怀，做有情怀、有定力、守正创新的时代新人，接好新闻事业的接力棒，为祖国的新闻事业贡献自己的力量。

黄淮学院

（文化传媒学院）

一、教学概况

自 2020 年 11 月 23 日收到教育部高校新闻传播学类专业教学指导委员会秘书处的信函后，黄淮学院文化传媒学院院长朱占青、副院长张瑞，以及新闻传播相关专业的负责人一起认真学习信函文件、领会文件精神，经商讨成立了黄淮学院文化传媒学院大讲堂课程学习领导小组。组长由院长朱占青担任，负责宏观指导新闻传播类专业师生学习"中国新闻传播大讲堂"视频；副组长由副院长张瑞担任，负责督促并检查各专业师生具体落实情况；小组成员由广播电视编导、网络与新媒体、播音与主持艺术三个专业的教研室主任，以及马克思主义新闻观课程主讲教师组成，负责指导各相关专业学生分时间段具体学习"中国新闻传播大讲堂"视频。朱占青要求各专业教研室主任和马克思主义新闻观的主讲教师借助"中国新闻传播大讲堂"的学习，切实推动抗疫精神进校园、进课堂，引导广大师生深刻理解中国特色社会主义的制度优势、理论优势、道路优势，培养学生为党为国为人民的深厚情怀和使命担当。

经过线上与线下、集中与分散、理论与实践相结合的学习，黄淮学院文化传媒学院师生，都深刻学习了新闻人的专业精神和面对疫情的无畏勇气，更加坚定了未来的努力方向。张瑞表示，开展"中国新闻传播大讲堂"活动，是新时代培养优秀新闻传播人才、新文科建设、高等教育创新发展的需要，新闻传播类三个专业下次修订培养方案时，应当把"中国新闻传播大讲堂"作为一门必修课列到专业人才培养方案里。

二、特色亮点

（一）将大讲堂纳入马新观课程

经过对本学期课程的梳理，我们发现，《马克思主义新闻观》课程在网络与新媒体专业、广播电视编导专业、播音与主持艺术专业均有开设。由于在 2020 年 6 月份就已经按照相应专业的培养方案确定，因此，把大讲堂课程纳入《马克思主义新闻观》课程最适合。至此，"中国新闻传播大讲堂"依托《马克思主义新闻观》课程，成为 19 级网络与新媒体专业、广播电视编导专业、播音与主持艺术专业学生的必修内容，成为网络与新媒体专业、广播电视编导专业、播音与主持艺术专业学生的课下自学内容。

（二）分段学习大讲堂内容

虽然离 11 月 5 日"中国新闻传播大讲堂"在中国传媒大学的首场直播已经过去了十几天，11 月 23 日接到学习通知后，文化传媒学院的教师们还是自觉地学习"中国新闻传播大讲堂"启动仪式上的要点。11 月 24 日至 12 月 24 日，由马克思主义新闻观教师和各专业教研室主任负责组织相关学生，每周二下午和周四晚上各看 4 集"中国新闻传播大讲堂"视频。网络与新媒体专业、广播电视编导专业、播音与主持艺术专业等其他年级由任课教师适时地使用"中国新闻传播大讲堂"的视频，融入相应的课程内容中，进而引导学生课下自学。第 16 周，所有上本学期《马克思主义新闻观》的学生每人提交一份学习感悟，作为马克思主义新闻观课程的平时成绩；其他年级的学生自愿提交学习感悟。文化传媒学院大讲堂课程学习领导小组全体成员对学生所交学习感悟进行评分，并对优秀学生颁发荣誉证书。

三、学生心得

回想疫情期间，许多人醒来第一个动作就是打开手机看疫情最新通报，一天中的大部分时间也都在关注着疫情的最近动态。在抗疫一线，不仅有救死扶伤的白衣战士，还有及时准确报道资讯的新闻战士。观看"中国新闻传播大讲堂"后，我感慨万千。

（一）深入基层，增强"四力"

一线拼搏 70 多天的湖北武汉记者李墨，用她战斗现场的事例生动展现了习近平总书记在全国宣传思想工作会议上强调的"四力"，即"不断增强脚力、眼力、脑力、笔力"的重要意义。

脚力是基础，李墨、柯皓等优秀记者一线拼搏几个月便是为了深入现场，近距离接触疫情。眼力是关键，李墨在采访渐冻症患者院长张定宇时，敏锐地地观察到他的腿脚有点不灵，才发现在一线战场拼搏的院长同志已经患病了。脑力是核心，李墨在医院六小时等待后才有机会采访张院长，看到院长浑身疲倦，当即决定使用"倒金字塔"结构，将采访的要点等先询问张院长，不打扰他休息的同时能将重点展示出来。笔力是落点，对宣传思想工作者来说，笔杆子更是基本功，笔是手中最重要的武器，增强脚力、眼力、脑力，最后都要通过笔力来体现。

（二）坚持真实，狠扣细节

新闻的灵魂和生命是真实性，追求现场和细节便是追求真实性的重要因素。为了追求真实性，柯记者亲上战场，穿上厚重的防护服，克服高温低氧的挑战，为了增强抵抗力，还坚持注射药液——这才拍出最真实的现场照片。他用镜头告诉人们最真实的消息，消灭谣言和恐慌。为了拍摄整个方舱医院的细节，柯皓还使用 VR 全景拍摄，制作出惟妙惟肖的视频，人们可以点开看到医院里的任何场景。

（三）多样化报道手段讲好中国故事

在疫情报道中，各地广播电视台除了采用传统新闻报道形式以外，还使用多元的传播平台，加入融媒体全景新闻报道、5G+4K、8K+AI 等新技术，同时各地还发起了线上直播带货、微电影创作、H5 作品制作等活动，创意和技术的结合，推动着传统媒体与新兴媒体的融合。可见，全媒体的新闻生产已经成为新趋势，这为新闻人提出了更高的要求。

新乡学院

（新闻传播学院）

一、教学概况

为深入落实高校新文科创新发展要求，提升新闻传播教育战线人才培养质量，新乡学院新闻传播学院认真贯彻落实教指委指示，于 2020 年 11 月 10 日至 12 月 25 日组织全院师生，认真观看了"中国新闻传播大讲堂——来自武汉抗疫一线的报道"系列课程，并对其进行了广泛、深入的交流学习。

"中国新闻传播大讲堂"是"司、局、校"协同推进新闻传播教育创新发展的重要举措，是高校新闻传播教育战线落实新文科建设工作会议精神的行动、是关键抓手、是生动实践，更是一门最生动的国情大课、有温度的思政大课、高水平的专业大课。"中国新闻传播大讲堂"的 32 集视频内容作为教材面向全国高校新闻院系同步推广使用，这是加强实践中的马克思主义新闻观教育的创新之举，也是新闻队伍建设、新闻舆论工作的创新之举。

新乡学院全力支持、持续推进中国新闻传播大讲堂的高质量建设，继续坚持"六个维度"特色育人理念，用马克思主义铸魂，用爱国情怀强基，用人文素养修身，用国际视野拓界，用特色项目托举，用未来媒体创新，以扎根中国大地办教育为根本遵循，积极探索交叉融合的新文科建设范式，为培养新时代所需要的新文科人才而不懈努力。学院全体上下以线下自主学习、线上集中学习的方式深入学习大讲堂。观看后，师生们结合自身经历和体验，展开讨论并进行思想交流。

二、特色亮点

（一）学院集中学习

学院利用全体教师政治学习时间、学生每周班会思想教育时间，放映本次大讲堂的抗疫视频，组织全院师生集中学习。集中学习分三个部分进行：一是由负责人对即将播放的视频进行简单介绍，便于教师、学生了解学习内容和学习重点；二是组织师生认真观看视频，要求手机静音，会场安静，不许中途离场；三是组织师生互相交流，师生就视频内容，结合自身经历和体验，进行思想交流，深化对大讲堂的认识与理解。

（二）线上线下同步学习

全院教师和学生每周利用课余时间，进行2小时以上的自主学习。自主学习观看视频，也可对相关的视频、文章进行延伸学习。对感触特别深的地方，可撰写阅读笔记，并及时与全院教师、学生进行心得分享。

同时，师生们利用腾讯会议、钉钉等社交软件，每周进行一次以宣讲和交流为主的线上集中学习。首先由本次学习负责人根据视频内容进行抗疫精神宣讲，然后由各位教师、学生结合自身经验、体会就宣讲内容进行思想交流，保证宣讲精神切实落实于每一位教师、学生。

三、学生心得

自11月7日起，新乡学院新闻传播学院多次在现代媒体教学实验中心的展映厅组织我们观看学习"中国新闻传播大讲堂"。在观看过程中，我们走进不同新闻记者镜头下的抗疫一线，通过一位位新闻记者的讲述，感受他们作为新闻人传递出的家国情怀、责任感和使命感。

（一）记者要勇于担当

在"中国新闻传播大讲堂"中，我了解到很多新闻记者的工作经历。他们每天坚守疫情前线、传回稿件、发布新闻。虽然身处危险地带，但是他们时刻谨记着新闻记者的责任。他们深知，只有越靠近现场，才越接近真实，而这份真实应该被每一个人知道。

医院"红区"、焚烧区等危险随处存在，记者费茂华却义无反顾地穿上防护服，哪怕那些防护服并不适合他的体型，哪怕长时间的工作让他的眼睛起了很大的麦粒肿，哪怕在几个小时甚至几十个小时的拍摄里汗水浸湿了衣服，他仍然不放弃不退缩。为了更真实全面地报道疫情，给疫情留下珍贵的历史底稿，记者雷宇率领团队利用所有媒体终端组成抗疫全媒体报道矩阵。而作为报道组为数不多的女记者之一，记者吴珊多次深入医院、社区、火车站等现场进行直播，在关键时刻发挥了稳定人心、解释疑惑的重要作用。

通过"中国新闻传播大讲堂"，我们看到在疫情面前，媒体人展现的勇敢和无畏。"铁肩担道义，妙手著文章"的新闻理想从未泯灭，新闻人的使命和担当依旧沸腾在他们的血液中。他们的笔下、镜头下诞生了太多的平凡和伟大，而他们本身也同样伟大。新闻是时代的镜子，是历史的第一卷手稿。身处武汉的一线新闻工作者，他们不畏生死，是这个时代的英雄，他们是记者，也是战士。

（二）记者要践行"四力"

"中国新闻传播大讲堂"让新闻学子深深地感受到，在未来新闻工作中，我们要主动践行"四力"，"脚力、眼力、脑力、笔力"是记者的标准，这为新闻人指明了前进的方向。从自身的专业出发，丈量中国的每一寸土地，让自己笔下的每一个文字都代表着真相，代表着最底层的声音。

通过记者们的切身经历，我们新闻学子也更加深刻地理解了一名新闻工作者必须要树立正确的新闻观，坚守家国情怀，深入祖国基层，讲好中国故事。在日后的学习乃至工作中，这种精神也必会成为我们的凝聚力，而我们也应当更好地学习专业知识，去实现我们作为新闻人的价值。

河南大学民生学院

（传媒学院）

一、教学概况

新冠肺炎疫情期间，新闻工作者坚决贯彻习近平总书记重要指示精神和党中央国务院决策部署，不畏艰险、奔赴一线，及时报道疫情信息并普及防治知识，深入报道各级党委政府防控疫情的有力举措，充分反映医疗卫生工作者的不懈努力，全面展示社会各界齐心协力战胜疫病的最新进展，展现了服务大局、服务人民的政治品格，忠于职守、无私奉献的职业精神，顽强拼搏、忘我工作的优良作风。

2020 年底，在第 11 个记者节到来之际，以"来自武汉抗疫一线的报道"为主题的"中国新闻传播大讲堂"视频，邀请了 14 家主流媒体参与抗疫一线报道的 42 名新闻记者，共录制了 32 集视频教学内容，生动讲述、立体展现了中国新闻记者的家国情怀与专业素养。在抗疫期间，新闻工作者冲锋在疫情一线，用笔尖记录发现，用镜头见证时代，用语言传递温情，用网络传播能量。河南大学民生学院传媒学院通过组织新闻学、网络与新媒体等专业学生聆听学习参与武汉抗疫一线报道的新闻记者讲述武汉抗疫故事，使同学们深切地感受到在重大疫情面前，奋战在'疫情一线'媒体人的担当、职责和使命，更加直观地看到了新闻报道背后的家国情怀，极大地增强了对新闻媒体人的职业认同感。

二、特色亮点

（一）见证了中国记者的精神

此次视频中，来自人民日报的记者聚焦疫情期间与武汉人民相关的点点滴滴——从大型商超到社区市场，以物资供应为切入点，反映武汉抗疫期间的市井民生；从火神山、雷神山到方舱医院，关注建成投运的多个瞬间，给武汉市民传递战胜疫情的希望；从车站、街头到老旧社区，不漏过任何一个信息，为"应收尽收"做好数据支撑。这都反映了记者凭借"蹲"字诀、团队协作和探求真相的职业精神，以图文笔触与短视频等多媒体形式完成报道。许多学生表示，整个过程中，记者不仅作为"历史的见证者"，更是"参与的推动者"，反映了"苟利国家生死以，岂因祸福避趋之"，在危机之际挺身而出的中国记者精神。

（二）体会了新闻人的敬业面貌

在大讲堂中，湖北日报社副总编辑张晓峰从提高政治站位、精心设置报道议程、强化"人民至上、生命至上"理念、注重网上网下的传播和建立战时报道机制五个方面，全方位、多层次、跨领域地介绍了湖北日报疫情报道情况。在他的讲述中，无论是用镜头记录武汉抗疫的记者柯浩，关注人情、挖掘人物故事的记者唐晓安、李墨，还是不惧事态严重性毅然前往采访的记者余瑾毅，他们都用坚守和逆行锤炼了党性和作风，经受住政治考验和业务检验，书写了人类抗疫史上可歌可泣的篇章，承担起新闻工作者应有的职责和使命。这些新闻人对于自身职业的热爱和尊敬，感染了在座的每一位师生。

（三）强化了学生的职业道德

观看这些新闻记者们的讲解视频和观察新闻媒体的报道，使学生了解到抗击疫情最关键的是信息的透明化和公开化。参与课程的学生通过学习，对于自己以往的实践经历进行了反思，2018级新闻学专业余鑫月同学提到，作为一名新闻专业学子，不仅要学习理论知识，更要在新闻报道实践中践行职业精神。还有学生积极分享，表示自己之前在梳理有关疫情的新闻时，仅仅停留在新闻的表面，并没有更深入去探讨所搜集的新闻背后的事实。例如曾经新闻简报中有一则是关于甘肃女护士在援助湖北之前举行的"剃发仪式"，在整理这条新闻的时候，没有觉得有不妥之处，但是随着事实的发展，才慢慢地了解到这是一条被媒体拿来制造感动的新闻，它违背了真实的人性情感的表达。学生们对自己当时并没有真正地了解事情背后的真相，没有坚守一个新闻人对新闻事件该有的严谨和怀疑的态度感到遗憾，并且立志未来要秉持职业道德精神，探寻真相，呈现出更客观、真实的报道。

三、学生心得

2020 年是不平常的一年，如今凛冬已过，人间皆安，这一场没有硝烟的战争，动员了全社会的力量，其中也包括新闻工作者，他们在一线传播事件真相，报道一线的感人事迹。每一个感人的瞬间，每一个普通的行动中，都有我们的抗疫故事、抗疫精神，新闻工作者让这些抗疫的画面更生动地呈现在我们的面前，让中国奋进的精神更直观立体。

（一）坚守一线，感人至深

在观看视频的过程中，我总会被这些主讲人的讲述所感动。其中令我印象非常深刻的有中国青年报的全媒体记者谢宛霏，她说她到了武汉的第二天，听到了方舱医院有患者要出院，在当时防疫物资极其紧缺的情况下，她的同事只戴上了宾馆的浴帽、简陋的护目镜，全身上下唯一能起到保护作用的就是 N95 的口罩，他们甚至来不及考虑自身的安全问题就直奔新闻现场，正是靠着这股拼劲，他们拍出了优秀新闻作品《直击东西湖方舱医院首批患者雪中出舱》。还有年轻的新华社记者乐文婉，一次次进出隔离观察点、方舱医院、重症隔离病房，才有了这些优秀的新闻稿件。疫情期间，逆行的不只有医护人员，还有来自各个报社的新闻工作者。他们积极响应党的号召，有不少新闻工作者更是火线入党，以笔为枪，迎难而上，不顾个人安危，不辞辛苦，从一线发回了一篇篇救死扶伤的感人事迹，一幅幅鲜活感人的影像画面，为我们记录下共克时艰的生死大营救，展示出了华儿女英勇无畏的英雄群像。

（二）技术赋能，扩大声响

疫情期间的新闻报道除了面向国内，还要面向国际。随着国际上一些敌对声音和恶意抹黑的情况越演越烈，我们更需要新闻工作者把真实情况传播到国际，让大家看清事件的真相。来自新华社湖北分社的记者乐文婉在武汉暂闭离汉通道期间，进医院、访方舱、走社区、采病患，参与采写采制一批中英文文字、视频、新媒体报道，向海内外读者生动讲述了中国战疫故事。在这种突发性的事件中，如何迅速占领舆论的高地，讲好中国故事，乐文婉分享了这些经验：抢抓时效，注重消息；设置议题，有的放矢；讲好故事，引发共情。面对国际上的不实言论，乐文婉和同事更是眼光独特地把关注点放到在湖北的外籍群体，通过视频新闻、Vlog 等融媒体报道形式，让他们讲述他们在武汉的故事，由此折射出中国为了抗击疫情所做出的巨大努力。通过这些主讲人的分享，我们作为新闻专业的学生不禁感受到前辈在抗击疫情中付出的努力，更体会到中国新闻工作者无畏无惧，逆流而上的大爱大义。

中原科技学院

（文学与传媒学院）

一、教学概况

2020 年末，我校文学与传媒学院严格按照教育部高教司、中宣部新闻局、高校新闻传播学类专业教学指导委员会的相关要求，组织文学与传媒学院全体师生开展了"中国新闻传播大讲堂——来自武汉抗疫一线报道"的学习活动。文学与传媒学院院长、书记召开院系中层领导会议，组织师生集中观看了"中国新闻传播大讲堂——来自武汉抗疫一线报道"的第一集和第二集。本次"中国新闻传播大讲堂"的举办，有力地促进了伟大抗疫精神进校园、进课堂，给予了新闻学子一次真正学习认识的机会。对强化马克思主义新闻观教育、全面推进新闻传播类专业课程思政建设，推动新闻理论与新闻实践深度融合、培养新时代优秀新闻传播人才具有重要意义。

通过本次学习，全体师生切实感受到疫情期间媒体记者的付出，认识到作为一名新闻工作者应有的使命与担当，坚定了自己的理想信念和道德意志。吕培博同学谈道，在突发事件中要更加重视发挥主流媒体的力量；柳静同学认为，媒体应为党发声、为人民发声；马瑞堃则呼吁记者在报道过程中要保持立场坚定、冷静客观。

二、特色亮点

（一）师生共学，融入课堂

文学与传媒学院新闻编导教研室主任张丹旭召开教研室会议，组织专任教师集中观看视频，并鼓励专任教师将视频内容纳入新闻传播教育案例素材库，会议还讨论了如何将"中国新闻传播大讲堂——来自武汉抗疫的一线报道"内容纳入课堂教学、课程思政。教研室结合已立项的校级课程思政示范课程，决定将"中国新闻传播大讲堂"中的视频在《新闻学概论》《广播电视概论》《中外新闻史》等课程中进行播放学习，从而拓宽学生对疫情报道的认识，提高专业素养，树立家国情怀。

（二）多种形式，加深理解

文学与传媒学院团委召开会议，要求以团学活动的形式开展此次"中国新闻传播大讲堂——来自武汉抗疫一线的报道"的学习活动，以班级为单位组织学生集体观看，同时利用早读等时间进行交流探讨，并写出观后感。

三、学生心得

学习结束后，同学们结合自己的学习体会和生活经历，分享了观看感悟。

（一）星星之火，共赴征程

对于媒体而言，事实永远是第一位的，而在疫情紧急的事态下，部分自媒体不负责任的言论有可能导致谣言遍地，甚至出现诽谤等现象。作为新闻学子，我们应拧成一股绳、劲往一处使，为发挥传统传媒的作用、树立风清气正的网络舆论环境献出自己的力量。一分光，一分热，千万微光，就能照亮前路。人的一生是短暂的，新闻事业的征程是长久的，新闻学子应义不容辞地投入到新闻事业伟大建设与发展中去。

（二）坚守党性，积极创新

新闻媒体在坚持党性原则的基础上，既要用极高的新闻敏感度寻找真相，报道事实，为人民服务；又要紧跟时代潮流，善于用新媒体技术去了解并贴近受众喜好，以多样的形式、创意的策划、生动的表达为党发声、为人民发声，助推中国发展。

（三）保持客观，记录真实

这次"中国新闻传播大讲堂——来自武汉抗疫一线的报道"的学习活动让我们更加明确了一位优秀的新闻工作者应具有的职业道德水平和爱国敬业精神。我们应向那些记者致敬，致他们肩担道义、激浊扬清。他们总是奔忙在第一线，时刻保持在路上、在现场、在基层的状态。他们在纷杂的信息中、在掺杂情绪的声音中明辨是非，在喧嚣中保持冷静，以笔为刀枪，弘扬真善美，鞭挞假丑恶。这场疫情阻击战，既是与病毒战斗，也是与网络谣言作斗争。记者们通过深入一线的采访报道，为我们还原了真实的疫情现场，让我们了解到真实的疫情走向。记录真实，守望社会，这就是记者的责任与担当。

武汉大学

（新闻与传播学院）

一、教学概况

在抗击新冠肺炎疫情这场没有硝烟的战争中，400多名来自全国各地的新闻工作者奔赴湖北各地，与当地媒体记者并肩作战，亲历战疫一线的生死较量。广大新闻记者用笔和镜头作为抗疫的武器，他们的高尚精神与专业实践能力值得广大新闻学子深入学习。有鉴于此，教育部高教司、中宣部新闻局委托高校新闻传播学类专业教学指导委员会举办了主题为"来自武汉抗疫一线的报道"的"中国新闻传播大讲堂"，切实推动抗疫精神进校园、进课堂，以期引导广大师生深刻理解中国特色社会主义的制度优势、理论优势、道路优势，培养学生为党为国为人民的深厚情怀和使命担当。

武汉大学新闻与传播学院积极响应号召，结合本院教学工作实际情况，指定专人负责组织大讲堂的学习和研讨，利用课堂教学、报告会、参观考察、研讨会等形式开展了主题学习活动，参与学生超过1500人次。

2020年11月5日，"中国新闻传播大讲堂"启动仪式在中国传媒大学举办，武汉大学新闻与传播学院院长强月新教授出席主会场开幕仪式，和其他12所新闻院校代表一同按下大讲堂启动按钮。全院本科生在线上同步观看了启动仪式。

二、特色亮点

（一）邀请亲历记者为同学们讲述抗疫故事

2020 年 11 月 13 日，学院"中国新闻传播大讲堂"正式启动，邀请《金银潭实拍 80 天》纪录片的总导演、湖北卫视首席策划、资深媒体人和大讲堂主讲老师之一谭海燕走进新生研讨课，为 2020 级新生讲授以《为平凡立传》为主题的一课。

2020 年 11 月 25 日，知名纪录片导演范俭，应武汉大学视听传播研究中心、武汉大学媒体发展研究中心邀请，与武汉大学师生分享了"关于新冠疫情纪录片创作"的经验与感悟。他以"拉片"的方式，细致展示了他的疫情纪录片——《被遗忘的春天》。

2020 年 12 月 7 日，全国抗击新冠肺炎疫情先进个人、中国新闻社记者杨程晨应武汉大学视听传播研究中心、武汉大学媒体发展研究中心邀请，与武汉大学师生分享了他在疫情期间新闻报道个人经历与体会以及对于疫情报道的专业主义与人文关怀的思考。

（二）将大讲堂与好记者讲好故事活动相结合

2020 年 11 月 26 日，来自湖北省各新闻媒体的八名记者来到学院三楼报告厅，向两百名学生分享了他们职业生涯中的亲历、亲闻，用质朴的语言讲述了一个个真实感人的时代故事。湖北日报余谨毅、武汉广电周嘉旋、襄阳广电王亚雯、长江日报王恺凝、湖北广电刘雅婷、党员生活杂志王道勇、十堰广播电视台陈松林、武汉广电陈波这八位资深记者依次上台讲述故事。

（三）将大讲堂作为党员培训的重要一课

12 月 17 日，新闻与传播学院本科生党支部全体党员集体学习大讲堂系列视频。党员和准新闻人的双重身份让大家有了更多感悟。"我是党员我先上"，党旗也应当始终飘扬在新闻宣传战线之上，正如孙春兰副总理在与抗疫一线媒体记者提出的期望一样，媒体记者们应当再接再厉深入报道党中央重大决策部署，讲好中国抗疫故事，强信心、暖人心、聚民心，汇聚共克时艰的磅礴力量。

三、学生心得

观看澎湃新闻、新华社和《金银潭实拍 80 天》抗疫报道案例，我将以疫情期间新闻报道专业主义的实践为切入点进行分析。

（一）澎湃新闻：深入一线，无惧于前

在疫情初期奔赴武汉，考验的是一个记者的新闻判断力、执行力以及无惧未知情况的巨大勇气。澎湃新闻发布的纪录片《蓝盒子》里说："ICU 是生和死之间的一条船……一个盒子就是一条命。"李云芳记者这样说："在报道中，很多医生需要反复和记者确认自己不会在镜头中出现，因为他们并没有告诉家人自己在红区工作，也害怕家人们会知道。"那个时候，所有的医护人员眼里只有一个目标，就是救回自己手里的每一个病患。他们不敢想别的，因为没有时间，因为时间就是生命。

（二）新华社：弘扬新华精神，传承红色基因

新华社作为国家通讯社，在疫情初期遇到了令他们寸步难行的三大困难。第一，当时的环境险峻，病毒比战火更隐秘而危险，战疫是一场没有硝烟的战争；第二，当时的情况错综复杂，疫情、舆情、社情三大环境都处于混乱，难以控制；第三，新华社全体人员压力大，当时新闻竞争激烈，信息甄别难度大，战时状态工作时间长，记者和编导等人员工作量极大。

新华社在行动中大力表现出对党忠诚、传承红色基因的特点。疫情报道的记者主要有湖北分社记者、总部增援记者、在湖北探亲休假的总社与其他国内分社记者。老记者与年轻记者都没有退缩，上下一心致力于履行"勿忘人民"，自觉践行"四力"。时刻让人民知道面对疫情，党在做什么，即将做什么，不同阶段在做什么，以此减少人民的恐慌。

（三）《金银潭实拍 80 天》：冷静而克制地记录真实

自 2020 年 1 月 28 日至 2020 年 4 月 16 日，谭海燕老师带领 11 人深入红区80 天，进行沉浸式拍摄，与前线医护人员同吃同住，与后方家庭完全隔离，采访了 100 多人，拍摄下 500 多个小时的硬核素材。镜头里是医护奉献和医患真情，是生命韧性和人间真情，镜头外是十几人临危受命的担当与勇敢，他们用生命记录真实，用生命记录历史。

封城伊始，三支小分队进驻协和东西湖医院、雷神山、金银潭医院，12 名队员走进一线，记录英雄。在他们的镜头下，微光撕破黑暗，围城里的人们依靠心里的光，坚守着封城，抚慰着悲伤，在祖国最需要的时候挺身而出，撑起生命的方舟。

华中科技大学

（新闻与信息传播学院）

一、教学概况

为深入学习贯彻习近平新时代中国特色社会主义思想和党的十九大精神，全面贯彻全国教育大会精神，切实落实新时代全国高等学校本科教育工作会议要求，加快推进新文科建设，根据《教育部高等教育司关于开展"中国新闻传播大讲堂"的通知》要求，华中科技大学新闻与信息传播学院围绕"广覆盖、学内容、明意义、集感悟"等四个方面在全院师生中组织开展相关学习活动。

"中国新闻传播大讲堂"的整体安排体现了融入马新观教学活动、全员覆盖、全员学习、创新方法、明确目标三个特点。将大讲堂作为学院马克思主义新闻观教育、课程思政建设的重要组成部分，以品牌化思路打造。学院领导教师带头集体学习，各专业学生按班级学习，同时融入学生党组织学习活动，通过视频学习、线下考察、专家讲座，提升学习效果。在推进原则上讲究专业性与思想性、目标性与阶段性、高阶性与普遍性、内容性与传播性的四个相统一，讲究培养有社会责任、有创新精神、有四力素养、有国际视野、有家国情怀的五有人才，讲究新闻学院、省部共建媒体、学生班级、学院教师、业界专家五位一体。

二、特色亮点

（一）全员学习

本次"中国新闻传播大讲堂"学习活动覆盖面广，共涵盖新闻与信息传播学院 14 个研究生团支部、24 个本科生团支部和 19 个学生党支部，学生参学率达到 100%。各党支部、团支部选取 1 集视频教学内容，作为 11 月或 12 月党组织生活会、团组织生活会的规定动作，围绕视频教学开展主题研讨等相关活动。各支部结合多种形式开展相关学习活动，克服了时间与空间上的困难：硕 20 级团支部和党支部开展对应的联合团会与党组织生活会，在教室集体观看视频；广告 1701 团支部邀请到学院副院长李华君老师参加主题团日活动；高年级党支部与团支部面临部分成员在外进行专业实习无法到场的情况，选择在线上开展主题研讨，通过在线会议统一观看；除此之外，也有部分支部要求成员自行观看并按要求提供心得感悟，校内的图书馆与教学楼、实习公司的工作休息区，都留下了同学们自发观看学习的身影。

（二）创新方法

为提升学习效果，学院组织学生党员、学生会、研究生会代表来到武汉客厅"人民至上，生命至上——抗击新冠肺炎疫情专题展览"，回溯举国同心抗击新冠肺炎疫情的历程，缅怀同胞，致敬英雄。与此同时，学院邀请长江日报报业集团首席记者、全国抗击新冠肺炎疫情先进个人田巧萍到课堂上为学生讲授抗击新冠疫情的亲身经历，跟学生现场交流互动。同学们表示：要向优秀榜样学习，向优秀的前辈致敬，在今后的学习生活中不畏困难，直面挑战，不断锤炼自我，做一名合格的新闻工作者，争做党和国家的记录者，用心贴近群众，用文字和镜头回应时代。

（三）明确目标

此次"中国新闻传播大讲堂"学习，是教育部深入贯彻落实习近平总书记关于加强新闻舆论工作、加快推进教育现代化系列重要讲话精神的重大举措，是正式吹响新文科建设号角的首项重要工作。一是突出内容新，将 14 家主流媒体、42 位参与抗疫一线报道的记者故事作为学习内容，以历史性社会事件中的记者情怀与行动作为学习对象；二是大讲堂为"司、局、校"协同推进新闻传播教育创新发展的重要举措，是业界与学界的跨界交流，将一线场景搬进学生的视野；三是目标明确，用同行人的专业精神、家国情怀构建新闻学子的专业素养，帮助学生树立马克思主义新闻观的价值导向。

三、学生心得

学院组织学生对大讲堂内容开展交流研讨，让学生内化于心、外化于行。以下为部分心得体会。

（一）认识记者职责

通过对李墨记者这节课的学习，我学习到，作为一名记者，我们同样是一名战士。在这次新冠肺炎疫情中，我们看到无数记者冲锋在第一线，为我们带来最新的消息，为我们传递温情，为我们传播温暖。作为一名记者，我们应当具有一定的专业素养，学会如何在重大事件面前，做出一份具有新闻价值的报道。

第一，我们去采访一个人物，不应该一味地过度美化和美颜他。我们应该力求真实，从细节中去寻找一个人的美。第二，作为一名记者，我们要有战士精神。记者永远是冲锋在第一线的战士，正是由于记者的存在，我们才能够在这个寒冷的冬天，在疫情的夹击之下，找到一份属于我们的温暖和温情，打动人们的心灵。

（二）赞美一线记者

铁肩担道义，妙手著文章。2020疫情来袭，有这样一群人，他们不惧风险、深入一线，记录中国抗疫的点点滴滴，传递温情和力量，他们就是新闻工作者。这场战疫，我们赞美逆行的白衣英雄，赞美警察，赞美志愿者，赞美所有维护城市正常运行的工作人员。同时，我们也要赞美那些始终坚守在一线报道的记者们。是他们，记录下了救死扶伤的医护人员；是他们，不负众望，带来了人民最关注的消息；是他们，及时宣传党和政府重要部署，消除了大家的恐慌；是他们，用镜头和文字为历史记录下了中国人民万众一心抗击疫情的英雄时刻。他们是我们的榜样，也是所有党员都应为之学习的目标！

（三）学习做新时代的新闻人

"中国新闻传播大讲堂"给我们传递了新的声音、新的内容和新的责任。在这场没有硝烟的战争中，新闻工作者起到了独特的作用，他们用他们的亲身经历告诉我们，在新时代我们应该做一个什么样的新闻人。在这里，有思想，有温度，有知识，有深度，这场课程给了我们不同的感觉。在专业知识方面，给了我们内容的更新、专业的水准；在思想上，给了我们做人的榜样和思想上的信念引领。这场课程有价值、有意义，激励着新一代新闻工作者。我们选择新闻，是因为它的意义，也正是这样一种信念，时刻要求我们也要做有意义的事情，在新时代做新时代的新闻人！

长江大学

（人文与新媒体学院）

一、教学概况

长江大学文学院于2020年上半年更名为人文与新媒体学院，增加了对新闻系教育增强了重视程度，加大了投入力度。知悉本次"中国新闻传播大讲堂"推广落实任务，新闻系积极展开相关工作，组织各班同学一同观看"中国新闻传播大讲堂——来自武汉抗疫一线的报道"启动仪式，并动员同学观摩武汉抗疫一线记者的实践经验。随后，各班同学认真学习了由14家主流媒体参与抗疫一线报道的42名新闻记者录制的32集视频教学内容，并记录了自己的心得体会。2018级中文班同学联想到专业所学，认为新闻传播理论学习的意义莫过于知己知彼，从而帮助自身认识社会现象，做出正确决定，将理性的声音传播得更远、更广。2020级广电班同学被新闻工作者身上的坚守与敬业所打动，认为当今中国正处于百年未有之大变局，新闻工作者和学习者更应紧跟时代潮流，不断学习与积累，深入祖国各地，到人民群众中去，新闻工作者要与党和人民同心同德。新闻工作者是党的政策方针的宣传者，应该坚定地以人民为中心，做中国新闻，讲好中国故事。

二、特色亮点

（一）知新闻力量

学习完"中国新闻传播大讲堂"后，同学们进一步认识到新闻传播对于时代、社会的重要性。有同学在心得体会中谈道，正是因为有这些新闻记者的报道，全国人民才能了解疫情，掌握疫情动态，记者以陈述事实的表达方式，扮演着时代的方向标、人民的眼睛。同学进而表示，这就要求职业记者，以及学习新闻传播的自己，要尊重事实、客观公正，努力学习相关知识以提升自身新闻素养。还有同学说，新闻工作者在疫情报道中的突出贡献使其理解了这一职业的担当与责任。同学们认识到要在时代变局之下，坚守人民立场，秉持为人民服务的理念，深入群众之间，不断增进自身专业修为。

（二）汲榜样力量

从武汉前线记者的报道中，同学们汲取了众多新时代的榜样力量，不仅有奋战在一线的广大医务工作者，坚守岗位的军人，还有新闻工作者以及无数面临疫情威胁的普通中国人。同学们对"榜样"有了新的认知，立志向榜样看齐，在当下的学习和未来的工作中成为一个敬业、勇敢的人。2019 级广电班同学在感悟中写道，大讲堂的学习让他们了解到更多故事，以及更多故事背后的故事，作为新闻传播相关专业的学子，家国情怀和专业能力应是基本素养，他们将铭记榜样的力量，激励自己前行。

（三）悟平凡力量

这次疫情中涌现出一批勇敢的普通人，通过新闻记者亲身讲述，同学们认识到疫情面前每个人都肩负使命，平凡自有平凡的重量和力量。广电 11701 班的龚辅直说道，我们个人的梦想同国家的梦想密不可分，这些新闻工作者也是平凡人，却于平凡中不凡，成为英雄。2020 级广电班同学提到武汉前方报道指挥部总指挥刘刚同志的发言，"世上从没有从天而降的英雄，只有挺身而出的凡人"，所以，打赢这场抗疫攻坚战的是我们共同的努力。通过学习，同学们认识到，后辈们应当接过接力棒，始终拥护党的领导，做主流媒体的支持者，在未来成长为一名合格的新闻人。

三、学生心得

（一）承担时代使命，强化专业能力

此次学习使我认识到新闻舆论工作的重大意义，我们应该承担起自己的时代使命和历史责任，坚决拥护党和国家领导的政策，在高等文科教育下创新自我，强化自我专业能力，全面践行马克思主义新闻观，增强民族自信力，凝聚力和感召力，将自身的专业和能力运用到实践中，为国家做贡献。

新冠肺炎疫情期间，新闻媒体在传递信息、引导舆论、安抚民心等方面发挥着重要的作用。许多新闻工作者冲锋在一线，保障了人民群众的知情权，在抗击新冠肺炎疫情中发挥了媒体监督的作用，也对我们这些新闻行业储备力量起到了模范带头作用。

（二）回应社会关切，彰显人文关怀

疫情期间，新闻工作者们积极弘扬伟大抗疫精神，忠实履行新闻工作者的职责使命，一方面积极主动回应社会关切，用建设性监督报道服务疫情防控工作大局，另一方面彰显人文关怀，换位思考，用更有温度的报道积极引导舆论。通过观看"中国新闻传播大讲堂"，我深刻感受到在2020这个特殊的一年里，在新冠肺炎疫情席卷全球，生活和生产遭到破坏的困境中，新闻变得至关重要。在新时代全球化的新闻背景下，新闻人更应该有新闻魂，坚守中国特色社会主义新闻观，顺应社会主流和时代潮流，就社会关切的问题，做出真实而有温度的报道。

（三）尊重新闻事实，提升新闻素养

大讲堂让我进一步认识到新闻传播的重要性。在疫情期间，正是这些新闻记者的报道，让全国人民了解疫情，掌握疫情动态。一个记者不仅仅只是陈述事实，他们更是一种方向标，是人民的眼睛。这就要求记者，以及学习新闻传播的学生，要尊重事实，客观地还原事实，不要把自己的主观强加于事实之上，努力学习相关知识来提升自身的新闻素养。

中国地质大学（武汉）

（艺术与传媒学院）

一、教学概况

"中国新闻传播大讲堂"是新文科建设大会后的首项工作，具有历史性突破意义。中国地质大学对此高度重视，2020 年 11 月 12 日，艺术与传媒学院新闻系全体师生线上观看了"中国新闻传播大讲堂"的学习动员和课程启动会议。学校党委宣传部副部长陈华文揭示此次工作的高远立意，对新文科人才培养提出希冀。张梅珍和宁薇两位老师指出了大讲堂的价值所在，并激励同学们在未来的新闻工作中主动深入践行"四力"，奋发有为，成为政治过硬、业务过硬、战斗力过硬的新闻队伍中的一员。

2020 年 12 月 15 日，新闻系教师专门召开座谈会交流学习大讲堂的心得体会。喻继军老师提出，可邀请视频中本系培养的学子李强、史含伟回到母校，给在读的同学分享获得中国新闻奖的心得与收获，揭开记者的神秘面纱，重塑专业精神和形象，不做空洞的新闻理想教育，而是以实例来践行专业教学。黄爱武老师作为受到疫情直接影响的武汉市民，对大讲堂感触格外深刻。她总结道，记者的使命应该是见证历史、参与历史，写出经得起历史检验的文章。吴颖老师则从科学传播的角度来看待大讲堂的学习，他表示应该把对新闻专业主义、价值观的教育与科学知识的传播等联系起来。其他老师也从视频学习本身出发，通过学界、业界多重视角阐释了大讲堂之于教育、学习的重要意义。

二、特色亮点

（一）学生媒体孵化专业新闻人

通过大讲堂学习，新闻系的老师和同学们认识到学生媒体平台的重要性，学生媒体充分锻炼了新闻专业学生的实践能力，而且有利于学生进行职业规划。新闻系毕业的李强、史含伟同学以主讲人的身份出现在大讲堂视频中，他们都曾奋战在抗疫第一线，而且曾是院系《南望山人报》等学生自办媒体平台的得力干将。王大员老师建议，未来学校、院系应该继续对这类实践平台加大投入力度，争取把这类学生实践平台打造成新闻奖得主的摇篮。

（二）家国情怀积淀专业洞察力

老师和同学们在观看视频后，由衷地对一线记者临危不乱的专业洞察力表示钦佩，通过对疫情报道作品的分析，同学们认识到，是深厚的家国情怀让新闻工作者具备了敏锐的洞察力。谢稚老师提出，大讲堂突出体现了疫情中普通人向英雄的角色转换，她注意到新冠肺炎疫情期间，新闻记者迎难而上，真切地传递出疫区的真实状况。正是因为有了心怀祖国、心怀人民的媒体人在汹涌疫情中的勇敢逆行，敏锐地捕捉到人民的故事，中国的抗疫行动才得到最具亮色、最具温度、又有深度的传播。

（三）教育形式引发创新性思考

本次大讲堂以公开课的形式生动地再现了抗疫新闻工作者的赤子之心，启发老师们创新新闻传播教育形式。丁洁作为业界回归讲坛的老师，表示大讲堂的内容很亲切、很熟悉，其展现了逆行者的风貌，对新闻传播教育来说，也是一种形式创新，值得引用、借鉴、推广到日常教学中。

李静老师说，疫情中的记者，和普通人、非新闻人息息相关。疫情期间这些温暖的报道，为新闻专业今后招生也带来契机，日常教学中可以注重整合校友资源，用来自一线的、鲜活的现身说法，更好地激发现在新闻学子的专业兴趣和激情。

三、学生心得

（一）速度、精度、温度

在学习此课程时，钟寅记者总结了新闻工作者必备素养的六字箴言"速度、精度、温度"这让我记忆非常深刻，感受到他们作为新闻工作者的责任与担当。他们加班加点编辑新闻稿件，围绕疫情防控、驰援湖北、复工复产等事件，持续推出了一批有态度、有温度、有深度的新闻作品，向公众传递了权威可靠的信息。为打赢疫情防控阻击战贡献了自己的力量，充分体现了宣传战线工作者强烈的责任心和使命感，彰显了主流媒体的权威、实力与担当。人民通过新闻工作者的报道能及时收到关于抗疫的最新消息，也表明新闻工作者在稳定人民群众情绪，增强抗疫信心中发挥了很大的作用。

（二）大胆创新报道形式

中央广播电视总台新闻中心副主任肖振生通过特别节目《战疫情》、网络慢直播《与疫情赛跑，全景直击武汉火神山雷神山医院建设最前沿》《面对面：专访蔡利萍》和《武汉的 76 个日夜》，展示了融媒体语境下总台对于疫情防控报道的实践与创新，给我留下了深刻印象。视频中记者们的亲身经历、亲身感受以及那些平凡又伟大的故事使我们仿佛置身于彼时，和武汉一起直面危机。

随着科技不断进步，单纯的文字报道固然具有力量，但短视频、表情包等方式的传播速度显然更快。疫情期间，前线记者没有止步传统报道形式，而是充分利用视频影像的优势，更直观更高效地传播内容。身患渐冻症的张定宇在医院走廊忙碌的身影瞬间刷屏，让人们对医护人员的不易感同身受。像这样的短视频有许多，像这样感人的故事每天都存在。多种形式的报道让受众全方位多方面地了解疫情，了解医生。每篇报道背后，都有无数新闻人为之努力，前辈们的经验也让我受益匪浅。

华中师范大学

（新闻传播学院）

一、教学情况

华中师范大学新闻传播学院领导在第一时间组织全院师生代表集体观看了"中国新闻传播大讲堂"启动仪式的现场直播。院党委书记罗贻文、党委副书记程秀莉、副院长彭涛、院长助理刘震、广播电视学系主任张德华、网络与新媒体系主任吴志远和新闻学教授黄月琴出席，学生党员和部分入党积极分子参加。通过观看启动仪式，院领导和师生代表们对"中国新闻传播大讲堂"的意义和价值有了充分认识。活动结束后，彭涛老师还特意叮嘱同学们要积极观看学习大讲堂的课程视频，并强调课程里大量鲜活的案例是一线新闻工作者宝贵的经验总结，对同学们的专业学习和未来工作都有很大帮助。

此外，学院积极开展系列学习活动，邀请"全国抗击新冠肺炎疫情先进个人"称号获得者为同学们进行专题讲座，并在新闻传播学院 bilibili 直播间进行直播；在《新闻编辑学》和《新生研讨课》等本科教学课堂中，以"中国新闻传播大讲堂"的教学视频为主要内容，为近 300 名学生集中播放、讲解，并进行课后研讨与测试等。通过上述系列学习活动，学院的广大师生充分感受到新闻媒体人在抗"疫"报道中展现出的家国情怀，以及严谨求实和勇于担当的新闻主义精神。同时，这次学习也有效地激励了同学们，坚定了他们的新闻职业理想。诚如新闻传播学院 2018 级陈佳雯同学所言："在这次学习之后，我深刻体会到我们应该在日常学习和实践中由内而外地落实马克思主义新闻观。与党同心、与人民同心，做新时代有定力、有理想的新闻人，为我国新闻传播学科建设贡献一份力量。"

二、特色亮点

（一）组织系列学习活动，邀请亲历记者进校园

为了推动抗疫精神进校园，新闻传播学院还邀请了"全国抗击新冠肺炎疫情先进个人"称号获得者、长江日报报业集团高级记者、我校中文系校友田巧萍做客新闻传播学院马克思主义新闻观大讲堂，在南湖综合楼报告厅开展了关于"抗疫先进事迹及写作分享"的讲座。学院党委书记罗贻文、副院长彭涛、党委副书记程秀莉出席。本次活动由新闻传播学院、党委宣传部、文化实践育人基地和利群学业发展中心主办，并在新闻传播学院 bilibili 直播间进行了线上同步直播。参加本次活动的有新闻传播学院党员师生、2020 级全体学生和党委宣传部学校记者团全体记者。在听完讲座后，新闻传播学院 2020 级本科生王晓宇同学感慨道："受益匪浅！田巧萍老师的讲述让我更加坚定了成为记者的理想。"在讲座现场，罗贻文书记还正式宣布聘任田巧萍为新闻传播学院特聘教授，并为其颁发聘书。

（二）融入专业课程教学，推动抗疫精神进课堂

为切实推动抗疫精神进课堂，贯彻落实课程思政的教学理念，学院的彭涛教授和林吉安老师将"中国新闻传播大讲堂"的教学视频融入《新闻编辑学》和《新生研讨课》等本科教学课堂中，向学生们集中播放了多集视频。考虑到课程时间关系，老师们重点分享了人民日报、新华社、中央广播电视总台等 9 家媒体单位在抗击新冠疫情报道中的经验，从而使学生们充分了解国家级媒体和地方媒体、传统媒体（报纸、电视）与新兴媒体（网络平台）等不同媒体的报道特点和创新举措。

主要参加课程学习的是新闻传播学院 2019 级和 2020 级学生，共 3 个班近200 名学生。在观摩视频内容后，老师们还组织了一系列交流和研讨活动，就各

大媒体在抗疫报道过程中呈现出的不同特点、报道方式和创新举措等问题展开讨论。同学们对各大媒体充分利用 H5、Vlog、云直播等新技术、新形式来打造融媒体产品印象深刻，同时也被新闻媒体人在报道过程中表现的敬业精神和责任担当所感动，从而进一步坚定了新闻职业理想。

为了进一步考查同学们的学习效果，《新闻编辑学》的期末考试试卷中设置了一道分值为 16 分的论述题，要求学生根据课堂观摩的案例，从新闻编辑角度谈谈主流媒体组织新冠肺炎疫情报道的特点。从答卷情况来看，学生们不仅能熟练运用所学知识分析具体案例，而且也从中收获了宝贵的媒体工作经验。

三、学生心得

在《新闻编辑学》的课堂上，我们共观摩了 7 家主流媒体的视频教学内容，视频生动展现了中国新闻记者的专业素养与家国情怀，也让我对新闻行业有了更深刻的认识。

（一）注重人文关怀，创新报道形式

疫情发生后，人民日报新媒体平台迅速开通了新冠肺炎患者网络求助通道，把收集到的求助信息与问题线索整合后上报中央指导组；南方都市报深入武汉社区为群众搬运生活物资，积极协助求助的患者送医，搭建第一个媒体物资捐赠平台，带领团队为湖北省当地农民直播带货等。全方位参与抗疫的实际工作，这已经超出了媒体的传统职责，但却赋予了新闻工作更强的生命力。

"媒介是人的延伸"，借助无人机拍摄、传感器采集、VR/AR 临场化呈现等新技术手段，新闻工作者拥有了认知世界的全新角度。人民日报的短视频同步呈现；澎湃新闻的时间线可视化、"方舱策"H5 融媒体产品，微专题纪录片，解封大直播；南方都市报打造的智库型媒体，动画、微信表情包齐上阵。

（二）践行"四力"，提升专业素养

江苏援湖北前方报道组成员高志鹏说过，记者天生就要到现场——将疫情形势的变化还原给公众，将温暖、信心、希望传递给公众，这是记者的责任。习近平总书记多次强调新闻舆论工作者增强"四力"的重要性。脚力是基础，迈开双腿，俯下身，沉下心，走进一线深入调查，去伪存真。眼力是关键，要

善于观察，善于判断，善于辨别真正的新闻价值。脑力是核心，要达到既见人之所见、又见人之所未见的境界，要能多方面多角度地对待问题，在现象中挖掘本质。笔力是落点，要揣摩语言技巧，磨炼表达功夫，做到脚下有现场，眼中有全局，胸中有情怀，笔下有细节。

（三）坚守与党同心，与人民同行

新时代孕育新机遇、呼唤新担当，当代新闻学子要立志成长为有定力、有情怀、有本领的新闻人。人民日报教学视频里的最后一个问题是怎样当一个好记者，汪晓东给出的回答是："关键看你有没有跟人民共情的能力。疫情防控是一场大考，对新闻工作者来说，这场大考考出了政治素质，考出了业务水平，也考出了与人民群众的感情；考出了传播力，考出了战斗力，也考出了与人民群众的共情力！"正如一位战地记者所言：如果你拍得不够好，是因为你离得不够近。如果你写得不够好，是因为你离人民不够近。

湖北大学

（新闻传播学院）

一、教学概况

结合学院发展、学院师生的具体情况，湖北大学新闻传播学院制定了"中国新闻传播大讲堂"教学视频内容学习方案与学习计划，分阶段逐步实施，有了一定的学习效果。

2020 年 11 月 5 日下午，"中国新闻传播大讲堂"举行启动仪式，学院提前发布了现场在线收看通知，院班子全体成员和新闻学系、广告学系、广播电视学系、传播学系的四位系主任和部分教师、学生在线收看了启动仪式。

观看启动仪式后，学院当天即召开线上会议，会议由院长廖声武教授主持。副院长杨翠芳教授向系主任及部分教师、学生代表强调了大讲堂整个活动的意义，学院党委书记边湘义最后提出了要求，要求全院教师和学生认真学习和践行抗疫精神，努力做好本职工作。她强调，大讲堂是加快新文科建设、推动高等文科教育提质创新的有力抓手，是强化马克思主义新闻观教育、全面推进新闻传播类专业课程思政建设的实际行动，是推动新闻理论与新闻实践深度融合、培养新时代优秀新闻传播人才的重要举措，是增强广大新闻传播类专业学生自信心、自豪感、自主性，提高新闻传播教育影响力、感召力、塑造力的生动实践。

2020 年 11 月 9 日，学院大讲堂负责人杨翠芳副院长收到了 32 集视频教学内容，第一时间她向学院班子做了汇报，学院开始制定学习计划和学习方案，拟分批、分组学习，第一组学习对象为 2018 级、2019 级学生党员积极分子；第二组学习对象是 2019 级、2020 级研究生；第三组学习对象为学院各本科生班主任；第四组为系主任和各系学生；第五组为学院领导班子。

2020 年 11 月 16 日，副院长杨翠芳召集 2020 级新闻学、传播学、新闻与传播专业研究生，认真收看了大讲堂第一集的内容，并围绕第一集的内容展开了讨论。

二、特色亮点

（一）邀请相关人士进学院交流，讲述疫情期间感人故事

2020 年 11 月 27 日上午，学院学工办邀请了 8 名记者到学院，通过"名记者进校园"活动，跟师生一起分享他们在疫情期间接触到的医护人员、火神山雷神山建设者的感人事迹，用鲜活的事例来感染师生。此次活动亦是湖北省委宣传部、湖北省新闻工作者协会、湖北省广播电视学会主办的湖北省第七届"好记者讲好故事"巡讲活动中的一场。8 位一线新闻工作者深情讲述了他们亲身经历或者见证的动人故事，100 多名我院师生参加了该活动。

宣讲会中，8 位记者通过讲述亲历、亲见、亲闻、亲为的鲜活故事，展示了记者的社会责任和职业风采，让到场的师生深受感染、产生共鸣。2018 级广播电视学专业李瑶说："今天我见到了好记者，听到了好故事，之后我会更加铭记自己的初心，努力学习本领，树立远大的新闻理想，向这些优秀的新闻人看齐，讲述精彩的中国故事。"

（二）邀请录制大讲堂视频的校友进课堂，与学生面对面交流

2020 年 11 月 30 日晚，学院邀请 2010 级新闻学专业校友、现代快报编委、首席记者熊平平，以"记者的使命——在疫情前线的深度观察"为主题，与2020 级研究生、2018 级广播电视学专业本科生一起面对面交流与讨论。1 月 29日到 4 月 29 日他在武汉抗疫的最前方，一共采访报道 88 天，亲自见证了抗疫的艰辛与伟大，也参与了"中国新闻传播大讲堂"的录制活动。熊平平校友专注政经领域新闻报道，有丰富的深度报道经验，曾获"江苏省抗击新冠肺炎疫

情先进个人"，江苏省五一劳动奖章、"江苏省十佳抗疫职工"等荣誉称号。

熊平平谈到，在武汉疫情期间，他克服了内心的恐惧与焦灼，担负记者使命，主动请缨，争做前线的"冲锋者"。在武汉采访期间，他连续报道新冠肺炎疫情88天，撰写了《拉网排查下的武汉社区重压到极致后的转机》《对话：离死神最近的病房》《对话新冠肺炎遗体解剖第一人刘良：解剖是为了结束"盲打"》等多篇优秀稿件，聚焦热点问题，彰显媒体担当。

在介绍新闻采访和写作技巧时，熊平平认为新闻学子在求学期间要注重专业训练，增强采写编评的看家本领。在学有余力时，不断拓展知识面和兴趣范围。在新闻采访方面，要注重与采访对象的沟通方式，丰富采访经验；在新闻写作方面，要注重实践积累与学习思考；在阅读方法上面，要循序渐进，养成通读和精读结合的好习惯。

熊平平校友的分享给学院师生带来了一场生动的线下大讲堂。

三、学生心得

在大讲堂系列视频中，有三位记者的讲述给我留下了深刻印象，分别是人民日报社西藏分社记者鲜敢、人民日报摄影记者李舸、中央广播电视总台武汉疫情前方报道组总负责人訾振生，他们让我进一步明确了新闻业的人才要求、精神价值和未来形态。

（一）记录真实，坚守现场

"苟利国家生死以，岂因祸福避趋之"。人民日报社西藏分社记者鲜敢在讲述中以此作结，我从他身上看到了新闻人强烈的家国情怀。在疫情期间，鲜敢主动请缨，夜以继日坚守一线，采写各类新闻报道共百余篇。在他的故事中，我有三点收获。

首先，扎实的基本功是从业者的立足之本。疫情报道节奏很快，需要做好现场沟通、素材调配、医院协调等，专业素质在线才能形成最快最直白的成稿思路。

其次，报道过程中讲求"主题先行，而非话题"。面对扑面而来的热点，鲜敢不主动参与也不会去加温，而是牢牢围绕自己的报道主题，选择与之相关的典型素材，不被突发且短暂的热点打乱自己的节奏。这既是保护自身的一种形式，也是保持精力和定力专注报道的要求。

最后，新闻的意义在于参与并推动历史，"记录真实，坚守战场，就是对生命最大的敬畏"。

这种调查结果立见于现实的力量，让我领会到"全国人民都在人民日报里寻找精神力量和定盘星"的深刻内涵。当记者们深入现场，会产生"这里的一切都与我有关"的使命感，需要用报道尽可能地解决百姓的问题，"以人民为中心"是永不变的宗旨。

（二）培根铸魂，以人为本

人民日报摄影记者李舸的讲述让我领略到"为天使造像"的庄严性。李舸用影像呈现了武汉全民抗疫的场景，《疫情结束后，您最想做的事是什么》《您最牵挂的人是谁》等作品记录了战疫医务工作者的英雄形象，他将这次疫情报道经历视为一种生命的体验。

从 2 月初开始，李舸带领着摄影团队深入病房，在拍摄过程中，坚持绝不影响医生的工作和休息时间的原则。在与死亡赛跑的过程中，医护人员带着强大的心理压力和意志力同病魔斗争，而当他们面对镜头时，往往会暂时卸下长久支撑着的坚强，真实表达对家人、病人的担忧，面对镜头说说心里话，也是医护者们释怀解压的一种方式，真实情感的自然流露是英雄形象最好的诠释。

拍摄过程对于记者和医生来说有双向的"治愈"作用，在短暂的交集中，双方建立了一种相互信任的关系，以自身的方式共同推动抗疫进程。

（三）融合报道，展望未来

中央广播电视总台新闻中心副主任肖振生通过特别节目《战疫情》、网络慢直播《与疫情赛跑，全景直击武汉火神山雷神山医院建设最前沿》、专访《面对面：专访蔡利萍》、全手绘动画《武汉的 76 个日夜》等展示了在融媒体语境下，总台对于疫情防控报道的实践与创新。疫情期间，融合报道的优势全面凸显，为新闻产品的融合创新实践拓展了可能的路径。

5G、VR 等技术在新闻业的进一步应用，将不可避免地推动传统媒体的变革，从而影响媒体的传播力、引导力、影响力、公信力。对于新闻学子来说，需要与时俱进，了解学界、业界的前沿发现，保持对新技术的求知欲和敏感性。

湖北民族大学

（文学与传媒学院）

一、教学概况

2020 年 11 月 5 日下午，由教育部高教司、中宣部新闻局指导，中国传媒大学、教育部高等学校新闻传播学类专业教学指导委员会主办的"中国新闻传播大讲堂"启动仪式在北京举行。大讲堂的主题为"来自武汉抗疫一线的报道"，邀请了 14 家主流媒体中参与抗疫一线报道的 42 名新闻记者录制 32 集视频教学内容，生动讲述、立体展现中国新闻记者的家国情怀与专业素养。

根据教育部高等学校新闻传播学类专业教学指导委员会的部署，湖北民族大学组织新闻传播系本科生代表、新闻与传播专业硕士研究生在学院新闻演播厅集中观看了"中国新闻传播大讲堂启动仪式"视频直播。文学与传媒学院党委书记杨光宗教授、院长罗翔宇教授、教务处副处长谭华以及新闻传播系教师参加了此次活动。

二、特色亮点

（一）学院高度重视，培养荆楚人才

"中国新闻传播大讲堂"让湖北民族大学文学与传媒学院的全体师生共同聆听了一堂生动的国情大课、有温度的思政大课、高水平的专业大课。屏幕前的观众，是刚迈入新闻这门充满魅力的专业的学生；屏幕后的人们，是一位位学识渊博、高山仰止的学者大家，是一名名肩负使命、深入抗疫前线舍生忘死的新闻记者。大讲堂对于学院推进培养荆楚卓越新闻人才起到了重要的指导和促进作用。

随着大讲堂学习活动的深入，学院将进一步运用好"中国新闻传播大讲堂"，并积极探索将学习活动常态化的机制，为建设湖北民族大学新闻学"一流本科专业"而持续奋斗、不断前进。

（二）立德树人，教师牵头参与

文传学院青年教师杨旖旎在观看了大讲堂后提出了一系列问题：教师以传道、授业、解惑为天职，对于新闻学专业的教师来说，如何真正将这三个使命融合在自己立德树人的教育过程中？面对新文科的全新语境，新闻专业的课程教学如何在道与术之间取得平衡？面对新时代的大学生，青年教师应该如何在专业教育和价值引领之间实现有机融合？面对三全育人的新格局，应该如何通过课堂教学的精准滴灌有效实现课程思政目标？这一串问号，是她在教学中常常遇到的困惑。而大讲堂中的案例，提供了极为宝贵和鲜活的教学案例，是教师在开展课程思政中极有价值的教学内容。

青年教师向萍表示，大讲堂是一个生动的课堂，对教师开展课程思政具有指引的作用。她从最初生硬灌输课程思政的内容，到挖掘课程内容所蕴含的思政元素、从问题导入引发学生思考，再到引入案例教学法，优化课程设计，将核心价值观融入新闻方法论，使得专业教学与课程思政逐渐融会贯通，如盐在水。大讲堂让她明白，专业教学是课程思政的有机依托，课程思政是立德树人的无形推手。只有通过不断优化的教学设计，持续改进的教学实践，将"价值塑造""知识传授"和"能力培养"三者融为一体，才能真正实现教书与育人有机结合，真正实现为国育才的使命。

三、学生心得

根据学院的组织安排，文学与传媒学院的研究生和本科生同学认真观看学习了"中国新闻传播大讲堂——来自武汉抗疫一线的报道"系列视频。通过多渠道、立体化的学习形式。学生认真学习，用心感悟，提交了学习心得，从不同角度分享了学习的收获。

（一）马克思主义新闻观的生动实践

新闻学专业2018级学生胡慧结合本学期的《马克思主义新闻思想》课程学习经历表示，作为新时代的新闻学子，通过此次"中国新闻传播大讲堂"的学习之后，她深刻体会到马克思主义新闻观应该由内而外落实在日常学习和专业实践的全过程，要努力做一个与党同心、与人民共情，有定力、有理想的新闻人。

（二）新闻记者事业的鲜活指导

新闻与传播专业2020级研究生杨晨同学认为，大讲堂的课程是一线新闻记者宝贵的经验总结，对日后的专业学习和实践都有很大帮助。同困难作斗争，是物质的角力，也是精神的对垒。课程里大量鲜活的案例，非常有助于同学们的就业和学习。

新闻与传播专业2020级研究生胡博文同学在学习了新华社记者费茂华的抗疫故事后表示：到新闻现场去，到新闻事件的第一线去，这是新闻工作者应该永远保持的初心。费茂华是我国优秀记者的一个生动缩影，在他身上，我们看到了危难来临时，身为一名新闻工作者的职业操守、责任，以及时代赋予这一群体的伟大使命。

（三）勇于投身社会的战疫精神

新闻学专业19级范佳妮同学在观看了现代快报记者是钟寅的讲述后表示，哪有什么岁月静好，只不过是有人在替我们负重前行。"唯有精神上站得住、站得稳，一个民族才能在历史洪流中屹立不倒、挺立潮头。"湖北民族大学的新闻学子纷纷表示，新闻记者秉持在战疫中锻造的信念，弘扬在斗争中淬炼的精神，我们必将在新长征路上征服一个个"娄山关""腊子口"，夺取一个又一个新的胜利。今天，我们致敬伟大抗疫精神，就是致敬勠力同心、锐意进取，就是致敬不畏险阻、英勇斗争。而最好的致敬，莫如从我做起、躬身践行，以不弃微末、久久为功的姿态继续奋斗，把精神的力量转化为攻坚克难的澎湃动能！

中南民族大学

（文学与新闻传播学院）

一、教学概况

"中国新闻传播大讲堂"以"来自武汉抗疫一线的报道"为主题，邀请了14家主流媒体参与抗疫一线报道的42名新闻记者，共录制了32集关于新闻传播教学内容的视频，生动讲述、立体展现了我国新闻记者的家国情怀与专业素养。

为响应教育部高教司、中宣部新闻局，以及教育部高等学校新闻传播学类专业教学专业指导委员会的号召，2020年11月5日下午3点，我校文学与新闻传播学院组织学生集中观看"中国新闻传播大讲堂"启动仪式。同时，要求学生利用课余时间自主观看大讲堂视频，并定期组织线下班会，围绕大讲堂学习进行讨论，保证传播大讲堂切实走入校园，走进新闻学子。除此以外，新闻传播类专业教师也将"中国新闻传播大讲堂"纳入课堂教学管理，切实推动抗疫精神进课堂，推动新闻理论与新闻实践深度融合。

在学习"中国新闻传播大讲堂——来自武汉抗疫一线的报道"系列课程视频后，文学与新闻传播学院的同学们收获颇丰，同学们写下了多篇心得感悟，展开了积极讨论。不少同学表示，在未来的学习生涯里，会继续砥砺自我，传薪播火，有一分热，发一分光。

二、特色亮点

（一）引入新闻理论类课程教学

在 2020 级新闻与传播学类本科生《新闻学概论》课堂中，任课教师李亚玲、陈星多次结合新闻理论学习中的相关知识，在课堂播放大讲堂视频资源。通过理论课堂与实践视频的结合，新闻学子对新闻的发现及呈现有了更加具象的感受，同时也对重大突发公共卫生事件中的新闻舆论引导工作有了深刻认识，更体悟到新闻工作者的社会责任与使命担当。

李亚玲老师表示，"中国新闻传播大讲堂"以抗疫报道为主题的视频教学课程，有助于切实推动抗疫精神进校园、进课堂，有助于学生深入了解国情，是一种有温度、高水平的课程思政教学形式。在国家倡导新文科建设的背景下，传媒教师要利用好该教学资源，增强马克思主义新闻观教育，做中国特色新闻学的传道者、授业者。

（二）积极开展课堂讨论

在学习"中国新闻传播大讲堂——来自武汉抗疫一线的报道"系列课程视频后，同学们收获颇丰，分别写下了自己的心得感悟，并与其他同学积极展开讨论。

2019 级新闻学专业肖榆同学认为，开展"中国新闻传播大讲堂"是非常有必要的，这是时代的需要，是新时代培养优秀新闻传播人才的需要。这让新闻从业者更加坚定了信心和决心，也为新闻从业者指明了理想信念的方向。观看这次大讲堂后，作为一名新传学子，我更加深刻地认识到新闻传播是为国家和社会所服务的。我们需要时刻保持一位新闻媒体人应有的素质，真正地深入现场，用心写新闻，这正是疫情期间的记者们言传身教给我们的。同学们表示今后会继续践行马克思主义新闻观，坚持正确的理论指导；同时要厚植家国情怀，开拓国际视野，不断丰富个人的新闻经历，增强脚力、眼力、脑力、笔力，成为具有家国情怀、高素质、全媒化的新闻传播人才。

三、学生心得

观看此次大讲堂启动仪式后，我深刻体会到奋战在疫情一线的新闻工作者始终把职业道德精神放在第一位。他们的行动告诉我们，要以他们为榜样，成为具有家国情怀和国际视野、能够担当民族复兴大任的新时代新闻人。

（一）做时代之"变"的积极回应者

当今世界正经历着百年未有之大变局，国内外形势发生了深刻复杂的变化，刚刚闭幕的十九届五中全会立足党和国家事业发展的战略全局，深刻分析了当前和今后一个时期面临的形势机遇；明确了国民经济和社会发展"十四五"规划和 2035 的远景规划，提出了要建成文化强国、教育强国、人才强国等战略目标，并明确了中华文化软实力显著增强是我们建设强国的必备内容。"中国新闻传播大讲堂"是为深入学习贯彻习近平总书记关于新闻舆论工作的重要论述精神，推动新时代高等文科教育创新发展的重大举措。

（二）做理论与实践融合的全能型新闻传播人才

中宣部新闻局副局长指出，今年以抗疫报道为主题的大讲堂 32 集视频教学课程作为教材面向全国高校新闻院系同步推广使用，这是加强实践中的马克思主义新闻观教育的创新之举，也是新闻队伍建设、新闻舆论工作的创新之举。她强调，新闻工作者要与党同心、与人民共情，做坚守新闻工作优良传统的传承者。新时代孕育新机遇、呼唤新担当，当代新闻学子要立志成长为有定力、有情怀、有本领的新闻人。新闻传播院系要坚持守正创新，马克思主义新闻观教育，做中国特色新闻学的传道者、授业者。

（三）做中国精神、中国担当、中国力量的诠释者

"中国新闻传播大讲堂"授课人员代表刘刚列举了几个优秀青年记者的例子，他表示参加武汉抗疫斗争是新闻生涯中一段不平凡的经历。他通过与我们分享自己的职业感悟，激励我们在未来的新闻工作中主动深入践行"四力"，奋发有为，成为政治过硬、业务过硬、战斗力过硬的新闻队伍中的一员。我们应做一个有温度的新闻人，用马克思主义铸魂、用爱国情怀强基、用人文素养修身、用国际视野拓界、用特色项目托举、用未来媒体创新，以扎根中国大地办教育为根本遵循，积极探索交叉融合的新文科建设范式，为培养新时代所需要的新文科人才而不懈努力。

湖北理工学院

（师范学院）

一、教学概况

"中国新闻传播大讲堂"是教育部高教司、中宣部新闻局委托高校新闻传播学类专业教学指导委员会举办的，是加快新文科建设、推动高等文科教育提质创新的有力抓手，是强化马克思主义新闻观教育、全面推进新闻传播类专业课程思政建设的实际行动，是推动新闻理论与新闻实践深度融合、培养新时代优秀新闻传播人才的重要举措，是增强广大新闻传播类专业学生自信心、自豪感、自主性，提高新闻传播教育影响力、感召力、塑造力的生动实践。

为深入贯彻落实习近平新时代中国特色社会主义思想和党的十九大精神，牢固树立马克思主义新闻观，在教学副院长周加胜和传媒教研室主任谢晨的组织下，2020年11月5日，湖北理工学院师范学院组织网络与新媒体专业所有年级各班同学在教学楼集中观看"中国新闻传播大讲堂"启动仪式的现场直播。

二、特色亮点

（一）线上参与学习，以实际行动追求专业精神

"中国新闻传播大讲堂"启动仪式让学生们对抗疫一线的新闻记者有了新的理解与认知，对于同学们有着独特的教学意义。课程为大家提供了一个渠道，

让抗疫精神走进校园、走进课堂；引导广大师生深刻理解了中国特色社会主义的制度优势、理论优势、道路优势，打牢思想基础、夯实思想根基。此次直播生动阐释了新闻传播的职责使命、重要意义、方针指导和工作原则。对于所有的新闻工作者来说都是一次非常有益的学习体验。此次直播有利于学生明确新闻传播的基本遵循，树立职业操守，确立职业理想，有助于激发更多人投身于新闻传播事业，意义深远。

在观看完启动仪式后，同学们不仅对中国在抗疫阻击战中取得的重大成果有了深层次认识，更对新闻人不辱使命、坚持报道的职业精神有了全新见解，深刻感受到了马克思主义新闻观对新闻工作者的指导作用。

（二）纳入教学考察体系，促进学生学习积极性

本次课程学习计入学院专业实践考核中，用以提高学生学习的积极性。在观看大讲堂后，网络与新媒体专业的所有同学都写下了自己的心得与感悟。同学们都表示自己在"中国新闻传播大讲堂"上收获颇多，对线上观看的内容进行了深入讨论。学生们表达了要成为具有家国情怀、高素质、多媒体新闻传播者的心愿。新的时代呼唤新型人才，同学们作为新闻工作者的预备选手，深深地感受到在媒介环境和舆论生态发生变革的新形势下，新闻人更要保持自身定力，坚守家国情怀，树立正确的新闻观，不忘初心、砥砺前行。此次学习通过一线抗疫新闻工作者分享的感人故事和报道创作体会，增强了本专业学生的自信心、自豪感、自主性，提高了新闻传播教育的凝聚力、感召力、塑造力。

三、学生心得

2019 级网络与新媒体专业张雨嫣在看完"中国新闻传播大讲堂"后，深刻感受到了新闻人的力量。新闻记者在疫情中的新闻报道没有给武汉这个城市留下悲情的一面，而是充分向中国、向世界展现了武汉力量、国家力量和人民力量。

（一）贴近人民，贴近事件

怎样当好一个记者，关键是看我们有没有跟人民共情的能力。如果你拍得不够好，是因为你离得不够近；如果你写得不够好，是因为你离人民不够近；

如果你要写得足够好，就要离人民足够近。重大新闻事件往往是具有突发性的，但是新闻的走势是动态的，一名记者要对事件情势有最基本的判断，这也是对记者脑力的考验；报道归根结底就是写人物挖故事，报道大事件中的人物，要尊重其真实的命运走向。战疫报道中，个体人物的情感体验尤为值得关注，不同人群在特定环境下的内心向度，经历疫情的情感变化，以及采访中他们实实在在的回答，都在提醒记者应该做什么。

（二）转换思想，守正创新

同时，我认识到新闻报道的形式会随着时代的发展，受众需求的变化而不断更新变化。从最开始的文字、图片、视频到H5……此次疫情，前方报道团队在当下融媒体的语境下，大胆创新，全景化报道事件进程，新媒体多形态联动，回应受众关切。同时，他们在多个层面上有所突破，在报道的主导意识、主题意识上有所创新，精心地利用新型传播技术，实现重大公共卫生事件报道中传播效果的最大化，形成全媒体、全方位、全覆盖的信息传播形态，做到事实、情感、精准、专业，彰显了中国主流媒体的权威性和公信力。

"中国新闻传播大讲堂"中每一个分享者都是新闻传播行业的佼佼者，正是因为他们，中国的新闻传播业才能发展得如此好。作为一名新传学子，我有责任，也有义务向他们学习。我应当在这大学四年掌握好自己的专业知识，不断提高自己的专业水平，同时将知识投入到具体实践当中去，力争在未来的日子里为中国新闻传播事业的发展，尽一分热，发一分光！

荆楚理工学院

（文学与传媒学院）

一、教学概况

按照教育部高教司、中宣部新闻局指示精神，荆楚理工学院认真落实省教育厅关于高校新闻传播院系组织新闻传播类专业师生参加"中国新闻传播大讲堂"学习活动的要求。学院组织"网络与新媒体"专业和"广播电视编导"专业的692名全体师生集中参加了大讲堂启动仪式，并在之后通过个人收看视频，每周日晚自习时间以班为单位组织讨论等形式贯彻后续的学习。

同学年少，正是立志之时。"中国新闻传播大讲堂"用生动形象的教学内容，现代化的视听技术和通信网络，将记者演播室讲授与作品有机结合，给传媒学生上了一堂堂内容丰富、精神高远的新闻课，让学生学会用马克思主义铸魂，用爱国情怀强基，用人文素养修身，成长为新时代需要的新文科人才。对于老师而言，"中国新闻传播大讲堂"是新闻课堂思政的一个大好契机，老师们可以将抗疫精神、爱国精神一起融入新闻传播学的理论课、实践课教学，在课堂上强化马克思主义新闻观教育，贯彻习近平总书记关于新闻舆论工作的重要论述精神。

在观看过程中，师生纷纷表示，这32集"来自武汉抗疫一线的报道"是最生动的新闻职业道德教学素材，是对马克思主义新闻观的最好诠释，是地方高校新闻传播系难得的教学实战案例，是最不平凡的 2020 年留给新闻传播系师生终生难忘的专业财富。

二、特色亮点

（一）成立工作小组 规划学习安排

2020 年 10 月 29 日学校接到参加"中国新闻传播大讲堂"学习的通知，当天即在全校行政例会上做了安排部署。本次活动由学校党委委员、副校长刘建清同志主抓，学校教务处主管、文学与传媒学院落实。文学与传媒学院吴浪平院长散会之后，连夜召开文传院党政联席会，研究落实大讲堂工作。会议认为这是一次难得的全国同上一堂新闻课的好机会，是地方新闻院系师生学习提升的好机会；会议决定学院网络与新媒体专业、广播电视编导专业师生全员参加11 月 5 日的启动仪式，教学副院长陈洪友负责学习活动的安排和实施。由此一个以吴浪平院长（兼任党总支书记）为组长，教学副院长陈洪友为副组长，网络与新媒体专业负责人陆沐枫、广播电视编导专业负责人常传波、9 个班主任为成员的工作小组成立。11 月 2 日工作小组拿出了具体的实施方案，学习活动由此纳入学院正常的教学活动安排之中。

（二）纳入学分制度 督促学习推进

根据文件精神，文传院将本次学习活动纳入人才培养方案创新创业模块的 6 个学分体系。凡全程参加大讲堂学习，有笔记、提交学习感悟达到要求的学生可以获得 0.5 个实践创新学分，从制度上保障了"中国新闻传播大讲堂"学习活动落实。669 名学生视这次视频素材为难得的课程，不漏一集全程看完了 32 集视频。12 月 28 日，学习笔记、学习心得如数、按时收齐。网络与新媒体系和广播电视编导系共 669 人完成学习目标。

（三）丰富学习形式 实行统分结合

学分制实行后，学校考虑到行政班级与教学班级不完全同步，大多时候同一个行政班的学生不在一起上课，课余时间也不同步的实际情况，决定采取统分结合的学习形式，个人收看与集中交流轮流进行。平时学生们自己下载收看 32 集大讲堂视频，每周收看 4 集，记收看笔记；每周日晚自习时间各行政班集中交流学习心得，班主任、专业教师参与指导。学生通过集中交流进一步增强了学习的主动性和积极性，学习效果明显。课堂上回答问题时不少学生都会谈到谭海燕、谢宛霏、钱彤、刘刚等一线采访记者的感人事迹。

三、学生心得

2020 年 11 月 5 日，中国传媒大学举行"中国新闻传播大讲堂"启动仪式，我们有幸在老师安排下，共同观看了启动仪式的直播。今年的大讲堂主题为"来自抗疫一线的报道"，邀请中央和地方 14 家主流媒体的 42 位抗疫一线新闻工作者录制 32 集课程视频。每集课程包含讲述内容、案例分析、拓展学习三部分。在观看了全部视频后，我们感触颇深，收获颇多。

（一）新闻人的责任与担当

这一个多月来，我在收看"中国新闻传播大讲堂"的视频时一次一次地被感动过，可以说我是流着泪水看完的。这些记者与医护人员一起逆行武汉，冒着生命危险记录下举国抗疫的一个个瞬间，用自己的行动生动诠释了媒体人的担当与责任。

他们奋战在别人谈之色变、望而却步的核心疫区，他们奔走在大街小巷，随时都有可能受到病毒的侵袭。但他们逆行不弃，传播出一条条来自封城疫区的消息，一个个生动鲜活、角度独特的新闻特写，一篇篇饱含深情、感人肺腑的现场直击，向外界传达出武汉疫情防控井然有序的信息，为人们驱散疫情带来的恐慌。

在一无所知的病毒面前，在中国共产党的领导下，没有一人退缩，中国打赢了这场阻击战。我们新闻人全程参与报道了这场阻击战，将一手疫情消息传播出去，积极营造全民疫情防控的正面舆论氛围。

（二）专业素养与家国情怀

看完大讲堂，我感受颇多，对如何做一个合格的新闻人有了一些新认识。作为新闻学子，我们需要兼具专业知识、能力、素养，更需要刻在骨血中的家国情怀。

例如大讲堂中经济日报记者在武汉疫情一线的报道，让我明白了"议程设置"的真正含义：永远与人民同呼吸共命运，与人民群众共情共鸣，是我们设置议题的根本。

众多新闻视频中，我们一起见证了奔跑在逆行路上、奋斗在抗疫前线的记者们英勇的身影，聆听了前辈们在疫情风暴眼中朴素温情的采访，深深地感悟到，在媒介环境和舆论生态发生变革的新形势下，新闻记者要坚守家国情怀，树立正确的新闻观，不忘初心，砥砺前行，将自己的职业理想和祖国人民紧密相连，深入祖国的广阔天地，了解社情民情，守正创新，做中国特色社会主义新闻事业的接班人。

湖北经济学院

（新闻与传播学院）

一、教学概况

"中国新闻传播大讲堂"是教育部高教司、中宣部新闻局委托高校新闻传播学类专业教学指导委员会举办的，为提高新闻传播教育影响力、感召力、塑造力的生动实践。自该活动启动以来，湖北经济学院新闻与传播学院高度重视此项工作。王远坤院长、汤中秋书记强调此次活动的重要性，分管教学的彭书雄教授主持学院教学委员会专题讨论，安排了围绕大讲堂开展的系列活动。学院领导要求全体师生认真学习领会大讲堂的主题"来自武汉抗疫一线的报道"，特别是在报道这场疫情中所展现出来的中国新闻记者的家国情怀与专业素养。此次学习提高了学生的政治素质和专业素养，推进新闻专业教学改革，夯实新闻学"省级一流本科专业"建设，为申报新闻学"国家一流本科专业"打好基础。

二、特色亮点

（一）教师先行学习，研讨心得，导入课堂内外

2020年11月5日下午，"中国新闻传播大讲堂"启动仪式在中国传媒大学举行，学院安排全体专业教师在线观看了启动仪式，了解了此项活动的意义。在收到大讲堂的全部课程资源后，学院以专题教研活动的形式，先组织全体专

业教师进行学习。活动中专业老师从不同角度谈了自己学习大讲堂的心得。如夏兴通老师认为，大讲堂是教指委为高校新闻专业精心准备的课程大餐，我们要对大讲堂资源进行立体化、多角度的深入挖掘使用；谢伍瑛老师认为大讲堂所贯彻的"课程思政"理念对于加强马克思主义新闻观教育有着重要的意义；陈媛媛老师认为大讲堂口蕴含着丰富的新闻实践，对于提高学生的实践意识、实践技能有很大的促进作用。根据大讲堂中众多精彩讲座的内容特点，以及不同课程定位和学生的学习规律，学院采用了"进课堂""进班级""进小组"等不同学习形式来组织学生展开学习。学院还要求担任班主任的专业教师在晚点名讲评时引导学生学习大讲堂，在本科生导师指导活动、兴趣小组指导活动中运用好大讲堂。学院新媒体宣传小组在12月6日组织了专题学习，38位本科生导师在指导活动中使用了大讲堂资源。

（二）学生认真学习，用心感悟，收获满满

在教师的引导下，全院以新闻学专业学生为主，加上网络与新媒体专业等新闻传播学类专业学生共586名，通过课堂观看、小组观看、个人自主观看等形式学习了大讲堂的内容，提交学习心得40多篇。通过深入学习，师生们在思想上深刻理解了中国特色社会主义的制度优势、理论优势、道路优势，深化了为党、为国、为人民的深厚情怀和使命担当，强化了专业思政和课程思政的教学指导理念。此外，在教学上，学院教师充分运用大讲堂中丰富的案例、深入的阐释，将其融入各类误程，使专业教学更接地气，教学改革得到深化。

学院将进一步运用好"中国新闻传播大讲堂"，并探索学习活动常态化的机制，为建设新闻学"一流本科专业"不断努力。

三、学生心得

湖北经济学院新闻与传播学院新闻学专业Q1941班刘欣怡在观后感《做新闻人，燃新闻魂》中表示，她对"中国新闻传播大讲堂"第18集印象深刻。现代快报记者钟寅老师结合自己在新冠肺炎疫情期间深入武汉两个月驾车5000公里进行采访报道的经历，从速度、精度、温度三个"度"剖析自己在疫情期间所做新闻产品的得失，给学生上了一堂精彩而有深度的新闻采写课。

（一）融媒体时代的生产速度

速度是媒体一直所追求的。在如今的融媒体时代，我们有了强大的通信工具，我们比前辈更方便，而速度的比拼也是前所未有的激烈。一篇新闻稿能够及时发出，离不开充分的准备和团队协作。不管是前期背景的了解还是素材的获取，在这篇稿件中都发挥了关键性的作用，因此，我们常常说"机会是留给有准备的人的"。

（二）分众化时代的传播精度

如今公众获取信息的渠道越来越丰富。同一新闻，在不同平台上获得的反响却可能天差地别。不同平台聚集了不同喜好的受众，且不同平台的呈现方式也是不一样的，所以这就对我们的新闻制作提出了新的要求。作为新闻专业的学生，我们常常接触到很多新闻理论知识，但是新闻的传播逻辑也是我们值得去思考的，怎样使新闻产品发挥它最大的价值是我们需要一直追求的。

（三）危机社会中传递温度

在说到"温度"时，钟寅老师举了一个不太成功的案例：2 月 20 日，彭银华医生因为新冠肺炎病逝，一个年轻的生命离去，使钟寅老师无法完成新闻稿件，甚至忘了加上新闻点，稿件出来反响一般。"共情能力"这个记者必备素质是否还能有良好效用？我认为，每一个新闻工作者都应当具备一定的人文关怀，坚持人本主义，让新闻无害。但当工作需要时，记者必须要有身为"局外人"的意识，只传递真实的信息给受众就好，不要添加自己的主观情绪，也不要把自己当作事件的"亲历者"。

武汉东湖学院

（文法学院）

一、教学概况

武汉东湖学院自 2002 年 11 月收到"中国新闻传播大讲堂"活动通知以来，校领导及文法学院教职工高度重视，积极筹划、认真部署，制订了一系列大讲堂学习活动方案，面向文法学院新闻学、网络与新媒体、广告学等专业的全体师生，强调学习视频全覆盖，突出活动形式丰富多元的特点，鼓励广大师生积极参与大讲堂学习活动，并深入开展学习交流和探讨。

武汉东湖学院开展"中国新闻传播大讲堂"学习活动专题工作会，由李振华副校长在专题工作会上讲述开展此项工作的重要意义，要求文法学院制订专项活动方案，专门安排布置该项工作。武汉东湖文法学院会后立即召开新闻传播学科教研室主任专项工作会议，并制定工作方案。

武汉东湖文法学院成立以院长许承光为组长，副院长胡蕾为副组长，新闻教研室主任张洁意为活动负责人的工作领导小组。领导小组下设办公室，由教学秘书马雪梅兼任，具体负责大讲堂日常教学工作，确保工作有序开展。

自 11 月 5 日"中国新闻传播大讲堂"启动仪式召开以来，我校共组织"中国新闻传播大讲堂"系列学习活动 12 期，参与学习活动的师生涵盖我校新闻学、网络与新媒体、广告学、新闻采编与制作四个专业 800 余人，已完成全部 32 集视频内容的学习。

二、特色亮点

（一）以认知实习形式纳入专业必修内容

新闻传播学专业的认知实习是实践教学中非常重要的一环，然而在疫情防控常态化的特殊时期，按照高校和媒体单位疫情管理工作的要求，学生认知实习工作的开展需采取灵活多样的方式。武汉东湖学院将大讲堂的主题和学习内容纳入19级新闻学和广告学专业学生认知实习的主要内容。围绕大讲堂学习内容开展小组讨论和班会主题活动，并撰写认知实习报道。同学们在学习中真正体会到新闻工作者孜孜不倦、一丝不苟的工作精神，也深刻领悟和学习了伟大的中国抗疫精神，提升了面对专业学习和实习工作的精神动力。

（二）举办大讲堂学习感悟有奖征集大赛

为鼓励武汉东湖学院学生深刻领悟新闻报道背后的家国情怀，培养新闻学子的专业理想和使命担当，学校面向文法学院全院学生公开征集"中国新闻传播大讲堂"学习感悟和心得体会。大赛得到全院学生的积极响应，共收到参赛作品近500篇。大赛由学校教务处安排专业教师组成校内评审团对作品进行初评，24篇初评优秀作品后经学校、学院、媒体组成的专家团最后评审，评选出一、二、三等奖及优秀奖作品共18篇，并在学院官网及学院微信公众号发布获奖结果。

（三）师生共谈学习的感悟和收获

对学生而言，大讲堂让新闻的要义从他们的脑海走进心里。通过大讲堂32集视频内容的学习，同学们首先了解了抗疫报道背后的故事，对疫情报道的策划、采制流程有了更直观的认识，学习优秀一线记者和编辑专业独到的报道技巧和业务技能；其次，认识到我国媒体疫情报道在国内外舆论环境中的价值和重要作用。此外，媒体融合创新在疫情报道中的实践，培养了学生新闻传播的大局观和专业前沿视野。

对教师而言，大讲堂打开了由疫情"封闭"课堂迈向社会实践的大门。新闻学专业需紧跟社会发展和时代变迁，新冠肺炎疫情及其影响是当前全国乃至全球的重大议题，疫情报道也是老师们培养学生新闻职业敏感、认知媒体社会角色、树立正确新闻观舆论观的"活素材"。这些来自一线记者、编辑的讲解视频被完整地保存在老师们的教学资料库里，也是今后专业教学中富有深刻内涵的珍贵案例。

三、学生心得

（一）铁肩担道义，敢做守望人

在人民日报西藏分社记者鲜敢的讲述中，我不仅看到了武汉的危机，更感受到了铁肩担道义的新闻人使命。鲜敢主动请缨出战参与疫情报道，蹲守菜市场当"菜摊记者"，一篇《菜荒？余阿姨虚惊了一场》给武汉市民吃了定心丸，让商超企业有了保供信心；奔跑着当"火神山记者"，一个《"疫"线 Vlog》鼓舞了全国抗疫斗志，让全国人民感到安心。记者鲜敢上医院，入方舱，下社区，进商超……用镜头记录真实，以文字攻破流言，将公平正义守望，让人民群众踏实放心。鲜敢曾在三年前入职时写下自己的座右铭"苟利国家生死以，岂因祸福避趋之"，他用自己的行动将其践行，肩负起这份社会的道义。

（二）忧心载百姓，勇当推动人

新华社老社长穆青曾言：勿忘人民。作为一个新闻人，我们应该"穷年忧黎元，叹息肠内热"，将我们的一片赤诚为人民奉献，做到服务大局，团结人民，推动社会的进步与发展。

听了南方都市报首席记者刘军的讲述，我不忘他心载医患，坚守"到现场去"的职业道德——他深入武汉同济光谷医院拍摄医生敢死队为危重症患者插管。在这间 ICU 急救病房里，稍不小心便会感染病毒，但他仍义无反顾地参与并坚持完成了三小时的拍摄任务，写下了《武汉医生敢死队：高危 90 秒与病毒源最近，最怕晚上 ICU 插管》感动全国，让人们心中激起了更强烈的点赞白衣战士情感……写该文前他在驻地哭着感叹："什么叫'敢死队'？就是明知危险，还抱着必胜的信念冲上去。说得简单一点，就是职业道德。"而他自己，又何尝不是一位坚守职业道德的英雄呢？此外，刘军还深入武汉社区为群众搬运生活物资，积极协助求救患者就医，组织团队搭建物资捐赠平台，带领团队为湖北当地农民直播带货……

大讲堂也启发我们坚持马克思主义新闻观，做有理想、有情怀、有本领的新闻人。

武汉晴川学院

（传媒艺术学院）

一、教学概况

为深入贯彻习近平新时代中国特色社会主义思想和党的十九大精神，全面贯彻全国教育大会精神，切实落实新时代全国高等学校本科教育工作会议要求，加快推进新文科建设，武汉晴川学院传媒艺术学院积极响应教育部高教司关于开展"中国新闻传播大讲堂"的号召，于 2020 年 12 月 16 日，组织全体教师和学生分别在综 1-314 和教 1-312 开展了"中国新闻传播大讲堂"观影学习活动。

通过大讲堂视频的学习，全体师生对疫情期间一线记者的工作情况有了深入的了解，对中国特色社会主义的制度优势、理论优势、道路优势有了更深刻的认知。广大新闻学子更加坚定了"勿忘人民"的初心和"守望社会"的使命，也更加坚定了在日后成为一名有担当、有信仰新闻人的职业理想。

二、特色亮点

（一）融入教学，创新思政

学院高度重视此次"中国新闻传播大讲堂"学习活动，要求全体教师认真研究，将大讲堂内容融入各专业的教学和实践环节，尤其是马克思主义新闻观、新闻采访与写作、电视新闻采编等课程当中。把大讲堂最优质的新闻资源、最鲜活的抗疫报道，以及最深刻的报道体会带入课堂，深入推进课程思政建设，通过让学生了解武汉抗疫一线的报道故事和42名抗疫新闻记者所体现的专业素养，强化马克思主义新闻观教育，力求开展生动的国情大课、有温度的思政大课、高水平的专业大课，推动新闻理论与新闻实践深度融合，培养新时代优秀的新闻传播人才。

（二）师生共学，同频共振

学院组织全体教师和学生共同观影学习。学习活动从"中国新闻传播大讲堂"创意背景的介绍开始，展播了系列抗疫视频，讲述抗疫一线记者的抗疫亲历故事。同时，视频展示了一线记者采写编等新闻生产与发布的创意和流程，将新闻传播的专业技能学习与爱国情怀熏陶相结合，推动抗疫精神进校园、进课堂。学院党总支书记赵锐号召同学们学习来自抗疫一线的英雄记者们讲述和体现的伟大抗疫精神，做堪当民族复兴大任的时代新人，努力成为自觉践行社会主义核心价值观、具有家国情怀和国际视野的高素质、全媒化、复合型、专家型卓越新闻传播人才。王谷老师主持了学生观影活动，她对在场的每一位观影学习的同学说，脚下有多少泥土，心中就有多少真情。不怕吃苦、敢于实践、深入一线，永远是职业新闻人活的灵魂。

（三）撰写体会，交流心得

在学习"中国新闻传播大讲堂"系列视频后，新闻与传播学院的同学们收获颇丰，在学院的鼓励下，学生积极交流观后感和学习心得，并形成书面材料。18级新闻专业的王思纯同学表示，纪录片《武汉战疫日记》里相关的媒体策划内容为其学习提供了帮助。新闻2班陈婧如同学指出，记者在疫情前线没日没夜地辗转，身体和心理都处于一种高压力高负荷的状态。在这种状态下做出冷静、客观的报道，除了需要勇气，还需要足够的温情和观察力。饶思捷同学在看完32集的大讲堂内容后越发体会到作为一名有担当、有信仰的新闻人的情怀，立志要永远带着新闻理想奔赴新闻现场。

三、学生心得

"中国新闻传播大讲堂"是我国新闻传播教育中的"第一次"尝试，是部校共建的新成果、新文科建设的新探索、理论与实践融合的新拓展、媒体融合传播的新尝试、立德树人的新课堂。通过大讲堂的学习，我对如何成为一名合格的新闻工作者有了更加清晰的认识。具体来讲，我有以下两点感想分享。

（一）坚守职责，奔赴一线

从大讲堂的视频中不难看出，记者在现场面临的环境是非常危险的。看不见的病毒无处不在，再加上彼时信息甄别难度大，战时连续工作时间长，给他们的工作带来了很大的压力。可即便如此，面对疫情这场没有硝烟的战争，广大新闻工作者还是毅然决然地选择成为"最美逆行者"，用实事求是的新闻报道向我们传递着来自一线的温暖瞬间。比如，湖北分社 90 后记者熊琦，1 月 23 日凌晨得知武汉要封城后，从老家荆州驾车出发，独自前往武汉，在除夕夜进入红区——重症隔离区病房采访，最早向外界传递出其拍摄的重症隔离区的新闻图片。

新闻往往发生在最危险的地方。对此，新华社记者刘刚表示，选择不去武汉的理由很多，但是去和留的理由只有一个，那就是新闻人的职责。"苟利国家生死以，岂因祸福避趋之。"武汉抗疫前线的记者，用实际行动向我们诠释着新闻人的责任担当。

（二）传递真相，人民至上

近年来，随着社交新媒体的兴起，我们进入人人都有麦克风的时代，一些无良媒体混淆视听，造谣生事，让人惶惶不安。所幸此次武汉疫情期间，主流媒体派出三百多名记者奔赴一线，他们及时准确地用镜头和文字还原了最真实的武汉，传递出党和政府的方针政策，极大振奋了民心士气，为抗疫阻击战的全面胜利注入了一剂强心针。记者是一份极具正义感又富有魅力的工作，新闻工作者的镜头和笔下有千钧力，始终代表党、政府、人民发声。新闻工作不仅要传递真相，还要饱含人文关怀。新闻不是冰冷的人血馒头，新闻工作者只有融入群众，才能产出好内容。拿一把凳子，抓一把瓜子，新闻故事从拉家常开始。好的新闻始终要沾着泥土冒着热气。

总体来讲，此次大讲堂以抗疫一线记者们的亲身经历为示例，生动形象地讲述了新闻人的职业操守和家国情怀。我们应该以他们为榜样，努力学习好专业知识，坚定人民立场，做有情怀、有定力、守正创新的时代新人，接好新闻事业的接力棒，为祖国的新闻事业不懈奋斗。

湖北大学知行学院

（人文学院）

一、教学概况

2020 年 11 月 5 日下午，由教育部高教司、中宣部新闻局指导，中国传媒大学、教育部高等学校新闻传播学类专业教学指导委员会主办的"中国新闻传播大讲堂"启动仪式举行。当天，湖北大学知行学院新闻教研室的王少南老师、李琴老师等与新闻学专业 2019 级、2018 级四个班的 32 名学生代表一起，通过学习强国 App 网络视频直播进行在线观看。

2020 年 11 月 10 日，人文学院召开"中国新闻传播大讲堂"的专项工作会议，新闻教研室指派王少南老师专职负责"中国新闻传播大讲堂"活动的整体推进工作，考虑到冬季疫情防控的特殊情况，最终确定了以线下课堂动员、线上全员学习相结合的方式，完成此次"中国新闻传播大讲堂"活动。

借助目前正在开设的《新闻学概论》《新闻写作》等课程，学院把大讲堂课程作为新闻传播类专业必修内容，学生以在线学习的方式完成所有学习任务点，从而获得相应成绩，该成绩纳入相关课程的平时考核成绩中，以此督促学生保质保量地完成所有大讲堂课程的学习。

另外，新闻教研室通过学习通平台，建立"中国新闻传播大讲堂"的线上学习课程，将主讲人信息以及 32 集视频节目作为学习文件上传至学习空间，设置了 33 个学习任务点，规定学生在 2020 年 12 月 20 日前完成所有任务点的学习，并在完成所有学习任务之后，提交不少于 1500 字的学习心得。

同学们在一个月时间内，认真学习了来自人民日报、新华社、中央广播电视总台、光明日报、经济日报 14 家新闻媒体单位共计 42 位老师的抗疫主题的大讲堂授课。很多同学表示看完后久久不能平复心情，表示老师们的讲述，让他们如同置身一线，见证英雄，充分感受当时的温情，这是全体中国人的集体记忆。

二、特色亮点

（一）认识了新闻价值

2020 年 11 月 5 日下午，师生们观看了"中国新闻传播大讲堂"启动仪式。通过这些视频和主讲人的讲解，同学们对新闻行业有了更深刻的理解。同学从中了解到，新闻价值的发现首先取决于客观存在的事实。面对大量的事实和复杂的社会与受众需要，新闻工作者应该具有善于发现新闻价值的良好素质和能力，并且注意新闻价值应满足社会和公众的需要。以人民为支撑，以满足人民的需要为前提，努力做好新闻，方能做好新闻传播的接班人，用好手中的笔杆子。

（二）培养了国际视野

同学们认为，这门课程培养了他们的国际视野，立志做一个爱中国、知中国，能够懂中国故事、讲好中国故事的新闻传播人。新闻工作者与党同心、与人民共情，才能做坚守新闻工作优良传统的传承者。新时代孕育新机遇、呼唤新担当，同学们表示作为当代新闻学子，要成长为有定力、有情怀、有本领的新闻人。

（三）增强了学习动力

透过大讲堂，同学们看到了许许多多的新闻工作者，也从他们的口中聆听到抗疫过程中的许许多多的故事。他们诠释了新闻工作者的使命与担当，用行动抒写新闻工作者的意义。此外，新闻工作者的事迹里蕴含着与时代紧密相关的中国精神，也深深打动了同学们。新闻 1901 班的仲彦蓉说："这次活动增强了我对这个专业的热爱，有了学习新闻的动力，认识到学习新闻不仅仅是一个简单的过程，还要有坚定的决心和坚持到底的毅力。"

三、学生心得

"中国新闻传播大讲堂"讲述的是武汉封城期间，各大新闻媒体前往抗疫一线的新闻工作者与武汉的点滴故事，以及相关报道案例。观看完大讲堂，我有以下两点感受。

（一）新闻是一场救援

在这场武汉战疫中，新闻发挥了精神救援和实质救援的双重作用。

受众在解读新闻时，通过潜藏在文字和实例的感情，真真切切地感受到遥过互联网传来的感动与情感起伏。新闻报道一路伴随武汉，从最初面对疫情的恐慌到最后解封时的稍许轻松，让我们真正读懂了那句"舆论是社会晴雨表"，而新闻天生就具有引导舆论的作用。对身处周边也同样感受疫情恐慌的我们而言，新闻是了解武汉消息的渠道，对身处漩涡中心的武汉市民而言，能够了解真实的信息又何尝不是一种精神安慰呢？

新闻同样也是一场实质性的救援。当黄冈疫情严重时，黄冈卫健委原主任一问三不知。央视新闻记者郑连凯在讲堂中提到，要去发掘黄冈的困难，探寻其真实情况。记者在探寻事实的过程中，也给了群众一份健康的保障。当协和医院只拿到 3000 个口罩后向红十字会索取防疫物资无门时，记者也是第一个赶赴红十字会深入调查，到仓库去寻求真相的人。

（二）新闻人有一股精神

作为新闻记者，需要遵循职业道德素养，怀揣对新闻事业的热爱。

新闻记者，和医护人员一样，是这场战疫当中深知危险的"最美逆行者"。即使前方的新闻战场充满着危险，也仍然有许许多多的新闻记者奔赴前线，在名额有限的情况下，仍有不少人报名。来自人民日报的记者吴珊在讲堂中谈道，记者的光荣与梦想便是见证历史，参与历史，推动历史。

作为媒体人，他们用熟悉的传播形式，向病患传递关爱和希望，向医护人员传达信任和支持，向社会民众传达信心和力量，向国际社会传达我们不屈不挠的民族精神和"抗疫"的坚强决心。我们也欣喜地看到，在这场大疫考验和精神洗礼中，不仅有老一辈的记者，更有一批是后起之秀，比如新华社的 95 后记者熊琦，深入重症隔离区进行报道，这也让我们看到了新一代传媒记者的力量，激励着我们预备新传人，朝着成为一名有理想、有担当、有责任，铁肩担道义，妙手著文章的记者而矢志不渝地奋斗。

武汉文理学院

（人文艺术学院）

一、教学概况

2020 年 11 月 5 日以来，为贯彻落实习近平总书记关于新闻舆论工作的重要讲话精神，武汉文理学院开展了"中国新闻传播大讲堂"学习活动。学校领导高度重视，结合实际，认真研究制定具体学习方案并周密安排。人文艺术学院新闻传播系师生作为排头兵掀起一股新闻传播大讲堂学习热潮，在学院常务副院长吴聪、学院教学副院长鄢婷的积极部署下，组织开展一系列大讲堂学习活动。

首先，通过启动仪式唤起全院系师生学习热情。学校领导、教务处处长、学院负责人、新闻传播专业骨干教师、辅导员与学院学生共同启动大讲堂开幕仪式。随后，在"中国新闻传播大讲堂"负责人鄢婷老师的组织下，骨干教师带头促学强化师生共学。由广告系主任、新闻传播系教师分别带领 2018 级新闻传播学生 129 人共同学习。同时，将传播大讲堂视频作为专业拓展课程全程学习。最后，通过大讲堂开幕式的报道、师生撰写学习心得、线下自主学习等方式强化学习效果，在全院系掀起大讲堂学习热。

据不完全统计，大讲堂学习人员覆盖学校领导、人文艺术学院负责人、中层干部、学院教师、学院辅导员、新闻传播系乃至人文艺术学院其他院系学生等计 500 余人，组织学习共计 132 次。

二、特色亮点

（一）共启讲堂，师生同学加深印象

2020 年 11 月 5 日下午，武汉文理学院启动"中国新闻传播大讲堂"仪式。校教务处处长廖建刚、人文艺术学院常务副院长吴聪、武汉文理学院人文艺术学院教学副院长鄢婷、人文艺术学院广告系主任、新闻传播系主任、新闻传播系骨干教师代表、辅导员代表及学生代表参加了仪式。

开幕式上，学校教务处处长廖建刚强调了启动"中国新闻传播大讲堂"，对学校尤其是新闻传播专业建设的意义，并对全体师生提出学习要求。

15 时，"中国新闻传播大讲堂"启动仪式在学习强国、新华网、人民视频、央视频、白杨网等媒体同步直播。在广告系主任和新闻传播系教师的陪同下，人文艺术学院新闻传播系 18 级共计 129 名学生在 3 个分会场通过网络视频直播形式收看了"中国新闻传播大讲堂"开幕式直播。

（二）集体参与，配合新生入学教育

"中国新闻传播大讲堂"是强化马克思主义新闻观教育、全面推进新闻传播类专业课程思政建设的实际行动，是推动新闻理论与新闻实践深度融合、培养新时代优秀新闻传播人才的重要举措，是增强广大新闻传播类专业学生自信心、自豪感、自主性，提高新闻传播教育凝聚力、感召力、塑造力的生动实践。

大讲堂的学习对大一新生尤其重要。人文艺术学院将大讲堂的 32 个视频编入 2020 级学生课堂学习，成为专业拓展课程。自 11 月开始，学院组织新闻传播系 20 级 4 个班的全体学生在每天晚自习，以班级为单位进行视频学习，并组织同学们交流，提交学习心得，强化学习效果。

三、学生心得

何为逆行者？风雨无阻，不惧艰险，执着前行。何为新闻人？冲锋陷阵，以笔为尺，丈量群众与时事的距离。在这信息爆炸的时代，网络与新媒体的发达使群众能够快速而广泛地接触到实时信息；而新闻人，则是群众接触信息时极其重要的一环。我们的每一段文字，每一张照片，都有可能影响到成千上万人的观点，可能影响到整个社会的舆论。这次统一观看"中国新闻传播大讲堂"，我感触颇深，从这一节目口看到了真正的新闻工作者所应该具备的素质和能力。

（一）新闻人的责任感

作为传播活动的发起人和传播内容的发出者，传播者不仅决定着传播活动的存在和发展，而且决定着传播内容对人类社会的作用和影响。

在观看"中国新闻传番大讲堂"的过程中，嘉宾们讲述了他们在疫情期间到武汉战疫一线进行报道的经历。那么多的讲解者，有身体强健的男人，有娇柔美丽的姑娘，也有看起来已经有了些年岁的中年大叔。每一个人，当他站在大讲堂的讲台上，目光如炬地看着相机，动情地讲解自己在一线进行采访的故事时，所说的第一件事一定是：当时，接到单位发布的到疫情一线采访任务时，就马不停蹄地赶到了武汉。是的，没有丝毫犹豫。

我认为，虽并不能以此来片面地形容新闻人的责任是什么，但也能很好地为我们传播专业的学生提共一个很好的范例。想要成为一名优秀、专业的新闻人，就必须要在发生重大事件、接到任务时以认真负责的态度去完成自己的工作，不因惧怕危险而退缩，不因不堪麻烦而推诿。在我较为浅薄的理解中，这，便是责任感。

（二）新闻人的勇气

传播者在法律允许范围内通过访问、观察和实地调查的方式采集新闻材料，经过写作、编辑后利用新闻传播媒体进行传播。因此，好的新闻报道，必定是要冲锋一线，深入采访报道才能成就的。

在大讲堂节目中，每一位讲解者都讲述了自己在武汉疫情最严重的时期深入红区的故事。令我印象最深刻的一期，讲解者是一位来自中国人民日报的女记者。她看起来大约只有二十七八岁的样子，柳眉杏目，声音也婉转动听，很有一种东方女子温婉的美丽。当她用细腻的语言、柔和的语气讲起那段她在武汉的日子，我竟觉得这外表温婉柔和女孩是如此的坚实。

她用带着轻轻抽泣的声音说着鼓励大家的话，我从她的眼泪中看到她的害怕和脆弱。但随之我发现，是我将她看得太过于脆弱了。这里是武汉，她来这里，是来工作的。她怕，怕自己的发烧是因为感染了肺炎，更怕这座城真的拯救不回来。但她更加明白，自己是一个新闻工作者，是一个传播者，她有义务将这里的时实情况传播出去。在她星星点点的眼泪中我看到的不是脆弱，不是恐惧，而是一位年轻的一线女记者铁一般的坚强和无畏的勇气。

武汉工程大学邮电与信息工程学院

（艺术设计学院）

一、教学概况

　　武汉工程大学邮电与信息工程学院于 2020 年 10 月底接到湖北省教育厅《关于做好"中国新闻传播大讲堂"有关工作的通知》后，高度重视、积极响应，立即组织领导班子、相关职能部门与相关二级学院、学科、专业负责人，针对文件内容与要求展开研讨。根据学院专业结构情况，指定学习负责人并制定学习活动安排，严格落实工作计划。

二、特色亮点

（一）高度重视，师生共学

　　为深入学习贯彻习近平总书记关于新闻舆论工作的重要讲话精神，推动新时代高等文科教育创新发展，响应教育部高教司、中宣部新闻局号召，我院协调组织相关职能部门、相关院系、新闻传播学类专业专职教师以及广大师生于 2020 年 11 月 5 日观看"中国新闻传播大讲堂"启动仪式线上直播，并于后期近两个月的时间中，督促相关学科负责人、教职工持续学习、深刻领悟，达到了较好的学习目的与学习效果。

（二）注重新闻舆论工作教学

我院通过召开相关学科联动会议，仔细梳理工作内容及要求，对新闻舆论工作高度重视，对新闻相关学科专业高度关注，并结合学习内容，要求学院相关学科负责人、教职工务必充分认识新闻工作者必须把政治方向摆在第一位，牢牢坚持党性原则，树立牢固四个意识，谨记党的新闻舆论工作的职责和使命，并务必将此精神纳入学院人才培养、教学研究、学科专业建设、师德师风建设、学风建设之中，加强师生的意识形态理论学习，以统一思想、提高认识。

（三）强化政治方向意识

在教学过程中，我们侧重强化新闻工作者必须把政治方向摆在第一位的理念，牢牢坚持党性原则，树立牢固政治意识、大局意识、核心意识、看齐意识，紧密团结在以习近平同志为核心的党中央周围，全心全意为党和国家工作大局服务。只有这样，新闻工作者才能将自己的新闻理想和党的理想信念相统一，才能坚定奋斗目标，始终不偏离正确的方向，才能无愧于党和人民赋予的使命，更好地弘扬主旋律，传播正能量。尤其是在面对重大突发公共卫生事件时，新闻工作者要有责任担当，牢固树立大局意识、引领意识和服务意识，充分发挥优势，补足短板，充分发挥导舆情、抚民心、察民意的社会动员作用，及时、公开、准确、持续地报道疫情发展和抗疫措施成效，为群情群意的疏通引导，为经济社会平稳健康发展奉献媒体力量。

三、学生心得

（一）新闻工作者身上肩负着历史使命

新闻工作者身上肩负历史使命，无论是在 2020 年初的新冠肺炎疫情，还是在 2008 年汶川大地震、"东方之星"沉船事件、天津港 8·12 特大火灾爆炸事故等突发性重大新闻事件中，各大新闻媒体的记者及时报道，向政府和社会反馈了更多现场的状况及需求，引起了全社会对事件的关心和关注。正是因为新闻报道，传播发扬众志成城、携手共克难关的优良精神，凝聚人心，营造和谐团结的氛围。又如党的十九大顺利召开、金砖峰会相约厦门、G20 杭州峰会、中国人民解放军建军 80 周年、我国首次探月工程取得圆满成功等鼓舞人心的报道，让广大民众深切感受到在中国共产党的领导下，中国日新月异的变化。

（二）新闻工作者要坚持党性原则

新闻工作者要坚持党性原则，做党和人民信赖的新闻工作者。疫情防控斗争之所以在较短时间内取得重大战略成果，最根本的是以习近平同志为核心的党中央的英明领导、坚强领导。要做政治坚定的新闻工作者，从新闻实践中印证习近平新时代中国特色社会主义思想的科学真理的力量，彰显中国共产党领导和中国特色社会主义制度的显著优势。要做党和人民信赖的新闻工作者，要不断增强业务水平，做到业务精湛。要扑下身子、沉下心来、扎根基层，服务群众；要善于观察、善于发现、善于判断、善于辨别；要勤于思考、学会用心、多想多思；要多报道身边人、身边事，用鲜活的事例说服人，用正能量鼓舞人。

（三）新闻工作者是社会进步的推动者

新闻工作者是社会进步的推动者。不期而遇的灾难难免使人陷入恐慌，但也使后来者更加坚强。历史上每一场灾难，都使人更加敬畏自然，更加遵循客观规律，更加讲求科学理性。因为人不仅有感性，更有理性，不怕曾经经历，就怕没有把教训当经验，把知识当财富，把科学当规律。疫情防控是艰苦挑战，需要志士勇气；更是一门科学，等待着科技工作者探寻奥秘，期盼着人们全面准确深度了解。新闻工作者坚守责任，科学传播疫情知识，积极宣传科学防控知识，有力增强群众防病意识，有益增强全民健康观念，把科学理性思维、与自然和谐共生的观念传播开来，明晰个人、集体、社会有区别但具有共同的责任。用旗帜引领方向，用号角振奋精神，用事实消弭恐慌，用关怀抚慰创伤，关键时刻迎难而上的新闻工作者充满力量。以文为戈、以笔为枪，记录人们的英勇和顽强，也记录病魔的灭亡；以音为记、以像为录，铭刻共同的苦难与辉煌；以纸为媒、以网为介，书写不懈抗争、追求胜利的时代光芒，危急关头挺身而出的新闻工作者引领导向。

武汉工商学院

（文法学院）

一、教学概况

为了进一步强化马克思主义新闻观教育，全面推进新闻传播类专业课程思政建设，落实全面立德树人根本任务，培养新时代优秀传媒人才，加快建立现代传播体系，武汉工商学院文法学院积极响应并迅速展开"中国新闻传播大讲堂"课程的学习与讨论。2020 年 11 月 5 日"中国新闻传播大讲堂"在中国传媒大学正式启动后，在将近 2 个月的时间内，学院 500 多名师生共同学习来自抗疫一线的英雄记者们讲述伟大抗疫精神。张金海院长在学院组织的"中国新闻传播大讲堂"启动现场中，提出"学习英雄记者，弘扬主流价值"，并寄语在场的教师，强调以"中国新闻传播大讲堂"的教学工作为抓手，探索提升学生专业能力水平，建构马克思新闻观为导向的教学内容与教学体系。

文法学院结合自身特点，采取线上思考与线下讨论、集中学习与个体感悟、理论提炼与实践锻炼相结合的学习方式展开课程的安排，发动全院师生参与学习、深入思考、大胆创新，将"中国新闻传播大讲堂"作为专业学习的一次拓展，以及学院全面推进新闻传播类专业课程思政建设，推动新闻理论与新闻实践深度融合、培养新时代优秀新闻传播人才的一次集中思考与探索的一次契机。

二、特色亮点

（一）坚持"三个结合"

结合各门专业课程内容来学习。我院根据人才培养的目标定位，召集骨干教师共同学习并思考专业核心课程的教学内容改革。比如教师将部分案例引入《新闻学概论》等专业基础课之中，以案例切入理论讲解，以案例增强互动讨论。

结合马克思新闻观培养来学习。文法学院以"中国新闻传播大讲堂"学习为契机，组织全院师生参与学习，并就新闻人的担当、新时期新闻工作者的职责、社会舆论引导、新闻人的主流价值观建设等话题展开学习。

结合"新文科"理念来学习。学院组织教师展开课程学习的同时，要求教师从专业建设的角度思考课程内容，展开对专业建设及人才培养层面的思考与探索。

（二）坚持"三个规范"

规范课程学习的组织和规范课程学习的体系。针对"中国新闻传播大讲堂"学习，学院成立了以院长、院委会成员为核心，系主任、骨干教师、班干部为骨架，全体师生参与的学习体系。除此之外，还成立了课程学习指导组、专业建设讨论组、核心课程建设讨论组、学生互动讨论组等学习小组。

规范课程学习的要求。在学习中努力做到"四有"，即有考勤、有记录、有笔记、有心得体会。全学院三个系所有学生均须参加学习活动，19级学生均须参与课堂学习及互动。从整体效果来看，文法学院"中国新闻传播大讲堂"学习情况良好，在活动过程中，同学们能对"中国新闻传播大讲堂"中的32集视频内容提出有价值的问题并进行深入思考。

（三）明确成效与发展方向

第一，帮助学生明确理解了新闻工作者的社会职责。此次"中国新闻传播大讲堂"以"来自武汉抗疫一线的报道"为主题，展现了新闻工作者们在疫情中是记者亦是战士的形象，高度赞扬了奋战在抗疫现场的新闻工作者们不惧困难的新闻精神。在一个个鲜活的案例中，"讲好中国故事，塑造中国形象"的社会责任与职业操守深入每一个学生的心中，有学生感言，"中国新闻传播大讲堂"不只是一门专业课、政治课、国情大课，更是一门人生大课，一门为新闻传播后备军准备的人生理论大课。

第二，帮助学生进一步明确了专业学习的方向与目标。"中国新闻传播大讲堂"的开讲不仅让学生在新闻报道中学习了前沿报道主题、选题策划、稿件写作、采访技巧、舆论引导等专业知识，也进一步帮助学生们了解新闻报道的担当与社会责任。

三、学生心得

（一）坚定职业理想

疫情期间以身试险、投身武汉、奔赴前线报道大别山医院疫情的郑连凯，详细地记录下了援鄂医疗队的工作日常、遇到的问题、医护的艰辛。前往武汉前，他告诉妻子，自己一定会平安回来。像他一样前往武汉而不能陪伴家人的新闻工作者还有很多，像他一样为了尽快结束武汉以及全国各地疫情而坚守各个岗位的工作者更是数不胜数。疫情期间，每个人都在做着自己力所能及甚至超出能力范围的事情。作为一个新闻人，我们更应该以更广博的家国情怀去关注事件和数据，以新闻专业精神探求事件背后的故事，不断地传递情感和正能量。

（二）提升专业技能

在来自武汉抗疫一线的报道中，我一直带着一个明确的问题意识去学习：如何在短暂而紧张的时间里将准确真实的信息快速地传达到观众面前？例如，该如何报道方舱医院的关门大吉，才能把那份苦尽甘来的感情传递到位；如何在报道中传递情感温度。

除此之外，我在观看过程中还看到了传播载体在不断进步和变化。疫情期间，短视频报道、纪录片报道、深度报道以及微信微博表情包等方式，成为更容易让人接受的形式。前线记者充分利用视频媒体的优势更快更有效率地传播内容：如身患渐冻症的张定宇在医院走廊忙碌的身影瞬间刷屏，让受众可以更直观地理解、感受医护人员的不易；医生胡明在得知多年的医生老朋友感染新冠肺炎且病情垂危，接到电话后的他泣不成声，但依然坚持奋战在抢救病患的一线，以他为表现对象的《哭泣的医生》短视频在网络上的播放量达 1.46 亿次。多种形式的推广报道让受众全方位、多方面地了解疫情。我们从这些前辈们的丰富经验中学习了许多，不断思考自己如何在学习中成长。

长江大学文理学院

（人文与传媒学院）

一、教学概况

2020 年 11 月 5 日下午，在第 21 个记者节即将到来之际，"中国新闻传播大讲堂"启动仪式在中国传媒大学举行。为响应教育部高教司关于开展"中国新闻传播大讲堂"的学习要求，长江大学文理学院组织相关专业的老师及部分学生代表集中观看启动仪式。

随后，学院指定专门负责人带领新闻专业的师生们进行后续学习。同学们一方面以宿舍为单位，开展小团体学习，并及时提交学习心得；另一方面，利用团课时间加强学习，开展集中交流讨论。学生们在此次学习过程中收获颇丰，他们从青年记者、青年医护人员身上看到了青年人的责任与担当，更深刻地认识到要做有理想、有本领、有担当的时代青年。老师们则利用课余时间完成视频学习，并开展主题教研活动。老师们表示受益匪浅，将努力在今后的教学中做到用马克思主义铸魂，用爱国情怀强基，用人文素养修身，为培养新时代所需要的新文科人才而不懈努力。

下一步，学院将在《广播电视采访》《电视节目创作》等相关课程中引入大讲堂的学习资料，将马克思主义新闻观相关课程置入学生培养方案。

二、特色亮点

（一）小组共学，深入领悟

新闻专业 167 名在校学生积极参与"中国新闻传播大讲堂"相关活动，学院将以宿舍为单位的小团体学习与团课集中大讨论两种形式相结合，充分调动学生们参与学习的积极性与主动性。

一方面，同学们以宿舍为单位自由安排时间以团队形式进行学习。这种方式可以激发学生们主动学习的兴趣。此外，小团体之间可以在学习过程中就视频内容展开交流与探讨，深化理解。

另一方面，学院要求学生们每两周组织一次团课活动，同学们充分利用团课时间就大讲堂视频内容展开讨论。例如，在以《疫情中的影响》为主题的讨论中，有学生谈到主讲人以真诚而生动的讲述形式，结合创作的肖像、纪实作品，细致剖析了新闻摄影深入生活、记录历史的本质。

（二）专题研讨，融入教学

老师们则积极完成自主学习并提交 3000 字左右的学习心得。与此同时，老师们将"中国新闻传播大讲堂"内容与教学、教研相结合。

其一，教研室围绕主题策划、采访计划、报道手法等开展主题讨论。在研讨过程中，老师们主动表达个人想法，提出新闻策划时要强调总体全景策划、主题先行而非话题至上、不同阶段报道侧重点不同、强化体验式采访等观点。

其二，主动将视频案例引入课堂。文理学院开设的《广播电视采访》与《电视节目创作》课程与大讲堂内容高度相关，授课教师未来会将视频追踪的案例引入教案中，用最真实、感人的新鲜事例与理论相结合，充实并优化课程内容。

其三，将马克思主义新闻观相关课程置入学生培养方案。学院计划开设网络与新媒体专业，在制定具体的人才培养方案时，会将马克思主义新闻观相关课程加入其中，如《马克思主义新闻观与当代中国新闻事业》等，旨在将马克思主义新闻观落到实处。

三、学生心得

新闻工作者鼓足勇气站在疫情一线为全国人民时实报道疫情最新情况，他们是夜空中最亮的星，身体力行、全力以赴，将希望传递给每一位中国人。

（一）新闻人的责任与担当

透过记者们制作的视频、书写的文字，我感受到作为新闻人的责任与担当。新冠肺炎疫情期间，新闻记者们迎难而上，日夜奋战在抗疫斗争的第一线。他们为坚决打赢疫情防控的人民战争、总体战、阻击战凝聚了强大的精神力量。他们真切地传递出疫区的真实状况，谱写了中国人民共克时艰、同舟共济的历史篇章。正是有了心怀祖国、心怀人民的媒体人在疫情中的勇敢逆行，中国的抗疫行动才有了最具亮色、最具温度、又有深度的传播。

（二）新闻人的勇气与心理素质

通过视频，我也看到了新闻工作者所具备的勇气和强大的心理素质。面对疫情，很多记者白天赶路、深夜赶稿，在疫情前线辗转，生理和心理都处于高压力、高负荷的状态。记者们在这种状态下做出冷静、客观的报道，不仅需要勇气，更需要良好的身体素质和心理素质。

（三）新闻人的温情与观察力

记者还需要足够的温情和观察力。这两点在细小、平凡的报道中得到了较为充分地体现。记者一层一层地剥茧抽丝，展现疫情的全貌、国家的全貌。他们用事实让人信服，用温情的细节打动每一个读者。同学们也更加清晰地认识到任何一次重大的报道都是一次重大的考验，新闻报道、新闻事业的使命担当对祖国和人民何其重要。作为未来的新闻工作者，我也将努力储备必要的新闻知识，提高自身素质，以深入前线的优秀前辈为榜样，时刻不忘记者的家国情怀和专业要求。每一篇抗疫新闻报道的背后都凝聚着新闻人的家国情怀，新闻不仅仅是信息更是不惧艰辛、迎难而上的力量。大讲堂引导着我更加深刻地理解中国特色社会主义的制度优势、理论优势、道路优势，打牢思想基础、夯实思想根基。

武汉体育学院体育科技学院

（人文社会科学系）

一、教学概况

为深入学习贯彻习近平总书记关于新闻舆论工作的重要论述精神，推动新时代高等文科教育创新发展，受教育部高教司、中宣部新闻局委托，教育部高等学校新闻传播学类专业教学指导委员会于 2020 年 11 月 5 日 15 时以直播的方式举行了"中国新闻传播大讲堂"启动仪式。武汉体育学院体育科技学院高度重视这次活动，启动仪式当日，人文社会科学系组织 18 级新闻、19 级新闻、20 级新闻的全体同学及新闻教研室全体教师在我校行政楼五楼报告厅观看了"中国新闻传播大讲堂"启动仪式的直播，参与人数达三百多人。启动仪式后，在各部门的协调支持下，学院单独开设了"中国新闻传播大讲堂"课程，根据大讲堂内容设定为 32 学时，授课对象覆盖所有的新闻传播类专业，学习人数达七百三十余人。课程学习结束后，每位学生提交了 3000 字以上的学习报告，每位老师提供了 3000 字以上的教学总结，圆满完成了学习任务。通过大讲堂的学习，极大增强了同学们对马克思主义新闻观、新闻工作者职业素养、全媒体人才技能的认识，为今后成为一名优秀的媒体人、新闻人打下坚实基础。

二、特色亮点

（一）增强了马克思主义新闻观

笔下有乾坤，肩头有责任。同学们通过观看视频，了解到记者这个职业是崇高的，也是负有重要使命的。正如大讲堂讲授记者汪晓东所说，作为人民日报记者，要始终当好党和政府与人民群众的桥梁和纽带，始终把人民放在心中最高位置，始终与人民群众共情，这是人民日报记者一辈子的坚守。经过学习，同学们深刻地认识到，一定要牢记党的新闻舆论工作的职责和使命，永远把政治方向放在首位，坚持新闻的党性原则，坚持马克思主义新闻观，才能在日后成为一名优秀的媒体人、新闻人。

（二）加深了对记者职业素养的理解

新闻工作者的职业素养分为专业素养和道德素养，这么多优秀的记者现身说法，更加生动地让同学们理解了这些理论概念的含金量。19级新闻专业的黄康同学在心得中专门提到了在人民日报西藏分社工作的武汉小伙鲜敢。职业习惯让他在抵达武汉的时候，就用手机将所见所闻记录下来，这才让他之后能第一时间拿出材料，提供新闻。这个故事充分说明，新闻工作者要时刻关注身边的环境变化，要有新闻敏感度，将生活和工作相互融合，才能做好新闻工作。18级新闻专业的曾艳甜同学在学习总结中写道，新闻工作者要有自己的职业准则、职业道德和职业责任，在任何时候只要国家和人民需要，就要冲上新闻一线，向大众及时传递客观准确的报道。

（三）开启了对全媒体技能的认知

一线记者对自己工作经验及创新案例的分享，极大地震撼了同学们，使同学们明白了一个道理：好的内容只有结合好的形式才会实现有效的传播。此次疫情期间，大讲堂记者们灵活运用新媒体的传播手段，不仅迅速把前线的消息传往后方，而且以多样的表达方式把中国人的抗疫故事讲述得绘声绘色。同学深刻认识到，在全媒体时代，新闻工作者要不断守正创新，提升自身专业素养，才能跟上时代的发展，满足人民群众更便捷获取新闻信息的诉求。

三、学生心得

参加了"新闻传播大讲堂"的相关学习后，我对记者这一工作有了全新的认识，对记者这一职业也有了不一样的感情。此前，我以为记者就是简单地记录新近发生的事实，其工作是容易的。但是，通过此次学习我才了解到，记者的工作并不只是简单的记录，他们在记录事实的过程中还会面临诸多挑战，有时甚至要冒着失去生命的危险。关于新闻工作者的职责与使命，我有两点学习体会。

（一）临危不惧，胸怀人民

面对突如其来的新冠肺炎疫情，主流媒体记者不负众望，始终坚守在抗疫一线，向群众准确传递党和政府的声音，向上级及时反馈基层民生问题，极大减轻了社会恐慌情绪。举例来说，让我印象最深刻的是人民日报的鲜敢记者。他是湖北武汉人，在 2020 年 1 月 23 日主动申请参加武汉疫情报道。疫情期间，他从未退缩，而是聚焦武汉民生，以物资供应作为切入点，做细致的调查报道。为了获取最真实、准确的新闻线索，鲜敢在菜市场中苦苦蹲守，及时发现了当地蔬菜供应不足的问题，并立刻向上级反馈。整个过程中，体现了中国记者始终急群众之所急，想群众之所想，把人民群众放在最高位置的博大胸怀。

（二）奔赴一线，直播报道

面对浩浩荡荡的新媒体潮流，主流媒体要做到守正创新。具体来讲，即新闻工作者不能忘记去往现场的优良传统，但同时也要利用新技术创新传播方式方法。人民日报的另一位记者吴珊便是守正创新的优秀典型。2020 年 2 月初，她主动请缨加入武汉前方报道组，在武汉工作 70 余天。其间，她多次深入重症病区、方舱医院、街道社区采访，并用直播报道的方式，为网友实时展现抗疫一线的进展和举措。她的作品《用生命谱写英雄的壮歌——追记武汉市武昌医院院长刘智明》《记者夜访金银潭医院重症监护病房——"疫情不结束，我们不撤退"》让大众看到了医护人员的坚持和努力，在关键时刻发挥了稳定人心、解疑释惑的重要作用。

湖北师范大学文理学院

（人文学部）

一、教学概况

自"中国新闻传播大讲堂"启动以来，湖北师范大学文理学院高度重视此次大讲堂学习活动，为了全面推进"中国新闻传播大讲堂"课程教学，学院对有关工作进行了精心部署和安排。将"中国新闻传播大讲堂"相关主题纳入今年毕业班实习动员大会教育的主要内容，要求人文学部汉语言文学、汉语教育、历史学等专业师生全程观看大讲堂启动仪式，并重点制定"中国新闻传播大讲堂"全部 32 节课程的学习方案，要求全体教师认真研究并将"中国新闻传播大讲堂"内容融入各专业的教学和实践环节，同时鼓励人文学子积极参加观后感论文评比活动，切实推动抗疫精神进校园、进课堂，引导广大师生深刻理解中国特色社会主义的制度优势、理论优势、道路优势，培养学生为党为国为人民的深厚情怀和使命担当。

2020 年 11 月 20 日下午，学院在图书馆一楼报告厅组织汉语言文学、汉语教育、历史学专业学生集中学习、观看"中国新闻传播大讲堂"系列课程。副院长王胜国、教务处部长潘部长、人文学部主任熊子延及人文学部全体教师和部分学生参加此次学习活动，活动由人文学部熊主任主持。副院长王胜国向参会师生全面阐述了"中国新闻传播大讲堂"的意义和价值，王院长指出，新冠肺炎疫情期间，广大新闻记者临危受命、迎难而上，日夜奋战在抗疫斗争的第一线，为坚决打赢疫情防控的人民战争、总体战、阻击战凝聚了强大精神力量，而大讲堂集中最优质的新闻资源、汇聚最鲜活的抗疫报道、总结最深刻的报道体会。王院长要求并希望人文学部办好这次"中国新闻传播大讲堂"学习活动，同时鼓励学生认真学习这堂生动的国情大课、有温度的思政大课、高水平的专业大课。熊主任指出，新文科的改革建设是文化自信建设的基础，中国的发展除了科学技术的发展，文化自信的提高也非常重要，新闻人用镜头记录战疫故事，用文字传递抗疫精神，用新闻报道守护山河无恙，他们既是时代英雄的记录者，也是记录时代的英雄。

二、特色亮点

（一）积极教学研讨，推动专业与情怀结合

为更好地开展此项学习活动，教职工主要以集中观看学习、自学、各教研室分组讨论等形式进行。在教工自学的基础上，学院组织集体学习活动，集中学习观看，要求各专业课教师将大讲堂视频内容纳入专业课的课堂教学案例当中，同时要做到各教研室结合课程性质，围绕如何将大讲堂内容纳入课堂教学、设计课程思政进行教学研讨，将新闻传播的专业技能学习与爱国情怀相结合，做到推动抗疫精神进校园、进课堂。辅导员王嫚老师强调学习大讲堂的重要性和重大意义。王老师说，这次疫情是一次危机，然而危中有机，在疫情全球蔓延的形势下，我国社会主义的优越性凸显出来，人民精神素养的闪光点展现出来，民族自豪感在这场全民参与的持久战中达到前所未有的顶峰。我国抗击疫情的战绩，以及在抗疫中被人民、被历史铭记的英雄和大众，都再一次印证了，坚持党的领导是人民最正确的选择，同时也是历史和时代的选择，希望同学们要坚定马克思主义新闻观，坚持正确的理论指导，同时厚植家国情怀，开拓国际视野。

（二）集中观看学习，提升学习热情与专业精神

学生主要以班级为单位集中观看学习，在每周日的主题班会上开展"主题党日、集中学习、分享总结"等系列活动，并进行讨论交流、写观后感。在一

系列教育活动中，师生认真学习、用心领悟，达到了预期的效果。在师生交流互动的环节中，学生们满不深情感叹：在这场没有硝烟的疫情阻击战中，我们看到了最美逆行的背影。每一位新闻人背负勇气、站在前线，为全国人民实时更新报道疫情的最新情况，他们是夜空中最亮的星，用自己的身体力行、全力以赴，将希望传递给每一位中国人。

三、学生心得

（一）深化了解记者工作

有战斗的地方就有记者，有灾难的地方就有记者。视频中曾有人提到再广大的悲伤，也比不上一个小人物具体的悲伤。正如此所言，没有具体内容的悲伤就像是一个空壳，没有灵魂。通过学习大讲堂视频课程，我了解到应该从细节出发来传递人物的性栅，点出人物个性特点；要从小切口出发，聚集大事件中的小人物，以此彰显时代的缩影；要明确报道的核心主题和思路，要做到心中有框架，进而扩散故事、寻找共性，整理共性、合并同类；要在开采访前做好前期准备，了解故事背景、构建人物关系，进而准备采访问题，列好采访提纲；要获得采取对象的信任，建立信任关系；最重要的是到现场，因为身在新闻现场，才能发现常人所不能发现的重点，看到常人所不能看到的细节。

（二）学习掌握报道技巧

90后记者孙兰兰用了六个关键词来概括分享报道的经验。第一个是"真"，真实是新闻的生命，求证信源、确认事实、全面多角度报道是新闻的必要条件。第二个是"快"，互联网时代的新闻要快，在做足大量前期准备工作的同时，还要多个小组配合完成工作，这样才能大大提高工作效率。第三个是"近"，"如果你拍得不够好，那一定是离得不够近"，只有深入现场才能更真实地了解事实，捕捉到更多细节。第四个是"轻"，新闻视频要控制在3分钟之内，也可以制作大量15秒左右的小视频或图文合一的长图和海报，这些都可以让新闻内容一目了然。第五个是"暖'，有温度、有细节才能达到优质的传播效果。第六个是"深"，通过充足的前期积累、专业的专家采访、持续的采访观察，才能做到报道的深入。

湖北文理学院理工学院

（艺术与传媒系）

一、教学概况

为强化马克思主义新闻观教育，助力新闻传播后备人才培养，艺术与传媒系负责人在 2020 年 12 月初收到"中国新闻传播大讲堂"系列视频之后，立刻与系部领导、专业老师、学生会干部沟通并成立了大讲堂活动小组，商讨活动的开展形式与后续工作安排，且在会后敲定了整体的活动方案。

艺术与传媒系学生会充分利用了师生共学平台，通过开展理论宣传，进行了有效的动员学习。本次宣讲会广编专业的老师们也与同学们一同参加。活动从"中国新闻传播大讲堂"创意背景的介绍开始，展播了系列抗疫视频，讲述抗疫一线记者的抗疫亲历故事。通过各自的感悟分享，师生们强化了对本次主题的认识。本次的宣讲会也意在此处。师生不仅通过共同观看视频进行了学习，更是在会上分享了各自的看法与感悟，由表及里、由浅入深、层层深化、点点加强。开展"中国新闻传播大讲堂"活动，是新时代培养优秀新闻传播人才、新文科建设、高等教育创新发展的需要，也使师生深刻学习了新闻人的专业精神和面对疫情的无畏勇气。

二、特色亮点

（一）层层推广，形成良好新闻观念

活动小组将重心放到了大一年级，在组织大一同学集体观看视频的同时，安排了个人的学习计划。学院提倡学生通过晚自习集体观看，分小组讨论分享，课余时间在宿舍自行观看并做好相关笔记的整理，做到每集一思。大一学生是最具活力也是对想法最无保留的，他们热情洋溢，情绪高涨，对视频中的点滴感动都予以最真挚的神情。

在观看过程中，他们领略到了传统的文字报道和图片报道的魅力。随着信息技术的飞速发展，传播载体不断变化。疫情期间，短视频报道、纪录片报道、深度报道甚至微信微博表情包传播，都成为新潮流下年轻人更容易接受和喜欢的形式。在经过一段时间的学习观察以后，大一学生的阶段性学习初见成效，我系活动小组随之又开展了大二大三的学习工作安排。以宿舍为单位，宿舍成员一同观看，共同学习探讨。这一阶段的任务要求也达到了预期的效果。

（二）深入探讨，学校教师积极参与

小组老师们利用自己的休息时间进行了相关学习，在学习之余，还组织活动小组一同探讨。他们认为，学习是终身大事，而学习新闻相关的知识更是传媒人的大事。不仅学生要学，老师也要学。他们深知，每个人的想法都是不同的，正因为如此，才更应该把这些不同的思想放在一起碰撞，碰撞过后才能产生更大的花火。这是学习的意义，更是教育的意义。

为了配合大讲堂后续推广工作，教指委组织制作了包含每一集主讲人简介和讲述内容的文字手册，并围绕大讲堂视频教学内容，面向全国新闻院系教师开展马克思主义新闻观教育线上培训。教指委建议全国各新闻院系将大讲堂作为学生必修课，并指定专人负责组织。老师们认为，这门课应要作为我们传媒人、新闻人的必修课。大讲堂的每一位主讲人用生动形象的语言，用一个个真实的报道案例，让我们更加明白，作为一个新闻人，我们不仅需要具有基本的职业素养，更要有丰富的知识、过硬的心理素质，当然最重要的是要有家国情怀。

三、学生心得

"职责"二字，乍一看分量很轻，因为在华夏上下五千年的历史当中，它只仅仅两个字而已。但是当你拿起它的时候，却重如千斤。不过值得庆幸的是华夏子民皆愿负重前行，争当最美逆行者。

（一）坚持实事求是，承担记者职责

先做后说，或者多做少说，都是强调实干，没有实干任何事情也做不成。做事要首先着眼于做好当前的事。疫情是一场没有硝烟的战场。在"中国新闻传播大讲堂"中，随着耳畔传来的国歌，随着眸中映射的身影，我们可以看到新闻工作者用实事求是的报道准则向我们传递着一个又一个温暖的瞬间。他们用镜头记录在寒夜里坚守岗位的警察，警徽如同星星，用闪耀的光芒向我们传递平安、温暖和信心。他们用图片向我们记录着最普通的外卖员，为足不出户的我们支撑起衣食住行。他们用文字镌刻着最前线的抗疫情况，让我们仰望黎明的曙光。

（二）学习新闻榜样，记录感人瞬间

历史可以撰写，但情感却无法复制。站在局外人的立场来说，除了敬佩所有抗疫人员以外，我由衷地感谢新闻工作者让无数个珍贵的瞬间被众人所熟知和铭记。如果说英雄是历史的创造者，那么记者就是历史的记录者，是情感的传播者。而站在局内人的立场来说，我作为一名新闻专业的学生，由衷地敬佩所有勇于奔赴抗疫前线的新闻前辈们。因为于我们这些新闻专业的后辈而言，你们是先驱，是我们以后想要去成为的那个目标。

（三）讲好中国故事，树立国际形象

在疫情防控阻击战当中，国家领导曾多次在会议上对疫情的防控指标做出明确的指示，而各阶层的党员干部们也积极响应号召。疫情期间，中国驻外机构同驻在国政府保持密切沟通，分享抗疫经验，采取有效的防控措施，严格控制人口流动。文莱国会议员哈尼指出，中国政府做出的努力，不仅是对中国人民的健康负责，也是对国际社会的积极贡献。中国为国际抗疫所做的努力，通过记者的记录与传播，成为中国故事又一次生动的讲述。

湖北工程学院新技术学院

（语言文学系）

一、教学概况

2020年11月至12月，湖北工程学院新技术学院语言文学系组织相关专业师生开展了"中国新闻传播大讲堂——来自武汉抗疫一线报道"学习活动。

在教学研讨活动中，相关专业老师均表示要将"中国新闻传播大讲堂"作为课程思政元素纳入教学案例库，培养学生家国情怀和职业精神。教授新闻学概论等相关新闻传播类课程的易雯老师说："无论是培养社会主义新闻工作者还是增强新时代大学生正确的价值观，它都是一门非常必要的课程。大讲堂实践案例丰富，对于活跃课堂气氛，丰富课程内容，调动学生学习积极性都具有很大的促进作用。"

学生的学习主要以班级为单位组织集体观看活动，随后进行讨论交流、写观后感。新媒体专业、广告专业和汉语言文学专业本科班学生均开展了观看学习讨论活动，撰写学习心得，并利用晚自习等时间进行交流探讨。

这次学习活动共有288名师生参与，主要集中在网络与新媒体、广告学和汉语言文学等正在学习新闻类、传播类相关课程的专业班级中。学习研讨后共收到约160篇心得体会类文章。

二、特色亮点

（一）精心组织、周密安排，全面推进学习活动顺利开展

湖北工程学院新技术学院语言文学系组织教师以集中观看学习、自学、讨论等形式开展学习。在教工自学的基础上，系里组织集体学习活动，集中学习观看了第一、二集。各专业任课老师结合相关专业课程性质、课程目标等，围绕如何将大讲堂内容纳入专业培养方案、如何结合大讲堂的内容设计课堂教学等进行了教学研讨。

在之后的人才培养方案修订和课程教学中，语言文学系将进一步把大讲堂视听内容融入各专业课程，鼓励教师们借助大讲堂优质的教学资源深入推进课程思政建设，通过让学生了解武汉抗疫一线的报道故事，感悟新闻报道背后的家国情怀，学习新闻人才必备的专业技能，真正实现价值塑造、知识传授和能力培养的有机统一，构建具有新闻传播学科特色的全员、全过程、全方位育人大格局。

（二）学习形式多样，学习内容丰富，学习活动成效显著

课堂上，组织学生开展当堂讨论和提交心得报告活动，进一步验收学习效果。从同学们的反馈来看，他们分别从"中国新闻传播大讲堂"的意义、新闻工作者的职责和使命、新闻记者专业能力、新闻采访选题、新闻策划、新闻工作者职业精神、中国社会主义新闻工作者的人民意识和党性原则等方面，多角度进行了分析和总结，获益匪浅。

大讲堂中，坚守在疫情防控一线的新闻工作者展现出了极高的敬业能力、专业精神和职业操守。中央广播电视总台的武汉前方报道团队的事迹为同学们树立了榜样，他们向全中国人民展示了这场武汉保卫战、湖北保卫战的壮丽瞬间，向全世界呈现了中国人民抗疫的决心和行动，在国际舞台上表现出了新闻工作者应有的专业水准，有力地提高了新闻舆论的传播力、引导力、影响力、公信力。

语言文学系师生均表示，开展中国新闻传播大讲堂活动，是新时代培养优秀新闻传播人才、新文科建设、高等教育创新发展的需要，同时也让新闻学子深刻学习了新闻人的专业精神和面对疫情的无畏勇气。

三、学生心得

在《新闻学概论》课堂上，易雯老师带着我们一起观看了"中国新闻传播大讲堂"的部分视频，作为网络与新媒体专业的大一新生，我获益匪浅。视频内容让我深切感受到了疫情期间新闻工作者的艰难与不易，也更加感受到新闻学专业的我们身上所承担的社会责任。

（一）坚守疫情报道是精神

在"中国新闻传播大讲堂"中，新华社总编室副主任、高级记者刘刚的主题是《弘扬新华精神，经受大疫考验》。于他而言，参加武汉抗疫报道是他作为新闻工作者28年以来最艰难的一次任务，是他新闻生涯中的宝贵经历，也是经受大疫考验和精神洗礼的过程。

提起疫情，人们最先想起的都是奋战在一线的医护人员们，但同处在抗疫一线，冒着生命危险为我们传递最新疫情信息的新闻媒体人身影不应被忘却。于他们而言，此次疫情报道危难重重，但再艰难再凶险他们照样得冲上去。与其他报道的困难不同，这次报道的环境异常危险，看不见的病毒无处不在；情况错综复杂，疫情舆情社情交织，此起彼伏；压力较大，新闻竞争激烈，信息甄别难度大，疫情持续时间长，战时状态工作时间长。但正是他们冒着生命危险在前线做出最真实的报道，我们才能获得最新最全面的消息。

从指间到心间是媒体人战疫情的彰显，万众一心众志成城坚决打赢疫情防控阻击战，媒体人们功不可没。危难见本色，脚下是战场，是媒体人扛起肩上的摄像机，举起手中的手机，在最前沿拍下一幕又一幕感人的画面，歌颂着英雄事迹，传承了对党忠诚、勿忘人民、实事求是、开拓创新的新华精神。

（二）新闻工作者素养是关键

这次疫情的一篇篇报道，都是抗疫一线媒体人的心血，生动讲述、立体展现了中国新闻记者的家国情怀与专业素养。新闻记者奋斗在抗疫最前线，为人民进行深入采访报道，用镜头记录抗疫故事，用文字传递抗疫精神，正如中国日报的新闻记者李馨所说，用真情实感将中国精神、中国故事传播出去。

想要成为一名优秀的新闻工作者，政治素质、心理素质、道德素质必不可少，要有对党的事业的责任感，对人民群众的情感。新闻工作者是社会生活的真实记录者，必须做到对社会负责，对读者负责，对自己负责。在提高自身素质的同时，不断加强自身修养，努力做到重事实，讲真话，主持正义，坚持真理。肩负起新闻工作者的使命和责任，反映出人民的真实生活。

武汉华夏理工学院

（艺术设计与传媒学院）

一、教学概况

为深入学习贯彻习近平新时代中国特色社会主义思想和党的十九大精神，强化马克思主义新闻观教育、全面推进新闻传播类专业课程思政建设，按照《教育部高等教育司关于开展"中国新闻传播大讲堂"的通知》文件要求，武汉华夏理工学院启动了"中国新闻传播大讲堂"学习项目。艺术设计与传媒学院将相关课程作为广告学和网络与新媒体两个专业的必修课程，纳入学分管理。2020年11月5日，传媒系主任、课程负责人蔡姗参加了启动大会，并组织学生线上同步学习和观看。随后，学校制定了《艺术设计与传媒学院"中国新闻传播大讲堂"实施方案》，课程以合班教学的形式进行，授课教师共8人，开课专业为网络与新媒体专业和广告学专业，开课对象为2017级至2020级16个班级的565名学生。在6周课程学习中，每一个年级的学生都展现出良好的素质和精神风貌，体现出当代年轻人关注社会民生、热爱党、热爱国家的赤子情怀。在课堂上，网络与新媒体专业学生结合专业特色，制作了与疫情相关的新媒体作品，包括H5融媒体作品和"华夏之光"系列视频新闻，产出了出色的教学成果。

经过近2个月的课程实施，学校和学院切实做到推动抗疫精神进校园、进课堂，同时推动了学院新闻理论教学和新闻实践的深度融合，为培养新时代优秀新闻传播人才发挥了积极作用。

二、特色亮点

（一）"因材施教"，针对性教学

因为课程涉及不同专业、不同年级的学生，课程组进行多次教学研讨后，制定了有针对性的教学方法与手段以保证教学效果。对于大一学生来说，引导是关键，教学重点放在感性认知这些新闻人和他们的新闻事迹所带来的启发；对于大二和大三年级的学生，需要针对自身的专业特长进行有重点的学习和讨论，以问题意识为牵引，找到与学生相契合的知识点展开有目的的学习；而对于即将步入职场的大四年级的学生，则需要从职业精神高度进行引导和教学，让学生们深刻体会战疫记者的工作不易，并及时总结反思以坚定自身的职场信念。

（二）教师串讲，融合教学

围绕本课程的教学视频设置各种辅助教学手段，成为课程组重点着手的方向。除了观看视频之外，授课教师会安排内容串讲，并制作 PPT 提炼重点，以加深学生对视频内容的理解，并激发学生围绕话题积极展开讨论。教师串讲主要通过超星学习通、QQ 群课堂、腾讯会议等平台进行直播，每次课程均会录课保存，方便学生回看。

"中国新闻传播大讲堂"中新华社的 3 位记者讲述他们在疫情期间，面对不同事件、处于不同的视角、站在不同的高度时，对抗疫报道采取的方式也不同。课程负责人蔡姗教师选择以新华社摄影记者费茂华的讲述为切入点，向同学们展示了康复驿站、全校消杀、欢送援鄂医疗队等我校在抗疫过程中的各类新闻照片，仔细剖析讲述新闻背后的故事，让同学们切身感受华夏学院的抗疫力量，为身为华夏学院的一分子而骄傲。

（三）设置话题互动

每次课程都会布置一个议题让学生参与讨论，议题涉及"新冠疫情中的平凡而伟大""照片分享：影像的力量""我眼中的好记者"以及"抗击疫情 我在现场"等。同学们踊跃参与，发表自己的看法，展现作为 00 后的未来新闻人是如何看待疫情和媒体人的。同学们在交流中展现了良好的专业素养和新闻理想。除此之外，学院根据教学实际设置了 1 次直播讨论环节、2 次线上答疑与讨论、3 次互动评论，教师和学生在线上实时互动。设置的讨论话题均源于课程视频，并根据网络与新媒体和广告学两个专业的侧重点不同分别设置，切实激发两个专业学生的全员参与和积极讨论。

三、学习心得

（一）记者，在一线

在"中国新闻传播大讲堂"中，来自人民日报、新华社、中央广播电视总台等 14 家主流媒体参与抗疫一线报道的 42 名新闻记者，将他们亲历的抗疫故事向我们娓娓道来。他们以文字为介，以镜头为眼，让我们看到中国人民在历史车轮滚滚前行时的担当。正因为新闻记者们秉持着崇高的职责使命，我们才看到了时代风口上的一线故事。除夕夜火神山工地上的年夜饭，重症病房里医护人员能拧出水流的防护服，一张 5 小时完成的火神山场地平整设计图，援鄂护士和丈夫隔着车窗的挥手告别……无数篇动情的报道让心系武汉的全国人民潸然泪下，正是因为这些始终持着家国情怀和专业精神的记者们临危不惧、逆流而上，成为我们的"瞭望者"和"发声筒"，我们才看到了一个最真实的武汉、最齐心的中国。

（二）记者，记录者

"对新闻而言，真实就是生命；对历史而言，真相就是生命。"对记者而言，参与和见证每一个新闻重大时刻是刻在骨子里的职业情怀和追求，是一种无上的光荣与梦想。

光明日报社全媒体总编室记者卢璐老师是位湖北人，武汉对于她而言是一个特殊的情感符号。作为第一批前往武汉的记者，她想客观地把这座千万级人口的大城市里正在发生的事情报道出去，告诉世界这里正在发生什么，也向世界分享中国的经验。她说道，如果再让她选择一次，她还是会冲上去。因为笔下有乾坤，肩头就会有责任。作为一名未来的媒体从业者，我在她的表述中深切感受到身为记者所应持有的职业敬畏和责任担当——原来，新闻也是一种救援。城内的紧急与不安，记者需要以最快的速度向外传递实况、播送最新消息；城外各方前来支援，记者便要让更多人感知希望仍在。

（三）记者，守护者

记者既是"瞭望者"，又是"战斗者"。在这次的武汉报道中，记者们不止做了信息的采集和发布工作，也通过信息排查、实地走访为疫情排查提供了帮助。卢璐老师分享疫情攻坚时期，他们每日反馈排查清单，将采访中排查到的疑似、确诊信息和需求收集起来，根据轻重缓急做出区分。在这一过程中，记者们既帮助挽救个体的生命，也为疫情防控工作提供了大量的一手资料。诚如钱彤老师所说，一个一个重要的报道节点，对于记者而言，如同面对着一个一个的坎，需要一个一个地迈过去。尽管面临危险，尽管过程艰难，前线记者们仍然努力坚守岗位，努力用自己能尽的一份力守护每条新闻的纯洁，守护一座城市的安危，守护一个国家的希望。

湘潭大学

（文学与新闻学院）

一、教学概况

"中国新闻传播大讲堂"是由教育部高教司、中宣部新闻局指导，由中国传媒大学、教育部高等学校新闻传播学类专业教学指导委员会主办，是教育部深入贯彻落实习近平总书记关于加强新闻舆论工作、加快推进教育现代化系列重要讲话精神的重大举措，是新时代培养优秀新闻传播人才、新文科建设、高等教育创新发展的需要，更是在新冠肺炎疫情期间结合新闻理论与新闻实践弘扬新闻工作抗疫精神的新形式。

自收到通知文件之日起，湘潭大学高度重视，专门安排文学与新闻学院副院长田华为负责人，全面落实"中国新闻传播大讲堂"的宣传和学习工作，确保这堂最生动的国情大课、有温度的思政大课、高水平的专业大课在新闻传播专业的学生和教师群体中发挥应有的教育、引导作用。

同时，湘潭大学还要求新闻传播专业教师结合教学、科研实际情况开展学习活动，让新闻传播专业老师、学生尽快投入到"中国新闻传播大讲堂"的学习和活动中来。在收到大讲堂 32 集视频后，湘潭大学立即以班级为单位组织师生集中或者单独收看，并要求及时反馈收看情况、上交观看心得体会。截至2020 年 12 月 20 日，新闻传播专业 959 名本科生和研究生已全部观看完毕。学校下一步计划将"中国新闻传播大讲堂"落实为新闻传播学专业学生的必修内容，并纳入学分管理。

二、特色亮点

（一）全员收看，氛围浓厚

2020 年 11 月 9 日，湘潭大学收到 2020 年大讲堂 32 集视频教学内容后，立即以打包形式分发到各新闻传播学专业的班级，要求以班级为单位集中或者单独收看，及时反馈收看情况，以及以班级为单位撰写 3000 字以上观后感。据各班反馈情况统计，新闻传播专业的本科生和研究生 959 人已于 2020 年 12 月 20 日前全部观看完毕，在专业老师的组织、指导下，以班级为单位组织了专门讨论并提交了观后心得体会。

在对新闻传播专业学生进行教育和引导的同时，学校特别注重对教师的培养，将 2020 年大讲堂 32 集视频教学打包分发给各个新闻传播专业的老师，让老师和学生一起吸收大讲堂视频课程的营养和精华，鼓励老师们改进马克思主义新闻观教育，坚持做中国特色新闻学的传道者、授业者。新闻系为此专门组织了教研活动，在集中收看新闻传播大讲堂的部分内容后进行了专题讨论，就"中国新闻传播大讲堂"进本科生、研究生课堂达成了共识。

（二）认真学习，收获颇丰

学生学习后，纷纷表示新闻人要有新闻人的担当。作为新闻行业的后备军，风雨见傲骨，苦难显担当。我辈少年风华正茂，于此特殊一课，倍感收获。实应将真情永存，破阵冲锋不灭眸中光；感生命可畏，埋首书海尽展灵魂顽强；念国家傲骨，沉心修身不忘心中烈火，豪姿展四方。

一是增强了民族自豪感和自信心。学生陈静表示通过对"中国新闻传播大讲堂"的学习，深深地感悟到中华民族精神的生动赓续。古有为国抛头颅洒热血的英雄先烈，今有为民请缨冲锋一线的抗疫战士，无数华夏儿女前仆后继。学生刘瑶表示很庆幸有机会可以接触到这样一个可以记录时代、推动时代的行业。

二是进一步坚定了学习新闻传播专业的信心。学生邱琳提出新闻也是救援。

新闻记者是"战疫消息树",准确无误地传播报道新闻,为纷扰中的人们带去安心。新闻人当有责任,有担当,不负使命,还原真实。学生袁红在收看"中国新闻传播大讲堂"启动仪式后表示,在武汉抗疫一线报道中,新闻工作者用文字、视频传播新闻,记录故事,他们记录的是中国精神、中国担当、中国力量,传递的是也是中国精神、中国担当、中国力量,这对武汉疫情取得胜利在舆论引导方面发挥重要作用,他们应像援鄂医疗队伍一样值得广泛的尊敬。

三是确定了专业学习的榜样。新闻记者们心怀祖国,心怀人民,在汹涌疫情中勇敢逆行,让我国的抗疫行动有了最具亮色、最具温度的传播。他们不畏艰险迎难而上,日夜奋战在抗疫斗争第一线的故事深深感染了全体师生,大讲堂中的不少记者成了学生专业学习的榜样。

四是明确了今后的努力方向。青年学子们认真学习"中国新闻传播大讲堂"视频内容,保持思想定力,拥有广阔的国际视野,树立"讲好中国故事,塑造中国形象"的理念,为党和人民的新闻传播做出自己的贡献。

三、学生心得

2020 年,是不平凡的一年。一场疫情袭来,武汉、中国乃至世界进入了至暗时刻。我们难以忘却白衣执甲、逆行出征的医务工作者们;我们难以忘却尽职尽责、无私奉献的广大党员干部们;我们难以忘却保家卫国、闻令即动的人民解放军们……当然,还有一群人,他们的身影同样在抗疫的一线匆忙、勇敢地穿梭着。他们是时代的忠实记录者,他们见证英雄,他们传递温情,谱写着人民至上的抗疫强歌。

(一)新闻要落实有力

完善的报道机制、顺畅的新闻发布流程、前后明确的报道团队让新闻落实有力。新闻人用事实数据和具体事例讲述我国抗疫故事,阐释了人类命运共同体的概念。他们克服了种种不便,克服了无处不在的感染风险,勇敢地出现在一线,出现在需要他们记录历史的地方。作为向国际社会展现中国形象的中国日报,其各海外分社广泛采访了国际组织官员、各国政要、外企领袖等海外知名人士,制作了一系列展示中国抗疫形象的融媒体产品,有效回应了国际社会关切，提高了报道的可信度和影响力。法国前总理拉法兰指出："作为多边主义的重要推动者，欧盟和中国应该加强合作，共同抵御欧洲分裂主义和美国孤立主义的威胁。"他犀利指出美国狭隘的民族主义偏见危害全球抗疫，谴责了其向中国甩锅、推卸责任的行径。呼吁应加强国际合作，团结共同抗疫。对于谣言和诬陷，中国日报也采用融媒体形式进行解释和辟谣，有效对冲了海外污名化的言论。

（二）报道要谱写大爱

以笔为戎，谱写家国大爱。正如著名主持人邹韵所说："生命见证过多少真实，付出过怎样的努力，我相信，就会有怎样的奇迹。"正是无数新闻工作者的不懈奋斗奏响了抗疫新闻宣传的强军战歌。作为一名新闻专业的学生，在观看了"中国新闻传播大讲堂"之后，我对"新闻人"又有了新的定位。我很庆幸，自己有机会可以接触到这样一个可以记录时代、推动时代的行业，未来的我，定会不懈奋斗，朝着自己向往的新闻行业砥砺前行！

湖南大学

（新闻与传播学院）

一、教学概况

湖南大学新闻与传播学院严格按照教育部高教司、中宣部新闻局和高校新闻传播学类专业教学指导委员会的相关要求，结合学院实际情况，于2020年12月至2021年1月，在全院范围内开展了"中国新闻传播大讲堂"学习研讨和实践创新活动。12月10日，学院组织了学院120余名学生参加"中国新闻传播大讲堂"的启动仪式，学院院长彭祝斌、学院党委副书记李洪玉和学院各系主任参加活动，并对大讲堂的学习做出要求。

启动仪式后，全院各年级、各班级根据具体情况，通过线上线下相结合、集中和分散相结合、理论与实践相结合的方式灵活组织学习实践活动。学院教师也将"中国新闻传播大讲堂"作为教学参考资料认真观看学习，并将视频内容引入相关专业教学。同时，为结合专业特色确保学习效果，学院还在全院学生中组织主题征文和视频作品比赛活动，鼓励同学们认真学习、深入思考、大胆创新，截至2020年12月31日，共收到400余篇征文、5部视频和H5作品，确保每位学生至少参加了一类实践创新活动。下一阶段，学院考虑将"中国新闻传播大讲堂"课程作为新闻传播类专业必修课纳入学分管理，并组织教师继续深入学习"中国新闻传播大讲堂"马克思主义新闻观培训系列视频，推动开展相关教研活动的研讨和思考。

二、特色亮点

（一）视频学习与专业教学相融合

为切实推动抗疫精神进校园、进课堂，学院教师认真观看学习了"中国新闻传播大讲堂"，并将其作为教学资料引入专业教学，引导学生从抗疫故事中学习新闻采访、写作和新媒体传播工作经验，领悟新闻职业精神和新闻伦理规范。学院还委派教师结合专业方向和学生分享学习感悟：新闻系主任徐琼引导学生在学习中提升自己的格局和眼界，立足"百年未有之大变局"来把握新时代新闻人的历史使命，认真学习前辈的抗疫精神和实践经验，以积极的心态去迎接未来更多的挑战。媒介经营管理系主任刘社瑞分享了自己感触最深的一句话："只有在一线，才会有深刻的感受，而敢去现场就是我们新闻工作者应有的担当。"此外，广播电视编导系主任刘琛、播音系主任陈竹、广告系主任莫梅锋也都向学生分享了自己的感悟。

（二）主题大赛促进学生思考创新

学院通过组织主题征文和视频作品比赛活动，鼓励学生认真学习、深入思考、大胆创新，将"中国新闻传播大讲堂"作为专业学习的拓展、实践练兵的舞台及素养提升的机会，努力锻造专业气质，取得学习实效。活动要求作品主题积极向上，对标当前时政热点，紧密结合学习"中国新闻传播大讲堂"的感受。文字作品要求不少于 1000 字，包括新闻评论、新闻故事等；视频作品要求在 10 分钟以内，应当适合互联网传播。该活动取得了良好的反响，学生收获颇丰。正如 2020级学生李雨欣在征文中写道："'中国新闻传播大讲堂'中前辈们的真情讲述，让我更加深刻地了解了新闻职业背后所要承担的责任，以及作为新闻人所需要的专业素养。他们让我敬佩，也让我有了为成为更加专业的新闻人而奋斗的动力！"

（三）大力宣传引领全省高校参与

学院启动的"中国新闻传播大讲堂"学习实践活动引起各级媒体的重视，新湖南、湖南红网、腾讯网等媒体同步报道，学校和学院官网、新传院官微进行了宣传，多家媒体网站进行了转载、报道。作为湖南省新闻传播学会会长单位，学院依托省新闻传播学会这一交流平台，积极协助教指委秘书处联络、组织全省新闻传播教育单位参与"中国新闻传播大讲堂"学习研讨和创新实践活动，使全省28家新闻传播教育单位均及时得到学习资料，顺利启动学习实践活动。

三、学生心得

（一）新闻记者应具备责任感

新华社记者刘刚说过这样一句话让我印象深刻："选择不去武汉的理由可以有很多种，但是去武汉和留下来有一个理由就足够了——那就是职责，因为新闻就在那里，而新闻就是职责！"没有人生而英勇，只是有人选择无畏。正是因为拥有强烈的责任感与使命感，许多新闻工作者不忘初心，怀揣情怀，奔赴抗疫一线。

作为一名新闻学子，想要成为一名合格的新闻工作者，我还有漫漫长路需要求索。老报人王芸生在《报魂》一书中有这样一段话："新闻记者这一职业，就现在的情形看来，似乎人人都可以干，但要干得尽职却不是一件容易的事。一个能恪尽职守的新闻记者，必须有坚贞的人格，强劲的毅力，丰富的学识；对人类、对国家、对自己的职业要有热情，要有挚爱；然后以敏捷的头脑、似火的心肠、冰霜的操守，发挥'威武不能屈，富贵不能淫'的勇士精神，兢兢业业为人类、为国家尽职服务。""中国新闻传播大讲堂"中前辈们的真情讲述，也让我更加深刻地了解了新闻职业背后的责任。他们让我有了为成为更加专业的新闻人而奋斗的动力。

（二）新闻记者应注重专业素养

在这些优秀的新闻工作者中，我领会到许多作为新闻人应该拥有的特质与素养。面对重大突发事件，我们要秉持"主题先行，而非话题"这一信念，优秀的新闻工作者应当谨记自身的使命，认真考虑——什么是最值得报道的？群众最关心的是什么？如何更好地给予人民群众信心？新闻工作者要与人民群众共情，要有真情实感的流露。优秀的报道能够在真实的基础上增加细节，提升可读性，向公众传递着一个又一个的温暖瞬间，给予人们抗疫的信心。与此同时，新闻工作者必须坚持新闻舆论工作的党性原则，坚持党性和人民性相统一，增强人民精神力量，这是新闻媒体和记者所必需的素养。

中南大学

（文学与新闻传播学院）

一、教学概况

为深入开展马克思主义新闻观教育，培养新时代中国特色新闻传播人才，中南大学把"中国新闻传播大讲堂"设为中国语言文学大类（包括汉语言文学专业、广播电视专业、数字出版专业与融媒体卓越拔尖人才实验班）的必修课、作为新闻传播专业硕士的辅修课程，组合成6个学习班进行集中上课，同时纳入日常教学的管理中，指定专业老师负责观摩和讨论。通过学习，师生深刻了解了新闻工作者的职责与担当，认识到融媒体环境下新闻传播实践与理论的创新，有效地培养了师生的家国情怀与专业精神。

党的新闻舆论工作是党的工作的重要组成部分，新闻工作者需要具备过硬的政治素养，坚定的政治方向，站在党和人民的立场，积极宣传党的理论与方针政策，弘扬主旋律，传播正能量。通过"中国新闻传播大讲堂"的学习与研讨，我们清楚地意识到，要在新闻教育中牢牢树立马克思主义新闻观的指导地位，要让马克思主义新闻观"进课堂、进教材、进头脑"，培育出能够担当新时代意识形态建设与文化传播使命的新人才。

二、特色亮点

（一）牢固树立新闻传播类学生的党性意识，做新闻舆论的合格引导者

在这次疫情报道中，我国媒体充分发挥了议程设置的功能，通过精心策划话题、设置议程，利用各个平台积极发声，引发社会的关注，同时整合社会力量，动员全国上下民众一起加入抗疫防控中来。通过对"中国新闻传播大讲堂"的学习，我们认识到树立学生党性意识的重要性与迫切性，我们要用马克思主义新闻观武装学生的头脑，增强学生的国家意识、民族意识，培养具备能够在错综复杂的舆论斗争中坚定传播中国观点、阐释中国立场、塑造中国形象的新一代新闻传播人才。

（二）大力培养新闻传播类学生的专业精神，做时代的忠实记录者

在新冠肺炎疫情期间，我国广大新闻记者不惧生命安危，奔赴抗疫战线的第一现场，记录了抗疫的全过程，立体化地呈现了武汉抗疫的全方位图景，客观真实地反映了广大群众的实际困难和问题，展现了全国人民上下一心的抗疫决心与信心，为我国打赢疫情防控的人民战争、总体战、阻击战做出了重大的贡献。通过观看"中国新闻传播大讲堂"，学生深深体会到记者身上的职责与担当，进一步理解"铁肩担道义，妙手著文章"的含义，也明白了记者的坚守和忘我拼搏的精神源于对党和人民的深厚感情。

（三）着力提升新闻传播类学生的"四力"，做中国故事的生动讲述者

讲好中国故事、传播中国声音、提升中国话语的国际影响力已成为当代新闻工作者的重要职责。在这次武汉战疫中，媒体聚焦大事件、紧扣小人物，讲述了一个个奋斗在武汉各个角落的普通人的故事，媒体用一个一个感人至深的抗疫故事鼓舞着全民的士气，团结全国上下共同抗疫，及时传播了党中央的声音，推动抗疫取得了关键性胜利，也向国际社会传播了中国声音，向世界还原了一个真实的中国抗疫全貌。

（四）全面塑造新闻传播类学生的全媒体思维，做新时代的复合型新闻人

媒介融合是新时代媒体的发展方向，传统媒介的介质壁垒被打破，出现了媒介之间内容、技术和渠道等多方面的融合。"中国新闻传播大讲堂"以案例的

方式为学生讲述了抗疫融合新闻的制作：各家媒体以全媒体的思维方式建立网站、客户端、微信、微博、抖音等全媒体矩阵报道阵容，充分发挥"融媒云厨"全媒体协调一体化机制，实现"一次采集，多元生成，全媒发布"，以多视角、多元化的方式进行了即时的全景式报道。

三、学生心得

本学期我们通过集体观看视频的形式，学习了"中国新闻传播大讲堂"。这让我深刻感受到作为一名新闻工作者的情怀与素养，让我多次动情泪下，更觉身上的责任与使命之重。

（一）高举旗帜、引领导向，疫情之中显担当——暮色苍茫看劲松，乱云飞渡仍从容

"中国新闻传播大讲堂"中每一位分享的前辈都牢固树立马克思主义新闻观，他们真实反映群众呼声，宣传党在疫情防控工作中的主张，在全国疫情防控工作各阶段都发挥了重要的作用。他们从党的工作全局出发把握党的新闻舆论工作，对疫情的报道真实做到了思想上高度重视、工作上精准有力。人民日报、新华社等多家官方媒体积极响应习近平总书记关于做好新冠肺炎疫情防控宣传教育和舆论引导的指示，成立疫情报道专题组，奔赴一线，显示担当。

（二）围绕中心、服务大局，疫情之中强服务——弄潮儿向涛头立，手把红旗旗不湿

"中国新闻传播大讲堂"用生动的实践让我认识到如何在新闻实践中紧密围绕中心，切实服务大局。我深刻体会到新闻工作者在实践中坚定"以人民为中心"是党的新闻舆论工作的重要方针，他们通过对感人事迹的记录、对平凡素材的积累，展现了全国人民团结一心、同舟共济的精神风貌，一系列特别报道为打赢疫情防控阻击战营造了良好的舆论氛围。

（三）澄清谬误、明辨是非，疫情之中涤浊流——激浊扬清，正本清源

新冠肺炎疫情以来，信息未知性造成谣言四起。在"中国新闻传播大讲堂"的课堂中，各位主讲老师分享了在疫情报道实践中击破谣言的经历，让我深入认识到新闻宣传工作者的使命与担当。尤其在互联网的媒介时代背景下，如何

把握好网络舆论场阵地？如何在实践中激浊扬清、正本清源？这些都可以在"中国新闻传播大讲堂"中找到回答。

面对各种传言、谣言，新闻媒体采取有效措施，及时公布事实真相，让真相跑在谣言前面。事实说明，在没有特效药的情况下，信息公开就是最好的"疫苗"。"中国新闻传播大讲堂"中讲述了我们为何要理性辨析多种声音，发挥风险预警功能。由于突发公共事件的社会关注度较高，社会影响面较大，每当事件发生时人们探究的目光和了解的欲望就会骤然增加，如果信息不及时披露和公开，或者实行信息封锁，就会给谣言留下生存空间和土壤。

学习之后，我更要向在新冠肺炎疫情中投身一线疫情报道的新闻行业前辈们致敬。本次"中国新闻传播大讲堂"中的媒体前辈们是我们需要学习和不断奋斗的目标，这也要求我们要在实践中担当起新闻职责与使命，投身中华民族伟大复兴的历史征程。

湖南科技大学

（人文学院）

一、教学概况

自接到教育部高教司关于开展"中国新闻传播大讲堂"的通知后，湖南科技大学人文学院新闻系积极响应号召，落实大讲堂课程学习任务，扎实推进大讲堂各项教学安排，于11月5日在立言楼集中收看了"中国新闻传播大讲堂"的启动仪式。

新闻系切实做好推广"中国新闻传播大讲堂"工作，当天组织研究生和本科生同学，通过线上网络直播的方式共同观看了大讲堂，旨在让同学们能大体把握大讲堂的主要内容和学习方向，了解本次开办大讲堂的重要意义。启动仪式在新闻系师生中引起强烈反响。大家认为，大讲堂是新时代培养优秀新闻传播人才的需要，旨在强化马克思主义新闻观教育，全面推进新闻传播类专业课程思政建设。这也是教育部深入贯彻落实习近平总书记关于加强新闻舆论工作、加快推进教育现代化系列重要讲话精神的重大举措，是正式吹响新文科建设号角的首项重要工作。

在未来的学习实践里，新闻学子要学习大讲堂里那些敢于冲锋抗疫一线的新闻工作者，学习他们敢为人先的精神。学院要借助大讲堂的学习机会，深化自身对于新闻工作者的职业认知，要与党同心、与人民共情，做新闻工作优良传统的传承者。

二、特色亮点

（一）集中学习与自我学习相结合，感悟大讲堂特别魅力

启动仪式结束后，新闻系各班班长积极落实大讲堂的后续学习安排，先后三次组织同学们集中观看大讲堂。学生通过集中观看和课下自主学习的方式，完成对"中国新闻传播大讲堂"教学视频的学习。这种灵活自由的学习形式，不仅提高学生们的积极主动性，让同学们感受到共同学习的氛围，还能利用各自碎片化的时间提高学习效率。在宿舍里，同学们利用空闲时间观看"中国新闻传播大讲堂"的学习视频，把"刷剧"的娱乐时间放在了学习上。有同学表示，这次大讲堂是珍贵的学习资源，不仅呈现了我国新闻媒体在融合报道上的积极创新，还体现了媒体在抗击疫情中发挥的重要作用。

（二）"中国新闻传播大讲堂"定为本科生初级实习成绩

"中国新闻传播大讲堂"为学院新闻系的学生提供了学习的契机，也指导着新闻学子未来的实践方向。为了提高人才培养质量，新闻系决定把大讲堂定为本科生初级实习的重要组成部分。通过让同学们观看大讲堂里的14家主流媒体口参与抗疫一线报道的42名新闻记者的生动事迹，让大家共同学习他们的专业素养和家国情怀，学习他们的工作方法，以此作为本科生同学的初级实习考核标准。

（三）组织学生撰写学习感悟，培育学生思想品德

为落实学习效果，新闻系要求每位同学撰写3000字左右的学习心得。通过收集同学们的心得，我们可以发现，同学们对这次的"中国新闻传播大讲堂"感悟较为深刻。

有同学表示，这次大讲堂开阔了他的视野，也让他重新认识了新闻从业者的职责和本分。作为新闻与传播专业的学生，虽然自己还未走进职场，也没有明确的职业规划和方向，但依然可以为国家献出自己的一份力。还有同学认为："学校培养我们成为未来的新闻人，不仅是要我们学会写新闻稿件，或者研究新闻现象，更要我们将责任意识深深地刻进脑海中，在面对各种突发事件时临危不乱、沉着冷静地解决问题。"

三、学生心得

新闻系 18 级本科生冯琳晰和新闻系 20 级研究生蔡舒敏在观后感中提道："在'中国新闻传播大讲堂'32 集视频中，每一集都生动有趣地向我们展示出记者的专业操守和社会担当，值得我们学习。"

（一）用笔墨奋战在抗疫一线

人民日报新闻协调部副主任汪晓东向大家分享了疫情期间他带领团队前往武汉一线工作的经历。汪晓东率人民日报前方报道组在武汉奋战了 84 天，多次深入火神山、雷神山、定点医院、方舱医院。主讲人聚焦武汉定点收治患者医院的内部感人故事，写出了众多出色的代表性作品。这些新闻报道和评论在当时产生了广泛影响，不仅稳定了民心，也凸显了中国人民团结一致，共同抗击疫情的决心和勇气。

（二）用镜头记录身边故事

疫情发生后，中央广播电视总台新闻中心经济新闻部记者郑连凯主动报名奔赴一线，45 次进出疫情重灾区，先后为《新闻联播》采制了数十篇《一线抗疫群英谱》。《武汉有我》《守护生命》等重点报道，用镜头记录了 40 多位命悬一线的患者起死回生的奇迹故事。前往湖北省一线的中央广播电视总台记者们冒着生命危险，及时向全国各地报道最新抗疫工作进展，上传下达各类消息，使疫情相关信息更透明化，不但缓解了人民群众的恐慌情绪，同时也提高了党媒的舆论引导能力。

（三）用深度展现事实原貌

"中国新闻传播大讲堂"的第 19 集视频里，现代快报社记者熊平平向我们介绍了他在 2020 年 1 月 29 日至 4 月 25 日待在武汉报道疫情的过程。在疫情报道中，现代快报推出了一系列深度报道，主要包括社区防疫、方舱医院、无症状感染者、ICU 病房的救治等主题。经典代表作《拉网大排查下的武汉社区：重压到极致后的转机》深受市民的好评。团队为写这篇报道，先后对社区进行了持续两周的采访和观察，并通过网络采访了数十名当地居民。我们不难看出，正是有了这些前期的积累，掌握社区现场真实的状况，他们才能写出扎实的深度报道。

湖南工商大学

〔文学与新闻传播学院〕

一、教学概况

"中国新闻传播大讲堂"由教育部高教司、中宣部新闻局委托高校新闻传播学类专业教学指导委员会举办，是加快新文科建设、推动高等文科教育提质创新的有力抓手，是强化马克思主义新闻观教育、全面推进新闻传播类专业课程思政建设的实际行动，是推动新闻理论与新闻实践深度融合、培养新时代优秀新闻传播人才的重要举措，是增强广大新闻传播类专业学生自信心、自豪感、自主性，提高新闻传播教育影响力、感召力、塑造力的生动实践。根据教育部高教司的要求，湖北工商大学文学与新闻传播学院就"中国新闻传播大讲堂"活动进行了部署和安排，成立了学习活动工作小组，由新闻学系主任周舟副教授担任"中国新闻传播大讲堂"活动负责人，新闻传播类专业全体教师和中国语言文学类专业部分教师参与学习和组织活动。

文学与新闻传播学院明确了第一阶段把"中国新闻传播大讲堂"作为专业学习的拓展，第二阶段逐步纳入学分管理、开设相关选修课的思路，推动"中国新闻传播大讲堂"的系列视频进入学生的第一课堂和第二课堂，把握时机，发挥高水平的思政大课在人才培养中的重要作用。

两个月内，文学与新闻传播学院共计组织学生开展主题讲座 2 次，集中学习 6 次，分组学习 10 余次，收到主题征文 150 余篇，10 余个班级召开主题班会。文学与新闻传播学院学生媒体"文新时报"和"有观"公众号对系列学习活动进行了报道，展示了部分学习成果。

二、特色亮点

（一）创新模式，厚植家国情怀与使命担当

通过"中国新闻传播大讲堂"系列学习活动，同学们不仅了解了武汉抗疫一线的报道故事，了解了一线新闻工作者在面对重大突发事件的考验中的职责与行动，也对新闻记者的使命和担当有了更加直接的理解与体会，更加深刻地了解到新闻工作者身上肩负着重大的历史责任与家国情怀。

本年度"中国新闻传播大讲堂"的主题是"来自武汉抗疫一线的报道"，旨在切实推动抗疫精神进校园、进课堂，引导广大师生深刻理解中国特色社会主义的制度优势、理论优势、道路优势，培养学生为党、为国、为人民的深厚情怀和使命担当。围绕这一主题，文学与新闻传播学院明确了线上与线下、集中与分散、理论与实践相结合的学习方式，要求同学们认真学习，深入思考，大胆创新，努力锻造专业气质，取得学习实效。

（二）融入课堂，积极构建育人大格局

2020 年 11 月—12 月，文学与新闻传播学院专业教师分头组织学生开展了系列学习活动，学习形式包括主题讲座、现场学习和研讨、分组学习和研讨、主题班会、主题征文等。参与学习的学生主要包括新闻传播类 2017 级、2018 级、2019 级和 2020 级全体在校本科生，新闻与传播专业 2019 级、2020 级全体在校硕士研究生，以及学生媒体全体学生记者等。同时，教师们将大讲堂视频课程内容融入"新闻学概论""新闻采访""新闻写作""新闻摄影""融合新闻报道""传播学概论""传播伦理"等专业课程以及"纪录片创作与欣赏"等全校选修课当中，借助大讲堂优质的教学资源，引导更多的学生全方位参与学习，深入推进课程思政建设，真正实现价值塑造、知识传授和能力培养的有机统一，构建全员、全过程、全方位育人大格局。

（三）强烈反响，振奋教师队伍与学生

"中国新闻传播大讲堂"系列学习在学院广大师生中引起了强烈反响。教师代表表示，会始终坚持立德树人，守正创新，不断引导学生上好这堂专业大课、思政大课，为培养新时代所需要的新文科人才不懈努力。同学们表示"中国新闻传播大讲堂"的课程是一线新闻记者宝贵的经验总结，对日后的专业学习和实践都有很大帮助，将努力学习新闻人在抗击疫情期间敢为人先、记录英雄、传递温情的奋斗精神，今后定会以这些优秀的新闻从业者为榜样，努力成长为有定力、有情怀、有本领的新闻人。未来在党、国家和人民需要的时候毫不犹豫地挺身而出，为社会主义新闻事业做出贡献。

三、学生心得

（一）明确传媒人的职责

讲座中提到一个数据，对于非典、新冠这类传染病，当媒体的报道量增加十倍，此类疾病的感染数减少33.5%。由此可见，媒体报道是预防疾病传播的一个有效手段。在针对疫情知识的宣传当中，以抖音快手为代表的短视频平台，以微博微信为代表的社交媒体让疫情信息得到更广泛、及时的传播，起到了很好的信息宣传和防护普及作用，让人们在最短时间内认识到此次疫情的严重性，了解该如何保护好自己与家人的安全。可以说，是传媒人成功拽住了新型冠状病毒这个大魔头的后腿，减缓它入侵的步伐。

这场战疫中也暴露出不少庸官逃兵以及处理不当的行为，如湖北武汉红十字会物资调配不均。传媒人时刻关注社会事态，带领人们在线监督、舆论施压并通过跟踪报道来解决这一系列不作为、乱作为行为，以保证中国用更少的代价换取更大的胜利，也使清正廉洁的风气得到传播。

（二）坚定传媒人的品格

让我印象深刻的是人民日报汪晓东记者的观点，他认为，舆论越是多元越是复杂，大家如果看到的都是一些灰色的东西，那么还谈何强信心、暖人心、聚民心。在此之前我看到过些许"灰色"的东西，但的确是似是而非。如果不去厘清事实，激浊扬清，带来的负面影响将不可估量。汪晓东记者还提出，这

些故事由谁来讲,到底讲什么样的故事才有意义,媒体平台应该从如何建设的角度反映问题,目的是推动问题的解决,而不是为了蹭热度、博眼球。他的观点启发了我该如何做好一个记者。一位有新闻理想的新闻工作者应该肩负历史责任感去报道、发声,并找到合适的、有力的报道形式,以求问题的解决。

中山大学

（传播与设计学院）

一、教学概况

2020年11月5日下午，中山大学传播与设计学院师生代表以线下现场与线上直播的方式，见证了"中国新闻传播大讲堂"的启动。其中，分管本科教学的副院长陶建杰教授受邀在中国传媒大学参加现场活动，新闻系副主任刘颂杰副教授和15名来自2020级、2019级、2018级本科新闻传播学子在学院党员之家观看了线上直播，活动现场反响积极热烈。观看完毕，刘颂杰副教授向同学们强调了新闻报道现场、视角以及人文关怀的重要性，认为中山大学的校园媒体谷河传媒能从国际疫情形势、不同群体疫情中遇到不同困难等角度进行深度报道，同时鼓励同学们多观察社会，不断提高自身新闻传播的专业素养。启动仪式结束当月，传播与设计学院学生党支部便开展了"中国新闻传播大讲堂"课程视频的学习活动；次月，学院团委组织青马学堂学员学习大讲堂，一起观看了由南方都市报首席记者刘军主讲的抗疫报道分享视频，了解到新闻工作者在报道重大社会公众事件中的重要性与抗疫精神的伟大可贵。目前，中山大学传播与设计学院已经将"中国新闻传播大讲堂"纳入多门课程的教学中，组织新闻传播专业各班级、各年级学生进行集中专题学习。

二、特色亮点

（一）重视党团教育

学院重视运用"中国新闻传播大讲堂"开展党团教育，先后召集学生党支部、青马学堂学生团员开展"中国新闻传播大讲堂——来自武汉抗疫一线的报道"课程视频学习活动。学生一方面从实务层面了解到新闻工作者在疫情期间是如何经过各种努力、调动一切资源完成一篇满足公众利益的"好报道""好新闻"的；另一方面，也从思想层面感受到中国新闻工作者应该具备的责任与担当。学生还表示，自己需进一步学习和贯彻习近平总书记关于加强新闻舆论工作的重要讲话精神，向视频中的新闻工作者看齐；要加强家国情怀与专业素养的培养，将课堂所学的理论知识与实践相融合，成为合格的新闻工作者。

（二）践行课程思政

学院根据现有的本科生培养方案，将"中国新闻传播大讲堂"学习纳入学分管理体系中，推动课程思政建设。具体而言，学院将其设为"形势与政策"课程的具体内容，组织新闻传播专业各班级、各年级学生进行集中专题学习；同时，将其纳入在学院重点建设的《马克思主义新闻观》《深度报道》《媒介融合野外实践》三门课程的具体内容中，作为课堂教学研讨、课外学习的重要素材，强化学生当代中国新闻传播行业的责任意识、使命意识、爱国意识。

（三）强化主题教育

在开展"中国新闻传播大讲堂"视频学习前后，学院也强化了相关的主题教育，以提升学生的学习效果。2020 年 9 月，张志安教授为新生带来了主题为《从新冠肺炎疫情看媒体使命和舆论格局》的演讲，建议学生以多角度观察案例，从社会现实的复杂面上去分析，以正能量报道引导公众情绪，正向凝练凝聚共识。2020 年 11 月，学院马克思主义学院胡雪莲教授为马克思主义学习小组成员作《不忘初心，牢记使命》的专题讲座，深入浅出地阐释了"中国共产党为何而生""中国共产党为什么能"等核心问题。主题活动方面，2020 年 10 月，学院围绕"活力在基层"主题开展了团日活动，2019 级新闻班拍摄了《我和我的祖国》MV 献礼祖国，2019 级传播班开展了脱贫攻坚分享会，2020 级则以定向越野的形式了解中大校园并组织线上观看抗疫纪录片《在一起》。团日活动以寓教于乐的形式加强了学生对时事政策的了解，增进学生的爱国热情。

三、学生心得

11月24日中午，学院研究生第一党支部开展了"中国新闻传播大讲堂——来自武汉抗疫一线的报道"的学习活动。我看完视频后，深深感受到中国新闻工作者应该具备的责任与担当。

（一）践行家国情怀，勇担责任和使命

新华社总编室副主任刘刚的发言让我看到了新闻工作者走进一线、见证英雄、传递温情，发挥了巨大力量。在新冠肺炎疫情前线危急的时刻，新闻工作者不畏艰难、冒着生命危险报道真相，用文字、照片和视频还原了抗疫现场。正是他们对真相的追逐，才让民众可以了解真实客观的信息，让那一颗颗动荡不安的心有了着落，从而凝聚民心、抗击疫情。新闻工作者虽不像医生、警察那样经常出现在民众视野里，但他们的努力也为全国抗疫的胜利做出贡献，这种无畏的精神需要我们学习，这是对职业操守的坚持，也是对家国情怀的践行。

刘刚还强调了年轻记者在新华社抗疫报道中的表现，认为他们体现了中国青年记者朝气蓬勃的精神状态，以及对新闻人使命的"传承"，这让我深受感动。作为年轻一代的我们，就应当积极传承前辈们的精神，奋勇向前、努力创新，不负人民的期待。

（二）践行"四力"，讲好中国故事

大讲堂中，我国优秀新闻工作者出色的专业能力也引发了我的一些思考。如今，我们身处的新时代为每个人都提供了"大舞台"。知识更新不断加快，社会分工日益细化，新技术新模式新业态层出不穷，这些都对青年能力素质提出了新的更高要求。作为传媒人才，我们应该怎么努力讲好中国故事，传播好中国声音，从而成就人生理想，担当时代的神圣使命呢？我想，成长没有捷径，唯有在学习与实践中，学真知、悟真谛，才能增长本领、增长才干，成为可堪大用、能担重任的栋梁之材。本领和能力绝非天生，也无法一劳永逸、一蹴而就。我们应当不断增强'四力'，提高内在素质，锤炼过硬本领，提升宣传思想工作能力，使自己的思维视野、思想观念、认识水平与越来越快的时代发展相适应，从而在迅速变化的时代中赢得主动，始终立于时代潮头、引领风气之先。

暨南大学

（新闻与传播学院）

一、教学概况

"中国新闻传播大讲堂" 2020 年 11 月 5 日在京启动，大讲堂汇聚了新冠肺炎疫情期间广大新闻记者在抗疫一线的杰出表现和宝贵经验，生动展现了中国新闻记者的家国情怀和职业素养。暨南大学新闻与传播学院积极响应号召，切实推动抗疫精神进校园、进课堂、进头脑，在活动启动阶段组织学院师生 200 余人集体观看启动仪式和视频内容，并将大讲堂课程列入学院专业课，推出一系列专项学习和主题教育活动。截至目前，学院共开展了 6 次大型观看及研讨活动，组织 400 余人次参与学习讨论，形成了上万字的观后感材料，用真实案例给同学们上了一堂最生动的国情大课、有温度的思政大课和高水平的专业大课。下一步，学院将继续带领师生深化学习，合理安排大讲堂课程的学习进度和课时分配，引导同学们在课程学习中不断锤炼专业本领、培育爱国主义情怀。

二、特色亮点

（一）纳入学分管理，加快大讲堂课程与新闻专业改革深度融合

自"中国新闻传播大讲堂"开展以来，学院学习领会教育部高教司吴岩司长的重要讲话，加快推进新闻传播类专业课程思政建设，认真研究并将大讲堂

课程作为学院专业选修课。目前，该课程面向 2017—2020 级各专业学生开展教学，课程设置 2 学分，学院成为全国率先将大讲堂课程列入专业选修课、纳入学分管理的新闻传播学类院校。教师们将大讲堂课程与新闻传播专业教学融会贯通，用一手资料开展新闻专业教育和爱国主义教育，让同学们学习了开展新闻报道、讲述中国故事的技巧，以及坚持还原真相的职业操守和义无反顾的家国情怀。

（二）坚持点面结合，提升大讲堂课程传播力影响力引导力

按照教育部高教司要求，除将大讲堂课程纳入学分管理，实现所有专业全覆盖外，学院还将大讲堂课程作为主题教育活动素材。学院积极组织各专业教师、教辅人员以及支部党员、预备党员、积极分子等集体观看视频，通过党支部会议、研讨会等形式，师生认真听课、热烈讨论，使思想在碰撞中得到升华。通过点面结合、小大并举的方式，学院初步构建起全员、全过程、全方位的大讲堂课程内容学习体系，优化和改善教学成果和育人成效，进一步激发同学们的新闻专业理想，使同学们对新闻从业者的角色有了更加清晰的认知。

（三）开展新闻实践，推动大讲堂课程教育在基层落地生根

学院坚持新闻理论与新闻实践相结合，着力培养新时代优秀新闻传播人才，在开展大讲堂课程学习的同时，积极打造主题教育活动。学院于 2020 年 11 月组织 136 名学生分赴广东广宁、徐闻、高州、罗定等 16 个县级融媒体中心，以专业赋能基层，利用学科优势及新媒体技术开展全方位的新闻、营销、音视频制作志愿服务。接下来，学院将通过"南方准记者训练营""卓越新闻人才培养班""马克思主义新闻人才实践培养项目"等平台开展业务技能培训，将大讲堂课程教育内容延伸到新闻实践的方方面面。

三、学生心得

2020 年 11 月 5 日，学院邀请南方都市报社珠中江新闻部内容总监、中央赴湖北指导组宣传组广东报道小组组长刘军，为师生党员亲身讲述抗疫一线故事，并集体观看大讲堂系列教育视频的第 20 集。2021 年 3 月，学院师生先后观看第 1、2、4、5、6 集。大讲堂作为马克思主义新闻观教学中的案例课程，启发了新

闻实践教学模式的革新思路，也引起了同学们的情感共鸣。

（一）报道客观事实

记者是从事信息采集和新闻报道工作的人，需代替民众前往事发现场。2020级播音与主持专业的金璨同学在感言中写道："鲜敢的报道之所以让我印象深刻，是因为他的切入点小到菜摊行情、社区市民的日常生活，大到全市蔬菜供应、药厂生产情况，将疫情一线的客观事实展现得生动清晰。他给武汉乃至全国人民及时带来了抗疫一线的报道，向社会各界传递了战胜疫情的希望和信心。在新闻客观性和舆论方向的权衡下，他不为舆论和流量而采写新闻，坚持'主题先行'，以自身的努力记录每一个重要的历史瞬间。作为接触新闻事件的当事人，他将事情真相及其背后的意义通过报道呈现于世人。"

（二）履行责任使命

"医生是白衣天使，记者是新闻战士。"在本次疫情中，最让2018级广播电视专业张泠昳同学敬佩的是青年医务人员和新闻记者。她说："疫情发生后，各地纷纷派出医疗队伍和新闻记者团队支援武汉，80后、90后成为抗疫主力军。在人生最美好的阶段，他们主动请缨、身临一线，足见他们的无畏和勇敢。大讲堂中提到的四万多张医生肖像，令我热泪盈眶。作为记者，他们用不同于医生的方式，救助着社会受伤的心灵。一条条稿件、一次次采访、一幕幕镜头，都是新闻人留给武汉、留给历史的珍贵底稿。他们把新闻理想刻在心里，落实在行动上。在疫情这个战场上，笔就是武器，他们是从未退缩的勇士。"

汕头大学

（长江新闻与传播学院）

一、教学概况

"中国新闻传播大讲堂"是新文科建设的重要内容之一，是教育部高教司、中宣部新闻局委托高校新闻传播学类专业教学指导委员会举办的国情大课、思政大课、专业大课。此次大讲堂的 32 集视频，以来自武汉抗疫一线的报道为主题，以人民日报、新华社、中央广播电视总台等在内的 14 家主流媒体参与抗疫一线报道的 42 名新闻记者的生动讲述为主，立体展现了新闻记者的家国情怀与专业素养。

自该活动启动以来，汕头大学长江新闻与传播学院于 2020 年 11 月 5 日组织学院党委书记、院长、副院长、新闻学专业主任、骨干教师、学生代表等收看了"中国新闻传播大讲堂"的启动仪式，并通过线下播放和交流等方式，继续组织师生深入学习"中国新闻传播大讲堂"的内容。汕头大学长江新闻与传播学院组织教师先行学习，并与课堂教学相结合，组织学生观看并交流讨论。此外，汕头大学长江新闻与传播学院拟从 2021 年始，开设"中国新闻传播大讲堂"课程，从马克思主义新闻观、新闻理想与职业道德、策划与采访报道、新闻摄影、电视报道、全媒体报道、对外宣传报道等方面，将 32 集视频与新闻教学相结合，采用混合式教学方式推动大讲堂的学习。

二、特色亮点

（一）将大讲堂融入教学体系

汕头大学长江新闻与传播学院党政联席会班子收看了大讲堂的启动仪式，并将其与新文科建设联系起来，讨论如何推动学院新文科建设和专业建设。随后学院组织教师先行学习，教师们从不同角度交流学习心得，并探讨将大讲堂有效融入课堂的方式。根据大讲堂的内容和特点，老师们结合课程内容以及课程的定位，引导学生有效地学习大讲堂；同时，将大讲堂的内容与课程思政结合起来，挖掘视频中爱国主义、责任感、使命感等思政因素，推动课程思政的深入开展。此外，将大讲堂的内容作为课外的辅助教学材料以及案例等，推荐学生观看学习交流。组织学生围绕大讲堂开展讨论，增强专业自豪感和自信心，鼓励大家积极交流，撰写观后感。学院开设专业选修课，期望一方面强化马克思主义新闻观教育，培养学生新闻理想、提高职业道德观念，另一方面进一步深化认识，提高理论思想水平和新闻实务能力，实现课程思政和专业能力培养。

（二）多维度强化新闻专业学习

汕头大学长江新闻与传播学院以"中国新闻传播大讲堂"为依托，切实加强国情教育，使学生深刻体会到抗疫的艰难与一线人员的伟大，也理解了社会主义的制度优势；加强新闻理想与职业素养的培养，使学生感受到新闻人的责任与担当。因为心中有祖国、有人民，这群新闻工作者勇敢逆行，到新闻发生的现场去，传递了一个个既有温度又有深度的故事。视频中 39 名记者不顾危险，深入一线新闻报道的事迹，也让学生们更好地理解了媒体为人民服务、为党和国家工作大局服务的光荣使命，更加坚定了自己的理想和信念。"中国新闻传播大讲堂"也使学生意识到新闻业务能力的重要性，认识到自己需要不断地提高和磨炼，不断地深入践行"四力"。学生们从视频中学习资深记者如何在重重困难中寻找线索，深入挖掘抗疫中的故事；有学生从视频中学习新闻采访中的观察，比如如何从琐屑中剥茧抽丝，展现全貌；也有学生从中学习新闻采访与制作中的冷静与客观；关注国际新闻传播的学生着重学习视频中的宣传和讲故事，尤其是在突发事件中，如何保持思想定力，讲好中国故事，塑造中国形象等。

三、学生心得

（一）记者的使命与责任

第一课的主讲人是新华社总编室副主任、高级记者刘刚。刘刚指出，对于他们来说，不去武汉或者离开武汉，可以有很多理由，但是去武汉和留下来，有一个理由就可以了，那就是职责，因为新闻就在那里。这一句让我们醍醐灌顶，也唤起了我们对新闻工作的使命与责任的思考。新华社武汉前指人员在疫情报道中的工作实绩，反映出新华社记者在武汉工作期间的努力与奋进，彰显了疫情之下，我国人民上下一心的抗疫精神。几个月前，人们曾因为"板蓝根""熏醋"等谣言而错误地应对疫情，主流媒体及时发出的理性声音，阻止了谣言的进一步扩散，引导着人民群众用科学的知识防控疫情，展示了其作为"瞭望塔"的责任与担当。高度的政治责任、真挚的人民情怀和崇高的职业精神，这是党和国家赋予新闻工作者的职责使命，也是每一位新闻传播学子为之奋斗的目标与方向。

（二）讲好中国故事

通过观看"中国新闻传播大讲堂"的启动仪式，我们领略到很多优秀记者的家国情怀和前沿视角。作为新闻传播学的研究生，应当始终牢牢树立"为人民发声、为国家做新闻"的意识，在面对灾难病疫时始终坚持正确的政治导向和新闻价值标准。在新媒体时代，先进的传播技术不仅仅方便了人与人之间的沟通，还能有效应对公共卫生危机。因此，除了树立正确的"新闻观"外，还需要深入钻研媒体技术，掌握前沿传播技能。唯有如此，我们才能在日后成为一名党和人民信赖的新闻工作者。

广东海洋大学

（文学与新闻传播学院）

一、教学概况

广东海洋大学文学与新闻传播学院为积极响应教育部高教司开展"中国新闻传播大讲堂"的号召，贯彻习近平新时代中国特色社会主义思想和党的十九大精神，学校领导高度重视，立即指定了相关负责人，并在学院工作群发布了学习通知，号召新闻系和中文系的全院教师收看、学习相关视频，领会视频主旨内容和意义，尽可能将其融入课堂思政之中。2020 年 11 月 5 日，学院在学院工作群发布了直播链接，要求当日没有课的老师收看直播，指定了新闻系教师代表、学生代表收看直播仪式。直播仪式结束后，学院又安排各班班主任将直播链接转发至新闻系两个专业四个班的班级群，号召所有同学在课外自行回看。

随后，广东海洋大学采取一系列措施鼓励和保证教师充分利用该视频：一是鼓励任课教师将视频作为资料或案例融入课堂的讲授中；二是鼓励任课教师将视频相关内容作为"学习任务点"发布在"学习通"等在线课堂教学软件中，以便监督学生的学习进度和学习效果；三是鼓励任课教师根据视频中反映出来的媒介业务新形式、新方法改善自身课堂教学，做好课程建设和教学改革——探索新媒介背景下的新闻专业教育，探索二本地方院校办好新闻系、讲好新闻专业课的方法，探索新闻专业课堂思政的新路径。

二、特色亮点

（一）教师共学共探

受限于地理位置和学校性质，广东海洋大学的教师少有机会请来如"中国新闻传播大讲堂"这样高级别媒体单位的高水平记者亲自为同学们分享来自一线的媒体实战经验。在媒体技术、生态日新月异的媒介环境中，同学和老师都深切感觉到自身媒介知识、经验的滞后性，亟须新知识、新技术、新经验、新方法的洗礼。

我校组织李飞翔、龙黎飞、徐海玲、陈虹虹等教师集体观看视频，深入学习与讨论。龙黎飞认为，她自己在上新闻采访课的时候，时常苦恼课本上的案例离现今的传媒现实有点远，不论是传媒实践还是传媒思维，近些年都发展特别快，所以一直在想办法探索更有效的教学方法，不断更新采访写作案例库。而"中国新闻传播学大讲堂"的32集视频教学内容将记者演播室讲授与自己或者单位采写的各类作品（有文字报道、有电视新闻、有H5、VR新闻、融媒体作品等创新形式的作品）有机结合，采用案例教学法，通过一个个精讲的案例，全方位地还原当时的策划思路、采写情境、事后复盘，通过现代化的视听技术和通信网络，使教学内容生动形象。比起传统的课程，这种既有一线经验又有理论总结的内容更能入学生脑、入学生心，这正是其所追求的新闻采访学教学的最佳模式。所有的案例都是真实的，没有任何纸上谈兵的成分，还有经过实践检验过的经验总结。在这32集视频里可以学到如何策划一个融媒体作品、如何寻找选题、如何找到你想要的被访者、如何和被访者建立信任关系、如何打开被访者的心扉、如何提问、如何倾听、如何做体验式报道、如何挑选细节、如何结构一篇深度报道、如何保证一边做文字采访一边兼顾视频拍摄等采访学的知识点。因此，大讲堂完全可以作为学校未来传统新闻采访学课堂的一个补充和进阶的课程。

（二）启发课程改革

"中国新闻传播大讲堂"的视频内容有益于启发我校的课程内容改革和课程体系建设，我校后续将考虑把视频内容深入融入课堂教学，并开设选修课等。从学生和教师代表的收看反馈来看，大家都对视频内容表示欢迎，给予高度评价。担任采写编评摄等业务课的教师一致认为该视频是绝好案例库，表示在后续的课堂中将使用该视频作为案例分析的对象，结合相关课程内容组织学生深入讨论和学习。有的教师准备将其作为资料库，供同学们在线反复收看；有的教师准备在后续收集讲课记者的相关作品，作为优秀作品集，组织学生模仿和练习；有的教师准备将其作为思政的典型案例，融入课程思政中。

三、学生心得

今天的课上，我们观看了"中国新闻传播大讲堂"之摄影分享。看完之后，我更加懂得了摄影的意义，我将其总结为以下两点。

（一）新闻摄影记录真实

视频中的摄影师在疫情最严峻的时刻，仍然坚守在武汉前线拍摄，让我想起了疫情之初我在微博上看到的一张张照片。记者们记录着人们的生活状况，每个人都在用自己的努力让这座城市正常运转，当时看的时候真的特别感动，这就是摄影的魅力。记录下的一个个瞬间也许不是特别美好的，但一定是有意义的。新闻摄影就是记录：记录真实，也记录情感，更是要记录平凡的力量。这就要求新闻摄影师要时刻关注人在不同环境下的状态，捕捉细节。同时，对于新闻摄影而言，主题比技术更重要。一张照片如果能表达深刻的主题，那即使它的构图、色彩等不尽如人意，也是一张好的照片。

（二）新闻点亮生活之美

"中国新闻传播大讲堂"给我留下了深刻的印象，让我受益匪浅。视频中的摄影师讲述了自己如何在疫情期间拍下一张张流露出真情实感的照片。正如摄影师所说的那样：照片的构图可能不太完美，但里面却富含着很深的情感。所以我认为，如何让照片拥有情绪、与读者产生共鸣是我们在学习摄影过程中应该理解并掌握的关键。要将自己融入所处的环境中，细心观察，去寻找美、发现美、记录美。摄影就像一盏灯，当你为别人点亮一盏灯，那光芒也将照亮你的内心。片中的摄影师记录了武汉疫情期间的生活百态，向我们展示了抗疫工作人员的艰辛与坚强，传递了社会正能量，我们要学习他们的精神。

深圳大学

（传播学院）

一、教学概况

"中国新闻传播大讲堂"是教育部高教司、中宣部新闻局委托高校新闻传播学类专业教学指导委员会举办的专项活动，是加快新文科建设、推动高等文科教育提质创新的有力抓手。

在接到教学通知之后，深圳大学传播学院领导班子高度重视，认为这是一次难得的新闻传播课程思政教育活动。主管教学的副院长黄玉波教授亲自挂帅，召集专业老师负责此事。经过讨论、协调及磋商，学院决定以创新短课的形式给予学生学习平台，彰显新时代新闻从业人员的职业操守和专业精神，以此推动大学生中的国情教育、思政宣讲。

二、特色亮点

（一）积极参与线上启动

2020年11月5日下午，"中国新闻传播大讲堂"正式启动。深圳大学传播学院院领导及新闻系老师、同学代表共计200余人均参加了大讲堂线上启动仪式。今年大讲堂的主题是'来自武汉抗疫一线的报道"，每集课程包含讲述内容、案例分析、拓展学习三部分。深圳大学在组织学生聆听讲述的同时，为同学们提供作品二维码帮助同学们持续深入学习优秀抗疫报道。

（二）创新短课学习平台

2020 年 11 月 17 日（周二）晚上 7 点，深圳大学"中国新闻传播大讲堂"第一次上课，传播学院近 300 名师生参加。主讲教师叶昌前副教授讲授自己对32 集视频内容的观摩体会，勉励新时代大学生树立爱党、爱国、为民代言的情怀和"铁肩担道义、妙手著文章"的新闻品格。

在授课过程中，叶老师围绕着新闻价值理念产生的社会基础、如何判断事实的新闻价值、新闻价值的诸要素、怎样在新闻实践中体验新闻价值、传播者满足接受者享用新闻使用价值的程度，以及传媒选择事实时的实际运作标准、新闻记者的职业道德和职业规范等专业问题展开讲解和探寻，特别强调了新闻的真实性和媒体的公信力。

（三）设置线上讨论环节

深圳大学大讲堂课程组设计了学生线上讨论环节，探讨了包括新闻真实性原则、新闻记者的社会责任感、舆论引导与舆情分析对营造和谐社会的作用等六个话题。同学们在课程微信群中积极参与讨论。除了每周一次的线上与学生互动交流，任课教师也经常在线下接待有问题需要解答的学生，了解这些 90 后、00 后学生们的思想动向和专业需求，争取把这门创新课讲得生动鲜活、具象有料。在课程授课期间，为活跃思维、激发热情，深圳大学还举办了诸如在线讨论，撰写论文，并展示优秀的学习心得体会等学习活动，力求别开生面。

（四）举办学习演讲大赛

2020 年 12 月 22 日晚，深圳大学传播学院的特色创新短课"'中国新闻传播大讲堂——来自武汉抗疫一线的报道'学习研讨会"举办了"用事实说话——来自武汉抗疫一线报道的感怀"演讲大赛，共有传播学院 2020 级新生和一些其他专业选修该课程的近 300 多位学生参加了此次大型演讲比赛。最终 10 位参赛选手获奖，深圳大学传播学院为每位获奖同学颁发了奖状和奖品，以资鼓励。

三、学生心得

大讲堂呈现的不仅仅有疫情下不畏生死守护人民生命的医护人员，更有在前线用笔和镜头，记录、传播前线抗疫新闻，将感人的事迹带往全国的新闻工作者们。他们身上体现了新时代新闻工作者的使命与担当，他们是我们这些学习传播，学习新闻的人的榜样。我深刻体会到，新闻记者无论在何时，都应与党同心，与人民共情，与社会热点突发事件相联系，传播好中国声音。

（一）看到新闻工作者

透过视频，我看到了新闻工作者的敬业精神。疫情发生以来，新闻人从来没有停下脚步，哪里有新闻，哪里就有记者；哪里最危险，哪里就有一线记者。他们承担起了新闻工作者的使命感，勇敢奔赴各自的工作岗位，带来最新的消息，最感动的故事。

透过视频，我看到了新闻工作者的人文关怀。他们将报道的视角落在了个体身上，发现灾难中所呈现出来的生命之光，找寻人性中最柔软的地方。记者怀着一颗博爱之心、慈善之心、恻隐之心，在采写中融入满腔的热情、爱心和真情，采写出感人肺腑的报道，创作出富有人情味、感染力、感召力的作品。

（二）感受到中国精神

通过聆听一线记者们的讲述，透过他们的镜头，我深刻地感受到了疫情下的中国精神。国泰民安建立在不懈的奋斗和巨大的付出之上。鲜花的每一次绽放，都是无数条根须的奋力生长；果树的每一场收获，都是无数片叶子的拼命奉献。新闻工作者们的镜头和文字让我们发现了身边的许多平凡英雄，他们也是有血有肉、有名有姓的普通人。岁月静好的日子里，在人群中你分辨不出谁是英雄，可是危机一旦来临、宁静不再，总有一些人挺身而出，逆行而上。这就是英雄的模样：我们常常看不清他们的脸，因为他们总是站在我们前面。

孟子曰：虽千万人吾往矣。一股浩然之气、英雄之气，始终奔腾激荡于炎黄子孙的血脉。抗击疫情以来，这一脉相传的英雄气概，感动着我们，振奋着我们，也给了我们弥足珍贵的安全感。基辛格在他的《论中国》中感慨："中国人总是被他们之中最勇敢的人保护得很好。"所谓最勇敢的人，也正是鲁迅先生笔下那些埋头苦干、拼命硬干、为民请命、舍身求法的人。他们才是中国的脊梁。

新时代孕育新机遇，呼唤新担当，吾辈作为当代的新闻学子，更要立志成长为有定力，有情怀，有本领的新闻人。

广东外语外贸大学

（新闻与传播学院）

一、教学概况

为深入学习贯彻习近平总书记关于加强新闻舆论工作的重要讲话精神，响应教育部号召，强化马克思主义新闻观教育，广东外语外贸大学新闻与传播学院全体学生在学院副院长朱颖教授的组织和带领下，通过线上与线下结合、课外与课堂互补的方式，对教育部匠心之作"中国新闻传播大讲堂——来自武汉抗疫一线的报道"进行了深入、全面的学习与探讨。此次活动在师生中取得了良好的反响，学习效果显著。

为了使同学们能够更加全面和深入地学习，一方面，朱颖副院长在课堂上带领学生集体观看视频，引导学生积极思考，鼓励学生对当堂观看的内容进行讨论和交流，并及时为同学们答疑解惑。由于系列视频内容集数较多，受教学时长的限制无法在课堂上完成所有视频的观看，朱颖副院长从中为同学们挑选出了不同类型、代表性强的篇章进行课堂上的集体学习。其余视频则安排学生们在课余时间进行观看，并定期组织学生通过网络平台进行交流和讨论，分享课后的学习心得，由此完成一系列视频课程的完整观看学习。

另一方面，朱颖副院长还创新教学形式，邀请了参与抗疫报道的一线记者和同学们面对面地沟通交流，使同学们更加真实地感受到前线记者的报道经历和心路历程。这种线上与线下相结合的方式使整个课程体系更加完整丰富、生动立体。

二、特色亮点

（一）线上集体观看视频，学习理论与案例

大讲堂课程包含讲述内容、案例分析、拓展学习三部分，学生在聆听讲述的同时，还可以扫描二维码持续深入学习优秀抗疫报道。每一集都会紧紧围绕一个主题，从不同侧面和不同角度进行突出与呈现。既有团队负责人从宏观上进行总结，又有某个一线记者从微观和个体层面来讲述自己的所见所闻，所感所思；既包括了正能量精神引导，又涵盖了对新闻理论和业务实践的学习。可谓内容丰富，主题鲜明，环环相扣。

在内容和情感层面，"中国新闻传播大讲堂"相关视频中有大量真实的案例和优秀的报道作品，整合了大量的视频、音频、图片、文字等。这些案例涵盖了抗疫过程中的真实场景：从国家的宏观布控和政策指导到一线人员的坚守岗位和无私奉献，从患者与病魔的顽强斗争到无数人民的心手相连。每个场景，每个画面，都因为带着真实的温度而格外打动人心。在理论和思想层面，"中国新闻传播大讲堂"始终以马克思主义新闻观为引领，从理论和实践层面贯彻落实习近平总书记对加强和改进新闻舆论工作所做出的一系列重大部署。在媒介技术和报道形式层面，"中国新闻传播大讲堂"展现了全媒体时代融合发展的创新路径和在抗疫报道中打造"全程媒体、全息媒体、全员媒体、全效媒体"的成功实践，从而切实提高党的新闻舆论传播力、引导力、影响力、公信力。

（二）线下邀请记者分享，面对面沟通交流

除了线上视频学习外，朱颖副院长还为同学们请来了参与抗疫一线报道的记者，广东外语外贸大学的优秀校友——南方周末绿色新闻部记者崔慧莹和广东广播电视台电视新闻中心记者张巍，和同学们进行线下的分享交流。

在分享了自己作为记者进行跟踪报道的历程后，崔慧莹强调真实是新闻的生命，突发公共卫生事件事关群众健康，事关舆论导向，事关社会稳定，记者必须肩负好责任，亲历现场调查，确保新闻真实。

针对同学们可能比较薄弱的新闻选题环节，崔慧莹也结合此次奔赴武汉所做

的高质量报道，从策划选题、捕捉细节到挖掘深度三个方面向大家展示了专题报道的技巧。崔慧莹谈道，以人为本，通过报道准确及时的新闻，安抚民众，做社会的定心丸，是马克思主义新闻观的重要内容，做新闻一定要以人为本。

三、学生心得

（一）讲好中国故事，展现负责任大国担当

中国新闻社前方记者秉持"真听真看真感受"理念，将镜头对准志工、医护人员等特殊群体，努力挖掘他们身上的故事，推出了《武汉志工：年三十瞒着家人出门，服务首日腿抖一天》《中国战疫路之医者大爱》等感人肺腑的视频作品，对还原中国抗疫现状，讲好中国故事，展示我国形象起到了重要的作用。

我国新闻媒体正在马克思主义的指导下，逐渐转变话语形态。只有坚持正确的舆论导向，努力削弱因文化背景差异而导致的文化折扣，努力讲好中国故事，才能充分展现中国负责任大国形象。

（二）遵循新闻规律，全媒体报道提升记者"四力"

随着媒体融合进程的加快，对于记者的要求也不再仅限于采集与撰写文字稿，而是趋向"全媒体化"，即记者要能熟练掌握多种新媒体技能并形成新媒体思维，实现自身业务能力的升级。习近平总书记就曾对当代新闻工作者提出"要勤学习，多锻炼，努力成为专家型，全媒型人才""不断增强脚力、眼力、脑力、笔力"等要求。只有这样，在传播权日益弥散的当下，传统新闻工作者才能捍卫职业的边界。

疫情期间，中国青年报始终聚焦大事件中的小人物，并根据内容的不同特性推出不同的产出形式，其中不乏视频作品、人物报道作品、群像报道作品等。其中视频稿件作品《直击东西湖方舱医院首批患者雪中出舱》，用最直接的视频语言带来最真实的情感流露，视频特地拍摄了医院为出舱病人发放出院证明的同时准备了祝福贺卡和小鼠玩偶，尽显人间温情。同样，南方都市报也进行了短视频、专题片、纪录片、微电影、动画、条漫甚至以抗疫为主题的微信表情包等多种形式的新闻报道呈现，给读者多维的感官刺激与体验，实现了新闻传播效果最大化。

广东培正学院

（人文学院）

一、教学概况

"中国新闻传播大讲堂"是教育部高教司、中宣部新闻局委托高校新闻传播学类专业教学指导委员会组织举办的，本次课程的主讲人是深入武汉一线参与抗疫报道的记者和编辑，他们来自人民日报、新华社、中央广播电视台、光明日报、经济日报、湖北日报、长江日报等主流媒体。他们用报道背后的故事，为广州培正学院的师生们做了一次深刻的职业教育与思政教育。在本次课程中，我校的老师和学生们都收获颇丰。正如"中国新闻传播大讲堂"推出时所号召的一样，这是加快新文科建设、推动高等文科教育提质创新的有力抓手，是强化马克思主义新闻观教育、全面推进新闻传播类专业课程思政建设的实际行动，是推动新闻理论与新闻实践深度融合、培养新时代优秀新闻传播人才的重要举措，是增强广大新闻传播类专业学生自信心、自豪感、自主性，提高新闻传播教育影响力、感召力、塑造力的生动实践。经过新闻传播大讲堂的洗礼，同学们对于新闻事业、新闻行业、新闻从业者都有了更深刻的认识。同学们在一篇篇报道里，感受理论与实践的结合，也在无数则新闻记录的时代记忆里，感受制度的优越、国家的强大、人民的凝聚。

二、特色亮点

（一）课堂学习＋课外学习并行

在接到"中国新闻传播大讲堂"的开课信息之后，我校迅速组织开展相关课程的学习。由于时间分配及教学任务的关系，此次课程采取的是课堂与课外联动的学习方式。在《新闻学概论》课堂上，选取了部分与教学内容关系密切的案例用于课堂教学，比如关于新闻事业的功能、新媒体的应用、舆论引导等课题，让学生了解一线的想法、实际工作中的具体操作和可能遇到的问题，从而对教学内容有更深刻的认识。"中国新闻传播大讲堂"的内容充实了课堂案例，也开阔了学生对新闻和新闻行业的认识。鉴于学生的学习兴趣比较浓厚，视频呈现的内容及形式能调动他们的积极性与注意力，与学生探讨之后，学院最终采取了课堂学习＋课外学习双轨并行的形式。部分视频课后观看、课上研讨，既丰富课堂内容，保证课堂知识吸收的多样性，也促进学生课后的独立思考，确保时间的有效分配和合理利用，更大程度地发挥了学生的主动性与能动性。

（二）职业教育＋爱国教育并重

"中国新闻传播大讲堂"的主讲人都是来自武汉抗疫一线的新闻人，讲述的内容都是关于疫情期间武汉的报道，围绕报道什么、怎么报道、如何高效报道、为什么报道展开。从职业精神到职业能力，从责任担当、冲锋坚守，到选题策划、采访报道，大讲堂的主讲人给同学们做了一次完美的示范，让同学们心目中的新闻事业从抽象到具体。来自一线工作者的实战经验极大地丰富了学生的认识，这对于同学们今后的职业实战尤为重要。同学们从每个主讲人的讲述里，都能感受到他们对行业的热爱、对新闻的执着，从中收获关于新闻工作的有效建议。但是，这绝不仅仅是一次职业教育，更是一次爱国教育，是新闻传播类课程思政建设的重要举措。很多场面都让同学们印象深刻，每一个普通人用不普通的事迹，推动着这座城市的"复苏"。医护人员、快递小哥、环卫工人……这座城市的每一个人都在努力战斗。而记者也以自己的责任与担当，成为战斗中的一员，向世界宣告中国的努力。这种凝聚力、向心力正是中华民族屹立于世界民族之林的重要力量。

三、学生心得

本次大讲堂主题为"来自武汉抗疫一线的报道",邀请14家主流媒体参与抗疫一线报道的记者录制32集视频教学内容,生动讲述、立体展现中国新闻记者的家国情怀与专业素养。其中,让师生感触最深的是各新闻从业者传授的高水平的专业能力知识与最有温度的思政修养,还有散发出来最生动的国家情怀,当然,更少不了自身经验汇聚而成的最鲜活抗疫报道、总结最深刻的报道体会。

(一)做好细节报道

在专业内容方面,素材资源调配、敏锐视角、细节是众多最有影响力的武汉抗疫前线新闻稿里的三大因素。经济日报国际部主任及高级记者陈雪慧认为,面对众多信息,要学会对素材资源有所取舍。对素材的取舍其中就包括新闻人对事件角度的分析。例如,《面对面:专访蔡利萍》中采访刘志明妻子,从家属的视角去看刘志明的平生。他在抗疫过程中不幸逝世的消息让大众认识了他,可与他之间的距离很遥远,因为观众并不了解他的为人处事,但这篇专访让读者产生极大的共鸣。最是细节打动人心,最是小事彰显本质。有了细节才会更好地了解人物,下笔时更好地拿捏分寸,越是细微越不可放过。俗话说:"细节决定成败。"无论是做人做事,都该如此。

(二)展现中国精神

新华社在抗击疫情时成立了武汉前方报道指挥部,新华精神是支撑他们抗击疫情考验的不懈动力,凭借对新闻事业的热爱,在关键时刻,顶得住、打得赢。中央广播电视总台新闻中心记者郑连凯在前线历经86天新闻采访,他提道:当看到人民解放军、中央和国家部委、各地区鼎力相助,派出340多支医疗队、4.2万多名医务人员火线驰援湖北,抗击疫情各项工作全面有序展开,形成全面动员、全面部署、全面加强疫情防控工作的局面的时候,他内心的不安逐渐消失,有了更多的勇气与信心。这展现了大考大战时敢打硬仗的行动能力和精神力量,全国上下众志成城,在敢于斗争中展现中国精神,在坚持"人民至上"工作之中展现中国精神,在科学防控中展现中国精神,在加强国际合作中展现中国精神。

东莞理工学院城市学院

（文学与传媒学院）

一、教学概况

2020 年 11 月 5 日下午 3 点，我院新媒体教研室全体老师及部分同学代表在 5C225 教室在线观看了"中国新闻传播大讲堂"启动仪式。启动仪式结束后，新媒体教研室的老师们进行了主题讨论，认为大讲堂的启动有助于引导广大师生深刻理解中国特色社会主义的制度优势、理论优势、道路优势，培养学生为党为国为人民的深厚情怀和使命担当，可以在教学过程中结合课堂思政，把大讲堂中的优秀案例、先进理念带进课堂。

为了让学生更进一步学习视频中的理论知识、专业技能、职业素养及人文精神，更加深刻地领悟抗疫精神，并将此内化为自己的精神追求，学院有效地组织学生结成学习小组，全面学习系列视频，并进行小组讨论，完成学习报告。

通过在线观看启动仪式、课程视频进课堂、课程视频案例化以及学生分组讨论等多种形式，我院网络与新媒体专业积极有效地开展了此次大讲堂的学习活动。一方面让"抗疫故事"进入课程，让"抗疫精神"深入人心，进一步培养学生的家国情怀和责任担当，另一方面也让学生积极学习并吸收了专业理论知识，提升了专业技能素养。此外，课程中丰富的案例、深厚的理论以及传递出来的人文精神，对于今后的专业教学也产生了积极的影响，能够让我们的误程更加多元、立体、丰富起来。

二、特色亮点

（一）教学视频进课堂

为了更好地向本专业学生介绍本次大讲堂的教学内容，组织学生学习视频中呈现出来的记者的敬业精神、爱国情怀及职业素养，网络与新媒体专业将误程思政与专业教学结合走来，积极动员组织专任教师紧密结合本学期的课程设置，把教学视频引入课堂，把视频中的理论与案例及其所体现的精神内核分享给学生，激发了本专业学生的学习热忱，引起了广泛的讨论。

（二）教学视频案例化

为了更好地把教学视频与专业课程的教学内容相结合，帮助学生更好地理解抗疫精神，引导学生树立正确的世界观、人生观和价值观，认清时代的责任和历史使命，发挥课程思政的良好作用，网络与新媒体专业把"来自武汉抗疫一线的报道"中的一些案例有针对性地融入课堂教学中，提升了学生对教学视频内容的深刻理解，也丰富了专业课程的教学内容。

《新闻学概论》课程中引入了大讲堂中的第17集的内容，现代快报编委、武汉战疫队队长孙兰兰的分享。在案例中，孙兰兰结合一线采访经历，提炼总结了抗疫报道"六字真言"：真、快、近、轻、暖、深。老师将这些生动的案例与《新闻学概论》课程中关于"新闻真实"的重要内容有机结合，在课堂上进行有针对性的讲述，并且展开课堂讨论，让同学们更加深刻地理解真实对于新闻的重要性。尤其在重大突发事件中，只有做到了真实，新闻才能更好地发挥传播信息、服务社会的重要作用。

《数字多媒体作品创作》课程则引入了大讲堂第8集的内容，以《云监工》慢直播为案例，结合专业知识进行系统梳理和讲授。学生在对这一典型融媒体报道案例的学习讨论中，深深感受到了媒体融合的魅力，也促使其对媒体融合理念的理解，并提升其专业能力。沉浸式新闻报道形态的不断升级和优化，为新闻业未来的发展增添了更丰富的注脚。学生也感受到，在夯实专业基础的同时，需要进一步拓展自身的专业能力和所掌握的技术，以适应未来新闻业、新媒体的发展要求。

三、学生心得

（一）恪守新闻职责

"中国新闻传播大讲堂"让我看到了新闻人的重要作用。他们用图文向人们传递疫情信息，通过把镜头对准一个个平凡而又伟大的逆行者，告诉我们有无数人正在为抗击疫情努力，为打赢疫情防控阻击战注入信心。其实，站在疫情前线的记者不仅仅是熊琦、孙兰兰、张斯然等人，还有很多默默扎根一线的可爱的他们。

在感叹抗疫伟大的同时，作为新闻学院的学生，我更意识到新闻人身上肩负的重要使命。当出现突发事件时，新闻人应及时向公众传递正确信息，避免公众恐慌，稳定社会秩序；在报道重大事件时，既要突出主题，把握重点，又要关注细节，关注平凡生活中的伟大之处。即使是面临极大的困难，也不应忘却作为新闻人的责任，更不能退缩和逃避，而应敏锐捕捉新闻，客观理性地及时报道新闻，恪守新闻人的职责。

（二）讲好新闻故事

在这次的疫情报道中，新闻工作者们打破了传统的线性叙事报道，利用了5G+4K/8K+AI+VR 的新技术手段，充分发挥了直播的实时性、真实性、场景化优势。直播画面的形式虽然简单，但事件的传播与发生同步进行，传播效果更加客观，没有任何的后期制作，展示最原生态的现场，使真实变得触手可及。这也要求我们要紧跟技术发展节奏，掌握和利用好各种新闻传播技术，讲好新闻故事。

同时，在抗击疫情期间，大小舆情接连起爆，这也是对讲好新闻故事的一大挑战，要求我们不断提高专业素养。全景化的新闻报道应该站在高位、贴民情、正引导，以此全面展示事件的整体环境状态。要将积极挖掘抗击疫情的真实故事作为突破口，以敏锐的视角、细腻的笔触进行深度的人物特写。

虽然我们只是刚入学的大一网新专业的萌新，但我们也会在未来的学习道路上主动深入践行"四力",坚定自己的职业理想,提升自我的思想政治素养,推动新闻理论与新闻实践深度融合;同时积极向优秀的新时代新闻传播行业的前辈们学习,努力成为政治过硬、业务过硬、战斗力过硬的,有思想、有原则、有能力、有深度的新闻工作者。

桂林理工大学

（公共管理与传媒学院）

一、教学概况

自"中国新闻传播大讲堂"启动以来，桂林理工大学各级领导在思想上高度重视，严格按照教育部高教司、中宣部新闻局，以及高校新闻传播学类专业教学指导委员会的统一部署，全面贯彻落实"抗疫故事进课堂，抗疫精神入人心"的各项举措。学校广告学教研室和传播学教研室联合召开专项会议，就如何贯彻落实好大讲堂课程学习研讨与实践创新进行了周密部署。通过指定专人负责组织大讲堂视频的学习和研讨等方式，让师生们及时了解到武汉抗疫一线的报道故事，感悟新闻报道背后的家国情怀与专业素养，进而培养为党为国为人民的深厚情怀和使命担当，切实提高新闻传播教育的影响力、感召力、塑造力。桂林理工大学公共管理与传媒学院结合学生思想实际，通过主题班会、团日活动、研讨交流等形式，切实推动抗疫精神进校园、进课堂，引导广大师生深刻理解中国特色社会主义的制度优势、理论优势、道路优势。

二、特色亮点

（一）师生共学，确保扎实稳步推进

学校组织专业教师先行学习视频内容，研讨将抗疫新闻融入课堂的方式方法。教工层面学习研讨"中国新闻传播大讲堂"的视频内容，主要以个人自学、各教研室分组讨论等形式进行。广告学教研室和传播学教研室还联合召开推动抗疫精神进课堂的专题教研活动，活动中专业任课教师结合自身实际，从不同角度交流学习"中国新闻传播大讲堂"的心得。同时，广告学、传播学各年级在校学生在雁山校区07204教室集体观看了"中国新闻传播大讲堂"的直播启动仪式。启动仪式后，同学们感触颇深，不仅对新闻工作者的敬佩之情更加深厚，而且对所学专业有了更深刻的认知。广告学、传播学和新闻传播学类专业各班级还开展了"学抗疫英雄，做时代新人"的主题班会，有些班级将"中国新闻传播大讲堂"的学习与主题团日活动进行有机融合，探讨新闻人的责任与担当，感受新闻工作者孜孜不倦、一丝不苟的敬业精神。

（二）立德树人，助力课程思政建设

习近平总书记指出，高校思想政治工作关系高校培养什么样的人、如何培养人以及为谁培养人这个根本问题。要坚持把立德树人作为中心环节，把思想政治工作贯穿教育教学全过程，实现全程育人、全方位育人，努力开创我国高等教育事业发展新局面。"课程思政"建设是落实立德树人根本任务的重要途径和载体。桂林理工大学以"课程思政"为抓手，通过融入"中国新闻传播大讲堂"系列课程内容的鲜活案例，把抗疫故事和精神积极融入课堂，全面推进新闻传播类专业课程思政建设与时代同频共振。

（三）融入实践，课上内容课外延伸

除了在课堂上和校园内组织学生学习"中国新闻传播大讲堂"，桂林理工大学还结合学生的实际情况，将主题学习向课外延伸、向实践延伸，例如传播学专业学生创办了微信公众号"桂工新视听"，推送了多篇抗疫主题的新闻报道。

三、学生心得

（一）不畏艰险，敢为人先

正如人民日报西藏分社记者鲜敢所言，2020 年 1 月 23 日对他来说，是无比难忘的一天。在那一天，这个武汉伢从西藏返汉过年，中途"临危受命"，成为在疫情一线坚守时间最久的记者。出于新闻传播的责任，面对家附近医院的百米长龙，还有救护车时不时运来的病人，他举起了手机一步一步靠近他们，坚信战地记者罗伯特·卡帕之言——如果你拍得不够好，那是因为你靠得不够近。一张张图片、一段段视频构成了一篇篇前线真实可贵的报道。人民日报新闻协调部编辑、记者吴珊主动请缨加入人民日报社武汉前方报道组，多次深入重症病区、方舱医院、社区街道采访，多次深入医院、社区、火车站等现场进行直播。百日抗疫也是百日新闻战役，14 家主流媒体的新闻工作者们以时间为经，以产品为纬，历经抗疫挑战，接受精神洗礼，走进一线，见证英雄，传递温情。在新闻工作者的镜头之下，看似停摆的江城武汉，以另一种顽强的方式，在斗争、在抚伤、在泥槃、在重生。

（二）坚守原则，正确引导

全新的媒体环境意味着全新的挑战，也蕴含着全新的机遇。在传媒业和舆论场发生重大变革的当下，有些坚守却不应该改变。在我国，新闻工作者理当坚持党性原则，以人民为中心，遵循新闻传播规律，以正确的舆论引导人民。新闻人更要保持自身定力，树立正确的新闻观。

（三）不忘使命，积极实践

我们应该以新冠肺炎疫情新闻报道为模版，以疫情中优秀的新闻工作者为榜样，努力学好科学文化知识，践行新闻理论，坚守新闻舆论工作者的责任与使命，立足中国，放眼世界，传播中国声音，讲好中国故事，让中国了解世界，让世界了解中国。

南宁师范大学

（新闻与传播学院）

一、教学概况

为推动新时代高等教育新文科教育的创新发展，让同学们更好地理解新闻工作者的职业精神，理解马克思主义新闻观，理解新闻工作者的责任、担当、使命，学习爱国精神、抗疫精神，南宁师范大学新闻与传播学院组织各班观看和学习"中国新闻传播大讲堂"视频。在学校的组织下，本次"中国新闻传播大讲堂"采取分班分集观看的形式。通过此次学习，学生对新闻工作有了更加深刻的认识，真真切切感受到了记者这个职业的责任与使命。同时，同学们不仅更了解了疫情期间前线医务工作者的坚强和艰难，更看到了每个报道的背后，新闻工作者的辛勤付出。同学们也认识到，作为新闻人，必须把政治方向摆在第一位，不断增强政治意识、大局意识、核心意识、看齐意识，及时把人民群众创造的经验和面临的实际情况反映出来，丰富人民精神世界，增强人民精神力量。"中国新闻传播大讲堂"对强化马克思主义新闻观教育，全面推进新闻传播类专业课程思政建设，推动新闻理论与新闻实践深度融合，培养新时代优秀新闻传播人才具有重要意义。

二、特色亮点

（一）进一步坚定了新闻理想

同学们观看了大讲堂后进一步坚定了新闻理想。课程中新华社记者以"新华精神"为核心，结合真实案例，将对党忠诚、勿忘人民、实事求是、开拓创新的"新华精神"精准地传递出来。同时，围绕以下几个方面——对党忠诚；传承红色基因、勿忘人民；自觉践行"四力"，实事求是，忠实履行职责；开拓创新和建立战时机制等，讲述新华社在疫情报道中的工作实绩。由此，学生们对新闻工作有了更加深刻的认识，真真切切感受到了"记者"这个职业的责任与使命。他们认为当以这些优秀的新闻工作者为榜样，与党同心，在祖国需要之时冲在前面，做一个有担当、有情怀的新闻人。

（二）树立了新闻工作的大局观

"中国新闻传播大讲堂"课程中，费茂华讲述了新闻工作者在医院的拍摄工作，展现出在"红区"工作的时候，穿防护服拍摄的痛苦以及防护服带来的窒息感。同学们印象中最深刻的是处理医疗废物的工作人员，当看到医院工作人员在处理和运送带着病毒的医疗废物时，深深地为工作人员捏了把汗。那种被病毒包围着的恐惧，是要有多大的心理承受能力才能去克服。他们的故事深深地感染着观看的同学，同学们理解了当代青年人要树立大局意识、大局观念，不以个人之小得损国家之大得。青年人是国家的未来，是国家新兴的力量，国家的发展就是青年人的发展，国家的安全就是青年人的安全，人民大众的利益就是青年人的利益。

（三）大力弘扬了抗疫正能量

"中国新闻传播大讲堂"展现了记者冒死前往武汉一线的生动故事。在记者的记录中，从医院医护人员的出行问题，到想尽办法解决物资问题，再到解决志愿者们的吃饭问题，他们的身影奔波在抗疫战场的各个角落之中。此外，作为顺丰快递员的汪勇毅然扛起了接送医护人员上下班的重任，自发组成了一支车队为医护工作人员开通道路，市民也自愿组织起来，为医护人员派送防护物资，给他们送饭，接他们上下班……在抗疫一线，这些温情的画面每天都在上演，并通过记者的观察和记录，广泛传播开来。新闻学子们被他们的故事深深的地感染着，把"铁肩担道义，妙手著文章"作为自己的目标，把为党和人民报道新闻、传播正能量作为心中的追求。同学们也希望未来能用自己的所思、所想、所写为中国和世界留下一份"历史底稿"。

三、学生心得

"中国新闻传播大讲堂"生动讲述、立体展现了我国新闻记者的家国情怀与专业素养。在学习过程中，新闻传播学的前辈们也谈到新闻传播学子们需要保持思想定力，拥有广阔的国际视野，讲好中国故事，塑造中国形象，为党和人民的新闻事业做出自己的贡献，同学们深受触动写下了他们的感悟。

（一）感受记者心中的勇敢

每一篇抗疫新闻报道的背后都凝聚着新闻人的家国情怀，新闻不仅仅是信息，更是不惧艰辛迎难而上的力量。大讲堂引导着当代大学生更加深刻地理解中国特色社会主义的制度优势、打牢思想基础、夯实思想根基。有战场，就会有战士，越是艰险越向前。在这群勇往直前的勇士中，他们不计报酬，不论生死，主动请缨到最辛苦、最劳累、最危险的前线，写下了一曲与时间赛跑、同疫情决战的勇士之歌。每当重大突发事件发生，走在最前面的总有新闻记者。再黑暗的夜晚，也会有璀璨的星河，越是在这样特殊的时刻，越能映射出人性的光辉。而这光辉的缔造者，正是这些平凡的人民英雄。

（二）体悟记者肩负的责任

倾听了一线新闻人的职业感悟，我们感动不已，备受鼓舞，立志成长为有定力、有情怀、有本领的新闻人。我们要在未来的新闻工作中，主动深入践行"四力"，勇于担当，成为政治过硬、业务过硬、战斗力过硬的新闻队伍中的一员。作为新时代的新闻传播学子，我们也应该具有崇高的人文情怀、豁达的人格气度、饱满的社会责任感，敢当"新闻工匠"，精心打磨，苦心求索，时常反思，更热忱地投入到生活和学习中去，提升自己各方面的能力，为国家的建设贡献出自己的一份力量。

广西艺术学院

（影视与传媒学院）

一、教学概况

为了深入贯彻落实习近平总书记关于新闻舆论工作的重要讲话精神，响应教育部高教司、中宣部新闻局号召，广西艺术学院影视与传媒学院组织新闻传播学类专业的本科生和研究生于 2020 年 11 月 5 日下午在影视与传媒学院 101 教室观看"中国新闻传播大讲堂"启动仪式，同时组织各年级专业结合专业课的情况，采用"中国新闻传播大讲堂"进课堂和学生自主学习相结合的方式，在全学院开展广泛的学习活动，本次学习活动点面结合，涉及 2017 级至 2020 级广告学、广播电视学等 2 个本科专业共计 456 人，2018 级至 2020 级新闻传播学研究生 96 人。

影视与传媒学院共有戏剧与影视学、新闻传播学两个一级学科，新闻传播学下设广告学、广播电视学两个专业。2020 年 11 月至 12 月，影视与传媒学院围绕"中国新闻传播大讲堂"组织了系列活动，包括"中国新闻传播大讲堂"启动仪式、"中国新闻传播大讲堂"进课堂、"中国新闻传播大讲堂"学生优秀感悟评选等。同学们深深震撼于新闻传播人的职业素养和专业情怀，表示要以"中国新闻传播大讲堂"的开播为契机，坚持守正创新，在实践中锤炼新闻传播人才应有的专业素质和家国情怀。

二、特色亮点

（一）组织收看"中国新闻传播大讲堂"启动仪式

在本次观看启动仪式过程中，学院领导结合广西艺术学院"十四五"规划编制，围绕新闻传播学科如何在新文科建设中发挥主力军作用，展开了深入的探讨。同学们认真做好笔记，拿出了作为新闻人应有的严谨态度，认真学习本次启动仪式中的教育精神和新闻理念。仪式结束后，同学们表示此次启动仪式中许多讲话内容对自己的专业学习有很大帮助，也更加了解新闻人这一职业，对接下来的内容充满期待。影视与传媒学院各年级学生，或将大讲堂融入课程之中、利用上课时间集中观看，或通过网络直播的方式分别收看。集中收看直播后，学院师生代表进行了现场讨论。大家纷纷表示，观看了大讲堂的开播仪式，深深震撼于新闻传播人的职业素养和专业情怀。学生代表表示，倾听了一线新闻人的职业感悟，感动不已、备受鼓舞，要立志成长为有定力、有情怀、有本领的新闻人，在未来的新闻工作中，主动深入践行"四力"，勇于担当，成为政治过硬、业务过硬、战斗力过硬的新闻队伍中的一员。

（二）"中国新闻传播大讲堂"进课堂

作为未来新闻界栋梁的当代新闻传播专业的大学生，应该积极学习马克思主义新闻观，加强思想教育，提高自信心、自豪感、自主性，认真学习新闻界前辈的专业素养，培养家国情怀。自"中国新闻传播大讲堂"启动以来，影视与传媒学院安排各班级进行相关课程学习，分别在《国情教育》《马克思主义新闻论著选读》《传播学概论》等课堂中融入大讲堂的知识，同时要求同学们在学习相关知识后撰写学习心得和感想。新冠肺炎疫情期间，广大新闻记者临危受命、迎难而上，日夜奋战在抗疫斗争的第一线，为坚决打赢疫情防控的人民战争、总体战、阻击战凝聚了强大精神力量。大讲堂进一步增强了学生对新闻传播人责任和使命的认识，增进了学生对疫情期间党和政府以及最美逆行者们的辛苦努力的了解。同学们表示，要将感动转化为自己以后学习和工作的行动力量，指引自己前进，推动新时代新闻理论与新闻实践深度融合，推动我国新闻事业更上一层楼。

（三）"中国新闻传播大讲堂"学生优秀感悟评比

在组织学生观看相关课程后，影视与传媒学院开展了"中国新闻传播大讲堂"学生优秀感悟评比活动。让学生结合课堂观看的内容，以"课后作业"的形式将学生观看"中国新闻传播大讲堂"的心得感悟收集起来，组织评审老师进行评比，并选出优秀的心得感悟，以推文的形式在学院内进行推广，进一步将学习落实到位。

三、学生心得

"中国新闻传播大讲堂——来自武汉抗疫一线的报道"邀请了人民日报、新华社等 14 家主流媒体参与抗疫一线报道的 42 名新闻记者，生动讲述、立体展现了新冠肺炎疫情期间中国新闻记者的家国情怀与专业素养。

（一）新闻工作者的光荣与梦想：见证历史、参与历史、推动历史

新闻工作这个职业是崇高的，也是负有使命的，荣誉感和使命感是每个新闻工作者做好新闻工作的不竭动力。由于职位的特殊性，新闻工作者本身就是社会历史的见证者，深入一线去拍摄、采访、直播的新闻工作者正是疫情的见证者。

新华社记者王文志说，新闻报道的思想性来自新闻人认识生活、观察生活、提炼生活，感其冷暖、观其深浅、品其苦甜，从中孕育出的方向、观点。但归根结底，优秀的新闻作品源自新闻工作者对其职业崇高的使命和责任意识，这种崇高的使命感和责任感促使他们不顾个人安危，深入疫情前线，去创作思想深刻的新闻作品，鼓舞着武汉、湖北，乃至全国人民，使全国各地的人们凝成一股绳，劲往一处使。

（二）主流媒体的使命和责任：抢占舆论主导权，服务国家和人民

这次疫情对主流媒体的传播力、引导力、影响力、公信力提出了更高的要求。舆论越是多元、越是复杂，主流媒体就越是重要。公信力一直被认为是传统媒体的核心竞争力，这种竞争力在此次疫情报道中被展现得淋漓尽致。在来势汹汹的疫情面前，各种传言、小道消息满天飞，群众人心惶惶、无所适从。西方媒体一直对我国进行"污名化"报道，美国总统特朗普公开称新冠肺炎病

毒为"中国病毒"。此外，还有各种各样的煽情、博眼球的报道，以及鱼龙混杂、似是而非的观点。在这样的媒体环境中，亟须主流媒体发挥其中流砥柱的作用。主流媒体是党和国家的喉舌，同样也是人民群众的代言人，他们在嘈杂的舆论环境中拨乱反正，立足主导、服务人民、占领舆论制高点，将全国人民紧紧团结在一起，听从党和国家的指挥，凝聚力量，推动疫情防控阻击战走向胜利。

百色学院

（文学与传媒学院）

一、教学概况

百色学院在教育部高教司、中宣部新闻局和高校新闻传播学类专业教学指导委员会的指导下，为了加快新文科建设、推动高等文科教育提质创新，强化马克思主义新闻观教育、全面推进新闻传播类专业课程思政建设，推动新闻理论与新闻实践深度融合、培养新时代优秀新闻传播人才，增强广大新闻传播类专业学生的自信心、自豪感、自主性，提高新闻传播教育的影响力、感召力、塑造力，全力推动"中国新闻传播大讲堂"课程学习工作。

学院围绕不同的主题开展丰富的活动，组织学生观看大讲堂视频后，进行一系列主题研讨活动，引导学生在讨论中各抒己见，在思想碰撞中加深对专业的认知、对抗疫精神的理解、对记者责任使命的担当。"中国新闻传播大讲堂"的系列学习活动，给新闻学专业的学生提供了最新的实践教学案例，有助于学生学习新闻传播学的专业技能，感悟新闻报道背后的家国情怀，提高对新时代新闻人的职业认同感。

二、特色亮点

（一）成立了专门的课程师资团队

文学与传媒学院指定负责人专门开展"中国新闻传播大讲堂"的组织学习工作。针对课程以网络学习为主、视频内容丰富、教学时长紧凑的特点，组织和动员新闻学专业相关教师形成课程师资团队，共同负责学生的专业学习和主题讨论，保障课程学习的有效性。此外，新闻学专任教师围绕如何在后续的课程教学中发挥大讲堂的视频资源优势，促进部分课程的教学改革，引领新闻学专业学生在实践中学习和领会抗疫精神，教会学生在新闻生产中灵活运用所学技能，教师在科研当中结合自身研究方向拓展相关的主题研究等议题，展开数次专题讨论，有效地推动了百色学院教学和科研工作的开展。

（二）将新闻传播大讲堂纳入课程体系

文学与传媒学院将大讲堂课程作为新闻学专业的必修课，纳入学分管理，切实推动抗疫精神进校园、进课堂，引导新闻学专业师生深刻理解中国特色社会主义的制度优势、理论优势、道路优势，培养学生为党为国为人民的深厚情怀和使命担当。学院将'中国新闻传播大讲堂'系列视频纳入教学资源库中，在今后的课程教学中，将充分发挥大讲堂视频的育人作用，丰富新闻学专业学生对新闻传播技能和人文情怀的认知。在课程考核方面，要求学生观看所有的大讲堂视频，在此基础上完成一篇心得体会，要求撰写的心得体会与视频内容高度契合，描述切身体会，抒发内心最深处的情感。

（三）开展一系列主题研讨活动

学校师生围绕新闻传播大讲堂分别开展了主题为"新闻专业主义在新时代的体现""新闻记者融媒体业务能力培养""新闻人的职业理想和历史使命""新闻职业道德的培养""记者的人文情怀"等讨论会。通过对大讲堂课程的学习，帮助新闻学专业的学生全面了解"中国新闻传播大讲堂"这一活动的价值，也让他们对新闻记者的使命和担当有了更加直接的理解与体会。面对疫情的考验，一线新闻工作者的工作完成情况、得到的感悟和体会都是史无前例的。讨论活动推动了新闻学专业学生的职业生涯规划教育和爱国主义教育，学生很好地了解了一线新闻工作者在面对重大突发事件考验时的职责与行动，也更加深刻地了解到新闻工作者身上肩负着重大的历史责任与家国情怀。

三、学生心得

2020 年伊始，新型冠状病毒席卷全球，为世界按下了暂停键，所有地区、所有人民都笼罩在新型冠状病毒的恐慌之中。为确保广大人民群众的安全，武汉封城。在疫情之中，足不出户的我们仍然能清晰地知道外面发生的一切，这都离不开一个个无畏的新闻记者，逆行工作，一次又一次地踏入"红区"策划、采访、拍摄、剪辑，冒着生命危险活跃在第一现场。

疫情之下，人心惶惶，作为一名记者，我们要怎样才能做好突发事件中的新闻报道呢？在我看来，主要有以下两点。

（一）真情实感的流露

真挚的感情是新闻作品能够打动人心的重要原因，也是做好融媒体新闻传播的重要原则。新华社记者钱彤为我们讲述了一个小女孩孙婉清对奋战在抗疫前线的父亲的理解与支持，这是一条从朋友圈"捡"来的新闻，在寒冷的疫情冬季，也给我们带来无限的温暖与感动。人民日报记者李舸曾经说过一句话，摄影的核心价值是培根铸魂，向我们传递出新闻工作者要用自身作品奉献人民、引领风尚的无私精神。在疫情期间，新闻记者应该向受众传递温暖和希望，不能忘记人文关怀。

（二）坚持新闻专业精神

新闻专业精神在今天依然是新闻媒体的"立身之本"。新闻工作者的经验和能力在报道的创作过程中发挥着重要作用。由于新兴技术为新闻工作带来了巨大的便利，所以新闻生产者容易对之产生依赖，比如对图片的过度美化剪裁，从而让图片新闻失去了原有内涵；借助写作机器人确实让新闻生产更加快捷，但也可能使深度解析缺位，难以给读者留下深刻印象。所以，优质的内容往往体现了新闻人对社会话题的精准把握。在此次的疫情报道中，他们始终坚守在疫情防控一线为群众报道新闻，真实报道每一个数据。简单但普通真实的一张图片，匆忙录制的一段视频，都是这些战斗者们的付出，他们在疫情面前始终没有退缩，因为他们都是有新闻坚守和新闻职业精神的人，永远奋斗在一线。

广西财经学院

（新闻与文化传播学院）

一、教学概况

自 2020 年 11 月 5 日"中国新闻传播大讲堂"启动以来，广西财经学院新闻与文化传播学院就开始策划大讲堂的学习活动，将本次活动列为 2020 年思想政治教育教学的重要内容。学院指定专人负责，要求新闻学、网络与新媒体、广告学等新闻传播类专业将本次大讲堂的学习活动列入专业培养方案的第二课堂，计 16 个学时，纳入学分管理。大讲堂的 32 集视频教学内容主要由学生自主学习完成，教师在其中起到引导和监督的作用。

通过系统地观看与学习视频课程内容，同学们更加关注与重视自己的学习目标、学习内容、学习资料以及所使用的学习方法，深刻领会到学习是"自主"的学习，而不是为他人而学，学习的自我约束性和规范性明显提高。在学习实践中，只有自觉地将"自主"学习的能力融入自己的生活和时代的发展，学会以思考、分析、探索、实践等方法来实现自己的理想目标，才能逐渐形成自我独立的心理认知，积极主动地去探索社会与人生。

经过全院新闻传播类师生的共同努力，为期一个多月的"中国新闻传播大讲堂"系列学习活动圆满完成，基本达到预期目的。

二、特色亮点

（一）制定活动方案，开展系统学习

为更加系统而高效地学习视频课程内容，11 月 26 日，广西财经学院新闻与文化传播学院根据大讲堂的视频教学内容，将 32 个教学视频课程划分为职业精神与责任担当、医护故事与英雄影像、百姓故事与市井民生、新闻的采写与报道、议题的设置与挖掘、传播的内容与形式等 6 大专题。此外，学院还制定详细的活动方案将 32 集课程视频全部进行具体落实与实施，组织学生采用线上与线下、集中与分散相结合的方式对大讲堂的系列课程进行系统的观看、学习与领会。

（二）明确任务分工，有力统筹推进

学习活动期间，新闻学、网络与新媒体、广告学等专业 8 个班级均由各班班长牵头，有计划有秩序地利用晚自习和周末、课余时间观看学习视频课程。团支书负责组织主题班会的召开，宣传委员负责新闻稿与班会总结的撰写，组织委员负责拍照与摄像，学习委员负责收集同学们的心得体会，全班总动员确保活动有序顺利地开展。目前收集学生提交的观后心得体会共 309 份。

（三）坚持学研融合，组织师生研讨

在观看视频课程之后，师生以疫情、感恩、使命、奉献等内容为主题，通过主题班会、研讨会的形式热议"中国新闻传播大讲堂"。在主题班会上，同学们结合自身的专业方向围绕"中国新闻传播大讲堂"的抗疫视频内容从不同角度展开了热烈的讨论，专业教师则重点结合教学经验与疫情故事阐述新时代铸魂育人的重要性与紧迫性。通过深入思考与研讨，广大师生树立了正确的价值观念，更加坚定了理想信念。目前共收集到主题班会、研讨会等活动的总结材料 15 份。

（四）注重宣传报道，营造良好氛围

宣传报道是信息上情下达的重要方式。自大讲堂启动以来，新闻与文化传播学院更加注重新闻报道发挥的作用，积极通过校内媒体平台发布大讲堂的系列学习活动，努力向校内外师生广泛宣传。新闻稿主要由各班班委撰写，目前已发布相关报道 7 篇。此外，学生也将大讲堂传达的内容和精神融入日常的学习与实践活动当中。例如，新闻学 1942 班以"抗疫"为主题参加 2020 年 12 月底学校组织的易班朗诵比赛，歌颂前线记者在抗疫时期不惧危难、冲锋一线的

伟大精神，突出全国上下一心共同抗疫的团结力量。

三、学生心得

近两个月来，学院领导与老师组织同学们观看学习"中国新闻传播大讲堂——来自武汉抗疫一线的报道"的专题课程视频。在观看与学习全部的32集视频内容之后，我深受感动，受益匪浅。

（一）不是在现场，就是在去现场的路上

疫情期间，武汉成为全世界关注的焦点，除了顽强地坚守前线的医护工作者，还有一批义无反顾奔赴前线的新闻记者。我们看到医务工作者一直奔波的身影，因为对他们来说，哪里有病患，哪里就是战场。对于新闻工作者而言，哪里有新闻事件，哪里就是前线。视频中让我印象较为深刻的新华社记者刘刚认为，选择不去武汉的理由可以有很多种，但是去武汉和留下来有一个理由就足够了，那就是职责，因为新闻就在那里，而新闻就是职责。虽然没有豪言壮语的气势，没有惊天动地的业绩，但有的是坚守信念、扎根基层、心系人民的心。正是这颗心，使他们在疫情面前毫不退缩、勇担职责，用实际行动诠释着新闻人的光荣与使命。

（二）团结就是力量，散发万丈光芒

通过观看"中国新闻传播大讲堂"的视频内容，我对英雄的概念有了更深的理解与领会。我想，无论是医护人员，还是志愿者、司机师傅、清洁工、快递小哥，他们都是英雄，也是最美的逆行者，都在用无声的行动向这场疫情宣战。在民族大义面前，没有人可以袖手旁观，也正是因为全国上下团结一致，我们才能在这次抗击新冠肺炎疫情的战斗中交出如此满意的答卷。诚然，镜头面前有无数个英雄，但是镜头后面，也有无数个采访英雄的英雄。他们不惧艰辛和危险，将最新资讯及时传递给广大人民，为国家和人民奉献自己的力量，他们是不能被忘记的。

作为未来的新闻工作者，我将更加努力储备必要的新闻知识，切实提高自身素质，以勇敢坚强的抗疫前辈为榜样，时刻牢记新闻工作者的使命与职责。既要像海绵一样，拥有迅速学习和吸收的能力，还要像钢铁一样，秉持坚守立场能打硬仗的传统，保持初心，砥砺前行，在未来的岗位上兢兢业业地做好本职工作。

桂林旅游学院

（文化与传播学院）

一、教学概况

"中国新闻传播大讲堂"学习资料内容丰富，制作精良，32 集视频总时长达到 1420 分钟，内容来自 14 个新闻单位参与战疫报道的新闻工作者。涉及的报道形式包括文字、摄影、短视频、直播等，覆盖了融媒体新闻报道的各个环节。

2020 年 11 月 19 日，桂林旅游学院文化与传播学院收到教育部新闻传播学类专业教学指导委员会发来的"中国新闻传播大讲堂"学习资料，学院和教研室迅速响应教指委要求。由于人才培养方案在学生入校之前即完成修订，按本科教学工作评估要求不能轻易改动课程安排，所以"中国新闻传播大讲堂"无法设置为现有年级的必修课，但计划在制订 2021 级人才培养方案时将"中国新闻传播大讲堂"纳入课程体系中。基于此种情况，学院以组织学生课外集体观影的方式进行学习，并组织新闻传播学类专业的学生观看学习并撰写学习感悟。

武汉战疫新闻背后的故事，新鲜真实，给同学们极大的震撼。本学期，相关专业累计组织了 10 次集中观影，2018 级和 2019 级共 5 个班 191 名学生参加，每名同学都完成了不少于 3000 字的学习感悟。

二、特色亮点

（一）教学效果良好

本学期网络与新媒体专业两个年级同时开设"马克思主义新闻思想"课程，同学们正在学习马克思主义新闻观，包括：坚持党性和人民性相统一；坚持正确舆论导向；坚持正面宣传为主；坚持新闻真实；实现新闻传播权力与社会责任的统一；遵循新闻法治与道德规范；与传播新技术同行，实现媒体融合发展等。与"马克思主义新闻思想"课程并行安排"中国新闻传播大讲堂"，为新闻传播学专业的理论课增加了丰富的实践案例，两门课程教学内容相辅相成，形成合力，获得了很好的教学效果。

（二）专业兴趣提升

观察集中学习的现场情况和查阅学生提交的学习感悟，可知本学期开展的"中国新闻传播大讲堂"学习是有效的，能够帮助同学们树立正确的新闻观，提升专业学习兴趣。

2018 级网新 1 班黎恩妙同学通过大讲堂集中观看学习认识到，作为一名正在学习新闻传播的大学生，应该向各位新闻传播者们致敬，要向这些优秀前辈一样兼备家国情怀与专业素养，还要有正确的政治立场和新闻观，为今后成为一个合格的新闻工作者做好准备。2018 级网新 2 班刘文冉同学补充道，当疫情发生后，大量新闻从业人员奔赴疫区，写下真实事件，记录感动瞬间。他们与抗疫英雄们一起在前线奋力工作。传递疫情真实情况，力破谣言，坚持正确舆论导向，坚持正面宣传，弘扬社会正气。新闻工作者是抗击疫情的战士，新闻报道彰显了中国力量。

（三）专业技能提高

除了增加专业兴趣外。大讲堂还增加了同学们对新闻报道新方法、新手段的了解。2018 级网新 2 班周心怡同学特别注意到新华社在战疫报道中新媒体的使用。直播、慢直播、Vlog、短视频等形式的新闻作品，展现了视频在当前新闻报道中的重要性，这是最直观最清晰的新闻呈现方式，易于被受众接受，具有很大的影响力。提示我们重视多种形式在新闻报道中的应用。通过大讲堂案例视频，同学们学到了很多。其实最平凡的细节可能是最打动人心的故事，要做有质量、有品质和打动人的新闻作品，记者要善于发现和挖掘这些细节，留意身边发生的事，这些是获取新闻线索的重要来源。

三、学生心得

通过学习和观看"中国新闻传播大讲堂"，我们学习到很多关于新闻实践工作的经验，这为以后的专业学习提供了指导。

（一）人与人之间的关怀

人既包括记者、采访对象，还包括人与人之间的互动。

就记者而言，采访对象的选取是一件需多角度考量的事情，但以两大方向为主，一是具有权威影响力的"大"人物，二是在疫情中无私奉献的医护工作者和普通人，他们是疫情新闻的主要采访对象。在报道中有很多"大"人物的出现，有国家领导人，还有专家学者。我国媒体坚持党性和人民性相统一，此次疫情中及时准确传递党和政府的声音，对安定民心、维护社会稳定，发挥了巨大作用。除此以外，小人物往往承载着大力量。此次疫情中我看到许多关于小人物的报道，包括送妻子去抗疫包一年家务的丈夫、你摘下口罩时很美（组图）、剪头发的女性医务工作者等，这些与我们生活息息相关的普通人用自己的方式帮助我们的同胞。

（二）新媒体的充分运用

作为一名网络与新媒体的学生，我非常关注新媒体在疫情报道中的运用。

第一，两微一端的全媒体报道。我在疫情期间做过一个不完全统计，仅2020年2月3号当天，人民日报微博账号共推送87条有关疫情微博，央视新闻共推送57条微博，推送的一般是短、快的图文结合新闻，此类新闻的要求就是确保真实的前提下快速发布，内容简短准确。

第二，在南方都市报的客户端，我发现了一个比较有意思的事情。他们有一个"记者帮"的页面，读者可以发表身边的新闻线索，记者也可以在下面进行评论和反馈，我觉得这是记者与读者良性互动的桥梁。

总而言之，通过此次"中国新闻传播大讲堂"的学习，我为今后的专业学习找到了两个目标：一是文字基本功的训练；二是要掌握摄影摄像设备的使用方法，拍摄剪辑后期制作技术都要熟练，这样才能胜任融媒体报道任务。对于新闻工作者来说，在突发事件中沉着冷静，担当党、政府和人民的耳目喉舌，这便是职责所在。

广西师范大学漓江学院

（传媒学院）

一、教学概况

"中国新闻传播大讲堂——来自武汉抗疫一线的报道"旨在切实推动抗疫精神进校园、进课堂，引导广大师生深刻理解中国特色社会主义的制度优势、理论优势、道路优势，培养学生为党为国为人民的深厚情怀和使命担当。围绕这一主题，广西师范大学漓江学院传媒学院新闻传播学教研室组织 2020 级新闻传播学类专业 93 名同学开展学习活动。同学们认真学习，深入思考，取得了学习实效。

传媒学院教师从中选取了 4 集，分别是《火神山雷神山》《谢谢你们为湖北拼过命》《广东：一场阻击战》《走出至暗时刻》，组织同学们进行集体观看。影片主要讲述了新冠肺炎疫情期间，广大新闻记者临危受命、迎难而上、日夜奋战在抗疫一线，为坚决打赢疫情防控的人民战争、总体战、阻击战凝聚了强大精神力量。旨在通过本次大讲堂的学习，让同学们深刻认识到当代新闻工作者要恪守新闻职业道德，自觉承担社会责任，立志成长为有定力、有本领、有情怀的新闻人。

二、特色亮点

（一）重点学习战疫记者的责任担当和理想信念

传媒学院通过组织学生集中观看学习"中国新闻传播大讲堂"，让同学们一起走近新闻人，感受平凡中的坚韧、勇敢和担当。来自抗疫一线新闻工作者鲜活生动的讲述让远离一线的人们能够看到抗疫现场；他们努力奔波传递新闻信息的身影，同样是抗疫宏图中不可或缺的亮丽一笔。这次别开生面的大讲堂，一方面唤起了同学们作为未来新闻工作者的自豪感、责任感、使命感；另一方面，也让同学们更深入地体悟了伟大抗疫精神背后的万钧之力。

新闻记者被视为社会中最具理想主义、公共情怀与专业精神的职业之一。这是一份极具正义感又有魅力的工作，在这场与疫情赛跑的战役中，抗疫记者不忘初心，守土有责，推出了一大批有温度、有深度、强信心、聚民心的新闻报道，履行了党的喉舌的职责。他们以情怀逆行，正本清源，辟谣除污，为全国人民团结战疫把正"话筒"。这种家国情怀和理想信念通过生动的讲述和案例传达而出，让学子们在学习中内化于心。

（二）重点学习战疫记者的专业素养

"中国新闻传播大讲堂"是加强实践中的马克思主义新闻观教育的创新之举，也是新闻队伍建设、新闻舆论工作的创新之举。正如赵旭雯副局长所说，新闻工作者要与党同心、与人民共情，做坚守新闻工作优良传统的传承者。在抗疫一线，记者们以笔、话筒和镜头为"武器"，击退了流言、焦虑与恐慌，形成了全国一心的舆论战线。

新时代孕育新机遇、呼唤新担当，大讲堂的优秀新闻人榜样，鼓励当代的新闻学子要立志成长为有定力、有情怀、有本领的新闻人，要通过专业的媒介手段，让大众去了解隐藏于事情背后的真相。疫情面前，媒体要筑"桥梁"，不能堵"高墙"，维护清朗的网络环境，及时准确、公开透明发布疫情，回应境内外关切，引导群众警惕"谣言陷阱"。

通过此次中国新闻传播大讲堂的观看、学习与讨论，同学们不仅学习到了新闻工作者的专业精神，也更加明白"记者"二字背后的意义，更加坚定自己的理想目标，争取早日为社会做出自己的贡献。

三、学生心得

（一）战疫里的感动与温暖

面对严峻的疫情形式，多少医生，多少警察，多少新闻记者赶赴一线，一张张请战书，一笔笔坚定的笔迹，一句句震撼人心的誓言，是这个春季里最不可忘却的一幕。当签下"不计报酬，不计生死"的请愿书时，他们早已将自己的生命置之度外。24 枚鲜红的指印，跳动着 24 名勇士的心。白衣战士写下请战书，召必回，战必胜！只要一声令下，他们马上集合，奔赴战场，展开生与死的较量。是什么精神在激励着他们许下这样的誓言，又是什么力量让他们放弃美好的生活逆风而上，做"最美逆行者"？看着感染者无助的眼神，看着医护人员疲惫的身影，这一刻，我知道这个春季不再简单。在厚厚的防护服下，他们用自己的勇气和毅力支撑着每一个生命。脱下防护服，我看到了他们被口罩勒出伤痕的脸颊，看到了他们被汗水浸湿的衣裳，这一刻，我潸然泪下。

（二）以战疫记者为榜样进行自省

有人认为，"00 后是垮掉的一代"。到今天，最早的一批 00 后已经 20 岁，早已迈进了青年人的行列。在这次抗击疫情中，我们看到了不少 00 后青年人的付出，看到了新生代的力量！作为同是 00 后的队伍中的我，看到相关事迹，总是为他们感到自豪和骄傲，也深深地感受到榜样的力量。他们也是爸妈手里捧着的珍珠，是全家人眼里的宝贝，但他们却能勇敢迈出舒适圈，前往未知的、危险的远方。再反问我自己，我为疫情又做出什么贡献了呢？无非就是宅在家里，不给国家添麻烦。当然这是现实之下的正确选择。作为当时正在备考的学生，我们确实也不能为国家做出什么有力贡献。然而，现在正是我们奋斗的最佳时候，刚步入大一的我们，就像一张白纸，没有经过任何雕琢，四年的学习，是我们为自己上色的过程，四年之后，我们的画布是会变得五彩斑斓还是变得黑白灰暗沉，全靠我们自己。我们不能只感叹在疫情期间医护人员的付出、社会各界人士的支持和国家的力量，我们更要以这些事例为肥料，浇灌我们成长，引导我们前进。相信自己在四年后能为社会、为国家做出自己应有的贡献！

广西职业技术学院

（传媒学院）

一、教学概况

"中国新闻传播大讲堂"由教育部高教司、中宣部新闻局指导，中国传媒大学、教育部高等学校新闻传播学类专业教学指导委员会主办，是在全国高校力推的新闻传播教育课程。为深入学习和贯彻习近平总书记关于新闻舆论工作重要讲话精神，改革创新新闻传播教育，强化马克思主义新闻观教育，广西职业技术学院积极组织并推进落实"中国新闻传播大讲堂"系列学习活动。今年，"中国新闻传播大讲堂"的主题为"来自武汉抗疫一线的报道"，来自14家主流媒体的42名新闻工作者生动讲述了自己在抗疫一线的故事，尽管这些报道角度不同、内容各异，却都展现出中国新闻记者的家国情怀与专业素养，展现出新闻工作者与党同心、与人民共情的坚守与传承。

2020年12月13日，广西职业技术学院传媒学院组织开展"中国新闻传播大讲堂"启动仪式和集中学习活动，传媒学院党总支书记、院长黄金献以及部分教师带领学生们进行学习，2020级新闻采编与制作、数字媒体艺术设计、广告设计与制作、播音主持4个专业学生参与其中。启动仪式上，传媒学院号召同学们学习抗疫一线的新闻记者们，争做新时代有定力、有理想的新闻人，活动之余要认真思考融媒时代下如何成为一名优秀的新闻人。

二、特色亮点

（一）融入教学，推动课程思政建设进程

为推进新闻传播类专业课程思政建设，推动新闻理论与新闻实践深度融合，广西职业技术学院传媒学院新闻教研室将"中国新闻传播大讲堂"内容纳入新闻采编与制作专业基础课程《新闻传播学导论》的必修范畴，并融入专业课堂教学，以线上线下相结合的方式展开学习，积极探索思想政治教育和专业知识的有效融合，推进专业课程思政建设进程。

（二）立德树人，深化马克思主义新闻观教育

广西职业技术学院积极组织并推进落实"中国新闻传播大讲堂"系列学习活动，推动新闻理论与新闻实践深度融合，在师生中引起强烈反响。传媒学院相关教师表示，在之后的教育教学中要继续坚持立德树人，守正创新，培养让党和人民放心的新闻后备人才。坚持立德树人，深化马克思主义新闻观教育，将马克思主义新闻观的深刻内涵运用于课堂理论教学、新闻实践实训环节及人才培养等各个环节，立志培养能够担当民族复兴大任的新时代新闻传播人才。

三、学生心得

在参与"中国新闻传播大讲堂"学习活动后，同学们更加清楚地认识到，无论是过去、现在还是未来，对于整个社会而言，新闻工作者都是极为重要的存在。

（一）深入基层生活，聚焦平凡故事

疫情期间涌现出的一个个优秀新闻作品无不来源于火热的现实社会生活，取材于现实而服务于现实。优秀的新闻作品，离不开社会生活这一基础。人民日报新闻协调部编辑吴姗在疫情期间，主动请缨加入人民日报社武汉前方报道组，在武汉工作 70 余天，深入前线，将视角对准普通人，以最真实的影像展现了武汉抗疫过程中的英雄城市和英雄人民。2020 级新闻采编与制作专业的同学从系列学习活动中感知到，内容翔实、鼓舞人心、感人至深的采访报道背后，是一个个勤于思考、善于探索、敢于揭露，坚持不忘初心，保持清醒头脑的新闻媒体人。

（二）丰富知识储备，提升专业素养

融媒时代，知识更新换代的速度越来越快，想要成为一名合格的新闻工作者，拥有自身完备的知识体系是最基本的要求。可以看到，"中国新闻传播大讲堂"邀约的每一位媒体人都有广博的知识积累和丰富的资源储备。例如新华社全媒体编辑中心副主任钱彤，在疫情期间义无反顾前往武汉，关注疫情肆虐下普通人的生活，通过笔触和镜头，记录了细腻温暖的故事。若不是自身具备完整的知识体系和极高的专业素养，何以创作出如此精彩的新闻作品。因此，只有增加知识储备，初步建立知识体系，提升自身专业素养，才能成为一名合格的新闻工作者。

（三）提升职业兴趣，坚定理想信念

记者不仅仅是事件的记录者与报道者，更是时代的见证者和解读者。作为一名即将涉足社会的新闻学子，我对记者这个职业愈发好奇和憧憬。新闻工作最吸引人的地方就在于其职业特性，记者能够深入各行各业，体验各式各样的工作环境和人生角色，尝遍人生酸甜苦辣。若能够在未来成为一名新闻记者，用客观冷静的视角观察社会，丰富人生经历和生活经验，这将会是我人生中一笔宝贵的财富。

重庆大学

（新闻学院）

一、学习概况

为了使学生更好地了解新闻工作者在抗击疫情报道中所显示出的专业精神，深化马克思主义新闻观教育，理解新闻工作者的责任、担当与使命，重庆大学新闻学院于 2020 年 11 月至 12 月组织全体师生在线观看了"中国新闻传媒大讲堂——来自武汉抗疫一线的报道"，以此引导广大师生深刻理解中国特色社会主义的制度优势、理论优势、道路优势，打牢思想基础、夯实思想根基。

我院专门成立了由副院长郭小安老师为组长，副书记郭秀荣老师为副组长的大讲堂专项工作小组，负责组织实施本次学习活动。11 月，专项工作小组制定了针对本科生的学习计划，12 月组织学院本科生分批观看"中国新闻传播大讲堂——来自武汉抗疫一线的报道"。其中，20 级同学利用晨曦计划学习 4 场，19 级同学利用晚自习学习 6 场，18 级同学开展主题班团活动学习 3 场，17 级同学自发学习，全学院开展共计 13 场学习活动。

通过本次观看"中国新闻传播大讲堂——来自武汉抗疫一线的报道"，学生们深刻学习领会了来自抗疫一线的英雄记者们身上体现的伟大抗疫精神，对培养具有家国情怀的高素质、全媒化、复合型、专家型卓越新闻传播人才具有重要指导意义。

二、特色亮点

（一）深入交流，分享感动

同学们在观看学习后进行了深入的交流讨论，分享了自己心中的感动与感悟。

2018 级本科生周康同学看完《弘扬新华精神，经受大疫考验》的视频课程后表示："疫情期间，我们深深关注着重灾区的人民，但是一线人民的情况向谁述说？此时逆行的不仅仅是医护工作者，更有一大批新闻工作者，他们不忘新闻人初心，与人民同在。我亦愿执手中笔，记录下人间真实，为人民发声！"易以慕同学认为："视频有一句话很触动我：'笔下有乾坤，肩头就会有责任。'在抗击疫情的大战里，正是新闻人的担当与职责造就了'新闻也是一种救援'的强大力量。"

2019 级学生代表孙环洁在观看本期大讲堂之后，产生了颇多感想。"片中展示的抗疫工作中的逆行者们为人民生命奔走奉献，令人动容。同时也启示我们，作为学习新闻的学生，我们要关注社会民生，传播正能量事件，为社会进步增添力量。"

（二）致敬前辈，传承精神

在看完第 10 讲《2020，我们在现场》之后，对于和卢璐一样奔赴抗疫一线的新闻工作者，同学们对记者们充满大爱的行为产生了崇敬与佩服之情。作为新闻学专业的学子，同学们从中体会到了新闻人特有的素养与品质，总结了一线新闻人所应具备的新闻精神。新闻工作者是事件的记录者，是现场的"救援者"，也是历史的推动者。

2020 级本科新生宋沁园说："大众记住了疫情下的点滴温情，而身处抗疫一线，从残酷的死亡压迫下寻找温情的新闻工作者们同样不应被我们遗忘，向疫情期间坚持在抗疫一线的新闻工作者们致敬！"杨若涵同样认为："哪有什么岁月静好，只不过有人在替你负重前行。今天利用自习时间我们组织观看了抗疫英雄的视频。正是因为有了抗疫前线各行各业工作者们的英勇无畏，有了他们对疫情的抵抗，我们才能求得此刻的平安喜乐。"

同为 2020 级本科新生的闵莘也表示："观看了这期'中国新闻传播大讲堂'，我对'新闻是一种救援'有了更深的理解。在各类天灾人祸面前，新鲜、及时、准确的新闻报道能够有效地传递实时情况，减轻社会恐慌，同时为制定应对方案提供了可靠信息。因此，作为新闻人，我们要走近现场，发挥新闻的救援作用。"

三、学生心得

作为一名新闻专业的学生，观看大讲堂后我感慨良多。在决定学习新闻专业并立志从事记者这一职业以来，我一直在寻找一个问题的答案——记者的使命究竟是什么？曾经的我十分迷茫，但是在这次突如其来的疫情中，我逐渐找到了答案。讲好中国故事，传播中国形象，正是一名记者的担当和责任，也是我作为未来的新闻工作者不断为之努力的方向。

新冠肺炎疫情期间，众多新闻工作者坚守在工作岗位，从抗疫前线发送报道。当疫情成为全国乃至全世界关注的焦点时，新闻工作者深入一线，采集新闻素材，报道医务工作者的感人事迹，为社会输送了源源不断的正能量。镜头下的抗疫故事展现了每一个平凡的中国人在抗击疫情中做出的贡献，让我们看到了国内的疫情在不断好转，体会到国家对人民的重视与关怀。同时，面对日益严峻的全球疫情形势，我国毫无保留地分享中国经验和中国方案，尽己所能向世界各方提供支持和帮助。新闻工作者的对外宣传也进一步体现了我国社会主义制度的优越性，让我们感受到了中国的大国风范与担当。

在这次疫情中，众多新闻工作者扛起摄像机，义无反顾地奔赴武汉，用镜头记录每一个感人至深的瞬间。他们记载了千千万万的英雄，同样，他们自己也是英雄。他们也有自己的儿女、父母，他们自己也是一个家庭的期望和精神寄托，但他们还是将国家大义置于最重要的地位，牺牲小家成全大家。在观看影片之时，我感受到新闻工作者的无私奉献精神，也明白了这份工作是光荣而令人骄傲的，这正是我学习新闻专业的原因。

我希望用我的镜头记录伟大，我也希望我的镜头下有最平凡的温情，我希望为人民发声，我希望坚守世间的正义。但我也深知自己距离成为一名专业的、优秀的、有责任感和使命感的记者还有一定的距离。因此，我还要继续奋发向上，首先，要学好专业知识，打好基本功，使自己的学识在未来有用武之地；其次，作为新闻学子，要坚定信念，心怀新闻理想，并为理想不懈奋斗；最后，我们还需要铭记于心的是：新闻是历史的底稿，青年作为未来国家发展关键节点的中坚力量，需要写好历史底稿，传递中国声音，承担社会责任，把个人理想寄于民族复兴之伟业，做有理想有本领有担当的时代接班人。

西南大学

（新闻传媒学院）

一、教学概况

为深入学习习近平新时代中国特色社会主义思想，高举中国特色社会主义伟大旗帜，学好用好新闻传媒领域专业知识，做好党和人民的传声筒，西南大学新闻传媒学院响应国家和学校号召，积极组织学院各个年级在读本科生、研究生以及教师观看并且学习"中国新闻传播大讲堂"；积极引导本院学生及教师深入学习新闻传播知识，了解新闻传播领域在疫情防控工作中的作用，并开展了研讨会等相关活动进行交流与分享。其中，为了扎实与开拓本科生专业知识的学习，学院还将其纳入本科生专业必修课程，以书面书写学习心得、线下分享交流的方式进行课程考核。大讲堂主讲人生动而真实的讲述，让抗疫报道背后的故事重现，让新闻专业课本上的专业性理论知识有了鲜活的实例。通过观摩学习，老师和学生们普遍感受到，理论知识更加"落地化"，极大提升了专业能力。

二、特色亮点

（一）线上线下，融入课堂

西南大学新闻传媒学院将大讲堂融入新闻传播专业的课程体系，尤其是作为新闻学专业、播音主持专业的必修课程开设。在教学模式上，采用"线上 +线下"相结合的创新模式。同学们进行线上学习，教师组织学生开展线下研讨会，交流学习成果，最后以课程论文作为结课考核内容。

（二）交流研讨，入脑入心

在课程负责人的组织下，新闻传播专业的老师和同学们分组、分主题开展了线下研讨会，面对面交流、分享学习心得与思考。研讨会上，大家踊跃发言，各抒己见。18 级的万徐涪同学讲道："新闻媒体在重大突发事件上有着强大的感召力和影响力，因此强化职业素养对于任何媒体从业人员来说都至关重要。"20级的黄倩倩同学表示："记录真实，坚守战场，苟利国家生死以，岂因祸福避趋之。奔赴在抗疫一线的新闻工作者以崇高的品质践行着自己的承诺，这是新闻人的职责与坚守。"18 级的潘悦说："在新时代就要采取新的传播方式传播内容，如此才能更好地得到受众的喜爱。新华社在疫情期间多次采取数字化、可视化的海报、H5 等形式进行宣传，更直观地告知民众与疫情相关的大数据，加快了传播的速度与效率。"

三、学生心得

随着科技进步，新媒体时代的到来降低了新闻制作的成本，同时微博、微信等新媒体造就了一批自媒体"公民记者"和"公民新闻"，越来越多的人开始质疑当代专业新闻工作者存在的意义，记者以及媒体的公信力受到挑战。但是在本次新冠肺炎疫情报道中，专业新闻工作者的必要性和重要性再次显现。据此浅谈当今新媒体时代，专业新闻工作者的核心竞争力。

（一）深入一线，践行"四力"

在疫区高压的工作环境下，专业新闻工作者进入武汉最危险的"红区"ICU，甄别信息，工作时长创下新的纪录，最终给我们带来了武汉最真实的信息，记录下了每一位医护人员的故事和面孔。中国青年报的《抢命金银谭》直击金银谭医院的生死之际；现代快报推出的《方舱医院第一批患者入舱》详细介绍武汉抗疫新方式；《对话：与死神最近的病房》带领我们进入现场。相比之下，"公民记者"的消息来源模糊，部分消息内容失真，网络信息拼凑；个别缺乏社会责任感，一味煽动舆论，为求流量制造热点。"到现场去"的脚力以及专业新闻工作者的眼力、脑力、笔力，始终是其不可替代的核心竞争力。

（二）创新方法，引领舆论

不少记者回忆，当时前往武汉，最主要的挑战除了无处不在的病毒，就是当时错综复杂的舆论环境。疫情、舆情、社情相互交织、此起彼伏。新闻工作者面对的不仅仅是疫情防控阻击战，还有舆论战。医生是抗击病毒的战士，新闻工作者便是粉碎谣言的战士。他们要做的不仅仅是客观地呈现抗疫情况，还要给当时人心惶惶、恐慌不安的中国打下强心针、镇静剂，与国内的谣言、国外的抹黑作斗争。

在人人都有麦克风的时代，要在众多声音中脱颖而出，主流媒体需要不断创新报道的形式、方法、手段。比如，在面对西方媒体对中国疫情的污名化报道时，中国日报沉着应对，首先发挥特色，重点宣传习近平总书记关于疫情防控的各项部署；然后生动宣传群防群治抗击疫情的举措成效，讲述抗疫一线的感人事迹和先进典型故事；最后从他者视角出发，推出新媒体报道《"中国现在是世界上最安全的地方"，外国留学生毫不犹豫地说出这句话》，及时有力地回应了国际关切，用事实批驳谬论，遵循新闻传播规律，扭转了不利的国际舆论。

（三）收集线索，专报内参

疫情初期，各种求助信息、捐款信息等真假难辨。身处一线的专业新闻工作者除了撰写报道外，也要将他们发现的细节、问题及时以内参的形式上报，为危机四伏的武汉力所能及地解决问题。新闻内参，作为新闻媒体向各级党政机关专门呈送的一种新闻报道，是新闻记者的职业优势和职责所在。新闻是一种救援，不仅是指新闻记者带来了最前沿的真相消息，抗击谣言，更是指在重大突发时刻，他们亲历现场发现问题、指出问题，及时止损。比如，人民日报社记者鲜敢走访上百个社区，通过蹲守菜市场、小菜摊、供货站，发现武汉蔬菜价稳定，但是存在后续供应不足的隐患，及时将问题写成内参上报中央。中央接到信息后极为重视，深入调查后，及时解决了隐患，保证了武汉的生活物资供应。

正如中国青年报记者李强所说，新闻不应该只有一天生命。今天的新闻就是明天的历史。只有实事求是、履行职责的专业新闻工作者才能忠实记录历史，而这些都是新媒体时代的"公民记者"所无法做到的。因此，越是重大的新闻事件，越需要专业新闻工作者。专业新闻工作者既是党和国家的喉舌，也是人民的传声筒，无论新闻传播方式如何进步发展，专业新闻工作者都具有不可替代的核心竞争力。

重庆师范大学

（新闻与传媒学院）

一、教学概况

今年"中国新闻传播大讲堂"的主题为"来自武汉抗疫一线的报道"。新冠肺炎疫情期间，广大新闻记者临危受命、迎难而上、日夜奋斗在抗疫战争的一线，为坚决打赢疫情防控的人民战争、总体战、阻击战凝聚了强大精神力量。今年大讲堂邀请了 14 家主流媒体参与抗疫一线报道的 42 名新闻记者，录制了 32 集视频教学内容，生动讲述、立体展现了中国新闻记者的家国情怀和专业素养。

重庆师范大学新闻与传媒学院自收到学习通知以来，积极组织学生及广大专任教师收看启动仪式及学习视频。新闻专业 2017 至 2020 级学生，以及网络与新媒体专业 2020 级的同学们每周四下午都会在图北楼 7101 教室准时收看 42 名新闻记者录制的抗疫视频，并积极参与讨论，发表自己的想法，并提交观后感。

二、特色亮点

（一）逆行者的形象深入人心

中国青年报冰点周刊的实习记者李强发表的一篇稿子《决战汉口医院》，里面这样写着："脚下的地，是黏的。那是泼洒在地面上的药水得不到及时清洁造成的。"尽管我们没有亲眼看到武汉的真实情况，但是从武汉抗疫一线新闻报道中，我们可以看到他们拍摄的真实情况。在这场疫情中，全国上下众志成城，万众一心，采取各种"硬核"措施防止疫情扩散蔓延，以责任和担当筑起了疫情防控堤坝。面对疫情，一往无前。疫情发生以来，广大逆行者立足本职、勇于担当，按照"疫情就是命令、防控就是责任"的要求，积极响应号召，投身疫情防控一线，用行动践行责任、使命和担当。面对疫情，逆行者一往无前，用行动书写大爱。

（二）记者要捕捉平常中的动人时刻

在这场疫情中，钱彤讲述了一个令人潸然泪下的关于"父亲的背影"的故事。2020年2月10日，新冠肺炎疫情的重灾区武汉江汉区北湖街道德旺社区，一位男子被确诊为轻症患者，即将被转运到方舱医院进行隔离治疗。通过视频我们看到，老父亲戴着口罩，身着一件家居的绒线衣，头顶戴着一顶毛绒小帽，蹒跚地跟在即将前往隔离点的儿子身后。他急迫的步伐里饱含着对儿子的强烈不舍与担忧，但他始终遵守相关人员的提醒，离儿子保持着一段安全的距离。突然，令人始料不及的一幕出现了镜头里。当儿子坐上前往方舱医院的蹦蹦车离开时，年迈的父亲却一跃骑上了电动车，紧紧跟在儿子乘坐的护送车后面。蹦蹦车的后面，留下了父亲屡弱却毅然坚决的背影。"这时我看见他的背影，我的泪很快地流下来了。我赶紧拭干了泪，怕他看见，也怕别人看见。"孩子的背影与父亲的背影相互照应，向观众展示了疫情当下亲人间深沉珍重的爱。新闻每每让人欣慰的，恰恰是在无数平常中，一些可遇不可求的动人时刻，抓住了就会给人一份巨大的职业满足。

三、学生心得

"中国新闻传播大讲堂"让我们深深地为之感动，虽没有到达现场，却一次次落泪。同时，我也为自己选择新闻专业而自豪，未来，我将为自己肩上的重任而不懈努力。

（一）传承"新华精神"与红色基因

在此次大讲堂学习中，我们观看了新华社总编室副主任刘刚的发言。参与武汉抗疫报道是刘刚记者28年新闻生涯里非常难忘的经历。他说，去武汉最重要的理由就是"职责"，因为新闻就在那里。刘刚以"新华精神"为核心，结合真实案例，将对党忠诚、勿忘人民、实事求是、开拓创新的"新华精神"精准地传递给我们，并通过对党忠诚、勿忘人民、践行"四力"、实事求是等方面，讲述了新华社武汉前线人员在疫情报道中的工作实际，反映出新华社记者在武汉工作期间的努力与奋进，彰显了疫情之下，我国人民上下一心的抗疫精神。

（二）时刻牢记记者的职责和使命

在武汉报道疫情时，我真真切切地感受到了"记者"这个职业的责任与使命。新闻一线对他们而言比什么都重要。"铁肩担道义，妙手著文章"的新闻理想从不曾泯灭，新闻人的使命和担当依旧沸腾在他们血液中。那些问机器写作会不会代替记者的人，真应该看看这些新闻记者，机器是冷的，他们的血却始终是热的。那些问自媒体能不能顶替新闻人的人，真应该看看这些新闻记者，自媒体人还在靠编织谣言收割流量，他们却在顶着生命的风险向人们还原真相。那些还在犹豫靠近新闻事业的人，真应该看看他们，他们从不说诗和远方，因为理想就在胸膛。

疫情期间，记者在抗疫一线的工作是伟大而光荣的，文字、图片和视频让我们了解到了武汉的真实状况，也让我们看到疫情中最令人感动的现场。对于一线的记者来说，每一篇新闻报道，每一次采访都是一次冒险，但是他们用自己的坚持换来了最真实的报道，用新闻人的操守记录下了武汉抗疫的实况。

（三）将小我融入大我

面对此次疫情，作为一名新时代的大学生，我们更要勇敢地站出来，将小我融入大我，为打赢这场疫情阻击战贡献自己的力量。而作为一名新闻学子，我也会学习优秀的前辈们，学习他们勇敢无畏的职业素养，学习他们坚定不移的理想信念，学习他们过硬的基本技能。我们要以这些出色的前辈为榜样，在未来的专业学习中贯彻优秀的精神，激励自己不断前进，为自己的梦想奋斗。有朝一日，我们也能为国家、为社会献出我们的力量！我们要好好学习，不辜负老师家长以及整个社会对我们青年一代的期望！

四川外国语大学

（新闻传播学院）

一、教学概况

为弘扬伟大抗疫精神，凝聚团结奋进力量，深入推进"把灾难当教材 与祖国共成长"主题教育活动，进一步激发学院干部师生的责任担当，四川外国语大学新闻传播学院党委积极落实"中国新闻传播大讲堂——来自武汉抗疫一线的报道"课程的学习工作。学院组织了所有学生，包含本科生四个年级、研究生三个年级，通过线下集中学习的形式学习课程相关内容，引导所有同学深刻理解中国特色社会主义制度优势、理论优势、道路优势，培养学生为党为国为人民的深厚情怀和使命担当。

"中国新闻传播大讲堂"2020年度的主题为"来自武汉抗疫一线的报道"，来自14家主流媒体的42名新闻工作者生动讲述了自己和同事们在抗疫一线的故事，展现出中国新闻记者的家国情怀与专业素养，对强化马克思主义新闻观教育、全面推进新闻传播类专业课程思政建设，推动新闻理论与新闻实践深度融合、培养新时代优秀新闻传播人才具有重要意义。"中国新闻传播大讲堂"就是要培养有国际视野，能够爱中国、知中国，能够讲好中国故事，讲懂中国故事的新型媒体人才。

二、特色亮点

（一）创新学习方式

学习过程中，新闻与传播学院党委书记倪颖军对下一阶段大讲堂的学习活动进行了部署，明确了集中与分散、理论与实践相结合的学习方式。她鼓励同学们认真学习，深入思考，大胆创新，把这次"中国新闻传播大讲堂"作为专业大学习的一次拓展、实践大练兵的一个舞台、素养大提升的一次机会，努力锻造专业气质，取得学习实效。这也是让抗疫精神能够以最鲜活的案例的方式走进课堂，推动理论和实践的有机结合。通过他们的讲述，学生更好地理解了新闻工作者的专业精神，学习了马克思主义新闻观，领悟了新闻工作者的责任、担当、使命。在观看学习后，广大师生反响强烈，深入理解了疫情就是命令，防控就是责任的真正含义。

（二）师生共同学习

与会师生共同观看了第一讲，由新华社总编室带来的《弘扬新华精神，经受大疫考验》。视频中新华社记者刘刚说了这样一句话："选择不去武汉的理由可以有很多种，但是去武汉和留下来有一个理由就足够了，那就是职责，因为新闻就在那里，而新闻就是职责！"职责二字，乍一看分量很轻，但是当你拿起它的时候，却重如千斤！困难面前，行胜于言。疫情是一场没有硝烟的战场，在大讲堂当中，我们可以看到新闻工作者用实事求是的报道准则向我们传递着一个又一个温暖的瞬间。他们用镜头记录，用文字镌刻，让我们仰望黎明的曙光，从至暗时刻走向东方即白。

三、学生心得

"中国新闻传播大讲堂来自武汉抗疫一线的报道"令我受益匪浅，刻骨铭心，让我对疫情防控有了更进一步的了解和认识，学习并掌握了预防措施。相信这次加长版的寒假给大家带来了别样的感受，很多人从未像现在这样真切地感受到我们不仅仅是以个人的身份生活，而是与所处的时代同呼吸、共命运。听着大讲堂中记者们的讲述，我回顾了自己在疫情中读过的有关疫情的报道，不禁被记者们的专业素养所折服，也被他们身上体现出的强烈使命感与浓厚的家国情怀所感动。

（一）明确记者的职责与使命

"如果你的照片拍得不够好，那是因为你离得不够近。"这是大讲堂第5集鲜敢记者分享的罗伯特·卡帕的一句名言。今年大讲堂的主题为"来自武汉抗疫一线的报道"，而讲述这一主题的记者都是离炮火最近的人——他们都是抗击疫情的历史记录者，他们在没有硝烟的战场上担当着传媒人的使命。在这场战疫中，从一线记者、主持人、播音员到幕后制作人员，每一个人都坚守岗位职责，默默奉献，他们用新闻工作者独特的方式实现着自我价值，用实际行动诠释媒体人的光荣使命，为打赢这场硬仗贡献出了媒体人的力量。如果没有他们，我们可能就不能第一时间知晓疫情防控的进展；如果没有那些照片，我们就不知道原来有那么多令人动容的瞬间；如果没有那些文字，我们就无从得知那些无私奉献的故事；如果没有他们，我们将一无所知……

（二）讲好中国故事

听了专业记者讲课之后，我在思考，记者在夯实本身专业知识的基础上，如何去讲好中国故事呢？中国日报的记者李馨说："用真情实感将中国故事传播出去。"我想这可能就是最好的方法吧！疫情初期，我国在国际社会上遭受了一定程度的污名化指控，有人称这是"武汉病毒""中国病毒"。而中国面对这一指控做了什么？中国第一时间向世界卫生组织分享病毒基因序列信息；发布数版诊疗和防控方案，翻译成多语种与各国分享；向有关国家派出医疗专家协助开展疫情防控工作，等等。习近平主席指出："病毒不分国界，不分种族，全人类只有共同努力，才能战而胜之。"

这就是我们的中国故事，而要将之讲好、传播好，就是我们新闻媒体人的责任。我们不仅要在国内发挥强信心、暖人心、聚民心的舆论导向作用，也要在国际传播上下功夫。好在这个中国故事讲的还算生动形象，基于我国在世界疫情防控工作中做出的巨大贡献，国际社会给予了中国普遍认可，这也体现了一个大国应有的实力和担当，这也使中国形象的塑造更上一层楼，同时给世界战胜疫情带来了信心。

西南政法大学

（新闻传播学院）

一、教学概况

为深入学习贯彻习近平新时代中国特色社会主义思想和党的十九大精神，全面贯彻全国教育大会精神，切实落实新时代全国高等学校本科教育工作会议要求，加快推进新文科建设，推动"中国新闻传播大讲堂"落实到位，确保"中国新闻传播大讲堂"实效，西南政法大学新闻传播学院在接到通知任务后高度重视，院领导立即成立以院长为领导的"中国新闻传播大讲堂"学习领导小组，确保学习活动的推进，切实让"中国新闻传播大讲堂"内容走进课堂，让每位任课老师结合自己的课程将大讲堂内容有机融合到专业课程，将大讲堂内容变成实实在在的思政大课。学院本学期开设的所有专业课均要求根据课程内容，选取与课程高度相关的大讲堂内容展开 1 学时的探讨交流。其中既有对"中国新闻传播大讲堂"的整体感受，也有针对某一集视频的具体分析。同时，学院制定了专门的《西南政法大学新闻传播学院"中国新闻传播大讲堂"学习方案》，明确学习开展要求。学院全体师生通过课下观看、课堂讨论等多种形式进行研讨，学习效果良好。

二、特色亮点

（一）明确开展要求

"中国新闻传播大讲堂"以"来自武汉抗疫一线的报道"为主题，邀请包括14家主流媒体参与抗疫一线报道的42名新闻记者，共录制了32集视频教学内容，生动讲述、立体展现了中国新闻记者的家国情怀与专业素养。学院要求采取线上线下混合式教学方式，课下观看、课堂讨论，将32集"中国新闻传播大讲堂"内容嵌入本学期开课课程，组织新闻传播学院全体学生完成学习，由主管教学副院长作为课程负责人。本学期开课课程（第12教学周尚未结课课程）的主讲教师通过布置课后作业的形式，布置选课学生课下观看"中国新闻传播大讲堂——来自武汉抗疫一线的报道"32集所有内容。本学期开课课程的主讲教师选择合适时机，在课堂教学中插入"中国新闻传播大讲堂——来自武汉抗疫一线的报道"的课堂讨论，主讲教师需做好组织工作，至少完成1学时讲解与讨论。每名同学完成一篇不少于3000字的学习心得，由主讲教师负责收齐。课程主讲教师需完成一篇不少于500字的课程学习情况总结。

（二）创新育人平台

学院要求所有授课教师从"中国新闻传播大讲堂"中选取与课程高度相关的内容，并与学生展开1学时的探讨交流。其中既要有对"中国新闻传播大讲堂"的整体感受，又要有针对某一集的具体分析。

同时，全体同学还将他们的思考写成了观后感。在观看完视频后，同学们心情激动，有的掉下了感动的眼泪。伍若琳同学说："我对讲述经历的记者前辈们的崇高敬意油然而生。这其中不仅有对中国报人的敬意，也有对新闻、舆论本身的一种崭新的理解。从诸位传媒人的工作中，我看到了什么叫作'非专业之士所不能及'的工作水准、工作态度与工作质量"。刘晨滢同学说："无论新闻采访技巧有多么高超，如果新闻记者没有这样自我牺牲、自我奉献的伟大道德情操，一切也都是空谈。在疫情的至暗时刻，一批又一批的新闻记者主动报名参加报道，展现了新闻人不怕苦、不怕累甚至不怕死、甘于奉献的精神，这对我来说是一次职业道德上的教育。"

三、学生心得

大讲堂为无数新闻学子呈现出一堂堂形象、生动理论课、实践课。这也让我明白，在灾难面前新闻工作者所应持有的家国情怀与专业素养，以及"新闻工作者在场"的重要性。

大讲堂里关于新闻传播知识的传达是多方面的：既有理论的，即每个记者马克思主义新闻观的理论功底；也有实践的，即每个记者在报道抗疫故事时的具体方法、技巧；既有微观的，即疫情中普通人的生活、情感，记者的工作状况和职业素养；也有宏观的，即如何坚持党性原则、如何正确引导舆论，做到以正面宣传为主。

（一）以马克思主义新闻观为指导，坚持党性原则

在 42 位一线记者的讲述中，在一篇篇抗击疫情的报道中，党性原则这一社会主义新闻工作的根本原则贯穿始终。疫情面前，党和国家是人民坚强的后盾，而新闻工作者就是要通过报道和传播，让人民看到这块后盾，继而让他们安心，维护社会稳定。

新闻工作者坚持为人民服务。疫情期间，全国的新闻工作者奔赴武汉，是武汉人民、全国人民了解信息的桥梁。挖掘感人故事，对话典型人物，再将这些形成文字、图片、视频，传播到祖国的每个角落，新闻工作者也是连接全国人民情感的通道。

新闻工作者坚持为社会主义服务。无数新闻工作者投入抗疫报道中，其核心方向是体现在我国优越的社会主义制度下，全国人民心往一处想、力往一处使，共同抗击新冠疫情。

（二）以正面宣传为主，做好舆论引导工作

在新冠肺炎疫情的期间，我们的新闻工作者做到了以正面宣传为主。在"中国新闻传播大讲堂——来自武汉抗疫一线的报道"中，新闻工作者报道了抗疫一线医护人员不辞辛劳地抢救和照顾病患，其中，一位记者和他们的团队为上千名医务工作者拍人像，记录他们艰辛却也最美的动人样貌；还有记者将镜头和文字聚焦社区防疫工作，报道社区工作人员和居民良性互动、互帮互助，产

生了许许多多温暖人心的故事和瞬间。另外，新闻工作者用慢直播的形式展现"雷神山""火神山"和"方舱医院"的修建，让全国人民直观地看到我们的中国速度、中国效率。毫无疑问，这些积极的报道在国家最艰难的时候激励了无数国民的信心，让大家相信武汉是一座英雄的城市，中国是一个顽强不屈的国家，病毒打不倒我们。当然正面报道不代表一味地唱赞歌。疫情期间，新闻工作者也揭露了一些官员不作为、乱作为的现象，这些报道也引起党和国家的高度重视，党和国家处理迅速，给人民及时的答复。另外，新闻媒体也报道抗疫工作中不完善的地方，把民众的苦说出来、需求反映出来。这也让中央和地方充分了解到了防疫工作中的缺口，能够进行及时而有效地补充和调整。

重庆人文科技学院

（文学与新闻传播学院）

一、教学概况

重庆人文科技学院，是一所应用型民办普通高校，面对地方培养适合重庆区域性经济社会发展的应用型人才。所属文学与新闻传播学院下设新闻学专业，秉承高质量、应用型相结合，教学过程中，理论与实践相结合的原则，努力培养高素质的新闻专业学生。在本次"中国新闻传播大讲堂"课程中，学院安排新闻系教师结合相应课程（包括《新闻采访与写作》《摄像与编辑》《广电新闻采编实务》《新闻法规与职业道德》《网络新闻编辑实务》等），组织在校3个年级（2018级、2019级、2020级）共计220余名学生进行了课堂学习与讨论。同学们围绕所观所思，提交讨论心得100余份。与此同时，针对2017级毕业生，由指导老师推荐疫情观察相关论文课题，以及大讲堂相关视频资料。

综合师生课堂学习与讨论情况，师生们普遍认为，"中国新闻传播大讲堂"是一档具有新时代新闻学意义的务实课堂。其中呈现的案例和总结提炼的观点，融合了移动互联网时代传播规律。中央和地方主流媒体在新闻实务上融合创新的特色，既绘出大国抗疫中投入的"大爱"，又谱写了各行各业团结一心、共同抗疫的"小爱"。新闻讲堂的良好素材成为情感、知识、价值育人的重要载体，对老师们打造沉浸式课堂有很好的启发作用。

二、特色亮点

（一）最是"真实"动人心

中央广播电视总台新闻中心副主任肖振生讲述了总台在抗疫报道中的一系列生动案例，其中以《面对面：专访蔡利萍》和《一定要让他活》为例，让同学们感知到真实的力量。总台的一系列报道之所以能够使我们感同身受，最重要的就是因为它的真实。正如报道中说，沿用电视媒介固有的传统优势，采用纪实手法拍摄原生态现场，使我们在不知不觉间沉浸其中。因为真实，所以触动。我们看着节目，也是在看自己，因为它不单单是一个新闻产品，更是真实发生在我们身上的事情。真实性是新闻的生命，犹如真诚是进行情感交流的最佳途径。新闻不再高高在上，而是真实客观地反映了疫情的整体情况，与我们息息相关的报道，像朋友间对话一样简单纯粹，也更深入人心。

（二）最是"用户"揽人睛

大讲堂用《云监工》慢直播节目，给我们还原了防疫宅家期间的网友众生相。这一案例很好地印证了网络传播中网络视频直播所具有的特质——在场感。比如观看医院建设中，网友纷纷用网络化的语言给基建设施起名，"叉酱""铲酱""呕泥酱"等。一场网友的云监工既传递出了全民齐心协力抗击疫情的信心，也用贴近生活的话语温暖人心。这种充满生活气息、充满大爱的言语，在传播语境日益平民化、草根化的环境中，无疑具有巨大的影响力。在传播中形成声浪，成为人们关注的焦点，从而形成现象级的传播态势。

（三）最是"融合"迷人眼

总台的疫情报道是融媒体全景化的报道，给受众一种沉浸式的观感，能与报道中的人物感同身受。如手绘动画《武汉的76个日夜》，以一镜到底的形式，展现了武汉自封城至解封的76个日夜，发生在武汉抗疫及全国守望相助的真情实境，100多个典型事例和故事，7分钟的视频，真实的声音，虚拟的场景，横轴运动式镜头，让人沉浸其中，感情随着画面与声音的转换时而紧张、时而舒缓、时而抑扬、时而顿挫。情感的升华在揭开口罩的那一幕、在家人的召唤声中、在习近平总书记浑厚有力的慰问中，逐渐达到高潮。这也使网友在传播过程中，融入一种场景化的心理，更凸显抗疫"大爱"的可贵。

三、学生心得

大讲堂以"来自武汉抗疫一线的报道"为主题，展现了中国新闻记者的家国情怀与专业素养，是一次难得的学习机会。该课程的学习强化了我们对中国特色社会主义制度优势、理论优势和道路优势的理解，并且在学习中获得启发，增强了我们的使命感。

（一）新闻报道要增强与用户的互动性

报道中的全景化情境以及声音更多地采用现场同期声，这让报道更加具有真实感和现场感。因此，我们要注重通过多种融媒体工具增强报道与用户之间的互动性，赋予用户留言建议、探讨解决办法的权力，重视用户反馈信息对完善报道的建设性作用，提升用户的参与感和互动感。此外，新闻报道还可以借助 AR、VR、网络直播等工具增强新闻的沉浸感，使用 H5、游戏、数据可视化等工具丰富新闻表现形式，避免长篇大论带来的枯燥感。科技在改变，新闻的传播方式也在改变，所以，作为新闻工作者的我们一定要学习各种新媒体技术，成为一名综合素养较强的新闻工作者。

（二）新闻报道要从细微处打动受众

在"中国新闻传播大讲堂"中，我们还见证了一群新闻职业的最美逆行者——钱彤、费茂华、鲜敢、吴姗、郑连凯等。疫情发生时，他们冲锋在前，深入"红区"，用镜头、用文字呈现了抗疫中的点点滴滴，也正是这些真实的影像和细致入微的笔触，唤起了受众对国家、民族特有的情愫。此次疫情报道将横向报道和纵向报道相结合，报道内容既回应大众的关切，也告知大家一线人员的艰难与不易，展现了一个英雄的城市，一群可爱的人们。系列新闻报道无一不体现了"生命至上"的原则。今后，我会努力加强理论修养以及实践训练，为讲好中国故事、传播好中国声音做好准备。

重庆外语外事学院

（国际传媒学院）

一、教学概况

"中国新闻传播大讲堂"是推动新闻理论与新闻实践深度融合、培养新时代优秀新闻传播人才的重要举措，是增强广大新闻传播类专业学生自信心、自豪感、自主性，提高新闻传播教育影响力、感召力、塑造力的生动实践。我院把学习观看"中国新闻传播大讲堂"作为一项重要任务，召开专门会议学习相关精神，让全院教职员工了解该项工作的重要意义。

我院高度重视学习观看"中国新闻传播大讲堂"活动，成立了由学院执行院长任组长、院党总支副书记任副组长的大讲堂学习活动推动小组，制定实施方案，明确目标要求，全面动员本单位教职员工投入这次观看学习活动中来，组织师生通过多种形式观看学习。2020年11月5日，我院组织全体师生线上线下相结合观看了启动仪式，并组织教师通过集中观看、座谈会、研讨会、视频会议、交流会、工作群等多种形式开展学习交流研讨，并上交心得体会。通过多渠道、立体化的学习形式，我院师生认真学习"中国新闻传播大讲堂"，用心感悟，提交了60多篇学习心得，从不同角度谈了自己的学习收获。

二、特色亮点

（一）动员教职员工投入学习活动

在教师层面，我院要求教师们在教学中将这些生动的案例融入课程讲授之中，推动新闻理论与新闻实践深度融合，真正做到知识传授、能力培养与价值引导的有机统一。教育学生今后在从事新闻传播相关工作时要与党同心、与人民共情，做坚守新闻工作优良传统的传承者，坚定做爱国主义的弘扬者和实践者。

（二）将大讲堂内容融入教学

教师将大讲堂核心内容和主要精神引入《马列新闻著作选读》《传媒伦理与法规》《中国新闻传播史》《经典传播案例研究》《网络新闻实务》《新闻报道策划》《新闻采访与写作》等课程教学内容，在理论课程中强化马克思主义新闻观教育，增强学生思想水平和职业认同感；将大讲堂视频内容作为教学案例充分应用到实践课教学中，让学生对记者职业有更直观的认识，增强学生的职业荣誉感，提升课程思政教育教学水平。

（三）加强师生互动讨论

相关课程任课教师在教学活动中充分发挥讨论互动教学法的积极作用，基于案例从多角度展开讨论，既有利于学生对报道本身的理解，更有利于学生树立正确的职业观，提升学生对马克思主义新闻观的认识，以及对马克思主义新闻观和新闻从业人员职业伦理的认同。除课堂讨论外，其他老师还通过布置课后作业的方式对"武汉抗疫一线新闻报道"进行案例分析与解析，要求学生基于课程教学内容撰写案例分析报告或观后感，并挑选优秀作品进行分享和点评。

三、学生心得

经过几周对"中国新闻传播大讲堂"的学习，我对我的专业、对新闻工作者这份职业有了更深的认识。

（一）新闻人要有责任与担当

透过视频与文字，我们感受到新闻人的责任与担当。当灾难性事件发生时，记者注定是逆行者。当多数人都在撤退时，记者不能后退。新冠肺炎疫情期间，新闻记者迎难而上，日夜奋战在抗疫斗争的第一线，为坚决打赢疫情防控的人民战争、总体战、阻击战凝聚了强大的精神力量。他们真切地传递出疫区的真实状况，谱写了中国人民共克难题、同舟共济的历史新篇章。正是因为心怀祖国、心怀人民的媒体人在汹涌疫情中勇敢逆行，中国的抗疫行动才有了最具亮点、最具温度、又有深度的传播。他们记录的是中国精神、中国担当、中国力量，他们自己也是中国精神、中国担当、中国力量的最好诠释。

（二）普通人，也是英雄

记得这样一句话："没有一个冬天不可逾越，病毒肆虐的当下，亦如是。"这是孙婉清写给在抗疫前线的父亲孙鹏的信件里的一句问候。此外，还有在深夜里默默驱车相护相送的汪莹鹤、汪晓婷夫妇，漫漫长夜，他们用灯光照亮守护他人的路。还有分隔两地、奋战抗疫的年轻夫妇贾单、倪力，他们也都怀念着对方亲手烧的菜。此外，还有为前线抗疫人员免费赠送 7850 杯爱心咖啡的光谷咖啡。一个又一个平凡的举动，一个又一个平凡的人。在不平凡的故事里，都各自有一分光，便发一分热。这也再次印证了那一句"普通人，也是英雄"的老话。

（三）摄影记者有着自身独特魅力

"中国新闻传播大讲堂"的众多讲解者中，令我印象最深刻的是摄影记者费茂华。通过他的讲述，我感受到了摄影记者这一职业的辛苦与劳累。摄影记者不仅要扛着沉重的拍摄机器，还要穿上密不透风的防护服。穿上防护服不仅给他们带来汗水打湿衣物的粘腻感、无法呼吸的窒息感等生理上的不适，还给他们带来心理上的恐惧感。穿上防护服便意味着要近距离接触病毒，意味着要担起一名记者的使命，意味着在危险区反复游走 …… 在抗击新冠肺炎疫情时期，记者们强大的心理承受能力，是保护自己的强大武器。

除了对摄影记者的敬佩，我也被摄影的魅力所深深地吸引。在费茂华的眼里，摄影的意义和魅力在于记录历史。一张张照片，一幅幅画面，都是抗疫战情的实时体现。这些照片是对"历史不是冷冰冰的文字，它充满了血肉和感情"的最好佐证。因此，我认为身为一个摄影记者，应用自己的热情去记录那些让你我难忘的瞬间，去记录一个民族、一个国家成长的历程。

重庆财经学院

（新媒体艺术学院）

一、教学概况

为落实重庆市教委转发的《教育部高等教育司关于开展"中国新闻传播大讲堂"的通知》的文件精神，重庆财经学院新媒体艺术学院高度重视，把此项活动列入重要议事日程，认真筹划，精心安排，使"中国新闻传播大讲堂"相关活动收到了实效。

为确保本次活动有序开展，"中国新闻传播大讲堂"相关活动由新媒体艺术学院张红梅院长总负责，网络与新媒体教研室主任刘晓琴、数字出版专业教研室主任刘玉亭协助，学院全体教职工积极参与，保证全院师生切实投入到活动当中。

我院按照通知要求紧紧围绕"中国新闻传播大讲堂"开展活动，以学习"中国新闻传播大讲堂——来自武汉抗疫一线的报道"为载体，通过"集体学习、师生互动、生生互动"的方式，相互联系，相互融合，共同赋予大讲堂新的色彩。在学习大讲堂相关课程的基础上，通过开展教学研讨会、学生座谈会进一步深刻学习抗疫中的新闻人精神，以进一步强化师生马克思主义新闻观教育为主要内容，突出重点，坚持推进新媒体艺术学院网络与新媒体专业、数字出版专业课程思政建设，着力解决学生新闻理论与新闻实践融合不够深入的问题，力求提升学生新闻专业能力，增强师生的新闻党性修养，为培养新时代优秀新闻传播人才提供助力。

二、特色亮点

（一）活动开展反响强烈，学生责任意识提升

"中国新闻传播大讲堂"的系列学习活动，在我院广大师生中引起了强烈反响。许多学生表示，本次活动所学习的内容深入人心，对于新闻传播专业的学习有了新的认识：光有理论知识的学习是不够的，更重要的是要做杂家，思考和实践并重。同学们还表示，通过学习，自己更加明确了身为相关专业学生的专业理想和使命担当，在今后的学习中应进一步加强实践动手能力，提升自身综合素质和专业素养，今后将以优秀的新闻从业者为榜样，努力成长为讲好中国故事、传播好中国声音的新闻人，未来在党、国家和人民需要的时候毫不犹豫地挺身而出，为社会主义新闻事业做出贡献。

（二）教师总结教学经验，师生互助共同成长

"中国新闻传播大讲堂"是新文科建设、高等文科教育提质创新的一项新举措，是通过现代信息技术和多媒体资源联结起全国新闻传播学类专业师生共同上的一门大课。教师代表表示，在学习和开展活动过程中，发现了以往教学的不足，也认真研究总结了本次大讲堂学生的教学反馈和学习情况，在今后的教学活动中会利用好各类媒体资源、坚持线上与线下相结合、理论与实践相结合，将书本上的理论结合社会实际案例进行教学，同时也表示会始终坚持立德树人、寓教于乐、始终如一，坚持引导学生上好这门专业大课、思政大课，为培养新时代所需要的新文科人才不懈努力。

（三）制定计划重新出发，展望未来继续前行

"中国新闻传播大讲堂"启动以来，我院着手制定"中国新闻传播大讲堂"课程的学习方案和具体的执行计划，由专人负责将"中国新闻传播大讲堂"内容融入各专业的教学和实践环节，并设置公开课、观摩课、讲座等多种形式进行宣讲，同时鼓励其他专业学生选修。通过大讲堂的学习，切实推动抗疫精神进校园、进课堂，创新马克思主义新闻观教育方式，增强新闻传播学专业学生

的自豪感和认同感，培养家国情怀，进而推动新文科建设，打造立德树人的教育平台。

我院开展的系列活动取得了一定的成绩，但"中国新闻传播大讲堂"课程内容的学习是一项长期教学战略任务，今后我院将在总结教学经验基础上，用马克思主义筑魂，用人文主义修身，用未来媒体创新，积极探索教育教学新模式，为培养新时代新闻传播人才不懈奋斗。

三、学生心得

通过学习，我对新闻工作者有了更加深刻的了解和感悟。这些身处抗疫前线的记者们，与医护人员一起冲在了抗疫第一线，用自己的力量诠释着媒体人的担当和责任。他们不因疫情退缩，不因危险胆怯，坚持以马克思主义新闻观为指导，坚持第一时间准确报道，为全国人民传递着最新的现场数据和信息，这种对新闻工作的深沉热爱和职业坚守深深地打动着我。

身为新生代新闻人，我十分感激可以在舒适且安全的校园内踏实地汲取知识。"哪有什么岁月静好，不过是有人替我们负重前行"是我最喜欢的一句话。是啊，如果没有那些奔波在一线的工作者，没有他们将前线新闻第一时间传递给我们，没有那些逆行者们的默默守护，我们何来安逸，那些新闻事实又从何而知。

那些奔赴在抗疫一线的记者们用亲身经历和生动事迹教我们如何成为一名合格的新闻工作者。作为一名学生，学好专业知识是首位，老师时刻教导我们要以马克思主义新闻观武装头脑，牢记及时、准确、真实的新闻报道基本要素。今天我们是校园内的新闻学子，未来就是新闻一线的工作者。因此，我们不能脱离社会实际，要时刻关注社会新闻，带着人文情怀参与社会实践，切身融入群众中，深入挖掘鲜活真实素材。作为一名新闻专业学生，在媒介环境和舆论形态发生变革的新形势下，更要保持自身定力，坚守家国情怀，树立正确的新闻观，坚持"三贴近"原则，不忘初心，砥砺前行，将自己的职业理想和祖国人民紧密相连，深入祖国的广阔天地，守正创新，努力讲好中国故事，为中国未来的新闻传播事业发展做出力所能及的贡献。

重庆工商大学派斯学院

（文学与传媒学院）

一、学习概况

2020年11月5日下午，重庆工商大学派斯学院文学与传媒学院组织广电新闻教研室和网络与新媒体教研室专职教师共同观看了"中国新闻传播大讲堂"启动仪式。党委副书记、纪委书记、副校长陈勇阳参加会议并作总结讲话，文学与传媒学院副院长唐建强主持会议。

唐院长指出各教研室可以结合专业特色，组织学生共同学习视频教学课程，培育学生的家国情怀与专业素养。党委副书记、纪委书记、副校长陈勇阳强调，开展中国新闻传播大讲堂，是新时代培养优秀新闻传播人才的需要，是新文科建设的需要。这是一门有温度的思政大课，任课老师也可结合大讲堂的实践探索，纳入成绩管理。会后，教研室的老师们针对会议精神进行了热烈的讨论，深入交流了自己的学习感想。

二、特色亮点

（一）教师代表交流感想

我院教师代表在观看学习后进行了深入的交流讨论，分享了自己的心得感想。

许陈陈老师表示："疫情面前，我们的国家，我们的人民经受住了考验，而我们要做的是铭记，让抗疫精神入脑入心，不忘记我们的国家和人民在这一特殊时期所做出的共同努力。作为新时代的新闻人，我们要用爱国情怀强基，用人文素养修身，用国际视野拓界，用未来媒体创新，不断提升作为新闻人的能力和素养，实事求是，忠实履行职责，不断开拓创新。"

徐也涵老师在观看本期新闻传播大讲堂之后，产生了颇多感想："所有课程中，我对新华社一位深入方舱医院的记者印象格外深刻。一方面，是由于这位记者疫情期间驻地武汉的一系列特殊经历；另一方面，从这位记者的讲述中，能够明显地感觉到来自新华社的专业素养。在他的讲述中，用词谨慎、结构明晰、表达平和甚至不失幽默感。大讲堂的学习，让我们一线老师们有了更多的渠道提升自己的专业素养，也给了我们一个机会，从不一样的视角了解疫情期间的新闻人，收获颇多。"

（二）师生共话新闻传承

在交流学习研讨环节，师生们也对新闻传播事业的传承发展发表了个人见解。

其中，王春园老师在个人思想汇报中写道，媒体竞争关键是人才竞争，媒体优势核心是人才优势。优秀的新闻传播人才的培养需要高校教学和社会实践合力共创。大家共同学习了解武汉抗疫一线的报道故事，感悟新闻报道背后的家国情怀，领会了新闻人才必备的专业技能，真正实现价值塑造、知识传授和能力培养的有机统一。通过这次大讲堂，师生深刻体会到作为新闻工作者的使命与担当；也体会到全国民众在面对疫情时的团结一致。作为高校教师，自己也要积极探索交叉融合的新文科建设范式，为培养新时代所需要的新文科人才而不懈努力。

梁唐辉老师表示，作为新闻传播学科的一名高校教师，自己会牢牢树立马克思主义新闻观，更加深刻地去理解中国特色社会主义的制度优势、理论优势、道路优势，努力为党和国家培养合格的新闻事业接班人。

新闻专业的同学们在观看大讲堂后也表示在今后的学习中，要坚持用马克思主义作为指导思想，做坚守新闻工作优良传统的传承者，将自己的理想同祖国的前途、自己的人生同民族的命运紧密联系在一起，扎根人民，奉献国家。

三、学生心得

看完"中国新闻传播大讲堂",我对新闻、对记者有了更深的敬畏。在疫情肆虐这种让人恐慌的时期,在疫情严重的危险地区却依旧有一群勇敢的人,他们是医护人员、党员干部、默默无闻的百姓,还有新闻工作者。正是有了这些新闻工作者的努力,我们才能知晓各种有关疫情的信息,才能了解发生在武汉的真实故事。他们既是历史的见证者,也是历史的参与者。在武汉这一疫情高风险地区,记者们穿梭在医院、废弃物处理厂、街头巷尾等地方,只为记录下真实的画面,报道真实事件。历史不是冷冰冰的文字,它是充满温暖和情感的。正是记者们镜头下的画面,让我们更加深刻体会到当时那些人的勇敢和无私,也正是有了他们的深入报道,我们才能知道那些背后的故事。

在视频中令我印象最深的是新华社记者刘刚,他说:"选择不去武汉的理由有很多种,但是去武汉和留下来有一个理由就足够了,那就是职责,因为新闻就在那里,而新闻就是职责!"听了他的话,我有很大的感触,虽然说"职责"两字说起来轻飘飘的,但是能够做到真的很难。

疫情是一场没有硝烟的战争,我们所看到的所有疫情相关的报道都是新闻工作者辛苦拍出来的,他们用镜头记录了抗疫的情况,以及疫情中逆行者的身影。当再次回顾那些在网上看到过的视频,我还是会热泪盈眶。该是有怎样的大爱,他们才敢在如此险恶的环境下投身抗疫事业。我不敢想象,如果自己有足够的能力,是否敢像他们一样舍弃小我,为人民,为国家"冲锋陷阵"。无疑,他们是这个时代的英雄,他们是"英雄的武汉"的构成者,我们应当永远铭记这场灾难,永远铭记在灾难中舍身忘我的人。

真正的伟大,就在于拥有脆弱凡人的躯体,但却拥有神一般不可战胜的精神。江山不负英雄泪,且提利剑破长空。如今,在全国人民共同的努力下,疫情已经得到有效控制,疾疫与灾难都将成为岁月的尘埃。来自西伯利亚的北风再次吹过神州大地,但这一次,这片土地上的中华人民已经做好了防控疫情的充足准备,病毒难以再次肆虐。我相信,在下一个春天来临之际,鲜花将会盛开得更加艳丽,而熙熙攘攘的赏花人的欢笑声,会是这场无声的战争最后的落幕。

四川大学

（文学与新闻学院）

一、教学概况

新闻工作者要与党同心、与人民共情，做新闻工作优良传统的传承者。新时代孕育新机遇、呼唤新担当，当代新闻学子要立志成长为有定力、有情怀、有本领的新闻人。新闻传播院系要坚持守正创新，改进马克思主义新闻观教育，做中国特色新闻学的传道者、授业者。今年以抗疫报道为主题的"中国新闻传播大讲堂"32集视频教学课程，作为教学素材面向全国高校新闻院系同步推广使用，为四川大学文学与新闻学院加强实践中的马克思主义新闻观教育提供了优秀的教学资源，也是加强学院新闻队伍建设、做好新闻舆论工作的创新之举。

学院以高度的政治站位、扎实的专业态度，高度重视"中国新闻传播大讲堂"的落实工作，采取了切实可行的方式方法，在全院掀起学习系列"最生动的国情大课、有温度的思政大课、高水平的专业大课"的热潮，帮助学生了解中国新闻记者的家国情怀与专业素养，明确国情社情，坚定理想信念，并将其作为贯彻习近平总书记关于加强新闻舆论工作的重要讲话精神，加强思想政治教育，加快推进全国高等学校新文科建设的重要落脚点。

二、特色亮点

（一）线上线下同步开展

推动"中国新闻传播大讲堂"进校园、进课堂，线上线下共同滋养新闻学子成长成才。文学与新闻学院在《国情教育》课程中，集中播放了"弘扬新华精神，经受大疫考验"三题讲座，200 余名同学在老师们的讲解和引导下共同开展学习。同学们在观看过程中，感受到新闻人的职业特质与使命担当。课后，2019 级新闻学专业同学张龙赫发出感叹，新闻记者竟是如此默默无闻的记录者。疫情期间，公众对信息的需求非常迫切，而身在一线的媒体人对疫情的报道最大程度做到了真实、及时和准确，疫情之下，他们不煽情也不悲痛，坚持实事求是的报道原则，记录下真实的抗疫瞬间，然后传达给远方无数心系疫情的人们。

（二）深入理解新华精神

同学们也通过新华社记者的行动，对新华精神有了更加深入的理解。2019 级广播电视学专业杨青欣在课后提出见解，新华精神首要的是对党忠诚，传承红色基因。新华社历史上有 150 余名烈士，这份英雄的信念与精神在当今疫情中的一线记者身上得到了继承和发扬。记者王毓国此前曾上过真刀实枪的战场，这一次他来到武汉这个弥漫无声硝烟的城市，带来一手消息。除此之外，青年记者熊琦探亲途中自己开车回到武汉，传递关于重症监护室的最早消息，这样可敬的新华社记者还有很多。在他们身上，我们看到了一种浪漫的英雄主义精神，对党的新闻事业的赤诚热爱，以及作为记者的使命担当。

（三）明确职业发展方向

更有同学通过观看学习明确了新闻专业学生的使命与担当。作为新闻传播专业的在读学生，同学们都表示他们从这场疫情新闻战中捕捉到比普通民众更深刻的收获。"铁肩担道义，妙手著文章"已不再是书本上冷冰冰的文字，而是鲜活洋溢在我们身边的力量。优秀的记者，既要有面对困难冲锋陷阵的勇气，又要提升个人综合素质，时刻牢记自己的使命，为人民守住正确的舆论导向，保证真实性、有效性，通过快准狠的报道，牢牢掌握舆论的战场主动权。

三、学生心得

基辛格曾说："中国人，总是被他们之中最勇敢的人保护得很好。"在这次疫情之前，我只把它当作众多夸赞中国溢美之词中的一句，但在这次疫情之中，我感悟到了这句话更真实直接的含义。那些令人动容的场景，不仅我看到了，全国人民都看到了，而我们的每一份"看见"都要感谢疫情中的新闻工作者。

（一）他们是行胜于言的挑战者

新华社记者熊琦，在回荆州老家过年假期接到朋友有关武汉疫情形势严峻的电话，便收拾行装踏上了返回武汉的高速。2月4日晚，又有300多名记者，贯彻中宣部的指示，深入湖北和武汉一线进行采访报道。他们也有满怀挂念的家人，也有对于病毒的恐惧，但还是去了，义无反顾地去了，没有矫揉造作地退让和逃避，只是为了更好报道疫情一线消息。他们的报道讴歌了一线医护人员、警务人员、社区工作者，却少有报道他们自己。行胜于言，他们做到了；媒体担当，他们肩负好了。

（二）他们是星点希望的汇聚者

人民日报、新华社、中央广播电视总台等官方媒体在疫情期间利用其在微博、抖音等新媒体平台的账号实时发布重要信息，使我们足不出户就可以第一时间获得疫情相关资讯，极大地消除了公众的心理恐慌，缓解了集体对于疫情的焦虑，并把"武汉加油""湖北加油"传达给全国人民。一线的医护人员也收到来自广大群众的鼓励，得到了最大的信任和最好的祝福，用希望带动希望，用希望感染希望。

作为新时代即将走上工作岗位的大学生，从此刻起我将积极培养良好的职业素养，主动弘扬新华精神，当好新闻把关人，杜绝虚假、低俗新闻，为公众提供真实准确的新闻。政治性是新闻的专业属性，媒体人要提高政治站位，在新闻生产和传播过程中做到党性与人民性相统一；不断实践积累，提升自身专业素养，紧跟新媒体时代信息迭代更新的步伐，为公众提供人文关怀，为国家和人民提供更有价值、更有深度的新闻。

西南交通大学

（人文学院）

一、教学概况

2020 年 11 月，由教育部高等学校新闻传播学类专业教学指导委员会主办的"中国新闻传播大讲堂"正式启动。此次大讲堂以"来自武汉抗疫一线的报道"作为主题，邀请了中央和地方 14 家主流媒体的 42 位参与抗疫一线报道的新闻记者参与录制，生动讲述、立体展现了抗疫期间中国新闻记者的家国情怀与专业素养。

2020 年 11 月 11 日，西南交通大学传播系在接到"中国新闻传播大讲堂"学习通知后，立即要求全系教师各自完成对大讲堂 32 集视频课程的学习，深入理解每集课程所包含的讲述内容、案例分析与拓展学习等部分，尤其是优秀抗疫报道，并提交学习心得总结。

2020 年 11 月 19 日，西南交通大学人文学院院长、教育部高校新闻传播学类专业教学指导委员会委员石磊教授对"中国新闻传播大讲堂"的系列视频做了系统梳理和重点领学。他指出："大讲堂给从事新闻传播教育的广大教师提供了最新的、最有温度、最鲜活的实践教学案例。所有老师在今后的教学工作中，应当将这些案例融入课程讲授之中，推动新闻理论与新闻实践深度融合，真正做到知识传授、能力培养与价值引导的有机统一。"

在接下来的几个月时间内，西南交通大学传播系所有专任教师在集中观看和学习后，开展了以"传播专业的思政建设"为主题的教研活动，并将这些新闻工作者在抗疫第一线践行马克思主义新闻观的鲜活案例融入本科教学培养计划内的课程之中。

二、特色亮点

（一）专题宣讲领学

2020年11月19日，西南交通大学人文学院传播系所有专任教师集中观看和学习"中国新闻传播大讲堂"，在观看完节选的视频后，老师们先后发言。传播学专业李简瑷老师表示："结合视频中鲜活的案例，将专业知识的传授与思想政治教育相融合，加强对学生的社会主义核心价值观的引导，使其树立马克思主义新闻观，为新时代培养优秀卓越的新闻传播人才，切实推动新时代高等文科教育的创新发展。"广告学专业朱洁老师谈道："在观看直播后，我更加坚定了自己的理想信念，坚定了作为一名新闻工作者的使命担当，领会了国家社会与人民的期望。我院也将积极培养秉持马克思主义新闻观的传媒学子，用心用爱来记录一切，承担作为一名新闻工作者需要肩负的责任。"最后，传播系主任蒋宁平教授总结道："作为新闻传播教育和科研工作者，我也深刻地感受到，在新闻传播人才培养中，要进一步把马克思主义新闻观贯彻到具体的专业教学中，做好课程思政，培养学生真正具有家国情怀，不畏艰险、冲锋在前，为国家和社会充当好瞭望者、报道者和建设促进者角色。"

（二）课程思政研讨

11月26日，传播系全体教师开展了以"传播专业的思政建设"为主题的教研活动。在会上，已经顺利申报"西南交通大学2020—2021学年课程思政建设项目"的刘林沙、朱亚希两位老师，分别结合本科课程《广告史》《马克思主义新闻理论》，向老师们分享了"马克思主义新闻观的时代内涵""如何通过'中国新闻传播大讲堂'将马克思主义新闻观融入课程讲授"等话题，给老师们提供了示范和参考。

老师们听了经验分享后畅谈心得体会，比如，张诗婷老师结合自身授课谈道："在《统计与数据分析》课程中，像老师们所谈的，也要将专业讲授与思政深入结合起来，激励学生深入社会参与调研实践，帮助他们关注国家、社会和地区的发展动态，增进爱国情感，促进他们将积累的知识、能力和素养有机融合。"杨琴老师补充道："我们要把学生培养成思想过硬、业务过硬的复合型人才，切实推动新时代高等文科教育的发展。"

（三）大讲堂进课堂

西南交通大学传播系的老师们将新闻工作者在抗疫第一线践行马克思主义新闻观的鲜活案例融入教学，充分利用这些鲜活案例，将新闻传播学理论与新闻传播实践有机结合起来，以激发学生的专业热情，真正将思政融入课堂。

在面向大一学生的新生研讨课《传播专业现状与未来发展》中，两位大一班导师要求学生集中观看"中国新闻传播大讲堂"视频，并结合个人报读新闻传播专业的初衷等方面展开专题研讨。

12月10日晚至11日晨，人文学院师生在成都市防控办和学校的统一部署下，全员有序进行核酸检测。看到四面八方前来支援的医护人员坚守岗位、彻夜奋战，师生们深受感动。主讲《融合新闻学》课程的朱亚希老师立即要求学生们抓住"为成都加油"这一选题，以亲身经历制作视频。就在核酸检测完成的上午，国内"十大最具影响力"主流媒体新闻客户端"封面新闻"App连发两条视频新闻：《连夜做完核酸检测后西南交大学生录制视频为成都加油》《直击西南交大通宵完成核酸检测学生有序排队秩序井然》。在"封面新闻"官方微博的推送中，第一条视频阅读量持续攀升，不到3小时就突破100万。

三、学生心得

众所周知，"国无德不兴，人无德不立"，思想正确是第一位的。做新闻传播，首先要把思想端正，然后才能说怎样做新闻、做报道、做采访，做其他一切任何事业。"中国新闻传播大讲堂"正是一门思政教育课。思想道德建设，必须站在理想信念这个制高点上，高扬主旋律，唱响正气歌，让理想信念的明灯在人们心中永远闪亮。

（一）记者要明确责任

"中国新闻传播大讲堂"让我们的广大新闻传播专业的学生认识到自身沉重的使命感、责任感。广大的新闻传媒工作者深入武汉，到医院去、到小区里去、到志愿者工作的地方去，火神山上留下了他们的身影，雷神山上滴下了他们的汗水。他们把鲜活的资讯带出来，把科学的理论带给只能在家的市民。武汉科技报在网络上开展了疫情防控的科普知识竞赛，既普及了科学卫生知识，又平静了公众的恐慌情绪。从我自身生活体会出发，我也在网络上看到了各大网站每日更新的疫情数据，各方公开信息，钟南山、张仲礼等医学大家的指导第一时间上了头条——这就是我们新传学生未来的责任。其实我们现在也能力所能及地做出贡献，比如通过校报、校新媒体等为这些公共事务尽我们的绵薄之力，正所谓人人起而行之，世界大同矣。

（二）记者要有敬业精神

敬业，是社会主义核心价值观对个人的要求，广大新闻传媒工作者也在"逆行"，身处一场没有硝烟的战争，要敢于深入现场，首先要敬业；要恪尽职守，也首先要敬业。就像我在"中国新闻传播大讲堂"上看到的一样：1月24日武汉封城后，经济日报在1月29日开始进驻武汉，共4批16人。他们一共采写了文字报道950余篇。4月25日，他们才撤出武汉。佛山日报的领队李锋说，他们冒着这么大的风险来，就是要用手中的笔，把佛山与武汉共同战疫的感人故事写好，聚集起全民战疫的佛山精神、佛山力量。我想，这就是"笔杆子"的力量吧，也是广大新闻工作者伟大敬业精神的力量。

西南石油大学

（艺术学院）

一、教学概况

2020 年 12 月，西南石油大学严格按照教育部高教司、中宣部新闻局、高校新闻传播学类专业教学指导委员会以及四川省教育厅相关要求，组织学院全体师生开展了"中国新闻传播大讲堂——来自武汉抗疫一线的报道"学习活动。本次学习活动分两个层面展开。教工层面主要以自主观看学习、各教研室分组讨论等形式进行。在教工自学的基础上，利用教研活动，结合课程性质，围绕如何将大讲堂内容纳入课堂教学、设计课程思政进行了教学研讨。本科生层面主要以集中与自主观看两种形式开展，以班为单位组织集体观看活动，并进行讨论交流。在教研室教学研讨活动中，各教研室表示要将"中国新闻传播大讲堂"作为课程思政元素纳入教学案例库，培塑学生家国情怀和职业精神。在本科生团学活动中，同学们普遍反映课程内容关注人在镜头下的状态，与观众产生情感共鸣，记录平凡的人。同学们认同"新闻记者要脚上带泥，心中带情，记录平凡人那不平凡的力量"，表示要在未来的新闻工作中提升"四力"，做一名政治坚定、业务精湛、作风优良、党和人民放心的新闻舆论工作者。

二、特色亮点

（一）加强了师生的思想建设

大讲堂通过一系列内容展示了对于战斗在疫情前线工作人员深切的敬意与祝福，记者们的报道不仅为武汉加油，也为中国加油，用自己的实际行动丰富民族精神的时代内涵。让同学们明白是谁冲在抗疫一线用钢铁之躯为我们筑起防火墙，他们识大体讲奉献、舍小家顾大家的精神是指引我们今后人生路的航灯，要深知他们才是这个时代的楷模、社会的脊梁，是我们学习的榜样和永远崇拜的偶像。这些都起到了加强思想政治教育的作用，同时弘扬了以爱国主义为核心的民族精神。

（二）推进教育实践与思想建设融合

在加强思想教育的同时，西南石油大学也在积极推进实践教育进程，将思想高度与行动力完美结合。影片中提到，新华社在大疫面前对原有机制进行了改良，创新了采编机制，统一审核、前置流程，彰显前线与后方结合的"合力优势"。根据这一启示，学院也积极开展各专业间的合作，通过自由组队打造微型"编辑部"，让编导专业、播音与主持艺术专业、表演专业的学生跨专业、跨年级，以团队为单位进行实践活动，集采写编播一体，争取在实践中不断锻炼提升学生专业水平。

（三）营造了良好的学习氛围

此次课程内容将镜头对准疫情防控第一线，发挥大众传媒的舆情引导作用，把真正的现实的第一时间的消息带给全国人民，拨开重重叠叠的阻碍，为真实与正确铺开一条康庄大道。在新冠肺炎疫情的背景下，每一位新闻人都是文字与照片、语音与影像背后的英雄。作为新一代的传承者，大学生更要不辜负人民的期望、国家的嘱托、时代的使命，讲好中国故事，树立中国形象，扩大中国影响，用慷慨激昂的话语，书写新时代新闻人的最美答卷。同时，教育工作者也应主动学习，不断提升个人的学习能力与专业学术水平，努力营造学习氛围，为学生打造一个更加全面专业的学习环境。学生也能提高自己的专业知识水平和思想道德修养，为社会传递需要的主流价值观。

三、学生心得

新闻发生在我们每一个人的身边，与每个人的生活都息息相关。作为一名广播电视编导的学生，我除了更加密切关注每天发生的新闻并进行思考研究，更关注新闻工作者以及新闻背后所牵涉的千丝万缕的联系。在认真观看了"中国新闻传播大讲堂——采自武汉抗疫一线的报道"视频后，我对于新闻工作者拥有了更加全面的认识与更加深刻的理解。

（一）稳定人心，坚定信心

通过观看"中国新闻传播大讲堂——来自武汉抗疫一线的报道"，我学习到许多有关新闻工作者的事例。他们英勇冲击在前线，播报新闻事实，他们身上传承着红色的基因，并时刻向广大群众传达着正确的思想。在武汉封城初期，群众陷入了恐慌与焦虑的情绪中，新闻工作者们深入工作一线，亲身迈进武汉，为大家甄别正确可信的疫情消息，采访专家学者与医护工作者，从而获得及时准确的消息，发布给群众，给予群众一个清晰明确的方向，坚定大家必胜的决心，对于稳定群众的情绪起到了至关重要的作用。新闻工作者们除了亲身进入疫情中心，还与武汉疫情防控指挥部等部门保持着密切的联系，向全国民众发送最新的消息、最及时通知与防控部门最全面的决策，发出权威的声音，引领全国群众有条不紊地实施决策内容，号召他们响应并严格听从国家的指令，有效的宣传起到防控疫情的作用。

（二）实事求是，不畏险阻

实事求是是每一位新闻工作者最基础也是最重要的素质，"真实"在疫情期间尤为重要，是每一位新闻工作者应该忠实履行的职责。不惧危险，不畏险阻，勇敢进入疫情最严峻的地方，通过亲身拍摄医院患者真实的情况，亲身采访抗击疫情的医护人员，取得新闻宣传的实效，为群众获取真实信息。新闻工作者们架起了连接的桥梁，向外界传达着疫情一线的消息。难以想象，若是没有这些勇敢的新闻工作者们，无从知晓疫情真实消息的群众该多么恐慌，防控疫情的工作会多么艰难。若有有心人士利用疫情做出一些不符合事实的舆论，做出一些损人利己的事情，会更加不利于疫情的防控，甚至会引起社会的恐慌。由此可见新闻工作者的重要性，真实的新闻消息是最能粉碎谣言稳定人心的。新闻工作者们也肩负着中央决策与全体民众的桥梁职责，将中央的决策及时准确地传达给群众，安排群众正确防控疫情，以保证有效的疫情防控。新闻工作者们为我们在复杂的环境中明辨是非，保持住了正确的舆论导向，在这场疫情战斗中发挥了万万不可缺失的作用。

成都理工大学

（传播科学与艺术学院）

一、教学概况

为深入学习贯彻习近平总书记关于加强新闻舆论工作的重要讲话精神、加快推进新时代新文科教育的创新发展，成都理工大学四川省一流专业建设点按照国家新文科建设要求，"立足国情、尊重规律、守正创新、分类推进"积极有序地开展了系列专业活动，改进马克思主义新闻观教育，推进专业建设，构建有特色的文科人才培养体系，积极承担培养坚守新闻工作优良传统的传承者的使命。2020 年 11 月 5 日下午，在党委宣传部和教务处的部署下，传播科学与艺术学院组织广播电视学、广告、广播电视编导、播音与主持艺术专业的 400 余名师生，分别在学院学术报告厅、数码放映厅及教室里集中观看了"中国新闻传播大讲堂"启动仪式直播，学院领导班子共同观看。各个相关专业组织同学们结合《传播学》《纪录片创作》《广播电视学概论》《媒介经营与管理》等课程内容进行观看学习、交流讨论和心得撰写，并将学习成效纳入课程考核环节。

二、特色亮点

（一）组织"抗疫"一线新闻工作者分享会

11 月 25 日星期三下午，传播科学与艺术学院于艺术大楼高清演播室举行了主题为"与党同心，与人民共情，做坚守新闻工作优良传统的传承者"的主题活动。活动邀请到来自成都市 12 个区市的 12 位记者，他们均为成都市"抗疫"一线优秀新闻工作者，与现场的广播电视学专业大一新生分享工作感悟，共同回顾疫情期间新闻工作者的奋斗故事。分享会中，记者们从自身出发，以抗击疫情新闻作品为例，将个人对新闻责任、记者行业的认识及新闻工作的感悟经验与同学们进行了分享。以此次"中国新闻传播大讲堂"的学习为契机，学院在教育教学中将传媒学子与一线新闻工作者联动起来，拉近了传媒学子与新闻职业的距离，充分激发了传媒学子学习强国的使命感和荣誉感，鼓舞和激励他们立志成为优秀的新闻工作者。

（二）开展形式丰富的思政实践教育活动

为进一步深化和学习马克思主义新闻观，丰富课程思政实践教育活动的内涵及形式，11 月 28 日学院组织师生赴内江范长江纪念馆及张大千博物馆参观学习。范长江纪念馆为学院的校地共建"马克思主义新闻观教育教学基地"，大家怀着崇敬的心情依次参观了范长江故居及范长江事迹陈列馆，领略了中国现代新闻史上杰出新闻工作者范长江波澜壮阔的一生，重温了中国新闻事业开拓者的初心与担当，也对"长江新闻奖"的价值和意义有了更深刻的认识。同学们被范长江的革命热情及奉献精神深深打动。作为新时代的传媒后备军，传媒学子们将继承和发扬爱国为民、追求真理、不懈进步的"范长江精神"。

此外，为鼓励学生践行马克思主义新闻观，深刻领悟新闻报道背后的家国情怀，培养新闻学子的专业理想和使命担当，继承和发扬"范长江精神"，我们面向全院学生公开征集"中国新闻传播大讲堂"学习感悟和心得体会，由学院安排专业教师组成评审团对作品进行评审，评出获奖作品。

三、学生心得

2020 年 11 月 5 日，我观看了"中国新闻传播大讲堂"启动仪式的直播，心灵受到了极大的震撼和鼓舞。前辈们作为我的榜样，让我有了更加清晰的目标、更加坚定的决心和更加强大的信心。

（一）新闻报道要引导舆论、服务国家和人民

在此次抗击新冠肺炎疫情的过程中，一线记者的报道为疫情防控做出了卓越的贡献。全国抗击新冠肺炎疫情表彰大会中，几位记者与医生一样，受到了国家表彰，由此可见国家对新闻传播之重视，同时也折射出新闻传播对于一个社会和国家的重要意义。新闻在哪里，记者就在哪里。本着尽职的职业态度，本着爱国的职业精神，本着奉献的人生追求，将事件传播出去，这便是我心中的记者形象。正是因为他们的报道，我们才知道疫情中那些默默无闻奉献着的白衣天使。记者不仅仅是在记录新闻，更是在记录中国精神。作为新一代新闻人，我们不仅要有专业的新闻知识，更要以高度的职业精神积极投身新闻事业。

（二）新闻记者应坚持真理、寻求真相

在大讲堂直播中，高晓虹老师提到新闻求真性。林白水也说："新闻记者应该说人话，不说鬼话；应该说真话，不说假话。"而当下很多自媒体新闻为了博人眼球，加入新鲜刺激的元素来吸引受众，这就违背了新闻的真实性。我认为我们要尽可能将新闻最本真、最完整地传达给受众，这是新闻人必须具备的职业素养。就像范长江所说："在时局艰难的时候，新闻记者要能坚持真理，本着富贵不能淫，贫贱不能移，威武不能屈的精神，实在非常重要。"

我认为一个优秀的记者往往在遵守自己职业操守的同时怀有一种悲天悯人的情怀和难以言喻的大爱。因为他们看过太多的悲欢离合，欢乐圆满，才有了极强的共情能力和同理心，才能在浑浊的舆论世界当中坚守自己的立场，将客观真实的现场呈现在大众面前，才有了如今丰富多彩的新闻世界。

西南科技大学

（文学与艺术学院）

一、教学概况

西南科技大学文学与艺术学院坚持"立德树人"根本任务，践行"三全育人"理念，积极推进课程思政建设，培养卓越新闻传播人才。2020 年 11 月 5 日下午，文学与艺术学院组织新闻系师生在学院大会议室集体观看"中国新闻传播大讲堂"启动仪式直播。教务处处长韩永国，文学与艺术学院院长郑剑平，副院长田彬华，教科办主任饶晓露，新闻系老师陈云萍、岳改玲、付靖芸、谢杨柳出席了启动仪式直播观看活动，新闻专业 18、19 级学生代表 50 余人参加了此次集体学习活动。在观看启动仪式直播前，教务处处长韩永国发表讲话表达对新闻系学子的厚望，他说："广播电视学专业这次成功申报四川省一流本科专业，学校十分重视广电专业的发展，希望大家认真学习本次的'中国新闻传播大讲堂'。"在启动仪式直播中，大讲堂首先播放了武汉抗疫一线新闻报道视频，新闻记者深入一线、坚持不断报道的家国情怀，令在场的教师和学生动容。学校后续还会组织开展学习交流和各种研讨等，结合新闻专业理论与实践课程，推进新闻专业作为课程思政示范专业的建设。在本次学习结束后，许多同学都表示受益匪浅。2019 级学生王密欣认为本次大讲堂启动仪式的学习对于新闻系的学生具有重要意义，能够帮助新闻系学生提高自信心，她深切感受到教育部对于新闻传播类专业的重视与关心，并期待之后的视频学习。2019级学生李光会则表示，通过大讲堂，新闻学子能够与国家新闻发展需要的方向直接接轨，更明确时代任务，培养自己的新闻观。

二、特色亮点

（一）抗疫精神扎根心田

新冠肺炎疫情期间，广大新闻记者临危受命、迎难而上，日夜奋战在抗疫斗争的一线，为坚决打赢疫情防控的人民战争、总体战、阻击战凝聚了强大精神力量。"中国新闻传播大讲堂"邀请了新华社、新华社、中央广播电视总台等14家主流媒体的42位参与抗疫一线报道的新闻记者参与录制，生动讲述、立体展现中国新闻记者的家国情怀与专业素养，带领同学们去感悟新闻报道背后伟大的抗疫精神，了解新闻人才必备的技能。

（二）实践能力积极提升

"互联网条件下的新闻传播，路径和形态越发多样，新闻传播者、接收者的身份合一或处于不断变更中。"西南科技大学文学与艺术学院新闻系的同学们深知对于新闻传播这样一个实践性、操作性很强的学科来说，培养自身的实践能力是必不可少的。当然，抓实践的同时不能忽视理论，"中国新闻传播大讲堂"集体学习的开展，响应了"中国新闻传播大讲堂"对所有新闻学子的号召，实现线上线下同频共振，让新闻系学子与其他高校学子同上一堂课，是增强新闻传播类学生的自信心、自豪感、自主性，提高新闻系新闻传播教育影响力、感召力、塑造力的生动实践。

（三）中国故事生动讲述

此次活动一定程度上激发了新闻系学生学习的积极性和创造性，同时为学生学业发展提供了方向，为学院培养新时代优秀新闻传播人才提供了思想指导。是新闻人就要有新闻人的素养与担当，在国家需要我们的时候，在面临考验的时候，新闻人要实事求是，记录最真实的中国人，向世界讲好中国故事。

三、学生心得

2020年初，新冠肺炎疫情让节日气息隐匿在焦虑和恐慌之中，一场不见硝烟、不闻炮响的战争打响了。无论是含着眼泪剃光头发的女医护人员，不留姓名捐赠物资的陌生人，还是瞒着家人偷偷支援武汉的不归人，抑或是待在家中，听从国家指挥的普通人，都是中国的英雄。而通过学习大讲堂，我还关注到新闻传播在抗击新冠肺炎疫情抗疫战中所起到的中坚作用。

（一）新闻记者，前线哨卫

通过视频与文字，我切实地感受到作为一个新闻人的责任与担当。他们就好像是前线的哨卫，时时刻刻为人们提供着最新消息。他们是记者，也是战士。如果说抗疫人员是点亮黑夜的烛火，那么新闻工作者就是传递光线的孔明灯，是他们让我们看到了每个人在自己岗位上闪闪发光的身影，感动了每一个中国人。我也希望自己能够努力学习专业知识，以他们为榜样，在以后成为一个能够发掘社会问题、用自己的力量为社会做出贡献的合格媒体人。

作为一个新闻系的大学生，我的职业目标是"激浊扬清"的张季鸾、"铁肩辣手"的邵飘萍、"新闻守夜人"白岩松……而今日，在这样一个人人可传播信息，新闻遍地的时代，会有不少新闻局外人问："你学新闻，为了什么？"我从大讲堂中找到了答案。

（二）捕捉记录，真实客观

如果说电影是在打造梦境，那么纪录片就是在还原现实。通过观看本次课程中对于疫区新闻工作者真实的面貌记录，我看到了新闻工作者们背后的不易，以及他们在近距离接触疫情时，面临的许多挑战。从他们在极端环境下的工作经验中，我也学习了许多专业知识：怎样在重大战役性报道中搜寻直击人心的细节；如何采访能够获得更多想要的信息；在灾难报道中需要注意哪些传播伦理……我想这也是大讲堂的另一个目的，借此机会传授我们一些课堂上可能不够生动的专业知识，令我受益匪浅。

中国青年报"冰点周刊"李强记者有句话让我记忆深刻，他说："动情，是检验好稿的标准。"只有动情的报道才能唤醒人们内心的善良和勇敢，让微微星火有力地凝聚到一起，焕发巨大的光彩，点亮所有的黑暗。

四川农业大学

（艺术与传媒系）

一、教学概况

2020 年 11 月 5 日下午，"中国新闻传播大讲堂"启动仪式在中国传媒大学举办。大讲堂是在教育部高教司、中宣部新闻局的指导下，由教育部高等学校新闻传播学类专业教学指导委员会、中国传媒大学主办的。艺术与传媒系弓伟波老师、曹梦凌老师通过学习强国和央视频观看了网络视频直播。

在 11 月 10 日艺术与传媒系每周二的例行学习中，艺术与传媒系系主任进行了大讲堂的学习动员。本次学生的学习以广告学专业 2018 级学生为重点，覆盖了广告学专业四个年级。11 月 19 日，广告学 2018 级召开了"中国新闻传播大讲堂"动员会。会上，艺术与传媒系系主任弓伟波向大家阐释了此次学习的时代背景、学习要求和学习要领，要求同学们认真学习大讲堂课程内容，不仅要学习新闻报道的专业知识，更要感悟其中所体现出的万众一心、众志成城的抗疫精神，进一步提升自身的思想政治素质、职业理想信念。

二、特色亮点

（一）教师共同讨论学习

在学习讨论会上，各位教师都积极发言，畅谈自己的感想。系主任弓伟波曾经当过一段时间的记者，他评价道："疫情期间，新华社的记者们加入了'逆行者'的队伍，从四面八方赶赴武汉，驻扎在武汉大大小小的社区与医院中，用文字、图片和视频让我们了解到武汉的真实状况，也让我们看到现场。对于一线记者来说，每一篇新闻报道，每一次采访都是一次冒险，但是他们用自己的坚持换来了最真实的报道，用新闻人的操守记录下了武汉抗疫的实况。"研究生阶段学习新闻学并从海外留学归来的曹梦凌老师说："哪有什么从天而降的英雄，只有挺身而出的凡人。我们不仅由衷佩服医护人员，还被逆行的记者们深深打动。他们不畏危险，心怀大爱，并肩人民，兢兢业业，这是未来新闻人必须要学习的。在未来，无论是老师还是学生都要坚定人民立场，增强爱国情怀，做有情怀、有定力、守正创新的时代新人。增强脚力、眼力、脑力、笔力，让从自己笔下溢出的每一个文字都代表最近的真相和基层的声音，用最平凡的笔触抒写出最唯美的中国画卷，做一个无愧于时代的新闻人。"

（二）创新新闻教育形式

大讲堂为新闻教育提供了新的学习方式与教学载体。教育部支持各高校新闻传播院系把大讲堂作为新闻传播类专业的必修课，指定专人负责、纳入学分管理，同时也鼓励各高校将其作为其他专业的选修课，切实推动抗疫精神进校园、进课堂，引导广大师生深刻理解中国特色社会主义的制度优势、理论优势、道路优势，打牢思想基础、夯实思想根基。在提倡将思政教育融入专业课教学中的大背景下，这一点值得鼓励。四川农业大学的教学计划现在还未调整，在现行教学方案中，可以将部分视频内容融入广告学专业的《传播学原理》《新媒体概论》等课程中，在潜移默化中对学生进行思政教育。

三、学生心得

大讲堂邀请了 14 家主流媒体参与抗疫一线报道的 42 名新闻记者录制 32 集视频教学内容，生动讲述、立体展现了中国新闻记者的家国情怀与专业素养。此次我们专业学习大讲堂采取了集中领学、自主学习、研讨交流等多种形式，私下同学们都会在一起谈论学习感受。

（一）肩负重责，砥砺前行

这 32 集视频为我们讲述了一个个生动的故事，我看到了主流媒体新闻记者临危受命、逆行出征、深入战疫一线、即时报道的专业精神。钱彤老师用《七日谈》记录疫情期间普通人的喜怒哀乐，塑造平凡英雄的光辉形象；吴珊老师作为报道组为数不多的女记者之一，多次深入医院、社区、火车站等现场进行直播，在关键时刻发挥了稳定人心、解疑释惑的重要作用；雷宇老师率领团队为疫情留下珍贵的历史底稿，利用所有终端组成抗疫全媒体报道矩阵，透过视频与文字，他们感受到新闻人的责任与担当。新闻传播是在讲故事，广告亦是如此。新闻人用镜头记录战疫故事，用文字传递抗疫精神，用新闻报道守护山河无恙，他们既是时代英雄的记录者，也是这个时代的英雄。

我自己在疫情期间已阅读了这些记者的多篇报道，每一篇抗疫新闻报道的背后都凝聚着新闻人的家国情怀。新闻不仅仅是信息，更是不惧艰辛迎难而上的力量。大讲堂引导我们更加深刻理解中国特色社会主义的制度优势、理论优势、道路优势，帮助我们打牢思想基础、夯实思想根基。有战场，就会有战士，越是艰险越向前。这群勇往直前的勇士，不计报酬，不论生死，主动请缨，到最辛苦、最劳累、最危险的前线，写下了一曲曲与时间赛跑，同疫情决战的勇士之歌。

（二）提高专业素养，锤炼"四力"

疫情期间，不少民众心中充斥着焦虑感、恐惧感，新闻工作需要聚民意、暖民心，通过对感人事迹的记录、对平凡素材的积累，讲好身边人的故事，记述平凡人的伟大，有力地坚定全社会的战疫信心。我现在是学校一个新闻社团的负责人，我一定以好记者们为榜样，进一步增强新闻工作者素质，学习新闻专业知识，不断提高脚力、眼力、脑力、笔力，更要坚定自身在突发重大事件的报道意识，提升报道技巧。好记者们动情的讲述，引起听众的强烈共鸣和感慨，这些用生命、用真情、用信仰写就的真实故事，充满鼓舞人心的力量，这些有厚度、有温度、有力度的新闻报道，记录和展现了真实而鲜活的疫情下广大人民群众的坚定意志与奉献精神。

四川师范大学

（影视与传媒学院）

一、教学概况

"中国新闻传播大讲堂"是教育部高教司、中宣部新闻局委托高校新闻传播学类专业教学指导委员会举办的国情大课、思政大课、专业大课。四川师范大学高度重视此次大讲堂的学习，在第一时间安排了主要专业所在学院——影视与传媒学院具体落实此项工作。影视与传媒学院按照教育部高教司的相关文件要求，与学校一起制定方案，落实了课程的具体实施及学分计算。

开展"中国新闻传播大讲堂"活动，是新时代培养优秀新闻传播人才、新文科建设、高等教育创新发展的需要，同时也使全院学生更加深入地学习新闻人的专业精神和面对疫情的无畏勇气。

二、特色亮点

（一）学院教学办牵头统筹

四川师范大学影视与传媒学院指派学院主管教学副院长肖卫东作为直接负责人，具体抓大讲堂的教学计划制定与教师安排，学院教学管理办公室牵头与学生工作办公室协作实施大讲堂的教育教学。学院全体本科生于 2020 年 11 月 5 日集体收看启动仪式直播。之后，在学院的统筹安排下，从 11 月 12 日开始，分作 16 次线上线下观看学习了"中国新闻传播大讲堂"共 32 集的学习内容，先后共 17 次课程，34 学时。

经报学校教务处同意，根据教育部精神，"中国新闻传播大讲堂"教育课程作为四川师范大学影视与传媒学院各专业学生在校学习课程。通过日常考勤与观看感悟的撰写，经考核合格的学生，按公共选修课 2 学分计算入学生的在校学分。

（二）线下线上结合学习

由于成都地区疫情形势的变化，根据学校疫情防控总体安排，四川师范大学影视与传媒学院及时调整大讲堂学习活动安排，采用线下集中学习与腾讯会议线上集中学习相结合的方式进行。年级建立负责人，各班建立联系人，确定主持人为各班班长，由学习委员协助完成，高效组织确保本次学习活动落在实处。

在学习"中国新闻传播大讲堂"系列视频后，影视与传媒学院的同学们收获颇丰。透过视频和文字，同学们感受到新闻的责任与担当。屏幕后的工作者们，是一位位学识渊博、高山仰止的新闻工作大家，是一名名肩负使命、深入抗疫前线舍生忘死的新闻记者，他们在正本清源上展现新担当，在守正创新上实现新作为，以高尚的人格感召人，以优秀的作品打动人，以实际行动春风化雨、润物无声，让社会主义核心价值观有了"鲜活的榜样""行动的哲理"。屏幕前的影传学子，是一名名相关专业的学生，本次大讲堂让同学们感受到中国新闻人的担当，也引导着同学们如何做一个真正的媒体人，如何完成自己的使命和担当。在活动结束后，每位同学都上交了自己的学习感悟。

三、学生心得

虽然大家没有聚在一起，但我们在线上和老师们一起观看了精彩的大讲堂。这场大讲堂是一次创新性的尝试，象征着一次改革，这次活动的受益者正是作为当代大学生的我们。大讲堂里展示了许多故事，是疫情期间由一群有着崇高新闻理想和信念、勇敢地在前线奋斗的记者们记录下来的。他们用自己的行动记录下珍贵的故事，给我们展示了什么是合格的记者。观看了他们的故事，我也决心要在接下来的学习中努力，让自己拥有一名合格记者应具备的能力，在未来，为新闻行业贡献一份力。

（一）致敬最可爱的人

在新冠肺炎疫情期间，无数医护人员请缨逆行支援武汉，与他们并肩战斗的还有很多人，其中就有一线记者。记者们冒着生命危险深入高危病房，为我们带来抗疫一线的实时消息，让我们及时了解到疫情状况以便做好防护。

作为一名新闻专业的学生，我不仅由衷佩服医护人员，还被逆行的记者们深深打动。他们不畏危险，心怀大爱，并肩人民，兢兢业业，这是我们——未来新闻人必须要学习的。疫情期间，记者们始终握紧手中的笔、把稳手中的设备，生怕错过每一个细节。他们每天穿梭于防疫工作一线，走进医院、进入医学留观点，采访抗疫一线的故事，把党和政府坚定保护群众生命安全和身体健康的决心，把各方面同心战疫的场面第一时间反映了出来。他们是平凡的人，他们有时也会害怕，但他们义无反顾，勇往直前。铁肩担道义，妙手著文章。我要向这群可爱的人致敬，也希望他们能保护好自己，给盼望着他们归来的亲人们增添一份安心。

（二）学习前辈的精神

在这场严峻的战疫中，中国人民彰显了同舟共济、守望相助的家国情怀。坚守在岗位上的新闻记者们，以星火之力，为人民及时了解信息保驾护航。他们怀着永不磨灭的情怀与一腔热血，怀着坚定的信仰，在时代的浪潮中披荆斩棘。

我们在大讲堂中看见奔跑在逆行路上、传递出分秒必争的真相、奋战在抗疫前线的一位位记者们英勇的身影，聆听了一位位前辈们在抗击疫情的风暴眼惊心动魄的经历。新的时代呼唤新型人才，身为未来的新闻工作者，我深深地感受到在媒介环境和舆论生态发生变革的新形势下，新闻人更要保持自身定力，坚守家国情怀，树立正确的新闻观，不忘初心，砥砺前行，将自己的职业理想和祖国人民紧密相连，深入祖国的广阔天地，了解社情民情，守正创新，讲好中国故事，为中国未来的新闻事业做出一份力所能及的贡献。作为一名在校传媒学子，我希望自己能够通过努力，成长为前辈所期望的有定力、有情怀、有本领的新闻人。

宜宾学院

（文学与音乐艺术学部）

一、教学概况

宜宾学院为深入学习贯彻习近平总书记关于新闻舆论工作的重要讲话精神，2020 年 11 月 5 日 15 时组织师生在宜宾学院博雅楼 329 会议室集中观看"中国新闻传播大讲堂"启动仪式直播。此次大讲堂时长 1 小时，我校师生认真听取大讲堂内容，深刻体会新闻工作的重大意义、职责使命、方针原则等。在观看完启动仪式后，学部师生一致表示对生动讲述、立体展现中国新闻记者抗疫精神、家国情怀与专业素养的大讲堂充满期待。随后，2019 级广播电视学学生在杜畅老师安排下深入学习"中国新闻传播大讲堂"并进行了研讨。杜畅老师结合视频内容"平凡亦英雄"向全班同学进行专业讲解，提出了作为新闻系学生、未来的新闻人掌握一手信息的重要性。在接下来的日子里，杜畅老师将组织同学们以不同形式学习、观看、交流。

二、特色亮点

（一）体会家国情怀

通过观看视频及分组讨论，同学们不仅对中国在疫情防控阻击战中取得的重大成果有了深层次的认识，更对新闻人不辱使命、坚持报道的职业精神有了全新见解，深刻感受到了马克思主义新闻观对新闻工作者的塑造。大讲堂的优秀前辈用实践完美诠释了"铁肩担道义，妙手著文章"的重要内涵，也在同学们心中播撒下成为有定力、有情怀、有本领的新时代新闻工作者的种子。

对于新闻工作者来说，哪里有新事件，哪里就有新闻工作者的身影。新闻是历史的第一卷手稿，而记者就是完成这篇手稿的人。此次疫情考验着记者的新闻判断力和执行力，以及无惧未知情况的巨大勇气。武汉疑似出现不明原因肺炎的网传消息一经传播，家住武汉的一名视频记者就快速行动起来，赶去武汉市中心医院、华南海鲜批发市场等关键地方进行探访，这是网传消息的两个关键地方，展现出了新闻工作者的新闻敏感力。新闻记者采访相关行政部门、医院等，陆续刊发相关报道，向公众传递核心新闻现场的情况和官方最初的态度和声音，及时向公众发出了可能有疫情的预警。

（二）肩负新闻使命

为做好报道，新闻工作者们走得远、贴得近、访得深，他们用镜头为我们传达着医护人员与患者的动态，用图片为我们记录了处于硝烟中的武汉的情景。选择不去武汉的理由可以有很多种，但是去武汉和留下来的理由有一个就足够了，那就是职责，因为新闻就在那里，而新闻就是职责。坚守在疫情防控一线，新闻工作者是见证者，是记录者，也是战斗者；新闻工作者展现出的敬业能力、专业精神和职业操守，将激励着每个新闻工作者向他们看齐，为夺取疫情防控胜利做出积极的贡献。

新闻作品不是冰冷的，有时也需要情感的融入与传播，这需要同学们在未来的专业学习中仔细体会、积累经验。同学们也积极发表看法，认为采取纪录片的形式记录抗疫很新颖，能为历史回忆提供素材。如何在从事新闻工作时避免从大众化的角度思考问题，怎样使新闻更具特色，这些问题都值得我们深入思考。这次的"中国新闻传播大讲堂"让同学们对新闻专业主义与新闻实践有了更深入的体悟。新闻工作打开了很多扇认识世界的窗户，让新闻工作者在时代潮头感受社会的发展进步。新闻事业虽外表光鲜，但需要新闻工作者付出大量努力，这意味着同学们要更努力地学习，才能为新闻事业做出更多贡献。

三、学生心得

（一）透过记者镜头感受新闻现场

身为一位大学生，学习"中国新闻传播大讲堂"不仅仅是观看一个个四十五分钟的视频，更重要的是我们会从中学到什么。我透过故事看见那些奔赴第一线的记者们为了给民众展现第一手真实影像文字资料而义无反顾地踏上空空如也的入汉列车，他们所拥有的伟大理想和坚韧意志支撑他们的所作所为。这些优秀的品质是我尚不具备的，他们所经历的是我未曾见过的且不能想象的，所以我要向他们不断学习和靠近。他们在如此艰险的困境下依旧坚持采写和发布新闻，做全国人民的眼睛。这些视频文字信息都是他们走进一线的见证，是他们见证了英雄的诞生，是他们在第一时间内消除广大民众对新冠肺炎疫情的恐惧。

（二）创造人民喜闻乐见的作品

"中国新闻传播大讲堂"告诉我们，作为新时代的传媒人，在恪守敬业精神的同时，更要牢牢把握时代脉搏，利用融媒体时代所赋予的优势，激发创新思维；在进行新闻传播时发挥创新活力，关注时代热点，把人民放在第一位。用大众喜闻乐见、易于接受并传播的形式开展新闻宣传工作，及时向大众传达准确事实，把第一手资料直观展现在大众面前，构筑社会团结一心抗疫情的蓝图。

（三）思考新闻工作者的评判标准

很多时候新闻工作者会遇到这样的情况，面临这样的选择：是应该将自身的安危放在一边，牺牲小我，深入事件一线进行新闻工作，发挥敬业精神，为大众带来重要的消息，成就大我；还是应该为了自己的安全考虑，远远观望，只停留在传递二手，甚至是三手、四手消息上。我想，是否能够正确地权衡两者的利弊，正确地把握住这种选择，也是成为一名真正的新闻工作者的判断标准之一。

成都体育学院

（新闻与传播学院）

一、教学概况

　　成都体育学院新闻与传播学院积极响应号召，由新闻与传播学院副院长潘虹燕主持学习活动，组织师生集中线上学习"中国新闻传播大讲堂"。在活动的启动仪式上，同学们学习了习近平总书记关于新闻舆论工作的重要论述，观看了奋斗在武汉抗疫第一线的媒体人的生动讲述。"中国新闻传播大讲堂"集中优质的新闻资源、汇聚鲜活的抗疫报道、总结深刻的报道体会，为学生展开一门生动的国情大课、有温度的思政大课、高水平的专业大课。通过教育部高教司司长吴岩、新华社武汉前方报道指挥部总指挥刘刚等同志的生动讲述，同学们更深刻地理解了中国新闻记者的家国情怀与专业素养。直播结束后，副院长潘虹燕对即将展开的"中国新闻传播大讲堂"进行了动员和规划。本次线上集中学习活动使师生更深刻地理解了大讲堂的重要意义，为接下来的学习规划打下了良好的基础。

　　学院以各个班级为单位，组织学习了 32 集视频课程。有的班级在线下集体观看视频，组织讨论；有的班级通过线上学习，分组发言；有的班级通过班会等形式进行，学生们都有深刻丰富的感悟。

二、特色亮点

（一）记者要从新闻中发现价值

2020年初，公众对于新冠肺炎疫情的知识了解甚少，新闻工作者及时向群众反映抗疫情况，既是当务之急，也是记者的职责所在。在此次抗击疫情的过程中，最振奋人心和鼓舞士气的莫过于两周之内建成火神山医院。在医院的筹建过程中，新华社组织了全程报道。在同学们看来，抗击疫情的当务之急是坚定大众抗疫的信心，新型流行疾病是可战胜的。当大家在网络上看到火神山医院建设的全过程，作为中国人，自豪感油然而生。新闻人，就是应当起到鼓舞人心的作用。作为新闻学专业的学生，同学们表示，虽然还没有正式进入新闻行业，但已被前线媒体人的大无畏精神所感染。从新闻中发现价值，润万物于无声，这是新闻人应该有的操守。

（二）传承"新闻工匠"精神

通过观看大讲堂教学视频，同学们看到主流媒体新闻记者临危受命，逆行出征，深入战疫一线，感受到新闻人的专业精神。新闻人用镜头记录战疫故事，用文字传递抗疫精神，用新闻报道守护山河无恙，他们既是时代英雄的记录者，也是这个时代的英雄。在疫情期间，新闻工作者响应号召、快速反应、迎难而上，并与党同心、与人民共情；坚守抗疫一线，坚持真实性原则，不忘初心，引导舆论，用优秀的新闻报道服务人民。同学们纷纷表示，作为新时代的新闻传播人，应该具有崇高的人文情怀、豁达的人格气度、饱满的社会责任感，敢当"新闻工匠"，精心打磨，苦心求索，时常反思，更热忱地投入生活和学习中去，提升自己各方面的能力，为国家的建设贡献出自己的力量。

三、学生心得

在抗击新冠肺炎疫情期间，各级媒体积极响应，传递党中央的声音，传播各行各业的防疫部署，为提振人民战胜疫情的信心做出了突出贡献。通过中国新闻传播大讲堂的学习，我对媒体记者的素养有了进一步的认知。

（一）媒体人要学会跳出信息舒适圈

互联网的发展是把双刃剑，我们从主动获得资讯转变为被动接受平台的智能推送，并且毫无保留地相信其内容的真实性。作为一名媒体人，我想我们首先得学会跳出信息的舒适圈。疫情中每天更新的确诊人数牵动着我们的心，也是这样真实透明的数字让我们坚定了打赢这场持久战的决心。因此，无论以后身处哪个岗位，我们都应该做到谨慎，在这种危机的时刻我们更要肩负起应有的责任，对职业和生命心存敬畏，同时要坚持传播内容的真实性和有效性，我们发出的声音才会铿锵有力。

（二）新闻记者的初心与担当

疫情下的媒体工作者，无论是在一线还是后方，他们都不曾退缩，迎难而上。正是那些始终坚守在一线报道的记者们，记录下了救死扶伤的医护人员勇敢无畏的形象；是他们，及时传递党和政府及社会各界的声音，消除了大家的恐慌；是他们，用镜头和文字记录下中国人民万众一心、抗击疫情的英雄时刻。这份坚持、坚信、坚守，是他们的初心与担当。他们锋芒执笔，将中国人民抗击疫情的动人故事娓娓道来。

（三）主流媒体要创新传播把握正向价值引导

在疫情防控的新媒体报道中，主流媒体必须主动发声，各大媒体及时传递中央精神，不断提升主流媒体的声量，发挥好"定海神针"的作用。同时，主流媒体在把握正向价值导向的基础上，还要有序做好信息传播分发。疫情期间，我们看到相关媒体搭建信息高效聚合平台，利用专题化模块、融汇图文视频等多种形式，将轻量化的新媒体产品作为重要信息发布窗口，用多元信息产品满足群众需求，克服了传统媒体在报道频度和篇幅上的局限，形成强大主流声音和立体化的传播格局。未来，主流媒体要通过创新传播，成为抗疫信息传播与舆论导向的引领者。

西南民族大学

（新闻传播学院）

一、教学概况

对于本次"中国新闻传播大讲堂"活动，西南民族大学学校领导和相关部门高度重视，第一时间成立了领导小组，负责安排相关活动的落实。新闻传播学院教学指导委员会召开会议，并经过教务处同意，大讲堂的课程学习纳入专业必修课教学，由教学秘书负责学分管理。学院教学指导委员会认为，这一学习活动创新了马克思主义新闻观教育方式，有助于增强新闻传播学专业学生的自豪感和认同感，帮助其树立高度的专业自信，培养家国情怀，进而推动新文科建设，是重要的立德树人教育平台。同时，通过班会、学院教师学习例会、微信群等多种平台，将教育部高教司对此次活动的计划安排、意义价值等信息广为宣传。2020 年 11 月 5 日，部分专任教师以分散收看的方式、领导小组和学生代表以集中收看的方式收看了"中国新闻传播大讲堂"启动仪式。大家表示深受教育。同学们观看后也积极分享感受，指出自己体会到新闻工作者孜孜不倦、一丝不苟的工作精神，也深深领悟和学习了伟大的中国抗疫精神，提升了面对即将到来的毕业实习工作的精神动力。

二、特色亮点

（一）教师引领，形成共振

每次视频的观看，学校都会安排一位专门的教师配合讲解，引领学生学习。主讲老师以视频库的视频为案例进行选题、流程、制作等方面的讲解，带领学生从中感受媒体与时代变革的关系，新闻与时代、社会发展、国家进步的关系，进而学习中国记者的家国情怀与职业精神，提升自己的专业素养。学生表示，经过专业教师讲解，对视频的理解更加透彻，内容更加清楚，拉近了自己与视频故事的距离。

（二）互动交流，深化理解

在教学过程中，学校还根据教学实际设置了在线讨论、提问答疑和互动评论环节，增强学生参与感的同时进一步强化学生对课程内涵的理解。通过教室和线上视频学习，学生们体会到新闻记者对特定的新闻素材、新闻题材和新闻报道对象的深入挖掘，纷纷表示非常震撼，更加理解新闻专业主义精神，认为这是"一场生动的国情大课""有温度的思政大课""高水平的专业大课"，是增强自信心、自豪感、自主性，提高新闻传播教育凝聚力、感召力、塑造力的生动实践。

（三）责任担当，切实体会

此次活动让许多学生感受到了新闻人应有的责任与担当。其中，2017 级新闻学专业的张玉华同学表示，她感受到"吃苦耐劳，坚守一线"的记者情怀、"牢记职责，争做冲锋者"的新闻专业主义精神；2018 级广播电视学的李欣盈则指出，她感受到了传播是多么重要，"人人都是信息传播者"，记者们做到了"正义、真实和仁爱的新闻传播原则"，深感作为新时代的大学生，未来的工作是神圣的，而且要有所作为。还有同学表示，面对复杂信息时，要学会挖掘新闻本真，懂得共振的力量，通过传播形成共情，方能更好地讲述中国故事。

三、学生心得

观看完大讲堂的正式内容后，我对新华社记者刘刚的话记忆犹新，他说选择不去武汉的理由可以有很多种，但是去武汉和留下来有一个理由就足够了，那就是职责，因为新闻就在那里，而新闻就是职责。在 2020 这个特殊的年份里，疫情在哪里，大家的目光就聚到哪里，也代表着新闻就在哪里。新闻工作者们因自己心中的那份新闻责任感奔赴疫情一线，将自己的生死置之度外。他们帮助我对新闻传播行业的认识更深入，对新闻记者这一行业有了一定的认识，对祖国给予我们的关爱有了新的认识。我体会到新闻传播人的责任与担当，更深层次地感受到道路自信、理论自信、制度自信、文化自信的力量。具体而言，我的感受包括以下两点。

（一）内容是新闻不变的核心

新闻内容创作受到多方位，多层次的影响，是新闻内容的核心与灵魂。在融媒体环境下，更要把握好新闻内容这一关。同时，新闻内容创作还需要强大的组织能力。报道组织能力是一个新闻机构能力的重要体现，融媒体新闻传播需要记者及新闻编辑人员拥有全媒体新闻传播能力，这对新闻机构的组织能力提出了更高层次的要求。前方一线新闻记者采集的照片、视频素材，撰写的文字素材发回后方编辑部，后方编辑部需要用强大的组织能力，让采集的珍贵新闻内容在全媒体平台播送，向外界传递信息。新闻内容创作需要真情实感的流露，真挚的感情是新闻作品能够打动人心的重要原因，也是做好融媒体新闻传播不变的基本守则。

（二）真实是新闻不变的原则

那些问机器写作会不会代替记者的人，那些问自媒体能不能顶替新闻人的人……相信听过大讲堂的新闻记者的事迹与分享后，自会有了答案。冰冷的算法无法代替具有温度的笔触，真正的新闻人从不说诗和远方，因为理想就在胸腔。"哪有什么从天而降的英雄，只有挺身而出的凡人。"作为一名新闻传播相关专业的学生，我们不仅由衷佩服医护人员，还被逆行的记者们深深打动。他们不畏危险，心怀大爱，并肩人民，兢兢业业，这是我们——未来新闻人必须要学习的。在未来，我们要以他们为榜样，努力学习好专业知识，坚定人民立场，增强爱国情怀，做有情怀、有定力、守正创新的时代新人。增强"脚力、眼力、脑力、笔力"，让从自己笔下溢出的每一个文字都代表着最近的真相和基层的声音，用最平凡的笔触抒写出最唯美的中国画卷，做一个无愧于时代的新闻人。

四川民族学院

（文学院）

一、教学概况

四川民族学院地处美丽的康巴藏区，学校担负着为民族地区培养新闻传播人才的重任。学校高度重视"中国新闻传播大讲堂"课程的组织实施，特别批示由文学院网络与新媒体专业承担这门课程的建设。文学院任命网络与新媒体教研室负责人丰杰为课程负责人，要求网络与新媒体专业抓住学习大讲堂这一契机，充分将大讲堂视频课程、康巴藏区的红色资源与课程思政紧密联系起来。

第一阶段，文学院全体领导和网络与新媒体专业师生一同观看开幕式。2020年11月5日，文学院组织师生在6416教室观看了中国新闻传播大讲堂启动仪式，文学院党总支书记张力、文学院副院长春燕、教务科科长高椿霞、团总支书记熊亮、大讲堂课程负责人丰杰、网络与新媒体专业任课教师以及全院网络与新媒体专业学生参与了此次活动。

第二阶段，网络与新媒体专业根据各年级特点集中观看学习大讲堂。文学院专门安排网络与新媒体专业大二、大三、大四的学生在每周二、四下午进行集中观看；网络与新媒体专业大一的同学安排每天晚自习的时间进行集中观看。师生们在学习大讲堂的过程中屡受触动，收获颇丰，不仅学习了鲜活的新闻报道经验，更对记者这一职业有了深入的理解。

二、特色亮点

（一）创新分享方式

为强化大讲堂学习效果，学院在组织实施过程中加大了交流分享的力度。无论是在课堂内还是宿舍里，同学们针对大讲堂课程的内容展开热烈讨论。网媒专业苏灿、羊家雨、李茛、周鹏飞、李自伟在《新闻工作者在疫情防控中的责任与担当——观看"中国新闻传播大讲堂"有感》中这样写道：作为一名新闻工作者，对社会的作用是将第一时间、第一手的资料和信息客观、及时、有效地传递到受众中去，保证公众的知情权；新闻记者在公众舆论中起引导作用，可以传递客观真实信息，传播正能量。在这次疫情防控中记者们也起着举足轻重的作用，他们为外界提供了信息，让我们了解到疫情的最新情况。

（二）培育学生新闻思想

大讲堂的学习在注重专业学习的同时，深挖思想内涵，旨在培养学生树立正确的新闻观。在32位抗疫一线的新闻工作者中，不乏许多90后，他们在面对严峻的疫情形势时挺身而出，拿起自己的笔杆子作为武器，和保家卫国的战士、医生一起加入了这场战斗。中国青年报的全媒体记者谢宛霏讲述了团队为拿到新鲜一手的资料，在防护不到位的情况下冲向一线，冒着风雪拍摄了"直击东西湖方舱医院首批患者雪中出舱"的视频稿件。在面对疫情严重、处处都有新闻的情况下，他们并未被一股脑的冲劲冲昏头脑，而是静下心来思考，明确报道核心思路。他们认为不应该将重点放在同质化的即时性新闻上，而是要找到小的报道切口，从人入手，聚焦大事件中的小人物，书写了一篇又一篇有温度有情怀的人物群像报道，将一个"武汉的缩影""时代的缩影"呈现于纸端。在面对重大事件新闻报道时，作为年轻一代的力量，我们不光要有不惧怕一切的冲劲，更要有冷静的头脑，"铁肩担道义，妙笔著文章"，向人们报道有价值、有意义、有温度的新闻。

三、学生心得

通过一个月左右的时间观看新闻传播大讲堂，我在每一位新闻人的讲述中收获到了很多知识。我从音视频和图片中感受到镜头下最真实的疫情时刻，在背后，看到了每一位新闻人的职业操守——勇敢向前，为真相发声，为人民发声，为国家发声！我也知道了：如果你拍得不够好，那么你一定是离现场不够近。接下来，我将从新冠肺炎疫情下主流媒体新闻报道的过程进行我的心得体会阐述。

（一）举旗帜、聚民心，承担媒体职责

举旗帜、聚民心、育新人、兴文化、展形象是党的新闻工作者的使命任务。新华社武汉前方报道指挥部把对中央指导组的活动报道放在重要位置，加强对专家学者的采访力度，紧扣疫情防控的主要矛盾和主要任务，把充分反映4.2万医护人员驰援，反映"停不得"企业的坚守和复工复产情况等作为报道策划的重点。广大医护工作者、解放军、公安民警、疾控人员、社区工作者、志愿者、建筑工人和患者等都是重要报道对象。据不完全统计，新华社在"一线抗疫群英谱"等栏目中报道的医护工作者超过600人，社区工作者（含下沉干部）、公安民警、志愿者等也分别在100人上下，推出了张定宇、刘智明等先进人物事迹，也在抗疫史上留下"雨衣妹妹"、阿念等凡人善举的动人故事。

（二）权威信息及时发布

以中央广播电视总台为例，自疫情防控阻击战打响以来，总台及时发布权威信息，全天候持续播报疫情动态。《新闻1+1》栏目统筹安排并特别策划，自1月20日起持续报道新冠肺炎疫情。1月20日，该栏目直播连线国家卫健委高级别专家组组长钟南山院士，介绍疫情的基本情况，在疫情信息传播中起到了"定调"的作用。1月26日起，总台新闻频道推出《战疫情特别报道》，节目以抗疫为主题，持续聚焦全国抗疫动态，及时公布疫情最新数据，让人民心中有数。自1月29日起，中央人民广播电台每天10点至11点、15点至16点30分对央视节目进行同步直播。

四川传媒学院

（融合媒体学院）

一、教学概况

2020 年 11 月 5 日，"中国新闻传播大讲堂"启动仪式在中国传媒大学举行。中国新闻传播大讲堂是国情大课、思政大课、专业大课。四川传媒学院融合媒体学院高度重视，组织专业教师及广播电视学、新闻学、网络新闻与传播专业的学生 53 人在线观看了启动仪式。启动仪式之后，学院继续组织师生通过一系列活动，深入学习"中国新闻传播大讲堂"的课程。

通过学习"中国新闻传播大讲堂"课程，学院师生在思想上深刻理解了中国特色社会主义的制度优势、理论优势、道路优势，深化了为党为国为人民的深厚情怀和使命担当，专业思政和课程思政进一步强化；在教学上充分运用大讲堂中丰富的案例、深入的阐释，将大讲堂融入课程，使专业教学更接地气，教学改革得到深化。目前学习活动还在进一步推进中，四川传媒学院融合媒体学院将进一步运用好大讲堂，并探索将学习活动常态化的机制，将课程学习引向深入。

二、特色亮点

（一）专业教师先行学习

专业老师学习以集中观看学习、自学、各教研室分组讨论等形式进行，从不同角度充分交流学习大讲堂的心得，并着重探讨了将大讲堂导入课堂内外的有效途径。12 月 13 日，学院组织集体学习活动，集中学习观看了第一、二集，四川传媒学院副校长兼融合媒体学院院长冉光泽要求新闻传播专业课教师将大讲堂视频内容纳入专业课课堂教学案例当中，加强实践中的马克思主义新闻观教育；随后，各教研室结合课程性质等围绕如何将大讲堂内容纳入课堂教学、设计课程进行了教学研讨。

四川传媒学院融合媒体学院正着手人才培养方案的修订，准备将大讲堂作为新闻传播类专业的必修课，以及其他专业的选修课，由教务办主任负责、纳入学分管理。初步确定授课时长共 16 周，每周设置 2 学时，共 2 学分。教学大纲由新闻学专业主任吕宏津教授负责组织专业教师制定。

（二）学习形式多元立体

校园电视台《晨光新闻》栏目每周推送两集"中国新闻传播大讲堂"的内容。融合媒体学院的微信公众号开辟学习专栏，刊发学生的心得体会及教师点评。根据大讲堂中众多精彩讲座的内容特点，以及不同课程的定位和学生的学习规律，学院以 32 集视频内容为教学素材，利用四川传媒学院"川传云·融合媒体实验教学中心"，通过教学课件观看、线上作业、成绩判定及登记、教师后台教学过程管理等功能打造线上线下相加、课内课外互补的新型教学方式。

为鼓励学生践行马克思主义新闻观，深刻领悟新闻报道背后的家国情怀，四川传媒学院融合媒体学院面向全院学生公开征集"中国新闻传播大讲堂"学习感悟和心得体会，并设置了相应奖项，共收到心得体会 75 件，学院党总支还将此作为发展学生党员的参考条件之一。

（三）课程知识结合实践

同学们在学习中获得启发，在实践中得到锻炼，增强了作为全媒体时代文化传播领域新生力量的责任感和使命感。

成都出现本地新冠肺炎病例后，四川传媒学院融合媒体学院宣传部的同学积极行动，及时报道了学校的防疫工作，以声像、图片、文字等形式在学院官微上发布了《别慌，学校保护你》《稳住！我们能赢》《有序有爱，这是我们的川传》等多篇作品，稳定了学校的教学生活秩序，增强了师生员工众志成城、战疫必胜的信心和决心。同学们的报道引起了媒体的关注，中央广播电视总台、中华全国学联、中国大学生在线、四川教育发布、四川卫视、四川共青团、四川省学生联合会、山西共青团、青蜂侠短视频等多家官方媒体都对学校的相关举措进行了报道。

三、学生心得

新闻人在前线为全国人民实时报道疫情的最新情况，他们心怀使命，是夜空中最亮的星，身体力行、全力以赴将希望传递给每一位中国人。他们都是一个个普通家庭中的子女、父母、爱人，也许无法将这些最美逆行者的名字一一述说，当他们穿上隔离服的那一刻，他们代表的就不仅仅是自己，更代表了祖国赋予的使命。

（一）学习新闻专业技能

如何在重大报道中抓住新闻？我从人民日报记者吴珊的课堂中找到了答案：学会抓住且预判热点，紧扣报道对象命运并始终保持对新闻的敏感；同时，强调产生共情才能引起共鸣，打动自己方能打动别人。

鼓舞人心的不只有内容翔实、感人至深的采访报道，尺幅之间的摄影作品同样能蕴涵丰厚、催人奋起。如何通过摄影来培养凝聚人心的强大能量，这不仅是人民日报记者李舸先生本次讲座的核心，更是未来新闻工作者持续探索的方向。他认为，用富有仪式感的摄影行动留存抗疫前线的状况，既是为疫情防控营造强信心、暖人心、聚民心的舆论，也是一次饱含人间深情的视觉书写和充满人性光辉的艺术创造。

疫情防控期间，融媒本全景化新闻报道也完成了进一步的实践与创新。中央广播电视总台肖振生所在团队组织的大型抗击疫情全景化新闻报道，实现了在重大公共卫生事件报道中的新闻传播效果最大化，大大提振了人民对抗疫胜利的信心和期盼。

各种报道角度不同、内容各异，却都展现了新闻工作者与党同心、与人民同行的坚守与传承，绘就了一幅生命至上、举国同心、命运与共的伟大抗疫图卷。

（二）致敬新闻记者精神

透过视频与文字，我感受到新闻人的责任与担当。哪里有重大新闻，哪里就有新闻工作者。多少人放弃了和家人团聚的机会，多少人走进感染风险极高的医院病房，多少人克服困难努力完成采访报道……只因身为新闻工作者，只因为选择了新闻事业，他们便义无反顾地奔向抗疫一线，奔向不见硝烟的战场，用扎实的专业素养和过硬的工作作风，诠释党的新闻工作者的责任、使命和担当。

正是有了心怀祖国、心怀人民的媒体人在汹涌疫情中勇敢逆行，才使中国的抗疫有了最具亮色、最具温度、又有深度的传播。新闻工作者不仅是见证者、记录者和传播者，和日夜奋战的医务工作者一样，和坚守岗位的社区工作人员一样，和不辞辛劳的志愿者一样，他们也是抗击疫情一线勇敢的逆行者、真诚的奉献者！

贵州大学

（文学与传媒学院）

一、教学概况

　　新冠肺炎疫情期间，广大新闻记者临危受命、迎难而上，日夜奋战在抗疫斗争的第一线，为坚决打赢疫情防控阻击战凝聚了强大的精神力量。今年"中国新闻传播大讲堂"的主题是"来自武汉抗疫一线的报道"，大讲堂邀请了14家主流媒体中参与抗疫一线报道的42名新闻记者，录制了32集视频教学内容，生动讲述、立体展现中国新闻记者的家国情怀和专业素养。作为新闻传播专业教育的一线阵地，贵州大学文学与传媒学院对"中国新闻传播大讲堂"的学习高度重视，第一时间展开周详的安排部署，组织师生集中收看了大讲堂启动仪式，并将"中国新闻传播大讲堂"的学习全方位覆盖到新闻传播类专业教师以及本科生、研究生各个年级的专业学习中。"中国新闻传播大讲堂"启动以来，学院深入贯彻落实习近平总书记系列重要讲话精神，以立德树人为根本任务，切实做好大讲堂的宣传推广工作，取得了一定成效。

二、特色亮点

（一）全面覆盖形式多样

　　第一，学生结合课程学。新闻学专业现有3个在校本科班级，1个校外实习本科班级，以及新闻传播学、新闻与传播专业硕士研究生，贵州大学把这次的新闻传播大讲堂与学生专业课程相结合，全方位整体覆盖所有学生。在任课教师和班主任的引导下，各班采取了课堂集中观看和课后自行观看相结合的方式，学生能全方位收看大讲堂所有的内容。

第二，党员专题研讨学。新闻系有三个党支部（新闻系教师党支部、新闻系研究生党支部和新闻系本科生党支部），为了加强对教师党员及学生党员的教育，学院开展了集中观看以及专题研讨等形式的学习，引导党员师生深刻理解中国特色社会主义的制度优势、理论优势、道路优势，不断提升师生党员党性修养。

（二）纳入专业培养方案

为建立"中国新闻传播大讲堂"学习的长效机制，学院正在修订新一版的本科专业培养方案和研究生培养方案，在新版培养方案中，大讲堂将作为一门专业课程模块的必修课纳入学分管理。从 2021 年开始，贵州大学新闻学专业、新闻与传播学专业学位硕士研究生培养方案中均将列入"中国新闻传播大讲堂"课程，为专业必修课，设置 1 个学分，真正让优质的课程教学资源融入学院新闻传播类专业学生的课程学习中。同时，鼓励其他专业学生选修，切实推动抗疫精神进校园、进课堂、进头脑。

（三）学习活动开展体会

"中国新闻传播大讲堂"是我国新闻传播教育中的一次尝试，是部校共建的新成果、新文科建设的新探索、媒体融合传播的新尝试，具有开创性。大讲堂利用现代视听技术与通信网络，把优质的教学资源覆盖到了全国 700 余所高校的 1300 多个新闻传播学类专业点。这次尝试在贵州大学文学与传媒学院取得了非常好的效果，同学和老师们反应热烈。学习武汉抗疫一线的报道故事，感悟新闻报道背后的家国情怀，深入学习践行马克思主义新闻观，大讲堂中生动的影像以及来自一线的扎实报道案例，让大家深切体会到加强新闻舆论工作的重要性以及新闻工作的使命感与责任感。

三、学生心得

在课堂上观看了"中国新闻传播大讲堂"后，我感受颇多，作为新闻与传播专业的学生，深深地为抗疫一线记者感到骄傲。危险在前方，记者也会像医生、警察一样不顾一切，不会退缩。2020 年一场疫情给我们带来了前所未有的考验，面对如此不确定的风险，记者拿出了自己的专业精神冲向一线，为我们带来疫区最新的消息。人们歌颂医生救死扶伤，歌颂警察坚守岗位，也不应该忘记是谁为我们带来前方的信息，他们同样冒着巨大的风险，一线新闻人员的精神亦值得我们学习。

（一）学习一线记者的敬业精神

作为这次疫情的重灾区，湖北武汉成为人们关注的焦点，也让人谈之色变，甚至对一切与武汉相关的人、物都敬而远之。但对新闻人来说，他们和医护人员、警察、消防员一样，都是这场没有硝烟的战争中的最美逆行者。哪里是中心，哪里就有新闻。对新闻人来说，不去或者离开武汉，可以有许多理由；但是去武汉或者留下来，看"职责"这一个理由就够了。近些年来，我们经常在探讨新闻专业主义，有些人认为社会上存在着媒体失范、记者失格的现象，但当危险来临的时候，依然有一批把自己的生命抛诸脑后、恪尽职守的好记者站出来，承担起作为记者的职责，不惧风险、勇往直前。他们是我们后辈学习的楷模，我们为此骄傲，并希望将这种专业精神一直传承下去。

（二）学习一线记者的担当精神

记者用自己的笔触讲述着每一个感人的故事，用镜头记录着每一个难忘的瞬间。透过视频与文字，我感受到新闻人的责任与担当，新闻记者迎难而上，日夜奋战在抗疫斗争的第一线，为坚决打赢疫情防控的人民战争、总体战、阻击战凝聚了强大的精神力量。他们真切地传递出前线的真实状况，谱写了中华民族共克难题、同舟共济的历史篇章。他们记录了历史，历史也见证了他们的成长。身为新传学子，也应当以之为榜样，不负自己，不负时代，用新闻人的坚定信念诠释新闻人的精神。作为一名新传专业的研究生，我将努力储备必要的新闻知识，提高自身素质，以深入前线的优秀前辈为榜样，时刻不忘记者的家国情怀和专业素养。

（三）学习一线记者的人文关怀精神

参加此次抗疫报道的一线新闻记者，不仅带着强烈的问题意识、职业敏感和担当精神，更是不忘人文关怀，不回避矛盾，不遮掩缺陷，积极关注群众诉求集中的热点焦点问题，开展舆论监督，回应社会关切。疫情期间，一线记者及时报道武汉有关医院防护物资紧缺的状况，推动全国各地紧急生产、定点捐赠；及时报道武汉的新冠肺炎感染者因床位紧张无法住院的状况，推动方舱医院的建立；及时披露武汉红十字会接收、发放捐赠物资存在诸多问题，使捐赠工作走上正轨。世上没有从天而降的英雄，只有挺身而出的凡人，他们没有超能力，只有一颗炽热而执着的心。

贵阳学院

（文化传媒学院）

一、教学概况

接到教育部高教司关于开展"中国新闻传播大讲堂"的通知，贵阳学院文化传媒学院立刻着手组织学院师生进行学习讨论。

新闻传播理论教研室组织专业老师开展专题教研活动，组织专业老师观看视频后发言交流，各位老师从不同角度分享学习大讲堂的心得。视频中，记者们将演播室讲授与作品展播有机结合，生动立体地展现了中国新闻记者的家国情怀和专业素养。这些来自抗疫一线的报道对观影学习的同学而言或熟悉，或陌生，或催人泪下，或发人深省，尽管这些报道角度不同、内容各异，却都展现了新闻工作者与党同心、与人民共情的坚守与传承，画就了一幅生命至上、举国同心、命运与共的伟大抗疫图卷。除此以外，教研室各位老师还着重探讨了如何在接下来的学习中将大讲堂有效导入课堂内外。

随后，三个年级共计343名学生，将大讲堂的视频资料结合专业课教学开展学习及分组讨论。学生党员、入党积极分子提交了30多篇学习心得，从不同角度谈了自己的学习收获。

二、特色亮点

（一）配合专业课，组织学生学习

为了能更好地组织此次大讲堂的学习，学院要求专业教师通过丰富的活动引导学生学习大讲堂，让学生不仅及时结合专业理论知识理解其中的新闻实践内容。

根据大讲堂中的众多精彩讲座的内容特点，以及不同课程的定位和学生的学习规律，采用了"进课堂""进班级""进小组"等不同学习形式。如在《新闻学概论》课堂中重点引导学生了解记者不畏危险、深入抗疫一线进行宣传报道的事迹，从而更好地理解媒体为人民服务、为党和国家工作大局服务的光荣使命，牢牢树立马克思主义新闻观；在《新闻采访与写作》课堂中重点引导学生学习资深记者如何在重重困难中寻找线索，深入挖掘抗疫斗争中的感人故事，从而提高对新闻采访、新闻作品制作的实践技能。

除此以外，学院还要求专业教师引导学生在学习"中国新闻传播大讲堂"后开展分组讨论，对中国在疫情防控阻击战中取得的重大成果有了深层次认识，更对新闻人不辱使命、坚持报道的职业精神有了全新见解，深刻感受到马克思主义新闻观对新闻工作者的指导作用。

（二）配合思政课，结合学生党员教育

文化传媒学院组织大讲堂学习的同时，将此次学习当成一次党员教育和思政教育的机会，学生认真学习，用心感悟，学生党员、入党积极分子提交了30多篇学习心得，从不同角度谈了自己的学习收获，更有学生在学习后主动向老师提出入党要求。

通过学习，同学们明白这不仅是一门职业素养的专业课，更是一门职业操守的思政课，更深刻感受了新闻工作者与党同心，与人民共情的高尚情操。作为新闻专业的学生，我们不仅仅要学习好新闻理论知识，更需要用马克思主义铸魂，用爱国情怀强基，用人文素养修身，在以后的工作中坚守新闻工作者的优良传统、坚守职业操守。

而作为一名党员，要有敢为人先，英勇无畏的牺牲精神。在平时生活工作

中，要坚持主动帮助别人，严格要求自己，严于律己，时刻铭记听党话，坚持人民利益高于一切，始终把人民利益放在首位，全心全意为人民服务。

三、学生心得

通过学习，我明白记者肩负着党的使命，其职责就是通过报道事实，当好党和人民的"耳目喉舌"。在国家经历大考的时候，记者的职责尤为重要，必须上情下达，下情上达，充分发挥记者作为"耳目喉舌"的作用。

（一）践行初心使命，牢记新闻人的使命与职责

通过观看大讲堂以及案例作品，我回想起疫情期间看到这些时内心的震撼与感动。疫情就是命令，现场就是战场。这是新闻人必须牢记的使命。虽然现在的我们还未踏入真正的社会，还未踏入新闻报道的现场，但从此次的疫情当中，我也感受到新闻人的责任和使命。无数像熊琦一样的记者，就是凭借着对新闻事业的热爱，在关键时刻顶得住、打得赢，才使媒体的报道团队锻造为精锐之师。

（二）坚持正确舆论导向，提高新闻舆论的传播力

党的十九大报告强调："坚持正确舆论导向，高度重视传播手段、建设和创新，提高新闻舆论的传播力、引导力、影响力、公信力。"疫情期间，各大主流媒体主动布局新媒体纷纷将"快手""抖音""微视"等短视频平台的巨大流量转化为高效的传播渠道，最大程度地传播权威信息，防止谣言扩散。

作为一名大学生，尤其是处在即将毕业的大四阶段，我更加清晰地理解了新闻人应该做的事和应该承担的责任。我也认识到理论必须要与实践紧密的结合才能提高水平和能力。在之前的学习当中，我很容易带有主观的偏见性，对待一件事情没有足够的客观和理性去对待，写新闻的时候就很容易带有主观色彩。这次疫情期间层出不穷的报道让我深刻的意识到，客观对于新闻的报道有多重要，只有客观理性的报道才能带来最正确的信息，才不会让人民群众造成误解。

总而言之，我也深刻理解一名新闻记者的责任，疫情就是命令，现场就是战场。在未来，我将牢记初心和使命，为国家和人民奉献自己的力量。

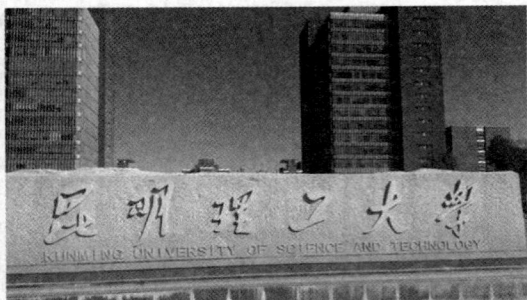

昆明理工大学

（艺术与传媒学院）

一、教学概况

为深入学习贯彻习近平总书记关于加强新闻舆论工作的重要讲话精神，加快推进新时代新文科教育的创新发展，昆明理工大学艺术与传媒学院高度重视"中国新闻传播大讲堂"活动的开展。学院领导专门召开党政联席会议，安排关于"中国新闻传播大讲堂"的活动任务，做出明确分工和工作指示，要求传播学（包括传播学二学位）、广告学、编辑出版学、出版硕士等专业学生必须在线观看大讲堂视频内容，同时要求专业教师将视频内容有机融入各专业的教学和实践环节中，将大讲堂的视频学习作为考核指标之一，纳入课程期末考核成绩。

新闻传播系结合自身专业特点，细化活动方案，举办"中国新闻传播大讲堂——来自武汉抗疫一线的报道"教师专题会和主题党日活动，每位教师认真分析大讲堂视频内容重点，深挖生动有效的育人元素，将其与专业课程紧密结合，加强理论和实践探索，持续推进大讲堂教育入脑入心。2020 年 11 月 5 日下午，学院领导班子、新闻传播系专业教师及学生代表齐聚红色视听室在线收看"中国新闻传播大讲堂——来自武汉抗疫一线的报道"启动仪式。仪式后，师生一致表示对生动讲述、立体展现中国新闻记者抗疫精神、家国情怀与新闻素养的"国情大课、思政大课、专业大课"充满期待，对新时代新文科教育背景下新闻传播专业新发展充满信心。

二、特色亮点

（一）活动形式多样，营造学习氛围

学院采取组织集体学习和学生个人分散学习相结合的方式观看大讲堂的视频资料。新闻传播系通过举办"中国新闻传播大讲堂——来自武汉抗疫一线的报道"专题讲座，对学生进行马克思主义新闻观、新闻实务及职业素养教育。每场讲座课程负责人认真选取两个视频内容，采取启发式教学方法，引导学生对大讲堂内容的理解和思考。学生在讲座中，认真聆听一个个真实、感人的抗疫故事，感受新闻工作者的高度政治责任感和崇高职业精神。新闻传播系举办"中国新闻传播大讲堂——来自武汉抗疫一线的报道"主题分享会，师生除分享抗疫新闻报道的特点、价值和影响外，还请湖北籍学生讲述抗疫经历，通过其现身说法使一件件新闻作品更加生动、鲜活、立体。主题分享中，学生纷纷表示平凡而伟大的抗疫英雄让人敬畏，铁肩担道义的新闻工作者让人敬佩。

另外，为了巩固大讲堂的学习效果，新闻传播系组织"讲中国故事 做新时代媒体人"主题征文比赛，学生热烈响应此次活动。形式多样的大讲堂学习活动让学生了解武汉抗疫一线的报道故事，感悟新闻报道背后的家国情怀，学习新闻人才必备的专业技能，真正实现价值塑造、知识传授和能力培养的有机统一。

（二）融入课程思政，提升育人实效

在教学环节中，教师充分利用大讲堂的优质思政资源，运用相关新闻传播理论分析讨论案例作品和事件报道。以传播学专业为例，本学期围绕《马克思主义新闻思想》《新闻学概论》《新闻采访与写作》《融合新闻学》等课程，在人民日报、新华社、中央广播电视总台、光明日报、湖北日报、澎湃新闻等媒体记者的视频内容中提炼出家国情怀、抗疫精神、中国传统文化等思政内容，将其与专业课程结合，效果非常好。

（三）汲取经验，加强校际交流

为了交流"中国新闻传播大讲堂"的开展经验，推动大讲堂工作的持续高效进行，艺术与传媒学院及新闻传播系坚持"走出去、相互学习、促进发展"的原则，积极开展校际教学经验交流活动。新闻传播系以 11 月 27 至 28 日召开的"云南省高等学校新闻传播学类专业教学指导委员会第二次全体会议暨云南省新闻传播学类专业建设经验交流会"为契机，认真向云南省新闻传播学类专业教指委委员请教大讲堂的组织形式和工作要求，并和云南师范大学、云南民族大学、玉溪师范学院等兄弟院校教师交流工作经验。通过校际交流，新闻传播系认真学习借鉴其他院校在开展大讲堂过程中的好做法、好经验，进一步开拓工作思路，为提高大讲堂传播实效注入新活力。

三、学生心得

观看"中国新闻传播大讲堂"后，我受益匪浅。他们的家国情怀与专业素养，让我感触颇深。

（一）新闻选题的重要性

通过观看讲座，我意识到新闻选题的重要性。新闻选题就像房屋的地基、桥梁的桥墩，一个有价值的选题，会创造出更多新闻价值。在此次疫情报道中，让我印象最深刻的就是一个新闻短视频：儿子确诊需要到医院隔离治疗，父亲骑着电动车跟在儿子坐的车后面，一路护送儿子。这位父亲的背影被记者拍下，视频中的背影让人想起了朱自清的《背影》，引起了广泛共鸣。还有记录疫情期间普通人生活的《七日谈》——武汉封城之后七个平凡人的七日生活，有赶回工地施工的工人、武汉"土著"夫妻、社区工作人员、酷爱冬泳的大爷……最朴实的情感，最动人的故事，通过镜头刻画出了栩栩如生的平凡英雄形象。好的选题是报道成功的一半，而且是最重要的一半。这次疫情中新闻记者挖掘出许多有价值、有深刻意义的选题，在第一时间为大众传达信息，缓解大众面对公共事件的紧张感和恐慌感，以平凡人的角度，讲述特殊时期的武汉和勇敢的武汉人民。在大讲堂中，我们可以学到在挖掘新闻选题时，不论是大事还是小事，都要找到公众关心的切入点，都要站在公众的立场上思考选题的视角。有时候，一个很小的事件，也是一个很好的选题。

（二）新闻媒体的新形态

　　新冠肺炎疫情期间，公众对疫情信息高度关注，新闻媒体在扮演社会"瞭望塔"方面发挥了重要作用，也面临着创新话语方式和传播形态的挑战。相比"非典"时期，今天大众对于信息的透明度和及时性提出了更高的要求，信息渠道的多元化要求媒体进行专业核实，社交媒体在信息聚合、舆论生成方面扮演了更重要的角色。中央广播电视总台"央视频"客户端"疫情24小时"专题页面开启了武汉"火神山"和"雷神山"两家医院建设现场的慢直播，24小时不间断呈现现场施工实时画面，开通直播不到三天时间，累计访问量超过两亿人次。之后客户端又提供了全景VR直播，广大网友化身"云监工"，在线围观、监督施工进展。突发性公共事件的传播中，慢直播在实时传递一线疫情、提升信息透明度上的优势十分玥显。对用户而言，慢直播相当于对一个新闻事件展开的凝视，是低成本的在线监控，给予用户较大的自主选择与自主参与，也有助于满足用户的知情权和监督权。

大理大学

（文学院）

一、学习概况

按照教育部高教司与云南省教育厅指示精神，2020年11月5日，大理大学教务处、宣传部、文学院（对外汉语教育学院）三个部门共同收看了"中国新闻传播大讲堂"的启动仪式。启动仪式结束后，学校要求将"中国新闻传播大讲堂"纳入必须课程，与必修课、选修课、通识课融为一体，聆听来自武汉抗疫一线的报道，将思政教育贯穿始终。把新闻从业者的精神、工作态度、专业素养、家国情怀等深入传达给我校新闻学专业每一名师生，真正做到入脑入心。

作为滇西边境地区唯一的一所综合型大学，我校担负着人才培养与民族团结的重要任务，新闻学专业的发展与改革任重而道远。在这关键时刻，"中国新闻传播大讲堂"的开播无非是给我校新闻学专业的发展注入了一剂强心针，为新文科发展指明了方向，为思政课建设把稳了脉搏，是培养新时代优秀新闻传播人才的重要举措，增强了广大新闻传播类专业学生的自信心、自豪感和自主性，是提高新闻传播类教育影响力、感召力、塑造力的一次实战实践思政大课。

二、学习亮点

（一）精心部署，深入学习

自接到学习通知以来，我校高度重视，对大讲堂进行统一部署，由文学院制定观看学习方案。方案设置了领导组与工作组，分批分时段将"中国新闻传播大讲堂"充分与课程进行融合。除了组织新闻学 3 个年级（2020 级、2019 级、2018 级），共计 161 人进行现场集中观看，还采用了直播、录播等多种方式，保证学生们及时收看学习。其中，新闻学专业 4 个年级共 197 名学子利用周末时间按时按量完成了集中收看和学习，在外实习的 2017 级新闻学专业 48 名学生采用同步直播的方式观看和学习，同时覆盖了广告学专业在校部分师生。

观看学习后，师生们进行了充分的讨论与交流，大家一致认为，要让来自武汉抗疫一线的报道精神充斥到每一门课程当中，强化马克思主义新闻观，推动我校新闻学专业思政课程建设，把理论与实践相结合，培养新时代优秀的新闻传播人才。

（二）师生共学，畅谈感悟

大讲堂的每一篇文章、每一段视频、每一张图片都凝聚着新闻人的家国情怀，每一篇报道都给人们书来了希望与力量。在学习结束后，新闻学专业的师生也积极分享了自己的观后感悟。

2019 级新闻学班罗建文同学表示："收看和倾听了武汉抗疫一线新闻人的职业感悟，我感动不已，备受鼓舞，下定决心在今后的三年里加倍努力，立志成为有能力、有情怀的新时代中国新闻人。我们要在将来的新闻工作中，以习近平新时代中国特色社会主义思想为指导，主动深入践行'四力'，敢于担当，甘于奉献，成为政治过硬、业务过硬、能力过硬、战斗力过硬的新时代合格新闻人。"

2020 级新闻学班主任宁丽丽也对此发表了自己的感想，在她看来，"中国新闻传播大讲堂"是高校新闻传播教育战线落实新文科建设工作会议精神的有力抓手，是全面推进新闻传播类课程思政的实际行动，是理论教学与新闻实践的深度融合，是培养新时代具有超强业务能力与国家情怀的全媒体人才的主阵地，更是一门有深度、有温度、有高度的国情大课、专业大课、思政大课。

三、心得体会

（一）青春的榜样力量

人民日报新闻协调部副主任、高级编辑汪晓东在《火线上激扬青春力量》一文中写道，在 4.2 万多名驰援湖北的医护人员中，有 1.2 万多名是"90 后"，其中相当一部分是"95 后"甚至"00 后"。不仅是医护人员，广大党员干部、公安民警、社区工作人员、新闻工作者、志愿者，以及各行各业坚持在抗疫一线的奋斗者，也有很多是"90 后"。正是这些年轻群体，成为这个战场上披坚执锐、一往无前的青春力量。

疾风知劲草，烈火见真金。在这场重大斗争中，这些"90 后""00 后"所展现出的勇敢与坚强、担当与责任，令人动容，也令人振奋。"青年兴则国家兴，青年强则国家强"，青年是整个社会力量中最积极、最有生气的力量，国家的希望在青年，民族的未来在青年。他们，是当代年轻人的缩影，从他们身上，我们强烈感受到青年一代对祖国和人民的赤子之心，他们是有远大理想的一代，是有家国情怀的一代，也一定是能够担当大任的一代。而同样作为青年一代的我们，也应当积极从这些青春榜样中汲取力量，承担起自己的责任，肩负起国家的希望。

（二）记者的责任担当

在看了新闻传播大讲堂之后，我更加深刻地认识到作为一个新闻工作者的责任和担当。

重要时刻，请缨前线。抗疫斗争时期，万千新闻工作者闻令而动，冲锋一线，与白衣天使及其他抗击疫情的工作者一道，成为最美的"逆行者"。他们知道在核心现场采访的危险，也会害怕，只是责任和使命让他们忘却了恐惧。他们创作出一个个强信心、暖人心、聚人心的感人作品，凝聚起众志成城、共克时艰的强大力量。除夕夜，本是阖家团圆的日子，但为了一个更大家庭的圆满，一个又一个新闻记者写下"请战书"，奔赴一线。他们不惧危险，深入医院隔离区，挺进疫情肆虐的每一个地方，用笔、话筒和镜头记录战疫一线一个个感人的瞬间和故事，书写社会各界在抗击疫情战斗中所体现出的社会责任、人间大爱。

"到新闻现场去，到新闻发生的地方去"，这是新闻记者的初心。在重大事件发生时，记者必须坚守初心，扎根一线，做好一个新闻传播者的本职工作。在新时代，我们更要遵循习近平总书记的殷切嘱咐，"不断增强脚力、眼力、脑力、笔力"，要"做党的政策主张的传播者、时代风云的记录者、社会进步的推动者、公平正义的守望者"，肩负起新闻工作者的责任和担当。

曲靖师范学院

（音乐舞蹈学院）

一、教学概况

2020 年 11 月 20 日，曲靖师范学院音乐舞蹈学院党委书记孙祖洪、音乐舞蹈学院院长、党委副书记李永惠牵头组织音乐舞蹈学院播音与主持艺术系全体教职员工、辅导员观看了"中国新闻传播大讲堂"启动仪式，并正式启动大讲堂学习研讨相关工作。

我院根据实际情况制定大讲堂工作方案，组织专人负责落实大讲堂各项工作。大讲堂的学习活动分教职工、学生两个层面有序开展。教工层面主要以集中观看学习、自学、座谈会、研讨会等形式进行，对于中国新闻传播大讲堂视频内容如何纳入学生专业课、思政课学习、后续相关活动的开展进行深入研究。学生层面以集中观看和自学为主、团学活动为辅的形式，组织相关专业学生活动对中国新闻传播大学堂内容进行讨论交流、并提交观后感和学习心得体会。

二、特色亮点

（一）师生共上一门课

曲靖师范学院音乐舞蹈学院播音主持系制定了"学生自主观看 + 教师理论指导 + 课后实践"的学习方案，组织全系师生同看大讲堂，同开讨论会，分享心得感悟，助力"中国新闻传播大讲堂"倡导的内容扎实落地。学校组织专业学生在曲靖师范学院音乐与舞蹈学院演播厅开展以"学习武汉抗疫一线报道，做新时代新闻传播人"为主题的学习活动，观看"中国新闻传播大讲堂"启动仪式和大讲堂第一讲、第二讲，并组织学生与老师积极互动，讨论学习心得。

（二）深刻理解记者职责

通过本次大讲堂视频内容，学生理解了记者这一职业所包含的社会责任和家国情怀。在学习分享会上，学生就"新闻理想和新闻追求、新闻记者的职责与坚守等话题"展开讨论。大讲堂中新华社记者熊琦所讲的"不在现场我会终身遗憾"，给学生以强烈心灵震撼。2018级播音主持专业学生表示："大讲堂中每一位记者的分享对我们都是一场洗礼，他们的行动诠释着一名新闻人的新闻理想和新闻追求，也体现着记者的职责与坚守。他们将疫情作为命令，将现场作为战场，在这场全民抗疫中，用丰富的事实报道树立民众信心，遏制谣言传播，帮助武汉迅速从疫情中走出来。"

（三）课内课外贯通学习

在课堂学习之外，由靖师范学院音乐舞蹈学院播音主持系组织了以"树立正确新闻观，做新时代传媒人"为主题的班会活动，以班级为单位由辅导员、班主任组织展开学习、分享心得体会。同时，在学习的过程中，学院鼓励学生积极参与学校各项抗疫宣传活动。校团委学术科技部"青年夜话"栏目也邀请到驰援武汉的英雄医生、护士来我校分享抗疫经验，将实践活动作为视频学习内容的补充，进一步加深学生的实践能力，将理论学习落地，锤炼"四力"，磨炼过硬的专业能力。我院播音专业学生代表积极参与互动，采写自己的新闻素材并形成新闻稿、心得体会等多种形式的作品。学生通过本次活动将在大讲堂中学到的报道原则、采访原则等进行实践，思考如何讲好属于他们的抗疫故事。

三、学生心得

2020年"中国新闻传播大讲堂"的主题是"来自武汉抗疫一线的报道"，讲述者通过分享抗疫新闻报道的点点滴滴，生动讲述、立体展现中国新闻记者的家国情怀与专业素养，为广大新闻传播学子上了一堂生动的国情大课、有温度的思政大课、高水平的专业大课。

（一）做融媒体时代的记者

我们已进入融媒体时代，新闻也不再局限于传统的纸质媒体。抗疫新闻工作者紧跟时代的浪潮，利用新媒体与传统媒体相结合的全媒体报道形式，将信息多形式地传达到用户手中。比如中央广播电视总台纪录片频道推出了融媒体系列短视频《武汉：我的战"疫"日记》，由医护人员、普通市民、外地援助者从不同角度，以 Vlog 形式讲述这场战"疫"中的温情点滴。通过新媒体报道的形式，我们仿佛身临其境，真实地感受到苦难中人们的信念。作为新闻从业者，我们要明确新闻人在融媒体时代的定位与优势，坚定理想信念，着力提升专业实践能力。

（二）做勇于承担责任的记者

在本次疫情防控阻击战中，新闻工作者临危受命，逆行出征，从不同地方来，往一个地方去。在抗疫特殊时期，为人子女或为人父母的他们放弃了阖家团圆的机会，承担着巨大的风险，扛起摄像机，抓上笔杆子，毅然踏上逆行之路。我体会最深的是职责二字，看似简单，实则不易。他们不仅需要鼓足前往抗疫一线的勇气，还需要克服身体极限，在高风险、高工作强度的环境下对信息进行甄别与整合，寻找新闻价值所在。新闻工作者深知：脚上多少泥土，笔下多少温度。将镜头对准一线，才能捕捉到最真实感人的细节，才能产生催人奋进的动力。记者天生就要到现场——将疫情形势的变化还原给公众，将温暖、信心、希望传递给公众，这是记者的责任，也是新闻工作者的高光时刻。

保山学院

（人文学院）

一、教学概况

2020 年 11 月 22 日班会课上，2019 级新闻学班的同学们在班委的组织下观看学习了"中国新闻传播大讲堂——来自武汉抗疫一线的报道"第一、二集，拉开了保山学院 19 级新闻学班学习"中国新闻传播大讲堂"的序幕。班会课上，全班 38 名同学认真观看了大讲堂内容，视频讲述者生动讲述的故事立体展现了中国新闻记者的家国情怀与专业素养。班会课后，班级继续组织同学们共同学习大讲堂内容。"中国新闻传播大讲堂"邀请了人民日报、新华社、中央广播电视总台等 14 家主流媒体的 42 位参与抗疫一线报道的新闻记者参与录制，共 32 集。19 级新闻学班的同学们在学习中勤于思考，从奋战在武汉抗疫一线的新闻记者们身上看到了中国新闻记者的勇敢无畏，也看到了主流媒体新闻工作者的专业素养。

学习"中国新闻传播大讲堂"是学习习近平总书记关于加强新闻舆论工作、加快推进教育现代化系列重要讲话精神的重大举措，对培养新闻专业学生马克思主义新闻观教育、全面推进新闻传播类专业课程思政建设，推动新闻理论与新闻实践深度融合、培养新时代优秀新闻传播人才具有重要意义。大讲堂具有开创性意义，是新文科建设的新探索、理论与实践融合的新拓展、媒体融合传播的新尝试、立德树人的新课堂，有利于学生们学习来自抗疫一线的英雄记者们，做堪当民族复兴大任的时代新人，努力成为具有家国情怀和国际视野的高素质全媒化复合型专家型卓越新闻传播人才。

二、特色亮点

（一）提升专业素养

同学们在看到武汉抗疫一线记者采访报道后，更深地体会到了新闻就是职责。哪里有新事件，哪里就有新闻工作者的身影，这是职责所在，义不容辞。学习"中国新闻传播大讲堂"，目的是认真学习新闻记者前辈们的抗疫精神和实践经验，以积极的心态去迎接未来更多的挑战。观看大讲堂后，同学们认真研究和总结主流媒体在这次疫情中的系列报道及传播效果，希望通过此次机会，提高自己的专业素养，讲好中国故事，传播好中国声音，让思考和实践并重。在学习大讲堂的过程中，学生们采用了线上与线下、集中与分散、理论与实践相结合的学习方式，认真学习，深入思考，把这次大讲堂作为专业学习的一次拓展，积累经验的一次难得的机会。从优秀的前辈身上汲取向前的力量，努力锻造专业气质，从而取得学习实效。

（二）夯实思想根基

每一篇抗疫新闻报道的背后都凝聚着新闻人的家国情怀，新闻不仅仅是信息，更是不惧艰辛迎难而上的力量。大讲堂引导当代大学生更加深刻地理解中国特色社会主义的制度优势、理论优势、道路优势，打牢思想基础、夯实思想根基。有战场就会有战士，越是艰险越是向前，这群勇往直前的勇士不计报酬，不论生死，主动请缨，到最辛苦、最劳累、最危险的前线，写下了一曲曲与时间赛跑，同疫情决战的勇士之歌。用马克思主义铸魂，用爱国情怀强基，用人文素养修身，用国际视野拓界，用特色项目托举，用未来媒体创新。人无精神则不立，国无精神则不强，唯有精神上站得住、站得稳，一个民族才能在历史洪流中屹立不倒、挺立潮头。同困难作斗争是物质的角力，也是精神的对垒。当前，世界百年未有之大变局加速演进，国内改革发展稳定任务艰巨繁重，在前进道路上，我们仍然会面临各种各样的风险挑战，会遇到各种各样的荆棘坎坷。不管任何人，任何职业，我们都应该秉持着一颗爱国的心，为实现伟大梦想而斗争。

三、学生心得

大讲堂邀请了主流媒体中前往抗疫一线的记者录制 32 集视频，集中了最优质的新闻资源，这对于新闻专业的师生来说是非常宝贵的学习资源。在这 32 集的大讲堂中，我们看到了"新闻人，新闻魂"的责任与担当，看到了"铁肩担道义，妙手著文章"的时代精神，更明白了作为新闻记者后备军的我们应该如何要求自己。

（一）认识到新闻人应有的责任感

首先，我更加认识到一个新闻人应有的责任感。我们所感受的喜怒悲欢，世相万千，都是无数新闻人奋战在一线，冲锋在前沿，在我们看不到想不到的地方，抢先报道得来的。正如钟寅所说，很多时候新闻人同急诊科医生一样，要和时间赛跑，要和事件拼搏，职责所在，义不容辞。对于新闻工作者来说，哪里有新事件，哪里就有新闻工作者的身影。在大讲堂当中，随着耳畔传来的国歌，随着眸中映射的身影，我们可以看到新闻工作者用实事求是的报道准则向我们传递着一个又一个温暖的瞬间。

（二）学习到新闻真实的重要性

通过分析大讲堂中不同媒体对于疫情的报道，我还学到很多相关的专业知识，对已学过的专业知识的理解和运用有很大帮助。真实是新闻的生命，坚持新闻真实，杜绝虚假新闻，这关系到新闻媒体的公信力，要充分认识坚持新闻真实的重要性，无论大报小报，都要对自己发表的言论负责，每写一篇报道都要充分考虑它会对社会生活产生怎样的影响。如今我们学习的课程《新闻传播伦理与法规》中讲了许多关于虚假新闻的内容，这让我加深了对新闻行业中舆论以及新闻严肃性的认识。传播一条不负责任的新闻很可能导致社会恐慌，发表一条严重失实的报道，会给当事人带来难以想象的后果。个人对某一新闻有这样或那样的看法是可以的，但我们应注意，文章一经发表，就会成为一种舆论导向。作者和媒体必须承担相应的社会责任，虽说观点不可能百分之百正确，但这并不意味着可以妄言、狂言、戏言，媒体不是自由的论坛，一个有责任感的新闻记者必定要谨言慎行。

文山学院

（人文与传媒学院）

一、教学概况

文山学院人文与传媒学院新闻学专业教研室高度重视落实云南省新闻传播学类专业教学指导委员会《关于发送"中国新闻传播大讲堂"视频教学内容的通知》的相关要求，就活动的开展召开了专题会议，研究和部署"中国新闻传播大讲堂"学习活动的安排，并成立了学习领导小组，制定了相关的学习活动。

除了积极组织师生利用晚自习、班会等时间观看"中国新闻传播大讲堂"视频，新闻学各个班级还积极组织开展了"中国新闻传播大讲堂"的主题研讨会，并开展了心得体会主题征文活动。除此之外，教研室重点在全院推广了新华社总编室副主任、高级记者刘刚讲述的视频，同学们在观看了视频之后，纷纷表示更加坚定了自己的理念信念，明确了自己作为一名预备新闻工作者的使命担当。

在教学层面，新闻学专业教研室密切结合学校正在开展的人才培养方案修订工作，积极将"中国新闻传播大讲堂"列入专业必修课，这也是深入学习和贯彻习近平总书记关于新闻舆论工作重要论述精神、推动新时代新文科建设、改革和创新新闻传播教育的重要举措。

二、特色亮点

（一）统一思想，师生共看

大讲堂集中最优质的新闻资源、汇聚最鲜活的抗疫报道、总结最深刻的报道体会，是一门最生动的国情大课、有温度的思政大课、高水平的专业大课，内容真切表现了新冠肺炎疫情袭来后，广大新闻记者临危受命、迎难而上，日夜奋战在抗疫斗争的第一线，为坚决打赢疫情防控的人民战争、总体战、阻击战凝聚的强大精神力量。为开展好这一活动，教研室也积极做好前期宣传工作，利用校园板报、信息、新闻报道等形式在全院范围内广造舆论、营造良好的学习和讨论氛围，做到领导重视、师生认真学习。

（二）积极研讨，促进思考

在研讨会中，同学们围绕视频内容，以"什么是新时代的新闻传播人才"为主题进行了深入的交流和讨论。同学们表达了对抗疫一线的新闻记者的敬意，表示要像优秀的一线记者那样，用勤快的双脚、敏锐的眼睛、聪慧的大脑和有力的笔触，去观察、发现、记录和讴歌身边平凡而伟大的英雄人民，自觉践行社会主义核心价值观，早日成为具有家国情怀和国际视野的高素质、全媒化、复合型、专家型的卓越新闻传播人才。

（三）心得征文，主题演讲

为保证系列学习活动落到实处，确保学习效果从广度和深度上延伸，新闻学专业教研室还开展了"中国新闻传播大讲堂"观后感征文活动，共征集131篇。之后，新闻学专业将组织专业教师对征文进行评选，对最佳征文作品进行表彰。后续计划结合学习情况开展系列主题演讲等活动。各类活动的开展，让"中国新闻传播大讲堂"的知识走近同学，并形成良好的氛围，帮助学生主动积极地思考如何成为一名有担当、有情怀的新闻人。

（四）人才培养，教育创新

新闻学专业积极组织专业教师利用业余时间自学"中国新闻传播大讲堂"内容，围绕"如何培养新时代所需要的新文科人才""新闻学专业课程思政建设"等问题开展了专项研讨活动。研讨会中，专业教师进一步明确了新闻学专业人才培养的未来方向，并商讨了通过集体备课、同行听课等方式加大专业课程思政建设的思路，积极将"中匡新闻传播大讲堂"的教学资源灵活地运用到课程教学之中，继续坚持"六个维度"特色育人理念。除此之外，新闻学专业教研室积极将"中国新闻传播大讲堂"列入专业必修课，并建议将大讲堂以通识选修课的形式在全校普及，将优质高质量的思政教育资源融入各专业课堂教学，积极探索交叉融合的新文科建设范式，为培养新时代所需要的新文科人才而不懈努力。

三、学习心得

（一）讲好平凡的故事

在"新闻传播大讲堂"倾听新华社的媒体人讲述他们的抗疫报道时，最触动我的往往是一些平凡的小事。记者在谈及这一段时，眼角泛起了泪光，他将"平凡亦英雄"这样的话语送给了那些"素未谋面"的采访对象，这一瞬间被在场的记者记录下来。而正是这样的珍贵瞬间，定格了武汉普通人的抗疫状态。纵观新华社在疫情期间的稿件，我们不难发现，它的报道贴近生活、贴近实际、贴近群众，从微观视角聚焦疫情中平凡百姓的抗疫事迹，向大众传播正能量。

（二）人文主义关怀

当下媒介生态中，记者要在内容采集与生产的全流程中，保持高度的新闻敏感，估准报道的准确基调，始终保持其内容能够"三贴近"。记得有位新华社记者分享了这样一件事情，他们抵达武汉后，经常需要通宵写稿件、熬夜赶工作，需要喝咖啡提神，但当时物资紧张并没有咖啡。得知这个情况后，记者的一位朋友给他寄来了挂耳咖啡，几经周转才到了记者手中。前往武汉的新闻从业人员在此次疫情报道中发挥了很大的作用，他们不仅是"平凡人"，更是实至名归的英雄，正应了那句"平凡亦英雄"。新华社在此次疫情防控报道中体现了崇高伟大的人文主义关怀，凸显了正确的情感态度和"有温度的报道"，为全国上下送来了温暖。

（三）融合技术手段

"把融合发展成果充分运用于此次抗疫防疫报道"是这次新闻报道的一个特点，比如"我们在武汉""隔离区直击""民生直通车——同心战疫""新华社记者武汉 Vlog 日记"等全媒体报道栏目；新型冠状病毒核酸检测、方舱医院抢建收治等直播报道；围绕火神山、雷神山医院建成交付使用，运用无人机航拍、卫星数据等多种报道手段。以上这些都是将媒体技术发展成果与疫情防控报道充分融合的案例。

丽江文化旅游学院

（文学院）

一、教学概况

2020年11月5日下午3点，我校文学院新闻学专业2018级、2020级共202名学生与新闻学专业教师在文致101教室共同收看了"中国新闻传播大讲堂"启动仪式。针对此次学习活动，学院严格按照教指委要求，着力推进"中国新闻传播大讲堂"进校园、进课堂、进心灵的学习活动，制定了合理、周密的学习计划，旨在优化活动效果。同学们通过此次活动更加明确了新闻工作者的责任与使命，更深刻地领悟了新时代下党的新闻工作的责任与使命——高举旗帜、引领导向、围绕中心、服务大局、团结人民、鼓舞士气、凝心聚力、澄清谬误、明辨是非、连接中外、沟通世界。同学们纷纷表示要做有温度的记者，传递温暖和希望。此外，在未来进行新闻报道时，同学们表示需要挖掘细节，不仅要学会关注新闻事件中的人，还要有同理心和人文关怀，把民众真正需要的、国家倡导的精神、事实真相报道出来，做好人民的"传声筒"、党和政府的"好耳目"。

二、特色亮点

（一）计划周密，安排合理

为更好地开展"中国新闻传播大讲堂"学习活动，更充分利用优质的新闻资源、鲜活的抗疫报道、深刻的报道体会，上好这门生动的国情大课、有温度的思政大课、高水平的专业大课，文学院为学生们制定了周密、合理的计划，将安排细化到每一天。首先，学院将新闻学专业 2017 级、2018 级、2019 级、2020 级所有学生分为 70 个小组。每人每天观看两集视频，于当天 20 时前将一句话观看心得发给小组长，每天上交情况作为课程学习的考勤依据。随后，同学们以小组为单位完成两次心得交流讨论，每次讨论后由小组长完成 600 字的讨论记录。两次小组讨论记录将作为课程学习的平时成绩。同学们完成 32 集的视频学习后，每人需完成 3000 字的学习感悟。学习感悟上交后由学习委员组织同学们采用互评的方式给出初步的分数，再由老师评阅给出最终成绩。学院将在公众号——文旅文学上择优发表学习感悟。

（二）动脑动笔，落实成果

按照学习方案的安排，我校文学院新闻学专业 2017 级两个班共 75 人、2018 级两个班共 93 人、2019 级两个班共 74 人、2020 级两个班共 109 人，总共 351 名学生均按时提交了观看心得。70 个小组心得体会的交流讨论也按时完成，并由小组长以文字记录的方式汇总上交。大一到大四，八个班的同学于 2020 年 12 月 25 日上交了个人 3000 字的学习感悟，并完成了学生互评。2020 年 12 月 31 日，负责教师张虹完成了所有作业的批改和材料汇总。通过多次撰写观看心得、讨论记录与学习感悟，同学们将所见、所思、所想落实到笔头上，既深化了同学们的思考，又锻炼了同学们的书面表达能力。同学们更加直观地看到新闻工作者们临危受命、迎难而上、日夜奋战在抗疫斗争的第一线，从幕后了解到新闻工作者们为坚决打赢疫情防控的人民战争、总体战、阻击战凝聚了强大的精神力量。此外，同学们更深刻地领悟了人民至上、生命至上的理念。

三、学生心得

新闻工作者都是战士，在新冠肺炎疫情初期，人民日报、新华社、中央广播电视总台等媒体的新闻工作者冲到了第一线，只为给人民带来最新的消息和最真实的报道，这让我体会到了新闻工作者的职责所在。

（一）铁肩担道义

新华社是中国共产党早期创建的重要宣传舆论机构，从诞生起就在党中央的直接领导下开展工作，肩负党和人民赋予的神圣使命。在此次抗击疫情报道期间，新华社记者勇往直前，奔赴疫情第一战场，用专业的工作态度给我们报道前线最新消息。"党员元上、发挥先锋模范作用"，这绝不是一句空话，它深刻地体现了新华社记者身上特有的红色基因，也体现了困难面前行胜于言的强大作风。作为我国新闻事业的后备军，我们应该学习新华社前辈们的爱岗敬业精神，秉持"铁肩担正义"原则，不忘中共党员的初心使命，共建美好的社会发展环境。

小组讨论时，有同学表示，看完记者的一线采访报道之后，更加深刻地体会到了新闻就是职责。哪有新事件，哪里就有新闻工作者的身影，职责所在，义不容辞！

（二）妙手著文章

本次大讲堂中，各媒体从写稿方面入手，向我们具体讲述了如何撰写群像报道，如何挖掘采访对象，如何明确报道文章核心思路，如何对人物报道进行细节描写等。例如结合武汉医院情况，"火神山、雷神山"等建造过程及入住患者故事，从特别的角度和细节采写特稿。中国青年报《冰点周刊》见习记者李强在文章中写道：脚下的地是黏的，那是泼洒在地上还没干的消毒药水。以细节描写武汉收治新冠肺炎患者医院紧张、严肃的气氛，侧面展现出此次新冠肺炎疫情的可怕。中国青年报全媒体记者谢宛霏说道，自己也是一名90后党员记者，深入疫情前线，拿起手中的武器，为大家扛起机器，采写新闻，便什么都不再害怕了。此外，人民日报的摄影记者李舸用一张张静态照片反映出无惧危险的白衣战士、日夜守望的社区干部、顶风冒雨的人民警察、全力抢建的建筑工人，记录了从冬天到春天、从恐慌到从容、从红区到社区的疫情动态。摄影不单是照相，真正的摄影是在树立一种世界观、人生观、价值观，它凝聚的是一种精神的力量。一张优秀的摄影照片，从构图技巧、色彩运用、人物选取等方面都有考究；一张优秀的照片，胜过文字表达，清楚的画面内容便可直击人心、冲击灵魂。

西藏大学

（文学院）

一、教学概况

自接到教育部高教司通知以来，西藏大学文学院大众传播系为落实"中国新闻传播大讲堂"开展了以下活动：首先，组织观看启动仪式，树立"新文科"建设意识。2020年11月5日大众传播系从现有三个年级各抽5位学生共15人在系办公室通过网络视频直播形式在线观看了"中国新闻传播大讲堂"启动仪式。此后，大众传播系将全部视频分享给任课教师，要求教师结合自己课程内容，将视频教学与课堂所讲授知识、技巧紧密结合，引导学生成为与党同心、与人民共情的新闻工作优良传统的传承者，取得较好教学效果。

二、特色亮点

（一）讲堂内容纳入教学案例

大众传播系计划将大讲堂作为案例纳入《新闻导论》《媒介伦理与法规》等课程，持续打造生动的国情大课，有温度的思政大课，用新闻前辈们有血有肉的职业感悟，激励广大青年学子在未来的新闻工作中主动深入践行"四力"，成为政治过硬、业务过硬、战斗力过硬的新闻队伍中的一员。

（二）师生共学，深化马新观教育

大众传播系将大讲堂全部视频分享给任课教师，要求教师坚持守正创新，改进马克思主义新闻观教育，结合自己课程内容，将视频教学与课堂所讲授知识、技巧紧密结合，引导学生成为与党同心、与人民共情的优秀新闻工作者。

11月20日，在20级新生《专业导论》课上，同学们集体学习了中国新闻传播大讲堂系列课程，主讲人是新华社总编室副主任刘刚。刘刚结合真实案例全面阐释了对党忠诚、勿忘人民、实事求是、开拓创新的"新华精神"。观看完直播后，同学们纷纷表示，深切感受到了"记者"这个职业的责任与使命，立志在未来的新闻工作中主动深入践行"四力"，奋发有为，成为政治过硬、业务过硬、战斗力过硬的新闻队伍中的一员。

三、学生心得

学习"中国新闻传播大讲堂——来自武汉抗疫一线的报道"对于我来说意义非凡，使我深思。我很荣幸能够学习这32集由42位参加一线报道的新闻记者的经验分享，具体来讲，我有两点学习体会。

（一）勤学苦读，练就本领

看完视频后我深刻感受到，只有自己练就了过硬本领，才可以为国尽力。因此，作为一名大学生我们不该虚度时光，而是应做到以下几点：第一，愿意学是前提，我们要养成自觉读书学习的好习惯，把学习作为一种态度、一种责任、一种追求，做到自觉学习，主动学习；第二，勤学是途径，要让自己忙起来，珍惜时间；第三，认真学，高效率是基础，带着问题学习；第四，善学是方法，正确把握学习的方向，制定科学的学习时间。

（二）奔赴一线，践行新闻职责

从大讲堂中我们可以了解到，当时在武汉开展新闻工作非常危险，看不见的病毒无处不在，给人们带来了极大的恐慌。但正如新华社记者刘刚所说，选择不去武汉的理由很多，但是去和留下的理由只有一个，那就是新闻人的职责。"职责"二字，乍一看其实分量很轻，但是当你拿起它的时候，却重如千斤。困难面前，行胜于言。在此次疫情期间，我们看到了许多新闻工作者，冒着生命危险，奔赴武汉一线，用实事求是的报道向我们传递着来自一线的真实信息，在令人感到慌乱的疫情中，为我们送上了一个又一个温暖的瞬间，极大稳定了民心。

　　作为一名新闻专业学子，我对大讲堂中记者们的果敢行动敬佩不已，在日后的学习中，我以他们为榜样，也立志成为一名像他们一样优秀的新闻工作者，为祖国的新闻传播事业贡献力量！

西藏民族大学

（新闻传播学院）

一、教学概况

新冠肺炎疫情袭来后，广大新闻工作者临危受命、迎难而上，日夜奋战在抗疫斗争的第一线，为坚决打赢疫情防控的人民战争、总体战、阻击战凝聚了强大精神力量。在此大背景下，2020年大讲堂以"中国新闻传播大讲堂——来自武汉抗疫一线的报道"为主题，集中最优质的新闻资源、汇聚最鲜活的抗疫报道、总结最深刻的报道体会，邀请了14家主流媒体参与抗疫一线报道的42名新闻记者录制32集视频教学内容，生动讲述、立体展现中国新闻记者的家国情怀与专业素养。为深入开展大讲堂学习活动，学院成立了中国新闻传播大讲堂落实工作领导小组，全面有序开展大讲堂学习活动，做到全员参与。

二、特色亮点

（一）指导了未来的教学内容

大讲堂有许多内容可供学校教师丰富授课内容，例如其中展示的人民日报记者吴珊通过《泪目！生前同事哽咽悼念刘智明院长》《最后一批医疗队撤离武汉》等片段讲述了细节在新闻报道中的重要作用；人民日报记者李舸用影像呈现了武汉全民抗疫的场景，用《疫情结束后，您最想做的事是什么》《您最牵挂的人是谁》等视频具体分析了如何传播记录战疫医务工作者的英雄形象，阐述了习近平总书记对于文艺创作的要求。教师观看后，也指出未来会将大讲堂教学视频内容作为教学素材融入新闻人才培养的理论教学与实践教学过程中，将新闻人的责任和担当精神内化为新闻与传播人才的职业素质。

（二）强化了融媒作品认识

大讲堂中展示了很多融媒作品，比如中央广播电视总台的特别节目《战疫情》，网络慢直播《与疫情赛跑，全景直击武汉火神山雷神山医院建设最前沿》，以及《面对面：专访蔡利萍》《武汉的 76 个日夜》等。这些作品都展示了在融媒体语境下，总台对于疫情防控报道的实践与创新。帮助师生体会新媒体环境下新闻作品的变革，为后续学生的创作提供启示。

（三）感受到马克思主义新闻观的指导作用

视频主讲人之一新华社总编室副主任、高级记者刘刚以"新华精神"为核心，结合真实案例，将对党忠诚、勿忘人民、实事求是、开拓创新的"新华精神"精准地传递给听课的师生，并通过对党忠诚、传承红色基因、勿忘人民、自觉践行"四力"、实事求是、忠实履行职责、开拓创新和建立战时机制几方面，讲述新华社武汉前线人员在疫情报道中的工作实绩，反映出新闻社记者在武汉工作期间的努力与奋进，彰显了疫情之下，我国人民上下一心的抗疫精神。这些视频的学习让同学们对中国在疫情防控阻击战中取得的重大成果有了深层次认识，对新闻人不辱使命、坚持报道的职业精神有了全新见解，深刻感受到了马克思主义新闻观对新闻工作者的塑造。

三、学生心得

新闻人的责任与担当究竟是什么？这是我们新闻学子从入学就不断思考的问题，在这个信息泛滥、情感过剩的时代，人们的主观认知往往比事实本身先行，情绪甚至超越了事实。面对重大公共事件和突发事件，新闻人究竟该如何把握适当的切入口去报道？在 2020 年这场疫情中，中国的新闻人给出了答卷。

（一）真实报道，尽职尽责

如何让公众保持冷静，避免出现非理性情绪的聚集，对媒体报道的内容和方式提出了更高的要求。新闻工作者的工作是神圣的，一些老记者回忆新闻职业生涯的黄金时代，常言"走到哪都受尊重"；如今，层出不穷的反转新闻让许多人对于记者的报道很失望，常常对新闻职业抱有偏见。这种反差警示新闻媒体及其从业人员，今天的新闻就是明天的历史，要拒绝悬疑，并且进行负责任的报道，不仅是所有新闻人的天职，更是赢回信任的关键。如果说真实是新闻的生命，那么报道真实的新闻就是新闻工作者的第一职责。

（二）捕捉细节，打动人心

在"中国新闻传播大讲堂"中，新华社总编室副主任刘刚讲道，奔赴疫情第一线的记者面临着三个主要挑战和困难环境危险，与地震、爆炸等突发事件不同，看不见的病毒无处不在；错综复杂的疫情、舆情、社情相互交织，此起彼伏；压力较大，新闻竞争激烈，信息甄别难度大，战时状态工作时间长。在这艰难时刻，媒体人聚焦大背景下的个体人物故事，例如，人民网发布的《武汉日记："疫情不退，我们不退"》及其系列、新华网发布的《沧海横流 英雄本色——致敬抗疫一线的勇士们》、澎湃新闻发布的《口述丨武汉抗疫一线护士沈娟：哪里有患者需要，我们就去哪里》等，对战疫一线人物的事迹进行故事化叙述报道，在传递新闻信息的同时赋予新闻人情味。这些报道从微观层面去关注一线救援的人们，细节的刻画更能打动人心，唤醒公众心中积极的情绪。

在从前的课堂上，老师曾一再告诉我们："未来从事新闻行业，一定要做有温度的报道。"那个时候，我一直不理解有温度是指什么。在这次疫情期间以及这次大讲堂中，我明白了，真正好的报道，是能传递力量和温暖的，是能引起人们共情与共鸣的，是能在黑暗的日子里给人指明方向的。大讲堂中，新华社全媒体编辑中心副主任钱彤强调，在疫情报道中关注普通人的生活，记录普通人生活中最真挚的情感。如《七日谈》记录了武汉封城之后前七天中七个平凡人的生活，从点滴之中窥见武汉人面对疫情的必胜决心；《背影》呈现了父亲骑着电动车，跟在蹦蹦车后面送感染新冠肺炎的儿子去医院的场面……最朴实的情感，最动人的故事，通过笔和镜头，传递了最有力量的平凡英雄群像。

西安工业大学

（文学院）

一、教学概况

西安工业大学积极响应教育部号召，在文学院全体学生中展开了规模盛大的学习活动，通过将"中国新闻传播大讲堂"融入理论教学、融入课程设计、融入日常生活等形式，让学生详细、深入地学习了"中国新闻传播大讲堂——来自武汉抗疫一线的报道"的全部内容。大讲堂形象展现了中国新闻记者的家国情怀与专业素养，极大地提升了新闻传播理论课程的生动性、贴近性，极大增强了广大新闻传播类专业学生的自信心、自豪感、自主性。

二、特色亮点

（一）作为案例融入课程教学

《传播学概论》课程在讲述"集合行为中的流言传播"一节时，将大讲堂内容、抗疫讲座作为重要的案例适时穿插；在讲授各类媒介特征时，授课教师通过对比疫情期间各类媒体的表现，分析新闻媒体微信、微博、抖音等新媒体传播速度快、信息散发覆盖面广、交互性强等特点；在讲述媒体监测环境、预警危机的社会功能时，列举新冠肺炎疫情期间人民日报官方微博每天实时更新最新确诊和疑似病例等案例；在讲授意见领袖相关理论时，列举疫情期间演艺明星、商界名人等意见领袖通过新媒体发布支持医务工作者、劝诫民众注意个人防护等信息，起到了良好的舆论引导作用。一个个鲜活的案例帮助学生深刻理解了媒体的社会瞭望功能，理解媒体在传递信息、引导舆论、安抚民心等方面发挥的重要作用。

（二）贯穿课程设计全过程

为了引导广大学生深刻理解中国特色社会主义的制度优势、理论优势、道路优势，打牢思想基础、夯实思想根基，本次落实"中国新闻传播大讲堂"未局限于课堂讲授，还在《传播学》《新闻学》等配套课程设计中进行了专项命题，组织学生观看 32 集全部内容，并撰写心得体会，共收集心得体会一百余篇。学生纷纷表示，"这些优质的新闻资源和深刻的报道体会，是一门最生动的新闻采写课""大写的青春里应有大写的爱国情怀，要让青春走出孤芳自赏的小我，把自己的小我融入祖国的大我、人民的大我，与时代同步伐，与人民共命运"。

（三）覆盖全院学生开展学习

2020 年 12 月 10 日晚 7 点，学院在教 1-101、1-102 开展了主题为"平凡的英雄——来自武汉的抗疫报道"的学习活动。本次活动共有 2018 级、2019 级中文、网络与新媒体、广告、法律四个专业 443 名学生参加。通过观看大讲堂视频，在场学生更加充分、全面地了解到疫情防控期间新闻工作者的付出与努力，感受到无数新闻工作者尽职尽责、敢于担当的奉献精神，感受到在这次疫情中全国人民团结一致、万众一心的奋战精神。

三、学生心得

春节本是阖家团圆的日子，但在 2020 年，却被一场猝不及防的疫情打乱了生活规律。这次疫情不仅改变了人们的生活状态，还在常态化的人际隔离中加剧了信息的不对称传播。就是在这样的环境下，身处风暴中心的湖北广播电视台临危不乱、迅速响应、积极应对，打响了疫情防控报道的新闻战。在武汉封城的 70 多天里，湖北广播电视台先后派出上百名不惧生死的新闻工作者，冒着被感染的高危风险，深入抗疫一线采访，将最真实最宝贵的新闻现场呈现给观众，为赢得疫情防控阻击战，营造了良好的舆论氛围。具体来讲，湖北广播电视台有三点措施值得我们学习。

（一）正面宣传不添乱

为了给这场举国动员的疫情防控阻击战鼓劲加油，主流媒体要理直气壮地坚持正面宣传为主，充分发挥主流媒体宣传党的主张、弘扬社会正气的重要作用，努力在全社会形成积极健康、昂扬向上的主流舆论。举例来说，10多天的战疫报道中，湖北广播电视台推出了上千条正能量的报道，重点聚焦火神山、雷神山、方舱医院建设，深情报道全国援鄂医疗队闻令而动，勇敢前行，清晰地展现了大国战疫的事件经纬，稳定了民心，树立了信心。

（二）科学传播不乱讲

没有真知就没有真相，科学精神在这次突发的新冠肺炎病毒疫情中极其重要。在信息传播中，湖北广播电视台自始至终坚持科学方式、精准施策的总要求，一切让权威发言，让科学说话。当湖北一天新增确诊病例突然飙升时，不少市民陷入恐慌和猜测，湖北广电提前研判舆情，主动邀请中央指导组专家进行科学解读，有效压制了网络谣言的生存空间，充分展示出主流媒体应有的使命与担当。

（三）关注平凡不拔高

疫情防控人民战争就是人民的守望相助和团结抗争。在人命关天的危急时刻，人们需要主流媒体多发掘平凡人的纯真善美，体现对生命个体的终极关怀。在100多天里，湖北广电始终秉持着人民至上、生命至上的理念，将电视镜头对准那些普通的医护人员、社区工作者、执勤民警、志愿者，表现他们舍生取义的家国情怀、勇敢无畏的英雄气概、守望相助的仁心大爱，让人民群众深切地感知到他们纯净质朴的精神世界。

总体来讲，湖北广电抗疫报道的成功经验启示我们，以大屏为代表的传统主流媒体，凭借其长期积累的权威公信力，成为人们最终选择相信的信息来源。这让我们更加坚信，媒体无论怎么转型，内容始终是王道，讲好故事永远是我们的看家本领。因此，对于主流媒体而言，越是危急时刻，越要迅速地生产出优质有效的内容，唯其如此，才能发挥主流媒体的专业优势，满足人民群众对新闻信息的更高要求。

长安大学

（人文学院）

一、教学概况

长安大学作为陕西省新闻传播人才培养的重要基地，高度重视"中国新闻传播大讲堂"活动，院系扎实部署落实。在活动启动之前，教务处专门下发《教育部高等教育司关于开展"中国新闻传播大讲堂"的通知》，人文学院副院长李妮亲自部署落实大讲堂学习工作，并强调这是高校新闻传播教育战线落实新文科建设工作会议精神的迅速行动、枢纽抓手、生动实践，更是一门最生动的国情大课、有温度的思政大课、高水平的专业大课。

从 2020 年 11 月 5 日大讲堂启动开始，长安大学新闻与广告系由系主任牵头，组织全体师生观看了 32 集"中国新闻传播大讲堂——来自武汉抗疫一线的新闻报道"，通过大讲堂案例进课堂、集中研讨、分组学习、个人学习、心得体会座谈等方式，切实落实大讲堂的学习工作。新闻学专业还通过班导师召开班会的形式，组织学生分主题地进行专题班会，分享同学们的学习观看心得，交流学习感悟。新闻学专业教师在学习后深感实践出真知，新闻与广告系系主任崔慎之副教授随即更新了《新闻采访》课的案例库，苏蕾副教授对中国特色新闻学建设有了更坚定的信念和更清晰的认知，成茹副教授深化了对新闻舆论工作创新精神和责任意识的认识。

二、特色亮点

（一）更新教育理念

新闻学专业教师在观摩学习视频后收获颇丰，深感鲜活的新闻报道就是最生动、最有说服力的课堂案例，是新闻学专业教育的源头活水。他们在感悟中提道，这些一线新闻作品传达的新闻主张和新闻实践，为当下的新闻学专业教育扩充了最鲜活的案例库，让未来新闻人透过新闻报道的立场、情怀、价值，树立自身的职业观、世界观、人生观。新的媒体形态不断产生，也使教育工作者认识到，要坚定责任意识，紧跟时代潮流，发挥好引导新闻舆论工作的作用，不断追求创新，研究在新形势下如何培养新闻人才。

（二）坚定职业信念

奔赴一线的新闻工作者给同学们点燃了理想火种，让他们深刻地认识到新闻传播使命与责任所在，坚定了讲述中国故事、传播中国声音的职业信念。同学们有感于前线记者应对危机的专业能力和心中道义，视之为追求与目标。有同学在学习后重新体味"媒体人永远在路上"的含义，决心不断增强脚力、眼力、脑力、笔力，做党的政策主张的传播者、时代风云的记录者、社会进步的推动者、公平正义的守望者。还有同学讲道，主流媒体的报道既跟进了疫情状况和抗疫进程，也稳定了民心，认识到主流媒体准确、及时发声对社会的重要作用，立志要成为一名优秀记者。

（三）强化家国情怀

大讲堂让老师和同学们领悟了前线记者冷静客观的专业精神，也强化了师生的家国情怀，新闻报道不仅是信息，更是信仰和力量。2019级新闻班班长李睿写道："没有人生来就是英雄，无非用平凡成全伟大，媒体工作者牺牲小我，成全大我，配合其他社会工作开展，稳固了抗疫大局。"2017级新闻班班长付琪学习完视频之后，更加笃定自己的职业理想，她认为新闻记者当有坚贞的人格、强劲的毅力、丰富的学识，身负勇士精神与满腔热情，兢兢业业地为人类、为国家尽职服务。

三、学生心得

通过大讲堂的学习，我有以下三点感想。

（一）记者是心灵医者

如果说武汉抗疫的医务人员是无数病人生命的拯救者的话，那么活跃在抗疫第一线，深入医院与病毒面对面的记者们，就是社会心灵与精神的医者。他们承担着与医务人员同样的风险与压力，坚持在第一线向人民群众发送最新信息，用严谨的报道让人们掌握疫情的实时情况，用温情的文章讲述抗疫中的感人事迹，安抚了社会的恐慌情绪，给予人们鼓励与希望。

（二）平凡之中见伟大

何为伟大？那些奔走在一线的战士自不必说，他们是值得我们铭记一生的榜样。但倘若没有民众的支持与配合，抗疫的效果一定会大打折扣。武汉人民舍弃了所谓的"自由"，为全国人民换来了更大的平安，这些平凡的英雄一样伟大。人民日报发布的 Vlog——《夜探"风暴之眼"金银潭医院 ICU》，由两名记者真实记录了武汉疫情最严重时期 ICU 的状况。实地探访，直观呈现，他们清晰地向大众展现了疫情下金银潭医院 ICU 的现状：防护资源紧缺，医护人员人手不足、轮班后的疲惫不堪……但医护人员毫无怨言，甚至面对镜头露出微笑。因为疫情的不确定性，很多医护人员甚至写下了遗书。他们都是伟大的人，而记者们将他们的精神报道出来，鼓舞大家，冲在前线的记者们也是伟大的。

（三）"四力"造就优秀记者

第 23 集至 27 集分别由湖北广播电视台总编辑王彬、湖北广播电视台纪录片部主任朱力军、《24 小时》主播王春潇、记者乐文婉及记者谭海燕讲述，他们分享自己的报道感受和采访经历，如何进行现场沟通、素材协调、资源调配……在重大疫情报道中新闻记者一定要善于倾听，锻炼耳力；并且冷静着笔，不过度煽情，才能写出最具有真情实感的文章，彰显笔力；勤跑勤问，增强脚力；始终保持新闻敏感，要能从全局出发判断形势，保持脑力。正如范进宜所言："离基层越近，离真理越近。"优秀的记者是一线和基层造就的，他们用自己的行动和报道阐释着新闻工作者的责任与担当、笃定与勇敢。

陕西理工大学

（文学院）

一、教学概况

作为"中国系列大讲堂"的重要组成部分，"中国新闻传播大讲堂"是在教育部高教司、中宣部新闻局共同指导下，由中国传媒大学、教育部高等学校新闻传播学类专业教学指导委员会主办，是教育部深入贯彻落实习近平总书记关于加强新闻舆论工作、加快推进教育现代化系列重要讲话精神的重大举措，是正式吹响新文科建设号角的首项重要工作。

为深入学习贯彻习近平总书记关于新闻舆论工作的重要论述精神，推动新时代高等文科教育创新发展，2020年11月5日下午，"中国新闻传播大讲堂"启动仪式在中国传媒大学举行。根据相关通知要求，陕西理工大学文学院院长李宜篷、副院长徐向阳以及广播电视学专业教师与学生代表共计60余人共同收看了启动仪式的网络直播活动。新冠肺炎疫情袭来后，广大新闻记者临危受命、迎难而上，日夜奋战在抗疫斗争的第一线，为坚决打赢疫情防控的人民战争、总体战、阻击战凝聚了强大精神力量。在本次直播中，这些记者代表们生动讲述了新冠肺炎疫情期间中国新闻记者的责任担当与专业素养。同学们认真观看、仔细聆听广大新闻记者临危奋战的事迹，被记者们不畏艰难的抗疫精神鼓舞，深刻感受到新闻人的职业素养和家国情怀。

二、特色亮点

（一）开展线上线下混合式教学

2020 年 11 月 6 日，为迅速落实大讲堂相关工作，加快广播电视学学科建设、强化马克思主义新闻观教育，同时全面推进新闻传播类专业课程思政建设，广播电视学专业以超星学习通平台为依托，将本次大讲堂 32 集视频教学内容"来自武汉抗疫一线的报道"，面向广电 2018 级至 2020 级学生开展线上课程学习培训。本次在线学习与"专业见习""短视频创作"等广电专业实践教学环节深度结合，是广播电视学专业线上与线下混合教学的一次创新性的尝试，丰富了本专业的学科建设内容，是新闻传播类专业课程思政建设的实践与创新。在学习大讲堂系列视频后，广电专业的同学们收获颇丰。透过视频与文字，同学们深刻感受到了新闻人肩上的责任与担当。

（二）开展学习分享座谈会

2020 年 12 月 23 日，广播电视学专业召开"中国新闻传播大讲堂"学习分享座谈会，文学院院长李宜蓬、广电系全体老师及广电 2018 级至 2020 级各班学生代表到场参与本次分享座谈会。本次座谈会上同学们依次分享自己观看"中国新闻传播大讲堂"后的感悟。他们纷纷表示，通过记者们的讲述及报道，感受到疫情期间新闻人传送的温暖与希望，对毅然踏上战疫之旅的新闻工作者充满敬意，并立志以前辈为榜样，成长为优秀的新闻工作者。大讲堂引导当代大学生更加深刻理解中国特色社会主义的制度优势、理论优势、道路优势，打牢思想基础、夯实思想根基。媒体在这次疫情报道中所持的态度，显露的格调，负有的责任，不仅事关大局，而且影响非常时期的世态人心。广播电视学专业系主任黄丹老师指出，广播电视学专业全力支持、持续推进"中国新闻传播大讲堂"的高质量建设，以扎根中国大地办教育为根本遵循，积极探索交叉融合的新文科建设范式，为培养新时代所需要的新文科人才而不懈努力。

三、学生心得

广播电视学专业的同学们认为大讲堂的 32 集视频是一份非常宝贵的学习资源。数位前辈们多次深入"红区"，将新闻人的作风、新闻人的精神融入骨血，无论是摄影记者还是文字记者，都将新闻的获取和传播看得非常重要。

（一）好新闻需要记者的挖掘

新华社记者钱彤认为，记者要在外面跑，新闻是跑出来的，一针见血地指出新闻工作者应该如何做。平凡亦英雄，在抗疫一线，不只有我们熟知的医护人员，援鄂解放军战士亦是英雄，生于斯长于斯的武汉人也是英雄的化身。如何发掘有价值的新闻，这就需要新闻工作者有好的眼力，善于发现平凡生活中的新闻线索，进一步深入调研，从民生出发，发表以小见大的报道。他着眼于小人物，多方采访，做到了采访尽可能多的人员，利用融媒体平台，形成微视频《七日谈》，从火神山、雷神山医院建设到方舱医院、定点医院，再到爱心车队……用视频对武汉封城后的一周做了真实记录。深入一线采访，新闻线索繁杂，这个时候有一双善于发现新闻的眼睛，有好的眼力尤为重要。

（二）记者要到现场去

罗伯特·卡帕说："如果你拍得不够好，那是因为你靠得不够近。"新闻传播离不开文字记者，更离不开一名出色的摄影记者。疫情期间，每一张图片，每一段视频，都记录着抗疫一线最真实的情景。一张张新闻图片，一段段新闻视频的背后，有一群默默无闻、深入危险的摄影记者。新华社记者费茂华就是这样一名摄影记者。费华茂副主任曾做过战地记者，对重大事件的报道有丰富的工作经验，他认为，摄影记者要到新闻现场去。作为一名摄影记者，可以围观历史事件的发展，见证历史时刻的到来，记录最真实的历史场景，这是一项伟大的事业。深入疫情一线，没有人不会恐惧，但总要有人站到一线。摄影记者记录的不是冷冰冰的历史，而是充满了血肉和感情的真实故事。

宝鸡文理学院

（文学与新闻传播学院）

一、教学概况

宝鸡文理学院自接到教育部高校新闻传播学类专业教学指导委员会发来的"中国新闻传播大讲堂"学习安排后，学校领导高度重视，专门成立了由文学与新闻传播学院院长任组长的专题学习领导小组，负责指导、组织大讲堂的学习。截至 2020 年 12 月 25 日，已完成规定的全部学习任务。学校在学习场所和学习条件方面给予了极大的支持，校领导多次过问和督促学习进展，并参加了大讲堂学习专题研讨会，与师生一同讨论和交流。新闻传播系全体师生 250 余人通过个人自学、小组研讨、集体观看视频、师生交流等多种方式展开学习。整个学习期间，天气寒冷，师生工作和课业繁忙，但大家克服了种种困难，利用休息时间进行学习。每个周五和周日的晚上，师生都齐聚一堂，集体进行视频学习和讨论。通过学习，师生们对抗疫精神有了更加深入的了解，进一步增强了中国特色社会主义的制度自信、理论自信和道路自信，更深切地体会到从事新闻教育和新闻专业学习的责任感与使命担当。教师们表示，在今后的教学中，将更加努力地培养学生为党为国为人民的深厚情怀。

二、特色亮点

（一）制定计划，明确工作方向

"中国新闻传播大讲堂"是新文科建设的重要环节和有力抓手，是强化马克思主义新闻观教育、全面推进新闻传播类专业课程思政建设的实际行动，是推动新闻理论与新闻实践深度融合、培养新时代优秀新闻传播人才的重要举措。文学与新闻传播学院充分认识到"中国新闻传播大讲堂"的重要性，制定了一系列改进和提高的计划：一是将大讲堂课程作为新闻传播类专业必修课，纳入学分管理；二是将大讲堂课程作为全校公选课，鼓励其他专业学生选修，切实推动抗疫精神进校园；三是以大讲堂作为引领和推动新传教育改革的抓手，强化价值观教育，积极推进马克思主义新闻观课程的教学改革，力求价值观教育入脑入心；四是全面推进新闻传播类专业的课程思政建设，积极建设课程思政示范课、金课和一流课程；五是加强新闻理论教育和新闻实践的深度融合，提高实践教学的地位，创新实践教学模式，响应立德树人的教育思路，尝试在实践教学中开展课程思政，与理论教学配合，实现大学文科教育修身铸魂的育人目标。

"中国新闻传播大讲堂"无论对于新传学子还是新传教育者来说，都是非常重要的一课，我们将在未来的教育和学习中，继续贯彻抗疫精神，持续进行新闻教育改革，培养优秀的新闻传播者。

（二）师生交流，分享学习收获

在 12 月 11 日举办的研讨会上，六名学生做了主题发言，分享了自己的学习感悟与心得。新传系教师通过点评的方式与学生进行了观点交流。大家一致认为，通过大讲堂的学习，学生们不仅了解了更丰富的抗疫新闻采写一线发生的事情，更增强了对于新闻专业学习的自信心和自豪感，深刻理解了中国特色社会主义的制度优势、理论优势、道路优势，增进了为党为国为人民的深厚情怀和使命担当。无论是教还是学，都应致力于讲好中国故事，传递中国声音，做有责任、有温度、有态度的新闻人。

在研讨会上，同学们充分表达了自己学习大讲堂后的感悟。对于同学们的发言，教师们给予了高度的评价和积极的回应。新闻传播系系主任仵军智老师说："士不可以不弘毅，要坚定四个自信，讲好中国故事。我们新闻人担负着弘扬正气，揭露丑恶，传承道德的职责。要努力学习，为心中那份荣耀，为成为一个称职的新闻人而努力。"

三、学生心得

通过观看这次大讲堂视频，我走近了新闻记者，了解了他们的所观所感。其中让我印象深刻的是人民日报的高级记者李舸，他把广大医护人员作为拍摄采访的对象，用他的镜头拍摄了4.2万人，记录了4.2万个故事，也经历了4.2万次感动。通过学习李舸记者的经历，我有以下三点感想与认识。

（一）设置议题，会拍摄亦会思考

拍摄之前，李舸及其团队对三个拍摄主题进行了思考：如何将战疫医务工作者的英雄形象记录下来，存留史册？如何将新时代最可爱的人定格成永恒的记忆？如何将战疫的英雄事迹，无疆大爱在国内外弘扬传播？这一议题设置给予我们启示，让我们在新闻采访或者拍摄的时候，对主题和内容的选择有了一个核心的思考。

（二）学会提问，有深度亦有温度

在拍摄条件受限的情况下，他们以小的时间窗口为切入点，用相机作为媒介，在与医护工作者贴心交流之后，进行不到一分钟的采访和视频录制。其中，值得一提的是他们采访问题的设置，只有很简单一句话：疫情结束最想做什么，或者，你最牵挂的是谁。看似简单的问题设置，却打开了很多医护工作者的情感闸门，就是这两个简单的问题，让他们涌出泪水。这给我们针对采访对象的提问方式提供了宝贵的经验，要求我们在今后的采访中要学会审时度势地问出精彩而有价值的问题。可能一句简单平常的话会更容易打动人心，更容易挖掘出他们的真情实感，从而使我们的新闻更有温度和情感。

（三）以人为本，重真实亦重情感

都说男儿有泪不轻弹，杜厚伟医生刚说完"我最想回去陪父母过年"这句话之后，当场泣不成声，蹲在走廊，情绪一度失控。尽管话语简洁，却依然让我感受到他的真情流露，也让我觉得这次采访不是机械式的拍摄，而是对医护工作者们真实情感的书写。最重要的是，他们团队本着以人为本的人文情怀，在坚持不影响医护工作者休息和安全，以及不影响医护工作者工作和护理这两个底线的情况下，拍摄出了《武汉，9秒66天》这一佳作。这部纪录片用短暂的几秒，记录了从寒冬中的恐慌到暖春下的淡定；从抢救生命的"红区"到隔离生活的社区；从4.2万余名医疗队员到成千上万武汉市民。他的影像里没有庆祝与欢笑，只有疫情之下，这座城市所有人的艰难前行，不仅淋漓尽致地体现了真实性和现场感，还展现出新闻人的人文情怀。

渭南师范学院

（人文学院）

一、教学概况

"中国新闻传播大讲堂"是加快新文科建设、推动高等文科教育提质创新的有力抓手。在接到省教育厅《关于组织观看学习"中国新闻传播大讲堂"的通知》后，渭南师范学院高度重视，按照要求确立新闻传播系系主任张涛为我校"中国新闻传播大讲堂"课程学习的专门负责人，并上报省教育厅。渭南师范学院积极组织新闻传播类专业的学生、人文学院领导和新闻传播系全体教师于2020年11月5日下午集体观看大讲堂的启动仪式。通过学习教育部高教司司长吴岩、中宣部新闻局副局长赵旭雯等领导的讲话，全体学生和老师理解了"中国新闻传播大讲堂"课程的重要意义，明确了大讲堂是我校新闻传播类各专业、各年级的必修课，将其纳入学分管理。

2020年11月20日，渭南师范学院在蒙民伟楼报告厅举办了"中国新闻传播大讲堂"学习动员会。院长助理陈开和教授、团委书记侯琳、团委常务副书记许慧娟出席会议。陈开和教授介绍了"中国新闻传播大讲堂"的制作背景和主要内容。随后，与会师生共同观看了大讲堂第一二集。三位学生代表分别分享了观看感悟。李睿谈及对"抗疫英雄"的认识；罗鑫萍呼吁青年应将青春热血奉献给保卫和建设祖国的事业；郭金雅认为，每一个平凡岗位上的中国人都应做好本职工作，为抗疫战斗筑牢坚实后盾。

二、特色亮点

（一）统筹协调强化课程学习

渭南师范学院将"中国新闻传播大讲堂"课程确定为新闻传播类专业第二课堂必修课，规定为 2 分学分。每两个班配备一名专业教师，由张涛、赵晓娟、祝培茜、余泳萱四名教师负责九个班的教学任务。教师需提前观看、准备好课程内容，组织学生利用晚自习和周末时间观看视频、学习课程内容并做好考勤工作、组织学生就学习内容展开讨论活动，组织学生写作 3000 字以上的学习感悟体会，审阅学生的学习体会。毕业班学生采取线上学习方式，其余班级采用线下集体学习方式。学院划拨出专门的课程经费，支持"中国新闻传播大讲堂"的课程教学，并要求学院办公室配合教师协调教室的使用。

（二）发挥优秀校友的榜样力量

渭南师范学院 06 级优秀毕业生张鹏军作为总台新媒体记者，与同为总台记者的妻子李璟慧主动请缨，逆行武汉疫区，坚守武汉 92 天，50 余次挺进隔离区。张鹏军在雷神山工地的采访视频、深入隔离区采访连线东方时空的视频、采访武汉红十字会的视频在网络上产生较大影响。此次大讲堂课程学习，在视频教学和讨论中纳入张鹏军的抗疫报道事迹，更好地发挥榜样的激励作用。

（三）开展互动启发式教育教学

2020 年 12 月 5 日至 12 月 25 日，各任课教师根据实际情况制定了各班的课程学习计划，组织学生利用晚自习和周末时间完成所带班级的大讲堂学习。在此期间，任课教师提前观看视频材料，搜集补充视频背景材料，包括疫情的情况和相关媒体的情况，帮助学生更好地理解视频内容。上课期间，先对该集视频内容做简要说明，提出学生应该重点关注思考的问题，看视频后进行答疑解惑。完整看完视频后，教师组织所带班级进行分班讨论，学生集思广益、各抒己见，深化了对课程内容的认知。截至 12 月 25 日，各任课教师基本完成了课程考勤、学习成绩、电子版学习感悟体会的提交工作，随后将进行学习材料归档。

三、学生心得

在专业老师的指导下，我们共同观看了"中国新闻传播大讲堂"的视频教学内容。对老师们的教育教学来说，这是一次对高校教学模式改革的探索。对我们新闻学子来说，这次大讲堂的学习使我们受益良多。

（一）新闻始终要沾着泥土、冒着热气

诚如习近平总书记所言："宣传思想工作是做人的工作的，人在哪儿重点就应该在哪儿。"我们的宣传思想工作要始终紧跟人民，没有网络安全就没有国家安全。面对此次疫情大考，我们的新闻舆论工作呈现出非凡的战斗力。记者深入一线，用文字、图片、视频等方式向我们展示最真实且最残酷的抗疫前线。这里有将生死置之度外的医务工作者，有以神速建成火神山和雷神山的中国工匠，有在病床上积极顽强与病魔斗争的武汉人，有广大科员人员、志愿者、快递小哥等，每个人都力所能及地为抗疫贡献自己的力量。"我是党员我先上"，党员们冲锋在前，建立党员模范先锋岗。青年一代不怕苦、不畏难、不惧牺牲。作为新闻学子，我们需要在实践中磨炼意志，用手中的笔驻守精神文化家园，占领舆论制高点，更好地传播正能量，弘扬主旋律。

（二）新时代的新闻学子，更应有新担当

"中国新闻传播大讲堂"视频课结束后，我一直在反思自己如何才能成为一名合格的新闻人。"哪有什么从天而降的英雄，只有平凡人的壮举。"从自身的专业看，我是学广播电视学专业的，所学的理论总归是要指导实践的。"四力"记者标准的提出为新闻人指明了前进的方向，我们要从自身的专业所长出发，丈量中国的每一寸土地，让从自己笔下溢出的每一个文字都代表着最近的真相、最底层的声音和最中国的特色。我想这才是我们新闻学子在未来的实践中需要不断践行的目标。国家的顶层设计为我们每个人的奋斗目标提供了保障与支持，全社会的发展需要所有人的精诚团结。未来，我要用最平凡的笔触抒写出最唯美的中国画卷。

西北政法大学

（新闻传播学院）

一、教学概况

西北政法大学新闻传播学院严格按照高教司的工作部署要求，深入动员，师生全员参与，指定专人负责组织新闻专业学生观看"中国新闻传播大讲堂"启动仪式及 32 集视频教学内容，全方位多层次开展研讨交流和思想汇报，积极推动抗疫精神进校园、进课堂，严格按照时间节点完成各项教学任务，在广大师生中取得良好效果。

二、特色亮点

（一）高度重视，全体动员

接到通知后，学院领导高度重视，孙江院长和冯冬梅书记认真研究通知指示精神，在全院范围内开展动员部署，使全体师生深刻领会开展"中国新闻传播大讲堂"的重要意义，对师生新闻专业主义和新闻业务水平提升的重大作用，号召大家主动积极全身心地投入到大讲堂内容的学习研究中来。在动员会上，孙江院长号召全体师生用马克思主义铸魂，用爱国情怀强基，用人文素养修身，用国际视野拓界，用特色项目托举，用未来媒体创新，学习来自抗疫一线的英雄记者们讲述和体现的伟大抗疫精神，努力成为自觉践行社会主义核心价值观、具有家国情怀和国际视野的高素质全媒化复合型专家型卓越新闻传播人才。

（二）加强组织，全员参与

为了最大化地取得实效，学院对老师和学生分别提出了不同的要求：要求各系组织全体老师认真观看大讲堂启动仪式和32集内容，认真思考如何将大讲堂内容融入教学、进入课堂；要求各级辅导员积极组织学生采取线上与线下、集中与分散、理论与实践相结合的学习方式，按照老师布置的时间节点完成大讲堂内容的学习；要求全体同学认真学习，深入思考，大胆创新，把这次"中国新闻传播大讲堂"作为专业大学习的一次拓展，实践大练兵的一个舞台，素养大提升的一次机会，努力锻造专业气质，取得学习实效。

（三）认真研讨，融入课堂

为了全面推进"中国新闻传播大讲堂"课程教学，我院对有关工作进行了精心的部署和安排，把大讲堂作为新闻传播类专业的必修课，指定专人负责、纳入学分管理。在教学过程中，根据教学实际设置了在线讨论、提问答疑和互动评论环节，增强学生参与感的同时也进一步强化学生对课程内涵的理解。除此之外，我院还积极探索将大讲堂融入各专业的教学之中，要求《马克思主义新闻思想》和《新闻传播伦理与法规》课程必须将大讲堂内容包含之中，其他专业课努力推动将大讲堂中的典型事迹作为案例进入课堂，全面推进新闻传播类专业课程思政建设，推动新闻理论与新闻实践深度融合。

三、学生心得

通过此次新闻传播大讲堂的学习，初进新传学院的我们更加深刻地明白了新闻传播工作的重要性，也懂得了将来进入工作岗位时自己所应有的责任与担当。在此，我谈三点学习感受。

（一）是记者更是英雄

2020年是不平凡的一年，面对疫情的考验，中华儿女凝聚起众志成城的磅礴力量，共克时艰。在抗疫第一线，一名又一名前线的新闻工作者通过坚守报道讲述着一个又一个坚强、勇敢、动人、可爱的中国故事。他们走进医院记录白衣战士，他们报道火神山、雷神山的一线情况，他们进入"红区"见证英雄的模样，他们把方舱医院中的"读书哥"、积极备战高考的高三学子和护士一起跳广场舞的大爷大妈们积极向上的乐观精神向外传达。广大新闻工作者扎根人民群众之中，营造了万众一心、众志成城的舆论氛围，他们用影像、口述的方式，通过新媒体、云端课堂，讲述着一个又一个勇敢动人的抗疫故事。新闻工作者在疫情之中为抗疫英雄付出了辛勤的汗水。他们记录英雄，他们也是这个时代的英雄。

（二）有温情更有责任

新闻工作与祖国发展建设和人民幸福生活是紧密相连的，新闻工作者要始终坚持察民情、观民情，调查人民最需要的，传递人民最关心的。此次新闻传播大讲堂 32 集视频教学内容，每一分每一秒都深刻展现了中国新闻工作者的家国情怀与专业素养。正如刘刚记者所说，不去武汉的理由有千千万万，去武汉的理由只有一个，那就是履行职责。作为未来的新闻人、媒体人，通过此次的学习，我们对自己未来所要从事的新闻工作有了更加深入的了解，也对新闻媒体工作者产生了更加强烈的敬意，更重要的是，我们对自己将来要从事的新闻工作有了极强的使命感和责任感。

（三）新征途与新使命

一代人有一代人的长征，一代人有一代人的担当。杰出的新闻工作前辈在新闻传播事业上指引着我们，引导着我们，疫情期间逆行而上的新闻工作者就是我们最好的导师。他们让我们明白作为一个新闻人应该拥有的最基本的职业素养——严谨、求实、敬重。作为中国新闻传播工作的后备军，我们在校期间要努力学好专业知识，不断提高思想认识、知识技能和专业素养。展望未来，我们要勇于到县级融媒体，到条件艰苦的地方去参加基层宣传实践，把党的声音传得更开、传得更广、传得更深入。除此之外，我们还要当好中国文化的传承者，向世界讲好中国故事，传播好中国声音，为建设具有中国特色的现代传媒体系贡献力量。

榆林学院

（文学院）

一、教学概况

为了全面推进"中国新闻传播大讲堂"课程教学，榆林学院文学院院长贺智利教授牵头新闻学教研室全面参与相关工作，对"中国新闻传播大讲堂"教学活动进行精心的部署和安排。2020年11月5日，伴随着"中国新闻传播大讲堂"启动典礼在中国传媒大学举行，榆林学院"中国新闻传播大讲堂"学习研讨和实践创新活动也在榆林学院文学院启动。在组织新闻学专业学生观看了大讲堂启动典礼后，文学院院长贺智利教授号召同学们学习来自抗疫一线的英雄记者们身上伟大的抗疫精神，他希望同学们运用四年来在新闻课堂所学的理论与技能，针对较为复杂的社会题材，在新闻实战中通过艰辛的努力，检验自己洞察民情、获取真相的能力。

在接下来近两个月的活动中，榆林学院文学院新闻学教研室围绕"学抗疫新闻人，做时代弄潮人"这一主题先后组织8场集体学习活动，挑选16集视频，组织在校学生集体观看；组织学生参加"中国新闻传播大讲堂"征文活动，收到近80篇投稿作品；带领2020级新生前往张季鸾教学基地进行观摩和学习；将视频学习纳入课堂教学，使学生学有所思，学有所得，学有所为。

二、特色亮点

（一）融入日常课堂教学

为了进一步深化"中国新闻传播大讲堂"课程教学，文学院新闻学教研室将"中国新闻传播大讲堂"视频内容融入《新闻写作》《新闻采访》《新闻摄影》等多门课程的课堂教学。

在《新闻采访》课上，滕文莉老师选用"中国新闻传播大讲堂"第 17 集中现代快报融媒体中心编委孙兰兰的视频内容，向同学们讲解新闻报道的"真""快""近""轻""暖""深"。

在《新闻写作》课上，苏晓暹老师将中国青年报记者谢宛霏的人物报道《"超人"汪勇：你来保护武汉 我来保护你》分发给学生，组织同学们讨论稿件的信息来源，引导学生分析稿件的结构处理。将谢宛霏记者分享的群像人物报道方法、人物报道采访素材处理等内容与课堂教学中的"人物报道"紧密结合，丰富了教学内容，取得了较好的教学效果。

（二）组织学习征文活动

自"中国新闻传播大讲堂"启动以来，榆林学院文学院便向学生们征集在此次学习中的感悟和心得。同学们积极踊跃投稿，截至 2020 年 12 月 28 日，在短短一个月的时间内，学院共收到近 80 篇征文。其中，2019 级宋园园同学在征文心得中写道："他们用镜头记录寒夜里的警徽如同星星，用闪耀的光芒向我们传递平安、温暖和信心。他们用图片向我们讲述着最普通的外卖员就如同支柱，为足不出户的我们支撑起衣食住行。他们用文字镌刻着最前线的抗疫情况，让我们仰望黎明的曙光，从至暗时刻走向天方即白。"可以看出，学生们的心得体会既有对讲堂的深切感受，也有对教学内容的自我阐发，还有对专业实践的深入反思。总体上，榆林学院文学院的征文质量具有较高水准，充分反映出"中国新闻传播大讲堂"全方面助力学生发展。

（三）组织参观张季鸾纪念馆

为了将"中国新闻传播大讲堂"学习活动内化于心，在第 21 个记者节来临之际，2020 年 11 月 7 日上午，教研室带领 2020 级新生前往张季鸾纪念馆教学基地进行现场观摩和学习，并进行了一场别开生面的"开学第一课"。张季鸾先生祖籍陕西榆林，是我国新闻事业的奠基人。他曾参与《大公报》的编写，在"不党，不卖，不私，不盲"四不主义的领导下，《大公报》成为国内最具影响力的报纸。先生虽与世长辞，但新闻精神永世不朽。

参观结束后，同学们以必答、选答、抢答的方式进行了一场紧张而又激烈的知识储备角逐。题目由新闻专业教师精心挑选，既涵盖了张季鸾先生的生平事迹、办报经历，也囊括了2020年多家媒体的抗疫报道、英雄记者。这让同学们对此次学习活动印象更为深刻。

三、学生心得

是这么一群人，坚守在武汉，他们见证了武汉从"至暗时刻"到解封后平稳运行的全过程；他们将疫情期间武汉城内牵住每个中国人内心的事实及时呈现，把每个生命故事记录保留，展现我们中国在特殊时刻的每一处感动。这群人便是最美逆行者中的记者。

（一）记者身负重要职责

从白天到黑夜，记者们跑遍整个武汉，记录每一处感动，串写每一个故事，走近每一个人群，感悟每一次接近死亡的恐惧。

在视频中，我们听到新华社记者刘刚说过这样一句话："选择不去武汉的理由可以有很多种，但是去武汉和留下来有一个理由就足够了，那就是职责，因为新闻就在那里，而新闻就是职责！"职责仅二字，却重如千斤。在祖国有难的危急时刻，千千万万华夏子民皆愿负重前行，争当最美逆行者。我亦如此，千千万万个同胞亦如此！困难面前，行胜于言，这对记者来说，更为重要。

（二）报道要靠近现场

身为新闻人的他们深知，只有越靠近现场，才越接近真实，而这份真实，应该被每一个人知道。这场疫情，太多人奋不顾身往前冲，记者们只能用一支笔、一个镜头记录下来，让每个人看到，不论何时何地，始终有人为他人不顾一切，这个世间始终温暖。在这场没有硝烟的战争中，他们不是在一线，就是在奔赴一线的路上。只有靠近现场、亲临一线，才能做出让人民满意的新闻。

　　作为新闻专业的学生、新闻力量的后备军，我敬佩前辈们的勇气和业务能力。话筒传递人民之声、正义之声，相机记录真实之像，文笔传递真情实感。为了肩上的使命与担当，新闻人当勇往直前！

西安财经大学

（文学院）

一、教学概况

西安财经大学文学院新闻传播系，十分重视"中国新闻传播大讲堂"的学习落实工作。2020 年 11 月 5 日下午，新闻传播类专职教师及各专业学生代表齐聚综合楼 603 会议室观看学习"中国新闻传播大讲堂"启动仪式，聆听教育部高教司、中宣部新闻局、高校新闻传播学类专业教学指导委员会相关领导的重要讲话。2020 年 11 月 10 日上午，学院领导班子着力动员，组织新闻与传播专硕、新闻学、广播电视学、广播电视编导和广告学专业各年级的同学认真学习"中国新闻传播大讲堂——来自武汉抗疫一线的报道"，要求教师在教学中结合课堂需要，巧妙运用大讲堂的相关视频资料，强化马克思主义新闻观教育，切实将大讲堂课程纳入新闻传播类专业的学习课程，积极推动新闻理论与新闻实践深度融合，致力于培养新时代优秀新闻传播人才。与会学生观看学习视频内容之后，也分享了自己的心得体会，其中 2020 级新闻与传播专硕研究生田宇彤提到抗疫记者的伟大精神令人动容，通过新闻传播大讲堂的学习，自己也要像优秀的一线记者那样，用勤快的双脚、敏锐的眼睛、聪慧的大脑和有力的笔触，去观察、发现、记录和讴歌身边平凡而伟大的英雄人民，并让这些人影响更多的人，就如中国日报的新闻记者李馨所说，"用真情实感将中国精神、中国故事传播出去"。

二、特色亮点

（一）深化了学科教学工作

观看视频后，学校对于大讲堂学习落实工作做了详细的研讨，对于今后师生的学习进程、学习形式等做了说明。与会教师不仅认识到学习大讲堂课程的重要性，也在积极思考如何在教学中结合实际教学工作，将大讲堂的相关视频资料融入课程当中，进一步强化马克思主义新闻观教育，不断提高新闻传播教育的影响力、感召力和行动力。

（二）激发了爱国主义精神

通过学习武汉抗疫一线的新华社等资深记者的讲述，学校对今后的教学工作做出进一步的部署安排，要求未来在各专业的教研会上，以及新闻采访与写作、财经新闻深度报道、马克思主义新闻思想等课堂教学研讨中采用大讲堂视频内容，夯实各专业学生的马克思主义新闻观，增强本专业学生的自信心与认同感，激发学生的爱国主义精神。同学们在了解来自武汉抗疫一线记者的生动案例后，也纷纷表示再一次体会到了伟大的抗疫精神，升华了自己对于祖国的热爱。

（三）体会了记者职业操守

抗疫一线记者们讲述的一个个英雄故事，无不体现着的平凡而伟大抗疫精神。作为新时代大学生，要担负中华民族复兴大任，坚持马克思主义新闻观，具有家国情怀，努力做拥有国际视野的高素质、全媒化、复合型、专家型卓越新闻传播人才。许多同学通过潜心学习抗疫一线英雄记者的职业精神，提出自己也要像来自武汉抗疫一线的记者那样，勇往直前，无所畏惧，用敏锐的眼光、勤快的双脚、聪慧的大脑、有力的笔触，书写平凡而伟大的中国人民。

三、学生心得

子鼠将逝，丑牛已来，我们有幸在年末之际学习了主题为"来自武汉抗疫一线的报道"的"中国新闻传播大讲堂"。它生动地给我们讲述了疫情之下的国家疫情防控措施，立体展现了中国新闻记者的家国情怀与专业素养。

（一）记者要具有家国情怀

在这场没有硝烟的疫情防控阻击战中，每一位新闻人都背负着勇气站在前线为全国人民实时更新报道疫情的最新情况。他们原本跟我们一样，为人子女，抑或为人父母。但当他们穿上防护服的那一刻，他们代表的就不仅仅是自己，更代表了职业赋予的责任和祖国赋予的使命。没有人生来就是英雄，但总有人用平凡的付出成就伟大。以疫情为令，白衣"逆行者"挺身而出、迎难而上，手挽手、肩并肩筑起了一道坚不可摧的生命防线，让我们看到了病毒阴霾背后希望的曙光。大讲堂将这些武汉抗疫中最具有新闻理想，最能打动人心的故事讲给广大新传学子，以前辈的生动实践为新传学子展示出了新闻人的责任担当与家国情怀。

（二）记者要具有专业素养

很多记者白天采访、连夜赶稿，在疫情前线的各处高危地点辗转，身体和心理都处于一种高压力、高负荷的状态。在这种状态下做出冷静、客观的报道，体现出他们过硬的专业素养。除此之外，记者还需要足够的温情和观察力，而这两点我在那些抗疫报道中感受尤深。在报道来自全国各地奔赴武汉抗疫的人员时他们所传递给大家的不是冰冷的数字，而是一条条鲜活生动的人物。记者用真实的力量和文字传运出来的情绪，一下就戳到我们心里最柔软的部分。他们从那些的琐屑工作中一层一层剥茧抽丝，传递出疫情的信息、国家的全貌、抗疫的努力，能用真实让人信服，又能用温情打动每一个读者。

钱彤老师用《七日谈》记录疫情期间普通人的喜怒哀乐，塑造平凡英雄的光辉形象；吴珊老师作为报道组为数不多的女记者之一，多次深入医院、社区、火车站等现场进行直播，在关键时刻发挥了稳定人心、解疑释惑的重要作用；雷宇老师率领团队为疫情留下珍贵的历史底稿，利用所有终端组成抗疫全媒体报道矩阵。正是因为有了心怀祖国、心怀人民的新闻人在汹涌疫情中的勇敢逆行，中国的抗疫行动才有了最具亮点、最具温度、又有深度的传播。他们用专业素养记录下中国精神、中国担当、中国力量，他们自己也是中国精神、中国担当、中国力量的最好诠释。

西安邮电大学

（数字艺术学院）

一、教学概况

2020 年 11 月 5 日，由教育部高教司、中宣部新闻局、教育部高等学校新闻传播学类专业教学指导委员会推动开展的"中国新闻传播大讲堂"在京启动，此次活动是教育部深入贯彻落实习近平总书记关于加强新闻舆论工作、加快推进教育现代化系列重要讲话精神的重大举措，是正式吹响新文科建设号角的首项重要工作。西安邮电大学积极响应学习号召，组织师生共同观看了启动仪式和视频内容，着力推进"中国新闻传播大讲堂"进校园、进课堂，特意安排会议室或拉片室组织学生观看，结合学生课后自修的方式进行学习，共组织 7 次课程学习。今年大讲堂的主题为"来自武汉抗疫一线的报道"，新冠肺炎疫情袭来后，广大新闻记者临危受命、迎难而上、日夜奋斗在抗疫战争的一线，为坚决打赢疫情防控的人民战争、总体战、阻击战凝聚了强大精神力量。同学们观看系列视频后收获颇丰，不仅看到最美逆行的背影，而且感受到每一位新闻人的勇气。许多学生表示，抗疫期间一大批新闻人冲在最前线，为全国人民实时更新报道疫情的最新情况，他们是夜空中最亮的星，用自己的身体力行、全力以赴，将希望传递给每一位中国人。

二、特色亮点

（一）鲜活教学素材，师生同频共振

大讲堂邀请了14家主流媒体参与抗疫一线报道的42名新闻记者录制32集视频教学内容，生动讲述、立体展现中国新闻记者的家国情怀和专业素养。一份份感情在讲述中传递，一个个字在记者口中发光，他们团结起来为事实描框，报道最前线的新闻，引导人们去挖掘事情的真相，传递最强有力的情感。透过视频与文字，教师和学生们都感受到新闻人的责任与担当。正是因为有了心怀祖国，心怀人民的媒体人在汹涌疫情中的勇敢逆行，中国的抗疫行动才有了最具亮色、最具温度、又有深度的传播。这些内容不仅启发着教师及时调整自己未来的教学内容，为其丰富了更多新鲜案例；而且让学生们近距离感受到新闻职业的精神，为他们将来走入社会打下良好基础。

（二）优秀思政题材，强化责任担当

本次课程中，令学生们印象最深的一节课的主讲人是新华社总编室副主任、高级记者刘刚。他提到，去武汉和留下来最重要的理由就是"职责"，因为新闻就在那里。主讲人以"新华精神"为核心，结合真实案例，讲述新华社武汉前线人员在疫情报道中的工作实绩，反映出新闻社记者在武汉工作期间的努力与奋进，彰显了疫情之下，全体人民上下一心的抗疫精神。这些都进一步帮助学生们理解了任何一次重大报道都是一次重大考验，新闻报道、新闻事业的使命担当，对祖国和人民何其重要。

（三）传承家国情怀，燃发奋斗热情

每一篇抗疫新闻报道的背后都凝聚着新闻人的家国情怀，新闻不仅仅是信息更是不惧艰辛迎难而上的力量。大讲堂引导着当代大学生更加深刻理解中国特色社会主义的制度优势、理论优势、道路优势，打牢思想基础、夯实思想根基。有战场，就会有战士，越是艰险越向前。在这群勇往直前的勇士中，他们不计报酬，不论生死，主动请缨，到最辛苦、最劳累、最危险的前线，写下了一曲曲与时间赛跑，同疫情决战的勇士之歌。作为一名新闻专业的学生和预备党员，学生们深知自己肩上责任重大。在未来的职业生涯中，学生们当以这些

优秀的新闻工作者为榜样，与党同心，在祖国需要之时冲在前面，做一个有担当、有情怀的新闻人。

三、学生心得

大讲堂的课程让我们越发体会到作为一名有担当、有信仰的新闻人的"勿忘人民"情怀，仿佛身在现场。视频观看结束后，我有两点感受。

（一）传播温情，感人至深

在一个个的镜头中，白衣天使坚守岗位，用血肉之躯尽一分绵薄之力，用小小的身躯与疫情赛跑。无数的"追光者"在国家和人民最需要的时候，做出无怨无悔的选择。他们把对人民的爱、对祖国的爱放在心底，用一个个鲜红而又坚定的手印，表达着火热的担当与承诺；他们用最爱的身影，诠释了生命的意义！

在 32 集大讲堂课程中，每一位讲述者用亲身经历，从把好导向政治关、传播有益思想价值、遵循科学规律、弘扬专业精神、发挥创造性等方面，诠释了新闻工作者应具有的担当和使命。

（二）真实记录，令人奋进

奋战一线，收获感动。坚守一线的党员干部、医务工作者、公安干警、社区工作人员、志愿服务者的故事通过镜头走进了人们的视野，而新闻工作者就在这些画面的背后默默地付出。谁都知道，离病毒越近一步，危险就增加一分。但新闻工作者仍然选择"逆行"。他们采访了援鄂的医护人员，探访了定点医院的收治过程，来到疫情防控指挥部了解最新情况……他们是记者莫廷龙、陆虹倩、邓傲、黄责隽、周家杰、刘丽晖、韦新洋、侯瑞云。他们的每一次对话，都让我们看到了坚守一线人员坚定的眼神，鼓舞着我们在这样的特殊时期做好新闻报道。他们说，每一次去医院都有些担心，害怕自己会被传染，也害怕自己把病毒带给别人，每一次采访结束都要彻底地消毒，但是，这一时刻，更明白了记者的意义。我想，在疫情面前，记者也是"战士"！这更让我坚定了学好新闻的信心，努力向这些优秀的新闻工作者看齐！

西京学院

（传媒学院）

一、教学概况

为进一步提升高等教育立德树人的教学质量，积极推进新文科建设和改革，教育部高教司、中宣部新闻局委托高校新闻传播学类专业教学指导委员会举办"中国新闻传播大讲堂"教学活动，一方面有助于加快新文科建设，另一方面也有效推动高等文科教育提质创新。本次教学活动从主管教学的校长到二级学院院长都十分重视，并且得到了各教研室主任的鼎力协助和支持，从教学活动的筹备到总结，学校、学院领导自始至终全程参与，将此次教学活动看作落实马克思主义新闻观教育，提升学生家国情怀和职业理想的重要抓手。课程组教师则把它作为课程思政练兵和展示的大好机会，认真观摩教学视频素材，准备讨论问题，取得了比较好的教学效果。学校对此次"中国新闻传播大讲堂"教学活动按照分班级开展的原则实施，组建了 19 人的课程团队，共有 864 名学生参加（其中新闻学专业 377 人，网络与新媒体专业 487 人），累计 288 学时。教学活动结束后共收集学生学习体会 845 份，整体收效较好。各级领导高度重视，全体课程组老师积极配合，确保这次教学活动圆满成功。提出要在做好课程思政教学的基础上促进教师专业成长，提高专业守正创新、价值引领的内核。

二、特色亮点

（一）明确目标，成立团队

在教学活动开展初期，教学指导委员会专家明确本次教学活动的目标，提出要以培养学生为党为国为人民的深厚情怀和使命担当为目标，将"中国新闻传播大讲堂"建设成一门最生动的国情大课、有温度的思政大课、高水平的专业大课。一方面，帮助学生掌握新闻采访与制作的基本理论知识，掌握不同类型新闻采访与制作的选题策划、采访技巧、文稿撰写，以及新闻作品如何服务公众、服务社会等内容。另一方面，按照内容模块主题教学，使学生熟悉通讯社、电视台、报社、融媒体中心等新闻采访与制作的组织流程。以马克思主义新闻观为指导，以价值培养为引领，培养学生正确的政治方向、扎根中国大地做新闻的理想信念、坚守正确的舆论导向和良好的职业道德。为了在新闻学、网络与新媒体两个专业 18 个行政班全面有效地开展教学活动，课程负责人协同学院领导共同成立了 19 人的教学团队。在教学活动中，教研组老师团结协作，共同挖掘视频素材中的专业知识、思政元素，并钻研探索教法，分析学情，实现资源共享，展现出良好的育人精神和互助精神，也为本次教学活动的圆满落幕奠定基础。

（二）突破视频、丰富内容

为了帮助学生更加深层次地理解本次课程内容，学校将教学指导委员会制作的 32 集视频素材作为本次教学活动核心内容，同时积极利用多种渠道进行内容丰富的工作。课程组老师根据视频内容，采集整理相关的新闻报道作品电子版提前向学生下发，作为教学过程中的重要补充材料，希望通过新闻作品的鉴赏，让学生了解每一篇报道背后新闻人的价值坚守、家国情怀。同时，通过新闻作品引导学生加深对中国特色社会主义的制度优势、理论优势、道路优势，以及新闻理想、新闻事业角色价值的理解，真正落实守正创新的理念。观看视频后，老师和学生进一步交流沟通，共同挖掘发生在我们周围新闻人疫情报道的相关案例，延伸课程内容的同时，强化学生对基层新闻工作的价值认同。

（三）创新模式、入脑入身

思政教育的理想效果并不是简单的"入脑、入心"更要"入身"，让核心价值成为行动的具体指导。为了达到这一目标，课程组经过反复研讨，采取"对话式"教学组织。课程负责人组织课程团队教师和学生进行课程动员，设置了"大班动员＋小班授课＋分组讨论"的教学模式，在课程中还设计了"问题设置""视频观看""小组讨论"三个环节，在各环节中突出学生的主体地位，教师则通过"对话"的方式引导学生的思考，让学生自主获取知识、内化知识、应用知识。

三、学生心得

白岩松老师说过："新闻是一条注定要长跑的路，一朝一夕不足以改变这个世界，要相信新闻依然有助于让这个世界变得更好一点，你会是千万推动者中的一员。在中国新闻的历史中，有千千万万名记者奔跑在这条没有终点的长路上。"这就是新闻人不变的新闻情怀。学习"中国新闻传播大讲堂"，有助于培养我们的新闻素养和新闻担当，领悟新闻报道背后的家国情怀，学习新闻技能，实现自我价值和人生价值的统一。具体而言，我的感受包括以下两点。

（一）严谨认真的态度必不可少

作为一名传媒专业的学生，我赞叹记者们细腻的笔触，他们的文字可以轻易地令我回忆起那段布满阴霾的日子，可以自然地将我带到现场，同医生、护士、患者进行跨越时空的沟通与交流。他们向我们展示了何为记者的专业素养，何为记者的社会担当，何为记者的赤子心肠。作为记者，理应肩上有责任，笔下有乾坤，胸中有大义，心中有大爱，在未来，作为传媒人的我将紧握手中的话筒，传递我应该传递的东西，这是我们——未来新闻传媒人必须要学习的。"四力"记者标准的提出为新闻传媒人指明了前进的方向，作为未来的新闻传媒工作者，我们要树立严谨认真的态度，从自身的专业所长出发丈量中国的每一寸土地，让从自己笔下溢出的每一个文字都代表着最近的真相、最底层的声音和最中国的特色，我想这才是我们新闻传媒学子在未来的实践中需要不断践行的目标。

（二）守正创新的使命永不褪色

大讲堂启动仪式中，最让我记忆深刻的是新华社总编室副主任、武汉前方报道指挥部总指挥刘刚老师向大家分享的抗疫一线的新闻工作者的真实故事，让我对新闻记者这个职业又多了一份了解和感动，刘刚老师说不去武汉的理由可能有很多，但是去的理由只有一个，那就是职责所在。大讲堂第 23 集至 27 集分别由湖北广播电视台总编辑王彬、湖北广播电视台纪录片部主任朱力军、《24 小时》主播王春潇、记者乐文婉及记者谭海燕讲述，其中有他们自己的采访经历、抗疫对外报道的注意点等一线经验的分享，也有更高层面的感悟，即面对疫情与舆情的双面夹击，传统媒体应积极应对，转型求变，讲好故事。对此，我们深有感触。记者深入一线报道的勇气和讲故事的技巧值得我们学习；传统媒体转型的求变策略值得我们深思。把学习到的理论、掌握的知识运用到实践中，将是我们下一步需要做的事情。

西安思源学院

（文学院）

一、教学概况

西安思源学院接陕西省教育厅《关于组织观看学习"中国新闻传播大讲堂"的通知》后，学校领导高度重视，统一安排文学院传媒系组织学习活动。学院将大讲堂课程作为新闻传播类专业必修课，组织学生进行集中学习，引导广大师生深刻理解中国特色社会主义的制度优势、理论优势、道路优势，培养学生为党为国为人民的深厚情怀和使命担当。学生在观看过程中都眼含热泪，都被不怕牺牲、勇往直前的逆行者们的事迹所感动。通过大讲堂的观看学习，我校新闻传播类青年学子真实体会到一线的职业感悟，看见前辈们带来的一手信息。这样直观的感受将激励他们在未来的工作中，不断主动作为、奋发有为，成为政治过硬、业务过硬、战斗力过硬的新闻队伍中的一员。

二、特色亮点

（一）融入课程学习全过程

学院于 2020 年 11 月 5 日 15 时在文学院资料室组织广告学、网络与新媒体专业教师及所有班级班委参加了"中国新闻传播大讲堂"启动仪式在线直播活动。直播活动结束后进行了会议研讨，研讨会上各班班委就如何组织各班认真开展学习活动发表意见，最终形成了学习活动组织方案如下。

将本次大讲堂课程列入学生选修课环节，特别要求广告学、网络与新媒体专业学生必须全部选修，其他专业学生积极选修；各班用每周一、三晚上作为固定时间，组织全班同学在各自教室观看大讲堂视频，具体组织工作由各班学习委员负责，各班辅导员负责督促检查；广告学、网络与新媒体专业同学要求提交学习体会，字数不少于3000字，并于2020年12月28日全部提交学院大讲堂学习工作领导小组；在11月至12月两个月的学习过程中，各班自行组织三次学习体会交流，全班同学分成小组，5人一组，各组派代表发言。共有11位老师和319名同学参加了学习活动。

（二）强化新闻职业的认知

从本次大讲堂的学习中，广大新闻学子领悟到身为一名新闻工作者的责任，那就是要时时刻刻与党同心、与人民共情，坚定地做坚守新闻工作优良传统的传承者。每一个新闻工作者做的不仅仅是他们的工作，更多的是一份责任，他们传播的不仅是事迹，更是一种精神，一种力量。步入新时代，广大新闻学子立志成长为有定力、有情怀、有本领的新闻人，立志为新闻事业奉献终生，立志承担新闻人应有的责任担当。传媒系的广大老师辅导员也决心坚持守正创新，不断改进马克思主义新闻观教育，做中国特色新闻学的传道者、授业者。

三、学生心得

"中国新闻传播大讲堂"生动讲述、立体呈现了中国新闻记者的家国情怀与专业素养，让我们广告学子深刻了解到武汉疫情一线发生的情况，推动了抗疫精神进校园、进课堂，引导了广大师生深刻理解中国特色社会主义的制度优势、理论优势、道路优势，牢固思想基础。在大讲堂的学习过程中，我有两点心得分享。

（一）好的新闻要够近

新闻界有这样一句话："如果你拍得不够好，那是你离得不够近。"其实很多身处武汉防控一线的新闻工作者是因为春节回家过节的武汉本地人，他们刚刚结束一年的工作，本应回家团圆，但是却突然面临疫情的挑战。他们中的很多人都义无反顾地选择抛开原本安逸的家庭，重新奔赴一线战场。他们有过担忧、害怕，但是新闻就在那里，只有距离够近，新闻才够真。正是因为广大新闻工作者及时赶到现场，为我们带来如此多鲜活宝贵的新闻作品，稳定了社会民心。

（二）正面引导重要性

在武汉疫情初期，各种舆情爆点四起。这样的负面舆情影响了很多不明事情真相的人群，引发了全社会的不安情绪。抗疫是一场人民战争，一旦人心慌乱，后果不堪设想，这个时候也足以体现新闻坚持正确舆论导向的重要性。虽有部分媒体的不实报道耸人听闻，但所幸主流媒体的声音依旧牢牢占据社会主流，引导人们相信武汉疫情防控的实际情况，稳定了民心，树立了信心。

最后，我想谈谈大讲堂给我带来的感动。面对来势汹汹的新冠肺炎疫情，我们被限制了活动范围，但依旧看到世间大爱。社会责任如纽带，把每个人连接在一起。在一群人争先恐后逃离灾难时，有那么一群人奋勇当先，赶赴疫情一线。越到危急时刻，越体现一个国家的凝聚力。纵使灾难能摧毁肉体，却摧毁不了一个充满使命感的灵魂。这场灾难的主角不是那些伟人，而是我们无数个平凡但不平庸的普通人，待在家里不外出，就是我们青年学生对疫情最庄重的宣战。

一代人有一代人的使命，一代人有一代人的责任和担当。历史深刻昭示我们，青年是祖国的未来、民族的希望。未来，我要向大讲堂中的前辈们看齐，作为新时代的青年人，担当起时代的交给我们的重任！

西北大学现代学院

（艺术传媒学院、文学院）

一、教学概况

2020 年 11 月 5 日，由教育部高教司、中宣部新闻局、教育部高等学校新闻传播学类专业教学指导委员会推动开展的"中国新闻传播大讲堂"在京启动。西北大学现代学院特组织与新闻传播类相关的艺术传媒学院、文学院两个二级学院约 1500 名师生，组织观看"中国新闻传播大讲堂"视频，先后集体组织观看 6 次。另外，采用各班级分期分批利用周三学习日时间观看学习。师生深感大讲堂内容之丰富，所涉及问题之深刻，价值观引领之鲜明，切实推动抗疫精神进校园、进课堂，引导广大师生深刻理解中国特色社会主义的制度优势、理论优势、道路优势，培养学生为党、为国、为人民的深厚情怀和使命担当。通过观看和学习，师生们认识是清醒的、目标是坚定的，方向是正确的，努力做到在新的形势下讲好中国故事，传播好中国精神，使整个宣传舆论战线牢固树立道路自信、理论自信、制度自信、文化自信的良好环境。

二、特色亮点

（一）增强了师生的制度认同

大讲堂讲述了来自武汉抗疫一线的报道，彰显了中国共产党领导和中国特色社会主义制度的显著优势。可以说，这是中国共产党领导的又一次伟大胜利，是社会主义国家优越制度的伟大胜利，是中华民族不畏任何困难战胜困难的伟大胜利。"中国新闻传播大讲堂"生动地展示了这一切，令师生在观看过程中非常感动。同时，学习也更加坚定了大家对民族观念的认同，国家情怀的认同，以及社会主义制度的认同。

（二）增强了学生的职业认同

视频中列举的新闻作品展现了英雄群体的榜样力量，并传播给了广大人民群众，激发了人民群众抗疫的合力。这都是由于新闻工作者的艰苦奉献达成的良好效果。他们在一线采集先进事迹，报道一线的感人事迹。为了采集一个镜头或一张照片，他们深入疫情灾区，义无反顾，为的就是给大家展示最真实的一线资料。讲好抗疫故事，增强影响效力。许多学生看后表示，是新闻工作者让这些抗疫的画面更生动地呈现在我们的面前，让中国奋进的精神更直观立体。我们应该向那些奋战在一线的新闻战士致敬，更要像他们看齐。

（三）激发了学生的使命担当

疫情以来，445 名新闻工作者主动请缨，奔赴武汉，与当地媒体并肩作战，第一时间多角度、全方位报道疫情防控情况，精心制作新闻作品 50 余万件，持续收集报送民生诉求 2 万余条。他们是执笔仗剑的抗疫战士，是与白衣天使同袍的抗疫英雄。他们的坚守彰显了新闻工作者的职业道德，他们为湖北、为全国疫情防控凝聚起强有力的精神力量。他们的使命感和责任感感染着参与学习的每一位学生，让他们明确了自己作为未来新闻人应有的胸怀和担当。

三、学生心得

20 世纪著名的战地记者之一——罗伯特·卡帕有一句名言："如果你的照片拍得不够好，那是因为你离炮火不够近。"面对严峻的新冠肺炎疫情，记者们用笔和镜头不停歇地记录疫情防控战场上一个个动人的瞬间和故事，他们不仅及时准确、公开透明地报道疫情信息，传播科学防控知识，更书写了社会各界在抗击疫情战斗中所体现出的社会责任和暖心大爱。

（一）记者是时代追光者

视频中的记者用他们的专业知识和多年工作经验，采访着一线的医护人员，播报着武汉的每时每刻。这座城在流泪，他们便像为这城擦干泪水的母亲。他们的镜头里有前线的危机，他们的镜头里有前线医护工作者与病人的相互鼓励，他们的镜头里有志愿者的默默奉献，他们的镜头里更有爱、有力量。这世上本就没有岁月静好，我们所谓的安逸，其实只是因为有人在背后替我们负重前行。逆行者，是"伟大"的代名词。我刷着微博看着新闻，很多视频很多报道都使我感动，很多暖心的视频和报道又给了我力量，让我相信武汉这座英雄城市可以渡过难关，更让我对于"记者"这个职业有了更多的认知和憧憬，坚定了要努力成为一名合格记者的决心。

（二）媒体是船头守望者

作为一个传媒学子，我时常思考在这些重大灾难面前新媒体发挥着怎样的作用。随着新媒体的快速发展，人类社会在不知不觉中被带到一个全新的新媒体环境之中。而新媒体在此次疫情报道中，更是发挥了传统媒体无法替代的重要作用：最早揭露疫情，发挥预警作用。美国大众报刊的标志性人物普利策曾这样诠释过新闻工作者的意义："如果把社会比作一艘航行在大海上的船，那么新闻工作者就是站在船头的守望者。他要在一望无际的海面上审视一切，及时观察海上的不测风云和浅滩暗礁，并发出信号。"这段话生动又准确地指出了新闻媒体监测环境、预警危机的社会功能。

新闻记者作为社会这片大海上的哨兵，要用敏锐的眼睛、灵活的耳朵和睿智的头脑监测潜伏在政治、经济、文化等领域的危险，及时发出预示和警告，保障社会这艘"大船"平安顺利航行。在此次抗疫行动中，新媒体就承担了重要的预警作用，利用新媒体传播的零滞性，及时通报信息，引起有关部门的注意，并通过舆论监督使其采取有效的措施把潜在的危机消灭在萌芽的状态中，避免危机的升级。

西安财经大学行知学院

（人文艺术学院）

一、教学概况

为认真贯彻落实教育部高教司、中宣部新闻局精神指示，推动新文科建设，强化马克思主义新闻教育观，引导我校人文艺术学院传媒系广大师生深刻理解中国特色社会主义优势，培养学生为党为国为人民的深厚情怀和使命担当，2020年11月起，我校人文艺术学院传媒系开始组织学生学习"中国新闻传播大讲堂"课程。为使学习工作落到实处，学院特成立以张阿维院长为组长，传媒系副主任许璐为副组长的课程学习领导小组，并召开专题会议，制定课程观摩方案，确立"专人负责、灵活时间、有序收看、观后研讨"的课程学习模式。通过周密计划和协调安排，我校传媒系广播电视学、广告学、网络与新媒体3个专业共500余名师生参与了此次课程的学习，受益良多。通过学习，同学们真正体会到新闻工作者孜孜不倦、一丝不苟的工作精神，也深深领悟和学习了伟大的中国抗疫精神，提升了面对即将到来的毕业实习工作的精神动力。

二、特色亮点

（一）积极动员，统一思想

2020年11月5日，我院面向传媒系全体无课师生，以网络视频直播的形式举办了一场别开生面的"大讲堂启动仪式"。会上,院领导对此次学习工作提出了高度的期许,希望全体师生以"自主""自管""自觉"的姿态完成本次学习。

（二）教师先行,引导学生

本次学习工作,院内提前组织了相关老师先一步进行了学习和总结,以便帮助学生能够更好地做到学有所获。通过学习,10余名老师结合专业方向和同学们分享了各自的学习感悟,并对同学们的学习进行指导。学院院长张阿维向同学们分享自己的学习体会时说道,只有在一线,才会有深刻的感受,敢去现场才是新闻工作者应有的担当。广播电视学专业教师许璐希望同学们能通过此次机会,提高自己的专业素养,讲好中国故事,传播好中国声音。

（三）融入课程,开展讨论

各任课教师组织学生有序观看大讲堂,而后开展了融合教学课程的观后讨论,确保学习入脑入心。如:广电20级学生,在李旭老师的组织下,针对《新闻学理论》课程,结合新闻真实、新闻工作者的职业道德修养以及新闻人的未来职业理想等话题进行了探讨和交流;广电19级学生,在许璐老师的组织下,针对《新闻采访与写作》课程,探讨新闻采访与新闻写作之间的关系、新闻人应该具备的素养、社会主义新闻采写价值等话题;网媒19级同学,在张阿维老师的组织下,针对《舆论学》课程,探讨从舆论学角度看待疫情期间报道效果及影响、舆论引导在新闻中的价值和作用等。

（四）多彩活动,拓展延伸

为配合此次大讲堂课程的学习,我校精心组织了一些线下活动,如邀请资深新闻人开办讲座、带领大一新生前往企业观摩实践等。具体来讲,11月22日、12月2日,我校先后邀请广电17届毕业生蒋道铭（时任西宁市广播电视台新闻部记者）以及专业兼职教师丁芝茜（时任陕西新闻广播节目主持人）通过线上和线下形式分享疫情期间的真实工作经历及感悟。同时,学校还邀请西安广播电视台《原点直播》栏目主编李航来校,为传媒系学生还原疫情之下传媒人的真实工作状态、危机及机遇,鼓励学生化危机为动力,结合自身优势找准定位,担负起传媒人的光荣使命和责任。12月11日、12日,为配合大讲堂课程内容的线下拓展,增进专业认知、引导学生深入实践、增强"四力",传媒系开展了

2020级新生专业认知训练营活动。活动分别由三位传媒系副主任带队，前往企业参观学习、访谈。

三、学生心得

11月中旬，经我校传媒系组织，我们有幸收看了"中国新闻传播大讲堂"的全部内容，现将学习感受汇报如下。

（一）记录英雄，更是英雄

大讲堂让我们首次了解到摄影记者这个职业。这是个神圣而光荣的职业，有了摄影记者，我们才得以清楚知道疫情期间现场到底发生了什么。他们是人民的眼睛，冒着被感染的风险冲锋陷阵，记录下一件件感天动地的新闻事件。其中令我印象最深刻的是记者对老胡痊愈过程的记录拍摄。从老胡痊愈的过程中，我们可以看到国家的疫情防控在不断向好，我们感受到国家医学实力的强大，体会到国家对人民的重视与关怀。这生动呈现出中国特色社会主义制度的优越性，让我们作为中国人既感动又骄傲。摄影记者记录英雄，也是这个时代的英雄，他们用新闻报道守护山河无恙，在疫情的报道中展现出了新闻记者的家国情怀与专业素养。

（二）迎难而上，稳定人心

新冠肺炎疫情袭来后，广大新闻记者迎难而上，日夜奋战在抗疫斗争的第一线，为坚决打赢疫情防控的人民战争、总体战、阻击战凝聚了强大的精神力量。他们真切地传递出疫区的真实状况，谱写了中国人民共克难题、同舟共济的历史篇章。比如，吴珊老师作为报道组为数不多的女记者，多次深入医院、社区、火车站等现场进行直播，在关键时刻发挥了稳定人心、解疑释惑的重要作用。

通过此次学习，我们明白了如何在新闻工作中把握速度、精度与温度。在这些重大战疫的报道中，我们学到了如何搜寻直击人心的细节，如何独立策划一场有意义的深度报道，如何在坚守新闻职业操守的同时兼顾家国情怀。这些前辈分享的宝贵经验将指导我们以后的工作学习，于我们而言，可谓是获益匪浅。

西安工商学院

（设计与创意学院）

一、教学概况

"中国新闻传播大讲堂"由教育部高教司、中宣部新闻局委托高校新闻传播学类专业教学指导委员会举办，是加快新文科建设、推动高等文科教育提质创新的有力抓手，是强化马克思主义新闻观教育、全面推进新闻传播类专业课程思政建设的实际行动，是推动新闻理论与新闻实践深度融合、培养新时代优秀新闻传播人才的重要举措，是增强广大新闻传播类专业学生自信心、自豪感、自主性，提高新闻传播教育影响力、感召力、塑造力的生动实践。我校设计与创意学院严格按照教育部高教司、中宣部新闻局、高校新闻传播学类专业教学指导委员会以及陕西省教育厅相关要求，组织设计与创意学院全体师生开展了"中国新闻传播大讲堂——来自武汉抗疫一线的报道"学习活动，并将学习活动情况总结报送了教指委秘书处。通过深入学习，我院师生在思想上深刻理解了中国特色社会主义的制度优势、理论优势、道路优势，深化了为党为国为人民的深厚情怀和使命担当，专业思政和课程思政进一步强化；在教学上充分运用大讲堂中丰富的案例、深入的阐释，将大讲堂融入各类课程，使专业教学更接地气，教学改革得到深化。

二、特色亮点

（一）师生共学，融入课堂

本次学习活动分教职工与学生两个层面展开，教职工主要以集中观看学习、自学、各教研室分组讨论等形式进行。2020年12月1日和6日，学院组织教职工对大讲堂系列视频进行了集体学习活动，在完成了全部视频的学习之后，各教研室结合课程性质等围绕如何将大讲堂内容纳入课堂教学、设计课程思政进行了教学研讨。其中，广编教研室与广告摄影教研室老师从不同角度，充分交流学习"中国新闻传播大讲堂"的心得，并着重探讨了将大讲堂有效导入课堂内外的途径，并表示要将"中国新闻传播大讲堂"作为课程思政元素纳入教学案例库，培塑学生家国情怀和职业精神。

（二）多渠道、立体化学习

学院通过设置多渠道、立体化的学习形式，引导学生认真学习，用心感悟。首先，学院以班为单位组织集体观看活动，并组织学生讨论交流、写观后感。之后，学院根据大讲堂中的众多精彩讲座的内容特点，以及不同课程的定位和学生的学习规律，采用了"进课堂""进班级""进小组"等不同学习形式，如在《新闻学概论》课堂中重点引导学生了解42名记者不畏危险、深入抗疫一线进行宣传报道的事迹，从而更好地理解媒体为人民服务、为党和国家工作大局服务的光荣使命，牢牢掌握马克思主义新闻观；在《新闻采访与写作》课堂中重点引导学生学习资深记者如何在重重困难中寻找线索，深入挖掘抗疫斗争中的感人故事，从而提高新闻采访、新闻作品制作的实践技能。学院还要求担任班主任的专业教师在晚点名讲评时引导学生学习大讲堂，在本科生导师指导活动、兴趣小组指导等活动中运用好大讲堂。

三、学生心得

观看了"中国新闻传播大讲堂"后，我印象最深刻的是纪录片《武汉战疫日记》的拍摄。它真实再现了当时的疫情现场，塑造了正面积极的国家形象，向外界展现了中国力量、中国精神、中国效率。具体来讲，我有两点观后感分享。

（一）职业道德与奉献精神

面对突如其来的新冠肺炎疫情，全国上下人心惶惶。在这个关键时期，新华社的记者同志们，本着对党忠诚、勿忘人民、实事求是、开拓创新的新华精神，不顾个人安危前往疫情现场，将一手信息及时反馈给大众，避免了负面舆情的持续发酵，让疫情防控工作得以顺利开展。其中，新华社记者熊琦就是典范。

在 2020 年 1 月 23 日凌晨，本来还在老家探亲的熊琦得知武汉要封城的消息，立即决定开车去武汉，前往重症隔离区病房进行采访。他当时拍摄的最早关于重症隔离区的照片在 5·18 国际博物馆日被当作新冠肺炎疫情防控代表性见证物，由新华社捐赠给南京博物馆收藏。

我深深敬佩熊琦的勇气，敢于在疫情初期率先前往武汉进行采访。更令我肃然起敬的是，当时正值春节，这种本该与家人团聚的节日里，熊琦却牺牲自己的个人时间，遵守自己的职业道德，离开了家庭，去疫情现场为人民利益做一手报道。这种勇气谁有？这个责任心谁有？熊琦让我看到了值得学习的记者的职业道德与奉献精神，他无愧为人民英雄。

（二）驳斥谣言与陈述真相

2020 年 4 月 8 日，离鄂离汉通道管控解除之后，湖北疫情持续转好，而世界其他国家的疫情却越发严重。西方国家为了转移本国政府抗疫不力的矛盾，转而对中国进行污名化报道，指责病毒来自中国，要求中国为疫情道歉。为了澄清谬论，《武汉战疫日记》借一位在华国外留学生之口，传达了关于疫情事实的真相。这位来自孟加拉国的留学生，在疫情期间一直坚持帮助学校为寝室送每日三餐，他在接受记者采访时明确表示，新冠病毒不是中国病毒，这种病毒属于全球性大流行病，跟中国无关。面对当下疫情全球大流行的局面，大家应该想方设法共同战胜疫情。

《武汉战疫日记》为我们展现了疫情期间不同职业、不同人物的抗疫行动，给我心灵上带来了很大的震撼。除了以上的心得体会，纪录片里相关的媒体策划内容也给我的专业学习提供了启发。作为一名大学生，我坚信，只要持之以恒，勤学苦练，日后一定能够成长为一名合格的新闻工作者。

西安科技大学高新学院

（新传媒与艺术学院）

一、教学概况

新闻事业是中国社会主义事业的一个有机组成部分，是党的生命的一部分。特别是在 2020 年疫情期间，新闻事业的价值与作用更加凸显。为此，在接到省教育厅《关于组织观看学习"中国新闻传播大讲堂"的通知》文件后，西安科技大学高新学院领导班子高度重视，建立了由校领导指导、由新传媒与艺术学院面向全校开展落实的工作队伍。

新传媒与艺术学院于 11 月 15 日集中组织了学校各个部门的领导及各个专业的学生代表 300 余人相聚在图书馆报告厅进行了远程学习。通过观看启动仪式直播及第一期内容，全校师生代表对"中国新闻传播大讲堂"有了更加全面和深刻的认识。为了更好地推进落实大讲堂的覆盖范围，本学期最后两周的实训实习课程中，新传媒与艺术学院将会组织所有专业学生利用每天晚自习时间开展大讲堂学习，并将学习考核成绩计入实习成绩部分，作为学分纳入专业考核体系，确保了本学期集中学习的效果、质量和覆盖面。截至本学期末，大讲堂的 32 节内容已经全面学习，部分班级还在辅导员的组织下开展了相关主题班会研讨。

二、特色亮点

（一）作为教学环节集中开展

为了全面推进"中国新闻传播大讲堂"课程教学，艺术教研室结合学校及学院通知要求，对有关工作进行了精心部署安排，将其主题和内容纳入本学期实习实训当中，作为一个教学环节集中开展。本学期，在学生实习前组织观看"中国新闻传播大讲堂"的视频节目。这些奋战在一线的新闻工作者生动讲述、立体展现了中国新闻记者的家国情怀与专业素养，使同学们真正体会到新闻工作者孜孜不倦、一丝不苟的工作精神，也深深领悟和学习了伟大的中国抗疫精神，提升了学生的精神动力。

（二）融入专业教学和实践环节

"中国新闻传播大讲堂"启动以来，学院高度重视此次大讲堂学习活动，要求网络与新媒体专业制定"中国新闻传播大讲堂"全部 32 节课程的学习方案，并要求全体教师能够认真研究，将视频内容融入各专业的教学和实践环节，同时鼓励各班学生积极参加观后感论文评比活动。通过学院的一系列学习安排，师生深深感受到新闻人的专业精神和面对疫情的无畏勇气。通过认真学习大讲堂这堂生动的国情大课、有温度的思政大课、高水平的专业大课，师生增强了身在新闻队伍中的自豪感与自信心。

（三）指明了人才培养的方向

"中国新闻传播大讲堂"是教育部和中宣部在全国高校推广的新闻传播教育课程，今年的内容为武汉抗疫一线亲历采访的 42 名记者的集体讲述。正值举行2021 届毕业动员大会之际，我院全面启动"中国新闻传播大讲堂"新课程，这是深入学习和贯彻习近平总书记关于新闻舆论工作重要论述精神、推动新时代新文科建设、改革和创新新闻传播教育的重要举措，也是为即将走出校园的学子在校园里上的最后一次集中的、有温度的、有内涵的思政大课。学院希望各位毕业生能够以此作为契机，更好地奔赴前程。

三、学生心得

在疫情这样特殊且关键的时期，新闻媒体成为突发事件报道的主力军。它们不仅能够保证信息公开、透明，也扮演着政府与民众之间沟通传递信息资源的桥梁角色。

（一）保证信息来源的真实性和可靠性

新闻媒体在关键时期的任何疏忽都会影响其公众信任度与权威性，造成恶劣的社会影响与后果。在新冠肺炎疫情期间，全社会高度关注疫情信息和疫情防控的进展。我国迅速启动了重大突发公共卫生事件一级响应。抗击疫情的阻击战打响以来，总台《新闻1+1》栏目直播连线国家卫健委高级别专家组组长钟南山院士，介绍新冠肺炎疫情的基本情况。总台新闻频道推出《战疫情特别报道》节目，及时公开疫情的最新数据，实时连线抗疫的第一战线，发回最新报道，毫不余力地展现举国上下众志成城、齐心协力共同抗击新冠肺炎疫情的精神面貌。

（二）及时反馈，遏制谣言

此次疫情初期，关于疫情的信息极度匮乏，人民群众因为缺乏确切有效的信息，也无从找到可靠的消息来源，陷入无端的恐慌之中。如果此时新闻媒体失声，不及时报道事件真相，不对社会进行有效的危机管理，不对舆论加以正确引导，就会导致公众轻信谣言。在此次新冠肺炎疫情的报道中，各类新闻媒体纷纷意识到事实传达的重要性，通过各大媒体平台对疫情相关信息进行全天候的实时发送，充分运用新媒体技术，进行及时、主动、全面和理性的发声，遏制了网络谣言的传播。

（三）维持社会稳定，引导舆论

在此次新冠肺炎疫情初期，民众出于对突发事件未知的恐惧心理，表现出轻信和盲从的行为。如果始终缺少相关新闻媒体的正确引导，不实言论就会广泛传播，并造成恶劣的后果。在及时公开、准确报道疫情及其防控信息的基础上，新闻媒体的舆论引导要始终把宣传报道习近平总书记的重要讲话和指示批示作为重心，坚定打赢疫情防控阻击战的必胜决心，凝聚社会共识。"国际锐评"发布的疫情防控相关评论员文章向世界展现了中国战胜疫情、迎接挑战的决心和底气，"央视快评"发布的疫情防控相关评论员文章在抗击疫情宣传报道中鼓舞士气、凝聚力量。

兰州大学

（新闻与传播学院）

一、教学概况

2020年11月5日，"中国新闻传播大讲堂"启动。启动仪式上，吴岩司长指出中国新闻传播大讲堂是"司、局、校"协同推进新闻传播教育创新发展的重要举措，是高校新闻传播教育战线落实新文科建设工作会议精神的迅速行动，是关键抓手、是生动实践，更是一门最生动的国情大课、有温度的思政大课、高水平的专业大课。

为落实新文科建设会议精神和"中国新闻传播大讲堂"要求，学习广大新闻记者临危受命、迎难而上的精神力量，兰州大学新闻与传播学院开展了学习"中国新闻传播大讲堂"活动，通过开展主题学习班会、上传网课等线上线下相结合的方式进行了学习、研讨、交流。

"中国新闻传播大讲堂"是新时代培养优秀新闻传播人才、推进高等教育创新发展的需要。14家主流媒体参与抗疫一线报道的42名新闻记者录制32集视频教学内容，生动讲述、立体展现中国新闻记者的家国情怀与专业素养。此次活动对强化马克思主义新闻观教育、全面推进新闻传播类专业课程思政建设，推动新闻理论与新闻实践深度融合、培养新时代优秀新闻传播人才具有重要意义。

二、特色亮点

（一）学院高度重视，认真安排部署

学院接到通知后，非常重视这项工作，召开党政联席会，确定主管学生工作副书记为联系人，负责组织学生开展"中国新闻传播大讲堂"的学习活动。11月5日下午3时，"中国新闻传播大讲堂"启动仪式在中国传媒大学举行。兰州大学新闻与传播学院以集中收看和单独收看相结合的形式组织全院师生收看直播，20余名师生在兰州大学城关校区思雨楼221会议室共同在线观看启动仪式。班子成员及与会老师认真观看，并在会后对吴岩司长的讲话进行了学习讨论，深刻领会了新文科背景下开展"中国新闻传播大讲堂"的意义，明确了线上与线下、集中与分散、理论与实践相结合的学习方式，要求各班级利用班会、年级大会等方式充分学习，并进行集中的交流研讨。

（二）精细组织学习，认真开展讨论

11月12日到12月27日，学院25个班级利用班会分别组织学生进行了2次集中观看学习与交流研讨，同学们通过分散形式自行学习"中国新闻传播大讲堂"内容，并提交学习感受。

通过观看学习，学生收获颇丰，对一些新闻人物加深了了解，对新闻事件的挖掘有了更好的把握，在新闻理论方面有了初步的认知，对自己未来的职业情况有了更清晰的规划，更加懂得了新闻人的使命与担当。

（三）丰富学习形式，筑牢抗疫精神

除班级组织学习外，学生党支部开展了"中国新闻传播大讲堂"主题党日活动，更加深入学习抗疫精神，学习肩负使命、深入抗疫前线舍生忘死的新闻记者优秀品质，学习他们所折射出的职业素养，加深对马克思主义新闻观教育的理解，加深对新闻记者职业的理解。正如"中国新闻传播大讲堂"中所说，在疫情中，新闻工作者们是记者也是战士，为坚决打赢疫情防控的人民战争、总体战、阻击战凝聚了强大的精神力量。在武汉，一个个新闻工作者闯红区、进社区，他们即使冒着感染的巨大风险，也要拼命地把前线的第一手珍贵资料发送到全国各地，努力向人民传达积极的能量，稳定人民恐慌焦虑的情绪。他们在最危险的前线，将最真实的信息传递出来，将最牵挂的声音传播开来，让

在天涯海角的同胞们团结一心，坚定信念，共克时艰。他们把对人民的爱、对祖国的爱放在心底，用一个个鲜红而又坚定的手印，表达着火热的担当与承诺；他们用最美的逆行身影，诠释了生命的意义。

三、学生心得

"中国新闻传播大讲堂"聚焦疫情之下国内主流媒体的新闻活动，向我们广大新闻学子展示了当代中国新闻记者的家国情怀与专业素养。让我们了解了奔赴抗疫前线的"战士们"的点点滴滴，学习了抗疫之战中新闻人的优秀品质，倾听了一代新闻人的职业感悟，被新闻传播人的职业素养和专业情怀所震撼。

（一）新闻人的热爱与勇气

这次疫情是对全中国人民的一次考验，对于新闻记者也不例外。在最困难的时候，无数的新闻人，穿着防护服，扛着肩上的相机，握紧手中的笔，毅然决然地奔赴疫情第一线。他们全方位地报道疫情的发展与防控，宣传党和国家面对重大疾病时的正确决策指导，宣传医护人员不畏生死、与病魔抢夺生命的艰辛，宣传各行各业工作者、群众为抗击疫情做出的贡献，有效地提高了人们的防控意识和战胜疫情的信心。他们舍小家为大家，依靠心中的那份职业操守与爱国情怀，走在了战疫一线，记录下了最珍贵、最动人的生命赞歌。

他们在被需要的时候前往疫情最严重的地区——武汉，这让我明白了新闻不仅仅是课本上简单的"真实"两个字，它还包含着很多其他因素。我印象最深的是在短片中有一位记者所说：可能确实没有超级英雄，不过是有一分热爱，发一分光。他们也只是普通人，但是有心中的这份热爱，他们愿意发光发热，愿意成为逆行者。而我也因此知道了要想成为一名记者，不止需要专业素养，更需要热爱与勇气。这份力量能让我们克服恐惧、战胜迷茫，重拾希望。

（二）新闻人的专业情怀

怀理想有温度，担责任赴使命。刘刚老师作为今年疫情期间新华社武汉前方报道指挥部的总指挥，以一个更加专业的新闻人的身份给我们讲述了究竟什么是一个新闻人的责任与担当。他通过讲述新华社在这场抗疫中及时果断的作为，给我们展现了一支不畏艰险、尽职尽责的记者团队。他说：对于我们来说，不去武汉或是离开武汉，可以有许多理由。但是去武汉和留下来，有一个理由就足够了，那就是职责！因为新闻就在那里！

倾听了一代新闻人的职业感悟，我们被新闻传播人的职业素养和专业情怀所震撼。正如人民日报新闻协调部副主任汪晓东所说：舆论越是复杂，主流媒体越是重要。在当今媒体环境多元复杂的情况下，各种自媒体良莠不齐，大众极容易被那些标题党所吸引。而恰恰是那些标题党，内容过于夸张，甚至荒诞，其目的只为赚取流量，其弊端也是显而易见的：谣言四起，引发恐慌。这更证明了主流媒体在特殊时期引导好社会舆论的重要性。而要达成这一目标，最重要的一点就是：将事实与真相展现在大众面前，把握大众最关心的问题，最需要的回答。正所谓解疑释惑，激浊扬清。厘清事实，谣言自然而然不攻自破。所以每一个一线的新闻工作者，都是肩负着家国使命的战士。

兰州城市学院

（传媒学院）

一、教学概况

2020 年 11 月 5 日下午 3 点，兰州城市学院传媒学院新闻学系师生共同观看了"中国新闻传播大讲堂"启动仪式直播。

此次大讲堂以"来自武汉抗疫一线的报道"为主题，邀请了 14 家主流媒体参与抗疫一线报道的 42 名新闻记者录制 32 集视频教学内容，生动讲述、立体展现中国新闻记者的家国情怀与专业素养。抗疫过程中，新闻工作者们是记者也是战士，为坚决打赢疫情防控的人民战争、总体战、阻击战，凝聚了强大精神力量。学校教师以大讲堂为契机，教育新闻学子保持思想定力，认真学习专业知识，增强讲好中国故事的能力，为新闻传播事业做出贡献。

观看启动仪式后，学校组织师生进行讨论，对大讲堂中所传递的思想做进一步深化理解。大家各抒己见，并一致认为，在 2020 年抗击新冠肺炎疫情的过程中，众多新闻人的坚守和奉献，为抗疫迈向成功发挥了重要作用。

二、特色亮点

（一）了解武汉抗疫一线报道故事

2020 年春节之际，新冠肺炎疫情突如其来，从武汉到全国，疫情的消息时时刻刻拨动着每一个人的心弦。在这场没有硝烟的疫情防控阻击战中，新闻工作者们背负着勇气站在前线为全国人民报道疫情的最新情况，他们全力以赴，将希望传递给每一位中国人。

优秀的人值得表扬，优秀的事值得歌颂，优秀的精神值得学习。一份份感情在讲述中传递，一个个文字在记者口中发光。报道最前线的新闻，引导人们去挖掘事情的真相，传递着最强有力的情感。钱彤记者用《七日谈》记录疫情期间普通人的喜怒哀乐，塑造平凡英雄的光辉形象；吴珊记者作为报道组为数不多的女记者之一，多次深入医院、社区、火车站等现场进行直播，在关键时刻发挥了稳定人心、解疑释惑的重要作用；雷宇记者率领团队为疫情留下珍贵的历史底稿，利用不同媒介终端组成抗疫全媒体报道矩阵。

透过视频与文字，师生们看到了新闻工作者们在疫情期间所做的贡献，深刻体会到新闻工作者的责任与使命。

（二）感悟新闻报道中的家国情怀

每一篇抗疫报道的背后都凝聚着新闻人的家国情怀，新闻报道所传递的不仅仅是信息，更是不惧艰辛迎难而上的力量。新冠肺炎疫情期间，新闻记者迎难而上，日夜奋战在抗疫斗争的第一线，为坚决打赢疫情防控阻击战凝聚了强大的精神力量。他们真切地展现了疫情的全貌，用真实让人信服，用温情引发共鸣。这个时候，同学们深深地体会到了那份"勿忘人民"的家国情怀。也正是因为有了心怀祖国、心怀人民的媒体人在疫情中的勇敢逆行，中国的抗疫行动才有了最具亮色、最具温度、最具深度的传播。

（三）学习新闻报道的必备技能

倾听了一线新闻人的职业感悟，师生们感动不已，也备受鼓舞。在校教师陈婉婷表示："从事传媒专业教学工作的我深深意识到，培养具有家国情怀和国际视野的高素质全媒化复合型新闻传播人才的必要性。作为教师，我会不断地加强学习，提升自己，学习新闻人才必备的技能，为学生传授更多的专业知识。同时，我也会教导学生努力储备新闻知识，提高自身素质，以优秀的前辈为榜样，时刻不忘新闻工作者应具备的家国情怀和专业素养。我坚信，在我们的积极引导下，他们会带着自己的新闻理想，坚定、坦荡地走下去。"

三、学生心得

我们在学校观看了"中国新闻传播大讲堂"的启动仪式。本次大讲堂邀请了多名抗疫一线的媒体及记者,体现了在疫情下中国记者的职业素养与家国情怀。经过这一次的学习,我们更加深刻地理解了身在新闻行业应该拥有的责任与使命,看见了新闻从业者的无畏精神,也坚定了身为新闻学子应有的奋斗目标、发展基础及专业情怀。

(一)奋斗目标:具备责任担当意识

新冠肺炎疫情袭来后,党中央高度重视,迅速做出部署。在这场特殊战役中,广大新闻工作者不畏艰险、深入一线,冒着风险采访,夜以继日奋战,为打赢这场疫情防控的人民战争、总体战、阻击战发挥了特殊作用,做出了特殊贡献,很好地履行了中国新闻记者在疫情防控中应该具备的责任担当。

新闻学专业的学生们,在学习过程中要做到始终将社会责任挑在肩头,无论何时,始终做到不畏艰辛、不惧困难、迎难而上,履行记者职责,为传递社会正能量发挥应有的作用。

(二)发展基础:牢记政治责任,践行初心使命

疫情发生以来,党中央高度重视,习近平总书记亲自部署、亲自指挥,多次召开会议、多次听取汇报、做出重要指示,要求各级党委和政府及有关部门制定周密方案,组织各方力量开展防控。广大新闻战线牢记肩负的政治责任,在特殊时期进一步增强"四个意识"、坚定"四个自信"、做到"两个维护",认真学习贯彻落实中央决策部署,把疫情防控宣传作为当前工作的重中之重,全力以赴、精锐出战,助力打赢这场疫情防控阻击战。广大新闻记者带着强烈的责任感、使命感,率先奔赴疫情一线采访报道。

新闻学专业的学生应以此次抗疫中涌现出来的优秀记者为榜样,坚持党中央的领导,为今后能够成为一名优秀的新闻人而不懈努力,早日成为挑起社会发展这一重任的有用人才。

(三)专业情怀:宣传中央部署,报道人间大爱

疫情就是命令,防控就是责任。面对突如其来的新冠肺炎疫情,广大新闻记者贯彻落实习近平总书记"宣传舆论工作要加大力度,统筹网上网下、国内

国际、大事小事，更好强言心、暖人心、聚民心，更好维护社会大局稳定"的重要指示精神，在疫情发展的不同时期及时宣传党中央关于做好疫情防控的重大决策部署，深入宣传"坚定信心、同舟共济、科学防治、精准施策"的总要求，结合一线实情充分报道各地区各部门联防联控的措施成效。

一篇篇文字报道，一帧帧电视画面，一幅幅感人图片，通过报纸、广播、电视、网络等各种媒体开设的"战'疫'情""战'疫'最前线""一线抗疫群英谱""来自疫情防控一线的报道"等专栏专题，生动讲述防疫抗疫一线的感人事迹，展示"一方有难八方支援"的人间大爱，为万众一心抗击疫情提供了精神动力，营造了浓厚氛围。

河西学院

（信息技术与传媒学院）

一、教学概况

为深入学习贯彻习近平新时代中国特色社会主义思想和党的十九大精神，全面贯彻全国教育大会精神，切实落实新时代全国高等学校本科教育工作会议的要求，加快推进新文科建设，"中国新闻传播大讲堂"于 2020 年 11 月 5 日下午正式启动。按照《教育部高等教育司关于开展"中国新闻传播大讲堂"的通知》文件精神，根据学校安排，河西学院信息技术与传媒学院高度重视，积极响应。学院牵头，新闻传播和网络与新媒体两个专业教研室负责学习活动的具体安排和落实。

接到通知，学院高度重视，积极落实部署，成立以学科带头人王玉明教授为主要负责人，学院副院长吴建军副教授及新闻传播教研室、网络与新媒体教研室全体教师参与的工作小组。

根据通知要求，学院与教务处积极协调，将大讲堂作为新闻传播类专业2020—2021 第一学期必修课，并纳入学分（计 1—1.5 学分）管理，学期末成绩由课程负责老师录入教务系统；同时在全校范围内鼓励其他专业学生选修，切实推动抗疫精神进校园、进课堂，引导广大师生深刻理解中国特色社会主义的制度优势、理论优势、道路优势。

学院采取分批收看、班级集体观看和学生自主观看三结合的方式，组织广播电视学专业、网络与新媒体专业的18级、19级、20级六个教学班以及其他专业学生代表共计300余名学生收看了"中国新闻传播大讲堂"系列视频。学院党政班子成员、专业骨干教师和部分辅导员老师也参加了活动。同时，以班为单位组织所有同学撰写学习心得，并在班内和学院范围内广泛组织了多次师生共同参与的分享座谈会及主题讨论活动。

二、特色亮点

（一）邀请代表，身临其境

"中国新闻传播大讲堂"32集视频教学内容集中了最优质的的新闻资源，汇聚最鲜活的抗疫报道，总结最深刻的报道体会，是14家主流媒体参与抗疫一线报道的42名新闻记者与我们的学生之间进行的一次跨越时空的交流，一次心灵上的真实撼动。他们的生动讲述，立体展现了中国新闻记者的家国情怀与专业素养，让我们的学生们不仅深入了解了我国国情，更通过有温度的报道，有温度的中国故事上了一堂高水平的专业大课。看的过程中，学生们愈发体会到作为一名有担当、有信仰的新闻人"勿忘人民"的情怀，仿佛身在现场。

疫情之下，没有一个人可以置身事外，我校很多大学生志愿者，在疫情来临时冲在前、干在先，有担当与责任意识，不传谣、不造谣，自觉遵守防疫规定，配合领导干部做好疫情防控工作。为此我院特别邀请了一些志愿者代表参加了此次大讲堂的多次主题讨论。

大家纷纷表示，在传回的疫情现场报道中感受到新闻人传送的温暖与希望，表达了他们对毅然踏上战疫之旅的新闻工作者的敬意。

（二）讨论交流，认识深刻

通过视频观看和主题讨论，同学们更深刻地认识到新闻工作者是公平正义的守护者，是社会进步的推动者。防控一线，疫情就是无声命令，守护人民安全就是光荣责任。发挥耳目喉舌作用，及时准确、公开透明发布疫情信息，坚决维护人民群众的知情权、参与权、监督权。抗疫物资运输一线、基层防控疫情前线、各地医院救护火线，都是记者的主战场。他们坚决沉到一线去，坚持把基层情况摸上来，坚定把真实消息报出来。他们准确传播信息，冷静粉碎谣言，澄清谬误传闻，全面反映真相，温暖传递真情，让新闻传播聚民心、通情意，让人民解忧安心、稳当定心。

（三）培养人才，教育提质

这堂大课为尚未步入社会的新一代新闻工作者指明了方向和道路。它甚至不只是一节专业课、一节政治课、一节国情大课，更是一节人生大课，一节专门为新闻传播新工作者准备的一节人生理论大课。它告诉我们的学生以后为之奋斗的东西是什么：是奋战在抗疫第一线的舍身忘我的精神，是将新闻及时传播给人民的决心，是不可消磨的敬业精神。

如今，随着科技社会不断进步发展。新闻媒体行业也面临巨大的压力，如何让新闻传播事业随着社会进步而不断进步，需要一代又一代新闻从业者的共同努力。

这也对新闻专业人才培养提出了一定的要求。我们必须继续坚持六个维度特色育人理念：用马克思主义铸魂，用爱国情怀强基，用人文素养修养，用国际视野拓界，用特色项目托举，用未来媒体创新。在教育过程中，以培养新时代所需要的新闻工作优良传统的传承人为己任，以扎根中国大地办教育为根本遵循，积极探索交叉融合的新文科建设范式。

三、学生心得

在观看"中国新闻传播大讲堂"后，新华社的报道给我留下深刻印象，引发了我对新闻工作者在面对重大突发事件报道中所肩负的使命与责任的思考。

（一）弘扬新华精神，传承红色基因

在影片第一集中，新华社专门派出记者，对中央指导组在不同阶段工作的重点进行报道，同时还与湖北省和武汉市疫情防控指挥部等权威部门保持密切联系，及时发出权威的声音，清除杂音、噪音，用事实表明中央与湖北和武汉干部群众并肩战斗的坚定决心。

广大新闻战线牢记肩负的政治责任，在特殊时期进一步增强"四个意识"、坚定"四个自信"、做到"两个维护"，认真学习贯彻落实中央决策部署，把疫情防控宣传作为当前工作的重中之重，全力以赴、尽锐出战，助力打赢这场疫情防控阻击战。广大新闻记者带着强烈的责任感使命感，率先奔赴疫情一线进行采访报道。

（二）报道人间大爱，平凡亦是英雄

深入湖北、武汉一线的新闻记者，身穿"防疫战袍"，肩扛"武器装备"，在定点医院、重症监护室、建筑工地，在城市社区、大街小巷，采访军地医护人员的牺牲奉献，采访基层公安民警不惧危险热血铸忠诚，采访火神山、雷神山抢建医院的日夜奋战，采访邻里社区隔离生活的守望相助，采访快递小哥日夜志愿接送医护人员的"一呼百应"，一篇篇文字报道，一帧帧电视画面，一幅幅感人图片，通过报纸、广播、电视、网络等各种媒体开设的"战'疫'情""战'疫'最前线""一线抗疫群英谱""来自疫情防控一线的报道"等专栏专题，生动讲述防疫抗疫一线的感人事迹，展示"一方有难八方支援"的人间大爱，为万众一心抗击疫情提供了精神动力，营造了浓厚氛围。

（三）疏通社情民意，助力联防联控

这场突如其来的疫情，是新中国成立以来的一场非常战疫，病毒来势之凶，疫情传播之烈，范围扩散之广，全社会所面临的挑战和压力之大，堪称前所未有。新闻记者一方面要报道前线英雄事迹，另一方面还要充分利用自己的角色定位和专业优势，把及时疏通社情民意作为中国新闻人的职业担当，为联防联控提供舆论支持。他们广泛采访各地各级医学专家，普及疫情防控知识，引导人们正确理性看待疫情，增强自我防范意识和防护能力，及时报道各地"精准排查，规范救治""信息共享，协同作战""网格管理，守护社区""线上诊所，服务群众""坚持'宅'家，贡献大家"等经验做法，为各地做好联防联控工作提供了借鉴。

甘肃政法大学

（文学与新闻传播学院）

一、教学概况

2020 年 11 月 15 日，甘肃政法大学文学与新闻传播学院新闻系全体本科生和 2020 级新闻与传播硕士研究生在学校思政大讲堂集中学习了"中国新闻传播大讲堂——来自武汉抗疫一线的报道"第一集，同时安排师生课后自主学习其他 31 集教学视频。大讲堂邀请了人民日报、新华社、中央广播电视总台等 14 家主流媒体参与抗疫一线报道的 42 名新闻记者录制 32 集视频教学内容，生动讲述、立体展现中国新闻记者的家国情怀与专业素养。

通过多种学习方式，师生们深受感动和教育，积极提交了学习心得，进一步明确了自己的职业理想，坚定了学习新闻专业的信心，取得了很好的教学效果，达到了教学目的。

二、特色亮点

（一）树立了新闻专业精神

疫情就是命令，媒体人用笔触和镜头记录着各条战线抗疫人员忙碌的身影和喜怒哀乐，这种专业的新闻工作精神感动了所有的老师和学生。在重大疫情面前，他们无惧危险，迎难而上，用实际行动践行传递抗疫最强声，真正做到了"哪里有新闻，哪里就有新闻记者"。全国广大新闻工作者放弃春节假期，坚决把做好抗击疫情报道作为践行初心使命、体现责任担当的重大考验，积极投身疫情防控宣传一线，深入宣传阐释习近平总书记重要讲话精神和党中央国务院决策部署，扎实有力开展疫情防控宣传报道，引领正面舆论，坚决维护社会稳定大局，为打响打赢疫情防控阻击战营造良好舆论环境，在疫情报道中发挥了稳定人心的"压舱石"作用。

（二）学会了责任与担当

通过大讲堂的学习，师生们看到了全国各地广大新闻工作者的责任与担当。他们勇敢深入一线，及时报道疫情，回应社会关切，讲述感人的救治故事，起到了权威发布、观点引领的作用，有力地将党中央、国务院的决策部署和全国上下同心抗击疫情的行动传递给人民群众，激发起全社会抗击疫情的强大斗志和力量。和医护人员一样，他们也是"逆行者"。视频中的记者说在自己的职业生涯中，从来没有像这次武汉疫情报道一样承受巨大的精神压力。他说当他提交奔赴前方的申请书后，有人问他为什么要去武汉，在他看来，这是作为摄影记者的初心，到新闻发生的地方去，去报道现实。

（三）掌握了基本的专业技能

除了深受感动之外，同学们更是掌握了不少突发情况下的新闻报道技能。在疫情最严峻的时候，记者面临的挑战众多，要在艰苦环境中及时写出新闻稿件，他还要避免自己被感染。因为是记者，因为是党和人民的耳目喉舌，所以不能惧怕，他们向我们报道着医务人员在一线救死扶伤的工作，但人们不曾注意到他们为了传递信息所做出的贡献之大。铁肩担道义，妙手著文章；关注天下新闻，四处奔波采访。言辞犀利简洁，话语慷慨激昂；手握正义之枪，浓缩人间万象。一篇优秀的新闻报道，是用笔头耕耘，用汗水浇灌，用心血滋润出来的。只有做到这样，新闻工作者才能赢得更多的受众，担负起党和人民的重托，才能在更远、更光辉的未来焕发出生生不息的生命力。

三、学生心得

通过观看"中国新闻传播大讲堂"，我们见证了奔跑在逆行路上、传递出分秒必争的真相、奋战在抗疫前线的一位位记者们英勇的身影，聆听了一位位前辈们在抗击疫情的风暴眼惊心动魄的经历。他们怕吗？我想那是肯定的，凡人肉体，谁又会不怕呢。但英勇的他们从未退缩，他们依然站在新闻报道的第一线。无数动人的案例和事实向我们说明，要成为一名合格的记者，必须具备以下能力和优势。

（一）具有新闻敏感和新闻责任

广博的知识和雄厚的写作功底固然重要，但只会写字的人是无法成为一名好记者的。对于一名记者来说，"眼观六路，耳听八方，声声入耳，事事关心"是生活常态。众所周知，新闻对时效性的要求是很高的，这就要求记者必须拥有一双慧眼，善于观察和发现，善于捕捉民生焦点，具备对新闻的高度敏感性。生活中，看似平凡的每一件事都可能蕴含着不凡的新闻价值，而记者的任务就是要挖掘出平凡中的不平凡。毕竟，知道一件轰动的大事件并不难，难的是发现细节、以小见大。

（二）要有一颗正义强大的心

除了文字、观察、交流等基本能力之外，记者更要有一颗正义、强大的心。他们敢于站在黑暗和邪恶势力的对面，直面现实的残酷和灾难的悲惨，他们记录社会现实，挖掘事实真相，不怕成为世界的敌人，只怕成为一个内心懦弱的"失败者"。他们勇敢向前，为的是惨案不再发生，为的是世间再多几分温暖。关于记者，我们一直都相信：记者永远在路上。新闻在，记者就在；记者在，真相就在。新闻记者可以传递真实客观、及时有效的新闻信息，这不仅是记者的主要工作，也是时代赋予记者的神圣职责。

（三）拥有较好的人际交往能力

记者的人际关系范围通常很广，采访是一个记者最基本的工作之一，他们需要有迅速联系到采访对象的能力。记者个个都是很好的交流者和倾听者，是顶尖的"心理学家"。若没有很好的社交能力，采访对象不会轻易将最真实的自己展现出来。在更多时候，记者还充当着审视者的角色，因为很多事情可能并没有想象中的那么简单，很多新闻当事人可能会隐藏情况、有所顾虑，记者要通过耐心的沟通和引导获取最需要的信息。

青海师范大学

（新闻学院）

一、教学概况

为推动新闻理论与新闻实践深度融合，强化马克思主义新闻观教育，深入学习贯彻习近平总书记关于新闻舆论工作的重要论述精神，青海师范大学新闻学院严格按照教育部高教司、中宣部新闻局、高校新闻传播学类专业教学指导委员会以及青海省教育厅相关工作要求，组织学院全体师生开展了"中国新闻传播大讲堂——来自武汉抗疫一线的报道"学习活动。

2020年"中国新闻传播大讲堂"以"来自武汉抗疫一线的报道"为主题，邀请14家主流媒体参与抗疫一线报道的42名新闻记者，共录制了32集视频教学内容，生动讲述、立体展现了中国新闻记者的家国情怀与专业素养。为保证学习效果，新闻学院成立了"中国新闻传播大讲堂"学习领导小组，由学院常务副院长甘生统任组长，副院长才让卓玛、总支副书记张晓婷任副组长，本科、研究生辅导员，各教研室主任为成员，分三个层面开展了学习活动。

二、特色亮点

（一）课程讲堂内容联动

教工层面主要以集中观看学习、自学、各教研室分组讨论等形式进行。12

月 16 日，在教工自学的基础上，学院组织集体学习活动，集中学习观看了第一、二集，甘生统要求全院教工把学习大讲堂当作专业大学习的一次拓展，业务大练兵的一个舞台，素养大提升的一次机会，并要求各专业负责人适时将大讲堂学习纳入课程体系。

新闻学院各教研室结合课程性质等围绕如何将大讲堂内容纳入课堂教学、设计课程思政进行了教学研讨。新闻理论教研室表示，要将大讲堂内容引入《新闻学概论》《传播学概论》《新闻职业道德与法规》课程教学案例中，有效打造课程思政，培塑学生家国情怀、喉舌担当和职业精神。语言文学教研室表示，要在讲授古代文学等相关课程时，结合古代民族英雄事迹，将大讲堂内容巧妙引入课堂，让学生明白中华民族从古至今都是英雄辈出的民族，是英勇的民族。

（二）教师学生深入探讨

青海师范大学新闻学院组织 19 级、20 级硕士研究生通过集中观看视频、分组研讨、撰写学习心得等方式，认真开展了学习"中国新闻传播大讲堂——来自武汉抗疫一线的报道"活动。在活动的过程中，老师和学生们热烈地就大讲堂的内容进行探讨，纷纷提出了自己的看法。

研究生辅导员刘蓓提出，在这场武汉战疫中，我们不仅看到了现在顺利接过接力棒的是与祖国生死与共的新时代青年，更看到了新时代青年在危难下所承担的道义与责任。研究生罗丹青也在讨论发言中说，面对此次疫情大考，我们的新闻舆论工作呈现出非凡的战斗力。对于新闻传播专业的硕士研究生来说，我们更要不断学习和培养价值观，讲好中国故事，塑造中国形象，宣传中国力量，了解国情、社情、民情；通过媒介能力和专业素质，把行动融进新闻作品，促进社会新闻的常态化，让新闻就在我们身边，而不只是一块屏幕的背后。一个好的新闻报道，不仅能透露事物的真相，也有助于传播中国精神。

三、学生心得

抗疫期间，有无数动人的故事被我们传颂。在故事传播的背后，是许许多多奋战在新闻第一线的中国新闻人，是他们依靠自己的坚定信念和过人勇气，让封城中的武汉不再孤单，也让抗击疫情的坚定信心传遍中国。

（一）以事实为依据，击垮谣言

对于新闻报道来说，实事求是是新闻工作者报道的基本原则。他们坚持用客观事实说话，掌握平实的基调，既不煽情也不悲情。为了捕捉更多的白衣天使救死扶伤的动人细节，无数的新闻工作者不畏风险，亲自进入疫情红区采访。如此敢打敢拼只为事实说话的报道精神，是为了摧毁一切关于武汉、关于疫情的谣言，将社会以及网络的舆论场拉往良性发展的方向。因此，在突发公共事件当中，新闻工作者的如实报道不仅是出于职业操守，更是为了守卫舆情阵地。新闻工作者们用手中的一段段文字和真实的照片守护住了武汉的舆情，给抗疫保卫战中的全国人民吃下了"定心丸"。不仅如此，新华社的"新华视点"栏目在疫情期间专门开设频道，每日回复关于疫情的各类谣言；与此同时，栏目还利用各类数据为大众呈现新冠肺炎疫情的走势，对疫情数据一盯到底，将一切捕风捉影的谣言统统击碎，为社会舆论场创造了一个良好的环境。

（二）以人民为中心，时刻牢记

养兵千日，用兵一时，新闻工作者是党和政府的喉舌，每当国家遇到危急的时刻，他们都在战场的第一线发光发热，用我们的青春和力量，书写共和国面对风险时的壮丽史诗。疫情期间，人民日报迅速开通了网络上的新冠肺炎疫情患者求助通道，其间一共收到 4.1 万多条求助信息和问题线索，每天会有专人将问题上报中央指导组。数以千计的患者因为这个求助通道而得到了有效的救治。这充分体现出我党人民至上的理念，这对于抗疫一线的医护人员以及全国人民来说都是莫大的鼓励。新闻记者这个职业是崇高的，也是富有使命的，在国家需要的时候，职业的荣誉感和使命感驱使着无数新闻人奋战在一线。一个合格的记者，应当与党同心、与人民共情，要始终急人民群众之所急，想人民群众之所想，始终把人民群众放在最高位置。

宁夏大学

（新闻传播学院）

一、教学概况

"中国新闻传播大讲堂"作为教育部推进新文科建设的"四大讲堂"之一，是深入贯彻落实习近平总书记关于加强新闻舆论工作、加快推进教育现代化系列重要讲话精神的重大举措，也是加快新文科建设、推动高等文科教育提质创新的有力抓手。自大讲堂启动后，宁夏大学新闻传播学院积极安排部署，高度重视学生课程内容学习和相关活动安排，集中优质教学资源，统筹教师专干和学生组织进行相关活动安排，要求以课程学习为主，结合理论学习和技能训练，鼓励学生通过一线记者的经验分享，不断加强个人学科知识和实践能力发展。

2020年11月6日，宁夏大学新闻传播学院"中国新闻传播大讲堂"实践创新与学术研讨活动正式启动，学院领导、任课教师及400余名学生共同参加。院党总支书记周强对"中国新闻传播大讲堂"活动进行介绍，并以"建设四新课程内容，勇做时代记录者"的演讲号召同学通过大讲堂课程和学院的系列活动，提升专业素质，深化学术思维，努力成为家国情怀和实践能力兼备的新闻学子。

二、特色亮点

（一）发挥表率作用，深化专业认识

学习活动不仅要求学生党员认真听取记者实践技能分享，还希望通过此次学习，进一步提升学生对中国特色社会主义制度显著优势的了解，明确疫情防控、脱贫攻坚、城市治理等政策的目的，提升学生党员的思想积极性。同时，以党团活动为抓手，组织学生党员和团支部书记结合班级情况，以线上线下相结合的方式组织班级同学进行学习，重点号召参与疫情防控志愿活动的同学分享个人经历，学生党员带头讲述学习经验和心得体会，提升班级学习主动性。

据统计，自 11 月 5 日大讲堂活动开展以来，学生党支部、团支部、积极分子等小组共开展学习活动 23 次，400 余名学生学习，各班级以主题演讲、疫情志愿活动总结、媒体稿件评析、班级团日活动等方式开展各类活动 34 次。

（二）开展专题学习，提升理论水平

学院结合大讲堂课程内容与学界研究热点，分别以"风险社会与危机治理""灾难新闻报道范式与伦理思考""媒介融合技术前沿与审视""新冠舆情事件分析与治理"等七个研究方向，抽调专任教师结合个人研究方向，每周与学生进行学术分享，开展主题讨论与观点对谈。同时，就学界前沿研究课题与思考进行讨论，有效阐释当前国际形势变化下社会发展的诸多重要议题，审视疫情报道中专业媒体伦理的坚守现象，结合疫情报道中涌现的 Vlog 新闻、无人机技术、数据新闻等题材进行解释，提升学生理论认识，鼓励学生结合分享内容开展学术讨论。在此过程中，诸多学生不仅了解到最新的前沿知识，也能把更多社会热点事件、国际新闻、互联网平台扩展等现象结合起来，形成学术储备。

（三）理论结合实践，深化专业技能

新闻传播学院还积极组织并开展数据新闻实训、专题新闻摄影、微电影创作等活动，保证学生实践创新能力，号召更多学生注重实践教学环节，关注校园与城市社会事件，将课程内容和新闻记者善于观察、辩证思考、细心发现的要求贯穿于校园生活中。学院教学办公室积极协调师资与课程，拓展学生实践科目广度，引导学生积极参与 H5、Vlog、短视频、无人机等新媒体技术的学习，加强学生对融媒体技术的兴趣和关注，并组织学生参观宁夏日报报业集团、银

川传媒集团、贺兰县融媒体中心等媒体机构，邀请参与疫情报道的新闻记者与学生面对面交流，使学生更好地了解疫情期间的信息传播方式，了解疫情新闻报道的生产流程，提升对媒体发展与新兴模式的认识程度。

三、学生心得

近日，我校组织观看了主题为"来自武汉抗疫一线的报道"的"中国新闻传播大讲堂"，令我感触颇多。讲堂中一个个鲜活的人物事迹让我们知道疫情下的逆行者不仅有以白衣为战袍的医生，更有奔赴一线、以笔为枪的记者们。他们在抗疫中的行动激励着我们，身为一名新闻学子，应时刻谨记追寻真相，记录时代，不忘初心，砥砺前行。

（一）承担最重要的职责

视频中新华社记者刘刚说过这样一句话，选择不去武汉的理由可以有很多种，但是去武汉和留下来有一个理由就足够了，那就是职责。因为新闻就在那里，而新闻就是职责！职责二字，乍一看其实分量很轻，因为在华夏上下五千年的历史当中，它仅仅只是两个字而已；但是当你拿起它的时候，却重如千斤。值得庆幸的是，华夏子民皆愿负重前行，争当最美逆行者。困难面前，行胜于言。在大讲堂当中，我们可以看到新闻工作者们用笔杆和镜头记录着前线的抗疫情况，为我们带来了黎明的曙光。

（二）传达最真实的情感

记者们刻画着前线抗疫人员的气质风貌，书写着他们的质朴情感，记录着他们的伟大壮举，具有感人至深的精神力量。摄影记者在医院隔离病房的缓冲区，利用医护人员交班吃饭的宝贵时间进行拍摄，抓拍医护工作者摘下口罩的瞬间，以达到最真实的现场感。在采访中，医护人员说"想去看看儿子""希望一家人团聚，抱抱孩子""想吃碗热干面，想去武大看看樱花""疫情结束后，我最想回家过个年"……没有高大上的豪言壮语，也不是传统的道德标签，这些真挚而朴实的心愿，却感动了所有人。而这样真实的表达，恰恰是新闻人需要传播的情感。

宁夏大学新华学院

（新闻传媒系）

一、教学概况

2020年11月3日，由教育部新文科建设工作组主办的新文科建设工作会议在山东大学召开。会议研究了新时代中国高等教育创新发展举措，发布了《新文科建设宣言》，对新文科建设做出了全面部署。

会议强调，推进新文科建设要遵循守正创新、价值引领、分类推进"三个基本原则"，要把握专业优化、课程提质、模式创新"三大重要抓手"，要抓好中国政法实务大讲堂、中国新闻传播大讲堂、中国经济大讲堂、中国艺术大讲堂"四大关键突破"，培养适应新时代要求的应用型复合型文科人才。

受教育部高教司、中宣部新闻局委托，教育部高等学校新闻传播学类专业教学指导委员会于11月5日举行"中国新闻传播大讲堂"启动仪式，这是深入学习贯彻习近平总书记关于新闻舆论工作的重要论述精神，推动新时代高等文科教育创新发展的具体落实，也是加快新闻学学科建设和推动高校文科教育提质创新的有力抓手，是强化马克思主义新闻观教育，全面推进新闻传播类专业课程思政建设的实际行动。

二、特色亮点

（一）教师集中领学，落实抗疫精神

宁夏大学新华学院新闻传媒系按照相关文件精神，决定组织新闻学专业全体师生学习研讨 2020 年"中国新闻传播大讲堂——来自武汉抗疫一线的报道"。新冠肺炎疫情期间，广大新闻记者临危受命、迎难而上，日夜奋战在抗疫斗争的第一线，为坚决打赢疫情防控的人民战争、总体战、阻击战凝聚了强大精神力量。大讲堂邀请了来自人民日报、新华社、中央广播电视总台等 14 家主流媒体参与抗疫一线报道的 42 名新闻记者录制 32 集视频教学内容，生动讲述、立体展现中国新闻记者的家国情怀与专业素养。

通过学习，我院切实推动抗疫精神进校园、进课堂。在活动推行的过程中，利用我院的师资力量，将视频内容与具体课程相结合，引导学院新闻学专业学生深刻理解中国特色社会主义的制度优势、理论优势、道路优势，培养学生为党为国为人民的深厚情怀和使命担当；同时增强学生作为新闻队伍后备军自信心、自豪感、自主性，提高新闻传播教育的影响力、感召力、塑造力，引导学生以国家主流媒体优秀记者的职业精神为示范，指导自己的专业学习，引领未来发展的方向。

（二）学生自主学习，探讨新闻素养

我院十分重视此次活动的教学质量，因此采取教师引导与学生自主学习研讨相结合的方式，促进学生们更加深刻地理解视频内容。

在制定学习计划的过程中，我院指定教师全程参与讲授、领学和指导，并提倡专职教师根据所带课程的实际需要将大讲堂的内容适当引入专业课教学环节之中。除此之外，学院的每个班级都以大讲堂的内容为主题开展相关的学习，每周学习不少于 2 次，每次不少于 2 小时。各班级都在此基础之上开展了丰富多彩的活动。学生们在参与完活动之后，积极地对视频内容进行讨论，并且以学习内容为主题，结合自己的日常生活以及课堂内容完成了学习心得的撰写。

三、学生心得

2020 年，对于中国人来说注定是不平凡的一年。年初，我国遭遇了新中国

成立以来传播速度最快、感染范围最广、防控难度最大的一次突发公共卫生事件。当灾难无情地降临，当我们看到灾难中生命与死神的抗争，无论多么坚强的人都会忍不住泪如雨下。灾难带给我们的有伤痛，也有感动。这一次，感动我们的是医生，是记者，是警察，是基层工作者，是每一位逆行者。

（一）为合作而感慨

提到记者，很多人的脑海中都会浮现记者抢热点事件、赶时效报道的样子，"速度"确实是记者非常需要重视的一点。但是第18集的主讲人现代快报记者是钟寅将"速度、精度、温度"结合起来，强调如何让报道展现更好的效果。"速度"是每个媒体都追求的目标，但在疫情采访不便的情况下，如何做到既快又准，却是难上加难的事情。钟寅所在的媒体总能抢先发稿，他也给出了团队合作的秘诀：前方合理分工、高效执行；后方制作人员通力配合；机制上实行扁平化的审校。在这种速度的比拼上，各媒体都应该做好充分的准备，这不是一个人奋战，而是团队的支持与合作。

（二）为年轻而动容

年轻一代的记者在这次疫情中大放光彩。人民日报的青年记者鲜敢主动申请参加武汉疫情报道，他采写的多篇通讯和采集的相关照片刊登在人民日报头条和其他版面重要位置。他运用自己对新闻的敏感，聚焦疫情期间与武汉人民相关的点点滴滴，从车站、街头到老旧社区，不漏过任何一个信息，为"应收尽收"做好数据支撑。他虽入职时间不长，但是在这次刻骨铭心的工作经历中，充分展现了对新闻的热爱，展现出中国记者的精神。听了鲜敢的故事，我认真反思了自己，新闻来源于生活，我们应该以鲜敢为榜样，在生活中多培养自己的新闻敏感，多实践，不言败。

在每一次重大事件发生时，我们都可以看到相关的文字、图片报道，以及视频的记录。人们的关注点总是在报道的内容上，而常常会忘了报道背后、镜头背后的记者。"中国新闻传播大讲堂"让人们认识了他们，也记住了他们在背后默默的辛勤付出。

伊犁师范大学

（中国语言文学学院）

一、教学概况

为加快推进教育现代化和新文科建设，切实落实新时代全国高等学校本科教育工作会议精神，伊犁师范大学中国语言文学学院于 2020 年 12 月 23 至 27 日组织全院新闻学与广播电视学专业的学生参与"中国新闻传播大讲堂"学习活动，采用线上与线下相结合的方式。学习结束后，同学们在班主任的带领下以班级为单位开展研讨交流活动，院领导进班与同学们分享收获。

总体而言，同学们在此次大讲堂学习活动中收获丰硕。该活动帮助学生们打开了视野、增长了见识，并激发了对专业知识的渴望。与此同时，它使同学们更深刻地认识到，新闻记者应该怀有高尚的责任感，履行自己对社会的职责。而作为一名新传学子，同学们更应该在学校里着重培养自己的责任意识，只有这样，将来才能更好地担负起新闻记者的重任。新时代孕育新机遇，呼唤新担当。本次学习活动既是一次优秀的专业课，也是一堂生动的思政课，激励同学们从我做起，躬身践行，不忘新闻，用脚踏遍祖国山川，用眼捕捉中国故事，用脑解读人民情怀，用笔诠释中国新闻精神，为成为有定力、有情怀、有本领的新时代新闻人而不懈奋斗。

二、特色亮点

（一）线上线下，渠道多元

此次活动，学院采用线上与线下相结合的方式进行。在校的新闻学和广播电视学专业的同学们集中观看了"中国新闻传播大讲堂"课程视频，参加社会实践的同学则通过扫描视频回放平台二维码等方式进行自主学习。来自人民日报、新华社、中央广播电视总台等14家主流媒体的42位深入疫情一线报道的记者参与录制。记者们将演播室讲授与作品展播有机结合，生动立体地展现了中国新闻记者的家国情怀和专业素养。这些来自抗疫一线的报道对同学们而言，或熟悉或陌生，或催人泪下或发人深省。同学们表示，尽管这些报道的角度不同，内容各异，却都展现了新闻工作者与党同心、与人民共情的坚守与传承，画就了一幅生命至上、举国同心、命运与共的伟大抗疫图卷。

（二）班级研讨，师生共学

学习结束后，同学们在班主任的带领下以班级为单位开展研讨交流活动，院领导进班与同学们分享收获。李曜廷老师指出，作为教师，他将协同推进新闻传播教育立异发展，激励新传学子在未来的新闻工作中主动深入践行"四力"，奋发有为，成为政治过硬、业务过硬、战斗力过硬的新闻队伍中的一员，为祖国日后的新闻事业贡献自己的一份力量，希望每一份力量共同组成我们中国新闻的血肉长城，让中国新闻传播成为我们中华文化的不朽脊梁。赵娟老师则从坚持党对新闻教育的全面领导、坚持立德树人、坚持媒体融合视野三个方面分享自己的学习收获。王月老师认为此次大讲堂让她体会到身上的责任之重，也意识到自己知识的欠缺。她指出，只有更好地理解国情，理解当前新闻传播业的深刻变化，才能更好地把握当前新闻传播教育的方向，为国家培养出更多扎根边疆、奉献边疆的优秀新闻传播人才。甘波老师认为"中国新闻传播大讲堂"具有开创性意义，是"部校共建"的新成果，是新文科建设的新探索，是理论与实践整合的新拓展，是媒体融合传播的新尝试，是立德树人的新课堂。

三、学生心得

（一）与党同心，与人民共情

同学们指出，尽管记者们选取的报道角度不同，内容各异，但这些新闻作品都展现了新闻工作者与党同心，与人民共情的坚守与传承，画就了一幅生命至上、举国同心、命运与共的伟大抗疫图卷。在疫情考验下，新华社记者始终秉承新华精神，坚持"对党忠诚，勿忘人民，实事求是，开拓创新"，正确引导社会舆论，既不煽情也不悲情。新闻工作者与白衣战士并肩逆行，他们不畏困难，冲在疫情前线，为全国人民带来最及时、最有深度的报道，让人民更好地了解疫情的真实情况，他们是我们的英雄。人民日报社汪晓东也强调，与人民群众共情是人民日报记者一辈子的坚守。

（二）内容平实，凝心聚力

同学们认为，如何通过摄影作品来积蓄凝聚人心的强大能量，不仅是人民日报记者李舸本次讲座的核心，更是未来新闻工作者持续探索的方向。李舸认为，用富有仪式感的摄影作品记录抗疫一线的状况，既是为疫情防控营造强信心、聚民心、暖人心、筑同心的舆论环境，也是一次饱含深情的视觉书写和充满人性光辉的艺术创造。2019 级同学从人民日报记者吴珊的课堂中也学习到作为记者要始终保持对新闻的敏感。此外，吴珊强调只有在报道过程中与报道对象产生共情，才能够引起受众的共鸣，打动自己方能打动别人。

（三）形式多样，融合创新

在报道新冠肺炎疫情的过程中，新华社、人民日报、中央广播电视总台等主流媒体广泛运用 5G、8K、VR 等新技术手段，创新报道模式，提升报道能力，主动转变话语方式，展现出其应有的生机与活力。总台新闻频道对火神山和雷神山医院建设全过程、武汉市统一撤除 75 个离汉通道管控点等进行直播，同学们得以深度参与"云监工"。与此同时，他们深刻地认识到提升自身专业本领的重要性。此外，同学们认为中央广播电视总台肖振生所在团队组织的大型抗击疫情全景化新闻报道实现了重大公共卫生事件报道传播效果的最大化，大幅提振人民对抗击疫情取得胜利的信心。